Gurudas

HEILUNG DURCH DIE SCHWINGUNG DER EDELSTEINELIXIERE

Band 1

Gesundheit & Entwicklung

ISBN 3-9520830-0-3
Verlag Gesundheit & Entwicklung
Unterstadt 28, CH-8200 Schaffhausen

Die in diesem Buch empfohlenen Mittel und Methoden stellen keinen Ersatz für normale ärztliche Behandlung dar. Im Zweifelsfall sollte immer fachkundiger medizinischer Rat eingeholt werden.

ISBN 3-9520830-0-3

Verlag Gesundheit & Entwicklung
Unterstadt 28, CH-8200 Schaffhausen
Aus dem Englischen übersetzt von Hans Finck

Umschlaggestaltung: W. Jünemann, unter Verwendung von Farbstiftzeichnungen von George Tuffy
© 1985 by Gurudas
Gesamtherstellung: Drukkerij Wolters-Noordhoff, Groningen
Printed in Holland

“Die Originalausgabe erschien unter dem Titel ‘Gem Elixirs and Vibrational Healing’, Vol I 1985 bei Cassandra Press”, USA

GECHANNELT DURCH KEVIN RYERSON

INHALTSVERZEICHNIS

VORWORT

Die Materialien in diesem Buch sind fast sämtlich in Trance durch Kevin Ryerson gechannelt worden. Ryerson ist berufsmäßiges Medium und Trance-Channel (=Kanal) und verfügt über eine mehr als zehnjährige Erfahrung auf dem Gebiet der Parapsychologie. Schon im Alter von fünf Jahren begann Ryerson, paranormale Phänomene zu erleben, wobei er zum Beispiel in Träumen die Zukunft vorhersah. Als Jugendlicher beschäftigte er sich intensiv mit den Materialien von Edgar Cayce und erhielt so Anregungen für seine spirituelle und mediale Entfaltung. Nach weiteren Erfahrungen mit seinen medialen und hellseherischen Fähigkeiten entwickelte er mit einundzwanzig Jahren seinen persönlichen Trancezustand. An der *University of Life in Phoenix, Arizona* konnte er seine Begabungen systematisch weiterentwickeln. Diese Schule ist 1960 von Dr. Richard Ireland gegründet worden und bildet Medien aus beziehungsweise hilft Menschen bei der Entwicklung ihrer medialen Fähigkeiten. Ryerson und sein häufigster Geistführer John sind durch den Bestseller *Out on a Limb* von Shirley MacLaine einer breiteren Öffentlichkeit bekannt geworden.

Ryerson versenkt sich in einen tiefen Meditationszustand, den man Trance-Channeling nennt. Sein Bewußtsein tritt dabei zeitweise zurück und gibt anderen entwickelten Seelen Gelegenheit, durch ihn zu sprechen. Seit 1976 arbeitet Ryerson ausschließlich als Trance-Channel. In dieser Zeit hat er auch viele andere Menschen zum Channeling ausgebildet. Er reist durch die Vereinigten Staaten und Kanada und hält Seminare und Privatsitzungen für diverse medizinische, wissenschaftliche und spirituelle Forscher.

Ryersons Arbeit ähnelt der von Jane Roberts und ihrem Führer Seth, der ihr Informationen zuchannelte. Man kann sie auch mit der Arbeit von Edgar Cayce vergleichen, der die meisten seiner Informationen von seinem Höheren Selbst erhielt. Wie bei Jane Roberts und Edgar Cayce sind Ryersons erstes Ziel Forschungen, aus denen neue Prinzipien und Technologien entstehen können.

Ryerson kann sich nicht bewußt an die Informationen erinnern, die zur Sprache kommen, während er sich in Trance befindet. Das entspricht durchaus seinen Wünschen, denn er hat ja auch ein Privatleben und persönliche Interessen. Wenn er dabei ständig von neuen Forschungsgebieten erführe, könnte sich das recht zerstörerisch auswirken.

Am Ende eines Channelings ist Ryerson manchmal eine Zeitlang müde. Wenn aber nur sein wichtigster Geistführer durch ihn spricht, ist er in hohem Maße energiegeladen. Während des Trancezustands verläßt Ryerson anders als manche andere Channeling-Medien seinen physischen Körper nicht, sondern fällt einfach in einen schlafähnlichen Zustand. Jemand hat einmal gesagt, Ryerson sei der einzige Mensch, der dafür bezahlt wird, daß er bei der Arbeit schläft!

Einige meiner Fragen hat auch der Meister Hilarion beantwortet, der in Kalifornien durch das bewußte Medium John Fox gechannelt wird. Fox genießt in Kalifornien eine wachsende Wertschätzung, weil er in der Lage ist, technische Fragen aus vielen verschiedenen Bereichen genau zu beantworten.

Ich selbst habe einmal beinahe das Magisterexamen in Politologie gemacht, ein Jahr Jura studiert, und seit einigen Jahren Erfahrungen mit diversen spirituellen Praktiken gesammelt. Aus diesem Interesse heraus unternahm ich in den frühen siebziger Jahren drei Reisen nach Indien. Seit 1976 arbeite ich mit Edelsteinelixieren, homöopathischen Heilmitteln und Blütenessenzen, zunächst als Lernender und später, von 1978 bis 1982, als Therapeut in meiner Privatpraxis. Dabei habe ich mich auch mit Kräutermedizin, Ernährungsfragen und Bädertherapie beschäftigt. Außerdem gebe ich seit 1978 Kurse in verschiedenen Naturheilmethoden.

Im Sommer 1979 hörte ich von einem medialen Chirurgen aus den Philippinen und suchte ihn auf, da mich dieses Thema brennend interessierte. Mitten in der Sitzung erschienen mehrere meiner Geistführer und erklärten, daß ich mit der Erforschung von Heilmethoden große Fortschritte machen würde, wenn ich mit einem guten Trance-Channeling-Medium zusammenarbeitete. Ein paar Tage später kam eine Freundin aus Diego zurück und erzählte mir von Kevin Ryersons Arbeit. Ich war sofort interessiert. Ich lieh mir mehrere Tonbandkassetten mit Ryersons öffentlichen Vorträgen in Trance. Da hörte ich die Stimme von John, einem von Ryersons Geistführern, gewisse Informationen kamen zur Sprache, und ich hatte das Gefühl, als bestände ein tieferer Zusammenhang zwischen all diesen Ereignissen. Nach einer Zeit der Überlegung rief ich Ryerson an. Im Oktober 1979 kam er nach San Francisco. Seitdem haben wir zahlreiche Forschungssitzungen zusammen abgehalten.

Gechannelte Lehren haben es an sich, daß man viele Fragen stellen muß, wenn man viele Informationen erhalten will. Zwar kommen auch eine Menge Informationen herüber, wenn man sich einfach zurücklehnt und nur zuhört. Sie stehen jedoch gewöhnlich in keinem Vergleich zu den Ergebnissen, die man erhält, wenn der Fragende eine gute Vorbildung auf dem gechannelten Gebiet besitzt und entsprechende Fragen vorbereitet hat.

Zum Glück habe ich einen angeborenen Forschungstrieb, einen akademischen Hintergrund, der mich nach Objektivität verlangen läßt, eine natürliche Begabung, durch Fragen an spezifische Informationen heranzukommen und ansehnliche Kenntnisse auf dem Gebiet der ganzheitlichen Gesundheitsfürsorge. Gechanneltes Lehren und Lernen ist ein langsamer zeitintensiver Vorgang. Wir sprechen über eine gewisse Menge von Informationen, die ich erst nach und nach verarbeite. Dann komme ich wieder, spreche über neues Material und stelle manchmal Zusatzfragen zu schon früher besprochenem Material.

Ryerson dient vor allem als Medium für John. Viele, die mit Ryerson arbeiten, halten John für den Apostel Johannes, den Schüler von Jesus und Verfasser der Offenbarung des Johannes. In der Bibel (Johannes 21: 20-23) fordert Jesus Johannes auf, er solle ihm nachfolgen[1]. In den letzten zweitausend Jahren hat John viele Menschen inspiriert und ihnen durch die Channeling-Ebene geholfen, darunter Leonardo da Vinci. Unter den Geistführern Ryersons besitzt John die größte universelle Erfahrung. Er hat vollen Zugang zur gesamten Information und Weisheit von Atlantis, Lemuria und Gebieten, die jenseits dieses Planeten liegen. (Atlantis und Lemuria waren einst zwei Kontinente mit hochentwickelten Zivilisationen. Lemuria bedeckte einen großen Teil des pazifischen Ozeans, Atlantis war eine Kolonie von Lemuria und erhob sich da, wo heute der Atlantik wogt.) C.G. Jung würde dabei vom kollektiven Bewußtsein des Planeten sprechen[2]. Ryerson behandelt in Trance schwierige technische Fragen aus allen Gebieten, darunter fortgeschrittene Konzepte der Physik, Bauanleitungen für Maschinen, komplexe medizinische Fragen, oder auch philosophische und spirituelle Wahrheiten.

Heutzutage sind viele Menschen bereit, dieses neue Material zu empfangen. Das ist einer der Gründe dafür, daß es John erlaubt ist, so viele detaillierte technische Informationen weiterzugeben. Wir haben als Gesellschaft einen Entwicklungsstand von Bewußtsein und Technologie erreicht, der es vielen ermöglicht, Johns Informationen zu verarbeiten und anzuwenden, auch wenn diese manchmal radikal klingen. Dies ist auch einer der Gründe dafür, daß die gechannelten Daten sich heute über den fünften Strahl manifestieren, der detaillierte und spezifische technische Informationen transportiert. In der Vergangenheit kam das meiste gechannelte Material über den zweiten Strahl, dessen Frequenz eher Liebe und Spiritualität überträgt (Die sieben Strahlen sind die sieben ursprünglichen Energien, die uns alle beeinflussen)[3].

Abgesehen von einigen kurzen Kommentaren Hilarions stammen die Forschungsergebnisse, die ich in diesem Buch vorlege, aus meinen Privatsitzungen mit Ryerson. Der größte Teil dieser Arbeit fand zwischen Juli 1981 und September 1982 statt. Verschiedentlich habe ich meine Fragen und die Antworten wörtlich in das Buch übernommen, damit die Leserinnen und Leser verstehen können, wie die Informationen übertragen wurden. Die eingerückten Abschnitte sind von mir hinzugefügte Kommentare, die bestimmte Begriffe klären, verbinden oder weiter ausführen sollen. Während dieser Sitzungen wurde fast das gesamte Material in diesem Buch direkt von John übermittelt. Gelegentlich gab auch ein anderer Geistführer, ein Arzt aus Indien, Informationen durch. Eine Gruppe von etwa zwanzig Geistführern assistiert John bei dieser Arbeit, darunter viele einst hochgeachtete Meister auf spirituellem und heilkundlichem Gebiet. Die meisten dieser Individuen sind auch meine persönlichen Geistführer. Einige aber haben nur aufgrund ihrer hervorragenden Kenntnisse im Gebrauch von Edelsteinen bei Heilung und Bewußtseinserweiterung zu diesem Werk beigetragen.

1 F. C. Eiselen, Edwin Lewis, and D. G. Dower, Hrsg.: *The Abington Bible Commentary*, Garden City, New York, Doubleday & Co, 1979, p. 1092.
2 Carl G. Jung: *Der Mensch und seine Symbole*, Heitersheim.
3 Hilarion: *Symbols*, Toronto, Marcus Books, 1979, pp. 25-26.

EINLEITUNG

Dieses Buch ist ein Versuch, das Reich der Mineralien wieder in den Platz einzusetzen, der ihm auf dem Gebiet von Heilkunst und Bewußtseinsentwicklung zusteht. Allzulange hat man Edelsteine dem Bereich von Magie und Aberglauben zugeordnet. Es ist Zeit, daß die Menschen die großen Schätze, die im Reich der Mineralien lagern, wieder achten lernen.

In Teil I wird der historische Ursprung der Edelsteine und ihre Verwendung in Atlantis, Lemuria und späteren Zivilisationen diskutiert. Die grundlegenden Prinzipien des Gebrauchs von Edelsteinen werden vorgestellt, und die Rolle der Naturgeister bei dieser Arbeit wird umrissen. Zubereitungs-, Konservierungs- und Lagerungstechniken werden erläutert, wobei auch Quarzkristalle und Pyramiden eine Rolle spielen. Das Buch enthält Ratschläge zum Gebrauch der Edelsteine für behandelnde und auch für behandelte Personen. Außerdem werden verschiedene Techniken zur Diagnose und Unterstützung der Behandlung vorgestellt.

Der zweite Teil enthält die Daten der Mineralien. Bei jedem Edelsteinelixier wird eine ganze Reihe von Aspekten besprochen, um die klinische Anwendung dieser Steine zu erleichtern. Insgesamt werden 144 Edelsteine vorgestellt. Damit umfaßt das Buch fast alle Mineralien, auf die die bisherigen Bücher zur Edelsteinheilung eingehen. Zusätzlich werden etwa vierzig neue Edelsteine eingeführt. Für bestimmte Zustände oder Beschwerden werden außerdem Elixierkombinationen empfohlen. Eine Reihe von Tabellen soll helfen, mit diesen neuen Informationen zu arbeiten.

Ursprünglich wollte ich nur ein Buch über Edelsteintherapie veröffentlichen. Es sollte ein sehr umfassendes Werk werden und erst in zehn oder zwanzig Jahren erscheinen. Als ich jedoch all dieses Material zusammengestellt und vervollständigt hatte, besaß ich so viele Informationen, daß ich mich entschloß, es in zwei Teilen zu veröffentlichen. Im ersten Teil geht es um die praktischeren Aspekte der Edelsteintherapie. Der zweite ist esoterischer und behandelt die Beziehungen der Edelsteintherapie zu Architektur, Astrologie, Bädertherapien, neuer Physik, den sieben Strahlen, der Erde als lebendigem Wesen, Homöopathie und den Miasmen. Auch die Beziehung der Edelsteintherapie zu Blütenessenzen, Kräutern, Düften, Räucherwerk und ätherischen Ölen wird im zweiten Text untersucht. Außerdem enthält er Kapitel über Talismane, über die Bedeutung von Edelsteinen im Volksglauben, über Quarzkristalltechnologien und Schwingungsheilung, über die Verwendung von Edelsteinelixieren zum spirituellen und seelischen Wachstum und Informationen über den Gebrauch von Edelsteinen in der Landwirtschaft, bei Tieren, bei Schwangerschaft und Geburt, in der Farbtherapie und in Verbindung mit Klängen. Auch mögliche zukünftige Entwicklungen auf diesem Gebiet werden untersucht. Der zweite Teil wird Ende 1989 erscheinen.

Die Informationen, die ich in diesem Buch vorstelle, sollen nicht der Weisheit letzter Schluß sein. Es ist mein aufrichtiger Wunsch, daß dieses Buch zu größerer Bewußtheit, tieferem Verständnis und erweiterter klinischer Erforschung dieser Heilmittel anregen möge. In den nächsten Jahren werden viele neue Informationen über Edelsteine aus verschiedenen Quellen ans Licht kommen. Das gilt besonders für die Quarzkristalltechnologien.

Dieser Text enthält viele wertvolle neue Informationen zur klinischen Verwendung von Edelsteinen. Darin wird man mir bei objektiver Betrachtung zustimmen. Die spirituellen Führer, von denen diese Informationen stammen, haben entschieden, daß nicht alle Informationen über diese Elixiere hier geliefert werden sollen. Zu unserer Arbeit und Verantwortung bei diesem Lernprozeß gehört es auch, selbständig unser Verständnis davon weiterzuentwickeln, wie diese heilenden Wirkstoffe zum Nutzen von Körper, Geist und Seele eingesetzt werden können.

Ich habe mit diesen gechannelten Informationen fünf Jahre lang gearbeitet und viele verschiedene Präparate in meiner eigenen Privatpraxis und durch Kollegen (darunter eine Reihe von Ärzten) erfolgreich testen können. Ich bin zuversichtlich, daß die Zeit den Beweis für die Richtigkeit der in diesem Buch dargelegten Informationen erbringen wird. Ich habe erlebt, daß auch andere erfolgreich mit Forschungsdaten gearbeitet haben, die durch Kevin Ryerson gechannelt wurden. Ich erhalte häufig bestätigende Berichte von Leuten, die mit Blütenessenzen nach meinem ersten Buch *Flower Essences and Vibrational Healing* arbeiten. In vielen Gesellschaften werden Mineralien seit alters her in der Heilkunst und in diversen spirituellen Praktiken eingesetzt. Heute forsche ich gemeinsam mit einer Reihe von Kollegen, um unser Wissen vom Gebrauch dieser Mineralien zu erweitern. Beizeiten werde ich ein Buch mit Fallstudien und Doppelblindversuchen herausgeben, das die Anwendung von Edelsteinelixieren und Blütenessenzen dokumentieren soll.

Dieses Buch steht in der philosophischen Tradition der Empiriker. Die Medizingeschichte des Westens wurde von zwei wesentlichen Traditionen beherrscht. Zwar sind die Heilenden in der Praxis nicht notwendig einer dieser Schulen gefolgt, grundsätzlich aber hat es immer diese Spaltung in der westlichen Medizin gegeben[1].

Da sind einmal die Rationalisten, die den menschlichen Körper als Material oder mechanischen Apparat betrachten. Sie versuchen, die Ursachen und die Behandlungsmöglichkeiten von Krankheit auf analytische Weise zu begreifen. Sie versehen die Krankheitsabläufe mit Etiketten und behandeln eher Krankheiten als Menschen.

Die empirische Tradition hingegen vertraut eher der Erfahrung, der Beobachtung und der Individualität jedes einzelnen Menschen. Dabei wird allgemein anerkannt, daß jeder Mensch ein spirituelles Wesen ist, das durch eine Lebenskraft mit den spirituellen Bereichen und Kräften der Seele verbunden ist. Innerhalb dieses Wertesystems findet man eine größere Offenheit und Bereitschaft, mit Intuition zu arbeiten und gechannelte Lehren auf ihre Stichhaltigkeit zu überprüfen. Eine wachsende Zahl von Menschen akzeptiert heute gechannelte Lehren als verläßliche Informationsquelle. Dieser Trend wird sich gewiß in den kommenden Jahren fortsetzen.

1 Harris Coulter: *Divided Legacy: A History of the Schism in Medical Thought*, Volume III, Washington D. C., Wehawken Book Co., 1973. Sandra LaForest and Virginia Maclvor: *Healing Through Color, Homeopathy, and Radionics*, York Beach, Me., Samuel Weiser, Inc., 1979, pp. 28-31.

TEIL I

KAPITEL I

ALLGEMEINE GRUNDSÄTZE UND GESCHICHTE DER VERWENDUNG VON EDELSTEINEN UND EDELSTEINELIXIEREN

Vielen alten Kulturen war die Verwendung von Edelsteinen vertraut und selbstverständlich. Über ihren Gebrauch im alten Atlantis und in Lemuria hat es bisher keine Zeugnisse gegeben, über ihre Anwendung in den letzten paar tausend Jahren allerdings gibt es einige schriftliche Zeugnisse aus verschiedenen Kulturen. Ein Beispiel dafür sind die Berichte aus Altägypten und Indien[1].

Die Menschen in Lemuria hatten ein sehr hoch entwickeltes Bewußtsein und befanden sich vollkommen im Einklang mit den Kräften der Natur. Alle Kommunikation fand auf telepathischem Wege statt. Erst spät entwickelten die Lemurianer die Fähigkeit, sich stimmlich und sprachlich auszudrücken[2]. Dann geriet das Gleichgewicht mit der Natur durch die Gier nach Wissen über die materielle Welt aus den Fugen – zum Beispiel griffen die Menschen mehr und mehr durch Erzbergbau in die Erde ein –, und Lemuria wurde zerstört. Atlantis war anders als Lemuria eine technologisch hochentwickelte Gesellschaft, vergleichbar dem heutigen Nordamerika. Kaum einmal, wenn überhaupt, erfuhren die Menschen in Atlantis die Möglichkeiten des erweiterten Bewußtseins, das die Lemurianer entwickelt hatten.

Atlantis und Lemuria werden in vielen Büchern beschrieben. Zu den besten Werken zu diesem Thema gehören: die Bücher von James Churchward über Lemuria[3] (oder auch „Mu“, wie es manchmal genannt wird), “*Edgar Cayce on Atlantis*“[4], “*Atlantis und Lemurien*“[5], “*The World Before*“[6], “*Atlantis to the Later Days*“[7] und die Werke von Mona Rolfe[8]. Auch “*The Eternal Quest*“ von Joseph Whitfield[9] ist ein brauchbares Buch. Die Lehren und die kulturellen Erfahrungen dieser alten Zivilisationen sind durchaus relevant für uns heute, deshalb ist es wichtig, sie zu verstehen.

Frage: Bitte erkläre den Ursprung der Kristalle und des gesamten Mineralreichs auf diesem Planeten.

„Wenn Ihr in der Zeit zurückgehen könntet, würdet ihr finden, daß die Schöpfung der Seelen geschah, damit sie gingen und Verschiedenheit schufen in der ursprünglichen Schöpfung. Ihr als Seelen, ihr als Bewußtsein, seid entstanden, um Mitschöpfer der Erde zu sein. Aus diesen Ereignissen erwuchs ein schöpferischer Akt im physikalischen Universum. Während der Planet nach und nach eine stabile Form annahm, kamen die verschiedenen Mineralstrukturen aus eigenem Antrieb aus dem Äther auf die Erde, um sich dort gleichmäßig zu verteilen und schließlich in Form der heute vorhandenen Erzadern überall auf dem Planeten zu verfestigen. Danach konnten auch eure Energien als Seelen aus dem Äther herunterkommen und sich verfestigen. Überall auf dem Planeten verteilten, kristallisierten und verankerten sie sich. Das war natürlich vor eurer physischen Inkarnation. Kristalline Strukturen wuchsen als Formen des Lebens – sie sind tatsächlich eigenständige lebende Wesenheiten[10]. Mit Leben ist hier eine Aktivität des reinen Bewußtseins gemeint, die sich aus Strängen des reinen Bewußtseins ergibt, ebenso wie euer Nervensystem es ermöglicht, daß sich der biologische Geist in alle Teile des physischen Körpers erstreckt. Noch bevor vor Äonen von Jahren eure physische Inkarnation als Seelen auf dieser Ebene begann, erstreckten sich die Kristalle entlang der größeren Kraftströme des Bewußtseins. Deshalb richten sich Kristalle von Natur aus nach elektromagnetischen Feldern aus. Diese Felder sind allerdings nur Nebenprodukte der Aktivität der Äther, und die Äther sind nur Nebenprodukte der Aktivität der seelischen Kräfte. Materie ist kristallisierter Geist[11].

Die Seele ist das Behältnis des Geistes, der Gott ist. Die Seele ist deine diesem Geist innewohnende Individualität. Ursprünglich gab es einen Geist: Gott. Dann wandte sich dieser Geist sich selber zu und erschuf viele Seelen. Auch die Individualität war in diesem Geist enthalten, deshalb erhieltet ihr die Gabe des freien Willens. Als ihr eure Persönlichkeit auf dieser Ebene entwickeltet, habt ihr die Individualität der materiellen Individualität unterworfen. Nur wenn ihr bereit seid, diese Form von Individualität wieder aufzugeben, könnt ihr wieder das Ganze werden, das ihr ursprünglich wart. Die Individualität innerhalb dieses Geistes ist die Seele, also kann wahrlich gesagt werden, daß ihr die Söhne und Töchter Gottes seid.

Anders als bei den Pflanzen, bei denen man wegen ihrer zukünftigen Verwendung in Heilkunst und Bewußtseinsentwicklung nach der Signaturenlehre vorgegangen war, gab es bei der Erschaffung der Minerale keinen Grund dafür. Das liegt daran, daß das Reich der Minerale auf einer höheren Bewußtseinsebene arbeitet als das der Pflanzen. Deshalb waren auch die Minerale die erste Lebensform, die auf diesem Planeten erschien. Allerdings ist das Pflanzenreich besser integriert und kann auf dieser Ebene besser funktionieren. Das ist der wesentliche Grund dafür, daß Blütenessenzen anpassungsfähiger sind als Edelsteinelixiere und auf mehr Gebiete des Bewußtseins wirken. Blumen sind belebter und beseelter und treten nicht als Kristalle auf, deswegen sind sie bei der Evolution flexibler. Demgegenüber sind Minerale weniger belebt, von kristalliner Struktur und weniger flexibel bei der Evolution.

Wenn die Kräfte der Seele auf der physischen Ebene wirklich verankert werden sollen, müssen sie einen festen Anhaltspunkt haben. Dieser Anhaltspunkt sind die Kristalle, denn sie befinden sich in einem konstanten Schwingungszustand. Deswegen benutzt man sie als Zugang zu höheren Ebenen der Information. Der wahre Brennpunkt und die wahren Eigenschaften der kristallinen Minerale umfassen die vollständige Ausdehung und Offenbarung dessen, was man das Göttliche nennt. Sie stabilisieren eure Arbeit auf dieser Ebene, so daß ihr euch ausdrücken und die spezifischen Aktivitäten des biologischen Lebens entwickeln könnt. Wenn man Planeten, die kein biologisches Leben beherbergen, gründlich untersuchte, würde man schließlich feststellen, daß auf ihnen auch bestimmte kristalline Strukturen fehlen."[13]

Zu den Genugtuungen, die ich bei dieser Forschungsarbeit erfahre, gehört es, daß John öfters eine esoterische Behauptung aufstellt, und ich dann andere metaphysische oder auch orthodoxe wissenschaftliche Quellen finde, die dasselbe aussagen. 1971 schrieb Alexander G. Cairns-Smith in seinem Buch *The Life Puzzle On Crystals And Organisms And On The Possibility Of A Crystal As An Ancestor*, die kristalline Struktur Lehm sei die erste Lebensform gewesen, die auf diesem Planeten auftauchte[14]. John hat an anderer Stelle gesagt, daß Lehm tatsächlich solch eine Schlüsselrolle auf diesem Planeten gespielt hat.

Frage: Würdest du bitte die allgemeinen Grundsätze der Verwendung von Edelsteinen bei Heilung und spirituellem Wachstum erläutern?

„Gehalt und Natur der Eigenschaften und Fähigkeiten der Edelsteine ist es, daß sie im Individuum eine direkte Entsprechung auf Schwingungsebene und gleichschwingender Molekularstruktur haben. Edelsteine regen die Heilung im physischen Körper an. Das geschieht auf der Grundlage der Prinzipien von Resonanz, Harmonie und Schwingung. Alle Dinge befinden sich in einem konstanten Schwingungszustand und stehen in einem konstanten System von Harmonien und Resonanz miteinander in Verbindung, je nach ihrem Fixpunkt im Äther. Diese Harmonien erzeugen elektromagnetische und elektrische Felder, vor allem aber werden die Felder in den Äthern angeregt. So etwas wie leeren Raum gibt es nicht. Der Raum ist durchzogen von selbständigem ätherischem Fluidum[15].

Edelsteine enthalten oft kristalline Aspekte oder kristalline Strukturen[16]. Kristalle gehören zu den dauerhafteren unter den Elementen des Mineralreichs. Kristalline Strukturen befinden sich in einem Resonanz- und Harmoniezustand, der der Durchdringung durch andere Schwingungsformen widersteht, die eventuell den harmonischen Zustand des Minerals angreifen könnten. Kristalline Strukturen enthalten ein stabiles Element oder ein eigenes Muster molekularer Aktivität, das mit seiner Frequenz die Schwingungen anderer Lebensformen verstärken kann.

Viele Menschen begreifen heute, daß es auf molekularer Ebene ein Gesetz der Schwingung gibt und daß Schwingungen auf der Molekularebene der Grund für viele Aktivitäten sind, die schließlich zur dichteren organischen Materie des physischen Körpers werden. Hier liegt der Grund für die heilende Wirkung der Edelsteine. Ihre stabile Molekularstruktur durchdringt mit ihren Schwingungen den physischen Körper auf der Molekularebene und schafft dort, wo es gleichschwingende Resonanzen gibt, Stabilität auf der biomolekularen Ebene. Es gibt eine Übertragung und Entsprechung zwischen molekularen (häufig kristallinen) Strukturen und bestimmten Aspekten der Molekularstruktur in der Anatomie der Menschen.

Man schreibt den Edelsteinen eine heilende Wirkung auf bestimmte Punkte des menschlichen Körpers zu. Oft haben die Edelsteine zu diesen Punkten eine bestimmte Resonanz oder Harmonie. Bestimmte Minerale haben Eigenschaften, die zu bestimmten Organen des Körpers an einem exakten Punkt in Harmonie stehen. In chemischen Untersuchungen würde sich erweisen, daß Minerale Gemeinsamkeiten mit bestimmten Substanzen haben, die für das Funktionieren verschiedener Organe des physischen Körpers auf zellulärer und anatomischer Ebene unentbehrlich sind. Mann und Frau sind schließlich aus dem Staub der Erde gemacht[17].

Von diesen Prinzipien ausgehend haben eure Wissenschaftler die Krankheiten des physischen Körpers, die zunächst anatomisch bedingt erscheinen, bis auf die zelluläre und schließlich die biomolekulare Ebene zurückverfolgt, ja vielleicht sogar auf die genetischen Strukturen selbst. Letztendlich wird der physische Körper durch Energie geheilt, durch Energie auf der biomolekularen Ebene, nicht auf der Ebene der chemischen Reaktionen, sondern eher auf der der Molekularstrukturen. Echte Heilung erstreckt sich von der biomolekularen über die zelluläre bis hin zur anatomischen Ebene, wo sie mit anderen Ebenen des physischen Körpers in Harmonie gebracht wird. Das liegt daran, daß die biochemischen Eigenschaften des physischen Körpers letztendlich auf Schwingung basieren.

Deshalb trifft die Resonanz, wie sie in der Struktur des Edelsteins kristallisiert ist, auf Entsprechungen auf der instabilen biomolekularen Ebene des physischen Körpers. Bei Krankheitszuständen ist dieses instabile Schwingungsmuster des physischen Körpers besonders stark. Bei dieser Schwingungsübertragung kann eine bestimmte Frequenz und Resonanz die molekulare Aktivität in der Anatomie stabilisieren und sich weiter auf die biomolekulare Ebene ausdehnen, dann weiter auf die Ebene der Biochemie der Zelle und insbesondere auch auf die genetische Ebene. Durch Teilung und Vermehrung werden diese Ebenen schließlich zu den Organen des physischen Körpers, so daß sich die Edelsteinheilung auch auf diesen Bereich erstreckt.

Außerdem besitzen Edelsteine eine Fähigkeit, die man Gedankenverstärkung nennen kann. Wenn man Licht durch eine Reihe von Filtern schickt, bleibt nur ein Teil des Lichtspektrums zurück. Ebenso kann man Gedanken durch Edelsteine filtern und entsprechend der spezifischen Schwingung des Edelsteins formen. Im physischen Körper wirken sie dann auf bestimmte Bereiche der biomolekularen Aktivität und erhöhen die heilenden Eigenschaften des Steins. Auf diese Weise erhöht man die heilende Wirkung der Edelsteine, indem man mit ihnen meditiert. Manchmal können Edelsteine allein, ohne die richtige Art der Gedankenverstärkung, den Heilvorgang nicht optimal anregen. Wenn die Gedankenform die kristalline Struktur passiert oder durch sie an Einfühlungsvermögen gewinnt, wird sie auf tieferer Ebene im physischen Körper empfangen und vervollständigt so die Verbindung zwischen der Schwingung des Edelsteins und der biomolekularen Ebene des Individuums.

Diese verstärkte Form der Resonanz tritt auf, weil der physische Körper durch die Eigenschaften des Geistes geformt wird. Wie man bei der Psychokinese beobachten kann, ist der Geist in der Lage, sich in die Materie auszudehnen; der Geist erstreckt sich in alle Bereiche des Selbst. Um so mehr ist dies der Fall, wenn der Geist bereits eine Lebensform bewohnt und Gestalt und Substanz des Temperaments durch eben diese Lebensform bestimmt sind. Edelsteine, die durch Meditation geistig geformt und aktiviert wurden, lassen sich leichter durch die Meridianpunkte mit den Schwingungsebenen des Menschen assimilieren. Gewöhnlich treten die Schwingungen der Edelsteine genau an diesen Punkten in den physischen Körper ein und ermöglichen so eine Verstärkung ihrer heilenden Eigenschaften.

Auch auf die psychospirituelle Dynamik der Menschen haben die Edelsteine Einfluß. Diese unterscheidet sich sehr von den dichteren Ebenen des physischen Körpers. Bei den psychospirituellen Strukturen der Menschen geht es um Verhaltenserleuchtung, nicht um Verhaltensmodifikation. Verhaltensmodifikation geschieht nur auf der Ebene bewußter Entscheidungen. Davor steht die Verhaltenserleuchtung. Sie läßt die Menschen ihr Verhalten in einem neuen Licht sehen, sie stellen sich dem Ursprung ihrer Verhaltensmuster und treffen dann bewußte und intelligente Entscheidungen, um Verhaltensmuster zu ändern. "Verhaltenserleuchtungen“ lockern auch karmische Bindungen, die ja dauerhafte Verhaltensmuster und vielleicht auch verschiedene körperliche Krankheitszustände verursachen können. In Bezug auf die verschiedenen Chakren können Edelsteine die psychospirituelle Dynamik des Individuums verändern und ausgleichen. Auf diese Weise machen sie auch weitere Verhaltenserleuchtungen möglich.

Wenn man einen Rubin im Bereich des Herzchakras oder des Herzmeridians anwendet, richtet sich der Brennpunkt im Menschen auf Probleme, die in welcher Weise auch immer mit dem Vaterbild zusammenhängen. Außerdem verhilft der Rubin Menschen zu Wissen über ihre Fähigkeit, Liebe zu geben und zu empfangen. Wenn man Perlen auf den Magenbereich oder den dazugehörigen Meridian anwendet, erhält man Klarheit in Bezug auf das Mutterbild und ein besseres Verständnis von Geldangelegenheiten. Kristallisierter Kohlenstoff oder Diamant wird zur Beseitigung von Blockaden im Kronenchakra verwendet. Auch lassen sich damit bestimmte abstrakte Ideen fördern und die Schädelknochen zurechtrücken. Des weiteren trägt der Diamant zur Linderung von Entzündungen im Gehirnbereich bei.

Die gechannelten Lehren schlagen zum Beispiel folgendes Behandlungssystem vor: Man studiere die Muster der individuellen Chakren, denn sie sind die wesentlichen Kraftpunkte für die Anwendung von Edelsteinen, an denen deren Schwingungen empfangen und gleichmäßig über den ganzen Körper verteilt werden. In den Chakren konzentrieren sich intelligente Energie und Gedankenformen.

Viele dieser Konzepte hatten ihren Ursprung in der atlantischen Technologie. Einige stammen auch aus der lemurianischen Technologie, besonders die Erkenntnisse zum Gebrauch der Gedankenformverstärkung. In Atlantis aber kam ans Licht, wie hervorragend sich die Edelsteine eignen, um Heilkräfte auf einen Brennpunkt zu konzentrieren.“

Frage: Du hast gesagt, Edelsteine hätten eine direkte schwingungsmäßige Auswirkung auf die Molekularstruktur, und daß dies mit atlantischen Technologien zusammenhänge. Könntest du das näher erläutern?

„Ich will das ausführen: In Atlantis wurden die meisten Edelsteine zur genetischen Kodierung verwendet. Die weitreichenden Einflüsse der atlantischen Gentechnologie auf die molekulare Ebene haben schwerwiegende Auswirkungen auf den Genpool der Menschheit gehabt. Daraus ist der Versuch erwachsen, diese Technologien wieder aufzubauen, um ein umfassendes Verständnis für die genetische Verwendung der Edelsteine zu entwikkeln. Eine besonders empfohlene Technik ist die Anwendung von Laserstrahlen durch Edelsteine einer bestimmten linsenähnlichen konkaven Form auf verschiedene Akupressurpunkte. Hiermit kann man die entsprechende Wirkung verstärken. Schickt zum Beispiel einen Laserstrahl durch einen Rubin auf den Herzmeridian! Damit erreicht man eine bemerkenswerte Verstärkung von Akupressur und Laserakupunktur und eine machtvolle Steigerung der Eigenschaften des Edelsteins."

Johns Vorschlag, Edelsteine in Verbindung mit Akupunktur und Akupressur zu verwenden, ist eine weitere Verstärkungsmöglichkeit für diese Therapien. Man hat Akupunktur schon in Verbindung mit Elektrizität[18], Magneten[19] und Klang[20] therapeutisch eingesetzt. Allmählich werden mehr und mehr Menschen, die mit Akupunktur und verwandten Massagetechniken arbeiten, erkennen, daß man mit Edelsteinen wirksam die Meridiane aktivieren und den Heilungsprozeß beschleunigen kann.

Eine ausgezeichnete Erklärung für die Schwingungsresonanzen zwischen Mineralen und dem physischen Körper gibt Rudolf Steiner. Er sagt, die Evolution habe an einem mittleren Punkt begonnen und sich dann einerseits zum Menschen erhoben, andererseits zum Mineralreich abwärts bewegt. Unser physischer Körper hat sich schrittweise in Millionen Jahren entwickelt[21]. Also gibt es zwei simultane Richtungen der Evolutionen, eine aufsteigende und eine absteigende. Die Schwingungsresonanz rührt daher, daß der physische Körper und bestimmte Minerale, besonders die Metalle, auf diesem physischen Planeten zur gleichen Zeit geschaffen wurden. Ein Beispiel für dieses Muster ist die Bildung des Goldes und des menschlichen Herzens[22]. Ann Ree Colton schreibt, der Rubin sei entstanden, als die Menschheit die Haut, die Blutbahnen und das Drüsensystem empfing[23].

Frage: John, würdest du jetzt bitte etwas zur Geschichte der Verwendung von Edelsteinen in Lemuria und Atlantis sagen?

„Die Anwendung von Edelsteinen war in sehr vielen Kulturen verbreitet. Während der gesamten Existenz von Lemuria erlebte sie einen ersten wesentlichen Höhepunkt. Hauptsächliche Aufgabe der Edelsteine war es damals, die Struktur der Individuen durch die Entsprechung der Edelsteine mit den ätherischen Qualitäten der Menschen aufrechtzuerhalten. Die lemurianische Rasse erforschte die verschiedenen Nährstoffbedürfnisse des menschlichen Körpers und begriff, daß man bestimmte isolierte Nährstoffeigenschaften braucht, um einen Körper und seine verschiedenen feinstofflichen Ebenen bei Gesundheit zu halten. Man entdeckte, daß es weise war, bestimmte Aspekte der Seelenkräfte zu verstärken. Das ergab sich natürlich aus den Eigenschaften der Chakren, Meridiane und der verschiedenen feinstofflichen Körper. So wurden Edelsteine für die wahre Persönlichkeit des Lemurianers und der Lemurianerin als unerläßlich erachtet. In ähnlicher Weise setzen eure Wissenschaftler heute orthomolekulare Behandlungsmethoden bei verschiedenen psychischen Beschwerden (zum Beispiel Schizophrenie) ein. Diese Methoden unterstützen und harmonisieren die natürliche Chemie des Körpers unter Berücksichtigung des jeweiligen psychischen Zustands[24].

Die Lemurianer verwendeten Edelsteine in bezug auf verschiedene Chakrenpunkte und entwickelten so außerdimensionale Eigenschaften, die für die geistige Gesundheit der Menschen mit lemurianischem Bewußtsein unentbehrlich waren. Um in ihrer Gesellschaft zu funktionieren, waren sie auf die Fähigkeit angewiesen, alle Dinge als reine Energie und reines Licht zu betrachten. Sie waren so gründlich als soziale Elemente in ihre Gesellschaft integriert, daß sie eine andere Sicht der Welt nicht ertragen hätten. Das ist mit dem Kulturschock vergleichbar, den ein Mitglied eurer Gesellschaft auch heute erleiden würde, wenn es plötzlich aus seiner vertrauten Umgebung entfernt würde.

Durch die Edelsteine entwickelten die Lemurianer außersinnliche Wahrnehmungsfähigkeiten, die in eurer gegenwärtigen Gesellschaft als seltsam oder exzentrisch gelten könnten. Da die Edelsteine die außersinnliche Wahrnehmung verstärkten, konnten sich die Lemurianer frei durch die von ihnen bewohnte Umwelt bewegen. Die Lemurianer waren mit den Edelsteinen und ihren verschiedenen mantrischen, sozialen und religiösen Bedeutungen so vertraut, daß sie Edelsteine als natürliche Erweiterung des individuellen Bewußtseins ansahen. Edelsteine haben physische und ätherische Auswirkungen auf den Menschen, ihr Effekt ist nicht nur psychospirituell. Die sachgemäße Anwendung von Edelsteinen war wesentlich für die psychospirituelle Formung aller Lemurianer.

In Lemuria waren kollektives Bewußtsein und die Aufrechterhaltung eines allgemeinen Bewußtseinsniveaus miteinander verbunden. Das wurde zum Teil durch den Gebrauch von Edelsteinen erreicht, die man nicht als Talismane, sondern als Gedankenformverstärker verwendete. Die Gemeinschaft hielt ein bestimmtes Niveau an Ausgeglichenheit, Wahrnehmung und Spiritualität aufrecht, indem sie die Edelsteine bewußt zur Gedankenformverstärkung einsetzte. So konnten die Individuen sich einen Gleichgewichtszustand mit ihrer Umgebung erhalten.

Außerdem ziehen Edelsteine den physischen Körper hinauf zu höheren spirituellen Ebenen, indem sie die natürliche Evolution des Körpers in Richtung auf eine kristalline Dynamik treiben. Dies erkannten die Lemurianer durch ein sorgfältiges Studium der Beziehungen zwischen Edelsteinen und den Zellsalzen des Körpers, außerdem durch Untersuchungen der Körperteile, die kristalline und quarzähnliche Merkmale haben[25]. Dabei geht es natürlich zum Teil um die chakrischen Punkte, die zum physischen Körper in Beziehung stehen, und insbesondere um das Chakra, das mit der Epiphyse in Verbindung steht. Die Epiphyse war damals etwa dreimal so groß wie das verkümmerte Organ, das man bei Frauen und Männern von heute findet[26]. Das wird sich bestätigen, wenn man die mumifizierten Überreste der alten ägyptischen Priesterschaft untersucht. Mitglieder der ägyptischen Priesterschaft waren direkte Nachfahren der Atlantianer. Die Entdeckung von Edelsteinen auf bestimmten Körperteilen dieser Mumien kann Hinweise auf die heilenden Eigenschaften verschiedener Edelsteine geben.

Bei den Lemurianern hatten die Edelsteine nur wenig Wirkung auf das politische Leben. Eine Ausnahme bildete die Zentralisierung der Wirtschaft durch die Kontrolle des Erzabbaus, die sich vom frühen Lemuria bis nach Atlantis erstreckte. Das war der einzige politische Brennpunkt in der lemurianischen Gesellschaft. Allerdings beeinflußten die Auswirkungen der Bemühungen, den Erzabbau zentral zu kontrollieren, auf subtile Weise die gesamte lemurianische Gesellschaft. Eine Diesseitigkeit entstand, in verschiedenen Seelengruppen entwickelte sich Ehrgeiz und die Nachfrage nach den begrenzten Erz- und Edelsteinvorkommen wuchs, damit bestimmte architektonische Projekte verwirklicht werden konnten. Durch die Kombination von Architektur und Edelsteinen gelang es dieser Gesellschaft, ihre Möglichkeiten voll auszuleben. Sie schufen sich buchstäblich eine Umgebung aus Licht und reiner Energie, denn sie bauten alles nach den ätherischen Mustern, die sie um sich herum beobachteten.

Dem flüchtigen Beobachter erschienen die Lemurianer oft in dreidimensionaler Form und wirkten, als befänden sie sich in einem hypnoseähnlichen Zustand. Die Gedankenformen konnten sich direkt bis in die Schichten des Unterbewußtseins ausweiten und direkt bis auf die geistige und körperliche Ebene durchdringen. Die Menschen von Lemuria hatten die volle Fähigkeit, sich durch verschiedene Zustandsformen zu bewegen. Für die Wahrnehmung der Lemurianer bewohnten ihre Körper eigentlich eine Umwelt, die vollkommen von Licht durchströmt war. So waren Levitation, Teleportation in verschiedenen Graden und manch andere Phänomene in Lemuria normale Ereignisse. Das gesamte soziale Gewebe von Lemuria wurde durch die Verstärkung der Eigenschaften der Edelsteine noch gefestigt. Da sie quasidimensional waren, bewohnten sie mehrere Ebenen von Raum und Zeit. Sie benutzen ihre Architektur und die natürliche Harmonie und Ausgeglichenheit der Edelsteine, um diese Energien zu konzentrieren, so daß sie Teil ihrer physikalischen, oder besser ihrer durchstrahlten Umgebung wurden. Das waren Dinge, die sie nicht nur beobachteten, sondern auch im Inneren lebten[27].“

Solch eine Übereinstimmung mit der Natur und der Erde mag manchen seltsam vorkommen. Wenn wir aber die Lehren Steiners studieren, können wir unsere wahre Verbundenheit mit den natürlichen Kräften der Erde besser würdigen[28]. In der Vergangenheit war diese enge Verbundenheit mit solchen Kräften viel selbstverständlicher, weil anders als heute damals die Kräfte der Seele den physischen Körper durchströmten. Diese intime Beziehung zur Erde ist auch der wesentliche Grund dafür, daß Eingeborenenreligionen traditionell die Heiligkeit und den Wert der Mutter Erde als lebendiges Wesen betont haben. Im zweiten Buch finden sich viele Informationen zu diesem Thema. Auch heute ziehen weiter viele Menschen große Befriedigung aus einem direkten Kontakt mit der Natur. Das ist ein Überbleibsel unseres verlorenen Erbes, das in den kommenden Jahren viele Menschen wieder erfahren werden.

„Edelsteine und edelsteinhaltige Erze wurden auch einer der kritischen Faktoren, die zur Kolonisation des späteren Atlantis führten. Für die Atlantianer war dies der entscheidende Umstand, der zu ihrer Entwicklung als technologisch orientierte Gesellschaft führte. In ihren Bergwerken und Steinbrüchen förderten sie Mineralien ohne die volle Entwicklung der minentechnischen Fähigkeiten wie Teleportation und anderer mentaler Kräfte. Denn diese geistigen Ressourcen waren schon an andere Bauprojekte auf dem lemurianischen Kontinent gebunden. Die Entwicklung groberer Erzabbautechnologien stellte in gewisser Weise einen Schritt in die materielle Ebene dar. Auch in eurer Gesellschaft sind heute solche Kräfte zu beobachten, besonders bei denen, die unbedingt die Naturkräfte in der Umwelt technologisch ersetzen wollen. Schaut euch diese Verhaltensmuster an und ihr beginnt die sozialen und ökonomischen Kräfte zu verstehen, die zur Zerstörung der lemurianischen Umwelt führten.“

Tausende von Jahren haben wir die geistige Kraft besessen, schwere Gegenstände zu bewegen. Die Gelehrten haben lange debattiert, wie die Ägypter die Pyramide von Gizeh gebaut hätten[29]. Einige metaphysische Quellen begreifen, wie John sagt, daß zum Bau dieses uralten Monuments mentale Energie verwendet wurde[30]. John sagt, man habe dabei Steine mit quarzähnlichen Eigenschaften verwendet. Dann war es möglich, mit Hilfe mentaler Energie piezoelektrische Eigenschaften in die Steine zu leiten. Blavatsky bemerkt in *The Secret Doctrine*, die

Macht des Klangs sei so groß, daß man damit die Cheopspyramide in die Höhe heben könnte[31]. Auch Steiner verstand die erstaunlichen geistigen Fähigkeiten, die es Menschen in früheren Zeiten möglich machten, Gegenstände zu bewegen[32]. Ein neuerer Text, *The Cycles of Heaven* von Playfair und Hill enthält einen faszinierenden Bericht über einen schwedischen Forscher, der Zeuge wurde, wie man beim Bau eines tibetanischen Klosters Trompeten benutzte, um riesige Steinblöcke einen Berg hochzuheben[33].

„Mit der Zeit wurden mehr und mehr Technologien in Atlantis entwickelt, und sie verursachten mehr und mehr Störungen des Gleichgewichts. Auch der heilkundliche Gebrauch der Edelsteine wurde zu einer spezialisierten Tätigkeit und nicht mehr als umfassendes Ganzes begriffen. Schon die Tatsache, daß man Edelsteine nur zu Heilzwecken verwendete, war eine Begrenzung für ihre vielfältigen Anwendungsmöglichkeiten. Die Heilkunst machte große Fortschritte, denn indem die Atlantianer neues technologisches Terrain betraten, entstanden unter ihnen auch neue merkwürdige Krankheiten. Sie befanden sich nicht mehr in der Umgebung aus Licht und Strahlen, sondern erfuhren die Belastungen, die ein Leben zwischen der dritten und der vierten Dimension mit sich bringt. Schwerwiegende Stoffwechselstörungen waren die Folge. Um ihre gesellschaftliche und wirtschaftliche Ordnung zu stützen, importierten die Atlantianer Heilwissen aus Lemuria. In Lemuria war Krankheit fast unbekannt. Die Lemurianer benutzten ihr Heilwissen zur Geweberegeneration und zur spirituellen Entwicklung. In Atlantis benutzte man dieses Wissen, um Gewebe zeitweise zu regenerieren, um den Krankheitsprozeß so besser erforschen zu können. Ein weiteres Ziel war die Neuordnung der von den Menschen bewohnten Umgebung. Die Bewegung ging weg von den natürlichen Prinzipien und Eigenschaften, und als Resultat entwickelten sich umweltbedingte Krankheiten. Wenn ihr eure eigene Gesellschaft betrachtet, werdet ihr feststellen, daß sich im Gebrauch der Heilkunst tatsächlich das fortsetzt und widerspiegelt, was auch auf die Umwelt einwirkt.

Schließlich entwickelte sich in Atlantis eine Priesterkaste, die eine Hinwendung zum Spirituellen vorantrieb. Viele Mitglieder dieser Kaste entwickelten telepatische Fähigkeiten und das volle lemurianische Bewußtsein. Nach und nach erreichte man in Atlantis ein gewisses Gleichgewicht bei der Integration der neuen Technologien, und es gelang, sie zum Besten der physischen Umwelt und der Lichtwelt zu nutzen. Dies wurde zum Teil durch die Verwendung von Edelsteinen koordiniert, und zwar besonders durch Quarzkristalle, Amethyst, Diamant, Jade und die wichtigen alchimistischen Minerale. Diese Generation von Atlantis erkannte, daß man die Heilkunst mit dem Ziel entwickeln mußte, daß die Menschen sich wieder besser in die von ihnen bewohnte Umgebung einpaßten – daß man also die Umwelt erforschen mußte, um mit ihr ins Gleichgewicht zu kommen, anstatt sie nach seinen eigenen Bedürfnissen zu verändern. Also wurden Edelsteine nicht nur in der Medizin zur Heilung des physischen Körpers eingesetzt, sondern auch zu Zwecken der sozialen Regulierung und Erleuchtung. Während dieser Periode, vor etwa 150.000 Jahren, erklomm Atlantis neue spirituelle Höhen. Obwohl Atlantis eine mechanisierte und technologische Gesellschaft war, erreichten seine Bürger ein einzigartiges Niveau spiritueller Einsicht, das sich sogar mit dem von Lemuria messen konnte, wo es nur organische Technologien gab. Ihr solltet begreifen, daß die Technologie nichts Böses oder Negatives enthält. Allerdings bedarf es eines ganz besonderen Verständnisses der Auswirkungen, die die Technologie auf die spirituelle und geistige Entwicklung einer Kultur hat. Als die Technologien begannen, sowohl dem Individuum als auch der Umwelt zu dienen, entstand Gleichgewicht."

Frage: Würdest du bitte näher erklären, warum neue Krankheiten in Atlantis entstanden, als seine Bürger eine technologisch orientierte Gesellschaft, die wenig im Einklang mit der Natur war, schufen?

„So wie der Geist sich bis in die Ebene des physischen Körpers erstreckt, so kann sich auch das Bewußtsein, das sich durch seine elektromagnetischen Kräfte im Einklang mit dem Planeten befindet, in den physischen Körper hinein ausdehnen. Das Bewußtsein dieser Energien und die Fähigkeit, sich in ihnen im vollem Bewußtsein der Lichtebenen zu bewegen, ermöglichte es den Lemurianern, sich vollkommen auf die natürlichen Energien der Erde einzustimmen. So wie ein von der Sonne erhitzter Mensch den Schatten sucht, weil er erkennt, daß dort die Energie der Sonne schwächer ist. Auf diese Weise brachten sie den Körper in Einklang mit allen natürlichen Kräften des Planeten und erreichten einen Gleichgewichtszustand.

Als das menschliche Bewußtsein von den äußeren Ausweitungen des Planeten abgeschnitten wurde und der Körper mehr und mehr zu einer isolierten Einheit biochemischer Prozesse wurde, begannen sich in ihm Spannungen, Schizophrenie und Bewußtheitsstörungen zu abzulagern. Das Bewußtsein war auf einen kleinen physischen Rahmen begrenzt, anstatt sich bis in die elektromagnetischen Felder der Erde auszudehnen und so sein Gleichgewicht zu finden. So entstanden körperliche Krankheiten. Der physische Körper war in Verbindung mit den langsameren Tätigkeitsbereichen des Erdbewußtseins mit den notwendigen Überlebensfunktionen ausgestattet. Der Mensch als Energiewesen lebt in zwei Zeitströmungen. Die eine davon ist der Bewußtseinsstrom der Erde, der sich über Äonen und Äonen erstreckt. Die Einstimmung auf den Zeitstrom der Erde erzeugt im Menschen Passivität und gibt dem physischen Körper langes Leben. Geschieht die Einstimmung aber nur im Hinblick auf das unmittelbare Selbst, so beschleunigt sich der Fluß der Zeit, und die Kräfte des Körpers gehen schnell zur Neige. Folglich war die Trennung von den natürlichen Kräften der Erde nicht nur Auslöser für psychologischen Streß, übertriebene Ichbezogenheit und Krankheiten des physischen Körpers, sondern eigentlich auch wesentlicher Ursprung des begrenzten Selbst. Mit der Wissenschaft des Lichts hatte man alle Mittel in der Hand, das Wissen auszuweiten, um den physischen Körper in einem besonderen Energiezustand mit den Äthern verbunden zu halten und so den stetigen Zug der Schwerkraft auszugleichen und zu überwinden. Als man sich in Atlantis von diesen Übereinkünften entfernt hatte und Krankheiten aufkamen, begann man, das Bewußtsein der einzelnen Menschen durch Edelsteine zu unterstützen, um wieder ins Gleichgewicht zu kommen."

Hier spricht John eine Schlüsselfrage der Lebensverlängerung an – ein spirituelles Bewußtsein von solcher Weite, daß es sich in totalem Einklang mit der Natur und den natürlichen Energien der Erde befindet. Dieser Einklang war kein intellektuelles Konzept, sondern es wurde selbstverständlich von den Lemurianern gelebt und erfahren. Ein wesentlicher Teil dieses Vorgangs ist die Überwindung der Schwerkraft, um mit den Äthern harmonisieren zu können. Jesus ist unter anderm deswegen auf dem Wasser gewandelt, um dieses esoterische Prinzip zu demonstrieren[34]. Die Verlängerung des Lebens ist in letzter Zeit sehr populär geworden. Wer sich damit beschäftigt, sollte das Ganze einmal von dieser Seite sehen. Es mag durchaus helfen, bestimmte Nährstoffpräparate zu sich zu nehmen, um das Leben zu verlängern, doch ist dies nur ein Stein im Mosaik.

Die Lemurianer waren es meistens zufrieden, in enger Verbindung zur Natur zu leben; folglich waren ihre Intuition und ihr spirituelles Bewußtsein hoch entwickelt. Zumindest bis zur Spätzeit von Lemuria, als es teilweise unter den Einfluß von Atlantis geriet, gab es in dieser alten Kultur keine Krankheit. Die durchschnittliche Lebenserwartung in Lemuria betrug mehrere tausend Jahre. Die Menschen waren in der Lage, Gewebe vollständig zu regenerieren; also verließen sie ihre physischen Körper, wenn sie auf seelischer Ebene spürten, daß sie in dieser Inkarnation genügend Lebenserfahrungen gesammelt hatten. Edelsteine wurden vor allem zu spirituellem Wachstum und zur Regeneration des physischen Körpers benutzt.

Schwingungsheilmittel drücken Giftstoffe aus dem physischen Körper hinaus in die feinstofflichen Körper und die Aura. Dann gelangen die giftigen Stoffe in die Äther, wo sie gereinigt werden, aber der Mensch zieht mit seinem Verstand einen Teil der Gifte wieder in den physischen Körper zurück. In Lemuria waren das spirituelle Bewußtsein und die Einstimmung auf die Natur so weit entwickelt, daß alles Toxische automatisch in die Äther geschoben und dort umgewandelt wurde. In diesem entwickelten Zustand hat das Immunsystem andere Aufgaben, nämlich die Eigenschaften der Nährstoffe und die Lebenskraft der Nahrung besser zu verwerten. Dann braucht man weit weniger Nahrung zu sich zu nehmen. In einigen Jahren werde ich bestimmte kombinierte Präparate auf den Markt bringen, die helfen sollen, diesen Zustand zu erreichen.

Die Menschen von Atlantis erstrebten und erreichten einen sehr hoch entwickelten technischen Fortschritt, der alles, was wir heute haben, weit überstieg. Menschen, die heute die Umwelt schützen und ein sozusagen natürlicheres Leben führen wollen, haben ihr Wertesystem oft überwiegend aus vielen in Lemuria verbrachten Leben. Andere, die mehr an der Weiterentwicklung der fortgeschrittensten Technologien von der Raumfahrt bis zur Kernphysik interessiert sind, handeln zum Teil wegen ihrer vergangenen Leben in Atlantis so. Die Belastungen des Lebens in Atlantis führten zu neuen Krankheiten, so wie auch heute neue Krankheiten auftauchen. Vor 150.000 Jahren betrug die durchschnittliche Lebenserwartung in Atlantis etwa 800 Jahre, zur Zeit des Untergangs von Atlantis, 12.000 Jahre vor Christus, aber nur noch etwa 200 Jahre.

Im frühen Atlantis waren natürliche oder ganzheitliche Heilmethoden in der Medizin vorherrschend. Nach und nach aber entstanden für die damalige Zeit radikal neue Heilmethoden, unter anderm das, was wir heute allopathische oder orthodoxe Medizin nennen. Viele Anhänger der ganzheitlichen Schulen wandten sich gegen diese materialistischen Lehren, also wurden bestimmte Repräsentanten der neuen Medizin von der Staatsgewalt verfolgt. Es ist ein faszinierendes karmisches Muster, daß heute bestimmte Menschen aus jener Frühzeit von Atlantis als Naturmediziner reinkarniert sind und jetzt selbst Ärger mit den gesetzlichen Bestimmungen haben. Diese Menschen haben früher andere wegen ihrer Überzeugungen angegriffen, deswegen haben sie jetzt selbst ähnliche Probleme, weil sie nach ihren Überzeugungen handeln.

Frage: Würdest du bitte die Beziehung der Devas, also der Naturgeister, zum Reich der Minerale erklären?

„Naturgeister sind Seelen oder menschliche Formen oder menschliche Persönlichkeiten, die mit ihren Elementen bis zur Ebene des strahlenden Lichts fortgeschritten sind, vollkommen an der Umwelt und der Natur teilhaben und mit ihnen eins sind. Sie werden von diversen religiösen, philosophischen und spirituellen Gemeinschaften angerufen. Verehrt diese Seelen nicht, sondern kommuniziert mit ihnen, denn sie sind eure Brüder und Schwestern. Im Dialog mit solchen Wesen solltet ihr nicht nur darum bitten, daß sie euch etwas geben, sondern auch darum, daß sie euch teilhaben lassen an den Erkenntnissen, die sie gewonnen haben durch ein Leben in weiterhin menschlicher Form, das in vollkommener Harmonie mit der Natur auf den ätherischen Ebenen stattfindet.

So wie ihr eure spezifische Ebene der dreidimensionalen Existenz habt, so basiert ihre Wirklichkeit auf den Schwingungen, die auf molekularer Ebene ständig von verschiedenen Essenzen, Edelsteinen und Blumen ausgesandt werden, denen sie sich zuneigen. So wie ihr und euer physischer Körper nicht ohne eure Landwirtschaft in der Zeit überleben könnt, so können sie ihre Lebensweise nicht ohne die Essenz bestimmter Edelsteine und Pflanzenstrukturen aufrechterhalten. So wie ihr Sauerstoff aus eurer Atmosphäre zieht, so existieren die Devas als elektromagnetische Wesen. Die eigentliche Essenz, durch die sie existieren, ist natürlich das elektromagnetische Muster des Edelsteins oder der Pflanzenform. So wie euer physischer Körper von den Nährstoffen profitiert, die sich in einer Reihe von Edelsteinen und Pflanzen finden, so profitieren die Devas von verschiedenen Mustern biomagnetischer Energie, die von Edelsteinen, Pflanzenformen und Blumen ausgesandt werden. So wie ihr Gartenbau und Landwirtschaft studiert, um als Gesellschaft zu überleben, so studieren sie zu ihrer Weiterbildung die Muster und intelligenten Energien von Mineralen und Pflanzen.

Wenn ihr diese intelligenten Wesen träfet, würdet ihr euch zu ihnen hingezogen fühlen, denn sie fühlen mit euch und ihr mit ihnen, denn ihr seid alle Seelen. So wie ihr in eurer humanoiden Form verschiedene Rassen habt, so sind auch sie nur Seelen, die sich in einem anderen dimensionalen Zustand aufhalten, der dem euren nicht unähnlich, nur in einer etwas anderen Schwingung ist. Es ist gut möglich, daß ihr mit diesen Individuen Verhandlungen aufnehmt, damit sie in eurem gemeinsamen Interesse das tun, was sie am besten können, nämlich heilen und ein angemessenes Gleichgewicht in der gesamten Umwelt herstellen. Sie machen sich große Sorgen um die Umweltverschmutzung. Deshalb werdet ihr feststellen, daß Menschen, die sich mit Biochemie befassen, sich letztendlich denen anschließen werden, die die Umwelt erhalten, vielleicht weil hier die größte Quelle der Heilung liegt.

Zum Zeitpunkt des ursprünglichen Abfalls vom Geiste tauchten im System der Gesellschaft einzigartige Wesen auf, die man Elfen und Devas nannte, außerdem weitere Lichtwesen, die in der Mythologie als Feen bekannt sind. Sie arbeiteten in kollektivem Bewußtsein zusammen und manifestierten in vielerlei Weise das ursprüngliche Gebot der Engel, im Göttlichen zu leben und neue Lebensformen zu schaffen und zu inspirieren, aber nicht auf die irdische Ebene zu fallen und andere zu manipulieren. Der

Einfluß dieser Wesen schritt von den Mineralen zu den Pflanzen fort, und eine Zeitlang wurden sie sogar in manchen naturnahen Gesellschaften als Halbgötter betrachtet. Das spiegelt sich zum Beispiel in den Mythen der Griechen wider[35]. Die Lemurianer lebten mit diesen Naturgeistern harmonisch zusammen und wurden oft selber welche.

Bei der Zerstörung Lemurias entschieden sich viele Angehörige dieser Kultur, in ihrem geistigen Zustand zu bleiben, um ihre Studien zu vollenden. Sie wollten ihre ätherischen und auralen Körper behalten. Zu diesem Zweck stellten sie eine Teilverbindung zu bestimmten Mineralen her. Mit Hilfe der gedankenformverstärkenden Eigenschaften der Minerale konnten sich die Lemurianer ihre damaligen Körper, Persönlichkeiten und Ego-Strukturen bewahren und damit als ätherische Körper weiterleben. So konnten sie sich leichter den ätherischen Ebenen anpassen, die sie nach dem Untergang von Lemuria bewohnten. Sie waren aber auch in der Lage, ihre elektromagnetischen Körper in der physischen Dimension zu materialisieren. Diese physischen Körper hatten höhere Schwingungseigenschaften, was Teleportation, Dematerialisierung und verschiedenes andere betrifft. So konnten sie in den drei Dimensionen existieren.

Naturgeister sind ein Synonym für die Evolution des Bewußtseins. Die verschiedenen Klassen der Devas sind die bewußten Frequenzbereiche des Geistes, die niemals die irdische Ebene betraten. Auf der anderen Seite gab es in Lemuria Bürger, die kein Karma hatten und dennoch auf der irdischen Ebene lernen wollten. Sie lernten, in den elektromagnetischen Frequenzbereichen des Lichts zu leben.

In Lemuria wandte man Schwingungstechniken wie Edelsteinelixiere und Blütenessenzen an, um die soziale Ordnung bewußt zu steuern. Das Ziel war, daß alle Rassen sich innerhalb einer vielrassigen Gesellschaft zu einer Spezies vereinen sollten. Man verlängerte das Lebensmuster einiger Halbgötter so sehr, daß man schließlich nur noch eine Generation fast unsterblicher Wesen brauchte, damit diese Wesen sich in eine einzige androgyne adamitische Rasse verwandelten. Eine Reihe mythologischer Geschöpfe wie zum Beispiel Pan wurden für tierähnliche Halbgötter gehalten, denn damals wohnte das Bewußtsein noch in tierischen Formen.

Durch genetische Steuerung gab es eine Verschiebung von der biologischen Persönlichkeit hin zur Seelenpersönlichkeit, so daß die Entwicklung der adamitischen oder menschlichen Rasse möglich wurde. Die tierischen Formen waren bei dieser Transformation ein wichtiger Wegweiser. Sie wurden unter anderm deswegen benutzt, weil sie schon seit langer Zeit auf der Erde existiert hatten. In diesem Prozeß übertrugen eine Reihe von Halbgöttern einen Teil ihrer Lebenskraft und ihrer genetischen Struktur auf die sich entwickelnde menschliche Rasse. Dieser Prozeß wurde wesentlich ausgelöst durch die direkte Inkarnation dieser Halbgötter auf dieser Ebene. Bei diesem Vorgang brauchten sie nicht die normale Geburtsprozedur durchlaufen. Die Menschheit ist dazu immer noch in der Lage. Allerdings sind den meisten Menschen diese Fähigkeiten verlorengegangen.

Es gibt heute noch karmische Muster, die mit den Mustern der mythischen Halbgötter verbunden sind, und devische Gefilde, die die menschliche Befindlichkeit formen. In der buddhistischen Religion sind zum Beispiel die Ideen der Ahnenverehrung und der Evolution der Seele durch das Tierreich mit derartigen Einsichten in das Karma bestimmter Menschen verbunden. Einige dieser Menschen engagieren sich heute in der ökologischen Bewegung und suchen, ein Gleichgewicht in der Natur herzustellen. Viele dieser Seelen haben früher lange Zeiträume in Halbgottinkarnationen verbracht. Jetzt kommen sie der Wertschätzung der Natur und der Entwicklung des menschlichen Bewußtseins näher. Diese Menschen stellen fest, daß bestimmte Edelsteine ihre Sensibilität und ihr Bewußtsein steigern, so daß sie psychisch in die Geheimnisse der Natur eindringen können. Die Aktivierung von Augenbrauen-, Kehlen- und Herzchakra liefert Einsichten in die Geheimnisse der Natur. Die mit diesen Chakren in Beziehung stehenden Edelsteine haben in den druidischen, ayurvedischen und taoistischen Traditionen Menschen Kontrolle über das Tierreich gegeben. In manchen Gesellschaften, die sehr von Tieren abhängig waren, war dies besonders wichtig. Die Mongolen zum Beispiel benutzten bestimmte Edelsteine, um die Bindung zu den Tieren zu festigen, die so wesentlich für ihre nomadische Lebensweise waren.“

Vor vielen Zeitaltern, beim ursprünglichen Abfall vom Geiste und dann wieder zur Zeit Lemurias, trafen viele entwickelte Seelen die bewußte Entscheidung, nicht auf dieser Ebene zu inkarnieren. Mit der physischen Zerstörung Lemurias erhöhte sich die Zahl dieser Naturgeister gewaltig. Viele Seelen, die in Lemuria physische Leben gelebt hatten, waren noch nicht bis zu dem Punkt entwickelt, wo sie auf Dauer zu höheren Ebenen zurückkehren konnten. Also ließen sie sich im Reich der Devas nieder, in einer ätherischen Dimension, die schneller ist als die Lichtgeschwindigkeit. Um sich weiter in dieser Dimension aufhalten zu können und ihre ätherischen Körper zu behalten, mußten sie Schwingungsenergien in sich aufnehmen, die von bestimmten Edelsteinen, Bäumen und Pflanzen ausgesandt wurden. Nach der Zerstörung von Lemuria bildeten sich spezifische Klassen von Naturgeistern, die sich mit bestimmten Edelsteinen und Pflanzenformen verbanden.

Im Westen hat der Glaube an die Existenz von Naturgeistern eine lange Tradition[36]. Ein Klassiker auf diesem Gebiet ist “*The Coming Of The Fairies*“ von

Arthur Conan Doyle. Das Buch enthält interessante Fotos von Naturgeistern[37]. Heute beweist die wachsende Popularität der Findhornkommune in Schottland das wachsende Interesse an diesem Gebiet. Aus Findhorn kommen detaillierte Berichte darüber, wie die Arbeit mit den Naturgeistern erstaunliche Gemüseerträge und eine hohe Bodenproduktivität zur Folge gehabt hat[38]. Auch Alice Bailey hat viele interessante Aussagen über Mineraldevas und die Rolle des Mineralreichs in unserem Leben gemacht[39].

Es mag seltsam klingen, daß man sich direkt auf dieser Ebene inkarnieren kann, ohne den normalen Geburtsvorgang durchzumachen, aber in Indien habe ich von mehreren spirituellen Meistern gehört, bei denen man fest davon überzeugt ist, daß sie so auf die Erde kamen. Man glaubt dort sogar, daß auch in diesem Jahrhundert einige große Seelen sich so auf dieser Ebene manifestiert haben. Jesus inkarnierte sich durch eine Frau, ohne daß eine andere Person direkt beteiligt war – ein weiterer hochentwickelter Weg, sich auf dieser Ebene zu inkarnieren.

„Die Beziehung der Naturgeister zu den Mineralen ließ Legenden entstehen, nach denen Wesen aus den Reichen der Devas und Feen unter der Erde an bestimmten Orten des Mineralreichs, wie zum Beispiel in Kristallhöhlen, wohnten. Diese Beziehungen verstärkten auch die individuellen Unterschiede zwischen den Reichen der Devas und Feen, denn der Gebrauch verschiedener Minerale zur Gedankenformverstärkung ließ natürlich verschiedene ätherische Formen entstehen. Zum Beispiel entwickelten diejenigen, die sich den Rubinen verbanden, andere ätherische Formen als die, die sich den Smaragden verbanden. Alle Edelsteine können die Gedankenform verstärken. Diese Seelen benutzten die Energie von Edelsteinen und Pflanzen, um Gedankenform-Lichtkörper zu bilden und stabil zu halten, so daß sie die Technologien des lemurianischen Lebensstils auch auf dieser neuen Bewußtseinsebene bewahren konnten[40].

Im frühen Stadium ihrer Existenz benutzten die Devas Kristalle, um ihre neuen Lichtkörper zu erschaffen. Kristalle sind ursprünglich als Brennpunkte für ätherische Aktivitäten auf dieser Ebene erschaffen worden. Kristalle können auch Orgonenergie bündeln, als Orgonakkumulatoren jedoch leisten sie keine besonders guten Dienste. Sie sind eine Schnittstelle zwischen Gedankenformverstärkung und Orgonenergie und dienen so der Schaffung ätherischer Formen.

Als sie sich in ihren Gedankenform- oder Lichtkörpern eingerichtet hatten, weiteten sie sich ins Pflanzenreich aus. Als nächstes wurden sie zu Halbgöttern erhoben und schließlich erreichten sie wieder ihren natürlichen stabilisierten Zustand als Lichtkörper auf den Ebenen, die sie heute bewohnen. Dies entsprach zum Teil der natürlichen Ordnung, in der sich spiegelt, wie der Mensch fortschreitet und unbelebte Minerale zu höheren Bewußtseinszuständen erhebt.

Viele dieser Halbgötter waren mythologische Geschöpfe, halb Tier, halb Mensch, die wirklich auf der physischen Ebene existiert haben, dann aber ausgestorben sind, wie so viele Arten[41]. Die Menschen verließen sich auf ihre Erinnerung an diese Gedankenformen und schufen daraus verschiedene Aspekte von Gott, Mythen und das Pantheon der Götter, wie es sich in verschiedenen heidnischen Religionen fand. Man benutzte Edelsteine, um aus der physischen Form der Götter die tierischen Eigenschaften zu entfernen, die sich bei vielen dieser mythologischen Geschöpfe entwickelt hatten. So näherte sich die Evolution dieser physischen Formen der Form des Homo Sapiens."

Der neugierige Leser mag sich wundern, daß man niemals Skelettüberreste von solchen tierisch-menschlichen Kreaturen gefunden hat. John hat an anderer Stelle gesagt, daß man solche Überreste bereits gefunden, sie dann aber ohne Aufsehen in der Nähe von Chikago gelagert hat, weil die Veröffentlichung dieser Funde die anerkannten Wahrheiten der archäologischen Forschung und die Theorien über die menschliche Evolution erschüttern würden. Wissenschaftler haben viele Artefakte aus alten Zeiten entdeckt, die sie nicht erklären konnten[42]. Außerdem bestanden in früherer Zeit die Gliedmaßen aus weichem Material, weil sich der physische Körper, wie die Erde, noch nicht gehärtet hatte. Solche physischen Körper können kaum über tausende von Jahren konserviert bleiben[43]. Verschiedene okkulte Forscher haben von den tierähnlichen Zügen gesprochen, die viele in früherer Zeit hatten[44]. Cayce hat als Oberpriester im alten Ägypten Techniken entwickelt, um viele dieser Deformierungen zu beseitigen[45]. Der physische Körper ist von den meisten dieser tierähnlichen Züge befreit, nicht aber der genetische Code. John hat dazu bemerkt, daß bestimmte genetische Unausgewogenheiten wie der Klumpfuß mit diesem evolutionären Muster der menschlichen Rasse zusammenhängen, daß die tiefsitzenden genetischen Krankheiten aber eher mit anderen Faktoren in Beziehung stehen. Diese tierähnlichen Züge sind ein Faktor bei vielen Erbkrankheiten, die heute auftreten. Mit der Zeit werden bewußte medizinische Forscher begreifen, daß vielen Krankheiten ein Ende gesetzt werden kann, wenn man diese tierischen Züge aus dem genetischen Code entfernt. Dieses Erbe der Menschheit geht auch in den esoterischen Symbolgehalt der ägyptischen Sphinx ein[46]. Auch heute noch gibt es weiter Berichte über diese Geschöpfe[47].

„Während dieser Periode, vor etwa 150.000 Jahren, entdeckten Menschen, die noch physisch inkarniert waren, im Reich der Devas eine völlig neue Klasse, ein neues Spektrum von Seelen. Aus dieser Entdeckung erwuchs eine Zusammenarbeit, indem zum ersten Mal diplomatische, soziale und ökonomische Beziehungen zwischen inkarnierten und nicht inkarnierten Wesen aufgenommen wurden. Nicht in Form von Verehrung, sondern als Zusammenarbeit zweier verschiedener Gesellschaften, einer ätherischen und einer physisch inkarnierten. Dabei wurden Edelsteine zur Gedankenverstärkung verwendet und bildeten so die Grundlage für die Kommunikation zwischen den Rassen. Für diese Kommunikation wurden ganze Haine geschaffen, überall in den Grotten und auf den Feldern ordnete man verschiedene kristalline Strukturen an. Wasserleitungen und Springbrunnen säuberten ständig die verschiedenen Edelsteine und kristallinen Strukturen, damit diese Kommunikation möglich wurde[48]. Dieser Austausch begann in der Spätzeit von Lemuria und breitete sich in umfassenderer Form ins frühe Atlantis aus."

Frage: Wurde dieser Austausch auch benutzt, um mit verstorbenen Freunden zu kommunizieren?

„Nein, denn der Tod machte den Atlantianern damals wenig Sorgen. Zu gut waren die Prinzipien der Reinkarnation bekannt. Der Tod trat zu einem selbstgewählten Augenblick ein, man gab die physische Form aus eigener Entscheidung auf. Die Eigenschaften der Seele, die Astralprojektion und die Seelenreise, waren so gut in die Gesellschaft integriert, die Gesetze des Karmas wurden so klar begriffen, daß die emotionalen Bindungen, die ihr heute fühlt, damals unbekannt waren.

Verschiedene Devas fühlten sich zu diesen Grotten und Feldern hingezogen – dank der Bemühungen gewisser Atlantianer und der Priesterschaft, die die Bürger von Atlantis zu den spirituellen Ebenen erwecken wollten, die man in Lemuria erreicht hatte. Die Priesterschaft setzte besondere Gesetze durch, um diese Haine als Orte des Rückzugs und als Aufenthalt für Menschen zu bewahren, die mit den devischen Reichen kommunizieren wollten.

Diese Haine waren Gegenden, in denen besondere Wässer und heiße Quellen flossen und in denen diverse Edelsteine und Kristalle versammelt waren. In diesen Gebieten wurden verschiedene Minerale mit großem therapeutischen Wert und langer Heiltradition verwendet, darunter Bernstein, Smaragd, Gold, Lapislazuli, Perlen, Rubin und Silber. Als ganz wesentlich wurde natürlich Quarz angesehen.

Im späten Lemuria und in Atlantis betraten Menschen diese Gebiete, um sich zu versenken und zu meditieren, um den physischen Körper zurückzubringen zu Formen, die dem göttlichen Energiezustand näher waren. Auch die Fähigkeiten zur Astralprojektion wurden entwickelt, so daß man ganz und gar durch seelische Kräfte über die Ebene gehen konnte. Menschen, die hier meditierten, aktivierten ihre höheren Körper, traten aus der physischen

Form heraus, bereisten den Planeten und machten doch noch immer Erfahrungen, die für diese Ebene typisch sind. Hier konnte sich der physische Körper von vielen Negativitäten befreien. Diese Grotten ähnelten durchaus den Rückzugsorten, die ihr heute für Menschen habt, die eine heilende oder reinigende Umgebung suchen.

Jedes Mineral hatte bei dieser Arbeit eine spezifische Bedeutung. Zunächst einmal mußte der Edelstein mit einer bestimmten Pflanzenform harmonieren, damit das Einschwingen auf die jeweiligen Devas möglich wurde. Darauf meditierte der Mensch, um eine Kommunikationsschiene herzustellen – wobei er sich vorher mit Quarzkristallen umgab, um die telepathischen Fähigkeiten zu verstärken und auf natürliche Weise zu steigern. Des weiteren gab es durch Edelsteinmeditation verschiedene Kommunikationsebenen mit den Devas. Oft stimulierten diese Praktiken das Traumleben. Es kamen neue Informationen ans Licht, und zwar zum Teil deswegen, weil die verschiedenen Klassen der Devas dem allgegenwärtigen Zustand näher sind und umfassendere hellseherische Fähigkeiten besitzen. Gewöhnlich fand die Kommunikation während einer Meditation nur mit einer spezifischen Klasse von Devas statt und mit den Prinzipien und Wissensbereichen, die dieser Klasse zur Verfügung standen. Zum Beispiel ließ sich durch sympathetisches Einschwingen auf Rubin unter gleichzeitiger Beachtung der Pflanzenformen und des Planeten, zu dem Rubin in Beziehung steht, ein Dialog beginnen. Rubin steht in exaktem Gleichklang mit bestimmten Pflanzenformen wie der Sonnenblume, die die Fähigkeit besitzen, sich nach der Sonne hin zu drehen. Diamant hat die Fähigkeit, einen gemeinsamen Brennpunkt mit der „bloodrose" zu bilden, und die Kobolde haben eine besondere Beziehung zu diesem Edelstein. Die Rosen haben natürlich ein breites Spektrum von Schwingungsaktivitäten und stehen zu diversen Edelsteinen in Relation. Ihre Aktivitäten sind nicht etwa auf Diamant beschränkt. Meditation über Rosen eröffnet bis zu einem gewissen Grad die astrologischen Einflüsse des Mars, wie zum Beispiel seine spezifischen Umlaufbahnen.

Rudimentäre Formen dieser Kommunikationsweise wurden durch verschiedene Naturreligionen weitergegeben, so bei den Druiden und in bestimmten Mythologien. Viele der ägyptischen Götter waren eigentlich Devas. Dies wußte auch die ägyptische Priesterschaft mehr oder minder. Doch andererseits begriffen die Atlantianer und Lemurianer dies nicht als Form der Verehrung, sondern als diplomatische und soziale Kommunikation. Damals waren die verschiedenen Klassen der Devas so entwickelt, daß sie bestimmte Führer mit dieser Kommunikation betrauten."

Frage: Gibt es diese Führerschaft auch heute noch?

„Kaum. Zwar gibt es noch immer verschiedene soziale Klassen unter den Devas, aber ihre Individualität hat sich so stark entwickelt, daß sie im allgemeinen wieder in Stämme zerfallen sind. Spirituell sind sie fortgeschritten, sozial haben sie sich eher zurückentwickelt.

Manche Menschen begaben sich zum Gebet in Gegenden mit vielen Mineralvorkommen, die oft unterirdisch und nicht bekannt waren. An diesen Stellen gab es Seelengruppen auf der Ebene von Halbgöttern, die als kollektiver Brennpunkt dienten – als ein gemeinsames Bewußtsein. Zu manchen Zeiten hat man in ihnen Pan, Merkur oder andere mythologische Geschöpfe gesehen. Die Gedankenformen von Pan und anderen mythologischen Tiermenschen wurden durch die Minerale und kristallinen Strukturen in einem Brennpunkt vereint, sie akkumulierten Orgonenergie und schwangen sich auf die Energie des Priesters oder der gesamten Bevölkerung ein. Diese Wesen manifestierten sich auch in materieller Form, obwohl sie eigentlich ätherisch waren. Durch die Kristallvorkommen wurden holographische Projektionen erzeugt. Schon seit alters her bringt man Devas mit unterirdischen Kristallagern in Verbindung, denn diese Lager waren unter anderem als Brennpunkt für die Schaffung ätherischer Aktivitäten auf der physischen Ebene bestimmt.

Über viele tausend Jahre wurden diese Grotten und Edelsteinhaine instandgehalten. Später aber wurden aufgrund der Degeneration der Priesterschaft bestimmte Grotten vernachlässigt. Weiterhin begaben sich Menschen zu diesen Orten, um zu meditieren und sich zu reinigen, aber die Edelsteine, Statuen und kristallinen Strukturen wurden nun von der Priesterschaft nicht mehr so gut gereinigt und instandgehalten. Nach und nach verließen die Devas diese Gebiete, und die Überreste der negativen Gedankenformen vieler Menschen blieben zurück. Zwar waren die Quarzkristalle und die meisten anderen Minerale in diesen Grotten und Feldern so konstruiert, daß sie sich selbst reinigten, aber die Priester und ihre Assistenten leisteten doch einige Hilfestellung.

Wenn Menschen, denen es an Wissen über diese Hintergründe mangelte, diese Gegenden betraten, wurden sie häufig durch die Überreste der verstärkten negativen Gedankenformen stark gereizt und verwirrt. Damals machte man sich in Atlantis Sorgen um etwas, was man die Halbwertzeit von Gedankenformen nennen könnte, so wie es bei eurer Nuklearindustrie heute um die Halbwertzeit radioaktiver Isotope geht. Die mythologischen Berichte von Dämonen, die sich besonders bei den Griechen finden, erwuchsen aus dem langsamen Zerfall von Gedankenformen, die mit ungereinigten Mineralen und Kristallen aus diesen Grotten in Beziehung standen. Gerade diese Grotten und Rückzugsorte wurden auch Auslöser für die Legenden und Geschichten über verschiedene verlorene paradiesische Länder. Auf viele Weisen gleichzeitig entstand ein archetypisches Muster von legendären Feenländern, obwohl diese Gegenden in Lemuria und Atlantis einen bestimmten therapeutischen Zweck gehabt hatten. Schrittweise, über tausende von Jahren, reinigten sich diese kristallinen Strukturen selbst von diesen Überresten, obwohl bestimmte Menschen mit medialen und hellseherischen Begabungen noch lange diese Gedanken spüren konnten. Heute gibt es dieses Phänomen nicht mehr, weil in die kristallinen Strukturen Selbstreinigungsmechanismen eingebaut waren und weil viele tausend Jahre vergangen sind.

Edelsteine wurden also benutzt, um zu heilen und die Kommunikation zwischen zwei unterschiedlichen Rassen auf gesellschaftlicher Ebene herzustellen. Das ganze basierte auf den Prinzipien und der Existenz menschlicher Seelen auf anderen Ebenen. Rubin ist mit telepathischen Fähigkeiten assoziiert und kann heute benutzt werden, um mit Naturgeistern in Kontakt zu treten. Man muß einfach in den Edelstein hineinmeditieren, als ob man mit dem Gehirn in ein Mikrophon spräche."

Frage: Bitte sage uns etwas über die Geschichte der Verwendung von Edelsteinen nach dem Untergang von Atlantis.

„Edelsteine wurden in Kombination mit meditativen Praktiken verwendet, die den Kundalinimeditationen ähneln. Man benutzte sie, um die Chakren anzuregen und zu öffnen. Danach waren die Menschen eher bereit, sich in Channeling-Trance zu begeben. Denn der Zustand des Channeling ist nichts anderes als das Einschwingen des Bewußtseins auf die höheren Quellen. Man erreicht diesen Zustand, indem man die Chakren durch verschiedene Techniken öffnet, zum Beispiel in Edelsteinen badet oder sie am Körper trägt, während man sich in einem tiefen meditativen Kundalinizustand befindet. Oft zogen sich Menschen zu diesen Meditationen in bestimmte kuppelförmige Kristallkammern mit Wänden aus Quarzkristallen zurück. Das erleichterte die Öffnung der Chakren während dieser tiefen Meditationszustände. Durch die Öffnung der Chakren konnte man eine Verschiebung des geistigen Bewußtseins zu den höheren medialen Zentren erreichen, ähnlich den Zuständen, die in Atlantis und Lemuria bekannt waren.

Die Edelsteine spielten weniger deswegen eine so wesentliche Rolle, weil die Menschen sich aus ästhetischen Gründen zu ihnen hingezogen fühlten oder weil die Steine mystische oder magische Eigenschaften besaßen. Es lag eher daran, daß die Steine eine direkte Auswirkung auf die verschiedenen Ebenen des menschlichen Bewußtseins hatten. In ganzheitlich orientierten und integrierten Gesellschaften, die an die kombinierten Prinzipien von Verstand, Körper und Geist glaubten, war das sehr wichtig. Diese Konzepte beruhten nicht auf Aberglauben, sondern auf intuitivem Wissen und einer empirischen Zugangsweise. Man könnte sie durchaus als Vorläufer eurer heutigen wissenschaftlichen Forschung begreifen.

Auch in eurer Wissenschaftsorthodoxie ist es bekannt, daß verschiedene geschichtliche Kulturen wie Ägypten, Babylon, die Azteken, Mayas, Tolteken, Chinesen, die Polynesier und die australischen Steinzeitmenschen seit Tausenden von Jahren Edelsteine benutzen. Die schriftlichen und mündlichen Überlieferungen in diesen Kulturen wurden nicht nur in der Priesterschaft, sondern auch unter schamanistischen Heilern weitergegeben. Mit schamanistischen Heilern meine ich nicht diejenigen, die direkt zu Menschengruppen sprachen, sondern die, die individuell als Heiler arbeiteten, wobei sie gleichzeitig als Priester und als Wissenschaftler fungierten, indem sie verschiedene Edelsteine empirisch erprobten. So legen auch diese historischen Muster Zeugnis von der funktionellen Verwendung der Edelsteine in verschiedenen geschichtlichen Perioden ab.

Die Verwendung der Edelsteine in Lemuria und Atlantis hat verschiedene Architekturphilosophien in späteren Zivilisationen inspiriert, etwa in Ägypten, Babylon, China, Persien, bei den Azteken und Tolteken. Wie bei Kolonien meistens der Fall, entwickelten spätere Kulturen nur einige Aspekte des früheren Gebrauchs der Edelsteine in begrenzterer und spezialisierterer Form. In den meisten späteren Kulturen entstand eine Priesterkaste, und viele unterschiedliche Formen der Edelsteinheilung entwickelten sich, so ihre Verwendung durch Rutengänger oder bei der Reinigung der Chakren, zu alchimistischen Zwecken und zur homöopathischen Therapie. So hat es viele spezialisierte Anwendungsformen und Wiederentdeckungen der bereits existierenden Prinzipien gegeben, keine der alten Kulturen aber begriff die wahren Implikationen des Edelsteingebrauchs, keiner gelang eine völlige Wiederherstellung dieser Prinzipien."

In vielen alten Kulturen wurden Steine verehrt, teils, weil sie zur Herstellung von Waffen verwendet wurden, teils weil sie vor der rauhen Umgebung zu schützen vermochten und weil man mit ihnen Feuer entfachen konnte[49]. In vielen Kulturen, die nach dem Untergang von Atlantis entstanden, war der Gebrauch von Amuletten und Talismanen weit verbreitet. Zum Beispiel benutzte man in Ägypten Rubine zum Schutz vor schwarzer Magie[50], und ein diamantenähnlicher Stein wurde als Spiegel verwendet, um die Gabe der Prophezeiung zu entwickeln[51]. Im alten Ägypten und Indien waren Minerale eng verbunden mit den Traditionen von Heilung und Spiritualität. In Indien verwendete man Goldamulette, um ein langes Leben zu erreichen. Auch die Herstellung und das Tragen von Schmuck und Juwelen war in diesen Ländern weit verbreitet[52]. Der Gebrauch von Edelsteinen wegen ihrer Heileigenschaften bei den alten Griechen und Römern wird in den Schriften von Dioskorides, Plinius und Theophrast ausführlich diskutiert[53]."

Frage: Würdest du bitte erklären, wie Edelsteine historisch zu religiösen Zwecken verwendet wurden?

„Um die Ursprünge der religiösen Bedeutung der Edelsteine zu verstehen, muß man zunächst ihren Zweck und ihre Anwendung in Lemuria und Atlantis begreifen. Nicht nur schrieb man den Edelsteinen wegen ihrer religiösen Bedeutung heilende Qualitäten zu, sondern diese religiösen Attribute entstanden wegen der spezifischen Anwendung der Edelsteine bei höheren Technologien und den höheren Wachstumsprozessen, wie man sie in Lemuria und Atlantis fand. Damals waren die Edelsteine voll in die Gesellschaft integriert und hatten eine wichtige Funktion als Teil des gesellschaftlichen und technologischen Gesamtkomplexes. Auch in eurer gegenwärtigen modernen Gesellschaft hat es radikale Veränderungen gegeben, weil eure Technologie zur gesellschaftlichen Kraft geworden ist, die die Lebensweise der Menschen verändert und neue Chancen eröffnet. So waren Edelsteine der Eckpfeiler der Technologien von Lemuria und Atlantis. Die Steine wurden zur Steigerung des Bewußtseins verwendet, so daß die Menschen mehr Möglichkeiten zur Selbstverwirklichung hatten. Man benutzte sie zum Beispiel, um das Bewußtsein zu erreichen, mit dem sich die Fähigkeit zur Levitation erzeugen läßt. Man gebrauchte sie in der Heilkunst und bei der Entwicklung von Technologien zur Elektrizitätserzeugung. Alle diese Dinge trugen zur Erhaltung des gesellschaftlichen Gefüges von Atlantis und Lemuria bei.

Dabei muß man vor allem verstehen, daß die Religion ein wesentlicher Stein im Mosaik des gesellschaftlichen Gefüges ist, ja in vielen Gesellschaften ein Schlüsselfaktor, der die Gesellschaft zusammenhält. Atlantis und Lemuria waren auf Bewußtsein gegründete Gesellschaften. Ein Schlüsselelement im sozialen Gerüst war die Fähigkeit der Edelsteine, in Verbindung mit anderen gesellschaftlichen und spirituellen Kräften Bewußtsein zu erzeugen. Die verschiedenen Religionen, die überall auf der Welt entstanden, wurden zu Bewahrern des Wissens von den lemurianischen und atlantianischen Technologien. In all diesen Schulen religiösen Denkens behielten die Edelsteine immer eine einzigartige Position. In verschiedenen religiösen Kulturen wurden sie als unentbehrlich erachtet, wenn es um die Erhaltung eines hohen Bewußtseinsniveaus oder um den Aufstieg in den religiösen und gesellschaftlichen Hierarchien ging.

Einige dieser Kulturen verloren das intellektuelle Wissen über die spezifischen Eigenschaften der einzelnen Steine. Sie entwickelten komplizierte

Rituale, bei denen die Eigenschaften der Steine im Mittelpunkt standen, sie arrangierten sie zu rudimentären Mandalas und schrieben ihnen gewisse verehrungswürdige Fähigkeiten zu. Gelegentlich wurden durch komplizierte Rituale und Einweihungspraktiken die tatsächlichen Eigenschaften der Steine aktiviert. Deswegen schrieb man bestimmten Edelsteinen heilige Eigenschaften zu, und die Steine wurden in den Mittelpunkt der Kulthandlungen gestellt. Für viele Menschen nahmen sie die Bedeutung von Götzenbildern an. Um zukünftige Generationen über die Eigenschaften der Edelsteine zu informieren, suchten die Menschen symbolischen Ausdruck für die Eigenschaften der Steine und der Metalle. So geschah es bei den primitiveren Völkern. Der Gebrauch von Edelsteinen war dort eine intuitive Kunst, die man wie einen Aberglauben praktizierte.

Andere Kulturen erhielten sich hochentwickelte intuitive Fähigkeiten bezüglich der Eigenschaften verschiedener Steine, und es gelang ihnen, diese Informationen, wenn nicht zu einer Wissenschaft, so doch zu einem medizinischen System zusammenzufassen. Das geschah bei den Cherokee, den Chumas, den Moundbuilderstämmen (als „Moundbuilders" bezeichnet man eine Reihe nordamerikanischer Indianerstämme, die sich durch den Bau auffällig großer Grabhügel – „mounds" – auszeichneten – Anm. d. Übs.), den Irokesen, den Seminolen und den Yaqui-Indianern. Auch einige Kulturen Südostasiens und die Nomadenstämme Afrikas und Australiens besaßen ein ähnliches Verständnis. Die Steine waren Teil eines medizinischem Systems, das spontan aktiviert werden konnte und half, bestimmte Beschwerden zu behandeln. Dies war die letzte Vorbereitungsphase für die Neuformulierung einer vollständigen Wissenschaft der Steine.

Gewisse andere Kulturen gingen mit den Edelsteinen weiter wissenschaftlich um. Sie wußten, daß die Kräfte, die man den Steinen zuschrieb, den Tatsachen entsprachen, auch wenn sie manchmal mit bestimmten Gottheiten verbunden wurden. Unter der aktiven Priesterschaft dieser Kulturen war es allgemein bekannt, daß diese Kräfte den Steinen innewohnten und daß die Gottheiten nur eine Facette des Selbst darstellten. So war es bei den Azteken, Babyloniern, Ägyptern, Griechen, Inkas, Tolteken, und gewöhnlich auch bei den orientalischen Rassen, wie den Chinesen. Auch die japanische Rasse entdeckte später diese Eigenschaften der Steine wieder.

In verschiedenen Gesellschaften hat es immer einzelne Menschen gegeben, die diese Prinzipien wiederentdeckten, auch wenn dieses Wissen der breiten Bevölkerung verschlossen blieb. So geschah es vor allem bei Mitgliedern der hinduistischen und der jüdischen Religionsgemeinschaft, und ganz besonders bei den Essenern. Im Buddhismus wurde der Gebrauch von Edelsteinen zwecks Anhebung des Bewußtseins zu höheren Wahrnehmungszuständen fest etablierte Praxis[54]. Auch taoistische Heiler sowie Ärzte und Menschen, die in der Nähe von Stonehenge wohnten, entwickelten ein tiefes Verständnis vom Gebrauch der Minerale mit allen Implikationen. So wie sich das Wissen von den Edelsteinen in diesen Gesellschaften entwikkelte, war es immer mehr mit dem Bewußtsein einzelner Menschen verbunden, bis es schließlich wieder eine Wissenschaft wurde, wie einst in Atlantis und Lemuria.

Durch die Kräfte der Edelsteine gelang es bestimmten Menschen, einzigartige Positionen in der Gesellschaft einzunehmen. Sie behaupteten dann, hinter ihnen stände die Macht gewisser Gottheiten, die sie bestimmt hätte, eine religiöse Bewegung oder einen Orden zu gründen und zu führen. Das beeindruckte die Menschen immens. Das Wissen über die Aktivierung und Verwendung der Edelsteine wurde oft unauffällig innerhalb bestimmter Familien von Generation zu Generation weitergegeben. Eine hochzentralisierte Technologie, der Anspruch auf spezielles Fachwissen und die Tatsache, daß die Steine wirklich starke Kräfte haben – all das kam zusammen und verlieh ihnen eine religiöse Bedeutung. Die Geschichte des Einsatzes der Steine in der Religion zu begreifen, ist wichtiger als den Steinen selbst irgendeine religiöse Bedeutung zuzuschreiben. Die Steine wurden in religiösen Zeremonien benutzt, hatten aber keine tiefere religiöse Bedeutung. Sie standen einfach bei bestimmten Kulturen im Mittelpunkt. Minerale sind nicht religiöser als zum Beispiel Laserstrahlen, die ja auch für eure Kultur Fortschritte und hochentwickelte Heiltechniken gebracht haben.“

Frage: Lange hat über Identität und Verwendung des Urim and des Thummin an dem in der Bibel erwähnten Brustharnisch Verwirrung geherrscht. Was waren das für Steine, und wozu dienten sie?

„Sie hatten zwei Enden, eines aus klarem, das andere aus Rauchquarz[55]. Gewöhnlich hielt man den klaren Quarz in der rechten Hand, den Rauchquarz in der linken. Allgemein wurde klarer Quarz benutzt, um die Zukunft anzuzapfen, während Rauchquarz benutzt wurde, um in die Vergangenheit zu sehen. Allerdings konnten beide für beide Richtungen verwendet werden, weil ihre Energie umkehrbar ist. Linkshänder hielten den schwarzen Quarz in der Rechten und den klaren in der Linken. So half der schwarze Quarz, in die Zukunft zu sehen, der klare, die Vergangenheit zu erforschen. Ganz gleich in welcher Hand die Quarzstücke gehalten wurden, diente der klare Quarz immer zum Energieentladen und der Rauchquarz zum Empfangen von Energie. Schwarzer Quarz ist immer yang oder männlich, weißer yin oder weiblich. Es gab eine Zeit, da warf man diese Kristalle als Orakel, ähnlich wie beim *I Ging*. Zu anderen Zeiten benutzte man sie als Zentrum der Meditation, um Visionen anzuregen, nie aber standen sie im Mittelpunkt der Verehrung. Denn dieser Platz war immer der zentralen Gottheit Jehovah vorbehalten. Zu bestimmten Zeiten trug ein Priester, der in enger Verbindung zu Gott stand, den gesamten Brustharnisch. Er verstärkte das Bewußtsein, verbesserte den Zugang zum Wissen der kosmischen Ebenen und vermittelte mehr Klarheit und größere geistige Schärfe beim Empfang solcher Informationen. So wurden Offenbarungen und Prophezeiungen empfangen."

Frage: Also wurden die Informationen von den höheren Kräften auf dem Wege des Trance-Channeling oder durch bewußtes Channeling empfangen?

„Richtig."

Frage: Ist es wahr, daß von dem Brustharnisch ein Strahlen ausging?

„Ja, das waren die auratischen Eigenschaften der Steine, die von Menschen mit sensitiven Fähigkeiten gesehen werden konnten. Diese Wahrnehmungen wurden noch verstärkt durch das glattpolierte Äußere der Steine. Wenn sich die Steine in ganz eigener Weise mit dem Bewußtsein und der Aura des Priesters vermischten, wurde außerdem tatsächlich eine physische Lichtquelle aktiviert, die mit den auratischen und ätherischen Eigenschaften der Edelsteine verschmolz. Dies verstärkte die piezoelektrische Wirkung der Steine. Dabei setzen die Molekularstrukturen der Steine Energie oder Elektrizität frei, wenn sie unter Druck oder Spannung stehen. Des weiteren wurde die Wirkung des Brustharnischs durch die Verwendung von Weihrauch und ätherischen Ölen gesteigert."

Frage: Stimmt es, daß der Brustharnisch manchmal benutzt wurde, um die Schuld oder Unschuld einer Person zu überprüfen? Wenn sich der Stein bei einer bestimmten Frage trübte, galt dann die Schuld als erwiesen?

„Richtig. Der Priester war sensitiv genug, um die Antwort des Steins zu sehen. Manchmal wurden bei diesen Tests Menschen einfach mit bestimmten Edelsteinen in Berührung gebracht. Man stellte jemandem eine Reihe von Fragen, während er einen hochempfindlichen Edelstein in der Hand hielt, und während der Fragen durchlief der Stein bestimmte Veränderungen. Merkmale, die sich bei Menschen unter Streß beobachten lassen, wie zum Beispiel der höhere Säuregehalt der Haut, wurden durch die Neigung des Menschen zu Aberglauben noch verstärkt oder auch durch den Streß, der für die physische Form dadurch entsteht, wenn jemand Informationen ausspricht, die nicht den Tatsachen entsprechen. Solcher Streß läßt Edelsteine ihren Glanz verlieren."

Frage: Stimmt es auch, daß die zwölf Steine in dem Brustharnisch auch für die zwölf Engel stehen, die die Tore zum Himmel bewachen?"

„Richtig. Natürlich repräsentieren diese Engel unabhängige Kräfte."

Frage: Aus historischen Quellen geht hervor, daß es zwei Brustharnische gegeben hat – den von Aaron und den Brustharnisch des zweiten Tempels. Man nimmt an, daß der erste weggenommen wurde, als die Juden gefangen und nach Babylon gebracht wurden. Wo ist er heute?

„Das stimmt. Der Harnisch gehörte zur Beute, heute liegt er unversehrt vergraben. Der zweite Brustharnisch wurde geschmiedet, als die Juden aus dieser Gefangenschaft freikamen."

Frage: Die geschichtlichen Quellen lassen auch vermuten, daß der zweite Brustharnisch nach Rom gebracht wurde, dann nach Konstantinopel und schließlich wahrscheinlich zurück nach Jerusalem. Im sechsten oder siebten Jahrhundert vor Christus soll er von den Persern oder den Moslems geraubt worden und schließlich in den Wirren der Geschichte verloren gegangen sein.

„Auch er liegt unversehrt unter einer archäologischen Ruine begraben. Die Archäologen werden wahrscheinlich in den nächsten zweieinhalb Jahren Artefakte finden, die für diesen Brustharnisch bedeutsam sind. Das wird ein neuer Anreiz für den Wiederaufbau des großen Tempels in Jerusalem sein, der schon jetzt von der israelischen Regierung erwogen wird."

Frage: Kannst du uns irgendwelche neuen Informationen über die verlorene Bundeslade geben, die in der Bibel erwähnt wird. Erst kürzlich hat ja ein Film („Raiders of the Lost Ark" – Jäger des verlorenen Schatzes) ein breites Publikum daran erinnert.

„Die Bundeslade liegt wohlbehalten und unversehrt in Frankreich, aber niemand hat auch nur einen Verdacht in Hinblick auf ihre wahre Identität."

Frage: Wirst du uns genauere Informationen geben, wie diese Bundeslade und die beiden verlorenen Brustharnische aufzufinden sind?

„Nicht zu diesem Zeitpunkt.“

Frage: Plinius hat geschrieben, die Tafeln des Moses seien aus Lapislazuli gewesen, andere sagen, sie hätten aus Saphiren bestanden. Kannst du dazu etwas sagen?

„Die ersten Tafeln waren aus Smaragden, die zweiten aus Lapislazuli. Einige Ausschmückungen an den smaragdenen Tafeln waren ihrer Natur und Struktur nach Saphir.“

Frage: Worum handelt es sich bei dem Schamir, der in der Bibel und im Talmud erwähnt wird? Man nimmt an, daß Aaron ihn benutzt hat, um den ersten Brustharnisch herzustellen und daß Salomon ihn in Verbindung mit mentaler Energie beim Bau des großen Tempels in Jerusalem gebrauchte.

„Der Begriff „Schamir“ war ein Sammelbegriff für mehrere verschiedene Edelsteine. Zum Beispiel hat man Quarzkristalle benutzt, um beim Bau des salomonischen Tempels Steinblöcke durch Levitation zu bewegen. Der Begriff „Schamir“ selbst aber bezieht sich auf den Stein der Weisen, mit dessen Hilfe die Alchimisten Gold herstellten.

Entscheidend ist folgendes: In allen Kulturen hat man Steine religiös als Schlüssel gesehen, als Schlüssel nicht nur zu geheimem Wissen, sondern auch zu spezifischen Bewußtseinsebenen, die es dem Eingeweihten ermöglichen, sich später höherer Weihen oder eines höheren Bewußtseins würdig zu erweisen. So etwas gehört immer zu den Regeln und zum Ursprung jeder Priesterschaft. Ein weiteres wesentliches Element war der Gebrauch von Edelsteinen zu Weissagungen und Heilzwecken. Wenn alle diese Faktoren gleichzeitig auf eine gesamte Gesellschaft Einfluß nahmen und auch noch zentraler Brennpunkt in den Kulthandlungen für eine bestimmte Gottheit oder beim Fortschritt zu höherem Bewußtsein waren, dann wurden sie zu Bestandteilen eines religiösen Gefüges. Denn all das schrieb man damals den Ebenen und Annäherungsweisen zu, die notwendig waren, um das Bewußtsein Gottes zu erreichen.

Was die philosophische Natur der Edelsteine angeht, so sollte man nicht in den Fehler verfallen, sie anwenden zu wollen, bevor der Mensch das entsprechende Bewußtsein erreicht hat. Alle Zustände des menschlichen Bewußtseins sind gleichermaßen fortgeschritten, und alle können gleichermaßen zur Transformation führen. Wie bereits gesagt, kann durchaus auf der Ebene des Kronenchakras die höchste Stufe der Bewußtseinsentwicklung erreicht sein. Wenn aber die unteren Chakren von der Entwicklung ausgeschlossen waren, dann sind für diesen Menschen die entwicklungsfördernden Steine, die mit dem Kronenchakra assoziiert sind, Diamanten zum Beispiel, nicht die höchsten oder wichtigsten Steine. Um diesen Menschen vollkommen in das Wesen des verwirklichten Christus zu transformieren, bräuchte man vielleicht die niedrigsten Elemente und Edelsteine, wie man sie in dunklem Opal findet, um die Basis und die Sexualchakren in Balance zu bringen. Folglich wäre in diesem Fall der am weitesten entwickelte Stein, der dem Bewußtsein dieses Menschen entspräche, das niedrigere Element, das mit der Basis oder dem Sexualchakra assoziiert ist. Dies ist nicht nur eine philosophische Bemerkung; es ist wesentlich, wenn man die Anwendung der Steine wirklich verstehen will. Sonst könnten Menschen in Versuchung kommen, gewisse Steine zu benutzen, die sie nur in höhere Existenzebenen bringen könnten, ihnen aber nicht bei der Weiterentwicklung des Bewußtseinszustandes, in dem sie sich tatsächlich befinden, helfen würden.

Dieses hochspezialisierte Wissenssystem ist für eure Kultur durchaus geeignet. Wenn ihr beginnt, damit zu arbeiten, werdet ihr finden, daß diese Eigenschaften sich schrittweise entwickelt haben und daß es von Vorteil ist, ihre Anwendungsgebiete zu kennen. Denn sie sind sowohl ein spiritueller Wissensschatz als auch ein System spezifisch anwendbaren Heilwissens. Die Mechanismen, die es den Edelsteinen ermöglichen, Menschen zu heilen, haben ihre Grundlage in der sympathetischen Schwingung zwischen den physischen und feinstofflichen Körpern der Menschen einerseits und den Edelsteinen und Edelsteinelixieren andererseits.

Edelsteine wirken zwar direkter auf den physischen Körper als Blütenessenzen, doch sie wirken auch auf verschiedene Ebenen des Bewußtseins. Die Einstellungen der Menschen, die mit diesem Wissen arbeiten wollen, müssen gereinigt werden. Auf den Ebenen von Verstand, Körper und Geist müssen diese die richtigen Einstellungen projizieren. Denn hier wird sehr stark mit dem Schwingungsprinzip gearbeitet, also muß in diesem Denksystem der Mensch geläutert sein, um Edelsteine und Edelsteinelixiere angemessen anwenden zu können. Je mehr die Menschen zurückfinden zu den feinstofflichen Seiten ihrer Existenz und des Bewußtseins, desto stärker wird die Wirkung der Edelsteine auf die Heilkunst sein können.

Edelsteine als heilende Kraft wirken auf mehreren Ebenen. Manche Menschen nehmen sie einfach als wirksame Heilmethode hin – und wirken tun sie ja tatsächlich, unabhängig vom Entwicklungsstand des jeweiligen Bewußtseins. Doch andererseits sind sie auch Tinkturen aus flüssigem Bewußtsein, und in ihnen ist eine evolutionäre Kraft gespeichert, die Lebenskraft selbst zu einem spezifischen Muster geformt. Indem man die Edelsteinelixiere einnimmt, werden sie zu einer weiterentwickelnden Kraft im Bewußtsein des Individuums, die nicht nur den freien Willen des Menschen beeinflußt, sondern auch zu einem fortschreitenden Element wird, das Inspiration und schließlich Veränderung bewirken kann. Die Edelsteine sind nicht die ursächliche Kraft,sondern das, was die ursächliche Kraft – den freien Willen des Individuums –, inspiriert, das Bewußtsein des Menschen weiterzuentwickeln. Indem sie die psychospirituelle Dynamik des Menschen positiv verstärken, leisten die Edelsteine oft einen Dienst am größeren Ganzen, weil ihre Heilwirkung bis auf die Ebene der physischen Eigenschaften dringt. Der Lernende sollte aber auch wissen, daß Edelsteinelixiere manchmal ausschließlich auf den physischen Körper wirken, ohne die psychospirituelle Dynamik des Menschen zu beeinflussen. Denn anders als Blütenessenzen wirken Edelsteinelixiere sich nicht immer voll auf dem Gebiet des Bewußtseins aus.

Deshalb kann man die Anwendung der Edelsteinelixiere in mehrere Spezialgebiete unterteilen. Und deshalb kann man sie sowohl auf Bereiche der Seele als auch auf anatomische Teilgebiete anwenden, wobei sie oft physische Veränderungen und Inspirationen mit sich bringen. Bei richtiger Anwendung stellen Edelsteinelixiere einen Erziehungsprozeß zur Wiederentdeckung der Quellen und Prinzipien eurer wahren Verhaltensmuster dar, die als Geister und Lichtwesen existieren. So wie eure Wissenschaften auf verschiedenen Ebenen arbeiten, wobei sie annehmen, daß die Persönlichkeit und der physische Körper biologischer Natur seien, so sind auf der Ebene ganzheitlicher Prinzipien die Edelsteinelixiere ein System organisierter Schwingungsessenzen, die ähnliche Wirkungen haben können, nur eher auf der Ebene spirituellen Heilens. Nach diesem Verständnis entsteht Heilung auf den Ebenen des Selbst und wird auf den Ebenen der Seele aktiviert und dann erst auf den physischen Körper widergespiegelt. Was ihr jetzt tut, bedeutet die Aktivierung der alten Zugangsweisen zu den Bewußtseinsebenen, die die Bewohner von Atlantis und Lemuria kannten."

1 E. A. Wallis Budge: *Amulets and Superstitions*, New York, Dover Publications, INc., 1978.
George F. Kunz: *The Curious Lore of Precious Stones*, New York, Dover Publications, Inc.,1971.

2. Max Heindel: *The Rosicrucian Cosmos-Conception*, Oceanside, Kalifornien, The Rosicrucian Fellowship, 1977, pp. 275-278, 294-295.
Rudolf Steiner: *Atlantis und Lemurien*, in: Kosmogonie (1906), Dornach, Rudolf Steiner Verlag, 1979.
Jeffrey T. Laitman: The Anatomy of Human Speech, *American Museum of Natural History, XCIII August 1984*, pp. 20-27.

3 James Churchward: *The Children of Mu, The Cosmic Forces of Mu, The Lost Continent of Mu, The Sacred Symbols of Mu, The Second Book of the Forces of Mu.* All are currently out of print.

4 Hugh Lynn Cayce, Hrsg.: *Edgar Cayce on Atlantis*, New York, Warner Books, 1968.

5 Rudolf Steiner: *Atlantis und Lemurien*, in: Kosmogonie (1906), Dornach, Rudolf Steiner Verlag, 1979.

6 Ruth Montgomery: *The World Before*, New York, Fawcett Crest Books, 1977.
7 H. C. Randall-Stevens: *Atlantis To The Latter Days*, St. Quen, Jersey, England, The Order of the Knights Templars of Aquarius, 1966.
8 Mona Rolfe: *Initiation By the Nile*, Sudbury, Suffolk, England, Neville Spearman, Ltd., 1976.
–, *The Sacred Vessel*, Sudbury, Suffolk, England, Neville Spearman, Ltd., 1978.
–, *Symbols For Eternity*, Sudbury, Suffolk, England, Neville Spearman, Ltd., 1980.
9 Joseph Whitfield: *The Eternal Quest*, Roanoke, Va., Treasure Publications, 1983.
10 Rudolf Steiner: *Okkulte Zeichen und Symbole*, Dornach, Rudolf Steiner Verlag, 1987.
11 Max Heindel: *The Rosicrucian Cosmos-Conception*, Oceanside, Kalifornien, The Rosicrucian Fellowship, 1977, pp. 120, 186, 247, 249.
12 Rudolf Steiner: *Grundelemente der Esoterik* (1905), Dornach, Rudolf Steiner Verlag, 1987.
13 Rudolf Steiner: *Die Apokalypse des Johannes* (1908), Dornach, Rudolf Steiner Verlag, 1985.
14 Alexander G. Cairns-Smith: *The Life Puzzle on Crystals and Organisms and on the Possibility of a Crystal as an Ancestor*, Toronto, University of Toronto Press, 1971.
Alexander G. Cairns-Smith: The First Organisms, *Scientific American, CCLII (June 1985)*, pp. 90-100.
15 James Trefil: Nothing May Turn Out to Be the Key to the Universe, *Smithonian, XII (December 1981)*, pp. 143-149.
Max Heindel: *Lehren eines Eingeweihten*, Darmstadt, Rosenkreuzergemeinschaft, 1979.
16 Mona Rolfe: *Symbols For Eternity*, Sudbury, Suffolk, England, Neville Spearman, Ltd., 1980, p. 23.
17 Genesis 2: 7, Bible: *King James Version*, New York, Thomas Nelson, Inc., 1972.
18 Reinhold Voll: Twenty Yerars of Electroacupuncture Diagnosis, *American Journal of Acupuncture, March 1975*, pp. 7-17.
19 Chikna Fong and Minda Hsu: The Biomagnetic Effect: Its Application in Acupuncture Therapy, *American Journal of Acupuncture, December 1978*, pp. 289-296.
20 M. Rossman, M. D. and J. Wexler, M. d.: Ultrasound Acupuncture in Some Common Clinical Syndromes, *American Journal of Acupuncture, January 1974*, pp. 15-17.
21 Max Heindel: *The Rosicrucian Christianity Lectures*, Oceanside, Kalifornien, The Rosicrucian Fellowship, 1972, p. 220.
–, *The Rosicrucian Cosmos-Conception*, Oceanside, Kalifornien, The Rosicrucian Fellowship, 1977, p. 276.
22 Rudolf Steiner: *Geisteswissenschaft und Medizin* (1920), Dornach, Rudolf Steiner Verlag, 1985.
23 Ann Ree Colton: *Watch Your Dreams*, Glendale, Kalifornien, ARC Publishing Co., 1983, p. 127.
24 Carl Pfeiffer, M. D.: *Mental and Elemental Nutrients*, New Canaan, Ct., Keats Publishing Inc., 1976.
25 Gurudas, *Flower Essences and Vibrational Healing*, Albuquerque, Brotherhood of Life, 1983, pp. 29, 30-31, 36, 38, 39, 104, 110, 141.
26 W. Scott-Eliot: *The Story of Atlantis and the Lost Lemuria*, London, The Theosophical Publishing House, 1968, p. 87.
Rudolf Steiner: *Kosmologie, Religion und Philosophie* (1922), Dornach, Rudolf Steiner Verlag, 1978.
27 James Churchward: *The Cosmic Forces of Mu*, New York, Paperback Library, 1972.
Raphael: *The Starseed Transmissions*, Kansas City, Uni-Sun, 1984, pp. 10-14.
28 Rudolf Steiner: *Der Jahreskreislauf als Atmungsvorgang der Erde*, Dornach, Rudolf Steiner Verlag, 1980.

–, *The Crumbling of the Earth and the Souls and Bodies of Men*, October 7, 1917.
–, *Der ätherische Mensch im physischen Menschen*, in: Menschenschicksale und Völkerschicksale (1914/15), Dornach, Rudolf Steiner Verlag, 1960.
29 Ollif Tellefsen: The New Theory of Pyramid Building, *Natural History, LXXIX November 1970*, pp. 10-23.
I. E.S. Edwards and K. Weeks: The Great Pyramid Debate, *Natural History; LXXIX December 1970*, pp. 8-15.
30 Pat Flanagan: *Pyramid Power*, Marina del Rey, Kalifornien, De Vorss and Co., 1976, pp. 165-166.
Serge King: *Mana Physics*, New York, Baraka books, Ltd., 1978.
Ruth Montgomery: *The World Before*, New York, Fawcett Crest Books, 1977, pp. 27, 45-47.
Mona Rolfe: *Initiation By the Nile*, Sudbury, Suffolk, England, Neville Spearman, Ltd., 1976, p. 101.
Lytle Robinson: *Rückschau und Prophezeiungen*, München, Goldmann, 1982.
Joseph Whitfield: *The Treasure of El Dorado*, Washington D. C., Occidental Press 1977, p. 184.
31 H. P. Blavatsky: *Die Geheimlehre*, Graz, Adyar, 1984.
32 Rudolf Steiner: *Die Apokalypse des Johannes* (1908), Dornach, Rudolf Steiner Verlag, 1985.
–, *Die Esoterik der Rosenkreuzer* (1906), Dornach, Rudolf Steiner Verlag, 1968.
–, *Atlantis und Lemurien*, in: Kosmogonie (1906), Dornach, Rudolf Steiner Verlag, 1979.
33 Guy L. Playfair and Scott Hill: *Die Zyklen des Himmels*, Darmstadt, Zsolnay, 1979.
34 Hans Stefan Santesson: *Understanding Mu*, New York, Paperback Library, 1970, pp. 176-177.
35 Manly Hall: *The Secret Teachings of All Ages*, Los Angeles, The Philosophical Research Society, Inc., 1977, pp. 105-108.
36 Manly Hall: *Unseen Forces*, Los Angeles, The Philosophical Research Societa, Inc., 1978.
Hilarion: *Other Kingdoms*, Toronto, Marcus Books, 1981.
37 Sir Arthur Conan Doyle: *The Coming of the Fairies*, York Beach, Me., Samuel Weiser, Inc., 1972.
38 Findhorn Community: *Ein neues Zukunftsbild:* Mensch und Natur im Einklang, Berlin, Schickler, 1987.
Paul Hawken: *Der Zauber vom Findhorn*, Reinbek b. H. Rowohlt, 1985.
39 Alice Bailey: *Eine Abhandlung über kosmisches Feuer*, Bietigheim-Bissingen, Karl Rohm Verlag, 1982.
40 Max Heindel: *Naturgeister und Naturkräfte*, Darmstadt, Rosenkreuzergemeinschaft, 1985.
41 Hugh Lynn Cayce, Hrsg.: *Edgar Cayce on Atlantis*, New York, Warner Books, 1968, pp. 56-69.
42 Jan St. James-Roberts: Bias in Scientific Research, *Yearbook of Science and the Future, Encyclopedia Britanica, 979, X*, pp. 30-45.
Robert Patton: Ooparts, *Omni, IV, September 1982*, pp. 53-58, 104-105.
George Williamson: *Secret Places of the Lion*, New York, Destiny Books, 1983, pp. 232, 243.
43 Rudolf Steiner: *Die Esoterik der Rosenkreuzer* (1906), Dornach, Rudolf Steiner Verlag, 1968.
Max Heindel: *Okkulte Prinzipien der Gesundheit und Heilung*, Darmstadt, Rosenkreuzergemeinschaft, 1985.
Max Heindel: *The Rosicrucian Cosmos-Conception*, Oceanside, Kalifornien, The Rosicrucian Fellowship, 1977, pp. 275, 346.
44 Manly Hall: *The Secret Teachings of All Ages*, Los Angeles, The Philosophical Research Society, Inc., 1977, pp. 34-35.
Hilarion: *Seasons of the Spirit*, Toronto, Marcus Books, 1980, pp. 17-21.

45 Lytle Robinson: *Rückschau und Prophezeiungen*, München, Goldmann, 1982.
46 Ruth Montgomery: *The World Before*, New York, Fawcett Crest Books, 1977, p. 22.
George Williamson: *Secret Place of the Lion*, New York, Destiny Books, 1983, p. 33.
47 Daniel Cohen: *Bigfoot*, New York, Pocket Books, 1982.
48 Robert Hindmarsh: *Account of the Stones*, London, James S. Hodson, 1851, pp. 12-16.
In the Bible, see Genesis 21:33 and Exodus 27:9.
49 Manly Hall: *The Secret Teachings of All Ages*, Los Angeles, The Philosophical Research Society, Inc., 1977, p. 99.
50 H. C. Randall-Stevens: *Atlantis To the Latter Days*, St. Quen, Jersey, England, The Order of the Knights Templars of Aquarius, 1966, p. 75.
51 Nigel Clough: *How to Make and Use Magic Mirrors*, Wellingborough, Northhamptonshire, England, The Aquarian Press.
Mona Rolfe: *Inititation By the Nile*, Sudbury, Suffolk, England, Neville Spearman, Ltd., 1976, pp. 32-34, 107.
52 Edgar Cayce: *Gems and Stones*, Virginia Beach, Va., A.R.E. Press, 1979, pp. 55-65.
A. Lucas: *Ancient Egyptian Materials and Industries*, London, Edward Arnold and Co., 1948.
Margaret Stutley: *Ancient Indian Magic and Folklore*, Boulder, Co., Great Eastern, 1980.
53 Nathaniel Moore: *Ancient Mineralogy*, New York, Arno Press, 1978, pp. 1-11.
54 George Kunz: *The Curious Lore of Precious Stones*, New York, Dover Publications, Inc., 1971.
55 J. Hurtak: *The Book of Knowledge: The Keys of Enoch*, Los Gatos, Kalifornien, The Academy For Future Science, 1977, pp. 109, 608.
George Williamson: *Secret Place of the Lion*, New York, Destiny Books, 1983, pp. 86-87, 136-137.

KAPITEL II

DIE ZUBEREITUNG VON EDELSTEINELIXIEREN

„Die Zubereitung der Edelsteinelixiere ähnelt sehr der von Blütenessenzen. Man braucht dazu eine Reihe von Gegenständen. Zunächst ist eine durchsichtige Schale erforderlich, möglichst aus Glas oder Quarz. Quarz ist am besten, aber recht teuer. Die Schale sollte etwa 350 ml Wasser aufnehmen können, die Menge kann aber nach individuellem Gutdünken abgewandelt werden. Manchmal braucht man eine größere Schale, wenn man ein großes Stück Mineral verwendet. Die Schale sollte glatt und ohne Verzierungen sein, damit das Edelsteinelixier nicht durch deren Schwingungsmuster beeinflußt wird. Des weiteren braucht man Flaschen zur Aufbewahrung, Trichter und Etiketten für die Flaschen. Auch die Flaschen und Trichter sollten aus Glas sein. Ein Trichter ist nicht unbedingt erforderlich, man kann die fertige Flüssigkeit auch direkt in die Flaschen schütten. All diese Gegenstände sollten neu und sauber sein, bevor man sie zum ersten Mal verwendet. Dann werden sie in heißem Wasser, vorzugsweise in einem Emaille- oder Glasgefäß, zehn Minuten lang sterilisiert. Wenn man dazu einen Metalltopf verwendet, sollte er aus Kupfer oder Edelstahl sein. Aluminiumtöpfe sollte man nie benutzen, denn sie sind sehr toxisch[1]. Mit Hilfe eines Pendels läßt sich sehr leicht genau feststellen, wann diese Gegenstände zum letzten Mal gereinigt wurden.“

Frage: Nimmt man besser destilliertes Wasser oder Quellwasser für die Zubereitung der Edelsteinelixiere?

„Am besten benutzt man nur destilliertes Wasser. Manchmal schwächen verschiedene Minerale, die im Quellwasser enthalten sind, die Wirksamkeit von Edelsteinelixieren.

Die Mineralstücke, die man zur Zubereitung von Edelsteinelixieren verwendet, sollten ganz und gar naturbelassen sein, frei von Chemikalien oder Klebstoffen, nicht geschnitten und nicht poliert. Wenn möglich, sollte das Mineral eine kristalline Struktur haben. Die Größe ist unwichtig, obwohl aus praktischen Gründen kleine Stücke besser geeignet sind. Was zählt, ist nur die Reinheit des Steins. Die Qualitäten des Minerals werden noch ein wenig verstärkt, wenn es sich auf einem Grundgestein befindet, denn dann strömt es einen stabileren Einfluß und Übereinstimmung mit der Erde aus. (Ein Grundgestein ist ein Stein oder Fels, mit dem verbunden das Mineral am Fundort vorkommt.)

Ein Mineral, das man zur Zubereitung von Edelsteinelixieren benutzen will, sollte keine Einschlüsse von anderen Mineralen in sich haben. Wenn dennoch Einschlüsse da sind, kann man manchmal die Einschlüsse an der Oberfläche oder zumindest einen Teil der ätherischen Muster des anderen Minerals entfernen, indem man den Stein dreißig Minuten bis zwei Stunden lang in eine Schleuder gibt. In den meisten Fällen ist es von Vorteil, wenn die Mineralproben aus einem bestimmten Herkunftsland kommen, denn bei Steinen aus bestimmten Ländern sind die Kräfte stärker entwickelt. Zum Beispiel funktioniert ein naturbelassener Mondsteinbrocken klinisch besser, wenn er aus Indien stammt. Des weiteren sollte der Edelstein manchmal eine bestimmte Form und Farbe haben. Zum Beispiel wirkt Perlenelixier besser, wenn die Perle vollkommen rund ist."

Frage: Stimmt es, daß bestimmte besonders mächtige Edelsteine vor der Zubereitung des Elixiers ins Licht von Sonne oder Mond gelegt werden sollten?

„Ja. Zu den Edelsteinen in dieser Kategorie gehören Diamant, Smaragd, Feuerachat, Magnetstein, Magnetit, Malachit, Mondstein, Opal, Perle, Peridot, Quarz, Rubin, Saphir und Turmalin. Auch alle Varianten dieser Edelsteine (Quarz und Turmalin zum Beispiel haben eine Reihe von Unterarten) gehören in diese Kategorie. Man kann diese Minerale zwei ganze Wochen lang in die Sonne legen, zwei Stunden tun es aber auch. All diese Steine kann man sowohl in die Sonne als auch ins Mondlicht legen, Mondstein, Perle und Quarz aber werden im Mondlicht etwas stärker aktiviert. Wenn man diese Edelsteine kurz vor der Zubereitung der Elixiere ins Mond- oder Sonnenlicht legt, erreicht man keine weitere Verstärkung der Wirkung. Man tut jedoch gut daran, diese Minerale der aufgehenden Sonne und dem Mond in seinem Zenith auszusetzen."

Frage: Sollten diese machtvollen Edelsteine anders gereinigt werden als mit den normalen Verfahren?

„Nein."

Frage: Sollte man die Verstärkungstechniken, die du empfiehlst, erst auf die

Gesteinsbrocken und dann nach der Zubereitung noch einmal auf das fertige Elixier anwenden?

„Wenn man die beschriebene Verstärkung zunächst mit dem Stein selbst durchführt, tritt in der Tat eine reinigende Wirkung ein, die die Kräfte des Steins steigert. Noch weiter werden die Eigenschaften des Minerals aktiviert, wenn man dieselbe Verstärkungstechnik auf das fertige Elixier anwendet. Die höchste Stufe ihrer Wirksamkeit würden die Edelsteinelixiere erreichen, wenn man die vorgeschlagenen Verstärkungszeiten um eine halbe bis ganze Stunde verlängert und gleichzeitig die anderen beschriebenen Reinigungsverfahren anwendet, sie zum Beispiel Quarzkristallen oder Pyramiden aussetzt."

Frage: Können die Gedanken des Menschen, der die Edelsteinelixiere zubereitet, sie verunreinigen?

„Ja, bis zu einem gewissen Grad. Dieses Problem läßt sich aber fast vollständig lösen, indem man das Elixier danach unter eine von Quarzkristallen und Magneteisen umgebene Kupferpyramide stellt.

Setz dich ein paar Minuten ruhig hin, um einen Zustand innerer Klarheit und Ruhe zu erreichen, wenn du ein Edelsteinelixier zubereitest. Leg das Mineral unterdessen in die Sonne. Das aktiviert die Eigenschaften des Minerals. Wenn das Mineral in einer Lösung gereinigt worden ist, die zum Beispiel Meersalz oder Quarzstaub enthält, versichere dich, daß von diesen Substanzen nichts am Mineral zurückgeblieben ist, bevor du es ins Wasser legst. Wenn du dich richtig eingestimmt fühlst, leg das Mineral in eine Schale mit destilliertem Wasser. Der Edelstein sollte in der Mitte des Wassers liegen. Es ist immer hilfreich, während der Zubereitung Quarzkristalle oder Rubine um die Schale herum zu legen. Außerdem empfiehlt es sich, während der Zubereitung von Edelsteinelixieren und Blütenessenzen Bojistein, Quarz oder Sternsaphir zu tragen. Bojistein bringt den Menschen in Einklang mit der Natur, während Sternsaphir die höheren spirituellen Eigenschaften aktiviert.

Die beste Jahreszeit für die Zubereitung von Edelsteinelixieren ist der Frühling. Das Mineral muß zwei Stunden im Wasser liegen, vorzugsweise am Morgen eines wolkenlosen Tages. Die Schale sollte nur auf natürlichen Materialien wie Holz oder Gras stehen, nicht auf Metall oder Zement. Man kann die Schale unbedeckt lassen. Wenn man sie aber zudeckt, sollte man ein natürliches Material nehmen, wie zum Beispiel eine Glasscheibe ohne Verzierungen.

Wenn während dieser Zeit der Wind etwas auf die Wasseroberfläche geblasen hat, entferne es hinterher – mit den Händen, wenn du sie gereinigt hast oder mit Hilfe eines Quarzkristalls. Dann gieße die Flüssigkeit in eine Vorratsflasche. Wenn du mehrere Edelsteinelixiere gleichzeitig zubereitest, halte deine Hände jeweils kurz unter anderes Wasser, bevor du den nächsten Stein ins Wasser legst oder die nächste Flasche abfüllst. Sonst vermischen sich die Schwingungen der verschiedenen Elixiere. Markiere die Vorratsflaschen und die Schalen durch Etiketten, um Verwechslungen zu vermeiden."

Frage: Wenn ich eine Schale bei der Zubereitung von Edelsteinelixieren mehrmals verwende, koche ich sie dazwischen in Wasser aus und trockne sie ab. Gibt es noch bessere Wege, um die Schwingungen eines Elixiers aus der benutzten Schale zu entfernen?

„Das schnellste Verfahren ist gleichzeitig sehr wirksam. Nimm ein paar zerstoßene Quarzkristalle und lege sie in ein sehr sauberes Tuch ohne synthetische Fasern. Dann tauche den Quarz und die Schale kurz in reines destilliertes Wasser oder reines Quellwasser und trockne die Schale ab. Um den Quarz zu reinigen, tauche ihn nochmals kurz in destilliertes Wasser. Auf diese Weise kannst du fast alle deine Gerätschaften reinigen."

Frage: Wenn man mehrere Edelsteinelixiere an einem Tag zubereitet, kann man dann mehrere Schalen und Trichter zusammen zehn Minuten lang auskochen, damit sie ausreichend gereinigt sind, oder sollte man besser jedes Stück einzeln kochen?

„Mehrere Schalen können zum Zwecke der Reinigung gemeinsam ausgekocht werden. Das Wasser entfernt die Schwingungen der Edelsteinelixiere aus allen Schalen. Es ist wichtig, jedesmal, wenn man neue Schalen oder Trichter reinigt, neues Wasser in den Topf zu geben. Auch kann man jedesmal, wenn man neue Schalen auskocht, Magnete um den Topf herum legen. Bevor du anfängst, Schalen oder Trichter auf diese Weise zu reinigen, koche den Topf zehn Minuten lang aus, um ihn zu reinigen. Dann gieß das Wasser weg und nimm frisches Wasser zum Auskochen der Schalen und Trichter. Wenn man viele Edelsteinelixiere zubereitet, ist es am besten, immer einen Topf nur für diesen Zweck zu reservieren."

Frage: Kann man die Flaschen, Schalen und Trichter, die neu aus der Fabrik kommen, gleich so benutzen, oder muß man sie vorher reinigen?

„Es ist ratsam, die neuen Gerätschaften dreißig Minuten bis zwei Stunden lang unter eine Kupferpyramide zu legen. Unter der Pyramide sollten diese Gegenstände einander nicht berühren."

Frage: Kann man auch einen Plastiktrichter benutzen, um die Elixierflüssigkeit in die Vorratsflaschen zu füllen?

„Wenn möglich, ist es am besten, keine petrochemischen Stoffe mit den Schwingungsheilmitteln in Berührung zu bringen. Wenn man aber doch einen Plastiktrichter benutzt, kann man den Einfluß des Plastiks ausgleichen, indem man die Flaschen zwei Stunden lang unter eine Kupferpyramide stellt."

Frage: Kann man Edelsteinelixiere auch in der Großstadt mit starker Umweltverschmutzung herstellen, vorausgesetzt man befolgt die Reinigungsverfahren, die du beschrieben hast?

„Ja. Wichtig ist nur, daß man die Elixiere den richtigen Reinigungsprozeduren unterwirft. Wenn man die Wahl hat, ist es besser, die Edelsteinelixiere in ländlicher Umgebung zuzubereiten, aber heutzutage finden sich auch in ländlichen Gegenden normalerweise Pestizide oder radioaktive Substanzen in der Luft. Die Reinigungsverfahren, die ich dargelegt habe, sind ziemlich wichtig. Es ist ratsam, sie immer anzuwenden, wenn man Edelsteinelixiere herstellt."

Frage: Macht es einen Unterschied, ob Edelsteinelixiere mit Branntwein oder destilliertem Wasser zubereitet werden?

„Branntwein ist zur Haltbarmachung besser geeignet. Manche Menschen aber sind allergisch gegen Alkohol oder ziehen es aus psychologischen Gründen vor, Heilmittel ohne Alkohol zu verwenden. Also können beide Flüssigkeiten benutzt werden, im allgemeinen aber ist destilliertes Wasser am besten geeignet. Wenn man Alkohol verwendet, ist Branntwein dem reinen Alkohol vorzuziehen, weil es vom Standpunkt des Bewußtseins für den Körper leichter ist, Branntwein zu assimilieren.

Manchmal empfiehlt es sich, zwei qualitativ gute Mineralproben zu verwenden, aus ihnen zwei getrennte Edelsteinelixiere herzustellen und sie dann zu einem verstärkten Edelsteinelixier zu kombinieren. Zum Beispiel kann man aus achatisierten und opalisierten Formen versteinerten Holzes getrennte Edelsteinelixiere zubereiten und sie dann kombinieren und ihre Eigenschaften verstärken, indem man sie zu gleichen Teilen in einer Flasche zusammengießt. Außerdem ist es manchmal von Vorteil, zwei Edelsteinelixiere aus verschiedenen Herkunftsländern herzustellen, wenn von beiden Fundorten Steine mit bedeutenden Eigenschaften kommen. Oder zwei verschiedenfarbige Edelsteinelixiere herzustellen und sie dann zu einer Lösung zu mischen."

Ich habe zum Beispiel einmal Peridotelixier mit einem Stein aus dem Land, das ich wollte, hergestellt. Dann gelang es mir, eine andere Gesteinsprobe von der St. John's Insel in Ägypten (Zebirget im roten Meer – d. Übs.) zu bekommen. Laut den geschichtlichen Quellen wurde Peridot auf dieser Insel entdeckt. Da das ein hervorragender Fundort für Peridot war, machte ich auch aus der neuen Probe ein Elixier, kombinierte es mit dem ersten Elixier und schuf so ein verbessertes Präparat.

„Bestimmte Edelsteinelixiere wie Lehm, Halit, Sand, Sandstein und Weinstein sind in bestimmtem Maße wasserlöslich. Deswegen sollte man sie durchseien. Trotzdem bleiben diese Lösungen etwas wolkig, weil winzige Partikel doch im Wasser zurückbleiben. Darüber sollte man sich keine Sorgen machen, denn diese Minerale sind nicht toxisch. Auch ist es am besten, diese Elixiere in der Mittagssonne zuzubereiten."

Frage: Macht es einen Unterschied, ob man ein Edelsteinelixier in der Sonne oder durch Erhitzen zubereitet?

„Nur einen sehr geringen. Für den spirituell Interessierten hat die Sonne einige verstärkende Eigenschaften. Die Lebenskraft wird durch die Sonnenstrahlen integriert und aktiviert. Zur Behandlung körperlicher Beschwerden ist die Methode des Erhitzens etwas besser geeignet, und für manche Menschen ist sie vielleicht auch bequemer. Wenn man einen Edelstein erhitzt, dehnen sich seine Molekularstrukturen aus und setzen Energie ins Wasser frei, das ja leitfähig ist. Um einem erhitzten Edelsteinelixier die bedeutenderen Eigenschaften eines in der Sonne zubereiteten Elixiers zu vermitteln, sollte man es eine Zeitlang unter eine Pyramide stellen. Das stabilisiert und bindet die Lebenskraft, die ins Wasser freigesetzt wurde. Erhitztes Wasser hat eine geringere Leitfähigkeit."

Frage: Wie geht man bei der Methode des Erhitzens am besten vor?

„Zunächst reinige den Edelstein dreißig Minuten lang in Meersalz oder Quarzstaub. Dann koche den Edelstein zehn bis fünfzehn Minuten lang in einer sauberen Glas- oder Kristallschale. Die beste Zeit dafür ist Sonnenaufgang, Mittagszeit oder auch Sonnenuntergang, wenn ein Stein wie der Mondstein eine besondere Verbindung zum Mond hat."

Frage: Was ist der Unterschied zwischen der Zubereitung eines Edelsteinelixiers im Sonnenlicht und der im Mondlicht?

„Wie bei den Blütenessenzen aktiviert die Sonne mehr die Eigenschaften des bewußten Verstandes, während der Mond unterbewußte Qualitäten anregt. Die Sonne stimuliert männliche oder Yang-Eigenschaften, während die weibliche oder Yin-Energie geöffnet wird, wenn man das Elixier im Mondschein zubereitet."

Aus der oben beschriebenen Uressenz zieht man kleine Stockflaschen mit einem kleinen gebrauchsfertigen Vorrat. Gewöhnlich enthalten sie mehrere (bis zu sieben) Tropfen der Uressenz und etwas reines Wasser. Es ist ratsam, immer sieben Tropfen zu nehmen, gleich ob in die Flasche nur zehn Milliliter oder ein halber Liter passen, denn die Edelsteinelixiere wirken teilweise durch den Einfluß der sieben Dimensionen. Das Elixier wirkt auch, wenn man weniger als sieben Tropfen auf eine Flasche nimmt, diese Anzahl von Tropfen jedoch erhöht die klinische Wirksamkeit.

Frage: Hat das Prinzip der Verstärkung bestimmter Minerale etwas mit Schwingungsfrequenzkurven und mit neutralen homöopathischen Potenzen zu tun? Wobei die Spitze der Kurve zur Sonne in Beziehung steht und der untere Teil der Kurve zum Mond?

„Richtig. Dabei geht es auch um die Prinzipien von Yin und Yang. Über diese fortgeschrittenen physikalischen Konzepte werde ich in einer zukünftigen Sitzung sprechen."

Seit den frühen Tagen der Homöopathie hat man bestimmte Minerale in homöopathischen Potenzen zubereitet. Einige davon, Kalzium- und Graphitsalze zum Beispiel, spielen in der Homöopathie eine wichtige Rolle. Andere Minerale wie Diamant und Pyrit werden von den Anhängern der anthroposophischen Medizin Steiners ebenfalls für homöopathische Präparate benutzt. Die Herstellungsverfahren sind dabei etwa dieselben wie in der traditionellen Homöopathie[2].

Zur homöopathischen Verwendung zermahlt man die Edelsteine zu Staub, der dann aufgelöst und geschüttelt wird. In der Homöopathie wird die oben beschriebene „Sonnenmethode" zur Herstellung von Edelsteinelixieren nicht angewendet. Die Urtinktur in der Homöopathie entspricht ungefähr der Uressenz bei den Edelsteinelixieren. Sie unterscheiden sich aber darin, daß die homöopathische Urtinktur im Gegensatz zum Edelsteinelixier materielle Bestandteile des ursprünglichen verwendeten Elements enthält. In beiden Fällen aber handelt es sich um das erste Stadium von Verdünnung und Potenzierung der ursprünglichen Substanz. Wie in der Homöopathie benutzt man auch zur Potenzierung von Edelsteinelixieren Zucker, zum Beispiel in Form von Milchzuckerkügelchen, oder reinen Alkohol als Trägersubstanzen. Trägersubstanzen sind nichtwirkende Stoffe ohne therapeutischen Wert. Man benutzt sie zur Herstellung von Urtinkturen und homöopathischen Heilmitteln.

Für homöopathische Heilmittel gibt es zwei wesentliche Verfahren der Verdünnung und Potenzierung. Bei den Zehnerpotenzen vermischt man neun Tropfen Alkohol mit einem Tropfen der Urtinktur, um eine einfache Zehnerpotenz („1x") zu erhalten. Wenn man von dieser Mischung wieder einen Tropfen in neun Tropfen Alkohol verdünnt, erhält man die zweite Zehnerpotenz („2x"). Ähnlich ist das Verfahren bei den Hunderterpotenzen, nur nimmt man hier neunundneunzig Tropfen Alkohol auf einen Tropfen der Urtinktur, um "1c" zu erhalten. Ein Tropfen davon nochmals in neunundneunzig Tropfen Alkohol verdünnt ergibt "2c". Ebenso verfährt man mit den Milchzuckerkügelchen, nur daß man hier anstelle von Alkohol neun beziehungsweise neunundneunzig Globuli nimmt.

Mit diesen beiden Verfahren lassen sich genausogut Edelsteinelixiere verdünnen, bis zu 100.000 Verdünnungen und mehr. Bei jedem Verdünnungsschritt muß man die entstandene Mischung schütteln. In der Homöopathie ist man sich nicht ganz darüber einig, wie oft die Verdünnungen geschüttelt werden müssen, allerdings meinen die meisten Quellen, daß 15 bis 20 Mal genügen. Dieses Schütteln bei jedem Verdünnungsstadium setzt die reine Energie frei, die in den Atomen der ursprünglichen Substanz gespeichert ist. Auf diese Weise erhöht sich durch starke Verdünnung und vermehrtes Verschütteln die Kraft oder Potenz des so entstehenden Heilmittels. Manche meinen, daß zwischen den einzelnen Verdünnungschritten jeweils eine Pause von einem bis sieben Tagen eingelegt werden sollte. Ich würde empfehlen, mindestens einen oder zwei Tage zu pausieren.

Es gibt zur Zeit sehr strenge Richtlinien seitens der Food and Drug Administration (Gesundheitsbehörde der USA - Anm. d. Übs.) die Neuzulassung homöopathischer Heilmittel betreffend. Zwar könnten Ärzte oder Heilpraktiker die Erlaubnis bekommen, zu Forschungszwecken aus Edelsteinen homöopathische Mittel herzustellen. Aber Minerale, die heute nicht im amtlichen homöopathischen Arzneibuch der Vereinigten Staaten stehen, können hier nicht legal verkauft werden, wenn sie nicht zuvor strengen Langzeittests unterzogen wurden.

Frage: Würdest du uns bitte etwas über die verschiedenen Eigenschaften der Edelsteine sagen, die aktiviert werden, wenn man aus ihnen entweder im Sonnenlicht Elixiere zubereitet, oder wenn man sie zermahlt und daraus homöopathische Mittel macht?

„Wer homöopathische Edelsteinpräparate verwendet, sollte entweder nach der „Sonnenmethode“ hergestellte wählen oder auch zermahlene Steine, wie sie traditionell in der Homöopathie Anwendung finden. Die mit der „Sonnenmethode“ erzeugten Edelsteinelixiere entwickeln jedoch auch eine höhere Qualität, wenn sie zu homöopathischen Potenzen verdünnt werden, weil dabei die höheren Frequenzen der Lebenskraft aktiviert werden.“

Frage: Werden bei der Sonnenmethode irgendwelche physischen Eigenschaften des Minerals in verdünnter Form auf das Wasser übertragen, oder handelt es sich dabei nur um eine ätherische Prägung?

„Es handelt sich nur um eine ätherische Prägung, nichts Physisches wird übertragen. Unter einem normalen Mikroskop kann man davon nichts erkennen. Wenn man direkt nach der Entnahme des Minerals aus der Schale ein Kirlian- oder vielleicht auch nur ein Infrarotfoto[3] machen würde, würde man im Wasser einen geisterhaften Abdruck des Minerals sehen und rundherum zarte Lichtspuren. Bei dieser Arbeit geht es um die ätherischen Schwingungen und um die Intelligenz des Minerals. Wenn die Sonne aufs Wasser scheint, vermischt sich die Lebenskraft des Minerals mit dem Wasser. Diese Kraft geht dann auf die Menschen über, die die Elixiere einnehmen.“

Frage: Gibt es irgendeine besondere Beziehung zwischen dem Reich der Devas und der Edelsteinheilung? Kommt es dabei auf die Verwendung von Branntwein an, wie bei den Blütenessenzen?

„Bedenkt, daß Edelsteine zwar ein organisiertes Prinzip der Lebenskraft, aber immer noch anorganische Materie sind. Deshalb sind sie mit einem Tor zu vergleichen, einem Tor zwischen den Eigenschaften, die die Lebenskraft reflektieren, und dem, was tatsächlich organisch ist, der Lebenskraft. Edelsteinelixiere aktivieren das Unbelebte. Die devischen Kräfte befinden sich in sympathetischer Resonanz mit den Edelsteinelixieren, nicht in einem Zustand direkter Integration. Einfühlsame Menschen können sich durch Edelsteinelixiere auf das Reich der Devas einschwingen, weil es diese gleichschwingende Verbindung gibt. Die vollkommene Erhöhung und die überlegenen Eigenschaften, die bei der Verwendung von Blütenessenzen entstehen, gibt es hierbei nicht.“

Die Zubereitung von Edelsteinelixieren ist ein relativ einfacher und angenehmer Prozeß. Das Hauptproblem ist, im Fachhandel qualitativ gute Mineralproben aufzutreiben. Dies ist ein wesentlicher Punkt.

1 Dr. Le Hunte-Cooper: *The Danger of Food Contamination by Aluminium*, London, John Bale Sons and Danielson Ltd., 1932.
H. Tomlinson: *Aluminium Utensils and Disease*, London, L. N. Fowler & Co., 1967.
2 Dr. K. P. Muzumda: *Pharmaceutical Science in Homeopathy and Pharmacodynamics*, New Delhi, B. Jain Publishers, 1974.
Margery Blackie, M. D.: *The Patient Not the Cure*, London, Macdonald and Jane's, 1976, pp. 213-225.
Wm. Boericke, M. D.: *Homöopathische Arzneimittellehre*, Berg, Barthel & Barthel, 1986.
3 Oscar Bagnall: *The Origin and Properties of the Human Aura*, Secacus, NJ., University Books, 1970.
Walter Kilner: *The Human Aura*, York Beach, Me., Samuel Weiser, Inc., 1975.

KAPITEL III

ÜBER DIE REINIGUNG, KONSERVIERUNG UND LAGERUNG VON EDELSTEINEN UND EDELSTEINELIXIEREN

Wie die Blütenessenzen sind Edelsteinelixiere Schwingungspräparate und somit sehr anfällig für umweltverschmutzende Substanzen. Bei der Lagerung sollte man deshalb besondere Vorkehrungen treffen. Bevor man die Elixiere oder die Steine lagert, sollte man den Lagerungsort mit destilliertem Wasser auswischen und dabei ein Tuch aus organischem Material, wie zum Beispiel ein Baumwolltaschentuch, verwenden. Danach sollte dieser Ort mehrere Tage lang leer bleiben.

Halte eine Pyramide, Quarzkristalle und Gold, Silber oder Kupfer bereit. Bevor man die Elixiere oder die Edelsteine am dafür vorgesehenen Ort lagert, kann man dort eines dieser Hilfsmittel eine kurze Zeit lang hinlegen. Wenn der Platz reicht, kann man auch auf Dauer kleine Quarzstückchen in die vier Ecken des Lagerungsortes legen. Alle paar Monate sollten diese Quarzstücke in Meersalz gereinigt werden und einige Stunden lang unter einer Pyramide liegen. Edelsteinelixiere, Blütenessenzen und homöopathische Heilmittel kann man gemeinsam lagern.

Man sollte Edelsteinelixiere niemals in der Küche lassen, wo sie von Düften wie Koffein und Kampfer negativ beeinflußt werden können. Außerdem dürfen sie nie in der Sonne liegen, weil sie durch extreme Temperaturen Schaden nehmen können. Eingefrorene Edelsteinelixiere werden nicht beschädigt, wenn man sie vorsichtig etwa zwei Stunden lang unter einer Pyramide auftauen läßt. Danach liegt die beste Lagertemperatur für Edelsteinelixiere bei 16-17 Grad Celsius. Wenn die Temperatur sich dem Nullpunkt nähert, gefriert das Elixier und dehnt sich aus, so daß die Flasche zerbrechen kann. Darauf muß in den Wintermonaten geachtet werden. Die Edelsteinelixiere dürfen niemals in der Nähe toxischer Metalle wie Aluminium oder Blei gelagert werden. Edelsteine bewahrt man am besten in Naturmaterialien auf: Baumwollsäckchen, Glas- oder Quarzflaschen, auf keinen Fall aber in synthetischen Materialien wie Plastikbeuteln.

Die Flaschen der Edelsteinelixiere sind am besten blau, denn Blau fördert die Heilung. Blau ist eine neutrale und stabilisierende Farbe."

Frage: Kann die allgemeine Umweltverschmutzung in Form von Radioaktivität oder Chemikalien Edelsteinelixiere schädigen, besonders bei längerer Lagerung?

„Wenn man die Elixiere durch Pyramiden, kristalline Strukturen und die anderen Kräfte, die ich beschrieben habe, schützt, stellen diese Faktoren keine Gefahr dar."

Frage: Wie oft sollte man die Flaschen für die Uressenz, die Stockfläschchen und homöopathisch verdünnte Edelsteinelixiere reinigen?

„Die Stockfläschchen und die homöopathisch potenzierten Edelsteinelixiere sollte man alle dreißig bis neunzig Tage einer Reinigung unterziehen. Wische die Flaschen mit Meersalz und destilliertem Wasser ab, nimm dazu ein Tuch aus Naturmaterial. Es ist hilfreich, die Flaschen dreißig Minuten bis vierundzwanzig Stunden lang unter eine Pyramide zu stellen, aber sie werden auch schon positiv beeinflußt, wenn man sie in die Nähe von Quarzkristallen legt.

Die Flaschen mit der Uressenz sollte man vierteljährlich reinigen, obwohl bei sachgemäßer Lagerung auch einmal im Jahr genügen würde. Das hängt natürlich auch von den Bedürfnissen und Vorlieben der Person ab, die sie anwendet. Jedesmal, wenn man eine Flasche mit Uressenz geöffnet hat, sollte man sie mit Meersalz und einem Tuch aus Naturmaterial abwischen, ferner sie zwei Stunden lang unter eine Pyramide stellen. Bei den kleinen Gebrauchsfläschchen ist das nicht notwendig. Schließlich sollten Edelsteinelixiere einander bei der Lagerung nicht berühren, weil sich die verschiedenen Elixiere im Laufe von zehn oder zwanzig Jahren langsam miteinander vermischen. Wenn die Flaschen einander berühren, üben die ätherischen Eigenschaften der Elixiere eine gegenseitige Anziehung aus, die sie schließlich verschmelzen läßt. Dies beginnt sich nach ein paar Jahren auszuwirken. Wenn Elixiere einander doch bei der Lagerung berühren, sollte man sie alle zwei Jahre vierundzwanzig Stunden lang unter eine Pyramide stellen und die Flaschen mit Meersalz abwischen. Blütenessenzen müssen am häufigsten gereinigt werden, weil sie auf den Ebenen des Bewußtseins wirken, homöopathische Heilmittel brauchen am wenigsten Reinigung, weil ihre Frequenz dichter ist, und Edelsteinelixiere sollten öfter als homöopathische Mittel, aber nicht so oft wie Blütenessenzen gereinigt werden."

Frage: Warum muß man Blütenessenzen in Alkohol, wie zum Beispiel reinem Branntwein, konservieren, während bei Edelsteinelixieren Wasser genügt?

„Blütenessenzen werden aus organischen Substanzen hergestellt, deshalb brauchen sie die ätherische Schwingung. Außerdem stimmt Branntwein Blütenessenzen auf das Reich der Devas ein. Edelsteinelixiere haben eine stabilere Schwingung, weil sie aus unbelebter oder anorganischer Materie gemacht werden."

Frage: Wie entferne ich am besten Klebstoffreste an seltenen Gesteinsproben?

„Natürlich ist es am besten, Minerale ohne Klebstoffreste zu verwenden. Wenn das Problem aber auftaucht, reibe den Klebstoff mit reinem Alkohol auf reinem Leinen oder Baumwolle ab. Wenn du keinen reinen Alkohol bekommen kannst, nimm Wodka oder Branntwein. Manchmal muß man erst eine andere Flüssigkeit wie zum Beispiel Wasser nehmen, um den Klebstoff aufzulösen oder aufzuweichen."

Frage: Bis zu welchem Grad wird die Wirksamkeit von Edelsteinelixieren gemindert, wenn man ein Mineral mit Klebstoffspuren verwendet?

„Das hängt von der Zusammensetzung des Klebstoffes ab. Wenn er aus tierischen oder chemischen Stoffen besteht, kann die Wirksamkeit um etwa 5-15% vermindert werden."

Frage: Wie reinigt man am besten Edelsteine, aus denen man Elixiere bereiten will?

„Die meisten Edelsteine können in Meersalz gereinigt werden, besser noch unter Zusatz von Quarzstaub. Nimm zwei Teile Meersalz auf einen Teil Quarzstaub. Quarzstaub erhält man in Geschäften für Laboratoriumsbedarf. Hierzu sollte man destilliertes Wasser verwenden, weil Quell- oder Leitungswasser normalerweise kleine Mengen von Mineralen enthält, die das Edelsteinelixier schwächen könnten. Diese Lösung sollte den Mineralbrocken ganz bedecken. Reinige immer nur ein Mineral auf einmal. Wenn du diese Technik anwendest, mußt du sehr sorgfältig alle Spuren von Salz und Quarzstaub vom Mineral entfernen, bevor du ein Elixier zubereitest."

Frage: Kann man die Quarzstaubkristalle reinigen und noch einmal verwenden?

„Ja, man kann den Quarzstaub durchsieben und vom Meersalz trennen, weil er größere Partikel als das Salz hat. Dann gibt man ihn in destilliertes Wasser und stellt ihn mindestens drei Minuten unter eine Pyramide. Viele Menschen werfen den gebrauchten Quarzstaub auch weg und kaufen neuen. Viele Geschäfte für Industriebedarf führen ihn. Am besten geeignet ist natürlicher Quarzstaub – im Gegensatz zu Quarzstaub, der aus geschmolzenem Quarz hergestellt wird. Nach Abschluß der Reinigung muß man sehr sorgfältig alle Reste von Quarz und Salz entfernen, denn sie bleiben leicht am Mineral kleben. Das Mineral muß unter fließendem (möglichst destilliertem) Wasser gereinigt werden, um Quarz und Meersalz zu entfernen."

Frage: Ist es nützlich, das Mineral zur Reinigung und zur Verstärkung seiner Wirksamkeit in die Sonne zu legen?

„Das ist eine universell sehr empfehlenswerte und machtvolle Technik."

Frage: Kann man Minerale auch in Wein reinigen?

„Das ist eine weitere wirksame Reinigungstechnik. Wenn Wein zur Hand ist, kann man sie anwenden, besonders empfehlenswert ist sie ansonsten nicht.

Eine weitere hervorragende Technik ist die Reinigung des Minerals in seinem eigenen zerstoßenen Staub. Man könnte also Topas in zerstoßenem Topas reinigen. Diese Technik ist universell anwendbar, bei bestimmten Mineralen allerdings entsprechend teuer. Man kann auch synthetisch hergestellten Mineralstaub nehmen, dann aber muß man der Lösung Meersalz hinzufügen. Minerale können auch in Erde gereinigt werden, besonders gut in Schlamm oder Sand. Die amerikanischen Indianer tun das traditionell."

Frage: Ist es wichtig, in welcher Sandart ein Mineral gereinigt wird? Sollte man vielleicht bevorzugt Sand aus der Nähe des Gesteinsfundorts verwenden?

„Die Herkunft des Sandes ist nicht wesentlich; allerdings wird die Wirkung in gewissem Umfang verstärkt, wenn man Sand nimmt, der Salzwasser ausgesetzt war.

Nach allen diesen Verfahren sollte man den Stein immer mindestens zwei Stunden lang ruhen lassen und ihn dann zwischen dreißig Minuten und zwei

Stunden unter eine Pyramide legen. Bevor man daraus ein Elixier macht, muß der Stein wirklich gründlich gereinigt sein. Wenn Edelsteine oder Edelsteinelixiere unter Pyramiden liegen oder stehen, ist es immer nützlich, einen Rubin als universellen Verstärker für alle Edelsteine dazu zu legen. Das hängt mit der engen Verbindung des Rubins mit dem Herzen zusammen und mit der Schlüsselrolle, die das Herz im Gefühlsgleichgewicht der Menschen spielt."

Frage: Wie erklärt sich die universelle Anwendbarkeit von Meersalz bei der Reinigung?

„Meersalz ist eine kristalline Struktur mit der Fähigkeit, Energie an sich zu ziehen. Salz ist eine der schwächeren kristallinen Strukturen, aber seine Fähigkeit, sich in Verbindung mit Feuchtigkeit auszudehnen, zu kontrahieren oder zu restrukturieren, läßt es andere Energien an sich ziehen. Gerade seine Instabilität ist ein Vorteil. Die Instabilität toxischer Substanzen macht es dem Salz leichter, sie an sich zu ziehen. Salz ist stabiler als alle Giftstoffe."

Frage: Sollten nach der Mohsschen Härteskala weichere Minerale öfter oder anders gereinigt werden?

„Weiche Minerale lassen sich mit den oben beschriebenen Techniken reinigen, manchmal aber sollte man sie monatlich reinigen. Es ist allgemein ratsam, obwohl nicht unbedingt erforderlich , gelagerte Edelsteine alle zwei Monate zu reinigen. Dabei ist auch auf die Lagerbedingungen und die lokalen Umwelteinflüsse Rücksicht zu nehmen."

Frage: Muß man sehr harte Mineralien mit besonderen Verfahren reinigen?

„Harte Minerale wie Diamant, Smaragd, Jaspis, Perle, Quarz, Rubin und Saphir und auch ihre Unterarten wie Rosenquarz sollten in reinem Quarzkristallstaub gereinigt werden. Wenn das zu teuer ist, reinige man diese Edelsteine in destilliertem Wasser und Quarzstaub. Je mehr Quarzstaub man zusetzt, desto wirksamer die Reinigung. Am besten reinigt man diese Edelsteine einmal im Monat."

Frage: Sollten Edelsteine, die man am Körper trägt, auf andere Weise gereinigt werden?

„Die eben beschriebene Reinigungstechnik kann man auch auf Steine anwenden, die am Körper getragen werden. Normalerweise sollte man solche

Edelsteine alle zwei Monate reinigen, Menschen aber, die viel mit tiefen Meditationen und Mantren arbeiten, möchten sie vielleicht öfter reinigen. So vermeidet man übermäßige Verstärkung und verhindert, daß sich zuviel Toxizität in den am Körper getragenen Edelsteinen aufbaut."

Frage: Manche Menschen glauben, daß man gewisse Steine, die schon zu spirituellen und Heilungszwecken verwendet worden sind, nicht mit einem anderen Menschen tauschen soll, um sie noch einmal zu ähnlichen Zwecken zu verwenden. Stimmt das?

„Das sollte kein Problem darstellen, wenn die Steine nur angemessen gereinigt werden. Gelegentlich könnten sich bei weicheren Edelsteinen Schwierigkeiten ergeben, weil sie anfälliger für Gedankenformen sind."

Frage: Kann man einen Edelstein durch Schütteln reinigen und verstärken?

„Ja."

Die in diesem Kapitel empfohlenen Verfahren sind nicht absolut erforderlich, doch erhöhen sie die Qualität von Edelsteinen, die zu spirituellen oder Heilungszwecken verwendet werden sollen. Bei all diesen Prozeduren ist es wichtig, daß man sich bei ihrer Ausführung in einem ruhigen und klaren Zustand befindet. Vor und nach der Zubereitung von Edelsteinelixieren lege ich die Edelsteine immer in eine frische Glasschüssel mit destilliertem Wasser, Meersalz und Quarzstaub. Dabei sollte das Mineral vollständig von dieser Lösung bedeckt sein. Darauf stelle ich die Schale mit Inhalt mindestens ein paar Stunden unter eine Pyramide. Dies Verfahren nimmt einige Zeit in Anspruch, ist aber auch eine erfreuliche Erfahrung.

KAPITEL IV

RATSCHLÄGE FÜR HEILENDE UND DEREN KLIENTINNEN UND KLIENTEN

„Man sollte sich immer vor Augen halten, daß die Wirkung von Edelsteinelixieren in der Mitte zwischen den Prinzipien der Homöopathie und denen der Blütenessenzen liegt. Edelsteinelixiere wirken allgemein auf Verstand, Körper und Geist, genau wie Blütenessenzen und homöopathische Mittel. Der physische Körper aber wird von ihnen mehr als durch Blütenessenzen und weniger als durch homöopathische Mittel beeinflußt. Deshalb muß man beim Verschreiben und Anwenden von Edelsteinelixieren vorsichtiger sein als bei Blütenessenzen. Blütenessenzen passen sich dem Zustand des Menschen an, deshalb sind sie die ungefährlichste und problemloseste Art von Schwingungstherapie. Am besten verschreibt man Präparate aus allen drei Bereichen, um den einzigartigen Bedürfnissen der Einzelperson zu entsprechen.

Edelsteine können als flüssige Tinkturen zur inneren Anwendung verschrieben werden, als Salbe zur äußeren Anwendung, als verbrannte Asche, zu Staub zerstoßen oder als homöopathische Präparate. Wieder andere bevorzugen naturbelassene Edelsteine, so wie sie in der Natur vorkommen. Dann sollte man aber unbedingt einen Stein wählen, dem man sich schwingungsmäßig verbunden fühlt. Man achte auf Farbe, Größe, Form und Klarheit des Steins. Manchmal will man vielleicht auch einen Stein aus einem bestimmten Land haben.

Edelsteine können auch bei Bädern Verwendung finden oder am Körper getragen werden. Bernsteinasche wird traditionell in der Edelsteintherapie benutzt. Die ayurvedische Medizin Indiens[1] verfügt über großes Wissen über die Verwendung von Edelsteinasche oder -staub in der Heilkunst. Laien allerdings sollten bei Herstellung und Gebrauch solcher Präparate große Vorsicht walten lassen, denn manche Edelsteine sind in Pulverform äußerst giftig. In Europa wurde Diamantenstaub vor ein paar hundert Jahren verwendet, um Menschen zu töten. Er zerstört Magen- und Darmwände[2]. John hat auch einmal erwähnt, daß Malachitpulver oder - staub ebenso giftig ist.

In Idar-Oberstein, einem international bekannten Zentrum der Edelsteinverarbeitung, sagte mir der Eigentümer eines großen Betriebes, einer seiner Angestellten habe ins Krankenhaus gebracht werden müssen, nachdem er beim Schleifen von Malachit den Staub eingeatmet hatte[3].

Frage: Mit welcher Einstellung sollte man an die Arbeit mit Edelsteinelixieren herangehen?

„Ich rate zu einem zumindest teilweise klinisch-analytischen Herangehen und zur Achtung vor den Elixieren. Sonst begibt man sich auf die Ebene der Verehrung, und das ist wenig zuträglich. Mit Verehrung ist man schon nah an magischen Systemen. Außerdem sollte man in seiner Persönlichkeit eine bestimmte Sensibilität für die Natur und die verschiedenen Ebenen der Schwingungstherapie entwickelt haben."

Frage: Beeinflussen positive oder negative Gedanken der behandelnden Person die Wirkung von Edelsteinelixieren auf die Klienten?

„Auf die Edelsteinelixiere haben die Einstellungen der behandelnden Person wenig Einfluß, eher schon auf die Klienten. Das ist der kritische Punkt. Die Heilenden sollten sich aus eigenem Antrieb ständig ins Gleichgewicht bringen und läutern, damit sie immer von Licht umgeben sind. Sie sollten unlautere Motive überwinden und Liebe zu den Klienten entwikkeln."

Frage: Werden die Anwendungsmöglichkeiten der Edelsteinelixiere eingeschränkt, wenn es den Klienten an entwickeltem Bewußtsein fehlt?

„Diese Heilmittel lassen sich bei allen Menschen anwenden, denn bei ständigem Gebrauch kann jeder mit der Zeit voll und ganz für sie aufnahmefähig werden. Gleichzeitig aber sollten die Menschen meditieren und mit kreativen Visualisationen arbeiten, und zwar besonders an den Chakren, auf die das Edelsteinelixier, die Blütenessenzen oder ein homöopathisches Mittel wirken."

Frage: Sollten manche Menschen erst mit anderen Methoden arbeiten, um ihr Bewußtsein zu entwickeln?

„Wer hätte die Weisheit, um hier Vorschriften zu machen? Zwar heißt es, man solle seine Perlen nicht vor die Säue werfen, andererseits aber steht in der Bibel: „Du bist deines Bruders Hüter"[4].

Frage: Wie können Angehörige der heilenden Berufe beim Verschreiben von Edelsteinelixieren den Patienten erklären, daß es sich dabei nicht um normale Medikamente handelt, sondern um einen Prozeß, aus dem Menschen lernen können, ein größeres Gleichgewicht in ihr Leben zu bringen? Wo kann man ansetzen, um Menschen für diese Therapie zu öffnen, wenn sie zunächst dafür unzugänglich sind?

„Um zu entscheiden, ob ein Mensch empfänglich ist oder nicht, erkläre die grundlegenden Gesetze, nach denen Edelsteinelixiere wirken. Beschreibe die Gesetze der Schwingungsmedizin und die Wichtigkeit der feinstofflichen Körper in der Schwingungsheilung. Erkläre, daß Edelsteine seit Jahrtausenden fester Bestandteil der ayurvedischen Medizin Indiens waren. In manchen Kulturen war die Anwendung von Edelsteinen zu Heilung und spirituellem Wachstum stärker verbreitet als der Gebrauch von Kräutern.

Sprich außerdem über die Verwandtschaft zwischen Edelsteinelixieren und der Homöopathie. Erwähne, daß es die Homöopathie seit etwa 170 Jahren gibt, daß sie heute in Europa und Indien durchaus geachtet wird und mittlerweile auch in Amerika als nicht verschreibungsplichtige Medizin anerkannt ist. Beschreibe Edelsteinelixiere als ätherischere und spirituellere Behandlungsform. Edelsteinelixiere sind ein Erziehungsprozeß, der die Menschen zu spirituellen Wirklichkeiten erweckt. Sprich mit ihnen über natürliche Heilfähigkeiten wie das Handauflegen und zeige ihnen Material über bestimmte Fallgeschichten, wie sie zum Beispiel aus der Christlichen Wissenschaft bekannt sind. Schließlich redest du von der umfangreichen Literatur über psychosomatische Erkrankungen und die Rolle, die Streß bei der Entstehung vieler Beschwerden spielt. So kannst du ihnen klinische Ergebnisse vorweisen und ihr Bedürfnis nach objektiven Informationen befriedigen. Sag Ihnen, daß Einstellungen bei allen Formen psychospiritueller Krankheit wesentlich sind, und daß ebenso die spirituellen Einstellungen des Individuums bei dieser besonderen Heilmethode eine vorrangige Rolle spielen. Man kann die Wirkung dieser Elixiere durch positives Denken und kreative Visualisation verbessern, denn sie wirken teilweise auf der Ebene des Bewußtseins."

Frage: Wie erklärt man materialistisch eingestellten Menschen am besten die Wirkungsweise der Edelsteinelixiere?

„Bei Menschen mit einem materialistischen Grundverständnis sollte man mit Hilfe von Beispielen ihre Erfahrungsebene ansprechen, vielleicht bis in den Bereich der Psychologie. Denn auch Menschen mit einem materialistischen Grundverständnis können den Einfluß des Verstandes auf den physischen Körper verstehen und begreifen, daß daraus Streß und Krankheit erwachsen kann. Wenn man die Behandlung mit verschiedenen anderen Geist-Körper- Therapien kombiniert, mit psychologischer Beratung, Akupunktur, Akupressur und Massage etwa, läßt sich das nicht nur als Therapie angehen, sondern als Hilfestellung bei einer Entwicklung zu größerer Sensitivität durch eine logische Anwendung der Elixiere mit psychologischem Hintergrund. Beim materialistischen Menschen geht es weniger um die Aktivitäten im spirituellen und philosophischen Bereich als um ein Umlernen, was die Einstellungen zu den Prinzipien von Geist und Körper betrifft. Das übt auf den Menschen einen Einfluß aus, der den Prozess unterstützt, denn der Behandlungsprozeß wirkt auch unabhängig von der individuellen Struktur, es sei denn, man setzt sich mit dem freien Willen total darüber hinweg."

Frage: Tritt die Wirkung bei Benutzern und Benutzerinnen von Edelsteinelixieren unabhängig von deren Glauben an die Wirksamkeit ein?

„Wenn Leute glauben, daß Edelsteinelixiere sie nicht beeinflussen werden, wirken sie normalerweise doch, ähnlich wie Chemikalien. Man mag an Chemie glauben oder nicht, wenn man aber ein paar Tropfen Arsen einnimmt, wird man sich höchstwahrscheinlich am nächsten Tag in einem Sarg wiederfinden. In extremen Fällen jedoch kommt es vor, daß Menschen mit negativen oder materialistischen Glaubenssystemen sich über die Wirkungen der Edelsteinelixiere hinwegsetzen. Das ist der Faktor Mensch, denn wir haben es mit Menschen zu tun."

Frage: Warum wirken Edelsteinelixiere manchmal nicht so gut bei Menschen, die sehr verstandesorientiert oder materialistisch eingestellt sind?

„Die Kraft des Verstandes integriert die Lebenskraft mit dem biomolekularen und auch mit dem dichteren physischen Körper, besonders auf der Ebene des Muskelgewebes. Wenn die Kraft des Verstandes seine Herrschaft im physischen System übertreibt, entsteht Streß im Nerven- und Muskelgewebe. Das stört die Durchgangswege, auf denen die Edelsteinelixiere vom physischen System zu den feinstofflichen Anatomien vordringen und schließlich den Fluß der Lebenskraft so konzentrieren, daß Heilung eintritt im physischen Körper und in den ätherischen Dimensionen der Menschen. Die ersten Stufen der Edelsteinelixierbehandlung richten sich nicht so sehr gegen die Verhaltensmuster, die verändert werden sollen. Edelsteinelixiere sind zunächst mit dem Problem des Ungleichgewichts der Verstandeskräfte und der daraus resultierenden Blockaden der Durchgangswege konfrontiert.

Im allgemeinen ist ein Mensch, der seinen Verstand betont, auch materialistisch eingestellt. Deswegen müssen hier zunächst die Prinzipien von Körper und Geist angesprochen werden. Sie stimmen den Menschen intellektuell und logisch auf das Aufnehmen von Edelsteinelixieren ein. Wenn der Mensch vor der Einnahme der Edelsteinelixiere einen ruhigen und meditativen Zustand erreicht, wirken sie immer besser."

Frage: Kann man Edelsteinelixiere auch unbedenklich Kindern geben?

„Man kann Kindern immer Edelsteinelixiere geben. Oft reagieren sie weit besser auf die Edelsteinelixierbehandlung, weil bei ihnen keine verstandesmäßigen Blockaden im Wege stehen."

Edelsteinelixiere wirken immer durch bestimmte Teile der physischen und feinstofflichen Körper. Wenn diese Durchgangswege durch einen überaktiven Verstand und Verstandeskörper versperrt sind, wird die Wirksamkeit von Edelsteinelixieren geschwächt. Die behandelnde Person sollte sich dessen bewußt sein. Allerdings muß ein Mensch schon ein extrem verschlossener Materialist oder intellektueller Rationalist sein, damit die Edelsteinelixiere nicht wirken. Die typischen Fragen oder Vorbehalte, die viele Menschen haben, wenn sie das erste Mal von Edelsteinelixieren hören, behindern die Elixiere nicht in der Wirkung.

Frage: Ist es ratsam, die Elixiere etwa eine Minute lang im Mund zu behalten, um ihre Wirkung zu verstärken? Bei der Homöopathie wird darauf im allgemeinen Wert gelegt, deshalb interessiert es mich, ob das auf alle Schwingungspräparate zutrifft.

„Ja, das hilft. Die Heilmittel werden dabei mit den Enzymen im Speichel integriert, so daß sie sich auf die normalen Eigenschaften der Enzyme einstellen. Heilmittel werden schneller auf die Ebene der Molekularstruktur transportiert, wenn sie mit den normalen physischen Prozessen in Einklang stehen."

Edelsteinelixiere, Blütenessenzen und homöopathische Heilmittel sind Therapieformen, die auf Schwingung beruhen. Folglich wirken sie nach bestimmten physikalischen Gesetzen, die nicht dem entsprechen, was man normalerweise erwartet. Zum Beispiel spielt es außer bei einigen überempfindlichen Menschen keine Rolle, wie viele Tropfen man jeweils einnimmt. Die Frequenz, nicht die Menge, wirkt.

„Bis zu einem gewissen Grad schreitet die Heilung schneller voran, wenn man eine häufigere Einnahme verschreibt, nicht dadurch, daß man die Dosis erhöht. Das liegt daran, daß der Verstand den Fluß der Zeit beschleunigen will. Indem man das Heilmittel öfter nimmt, wird es öfter vom Verstand wahrgenommen."

Frage: Was passiert, wenn ein Mensch eine große Dosis einnimmt, eine ganze Flasche zum Beispiel?

„Das hängt von seiner persönlichen Einstellung zu Quantität und Einnahmehäufigkeit ab. Normalerweise haben ein Tropfen oder mehrere Liter dieselbe Wirkung. Wenn jemand an der Idee hängt, daß mehr auch besser sei, sollte man die empfohlene Dosis etwas erhöhen. Wenn man Edelsteinelixiere zu homöopathischen Potenzen verdünnt, sollte man nach den Empfehlungen der homöopathischen Tradition dosieren."

Obwohl man sich in der Homöopathie nicht ganz über die richtige Dosierung bei verschiedenen Potenzen einig ist, dürften die folgenden Leitlinien doch von den meisten Homöopathen akzeptiert werden: Bei 6x oder 6c nimmt man die zwanzig- bis vierundzwanzigfache Dosis, bei 12x oder 12c die zwölffache, bei 30x oder 30c die achtfache, bei 1M die dreifache, bei 10M die ein- oder zweifache, bei 50M bis CM die einfache Dosis. Diese Mengen nimmt man normalerweise einmal oder mehrmals täglich. Jede Dosis besteht aus mehreren Tropfen oder ein bis zwei Globuli oder Kügelchen. In akuten Fällen kann man diese Mittel auch bis zu stündlich einnehmen, besonders wenn die Potenz nicht höher als 30x oder 30c liegt. Bei Potenzen von 1M oder mehr verschreiben Homöopathen kaum einmal eine höhere Dosis als die oben angegebenen. Eine Ausnahmen stellt die Verwendung homöopathischer Heilmittel in neutralen homöopathischen Potenzen dar, aber dieses Konzept hat sich bisher bei homöopathischen Heilern wenig durchgesetzt.

Frage: Du hast an anderer Stelle gesagt, in bestimmten akuten Fällen sollten homöopathische Heilmittel in Abständen von mindestens drei Stunden verabreicht werden, sonst würden die verschiedenen Dosen sich zu sehr vermischen. Gilt das auch für Edelsteinelixiere, wenn man sie aus den Stockfläschchen oder in homöopathischer Potenzierung einnimmt?

„Auch hier gilt der Dreistundenabstand, allerdings ist er bei Edelsteinelixieren nicht ganz so entscheidend wie bei homöopathischen Heilmitteln. Dieses Prinzip ist bei homöopathisch potenzierten Edelsteinelixieren etwas wichtiger als bei der Einnahme der Elixiere aus der Stockflasche. Homöopathische Mittel harmonisieren mit dem biomolekularen Muster und integrieren sich mit den feinstofflichen Körpern, aber sie wirken in direkterer Verbindung zum physischen Körper als Edelsteinelixiere. Deswegen können sich die verschiedenen Dosen bei jeder Potenz problemlos miteinander vermischen. Blütenessenzen wirken eher im Bereich des Bewußtseins und sind sehr anpassungsfähig, deshalb ist bei ihnen der dreistündige Abstand am wenigsten relevant."

Frage: Was ist bei Edelsteinelixieren die empfohlene Dosis?

„Edelsteinelixiere sollten in Stockfläschchen verdünnt angewendet werden. Dann wirken sie am besten. Jede weitere Verdünnung würde ihre klinische Wirksamkeit zu sehr schwächen, wenn sie nicht zu homöopathischen Potenzen weiterverarbeitet werden. Die empfohlene Dosis ist generell drei bis vier Mal täglich drei bis sieben Tropfen. Die besten Zeiten zum Einnehmen sind nach dem Aufwachen, um die Mittagszeit, vorm Abendessen und abends. Allgemein gilt, daß man Edelsteinelixiere oder andere Schwingungsheilmittel nicht während der Mahlzeiten einnehmen sollte. Gewöhnlich sollte man Edelsteinelixiere einzeln oder kombiniert drei bis vier Wochen lang nehmen. Dann empfiehlt es sich oft, die Einnahme ein paar Wochen oder länger zu unterbrechen. Man sollte nie dieselben Edelsteinelixiere ein Jahr oder länger einnehmen außer bei chronischen Leiden. Diese Empfehlungen gelten auch für Kinder. Wenn Edelsteinelixiere mit Blütenessenzen und homöopathischen Mitteln kombiniert werden, nehme man von beiden Präparaten die gleiche Menge.

In manchen Fällen, zum Beispiel wenn man ständig radioaktiver Strahlung ausgesetzt ist und dagegen Kohlenstoffstahl- und Malachitelixiere nimmt, ist es ratsam, über 120 Tage mehrere Tropfen täglich einzunehmen. Dann unterbricht man die Einnahme für drei Monate und fährt so fort, solange man der Strahlung ausgesetzt ist: vier Monate einnehmen, drei Monate Pause. Oder man nimmt, solange man der Strahlung ausgesetzt ist, an den letzten drei Tagen der Woche jeweils mehrere Tropfen des Elixiers ein. Bestimmte Angehörige der Heilberufe, Chiropraktiker und Zahnärzte zum Beispiel, und Menschen, die in der Nähe von Atomkraftwerken leben, sollten diese Möglichkeit erwägen."

Frage: Warum bevorzugen manche Heiler andere Elixiere als ihre Kollegen und erhalten auch abweichende klinische Ergebnisse?

„Die Elixiere haben nicht immer die gleichen Eigenschaften in gleichem Maße. Ihre klinische Anwendung wird von den persönlichen Vorlieben und Vorurteilen der Behandelnden beeinflußt und von der Art ihrer Klienten.

Auch die kulturelle Zugehörigkeit, der Stand der Sterne und der geographische Standort beeinflussen die Anwendbarkeit von Edelsteinelixieren. Zum Beispiel sind die Nahrungsbedürfnisse von Afrikanern anders als die von im nördlichen Klima geborenenen Menschen. Aus all diesen Mustern erklärt sich, warum die Behandelnden mit Edelsteinelixieren verschiedene Ergebnisse erzielen. Zukünftige wissenschaftliche Studien werden die wahren Eigenschaften jedes einzelnen Edelsteinelixiers nachweisen und scheinbare Widersprüche ausräumen."

Ein weiterer bedenkenswerter Aspekt ist, daß auch astrologische Konfigurationen die Auswahl der Edelsteinelixiere für eine bestimmte Person beeinflussen können. Das gilt besonders, wenn man diagnostische Verfahren wie Pendel oder Muskeltests verwendet. Dieses Phänomen gilt auch bei anderen Schwingungsheilmitteln, Kräutern und verschiedenen Nahrungsmitteln. Mir ist dieses Phänomen zum ersten Mal vor mehreren Jahren aufgefallen, als viele Menschen plötzlich Gold in homöopathischer Dosierung brauchten. Zur gleichen Zeit stieg der Goldpreis stetig. John hat einmal gesagt, dieses gesamte Muster habe in Verbindung mit einer besondern astrologischen Konfiguration gestanden, und auch den Astrologen war es damals bewußt.

Frage: Du hast auch einmal erwähnt, daß manche Menschen krank werden, weil sie jahrelang mit homöopathischen Heilmitteln umgehen. Gilt das auch bei Edelsteinelixieren, und zwar mehr bei diesen als bei Blütenessenzen, weil die Elixiere sich nicht so gut anpassen können?

„Ja, bei Edelsteinelixieren kommt es leichter zu einer Heilkrise als bei Blütenessenzen, dennoch ist es selten. Selbst ein sensibler Mensch müßte schon sehr oft und intensiv diesen Heilmitteln ausgesetzt sein, damit solche Wirkungen eintreten. Einfaches Reinigen mit destilliertem Wasser oder Meersalzbädern können solche Auswirkungen weitgehend neutralisieren."

Frage: Besteht beim Einnehmen verdünnter Edelsteinelixiere aus Stockfläschchen irgendeine Gefahr, wenn sie aus Mineralen wie Quecksilber hergestellt sind, die auf der physischen Ebene giftig sind?

„Hier gilt das, was ich über die toxischen Eigenschaften aller Substanzen gesagt habe, die auf der Basis von Schwingungen hergestellt sind. Ein wesentlicher Punkt ist, daß auf der physischen Ebene toxische Substanzen oft sehr wertvoll sind, wenn ihr Energiemuster potenziert oder befreit angewendet wird. Viele dieser Prinzipien sind in der Homöopathie Gemeingut. Manchmal werden einige der medizinischen Prinzipien und physischen

Eigenschaften einer Substanz auf das Schwingungsmuster übertragen. Wenn man solche Substanzen unter eine Pyramide legt, werden diese Eigenschaften anpassungsfähig und rufen keine Beschwerden hervor. Wenn ein Mensch keine negativen Symptome entwickelt, ist es ein Zeichen dafür, daß sein Immunsystem ausgeglichen ist. Die toxischen Eigenschaften gehen durch den physischen Körper hindurch, mehr nicht. Das ist so ähnlich, wie wenn ein Mensch Immunität entwickelt, indem er winzige Mengen einer toxischen Substanz einnimmt, um Widerstandskraft dagegen aufzubauen. Da sich Schwingungsphänomene selbst anpassen können, kann ihre Wirkung identisch mit diesem etablierten Prinzip der Immunologie sein.

Bevor man solche Präparate einnimmt, sollte man sich zunächst durch Fasten reinigen. Ein vierundzwanzigstündiges Fasten mit Möhren- und Selleriesaft ist zu empfehlen. Zusätzlich sollte man drei Tage lang zweimal täglich in Abständen von drei Stunden ein Bad mit zwei Tassen Meersalz und etwas Epsomer Bittersalz nehmen. Das reinigt den physischen Körper und bereitet ihn für die Aufnahme der Elixiere vor. Außerdem wird der physische Körper aufnahmebereiter für Substanzen, die auf der physischen Ebene giftig wirken würden, wenn man mehrere Tage lang Quarzelixier in einer Potenz von 10MM einnimmt."

Frage: Du hast früher einmal gesagt, daß man gefahrlos zu viel von einer oder mehreren Blütenessenzen nehmen kann, weil die Essenzen sich selbständig an die Bedürfnisse des Menschen anpassen. Ja, daß vielleicht sogar ein positiver Effekt eintreten könnte, indem Giftstoffe aus dem Körper getrieben werden wie durch Vitamin C, so daß sich schließlich Wohlbefinden einstellt. Gilt das auch für Edelsteinelixiere?

„Ja, aber nur dann, wenn die Elixiere durch die oben beschriebenen Techniken mit Quarzkristallen und Pyramiden verstärkt worden sind."

Frage: Stimmt es, daß Edelsteine ihre Kraft verlieren können, wenn negativ eingestellte Menschen sie in die Hand nehmen oder auch nur anschauen?

„In sehr extremen Fällen kann das geschehen, allerdings hat man aus solchen Vorkommnissen oft die falschen Schlüsse gezogen. Nicht die Edelsteine verlieren ihre Kraft. Das Problem liegt im Bewußtsein und in den karmischen Mustern bestimmter Menschen. Manche Menschen haben mit bestimmten Edelsteinen in vergangenen Leben Mißbrauch getrieben. Wenn diese Menschen heute versuchen, mit Edelsteintherapie zu arbeiten, können die reinigenden Eigenschaften der Minerale auf sie zeitweilig einen schwächenden Effekt haben, besonders wenn dieselben Edelsteine verwendet werden, die in dem früheren Leben mißbraucht wurden."

Frage: Was kannst du zu dem Glauben sagen, daß Edelsteine ihren Besitzer schützen können?

„Minerale haben an sich keine wirklich schützende Funktion, sie sind Verstärker, die Menschen mehr Klarheit bringen. Edelsteine haben keine ihnen innewohnenden magischen Eigenschaften, die unabhängig vom Bewußtsein der Menschen wären. Edelsteine erhöhen eher die Fähigkeit zu Bewußtheit als daß sie dem Menschen eine bestimmte Eigenschaft verleihen. Die Menschen sollten mit dieser Bewußtheit sachlich arbeiten und sich in Harmonie damit befinden."

Frage: Würdest du bitte etwas zu dem Glauben sagen, daß Edelsteine nicht so wirksam angewendet werden können, wenn man sie sich auf illegalen Wegen beschafft hat?

„Das trifft insofern zu, als die bewußtseinsmäßige Klarheit des Menschen in solchen Fällen nicht gewährleistet ist. Das gilt auch, wenn der Mensch gar nicht weiß, daß das Mineral gestohlen wurde. Minerale sind, wie gesagt, Gedankenverstärker, und solche negativen Eindrücke können sich ihnen einprägen, wenn der Stein nicht ordentlich gereinigt wird."

Frage: Stimmt es, daß Heilkrisen durch Edelsteinelixiere in großstädtischer Umgebung besonders wahrscheinlich sind?

„Ja, in großstädtischer Umgebung ist es wahrscheinlicher, daß sich solche Muster bei der Verwendung von Schwingungsheilmitteln einstellen. Bei Edelsteinelixieren kann das leichter passieren als bei Blütenessenzen. Als kristalline Strukturen haben Edelsteinelixiere eine Tendenz zur Verstärkung der Umgebung."

In sehr seltenen Fällen können Menschen sich durch Edelsteinelixiere zu schnell entgiften. Wenn das geschieht, sollte man die Dosis herabsetzen oder vielleicht eine Zeitlang die Einnahme unterbrechen. Ich habe bereits Tausende von Edelsteinelixieren verkauft, aber erst zweimal von solchen Fällen gehört, die sich übrigens beide in Großstädten ereigneten.

Frage: Verändern Edelsteinelixiere Menschen dauerhaft?

„Sie verbessern die Voraussetzungen zur Veränderung der Persönlichkeit, aber in der Conditio humana ist nichts von Dauer. Edelsteinelixiere bewirken dauerhafte Heilung, wenn der Mensch nicht zu den Gebieten des Negativen zurückwandert. Wenn Menschen sehr schwerwiegende traumatische Erlebnisse gehabt haben, können die Probleme im allgemeinen durch normale psychologische Methoden gelöst werden. Es empfiehlt sich oft, den Heilungsprozeß durch andere ganzheitliche Verfahren zu unterstützen, etwa durch Kräutermedizin, Diäten, kreative Visualisation, Meditation, andere Schwingungsheilmittel oder durch psychologische Beratung. Es ist sehr nützlich, bei der Fußmassage Edelsteinelixiere und Blütenessenzen auf die Füße aufzutragen. Wenn man bestimmte innere Organe durch Reflexologie oder Fußmassage stimuliert, helfen die Edelsteinelixiere und Blütenessenzen bei der Aktivierung dieser Organe.“

Frage: Gibt es eine obere Grenze, wie lange Menschen Edelsteinelixiere einnehmen können?

„Wenn Edelsteinelixiere unter einer Pyramide verstärkt werden, erlangen sie eine Anpassungsfähigkeit, die fast der von Blütenessenzen entspricht. Wenn man dreißig bis sechzig Tage lang Edelsteinelixiere genommen hat, ist es oft ratsam, ebensolange auszusetzen - je nach der individuellen Fallgeschichte. Die meisten Menschen brauchen nur eine Pause von dreißig Tagen. Außer bei einigen Ausnahmen wie Malachit und Peridot sollte man nicht länger als ein Jahr dieselben Edelsteinelixiere einnehmen, die Pausen bereits eingerechnet. Es sei denn, man verwendet das Elixier für hochchronische Beschwerden, die noch aus der frühen Kindheit herrühren oder seit mindestens drei Jahren anhalten.

Schließlich sollte man in der Lage sein, seine geistige, körperliche und emotionale Gesundheit auch ohne Naturheilmittel wiederherzustellen und zu erhalten. Edelsteinelixiere helfen, dieses Ziel zu erreichen. Des weiteren ist es bei diesem Prozeß wichtig, sein Karma auszugleichen und mit dem Höheren Selbst in Kontakt zu bleiben.

Die Menschen sollten begreifen, daß hinter jeder Krankheit ein karmisches Muster aus diesem oder einem früheren Leben liegt. Dies ist ein wesentlicher Grund, weshalb man spirituelles Verständnis entwickeln sollte. Auch eure allopathischen Ärzte erkennen jetzt, daß die richtige psychische Einstellung den Heilungsprozeß unterstützt. Auf einer ähnlichen Linie wird man demnächst erkennen, daß man die spirituelle Einstellung und die Gesetze der Gnade oder Vergebung für sich selbst oder andere anwenden sollte, um karmische Muster zu mildern.“

Edelsteinelixiere rufen auch spirituelle Einsichten und Visionen hervor. Diese unterscheiden sich oft deutlich von Reinigungsprozessen physischer, emotionaler oder geistiger Art. Es empfiehlt sich manchmal, mit den Klienten über diesen Punkt zu sprechen. John vermittelt hier einige Einsichten in diese Abläufe.

„Wenn man ein bestimmtes Muster der Lebenskraft auf die Bewußtseinsebenen des Individuums hebt, schafft man Wahlmöglichkeiten und ein breiteres Unterscheidungsvermögen für die Bewußtseinszustände, die Voraussetzung für eine vermehrte Tätigkeit des freien Willens sind. Im Laufe dieses Prozesses hat der Mensch auf bewußter Ebene mehr Wahlfreiheit, um seine Verhaltensmuster zu ändern. So entsteht spirituelle Erleuchtung dergestalt, daß Tätigkeiten, die normalerweise im Bereich der feinstofflichen Anatomie auftreten, fast zu einer funktionellen bewußt einsetzbaren Eigenschaft werden.“

Die Reaktionszeit bei Edelsteinelixieren schwankt zwischen wenigen Sekunden oder Minuten und vielen Wochen – je nach der Sensibilität des Individuums. Manche Menschen können nicht sagen, daß ihnen die Einnahme dieser Heilmittel besonders wohlgetan habe, doch es herrscht Einigkeit darüber, daß sich in vielen Fällen bestimmte positive Veränderungen ergeben haben. In den nächsten Jahren werden Edelsteinelixiere sehr beliebt werden, weil sie direkt auf den physischen Körper einwirken. Dadurch ist es ziemlich leicht, die Wirkung der Edelsteinelixiere zu spüren.

Ein weiteres sehr wichtiges Thema muß angesprochen werden. Heutzutage wird die klinische Wirksamkeit aller Schwingungsheilmittel durch die massive Verschmutzung und Vergiftung von Nahrung, Luft und Wasser eingeschränkt. Diese toxischen Faktoren, vor allem Radioaktivität, Petrochemie und Schwermetallmiasmen[5], haben sich nach dem Zweiten Weltkrieg zu einer wachsenden Belastung entwickelt. Weitere Beispiele für dieses Muster sind der hohe Verbrauch chemischer Medikamente und die Chemikalien in unserer Nahrung. Dieses Problem ist einer der Hauptgründe dafür, daß heute Krankheiten wie Aids auftauchen. Das Immunsystem bricht nach und nach zusammen, wenn es jahrelang mit ständiger massiver Verschmutzung und Vergiftung konfrontiert ist. Diese Schadstoffe verstopfen oft die Kanäle, durch die Schwingungsheilmittel auf den physischen und die feinstofflichen Körper wirken. Bei homöopathischen Heilmitteln ist ihr Einfluß sehr schwerwiegend, bei den Blütenessenzen fallen sie weit weniger ins Gewicht, weil diese mehr auf der Ebene des Bewußtseins arbeiten. Auch Edelsteinelixiere können von solchen Schadstoffen sehr geschwächt werden. Die diversen Schulen der Homöopathie begreifen mehr und mehr, wie diese Faktoren die Wirkung homöopathischer Mittel beeinträchtigen.

Ich habe in den letzten Jahren durch klinische Versuche und unter gechannelter Führung einen relativ einfachen Weg gefunden, um dieses Problem zu mildern. In nahezu hundert Prozent der Fälle stellte sich durch Pendeltests heraus, daß Menschen diese toxischen Faktoren im Blut hatten, und im allgemeinen behinderten diese Toxine das verschriebene Edelsteinelixier in seiner Wirkung. Aber die Pendeltests zeigten auch immer, daß bestimmte Bäder diese Toxine verringerten, so daß das gewählte Heilmittel dann ordentlich wirken konnte.

Nun gibt es zahlreiche Badezusätze, fünf von ihnen sind jedoch wesentlich, wenn man eine Behandlung mit Edelsteinelixieren vorbereitet. Anfangs sollten diese Bäder einen Monat lang wöchentlich genommen werden. Wenn man in einer sehr verschmutzen Gegend lebt, sollte man sie öfter anwenden. Oft empfiehlt es sich, eins oder mehrere dieser Bäder vor, während und nach der ersten Einnahme eines Schwingungsheilmittels zu benutzen. Diese Bäder verringern nicht nur die Toxizität im Körper, so daß die Schwingungsheilmittel richtig auf den Organismus einwirken können, sondern sie spielen auch eine Schlüsselrolle bei der Beseitigung der Toxizität aus der Aura, wo sie sich nach Gebrauch des Schwingungspräparats zeitweilig sammelt. Wenn man sich zum Beispiel Sorgen über Schwermetallbelastung macht, sind ein oder mehrere Bäder zwei oder drei Tage nach Einnahme des Präparats eine wichtige Unterstützung für den Reinigungsprozeß. Zu diesem Zeitpunkt hat das Präparat einen Großteil der Toxizität in die Aura geschoben. Von dort aus geht sie entweder in die Äther, um transformiert zu werden, oder wird durch den Verstand zurück in den Körper gezogen. Bäder zu diesem Zeitpunkt drängen noch mehr von der Toxizität aus dem Organismus. Ich habe in hunderten von Fällen mit den Bädern Erfolg gehabt, wie sich durch Pendeltests erwiesen hat.

Je nach Grad der Vergiftung muß man eventuell neben den Bädern noch andere Verfahren anwenden. Zum Beispiel bin ich nach Besuchen in Südkalifornien oft mit verringerter Vitalität nach Colorado zurückgekehrt. Pendeltests wiesen dann meistens auf eine Bleivergiftung meines Körpers hin. Wenn verbleites Benzin endlich verboten ist, wird dieses Problem vermutlich geringer werden. Ein oder zwei Cloroxbäder befreien meinen Organismus normalerweise von diesen Problemen. Bei chronischen Belastungen aber sollte man neben den Bädern noch andere Behandlungsverfahren anwenden.

Zur Reinigung des Badewassers füge man frisch gepreßten Zitronensaft und etwas Alkohol hinzu. Das neutralisiert die Verunreinigungen im Leitungswasser der Städte. Von den anderen Badezusätzen genügen gewöhnlich ein oder zwei Handvoll oder ein bis zwei Pfund. Am besten nimmt man diese Bäder am frühen Morgen oder vormittags. Die Wassertemperatur sollte so warm wie möglich sein – außer bei schwangeren Frauen. Schwangere sollten diese Bäder nur bis zum fünften

Monat nehmen – in körperwarmem Wasser. Man sollte möglichst bis zum Hals im Wasser sitzen und allein baden, wenn man nicht sehr kleine Kinder hat. Im allgemeinen genügt es, wenn man die Bäder täglich oder alle paar Tage nimmt, doch sollten bis zum nächsten Bad mindestens sechs Stunden vergehen. Bleiben Sie dreißig oder mindestens zwanzig Minuten in der Wanne.

Während und nach jedem Bad empfiehlt es sich, die Haut mit einem Luffaschwamm oder einer Getreidepackung zu bürsten. Das stimuliert das Nervensystem, aktiviert den Blutkreislauf und entfernt Toxizität. Am besten sollte man nach dem Bad nicht duschen. Der Reinigungseffekt wird verstärkt, wenn die Substanz weiter auf den Organismus einwirken kann. Nach dem Bad legen Sie sich ein paar Minuten hin, am besten mit leicht erhöhten Füßen. Oder noch besser vollführen sie bis zu zwölf Mal den Sonnengruß aus dem Hatha Yoga. Das bringt den Kreislauf wieder richtig in Gang.

Gelegentlich, besonders am Anfang, fühlen sich manche Menschen während oder nach diesen Bädern benommen, oder ihnen wird übel. Das heißt im allgemeinen, daß Toxizität freigesetzt wird, und ist ein gutes Zeichen. Wenn Sie sich darüber ernsthafte Sorgen machen, holen Sie fachkundigen medizinischen Rat ein.

Als allgemeines Reinigungsbad ist Chaparral (ein amerikanisches immergrünes Gebüsch – Anm. d. Übs.) am weitesten anwendbar und am wirksamsten. Die Eigenschaften des Chaparrals werden noch besser freigesetzt, wenn es vorher wie zur Teezubereitung aufgekocht wird. Es entgiftet Blut, Nieren, Leber, Lymphbahnen und Thymusdrüse und hemmt Viren. Geben Sie gleichzeitig Chaparralblütenessenz ins Badewasser.

Eine Tasse Clorox im Badewasser entgiftet das Lymphsystem, entfernt Rückstände von Chemikalien und Drogen, Schwermetalle und radioaktive Isotopen, die sich mit den Schwermetallen verbinden. Chlor, wie man ihn auch in Schwimmbädern verwendet, hat ähnliche Eigenschaften und kann benutzt werden, wenn man gegen Clorox allergisch ist. Manchmal fragen sich Klienten, wenn sie das erste Mal von diesen Bädern hören, ob sie sich neulich so gut gefühlt haben, weil sie in einem gechlorten Schwimmbad waren. Clorox ist wichtiger für die Entfernung von Schwermetallen, während Chlor wirksamer zur Entfernung von Radioaktivität aus dem Körper ist.

In den letzten Jahren befinden sich im Trinkwasser der meisten industrialisierten Länder mehr und mehr Chemikalien, deshalb sollte man ein Cloroxbad nur in destilliertem oder gereinigtem Wasser nehmen. Sonst kann es zu einer ziemlich toxischen Reaktion zwischen Clorox und den im Wasser befindlichen Chemikalien kommen. Bei den anderen Bädern tritt dieses Problem nicht auf.

Ein Bad mit Meersalz und Soda reinigt die Aura und entfernt Kobalt, Plutonium und andere radioaktive Isotopen aus dem Körper. Zuviel Kobalt im Körper kann Herzbeschwerden verursachen. Dieses Bad und die nächsten beiden sollte man immer nehmen, wenn man geröntgt worden ist. Kaufen Sie das Meersalz nur in Naturkostläden oder Reformhäusern, und vergewissern Sie sich, daß es kein Aluminium enthält. Normalerweise steht die Zusammensetzung auf der Verpackung.

Nehmen Sie einmal täglich ein Bad mit Meersalz – insgesamt zwischen zweimal und achtmal je nach Grad der Toxizität. Es entfernt Strahlung aus dem physischen und den feinstofflichen Körpern. Bei diesem Bad kann man bis zu fünf Pfund Meersalz verwenden.

Eine halbe Tasse roter Lehm, Chaparral und Rotklee zusammen mit einem halben Pfund Meersalz als Badezusatz entfernt Plutonium aus dem Körper. Außerdem sollte man Malachit und Quarz am Körper tragen und ihre Elixiere einnehmen und mit ins Bad geben, besonders wenn man in der Nähe eines Atomkraftwerks lebt.

Welche dieser Bäder genommen werden müssen, hängt von den Umständen im Einzelfall ab. Manche der Bäder müssen anfangs häufig genommen werden, aber beim gegenwärtigen Stand der Planeten empfiehlt es sich, jedes dieser Bäder mindestens alle drei Monate zu nehmen. John hat uns das fünfte Bad beschrieben und auch das Chaparralbad empfohlen. Meersalz- und Cloroxbäder werden in ganzheitlich orientierten Kreisen schon seit geraumer Zeit angewendet, was zum Teil dem Einfluß von Hazel Parcells in New Mexico zuzuschreiben ist [6]. Kürzlich hat Dr. Voll entdeckt, daß homöopathisches Clorox die Lymphbahnen entgiftet.

Man kann gar nicht genug betonen, wie wertvoll diese Bäder für die Beschleunigung und Unterstützung des Heilungsprozesses sind. Ich werde später einen Text nur über die Anwendung von Bädern und Wasser zu Heilung und spirituellem Wachstum veröffentlichen.

1 Dr. Vascant Lad: *Das Ayurveda-Heilbuch,* Haldenwang, Ed. Shangrila, 1986.
2. George F. Kunz: *The Curious Lore of Precious Stones*, New York, Dover Publications, Inc., 1971, pp. 154-156.
3 Edgar Cayce: *Gems and Stones,* Virginia Beach, Va, A.R.E. Press, 1979, pp. 72-73.
4 Bible: *King James Version*, New York, Thomas Nelson, Inc., 1972.
5 Gurudas: *Flower Essences and Vibrational Healing*, Albuquerque, N.M., Botherhood of Life, 1983.
6 Linda Clark: *Are You Radioactive*, New York, Pyramid Books, 1974.

KAPITEL V

DIE VERSTÄRKUNG VON EDELSTEINELIXIEREN

Viele der unterstützenden Techniken für Blütenessenzen[1] können auch bei Edelsteinelixieren angewandt werden. So zum Beispiel Bäder, Chanting (meditatives Singen), Farbtherapie, kreative Visualisation, Fasten, Meditation, Nährstoffpräparate und Psychotherapie.

Frage: Würdest du bitte erläutern, wie man Edelsteine und Edelsteinelixiere verstärken kann?

„Man kann zum Beispiel die Edelsteine und Elixiere zwei Stunden lang in die aufgehende Sonne legen. Dadurch erhöht sich ihre Lebenskraft. Oder man kann über den Edelstein meditieren, vor allem um besser zu verstehen, auf welche spezifischen Bereiche des physischen Körpers und der ätherischen Anatomie er wirkt. Bei der Meditation über einen Edelstein oder eine Blütenessenz sollte man sich dem magnetischen Nordpol zuwenden, um sich besser in Einklang mit dem Erdmagnetismus zu bringen. Auch ist es empfehlenswert, das Mineral mit Orgonenergie zu bestrahlen. Oder man kann es mindestens zwei Stunden lang unter eine Pyramide legen. Alle Edelsteine und Edelsteinelixiere werden beträchtlich verstärkt, wenn man sie zusammen mit einem Rubin unter eine Pyramide legt. Die Kraft der Blütenessenzen läßt sich deutlich erhöhen, indem man sie zusammen mit Feuerachat in eine Pyramide legt. Dabei sollten am besten die Mineralien selbst verwendet werden, obwohl man notfalls auch Rubin- beziehungsweise Feuerachatelixier nehmen kann. Diese Steine haben bedeutende Verstärkungseigenschaften, weil sie beide auf das Herz wirken und damit auf ein Schlüsselorgan für die Balance des gesamten physischen Körpers. Wenn einem mehrere dieser Steine zur Verfügung stehen, verteile man sie in verschiedenen geometrischen Mustern um das Präparat, das verstärkt werden soll.

Der Stein, den man zur Herstellung eines Edelsteinelixiers verwendet, sollte natürlicher Herkunft sein, nicht geschnitten, poliert oder auf sonstige Art behandelt. Die Wirkung von Steinen, die man am Körper trägt, verstärkt sich allerdings in vielen Fällen, wenn sie geschnitten und poliert sind. Bei der Zubereitung von Edelsteinelixieren sind Größe und Gewicht der Steine nicht wesentlich, eher von Bedeutung ist dieser Faktor bei der therapeutischen Anwendung von Edelsteinen in ihrer physikalischen Form. Die Farbe aber, die Reinheit und das Herkunftsland der Steine sind immer relevant, wenn man Edelsteine zu Heilung und spirituellem Wachstum einsetzt. Am besten sind immer Steine in Kristallform."

Frage: Warum empfiehlst du, man solle Edelsteinelixiere oft den Schwingungen bestimmter Farben aussetzen?

„Die Wellenlänge bestimmter Farben harmoniert mit den kristallinen Eigenschaften bestimmter Edelsteine. So werden die Kräfte des Edelsteinelixiers verstärkt. Je klarer die schwingungsmäßige Übereinstimmung, desto mehr Energie absorbiert das Elixier von der Farbe und desto stärker werden die Heilkräfte. Ähnlich färbt man gelegentlich bestimmte Oberflächen, damit sie bestimmte Klänge freisetzen.

Wenn Edelsteine in einer konkaven linsenähnlichen Form zugeschnitten sind, lassen sie sich auch verstärken, indem man einen Laserstrahl hindurchschickt. Dann lege man die Edelsteine auf verschiedene Akupunktur- und Akupressurpunkte am Körper. Die Wirkung der Edelsteine wird dadurch beträchtlich verstärkt."

Frage: Ist es empfehlenswert, einen Edelstein durch ein Prisma anstatt nur durch Farben zu verstärken?

„Damit erreicht man eine bessere Reinigung des Edelsteinelixiers, weil das Prisma nicht nur die dichtere physikalische Wellenlänge der Farbe aktiviert, sondern auch deren ätherische und astrale Wellenbereiche. Hier arbeitet man eher mit den ätherischen Wellenlängen, die selbst die Träger des Lichts sind, als mit den dichteren sichtbaren Bestandteilen des Lichts, die eher aus Elektronen und Photonen bestehen."

Frage: Bitte erkläre uns, wie manche Nahrungsmittel die Wirkung von Edelsteinelixieren verstärken können?

„In diesem Bereich gibt es viele Techniken. Damit es nicht zu kompliziert wird, empfehle ich, zunächst mit Fruchtsäften und purem Wasser zu fasten. Wenn ein Mensch einen zu niedrigen Blutzuckerspiegel hat, sollte er Gemüsesäfte und flüssigen Tofu trinken, damit eine gewisse Menge Protein im Körper bleibt. Der Saft der Vogelkirsche ist reich an Eisen, damit ist er wichtig für die Blutbildung und reinigt die Leber. Auch Möhren- und Papayasaft sind besonders wertvoll. Wenn man gefastet und dabei mindestens einen Tag lang nur Wasser zu sich genommen hat, ist der Körper nicht mehr so stark von dichteren Nahrungsmitteln abhängig. Danach macht eine leichte Diät – Gemüse und Früchte – es der Lebenskraft der Edelsteinelixiere leichter, die physischen und feinstofflichen Körper zu durchdringen. Bei sorgfältiger und mäßiger Anwendung bewirkt eine solche Diät emotionale Stabilität. Edelsteinelixiere wirken aber auch, wenn Menschen Fleisch essen. Außerdem kann man die Lebenskraft des Körpers durch kieselsäurereiche Lebensmittel verstärken, zum Beispiel durch das Kraut Schachtelhalm (Equisetum). Es stimuliert die kristallinen Strukturen des Körpers. All diese Techniken dienen nur der Verstärkung."

Frage: Du hast an anderer Stelle empfohlen, man solle eine Stunde nach der Einnahme eines homöopathischen Medikamentes und in den Tagen darauf mehrmals ein Glas destilliertes Wasser trinken. Gilt das auch bei Edelsteinelixieren?

„Ja, destilliertes Wasser hilft bei der Assimilation von Edelsteinelixieren und reinigt den Körper. Das gilt besonders bei Kindern."

Unter dem Einfluß des deutschen Arztes Dr. Voll haben einige Homöopathen seit einiger Zeit diese Empfehlung weitergegeben. Dabei war allerdings nicht klar, daß die in Verbindung mit Edelsteinelixieren oder homöopathischen Mitteln getrunkene Flüssigkeit destilliertes Wasser sein muß. Damit entfernt man Giftstoffe, die durch die Schwingungsheilmittel freigesetzt werden. Wenn man andere Flüssigkeiten trinkt, treten im Körper biochemische Reaktionen auf, die die Freisetzung der Giftstoffe im Körpersystem in gewissem Umfang stören können. Meine Klienten berichteten gelegentlich ein paar Tage oder eine Woche nach Einnahme eines Schwingungsheilmittels von Schmerzen in den Nieren. Das liegt normalerweise daran, daß sich die freigesetzten Giftstoffe dort abgelagert haben. Im allgemeinen genügt das Trinken von viel destilliertem Wasser, um die Nieren zu reinigen. Diese Technik hat ihren Wert besonders bei Edelsteinen, die eher auf den physischen Körper wirken.

Frage: Kannst du etwas zu der Anschauung sagen, daß Edelsteinelixiere besser wirken, wenn man sie mit Rot- oder Weißwein einnimmt?

„Das ist im allgemeinen richtig, wenn der Wein in Maßen genossen wird. Er bewirkt ein Weicherwerden des Astralleibes und löst Verspannungen im Körper. Außerdem harmoniert er besser mit den körpereigenen Enzymen. Das Weicherwerden des Astralleibes hilft, sich auf die Schwingungen des

Edelsteins einzustellen, weil der Astralleib gewöhnlich die Aktivitäten der höheren Ebenen des Körpers koordiniert. Wenn der Astralleib weicher funktioniert, können die Eigenschaften des Edelsteinelixiers sich besser auf die höheren Eigenschaften des Körpers einschwingen. Diese höheren Eigenschaften stimmen den Menschen auf sein Höheres Selbst und seine Seele ein, damit er tieferes Verständnis und ein erweitertes Bewußtsein erlangt. Auch bei Blütenessenzen gilt dieses Prinzip, bei homöopathischen Heilmitteln allerdings ist es nicht wichtig."

Frage: Empfiehlst du in Verbindung mit der Einnahme von Edelsteinelixieren spezielle meditative Praktiken oder kreative Visualisierungen?

„Normalerweise sind keine speziellen Praktiken vonnöten. Wenn dir bestimmte meditative Praktiken und Visualisierungsübungen gefallen, benutze sie. Dadurch wird eine bessere Verbindung zwischen den Chakren hergestellt, was eine bessere Assimilation der Edelsteinelixiere bewirkt. Visualisierungen des Edelsteins und seiner Farbe in Verbindung mit Meditation können die Wirkung des Elixiers im Selbst wesentlich verstärken."

Frage: Ist es notwendig oder sinnvoll, vor der Benutzung von Elixieren oder Edelsteinen ein Weiheritual auszuführen, um Schutz zu bitten oder Gebete zu sprechen?

„Das ist sehr von der persönlichen Weltanschauung oder den Praktiken des einzelnen Menschen abhängig. Man sollte mit verschiedenen Techniken versuchen, sich seinem Höheren Selbst zu nähern."

Frage: Wie kann man Töne oder Mantras benutzen, um die Eigenschaften von Edelsteinelixieren zu verstärken?

„Edelsteine können mit bestimmten heilenden Klangfrequenzen in Einklang gebracht werden, indem man ihre Verbindung zu bestimmten inneren Organen ermittelt. Die zu einzelnen Edelsteinen passenden Mantras lassen sich über die astrologischen Eigenschaften der Edelsteine herausfinden. So ermittelt man die Note oder die Tonhöhe, die zu einem bestimmten Stein paßt."

Frage: Würdest du etwas zu der Tradition sagen, Edelsteine zu weihen oder zu segnen, wenn ihre Farbe matt geworden ist oder sie ihre Kraft verloren haben?

„In solchen Fällen liegt gewöhnlich eine übermäßige Verstärkung von Gedankenformen vor, besonders wenn der Stein seinen Glanz verliert, obwohl man ihn poliert. Die Reinigung des Steins und seine Entfernung aus der bisherigen Gedankenformumgebung sollte seine Eigenschaften wiederherstellen."

Frage: Würdest du etwas über die Indianertradition sagen, nach der man einen Edelstein geschenkt bekommen oder in der Erde finden muß, um ihn zu Heilung und spiritueller Arbeit verwenden zu können?

„Hier liegt ein instinktives Verständnis dafür vor, daß Edelsteine, die frisch aus der Erde stammen, sich im Einklang mit deren elektromagnetischen Kräften befinden und durch keinerlei Gedankenform besetzt sind. Außerdem werden durch diese kulturelle Praxis die Menschen im Einklang mit der Natur gehalten."

Frage: Wie lassen sich Edelsteinelixiere mit Akupunktur kombinieren?

„Bei Akupunktur handelt es sich nur um die durch die physische Form der Nadeln fließende Lebenskraft. Man kann Akupunkturnadeln in Wasser tauchen, in das man vorher Edelsteinelixier gemischt hat. Schon wenn die Flasche mit dem Edelsteinelixier nur im Behandlungsraum steht, wird der Prozess ein wenig verstärkt. Dabei muß die Flasche nicht geöffnet werden. Akupunkteure sollten oft Edelsteinelixiere verwenden, die bestimmte Meridiane aktivieren. Oder wenn ein Edelsteinelixier besonders auf ein bestimmtes inneres Organ wirkt, könnte man es verabreichen und gleichzeitig den entsprechenden Meridian stimulieren. In solchen Fällen kann man auch Edelsteine an den Körper legen. Wenn man zum Beispiel das Herz behandelt, könnte man Smaragdelixier und einen echten Smaragden am Herzmeridian anwenden. Auch bei verwandten Methoden wie Akupressur und Shiatsu kann man diese Techniken anwenden.

Eine empfohlene Technik ist es, linsenähnlich konkav zugeschnittene Steine auf verschiedene Akupunkturpunkte zu legen und dann Laserstrahlen hindurchzuschicken. Zum Beispiel wird die Wirkung der Behandlung deutlich verstärkt, wenn man einen Laserstrahl durch einen zu einer dünnen Linse geschliffenen Rubin schickt, damit er auf den Herzmeridian wirkt. Ein weiteres interessantes Verfahren wäre, Sonnen- oder Laserlicht von einem konkaven Spiegel aus Magnetit reflektieren zu lassen und dann durch eine Linse aus Edelsteinen oder einen Edelstein, der in der Mitte metallüberzogen ist, zu senden. Dies sind Beispiele für die alten Praktiken von Lemuria und Atlantis."

Frage: Kannst du uns bestimmte Prinzipien nennen, die bei der Anwendung von echten materiellen Edelsteinen zur Heilung und spirituellen Arbeit gelten?

„Normalerweise ist die Verwendung von Edelsteinen in Elixieren wirksamer, doch gibt es auch für die Steine selbst eine breite Palette von Anwendungsmöglichkeiten. Grundsätzlich sollte man die Minerale im Rohzustand ohne Verunreinigungen verwenden. Wenn sie „Edelsteinqualität" haben, sind sie reiner. Wenn man rohe Steine mit Verunreinigungen benutzt, ist es manchmal ratsam, sie zu zerschneiden. Die Größe eines Edelsteins spielt nur in bestimmten Fällen eine Rolle, bei denen die Steine vor allem auf emotionale Probleme wirken oder sich mit den physiologischen Kräften des Körpers vereinen. Wenn wir zum Beispiel Lapislazuli, Malachit, Perle, Türkis und andere weiche Steine verwenden, kann es auf die Größe ankommen. Im allgemeinen aber ist die Größe nicht wesentlich, weil wir es mit Schwingungsheilmitteln zu tun haben. Manche Menschen haben jedoch das Gefühl, daß ein großer geschliffener Edelstein für sie am besten geeignet ist, auch wenn das objektiv nicht stimmt. Doch man darf den Faktor Mensch nicht vergessen, deshalb wirken für solche Leute größere Edelsteine, die durch Schliff und Schnitt hübscher aussehen, im allgemeinen stärker.

Bestimmte geometrische Formen und manchmal auch bestimmte Polierverfahren ermöglichen eine reibungslosere Übertragung und Anwendung der Schwingungsprinzipien der Steine. Wenn man Schmuck trägt, ist es manchmal von Vorteil, geschliffene Steine zu tragen. Bestimmte geometrische Verhältnisse verstärken die Eigenschaften des Edelsteins und ermöglichen größere Harmonie mit den anderen Steinen, die man gleichzeitig trägt. Edelsteine, die auch traditionell von der Bevölkerung geschliffen getragen werden, sollte man ebenfalls geschliffen tragen. Jeder Edelstein sollte in eine bestimmte Struktur geschnitten werden. Oft werden die Eigenschaften der Edelsteine zusätzlich verstärkt, wenn man sie in Verbindung mit Gold, Kupfer oder Platin trägt. Auch die Körperregion, in der man ihn trägt, kann die Eigenschaften eines Steins verstärken. Wenn ein Stein geschnitten oder geschliffen ist, sollte man ihn immer reinigen. Das stabilisiert und erhöht seine Kräfte. Wenn man ein Edelsteinelixier einnimmt und gleichzeitig denselben Stein trägt, verstärken sich beide gegenseitig. Im Grunde gelten die Verstärkungstechniken, die ich für Elixiere beschrieben habe, auch für die Verwendung der materiellen Steine bei Heilung und spiritueller Arbeit. Diese Prinzipien gelten generell für alle Edelsteine und Minerale und ihre jeweiligen Kräfte."

Frage: Wie wichtig ist es, daß man das Edelsteinelixier vor der Einnahme schüttelt, um es zu energetisieren?

„Das ist eine ideale Verstärkung, denn man aktiviert damit die Lebenskraft im Elixier. Das sollte man vor jeder Einnahme tun. Gleichzeitig harmonisiert man damit die Bandbreite und Reichweite der Schwingung des Elixiers mit den persönlichen Bedürfnissen des Individuums. Diese Technik ist bei Edelsteinelixieren in Stockfläschchen und in homöopathischer Verdünnung gleichermaßen wertvoll. Es genügt, die Flasche etwa fünfmal zu schütteln.

Edelsteinelixiere erziehen den Menschen zu der entscheidenden Notwendigkeit, mit der Natur zu harmonieren. Eine großstädtische Umwelt ist zwar nicht so ungesund, aber sie läßt sich noch weiter mit der Natur in Einklang bringen. Frank Lloyd Wright (amerikanischer Architekt, berühmt für seine „organische Architektur“ - Anm. d. Übs.), die Mayas und die Azteken haben Städte gebaut, die mit der Natur harmonierten. Natürliche Heilmethoden funktionieren auch in großstädtischer Umgebung, doch wird ihre Wirkung durch die dort vorhandenen zusätzlichen Spannungen im Menschen verzögert. Außerdem blockieren Großstädte tendenziell die natürlichen Magnetverhältnisse. Mit bestimmten architektonischen Formen läßt sich das überwinden[2]. Edelsteinelixiere wirken zum Beispiel schneller, wenn man unter einer Kuppel oder Pyramide wohnt. Kastenförmige oder rechtwinklige Strukturen wirken durch ihre Form energieschwächend. Auch organische Substanzen wie Holz und edlere Metalle wie Gold, Silber und Kupfer sind hilfreich. Edelsteinelixiere haben ebenso wie Blütenessenzen die Fähigkeit, den Menschen auch in der städtischen Betonwelt mit der Natur in Berührung zu bringen.

Ältere Strukturen sind besser, weil sie eher aus natürlichen Materialien wie Holz bestehen und ihre Architektur weniger würfelartig und eckig ist. Deshalb können in Städten manchmal viele übersinnliche Phänomene auftreten.

Auch Kleidung kann sich mit der Schwingung von Edelsteinelixieren vollsaugen. Das gilt besonders für Edelsteine, die auf die Chakren wirken. Es gibt eine Korrelation zwischen den Farben, die die Chakren öffnen und den Edelsteinelixieren, die man dafür verwendet. Wenn man zum Beispiel sein Haus grün streichen will, sollte man möglicherweise Smaragdelixier in die Farbe tun. Smaragdelixier öffnet das Herzchakra. Gib ein paar Tropfen Edelsteinelixier in das Wasser zum Kleiderwaschen oder in Flüssigkeiten auf Wasserbasis wie Wandfarbe. Mit einem Zerstäuber kannst du auch Teppiche, Vorhänge und eine Vielzahl anderer Gegenstände behandeln. Dadurch wird deine Umgebung naturgemäßer.

Gib drei bis sieben Tropfen des Elixiers in destilliertes oder Quellwasser, außerdem Meersalz, Rosenwasser und Olivenölseife. Dann lege deine Kleider dreißig Minuten bis zwei Stunden hinein. Die schwingungsmäßige Wirkung des Elixiers wirkt auf unbegrenzte Zeit, wenn sich das Bewußtsein des Menschen nicht deutlich verändert. Es ist hilfreich, die Kleider noch einmal zu waschen und dann kurz unter eine Pyramide zu legen, denn bei der Reinigung sammeln sich Chemikalien darin, und beim Tragen setzt sich Schmutz fest. Wenn man die Kleider nicht gelegentlich auf diese Weise reinigen würde, müßte das Edelsteinelixier gegen diese Probleme ankämpfen anstatt der Bewußtseinserweiterung des Menschen zu dienen.“

Die Beziehung geometrischer Muster oder Formen auf das Bewußtsein ist ein sehr komplexes Thema. Jedes geometrische Muster kann zur Erhaltung der Gesundheit und zu bewußtem Wachstum verwendet werden, wobei Pyramide und Mandala die wichtigsten Formen sind. Pyramidenförmige Kirchen sind Überreste des alten Wissens um den Einfluß verschiedener Formen auf Gesundheit und Bewußtseinsentwicklung. John hat einmal gesagt, daß man im kommenden Zeitalter ganze Städte unter Verwendung von Pyramiden- und Kuppelformen und kristallinem Material bauen wird – ganz wie in Lemuria und Atlantis.

Das beste Baumaterial für eine Pyramide ist Gold, dann kommt Silber. Weil diese beiden zu teuer sind, wird allerdings meistens Kupfer, das am drittbesten geeignet ist, empfohlen. Man kann auch andere Metalle oder Holz verwenden, aber die Wirkung ist nicht so gut. Aluminium oder Plastik sollte man niemals verwenden, weil beide gesundheitsschädlich sind. Der Neigungswinkel der Seitenfläche sollte 62 Grad betragen. Darüber ist man sich in der Literatur nicht einig, weil er bei der ägyptischen Cheopspyramide 51 Grad beträgt[3]. Aus gechannelten Botschaften erfahren wir jedoch, daß 62 Grad günstiger sind, weil so die Pyramide nicht so groß zu sein braucht. Außerdem eignet sich die Pyramide so besser zum Senden und Verstärken von Energie. Eine Ecke der Pyramide sollte zum magnetischen Nordpol zeigen. So ist die Pyramide richtig nach den magnetischen Energien der Erde ausgerichtet. Die Größe der Pyramide kann schwanken, je nachdem, was einem gefällt oder was man darunter legen will. Am besten ist es allerdings, wenn die Seiten der Grundfläche mindestens zwanzig Zentimeter lang sind. Wenn man bei der Konstruktion der Pyramide Kleber verwendet, sollte man nur natürliche nichtchemische Stoffe wie Silikonkleber nehmen. Die Pyramide kann Wandflächen haben oder auch nur aus dem Skelett der Kanten bestehen.

„In der esoterischen Literatur über Atlantis finden sich viele Hinweise auf die umfangreiche Verwendung von Quarzkristallen[4]. Quarzkristall ist eine kristalline Form des Elements Silizium. Es kommt in verschiedenen Farben vor: schwarz, rosa, purpurrot, rot, weiß und gelb zum Beispiel. Weißer oder wasserklarer Quarz ist die reinste und mächtigste Quarzart. Für diese Arbeit sollte man klaren Quarz verwenden, der eine geometrische Form hat und an einer Stelle spitz zuläuft, nicht ein Stück, das aus mehreren kleinen Trauben zusammengeballt ist. Lege an jede der vier Seiten der Pyramide ein Stückchen Quarz. An die vier Ecken der Pyramide kann man kleine Hufeisenmagnete legen. Am besten liegen dabei die positiven und die negativen Magnetpole einander gegenüber. Es ist zwar ratsam, Magnetstein zu benutzen, wenn man das aber nicht tut, sollte man die Quarzstückchen an den Ecken anstatt entlang der Seiten auslegen."

Pyramiden, Quarzkristalle und in geringerem Grad auch Magnetstein verstärken Gedanken und regenerieren das, womit sie in Berührung kommen. Das gilt besonders für alle Arten von Schwingungsheilmitteln. Edelsteinelixiere, Blütenessenzen und homöopathische Medikamente können alle gleichzeitig unter einer Pyramide verstärkt werden. Eine Pyramide mit geschlossenen Seitenflächen ist etwas besser geeignet als die Skelettform. Der Unterschied fällt jedoch kaum ins Gewicht, besonders wenn man Magneteisenerz und Quarz an den Ecken und Seiten der Pyramide auslegt.

Unter die Pyramide legt man eine magnetisierte Gummiplatte, wie man sie in Geschäften für Industriebedarf kaufen kann, die auf Magnete spezialisiert sind. Am besten ist es, wenn die Platte auf beiden Seiten magnetisiert ist, wenn aber nur eine Seite magnetisiert ist, sollte sie oben liegen. Eine Scheibe natürliches Magneteisenerz wäre hervorragend als Untergrund für die Pyramide geeignet, aber darauf könnte man manche Gegenstände nur sehr schwer senkrecht hinstellen. Über oder unter die magnetisierte Gummiplatte kann man auch eine Kupferplatte legen.

Frage: Kann man auch zwei magnetisierte Gummiplatten übereinanderlegen,so daß bei der einen die Magnetseite nach oben zeigt, bei der andern nach unten?

„Das würde die Wirksamkeit nicht unbedingt erhöhen, weil die Magnetfelder in den beiden Platten gegeneinander isoliert wären."

Quarz und Magnetstein kann man auf kleine Platten aus Kupfer oder Echtholz legen. Alle diese zusätzlichen Requisiten unterstützen die Kraft der Pyramide, sind aber nicht unabdingbar. Sie alle erhöhen allerdings den Reinheitsgrad, der für die Heilmittel unter der Pyramide erzielt werden kann. Wenn man die Pyramide mit Quarzkristallen und Magneteisenerz umgibt, wie es in Abbildung 2 dargestellt ist, hat man ein machtvolles Mittel zur Verstärkung von Edelsteinelixieren.

„Die Flaschen mit der Uressenz sollten zwei Stunden lang unter der Pyramide stehen, Stockfläschchen nur dreißig Minuten, vorausgesetzt man benutzt gleichzeitig Quarz und Magnetstein. Wenn man beides nicht hat, sollte man die Zeit verdoppeln. Wenn man nur eines der beiden verwendet, sollte die Zeit unter der Pyramide um etwa 25-35 Prozent verlängert werden. Man kann Gegenstände bis zu sieben Tage in der Pyramide lassen. Danach tritt eine zyklische Gegenbewegung ein, so daß der Verstärkungseffekt wieder nachläßt. Unter einer großen etwa fünf Meter hohen Pyramide allerdings kann man Schwingungpräparate auf ungegrenzte Zeit aufbewahren.

Die Flaschen mit der Uressenz müssen nicht unmittelbar nach der Zubereitung unter eine Pyramide gestellt werden, aber man sollte sie nicht öffnen, bevor sie unter einer Pyramide gestanden haben. Wenn sie doch vorher geöffnet wurden, stelle man sie drei anstatt zwei Stunden unter die Pyramide.

Unter der Pyramide sollten die Flaschen einander niemals berühren, damit sich die Schwingungen der verschiedenen Flaschen nicht vermischen. Wenn sich doch zwei Flaschen berühren, *müssen* sie vierundzwanzig Stunden lang einzeln unter der Pyramide stehen, damit der Einfluß des anderen Mittels aufgehoben wird. Wenn drei oder mehr Flaschen sich unter der Pyramide berühren, ist der *Inhalt nicht mehr zu verwenden.* Wenn sich Flaschen berühren, während man sie unter der Pyramide wegnimmt, werden sie geringfügig geschwächt. Mit anderen Worten: In der Nähe einer Pyramide sollten Flaschen mit Edelsteinelixier nicht miteinander in Berührung kommen.

Außerdem sollte man die Flaschen vormittags unter die Pyramide stellen, wenn die Lebenskraft am größten ist, wobei dieser Punkt allerdings nicht entscheidend ist. Zwischen die Flaschen unter der Pyramide kann man ein oder mehrere Quarzstückchen legen. Auch empfiehlt es sich bei der Verstärkung von Edelsteinen und Edelsteinelixieren, immer einen Rubin unter die Pyramide zu legen. Bei der Verstärkung von Blütenessenzen nimmt man stattdessen Feuerachat. Damit wird die Wirkung beträchtlich erhöht, weil diese beiden Steine so stark auf das Herz wirken, auf das große Ausgleichende im Menschen. Diese Steine sollten mindestens drei Minuten in der Pyramide liegen, am besten sogar zwanzig Minuten bis eine Stunde. Während Heilmittel unter der Pyramide liegen, sollte man nicht über die Pyramide hinwegschreiten, damit sie in keiner Weise gestört wird."

Frage: Manche Menschen haben Angst, etwas in einer Pyramide zu lagern, weil sie die negative grüne Energie fürchten. Kannst du dazu etwas sagen?

„Das wird zum Problem, wenn etwas über einen langen Zeitraum genau unter der Spitze einer Pyramide gelagert wird. Außerdem verstärken Pyramiden alles, was man darunter legt. Wenn also ein Mensch, der sich gerade in einem negativen Geisteszustand befindet, unter einer Pyramide meditiert, würde diese Einstellung unter der Pyramide eher verstärkt werden. Durch ihre besondere Form ist in Pyramiden jedoch eine Art Ermüdungsfaktor eingebaut. Jede in einer Pyramide verstärkte Negativität wird nur bis zu einem bestimmten Punkt gesteigert, dann dreht die Kurve zur anderen Seite, so daß nun die positiven Qualitäten betont werden. Die Leute, die sich wegen des negativen grünen Strahls Sorgen machen, verwechseln ihn meist mit dem Phänomen des kritischen Ermüdungsfaktors.

Eine Pyramide aus Gold, Silber oder Kupfer braucht wegen der ihr eigentümlichen Form nicht gereinigt zu werden. Allerdings könnte man sie alle paar Monate mit einem Baumwolltuch abwischen, das man zuvor in eine Lösung aus destilliertem Wasser und irgendeinem der Turmaline, die in diesem Buch beschrieben werden, getaucht hat. Man kann sie auch reinigen, indem man einmal im Monat einen Turmalin einen Tag lang darunter legt. Wenn ein oder mehrere Heilmittel unter der Pyramide gestanden haben, müssen die Quarzkristalle gegen neue ausgetauscht werden. Oder man muß eine Viertelstunde warten, bevor man sie wieder verwendet, damit sie sich wieder aufladen können. Die Stichhaltigkeit dieses Ratschlags kann man leicht mit einem Pendel überprüfen. In den fünfzehn Minuten nach dem Entfernen der Heilmittel aus der Pyramide wird das Pendel über den Quarzstückchen negativ ausschlagen, danach aber ist der Pendelschwung positiv.

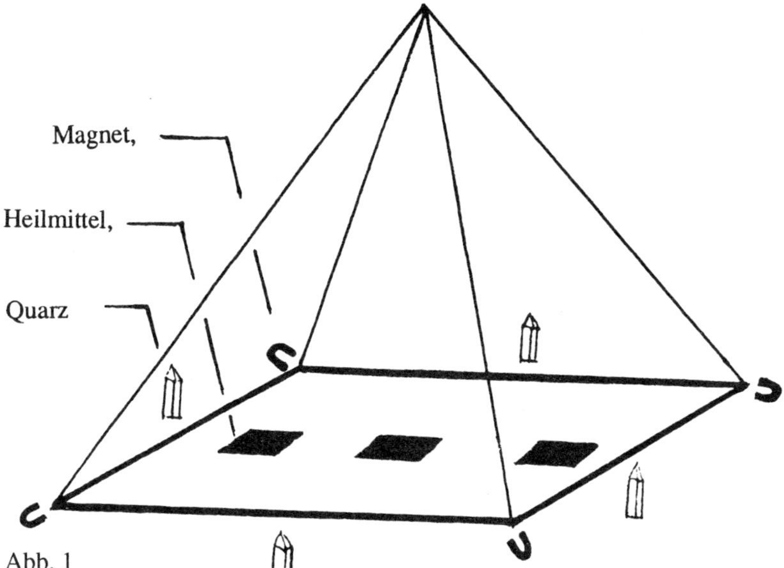

Abb. 1

Alle drei Monate müssen die Quarzkristalle gereinigt werden, indem man sie zwischen dreißig Minuten und zwei Stunden in reinem Meersalz unter die Pyramide legt. Oder man legt sie zunächst dreißig Minuten bis zwei Stunden lang einzeln unter die Pyramide und dann außerhalb der Pyramide dreißig Minuten lang in Meersalz. Dazu kann man Papierbeutel benutzen, aber Glas ist besser. Wenn mehrere Quarzkristalle im selben Beutel oder Glas liegen, sollten sie einander nicht berühren. Als kristalline Struktur ist Meersalz in der Lage, Toxizität aus Quarz zu entfernen. Meersalz sollte man nur in einem Naturkostladen oder Reformhaus kaufen, weil das handelsübliche Meersalz oft Aluminium enthält, welches man niemals zur Reinigung verwenden sollte. Auf den Etiketten der Verpackung finden sich in der Regel Angaben über eventuelle Zusatzstoffe. Man kann Quarzkristalle auch nach Indianertradition ein paar Stunden lang in der Sonne oder im Erdboden, besonders in Schlamm, reinigen.

Die Magneten müssen alle drei bis sechs Monate gereinigt werden. Man legt sie dreißig Minuten bis zwei Stunden unter die Pyramide. Während dieser Reinigung kann man frische Hufeisenmagnete an die vier Ecken der Pyramide legen.

Beide Seiten der magnetisierten Gummiplatte sollten alle drei Monate gereinigt werden. Dazu stellt man die Pyramide fünfzehn bis zwanzig Minuten in die Mitte der Gummiplatte und legt Quarzkristalle an die vier Ecken."

Frage: Kannst du eine Vorrichtung empfehlen, um Edelsteinelixiere zu verstärken, die Orgonenergie enthalten (Siehe Abbildung 2)?

„Nimm ein natürliches oder organisches Tuch, zum Beispiel aus Baumwolle. Natürlich gewachsene Fasern sind besser als tierische. Das anorganische Material ist zerstoßener Quarz oder ein Spiegel aus Quarzkristall. Dieses Spiegelglas sollte drei bis sechs Millimeter dick sein. Wenn du gestoßenen Quarz benutzt, füge Silikonkleber hinzu, um das Pulver zu binden oder nähe ihn in das Leinen- oder Baumwolltuch, so daß ein kleines Säckchen entsteht. Silikonkleber und Quarzkristallspiegelglas oder zerstoßenen Quarz erhält man in bestimmten Geschäften für Industriebedarf. Es ist wichtig, bei diesem Verfahren Silikonkleber zu verwenden, das ist der einzige Klebstoff auf dem Markt, der keine synthetischen Chemikalien enthält.

Die Vorrichtung sollte pyramidenförmig sein, wobei die Schrägen im Winkel von 62 Gard stehen müssen. Als äußere Schicht der Vorrichtung kann man Gold, Silber oder Kupfer nehmen, also Elemente mit höherer Schwingungsfrequenz. Je nach persönlicher Vorliebe kann die äußere Schicht auch eine Quarzglasscheibe sein. Insgesamt bestehen die Wände aus sieben Schichten und jede Schicht halb aus Quarz, halb aus Tuch. Die innerste Schicht muß immer Quarz sein, um die Orgonenergie in der mittleren Kammer zu intensivieren. Das steigert die Verstärkung der Heilmittel und verhindert, daß sich TOS (tödliche Orgonstrahlung) bildet. Die Grundfläche der Vorrichtung sollte eine Quarzscheibe oder eines der drei Metalle sein.

Dieser Apparat erzeugt ausschließlich saubere pure Orgonenergie. TOS entsteht nicht, weil Quarz, organische Materialien und keine Metalle von niedriger Schwingung verwendet werden. Besonders bei dichten Metallen sammelt sich im Laufe von Monaten TOS an. TOS entsteht, wenn Orgonapparate die natürliche Hintergrundstrahlung und die Strahlung von Kernkraftwerken und Kernwaffentests übermäßig verstärken. Folglich braucht dieser Apparat wenig Reinigung, um vor TOS geschützt zu sein. Wegen der Wirkung der Schwingungsheilmittel, die man in ihn hineinstellt, muß man ihn aber doch regelmäßig reinigen.

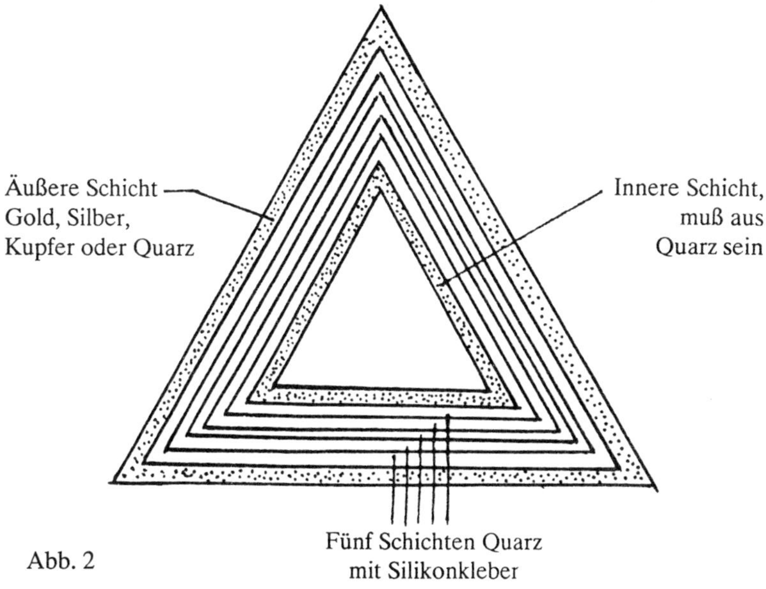

Abb. 2

Der Apparat sollte so konstruiert sein, daß die verschiedenen Schichten in Schlitze geschoben und zur Reinigung jederzeit leicht herausgezogen werden können. Wisch jede Schicht und die Grundfläche mit Meersalz ab oder bedecke sie zwei bis drei Stunden (ideal wären vierundzwanzig) vollständig mit Meersalz. Die Tuchschichten aus Baumwolle oder Leinen können bei jeder Reinigung erneuert werden. Wenn die äußere Schicht Quarz ist, muß man den Apparat alle drei bis vier Monate reinigen. Wenn die äußere Schicht aus einem der Metalle besteht, sollte man die Reinigung alle sechzig Tage durchführen, sonst könnte sich im Laufe der Jahre TOS in niedriger Konzentration bilden.

In diesen Apparat kann man alle Arten von Heilmitteln legen, solange sie einander nicht berühren. Normalerweise läßt man die Heilmittel drei Stunden lang in dem Apparat. Man kann alternativ die Pyramide benutzen, aber die Wirkung des Orgonapparats ist etwas stärker."

Die in diesem Kapitel empfohlenen Techniken aktivieren die Lebenskraft in Edelsteinelixieren. Mittlerweile haben mir viele Menschen berichtet, daß mit diesen Techniken verstärkte Edelsteinelixiere und Blütenessenzen viel schneller und besser wirken als nicht verstärkte. Die klinischen Resultate werden ganz entschieden verbessert, wenn man sich dieser Verstärkungstechniken bedient.

1 Gurudas: *Flower Essences and Vibrational Healing*, Albuquerque, NM., Brotherhood of Life, 1983.

2 Claude Bragdon: *The Beautiful Necessity*, Wheaton, Il., The Theosophical Publishing House, 1978.

Paolo Soleri: *The Omega Sead: An Eschatological Hypothesis*, Garden City, New York, Anchor Press/Doubleday, 1981.

Rudolf Steiner: *Wege zu einem neuen Baustiel* (1914), Dornach, Rudolf Steiner Verlag, 1957.

3 Greg Nielson and Max Toth: *Pyramid Power*, New York, Warner Books, 1976, pp. 140-141.

4 Hugh Lynn Cayce, Hrsg.: *Edgar Cayce on Atlantis*, New York, Warner Books, 1968.

TEIL II

KAPITEL I

WEITERE WICHTIGE INFORMATIONEN ÜBER EDELSTEINELIXIERE

In diesem Text werden einhundertvierundvierzig Edelsteinelixiere in alphabetischer Ordnung besprochen. Diese Liste umfaßt fast alle Edelsteine und Metalle, die gemeinhin zu Heilung und spiritueller Arbeit verwendet werden. Bei etwa vierzig dieser Elixiere gibt es aus den letzten hundert Jahren wenige oder keine Hinweise auf ihre Benutzung. Eine gewisse Anzahl dieser Steine ist seit Tausenden von Jahren, seit den Tagen von Atlantis und Lemuria nicht mehr zu Heilung und spiritueller Arbeit benutzt worden.

Frage: Bitte erkläre die Bedeutung der Zahl 144.

Die Zahl Vier repräsentiert die irdische Ebene. In der Zahl Vier finden wir die Zwei, oder den dualen Aspekt. Nimmt man die Zahl Vier mal zwei, so ergibt sich das Symbol für Unendlichkeit. Die Zahl 144 bezieht sich auf den Lernenden, der sich durch die Dynamik und die Kräfte der irdischen Ebene hindurchgearbeitet und das, was man den zweiten Tod nennen könnte, überwunden hat. Zählt man die Eins zur Vier, erhält man die Zahl Fünf, die Zahl der Philosophie. Wenn Menschen ein fortgeschrittenes ethisches und philosophisches System entwickeln, dann haben sie die Fähigkeit, die noch bleibenden Hindernisse auf der irdischen Ebene zu überwinden. Wenn die Zahl Fünf mit der Zahl Vier verschmilzt, erreicht der Mensch das System der Vollendung[1]. Dies ist für den Menschen bei der Überwindung der irdischen Dynamik von großer Bedeutung, damit die Persönlichkeit sich schließlich des umfassenden Ausdrucks für alle Ewigkeit würdig erweisen kann.

In diesem Band werden Edelsteine von einfacher Struktur vorgestellt. Ich habe in diesem Text aus pädagogischen Gründen großen Wert auf die Einfachheit der Anwendung gelegt. Wenn man mit spekulativer Forschung bestimmte dieser Steine miteinander kombiniert, wird man sie in breiterem Umfang anwenden können. Forscher mögen hierüber einmal nachdenken.

Zur Herstellung von Edelsteinelixieren nimmt man am besten natürliche und *nicht* synthetisch produzierte Minerale. Die neuen von Menschenhand gemachten Minerale sind nicht über lange Zeiträume den Kräften der Erde ausgesetzt gewesen. Neue synthetisch hergestellte Minerale haben zwar gewisse Heileigenschaften, die denen der natürlichen Steine ähneln. Um sie aber zu Heilung und spiritueller Arbeit zu verwenden, müßten sie zunächst mindestens einen Monat lang ständig unter einer Pyramide gelagert werden."

Edelsteine können in Form von Edelsteinelixieren oder homöopathischen Präparaten innerlich angewendet werden, oder man kann sie zu Staub zermahlen, wie es in der ayurvedischen Medizin seit alter Zeit geschieht. Edelsteine können auch äußerlich als Salbe aufgetragen werden. Man kann sie am Körper tragen oder in den Körper injizieren. Von etwa 200 Mineralen oder Metallen weiß man, daß sie giftig oder krebserregend sind[2]. Bei diesen Mineralen ist es kaum einmal zu empfehlen, sie äußerlich anzuwenden oder sie in Pulverform einzunehmen. Bei toxischen Mineralen und Metallen ist es sicherer, sie als Elixiere oder in homöopathischer Potenz einzunehmen. Einige dieser Minerale, zum Beispiel Arsen, sind bedeutende homöopathische Heilmittel. Tatsächlich stellt man in der anthroposophischen Medizin eine niedrige homöopathische Potenz des Arsens, Levico, aus dem stark arsenhaltigen Wasser eines norditalienischen Sees her. Steiner schreibt, daß eine solche äußerst geringe Dosis Arsen das Immunsystem aktivieren kann.

Frage: Kann man bei toxischen Metallen oder Mineralen aus den Vergiftungssymptomen Rückschlüsse auf die Anwendungsmöglichkeiten dieser Heilmittel in Form von Elixieren oder homöopathischen Präparaten ziehen? Die Homöopathen haben ja solche Vergiftungssymptome in gewissem Umfang als Hinweise auf die heilende Wirkung dieser Substanzen in homöopathischer Dosierung betrachtet.

„Das ist korrekt. Dabei handelt es sich um den am unmittelbarsten beobachtbaren Effekt des Gesetzes der Ähnlichkeit. Es ist, wie eure Homöopathen herausgefunden haben: Jede Substanz, die beim gesunden Menschen bestimmte Symptome hervorruft, kann beim kranken Menschen dieselben Symptome heilen. Die Toxizität stimuliert das natürliche Immunsystem des Körpers. Das ist nur ein Beispiel für die Anwendbarkeit des Ähnlichkeitsgesetzes auf den menschlichen Körper."

Wenn in diesem Buch angegeben ist, daß ein Edelstein bei Krankheit positiv auf ein bestimmtes Organ oder einen bestimmten Körperbereich einwirkt, dann wirkt dieses Elixier auch allgemein kräftigend auf diesen Körperteil, wenn keine Unausgeglichenheit vorliegt. Wenn es von einem Edelstein heißt, daß er einen bestimmten Körperteil kräftigt, gilt das auch bei Krankheit. Auf diese Doppelfunktion wird in den Tabellen im Anhang dieses Buches meistens nicht verwiesen.

In diesem System zählen die Korallen verschiedener Farbe als ein Elixier. In anderen Fällen , so bei den verschiedenen Achat-, Jaspis-, Opal-, Turmalin- und Quarzarten, zählt jede Unterart als einzelnes Elixier. Der Grund für diese Unterscheidung ist zum Teil folgender: die Elixiere, die in diesem System insgesamt als ein Präparat zählen, haben Eigenschaften, die für die anderen Unterarten als Katalysatoren und Verstärker wirken. Die Steine aber, die als getrennte einzelne Elixiere zählen, unterscheiden sich deutlich und haben Eigenschaften, die zum Teil von den anderen sehr verschieden sind.

Einige dieser Steine sind auch als Katzenaugen oder in Sternform erhältlich[3]. Dazu hat John einige interessante Kommentare abgegeben.

„Das ist ein Zeichen dafür, daß ein Stein durch die höheren Qualitäten wirkt. Der Stern spiegelt und bricht nicht nur das Licht, sondern ist eigentlich ein sichtbares Ausstrahlungszentrum der Lebenskraft. Dies hat Ähnlichkeit mit der beobachtbaren Lebenskraft in einem Orgongenerator. Diese Steine haben immer eine Affinität zum dritten Chakra, zum Augenbrauenchakra und zu den Nadis.“

Bei vielen dieser Edelsteinelixiere habe ich Fußnoten hinzugefügt, damit die Leser die Qualitäten dieser Steine näher untersuchen können. Ein Großteil dieses Materials ist aus der Perspektive der orthodoxen Edelsteinkunde geschrieben, in einigen Fällen aber findet sich auch interessantes Material zu den heilenden und spirituellen Qualitäten der Edelsteine. Die vielen Bücher über Edelsteine in Märchen und Mythen habe ich nicht aufgeführt, das wäre zu umfangreich geworden. In der Bibliographie jedoch findet man viele solche Bücher.

Bei jedem Edelsteinelixier werden bis zu fünfundzwanzig Einzelpunkte besprochen. Wenn bestimmte Punkte bei einzelnen Edelsteinen nicht angesprochen werden, heißt das in der Regel, daß der Stein auf diesem Gebiet nicht wirkt. In einigen Fällen aber – zum Beispiel im Zusammenhang mit dem karmischen Hintergrund der Steine –, stehen fortgeschrittene Informationen dahinter, auf die John in diesem Text nicht eingehen will.

Zunächst wird beschrieben, wie der Stein zu seinem Namen kam. In einigen Fällen gibt es keine historischen Zeugnisse über den Ursprung der Namen. Die meisten dieser Informationen stammen aus mehreren lexikalischen Werken[4]. John hat sich geweigert, in diesem Bereich Informationen zu geben.

Dann folgt ein kurzer Überblick über die Aussagen der orthodoxen Medizin, der anthroposophischen Medizin, der Volkskunde und bestimmter Quellentexte wie Cayce und Swedenborg zu den einzelnen Steinen. In der orthodoxen Medizin gibt es wenig Literatur über die Anwendung von Edelsteinen, aber ein paar interessante Texte habe ich doch gefunden[5]. In Einzelfällen, bei Gold zum Beispiel, gibt es eine umfangreiche Literatur über die Verwendung von Metallen oder Edelsteinen in der orthodoxen Medizin. Ich habe mit dem Computer die gesamte medizinische Literatur der Welt zurück bis ins Jahr 1966 durchsucht. Außerdem bin ich den Index Medicus zurück bis in die zwanziger Jahre durchgegangen. Der Index Medicus ist eine monatliche Bibliographie der Artikel aus den 2600 führenden naturwissenschaftlich-medizinischen Zeitschriften.

Auch habe ich das Glück, in der Nähe von zwei der besten mineralogischen Bibliotheken der Vereinigten Staaten zu wohnen. Das U.S. Geological Department hat eine seiner besten Büchereien in Denver, und auch die Colorado School of Mines in Golden verfügt über eine ausgezeichnete mineralogische Bibliothek. Ich habe in diesen Bibliotheken viele Stunden verbracht.

Zum Thema der Volksbräuche, Märchen und Mythen habe ich erschöpfende Studien betrieben und über dreißig Bücher verarbeitet, darunter eine Reihe ausgezeichneter, aber nicht mehr lieferbarer Texte wie *The Magic of Jewels and Charms* von Kunz und *The Magic and Science of Jewels and Stones* von Kozminsky. Wer sich ernsthaft mit Edelsteintherapie beschäftigen will, wird diese beiden nicht mehr lieferbaren Bücher mit Genuß lesen. Man kann sie über die Fernleihe bekommen. Dieses Material habe ich John nicht zur Überprüfung vorgelegt. Einige traditionelle Aussagen über bestimmte beliebte Steine, die ich hier nicht wiedergegeben habe, sind auf Aberglauben begründet. John hat aber gesagt, daß ein Großteil der diesbezüglichen Literatur ziemlich zutreffend ist. Wir wollten in der begrenzten Zeit des Channeling dieses umfangreiche Material nicht eingehender untersuchen. Es war meine Aufgabe, solches Material gründlich zu untersuchen, um die zutreffenden Informationen herauszuziehen. Ein Großteil dieses volkskundlichen Materials wird sich womöglich als zutreffend erweisen, andere Aussagen werden vielleicht mit der Zeit durch Doppelblindversuche entkräftet werden. Wir haben diese Vorgehensweise auch deshalb gewählt, damit die Menschen nicht die Hände in den Schoß legen und einfach annehmen, alles volkskundliche Material sei zu hundert Prozent zutreffend. Jeder einzelne von uns hat die

Aufgabe, dieses Material objektiv zu untersuchen, um dann in angemessener Weise damit zu arbeiten.

Die medizinischen Lehren Rudolf Steiners werden im allgemeinen anthroposophische Medizin genannt. In Europa arbeiten mehrere tausend Ärztinnen und Ärzte mit dieser Form von Medizin, in den Vereinigten Staaten nur wenige. Ein Großteil der anthroposophischen medizinischen Literatur ist in englischer Sprache erhältlich, doch eine Reihe interessanter Texte ist nach wie vor nur auf Deutsch zu bekommen. Kürzlich fiel mir ein Text auf, der zum Teil von Steiners Lehren beeinflußt ist und eine ausführliche Untersuchung der spirituellen Eigenschaften vieler verschiedener Edelsteine enthält [6].

Auch das karmische Muster und die Signatur werden für jedes Edelsteinelixier untersucht. Wie in Kapitel 1 erwähnt, gibt es bei Mineralen anders als bei Pflanzen wenig karmische Muster oder Signaturen, weil die Minerale vor Millionen von Jahren geschaffen wurden, lange vor dem Abfall vom Geiste. Dennoch müssen im Zusammenhang mit Edelsteinen diesbezüglich einige Punkte untersucht werden. Im allgemeinen ging es bei den karmischen Mustern im Zusammenhang mit Edelsteinen um Prinzipien und Konzepte, auf die John für diesen Band nicht eingehen wollte. John hat gesagt: „Man kann das Wissen über die Signaturenlehre nicht über das in diesem Text Gesagte hinaus erweitern, ohne in die komplexeren Gebiete von karmischen Mustern im Zusammenhang mit Atlantis vorzudringen. Doch der karmische Hintergrund und die Signatur liefern bei bestimmten Mineralen Hinweise auf ihre Anwendung."

Die Form, der Geruch, die Zusammensetzung, der Geschmack und die Nährstoffqualitäten vieler Minerale stehen in Beziehung zum menschlichen Körper. Diese Beziehung ist als Signaturenlehre bekannt und liefert Hinweise auf die Anwendungsmöglichkeiten der Steine bei Heilung und spiritueller Arbeit. Zum Beispiel signalisieren die roten Flecken auf dem Blutstein, von denen der Stein seinen Namen hat, daß der Blutstein zur Behandlung verschiedener Beschwerden des Blutkreislaufs verwendet werden kann. Bei bestimmten Mineralen ist die Farbe ziemlich bedeutsam, oft weit wichtiger als die Form der Mineralprobe. Es gibt allerdings auch Fälle, in denen die Form von Bedeutung ist - zum Beispiel verwendet man am besten eine vollkommen runde Perle. Bei jedem Edelsteinelixier finden sich Angaben über ihre gängigen Farben. Ein weiterer Hinweis auf den Wert bestimmter Minerale ist die Tatsache, daß Minerale, die in der Natur gemeinsam vorkommen, oft spezifische heilende und spirituelle Qualitäten haben. Ein Beispiel für dieses Muster sind Azurit und Malachit. In einem kommenden Band für Fortgeschrittene werde ich auf zahlreiche Edelsteinelixiere eingehen, die zwei oder mehr Minerale enthalten, die in der Natur gemeinsam vorkommen.

Gewöhnlich ist es sehr wichtig, daß die Mineralproben von ein oder zwei ganz bestimmten Fundorten auf dem Planeten stammen. In manchen Fällen sind sie leicht zu beschaffen, in anderen braucht es gelegentlich jahrelange detektivische Arbeit, bis man eine qualitativ gute Probe aus einem bestimmten Gebiet hat. Auch Minerale von anderen Fundorten haben ihre Wirkung, aber die klinische Effektivität wird doch wesentlich erhöht, wenn man qualitativ gute Mineralproben von ganz bestimmten Fundorten verwendet. Die ganz speziellen oft recht dunklen Angaben, die John zu den Fundorten gemacht hat, habe ich nicht wiedergegeben, stattdessen habe ich für jeden Stein einige wichtige Fundorte angegeben. Oft ist die Stelle, wo Minerale am häufigsten vorkommen, nicht gleichzeitig der Fundort, wo sie die besten Eigenschaften haben. In anderen Fällen, zum Beispiel bei Türkis aus dem Südwesten der USA, ist das Gebiet, wo die Minerale häufig vorkommen gleichzeitig der empfohlene Herkunftsort. John hat einige interessante Aussagen zu diesem Thema gemacht.

„Es ist ratsam, Edelsteine aus bestimmten Vorkommen zu verwenden, und zwar weniger der Reinheit der Steine wegen als um des in ihnen gespiegelten Bewußtseins willen. Um Hinweise auf diese Zusammenhänge zu erhalten, sollte man das Bewußtsein der Menschen, insbesondere der Menschen aus alter Zeit, untersuchen, die an diesen Orten gewohnt haben. Studiere die höheren Qualitäten oder die Unzulänglichkeiten der Kulturen, die sich in bestimmten Gebieten entwickelt haben. Das gilt besonders für Kulturen, die direkt über großen Erzlagern entstanden sind. Man erhält daraus Hinweise auf die Wirkung dieser Minerale auf die Ebene der Persönlichkeit, und sogar auf Nationen, die aus solchen Persönlichkeiten geboren wurden. Richtig wissenschaftlich angewendet, kann dieses Prinzip die sozialen Implikationen verschiedener Edelsteine verständlich machen und zeigen, wie die Gesellschaft als Ganzes betroffen sein kann. Diese Information wird als Ansporn für Forscher mit sozialwissenschaftlichen Fertigkeiten gegeben. Die gängigen oder wichtigen Vorkommen der Edelsteine sind normalerweise nicht Teil ihrer Signatur, weil die Kräfte der Erde zu vielen Verschiebungen unterworfen waren. Allerdings gibt in einigen Fällen der karmische Hintergrund bestimmter Minerale Hinweise darauf, woher sie stammen sollten."

Bei jedem Edelsteinelixier wird untersucht, wie der Stein auf die physischen und zellulären Körperebenen einwirkt, und welche Krankheiten und Miasmen der Stein lindern kann. Edelsteine haben eine besondere Affinität zur Wirbelsäule, die man kennen sollte, um diese Elixiere wirksamer anzuwenden.

Frage: Würdest du bitte die Beziehung der Edelsteine zu den menschlichen Wirbeln erklären?

„Edelsteine haben einen besonderen Grad der Resonanz mit bestimmten Stellen in der Struktur der Wirbelsäule und mit einzelnen Wirbeln. Wenn man Edelsteine oder Elixiere auf bestimmte Wirbel legt, wird die Heilung des inneren Organs stimuliert, zu dem die Nervenverzweigungen an diesem Punkt der Wirbelsäule in Verbindung stehen. Dabei wird die Heilung stimuliert, indem sich die Resonanz des Edelsteins oder Elixiers direkt ins Nervengewebe überträgt. Man wird feststellen, daß die Knochenstruktur sehr empfänglich für Schwingungen ist, und daß zwischen 69 und 79 Prozent aller hörbaren Töne durch Knochenstrukturen übertragen werden. Man kann Knochenstrukturen als induktive Elemente im Gerüst des physischen Körpers betrachten. Tatsächlich ist die Knochenstruktur ein Resonanzpunkt, der ständig Informationen aus den feinstofflicheren Ebenen in das Nervengewebe überträgt und sie ausbalanciert. Dies ist ein Teil der deutenden wahrnehmenden Wirklichkeit des Menschen. Deshalb werden die einzelnen Wirbel in der Wirbelsäule mit ihrer hohen Konzentration von Nervengewebe und der Tätigkeit von Medulla oblongata und Steißbein zu empfindlichen Resonanzkörpern.

Edelsteinelixiere haben Resonanzen, die in enger Beziehung zu den einzelnen Wirbeln stehen, und deshalb zum Aufbau jedes Wirbels ein empathisches Verhältnis. Das läßt sich an der Tatsache ablesen, daß Wirbel immer dann einen bestimmten gemeinsamen Resonanzpunkt mit den Edelsteinen aufweisen, wenn innere Organe über die Nervenstränge mit der Wirbelsäule verbunden sind. Diese Eigenschaften setzen die Logistik der Resonanz in Gang, so daß die Schwingung des Edelsteins dann durch den jeweiligen sympathetischen Wirbel verstärkt wird. Danach gelangt die Schwingung ins Nervengewebe, wo die feinen Vibrationen durch die reflektive Tätigkeit zwischen der Medulla oblongata und dem Steißbein verstärkt werden, bis sie eine stetige Schwingung entwickeln, die weit mehr ist als Resonanz, eher ein Grad von Bewußtsein. Das stimmt den physischen Körper auf die Resonanz von Edelsteinen und Edelsteinelixieren ein – ein ständiges Pulsieren der dem Edelstein sympathetischen Resonanzen in allen wesentlichen Teilen des sympathischen Nervensystems. Schließlich dehnt sich dieses Pulsieren auch auf die Tätigkeit des endokrinen Systems aus. Dieses bringt dann den physischen Körper vollständig in Einklang und Harmonie zur Resonanz des Elixiers."

Wenn es einem merkwürdig vorkommt, daß John über die Nutzung der Knochentöne als Teil unserer Wahrnehmungswirklichkeit spricht, sollte man wissen, daß die westliche Medizin zur Zeit analysiert, wie die von unseren Muskeln abgegebenen schwachen Töne in Medizin und Wissenschaft verwendet werden können. Die verschiedenen Töne, die unsere Muskeln aussenden, können Hinweise auf pathologische Befunde an den Muskeln geben, zum Beispiel bei den Herzmuskeln. Die neusten Entwicklungen auf dem Gebiet von Datenverarbeitung und medizinischem Gerät erleichtern jetzt die detaillierte Erforschung der Muskeltöne[7].

„Die anatomische Ebene des physischen Körpers besteht aus spezifischen Gruppierungen von Zellgewebe, die sich genetisch zu einem Organ wie zum Beispiel der Leber formen. Der Begriff „zelluläre" Ebene bezieht sich auf den physischen Körper auf der Ebene jeder einzelnen Zelle und der individuellen Muskelzellen. Die zelluläre Ebene hat Eigenschaften, die denen von DNS und RNS ähneln, doch handelt es sich dabei um verschiedene Ebenen. Die gesamte zelluläre Ebene konstituiert die DNS und RNS in ihren einzigartigen vereinten Funktionen, wenn man sie aber trennt, werden sie jeweils zu einer spezifischen Ebene mit eigenen Mustern. Die Begriffe ‚molekular' und ‚biomolekular' beziehen sich auf die chemische Aktivität auf subatomarer Ebene in jeder Zelle, die sich dann zu Strukturen wie DNS und RNS organisiert, um genetisches Gewebe zu werden. Folglich bezieht sich der Begriff ‚genetisch' auf eine spezifische Funktion auf der Zellebene. Die biomolekulare Ebene ist die Aktivität der molekularen Funktion selber. Auf der molekularen Ebene werden einzelne Genbestandteile zu geformten Erbanlagen, aus denen dann wieder zelluläre Organe entstehen. Die Trennlinie zwischen den zellulären und den molekularen Ebenen liegt bei der Mitose oder Zellteilung. Der Begriff ‚biomagnetisch' bezieht sich auf die magnetischen Energiemuster und -felder, die als Nebenprodukt der molekularen Aktivität entstehen. Die so freigesetzte Energie strebt nach außen und wird Teil der Aura. ‚Biomagnetisch' bedeutet, daß der physische Körper ein Magnetfeld erzeugt, das man mit empfindlichen Instrumenten messen kann. Die Lebenskraft ist zum Teil eine Energie, die zwischen den Ebenen der elektromagnetischen Muster liegt. ‚Mitogene' Energie ist die plasmaartige Qualität, die zwischen dem molekularen und dem biomolekularen Zustand existiert. Mitogene Energie wird durch den Prozess der Mitose erzeugt. Diese Energie ist elektromagnetisch, ätherisch und Teil des ätherischen Fluidums, das jede Zelle umgibt. Wenn die Zellen der einzelnen Körperteile durch ein spezielles Edelsteinelixier unterstützt werden, profitiert das jeweilige Organ, aber die Wirkung wird noch deutlicher spürbar, wenn viele der Zellen, die zu diesem Bereich gehören, insgesamt besser funktionieren."

Wie Blütenessenzen helfen Edelsteinelixiere auf fast homöopathische Weise bei der Assimilation von Nährstoffen. Das liegt zum Teil daran, daß verschiedene Nährstoffe in Mineralen vorhanden sind. Auch auf diesen Punkt wird bei jedem Elixier eingegangen. Wenn das auftritt, gehört es zur Signatur des Elixiers. Zum Beispiel ist Eilatstein ein machtvolles Hilfsmittel bei der Nährstoffaufnahme, teilweise deswegen, weil er so viele Elemente in sich vereint. Edelsteinelixiere wirken oft auch tiefgreifend auf viele obskure Spurenelemente, deren Wert für die Körperfunktionen die westliche Medizin erst jetzt zu schätzen lernt. In diesem Text gehe ich auf die vorliegenden Informationen über Spurenelemente nicht näher ein. Ein Beispiel für dieses Muster ist Gold. Goldelixier hilft bei der Assimilation von Gold im Körper, welches bei der Behandlung von Nervenstörungen eine wichtige Rolle spielt. Deswegen hat Edgar Cayce gesagt, Gold sei zur Behandlung von multipler Sklerose gut geeignet[8].

Die Miasmen sind an der Entstehung aller chronischen und vieler akuter Krankheiten beteiligt. Edelsteinelixiere mildern die Miasmen in vielen Fällen ab, in diesem Buch sind aber nur die Miasmen genannt, die merklich beeinflußt werden.

Frage: Viele Edelsteinelixiere werden empfohlen, um die Folgen radioaktiver Strahlung zu lindern, gegen das Strahlungsmiasma aber ist fast kein Mittel angegeben. Warum diese Unterscheidung?

„Diese Unterscheidung existiert zum Teil deswegen, weil viele dieser Probleme mit radioaktiver Hintergrundstrahlung direkt durch den Abbau von Mineralen, speziell Uran, entstehen. Deshalb ist es fast schon eine karmische Verpflichtung des Mineralreichs, bei der Linderung von Hintergrundstrahlung zu helfen. Manche Minerale machen das Strahlungsmiasma schwächer, weil sie wirklich mit diesem Problem in Beziehung stehen, doch Blütenessenzen und homöopathische Mittel wirken hier gewöhnlich besser."

Alle Edelsteinelixiere können äußerlich als Lotion, Salbe oder Spray angewandt werden, um die Wirksamkeit zu erhöhen; bei den einzelnen Edelsteinelixieren wird dieser Punkt jedoch nur angesprochen, wenn sich ihre Wirksamkeit durch die äußere Anwendung wesentlich steigert. Normalerweise ist das orale Einnehmen angezeigt. Wenn äußere Anwendung empfohlen ist, dann oft weil dieses Elixier in Verbindung mit direkter körperlicher Manipulation wie Akupunktur, Massage oder Chiropraktik besonders gut wirkt.

Man reibe mit dem Edelsteinelixier den gestörten Bereich ein, direkt an den Druckpunkten, die mit bestimmten inneren Organen korrespondieren, oder in der Nähe von Organen, die zu bestimmten Meridianen oder Chakren gehören. Die äußere Anwendung von Edelsteinelixieren wirkt fast immer mild tonisierend und ist besonders wertvoll bei akuten Beschwerden. Überdies wird das spirituelle Wachstum durch das Einreiben von Edelsteinelixier auf Handflächen, Stirn oder Medulla oblongata gefördert. Hierzu ein paar kommentierende Worte von John:

„Wie bei Blütenessenzen ist es ratsam, Edelsteinelixiere mit ätherischen Ölen zu mischen, wobei allerdings die Schwingung der Öle von hoher Frequenz sein sollte. Zum Beispiel ist es im allgemeinen nicht empfehlenswert, Diamantelixier mit Maisöl oder verschiedenen anderen Ölen zu mischen, deren Wirkungsbereich eher bei den unteren Chakren liegt. Vor allem bei den ätherischeren und spirituelleren Heilmitteln ist es besonders wertvoll, Edelsteinelixiere und alle anderen Schwingungspräparate mit einem Zerstäuber als Spray anzuwenden. Das reinigt die feinstofflichen Körper und die Aura. Bei der äußerlichen Anwendung hat es wegen der ätherischeren Schwingung der ätherischen Öle gewisse Vorteile, die Edelsteinelixiere mit solchen Substanzen anstatt mit destilliertem Wasser zu kombinieren. Destilliertes Wasser ist ein guter Leiter, während ätherische Öle auf die Chakren wirken. Die Wirkung tritt auch ein, wenn man die Elixiere ohne Zusatz anderer Substanzen am Körper einreibt, obwohl wir festgestellt haben, daß ätherische Öle als Verstärker und Stabilisatoren wirken. Bei homöopathischen Heilmitteln sind diese Prinzipien weniger wichtig.

Wenn man Edelsteinelixiere zur äußeren Anwendung in anderen Substanzen lösen will, nimmt man etwa 85 Milliliter destilliertes Wasser auf sieben Tropfen des Elixiers. Das gilt, wenn die Lösung direkt auf den Körper aufgetragen oder mit einem Zerstäuber aufgesprüht wird. Von ätherischen Ölen nimmt man am besten insgesamt 30-50 Millilter von einem oder mehreren Ölen (Hier muß ein Mißverständnis vorliegen, 30 Milliliter eines konzentrierten ätherischen Öls können in manchen Fällen sehr giftig sein, sind in jedem Fall eine ungeheuer hohe Dosis – d. Übs.) auf mindestens sieben Tropfen von einem oder mehreren Edelsteinelixieren.

Wegen ihrer kristallinen Struktur haben alle Edelsteine die Eigenschaft der Gedankenformverstärkung[9]. Manche Steine wie zum Beispiel der Herkimer-Diamant haben ein besonderes Muster, mit dem sie Gedankenformen besser binden oder speichern können. Andere Minerale wie Quarz sind besser zum Senden von Gedankenformen und Information im allgemeinen geeignet. In ihren Härteeigenschaften aber sind sie einander ähnlich. Es gibt viele komplexe Faktoren. Deshalb ist es zu vereinfacht zu sagen, man könne weichere Steine leichter mit Gedankenformen, besonders negativer Art, sättigen. Oft werden die Gefühle als negativ angesehen, die man am stärksten empfindet. Solche Überreste sind leichter zu entdecken, deswegen bringt man sie oft mit Edelsteinen in Verbindung, die solche Gedankenformen speichern. Dieses Muster der Angst vor negativen Emotionen wird oft im Bewußtsein von Menschen ausgelöst, die eine sympathetische Resonanz haben. Deshalb bringt man die Steine abergläubisch mit Verfluchungen und anderen ähnlichen Einflüssen in Verbindung. Also ist es oft, aber keineswegs immer zutreffend, daß weiche Steine Schwingungen, also auch Gedanken, schneller absorbieren als härtere. Demgegenüber geben härtere Steine oft leichter Energie ab. Wenn man nach der Mohs-Härteskala geht, findet man bei Mineralen der Härtestufe sieben gewöhnlich ein vollkommenes Gleichgewicht zwischen Härte und Weichheit und zwischen dem Senden und Speichern von Gedankenformen und verschiedenen Energiemustern."

Bei einer Reihe von Edelsteinelixieren werden verschiedene Verstärkungstechniken vorgeschlagen. Man kann zum Beispiel das Mineral bestimmten Farben, Klängen, Formen, der Orgonenergie oder auch gewissen astrologischen Konfigurationen aussetzen. Wenn man solche Techniken anwendet, wirkt das Elixier klinisch weit besser. Im allgemeinen ist es am besten, ein spezifisches Elixier um die Mittagszeit verschiedenen Lichtarten auszusetzen, aber die Tageszeit ist nicht entscheidend. Man sollte das Elixier zwischen dreißig Minuten und einer Stunde mit diesen Verfahren behandeln. Wenn eine bestimmte Form und eine Farbe empfohlen sind, empfiehlt es sich, das Elixier erst der Form, dann der Farbe auszusetzen. In anderen Fällen setzt man das Elixier am besten der Form und der Farbe gleichzeitig aus. Zum Beispiel könnte man den Stein in ein Pyramidenskelett legen und gleichzeitig mit Licht bestrahlen. Wenn empfohlen wird, das Elixier zwei oder mehr Formen auszusetzen, genügt es normalerweise, aber nicht immer, es mit einer dieser Formen zu behandeln. Manchmal kann ein Stein aus zwei wichtigen Fundorten stammen oder zwei verschiedene wichtige Farben haben. Dann werden die Eigenschaften des Elixiers gesteigert, wenn man zunächst aus beiden einzeln Elixiere zubereitet und sie dann zu einem Präparat kombiniert. Wenn keine Verstärkungstechniken empfohlen werden, kann man immer eine allgemeine Verstärkung bewirken, indem man das Elixier mit Pyramiden und Quarzkristallen behandelt.

„Auch die Yin- oder Yang-Eigenschaften mancher Steine werden untersucht. Die hellen Steine sind oft, aber nicht immer yin oder weiblich, und die dunkelgefärbten Steine oft eher yang oder männlich[10]. Auch gibt es negative und positive Polaritäten, wie man am Beispiel von Magnetit und Magnetstein sehen kann. Die negative Polarität betont weibliche Qualitäten, der positive Aspekt die männlichen Attribute. Im Zweifelsfall kann ein Pendel benutzt werden, um festzustellen, welche dieser Polaritären ein Stein oder Elixier besitzt. Auch wenn ein Stein eher weiblich oder eher männlich ist, sollten doch Menschen beider Geschlechter dieses Mineral verwenden. Platin zum Beispiel ist ein sehr weiblicher Stein, aber er hat viele Eigenschaften, aus denen Männer oft Nutzen ziehen können. Die Menschen brauchen ein Gleichgewicht zwischen männlichen und weiblichen Eigenschaften. Bestimmte Steine haben einfach einen stärkeren Akzent auf der einen Seite, sind aber durchaus im Gleichgewicht. Der Ausgleich von Yin- und

Yang-Eigenschaften lindert Krankheiten und fördert die Meditation zum Teil deswegen, weil die Meridiane besser in der Balance sind.

Die Farbe eines Steines ändert nicht unbedingt etwas an seinen Heileigenschaften. Durchsichtige Steine haben geringfügig bessere Eigenschaften, wie zum Beispiel erhöhte Gedankenformverstärkung. Viele Steine mit hervorragenden spirituellen und heilenden Eigenschaften sind aber auch undurchsichtig.

Androgyne Steine enthalten beide Polaritäten, das heißt sowohl das männliche als auch das weibliche Muster, die positive und die negative Energie. Ähnlich haben eure Physiker kürzlich das Phänomen des Monopols entdeckt, eine Polarität, die eine einzelne Ladung oder einen einzelnen Pol von positiver und negativer Energie umfaßt. Die meisten androgynen Steine stehen mit der Kehle oder mit dem Artikulieren von Gefühlen in Verbindung. Der entwickelte Zustand der Gefühle sollte weder männlich noch weiblich sein.

Der Begriff ‚androgyn' bedeutet das, was zwischen dem unbelebten Reich der Minerale und dem Pflanzenreich steht. Das Reich der Minerale ist mehr yin, weil es die passive Kraft der Erde repräsentiert. Das Pflanzenreich ist mehr yang, weil es durch die Sonnenkräfte der Erde emporgezogen wird. Hier finden wir, daß Edelsteine den Ausgleich zwischen diesen beiden Kräften herstellen können, weil sie mit ihren kristallinen Eigenschaften das Verschmelzen von Yin und Yang ermöglichen und das reine Bewußtsein der Lebenskraft erzeugen. Deswegen sind Edelsteine hervorragend zur Konzentration und Verstärkung von Energie geeignet. Hieran liegt es auch zum Teil, daß sie zwischen den Prinzipien der homöopathischen Heilmittel und denen der Blütenessenzen stehen. Nicht daß Edelsteinelixiere schlechter oder besser als Blütenessenzen oder homöopathische Mittel wirken. Ihr Wert ist es gerade, daß sie beide Prinzipien in sich vereinen. Diese Konzepte sind mit den Chakren, Meridianen und der Theorie der fünf Elemente verbunden. Ich erwähne sie als Hinweise für Lernende, die sich auf diesen Gebieten auskennen. Wenn diese Informationen weiter erforscht werden, werden sie dem Lernenden zu breiterem Wissen über diese Vorgänge verhelfen."

Es ist auch empfehlenswert, Edelsteine an bestimmten Körperteilen zu tragen. Einige der kraftvolleren Steine, die sich traditionell großer Beliebtheit erfreuen, können überall am Körper getragen werden. In anderen Fällen sind bestimmte Körperzonen empfohlen.

In einer Reihe von Fällen ist es angezeigt, Edelsteinelixiere als Badezusatz zu verwenden. Bevor man sie ins Wasser gibt, sollte man sie in vielen Fällen besser in ein Glas destilliertes Wasser untermischen. In einigen Fällen wird vorgeschlagen, außerdem andere Präparate, zum Beispiel Rosenwasser, ins Bad zu geben.

Für einzelne Edelsteinelixiere sind spezifische oder allgemeine Testpunkte angegeben. Ein Testpunkt ist ein bestimmter Punkt am Körper, mit dem das entsprechende Edelsteinelixier harmoniert. Wenn ein Elixier Leberbeschwerden lindert, könnte die Leber auch der Testpunkt für das Elixier sein. Wenn es für die Elixiere keine speziellen Testpunkte gibt, kann man gewöhnlich auch den allgemeinen Muskeltest anwenden. Wenn ein bestimmter Körperbereich berührt wird, wird der ausgestreckte Arm des getesteten Menschen auf Druck sehr schwach reagieren, wenn der Mensch in diesem Teil seiner Anatomie eine Heilbehandlung braucht. Wenn der Mensch danach das Elixier, das Sie ihm verschreiben wollen, in die Hand nimmt, kann es passieren, das sein Arm diesmal auf Druck sehr deutlichen Widerstand leistet. Das legt nahe, daß das Elixier das Problem lösen könnte. Wenn der Arm immer noch deutlich schwach reagiert, wenn der Mensch das Elixier in der Hand hält, würde das Präparat vermutlich nicht viel helfen. Diese Form des Testens ist leichter durchzuführen, wenn das Edelsteinelixier flüssig, nicht in Tabletten- oder Pulverform vorliegt. Diese Art des Testens ist heute ziemlich verbreitet[11].

Falls der Testpunkt ein Chakra oder Meridian ist, berühren Sie einen Bereich im physischen Körper, der mit diesen ätherischen Elementen in Beziehung steht. Wenn zum Beispiel der Testpunkt das Kehlenchakra ist, benutzen Sie die Kehle als entsprechenden Brennpunkt im physischen Körper. Die Chakren und in geringerem Ausmaß auch die Meridiane sind oft Testpunkte, weil sie oft mit einer hohen Dichte von Nervenenden im Körper zusammenfallen. Die Medulla oblongata ist oft Testpunkt, weil hier so viel Lebenskraft in den physischen Körper eintritt.

Frage: Warum haben im Vergleich mit den Blütenessenzen so wenige Edelsteinelixiere Testpunkte?

„Minerale sind biochemische Strukturen und keine lebenden Wesen wie die Blütenessenzen. Außerdem gibt es eine Parallelität zwischen Blütenessenzen und dem Wachstum der Menschen, deshalb stehen sie in sympathetischer Resonanz zu inneren Organen. Bei Edelsteinelixieren ist oft der einfache Muskeltest angezeigt, wobei die Flasche mit dem Elixier an beliebiger Stelle an die Haut gehalten wird. Man kann das Testen von Edelsteinelixieren und Blütenessenzen erleichtern, indem man etwas Goldlackblütenessenz auf den zu testenden Körperteil tupft. Die Muskeltests der Angewandten Kinesiologie wirken, weil die Informationen von allen Ebenen des physischen Körpers und von der biomolekularen Ebene auch auf die biochemische Ebene und das autonome Nervensystem übertragen werden. Dort werden sie zunächst in der rechten Gehirnhälfte interpretiert und reguliert, vielleicht auch von der linken Gehirnhälfte analysiert und intuitiv ausgedrückt."

Wenn empfohlen wird, einen Edelstein an einem bestimmten Körperteil zu tragen, wird dieser Körperteil manchmal, aber nicht immer positiv beeinflußt. Wenn empfohlen wird, das Elixier äußerlich auf einen bestimmten anatomischen Bereich aufzutragen, wird diese Gegend des Körpers normalerweise, aber nicht immer, angeregt. Wenn Testpunkte an bestimmten Stellen des Körpers angegeben sind, bedeutet das kaum einmal, daß dieser Körperteil positiv beeinflußt wird. Deswegen finden sich in den Tabellen am Ende dieses Buches keine Angaben darüber, daß bestimmte Edelsteinelixiere bestimmte Körperteile stärken, obwohl dies in eingen Fällen zutreffen kann. Außerdem ist in den Tabellen nicht angegeben, daß bestimmte Elixiere auf ein bestimmtes physisches Organ oder dessen Zellstruktur wirken, wenn sie ihre Wirkung ungefähr in dieser Körpergegend entfalten. In vielen Fällen wirken sie jedoch stärkend auch auf diese beiden Bereiche. Wenn man Edelsteinelixiere selbst benutzt, kann man das anhand der Tabellen überprüfen.

Außerdem wird bei jedem Edelsteinelixier auf verschiedene weitere Bereiche eingegangen: Chakren, Meridiane, Nadis, feinstoffliche Körper, psychologische und spirituelle Einflüsse. Viele Edelsteinelixiere beeinflussen Menschen zumindest in gewissem Maße psychologisch und spirituell.

Frage: Was ist der Unterschied zwischen deinen beiden Begriffen "psychologisch" und „psychospirituell"?

„Der Begriff „psychologisch" bedeutet nur die logistische Funktion des Verstandes, wie man sie aus den gegenwärtig existierenden Theorien in Psychologie und Psychiatrie kennt. Mit dem Begriff „psychospirituell" meine ich das Einwirken der Seele auf die Persönlichkeit der physischen Ebene, vor allem die Dynamik von Verstand, Körper und Geist. Dabei geht es um einen lineareren Aspekt des Verschmelzens zwischen dem Geist und dem Psychologischen, wobei die Unterscheidung schwierig wird. Sie werden fast zu einer selbständigen Kraft."

Frage: Was ist der Unterschied zwischen Edelsteinen als Gedankenformverstärkern und ihrer Verwendung als psychologische und psychospirituelle Wirkkräfte?

„Hier finden wir eine Polarität und eine Verflechtung verschiedener Einflüsse."

Die Meridiane sind Durchgänge, durch die die Lebenskraft in den Körper fließen kann. Sie befinden sich auf einer Ebene zwischen den ätherischen Körpern und dem physischen und stehen direkt mit dem Nerven- und Zirkulationssystem in Zusammenhang. Auch verbinden sie die verschiedenen Akupunkturpunkte am Körper. Ähnlich wie die Miasmen werden die Meridiane von den meisten Edelsteinelixieren beeinflußt, aber das wird nur erwähnt, wenn bestimmte Edelsteinelixiere sie besonders deutlich beeinflussen.

„Der Verlauf der Meridiane wird durch die schwache bioelektrische Energie des Nervensystems und des Kreislaufs bestimmt. Diese Energie schafft ein schwaches elektromagnetisches Feld (zum Teil durch die Eisenhaltigkeit von Blut und Nerven erklärbar), das die Lebenskraft zwischen den beiden Systemen trägt. Diese Vorgänge und die Polarität zwischen diesen beiden Systemen schaffen einen elektromagnetischen Tunnel, durch den die Lebenskraft fließen kann."

Frage: Die meisten der Blütenessenzen wirken nur auf ganz bestimmte Meridiane, während die Edelsteinelixiere fast immer auf alle gleichzeitig wirken. Warum dieser Unterschied?

„Das liegt an der kräftigeren Schwingung von Edelsteinen und daran, daß verschiedene blütentragende Pflanzen und Bäume in Lemuria gerade mit dem Ziel geschaffen wurden, daß sie bestimmte Meridiane beeinflussen sollten. Wenn Edelsteinelixiere auf bestimmte Meridiane wirken, greift ihre Wirkung gewöhnlich auf die anderen Meridiane über. Tatsächlich sind alle Meridiane durch bestimmte, manchmal „Kommandopunkte" genannte, Stellen in Fingern und Zehen verbunden. Bei Blütenessenzen findet diese Energieübertragung selten statt. Ihre Wirkung endet gewöhnlich in dem Meridian, für den sie bestimmt sind, oder ihre Schwingung wird so transformiert, daß andere Meridiane nicht wesentlich beeinflußt werden. Anders als Blütenessenzen wurden Edelsteinelixiere ursprünglich nicht geschaffen, um nur einzelne Meridiane zu beeinflussen. Auf diesem Gebiet ist gewöhnlich die Wirkung der Edelsteinelixiere breiter als die der Blütenessenzen."

Chakren sind Energiezentren in der feinstofflichen Anatomie. Spirituelle Information und die Lebenskraft werden durch die Chakren in den Körper gechannelt. In der traditionellen esoterischen Literatur ist im allgemeinen von sieben Chakren die Rede. In einigen Fällen werden zwölf Chakren beschrieben[12]. Diese weiteren fünf Chakren befinden sich an den Händen, den Füßen und der Medulla oblongata, die mit dem Mittelhirn in Verbindung steht. Leider begreifen nur eine Handvoll von Autoren, daß es im menschlichen Körper über 360 Chakren gibt. Diese verteilen sich etwa gleichmäßig auf den physischen und die feinstofflichen Körper. Im allgemeinen gibt es eine direkte Beziehung oder Polarität zwischen einem bestimmten Chakra im physischen Körper und einem in den feinstofflichen Körpern. Je nach den Überlieferungen der alten Religionen schwankt die genaue Anzahl der Chakren. Diese vielen Chakren sind mit großer technischer Detailgenauigkeit in einigen der alten religiösen Schriften Indiens beschrieben, zum Beispiel in einigen der Upanischaden, außerdem in alten ägyptischen, atlantischen und Mayatexten. Diese Informationen könnten zwar gechannelt werden, da sie aber in bestimmten indischen Schriften seit Jahrtausenden vorliegen, wäre es besser, man übersetzte sie in mehrere westliche Sprachen. Alice Bailey[13] und mehrere andere Autorinnen und Autoren[14] haben einige dieser Nebenchakren beschrieben. Bewußte Menschen im Westen sind durchaus reif für dieses neue Material. Besonders hilfreich können diese Informationen für Menschen sein, die mit Akupunktur, Jin Shin Jyutsu und Shiatsu arbeiten. In einem zukünftigen Werk wird der Einfluß der Edelsteinelixiere auf diese Nebenchakren beschrieben werden.

In der Literatur herrscht große Verwirrung, was die Zuordnung der sieben Hauptchakren zu bestimmten Organen angeht[15]. Das liegt an der Existenz der vielen Nebenchakren und daran, daß es im Osten und Westen zwei verschiedene Chakrasysteme gibt. Wenn diese beiden Systeme verschmelzen, ergibt sich ein neues Chakrasystem. Nach westlicher Auffassung werden den sieben Organen folgende Chakren zugeordnet: die Hoden oder Eierstöcke dem ersten Chakra, die Milz dem zweiten, der Magen oder der Unterleib dem dritten, das Herz dem vierten, die Schilddrüse dem fünften, die Hypophyse dem sechsten und die Epiphyse dem siebten Chakra. Im Osten gelten folgende Verbindungen zwischen Organen und Chakren: das Steißbein wird zum ersten Chakra gerechnet, die Eierstöcke oder Hoden zum zweiten, der Magen oder Unterleib zum dritten, die Thymusdrüse zum vierten, die Schilddrüse zum fünften, die Hypophyse zum sechsten und die Epiphyse zum siebten. Eigentlich nicht überraschend, daß Menschen verschiedener Rassen den sieben Hauptchakren unterschiedliche Organe zuordnen.

„Ihr entdeckt jetzt erst, daß euer physischer Körper eigentlich ein komplexes System fein ausbalancierter biochemischer Aktivität ist, das sich bis hinunter zu einem komplexen Tanz auf der molekularen Energieresonanzebene erstreckt. Und ihr erkennt jetzt erst, daß diese Muster letztendlich nur verschiedene Zustände der Interaktion von Energie sind. Wenn Menschen aus östlichen und westlichen spirituellen Traditionen lernen oder wenn Menschen erhöhte Bewußtseinszustände erreichen, werden im Zusammenhang mit jedem der sieben Chakren mehrere Teile des Körpers aktiviert. Diese Aktivierung kann auch geschehen, wenn man sich zwischen östlichen und westlichen Kulturen hin und her bewegt. Diese Körperteile arbeiten in Polarität zueinander, um den Menschen auszubalancieren. Dabei entstehen folgende Polaritäten: Das Steißbein und die Hoden oder Eierstöcke repräsentieren das erste Chakra; Nebennieren und Bauchspeicheldrüse das zweite; Milz und Magen oder Unterleib das dritte; Thymusdrüse und Herz das vierte; Schilddrüse und Parasympathikus das fünfte. Wenn das siebte Chakra noch nicht geöffnet ist, stehen Hypophyse und Medulla oblongata für das sechste. Wenn das siebte Chakra geöffnet ist, ist das sechste im Körper durch die Polarität zwischen Hypophyse und Epiphyse repräsentiert. Für das siebte Chakra stehen Epiphyse und linke und rechte Gehirnhälfte. Voraussetzung für ein vollständiges Erwachen ist eine ausgewogene Dreiheit von Intellekt, Körper und Geist.

Bestimmte Chakren haben eine Polarität oder direkte Beziehung zueinander. Zum Beispiel werden immer, wenn man ein bestimmtes Chakra aktiviert, auch das darunterliegende Chakra aktiviert und Spannungen darin gelöst. Wenn man das Augenbrauen- oder das Kronenchakra aktiviert, wird aufgrund der hier bestehenden Wechselbeziehung immer auch das jeweils andere beeinflußt. Außerdem sind die Chakren der Sitz eures Karmas. Indem ihr durch Schwingungstherapien die Chakren balanciert und öffnet, löst ihr karmische Muster.

Die Chakren sind die Quelle eures höheren Bewußtseins, denn sie sind eine Art Entwurf für das Höhere Selbst. Durch die Chakren im physischen Körper, und zwar besonders durch die sieben Hauptchakren, hinterläßt die Seele ihren Abdruck auf der irdischen Ebene. Die Chakren sind ätherische Strukturen der Anatomie und wirken als Lebensspender für den physischen Körper. Die Chakren sind ein selbsttätiges System, durch das Menschen sich von den niedrigeren Instinkten zu höheren Bewußtseinsebenen erheben und das höhere Wesen offenbaren, das ihr in Wahrheit seid. Ihr seid Wesen aus Verstand, Körper und persönlichem Geist, und durch die Integration dieser Kräfte werdet ihr eins mit der höheren Kraft, die tatsächlich Vater, Sohn und Heiliger Geist oder der Vater-Mutter-Gott ist. Durch diese Verkettung offenbart ihr den höheren Entwurf eurer wahreren Identität, die nämlich darin besteht, den Christus in euch manifest werden zu lassen. Christus ist der Verschmelzer von Verstand, Körper und Geist."

Frage: Wie ist die Beziehung zwischen den Chakren und astrologischen Konfigurationen?

„Jedes Chakra wird durch ein bestimmtes Element der Astrologie regiert. Zum Beispiel wird die Epiphyse oder das Kronenchakra von Mars regiert, Hypophyse und Augenbrauenchakra von Neptun, die Schilddrüse von Venus, das Herzchakra von der Sonne, Thymusdrüse und Unterleib vom Mond, die Milz von Merkur, das zweite Chakra von Mars, das erste von Pluto und Minerva. Die Wirkung dieser Energien erstreckt sich bis zu den Körpern im Weltraum. Das offenbart sich auf folgende Weise: Wenn ein Planet in einem bestimmten Winkel zur Erde steht, beeinflußt er ihr elektromagnetisches Feld und andere Eigenschaften. Das elektromagnetische Feld der Erde beeinflußt wieder unseren physischen Körper und unsere Aura, die eigentlich Ausweitungen der Chakren sind, die ihrerseits Ausweitungen der biologischen Aktivitäten und der biologischen Persönlichkeit sind, die in den Aktivitäten der Seele integriert sind."

Frage: Würdest du uns etwas über die Situation von Menschen sagen, die unter einem bestimmten Sternzeichen geboren sind? Wie beeinflußt dieses Sternzeichen ihre Chakren?

„Das hängt von der Wirkung der wesentlichen Daten der Geburtskonstellation ab. Wenn zum Beispiel ein disharmonischer Aspekt zur Sonne vorherrscht (ein Winkel von 90 Grad bzw. ein Quadrataspekt; ein Winkel von 45 Grad bzw. ein Halbquadrat; oder ein Winkel von 180 Grad bzw. eine Opposition), kann das Herzchakra angegriffen werden. Oder wenn ein Spannungsaspekt oder eine Quadratur zu Neptun vorliegt, könnte es Probleme mit der Hypophyse geben. Wenn die Planeten in Harmonie zu Sonne oder Mond stehen oder im Trigonalaspekt (bzw. 12o Grad), würde ideale Balance zwischen Herzchakra und Gefühlen herrschen. Um genauere Informationen zu erhalten, muß man das Horoskop als Ganzes befragen, weil man gewöhnlich auch die anderen Planeten und ihre Aspekte berücksichtigen sollte, bevor man irgendwelche Schlüsse zieht."

Frage: Könntest du deine Aussage, daß Edelsteinelixiere die Energie in den Chakren kristallisieren, näher erläutern?

„Edelsteine tragen die Daten der biomagnetischen Botschaft und konzentrieren sie mit dem richtigen Verstärkungsgrad auf die Zellebene. Sie versetzen diese biomagnetische Botschaft in ein örtliches Feld, wo sie ständig stärker wird, je nach Aufnahme- und Verständnisbereitschaft des Gewebes, bis sich schließlich diese Felder direkt in Zellerinnerungen übersetzen. Edelsteine geben mit ihrer kristallinen Struktur diesen biomagnetischen Feldern einen Brennpunkt."

Frage: Würdest du bitte erläutern, wie man Kristalle im Zusammenhang mit Chakren verwenden kann?

„Jeder Edelstein gleicht ein Chakra aus, je nachdem welches Element er enthält. Rubin und Smaragd harmonisieren Herz und Herzchakra zum Teil deswegen, weil ihre mineralischen Eigenschaften mit diesem Gewebe in sympathetischer Resonanz stehen. Rubin, der ja auf das Herzchakra angewendet werden kann, hat bestimmte Mineraleigenschaften, die dem Gewebe des Herzens eigentümlich sind. So intensiviert man die Stoffwechselenergie, die sich durch dieses Chakra bis hin zur Aura erstreckt, indem man die Energie durch den Rubin konzentriert. Durch drei wesentliche Brennpunkte kehrt die Energie zurück: durch das untere Ende der Wirbelsäule, durch das Kronenchakra und durch die Medulla oblongata. Diese Energien kehren gereinigt in den physischen Körper zurück, um die Molekularstruktur im richtigen Muster und in der richtigen Frequenz zu aktivieren, und das Elixier erzeugt eine (teilweise auf elektromagnetischen Prinzipien gründende) Balance in der Molekularstruktur, die sich in der DNS widerspiegelt. Das wirkt dann auf die biologische Funktion oder das Gewebe, das mit dem jeweiligen Chakra in Zusammenhang steht, zurück.

Frage: Würdest du bitte erklären, wie Edelsteinelixiere auf die Chakren wirken?

„Edelsteinelixiere integrieren die anatomischen und ätherischen Körperebenen und wirken als Vermittler zwischen beiden. Ihre Wirkung ist einzigartig, weil sie sich durch ihre Tätigkeit auf physiologischer Ebene mit den Chakren und der Energie in ihnen integrieren. Wenn ein Mensch physisch, auf der physiologischen Ebene, gesund wird, richten sich oft zeitweise auch die feinstofflichen Körper danach aus. Gleich und gleich gesellt sich gern. Da sich Edelsteine durch Licht, Klang, Frequenz und in Pulverform auch als Nahrungsmittel dem Menschen anpassen, haben sie die Eigenschaft, sowohl das Physische als auch das Ätherische in Gleichklang zu bringen. In Form von Elixieren nähern sich Edelsteine eher den Prinzipien von Blütenessenzen und Homöopathie.

Edelsteine wirken besonders auf die Chakren, weil der Mensch sich dahin entwickelt, physiologisch mehr zu einem Kristallwesen zu werden. Sie vereinen sich mit den Eigenschaften des Menschen, um nicht nur die Ebenen der Nährstoffeigenschaften einer biochemischen Aktivität zu stimulieren, sondern auch die biomolekulare Ebene. Indem sie auf der biomolekularen Ebene erhöhten Energieaustausch hervorbringen, wird dies zum nächsten

Punkt, in dem sich die ätherische Energie des Chakras vollständig integriert, um zur physischen Anatomie des Menschen zu werden.

Die Auswirkungen von Edelsteinen auf die Chakren werden erhöht, wenn man sie mit lichtdurchlässigen Filtern oder Platten kombiniert. Wenn das Licht in der richtigen Beziehung zu den Äthern steht und mit der Wirkung der Edelsteine und ihrem Einfluß auf die Farbwirkung kombiniert wird, dann werden in den Edelsteinen Orgonenergie und Farbheilkräfte angeregt. Alle diese Energien vereinen sich, um die Chakren zu repräsentieren. Die Chakren sind die Energie, die in die physische Form hineinfließt und von ihr hinaus in die Ebenen der Unendlichkeit strahlt. Edelsteine stabilisieren vor allem diese Kräfte."

Frage: Würdest du bitte erläutern, wie Edelsteinelixiere im Unterschied zu Blütenessenzen und homöopathischen Heilmitteln auf die Chakren wirken?

„Hier finden wir keine größeren Unterschiede. Man muß verstehen, daß die Chakren die Edelsteine beleben und auf sie einwirken. Edelsteine und Edelsteinelixiere stimulieren ebenso wie Blütenessenzen und homöopathische Heilmittel die Leitfähigkeit des physischen Körpers schwingungsmäßig, um die Energie der Chakren anzuregen und zu assimilieren."

Frage: Würdest du bitte die Beziehung der Chakren zur Aura erläutern?

„Die Chakren strahlen Energie zur Aura aus und geben ihr infolge der erzeugten biologischen und stoffwechselmäßigen Aktivitäten Tiefe, Gestalt und Farbe."

Frage: Du hast gesagt, Chakren seien das Zentrum der Schwerkraft im Körper. Kannst du das näher erläutern?

„Man könnte sie zutreffender als die zentralen Balancepunkte für die Schwerkraftfelder bezeichnen. Die einfache Schwerkraft impliziert die Bewegung von dichten Körpern. Ein Schwerkraftfeld kann beim Beeinflussen solcher Körper fluktuieren, bis eine Integration zwischen Geist und Materie stattfindet. Das ist dann schon Psychokinetik; deshalb sind die Chakren die Zentren der Psychokinetik. Wenn eine Verschmelzung und Gleichrichtung dieser Felder geschieht, kann man Levitationserfahrungen sammeln."

Frage: Würdest du etwas zur Beziehung des Schlafs zu den Chakren sagen?

„Gesunde Menschen erlangen schon durch ein Minimum von drei Stunden Schlaf täglich Ausgeglichenheit im Selbst. Normalerweise empfiehlt es sich, für die Balance jedes Chakras jeweils eine Stunde Schlaf zu rechnen, wenn man aber wirklich gesund ist, braucht der physische Körper nicht mehr als drei Stunden. Die drei Stunden werden zum Ausgleich der drei höheren Chakren im physischen Körper gebraucht. Diese wirken dann bei der Balance der übrigen vier Chakren mit."

Frage: Wie wirkt zu langes Schlafen auf die Chakren?

„Das führt zu einer Überlastung der Chakren im visionären Bereich. Zu langes Schlafen aktiviert die Muskelstrukturen, die ihrerseits dem System überflüssige visionäre Kapazitäten zuführen bzw. eine Überladung der Chakrenenergie auf der visuellen Ebene bewirken."

Frage: Wo genau liegen die Chakren im Körper? In der Literatur finden sich darüber widersprüchliche Auffassungen[16].

„Ihr Mittelpunkt liegt in den Ganglien entlang der Wirbelsäule und sie erstrecken sich zu den Organen, mit denen sie in Verbindung stehen. Die Außenbereiche der Chakren reichen bis zur Vorder- und Rückseite des Körpers. Außerdem sind die Chakren oval, nicht kreisförmig."

Frage: Was geschieht, wenn alle Chakren vollkommen in Übereinstimmung sind?

„Die vollkommene Übereinstimmung der Chakren macht den Menschen zu vollkommenem Wissen und Verständnis des Selbst fähig. ‚In Kontakt mit der universellen Gegenwart stehen' oder den ‚ekstatischen Zustand des Samadhi' hat man das genannt."

Leider sind die Informationen über den Einfluß der sieben Hauptchakren auf den Menschen recht unvollständig. Deshalb hier einige gechannelte Informationen.

„Die richtig durchgeführte Anregung des ersten Chakras lindert alle Krankheiten der unteren Extremitäten, besonders im Oberschenkelgewebe und bei der Durchblutung der Füße. So verstärkt dieses Chakra Energie, die durch die Füße in den Körper eintritt, aktiviert weniger bedeutende Chakren in den Füßen und unterstützt therapeutische Fußmassagen. Dieses Chakra lindert auch Beschwerden wie Orientierungslosigkeit, unbestimmte und verborgene Ängste, die Unfähigkeit, sich auf wichtige Aufgaben zu konzentrieren oder über unmittelbare Probleme hinauszudenken. Auch andere Krankheiten werden positiv beeinflußt: Nebennierenprobleme, Herzkrankheiten, Streß und Ängste. Muskelstörungen wie Muskeldystrophie, Ängste, die leicht zu Assimilationsproblemen führen können, Erkrankungen des Nervensystems, Unausgewogenheiten in Bauchspeicheldrüse und Milz, Stimmungsschwankungen durch Diabetes oder Hypoglykämie werden alle gelindert, wenn dieses Chakra in der richtigen Weise geöffnet wird. Wenn dieses Chakra im Gleichgewicht ist, werden auch Schwermetall- und Syphilismiasmen weniger gefährlich. Die zu diesem Chakra gehörige negative Schlüsselemotion ist Streß, die typischen Unausgewogenheiten Angst und übermäßige Aktivität.

Wesentlich ist dabei, die Kundalini weg vom ersten Chakra zu kanalisieren, anstatt die Energien sich in diesem Chakra so konzentrieren zu lassen, daß die Nebennieren übermäßig aktiviert werden. Dadurch wird das Muskelgewebe aufgewühlt, es entstehen nervöse Störungen und sprunghaftes Verhalten. Um Ruhe in dieses Chakra zu bringen, sollte man sein Bewußtsein auf Dinge wie kreatives Denken und schöpferische Konzentration richten, auf Tätigkeiten, in denen sich die Wahrnehmungsfähigkeit des Verstandes ausdrückt oder auch die Fähigkeit des Verstandes, Tätigkeiten zu organisieren und zu ordnen. Hier bringt der Mensch Ausgeglichenheit und ihre Voraussetzungen in das Selbst – durch die organisatorische Kraft des Verstandes. Dies gehört zum Bereich des positiven Denkens und der positiven Einstellungen. Die meisten dieser Erkundungen führen den Menschen zur Erdung des Selbst und zur Erschaffung eines gesellschaftlichen Musters oder einer sozialen Persönlichkeit für das Selbst, die den Menschen innerhalb der Gesellschaft funktionieren lassen. So wie sich diese Aktivitäten in verschiedenen Ländern verbreiten, werden sich diese sozialen Muster nach den jeweiligen Bedingungen des Landes unterscheiden.

Man sollte die überlieferten Quellen näher untersuchen, in denen es um die praktische Seite der Arbeit, um den Aufbau einer Karriere, um pädagogische Arbeit und Tätigkeiten geht, die es dem Menschen ermöglichen, in der Welt zu funktionieren und doch nicht Teil von ihr zu sein. Solche Hinweise lassen sich in der Bibel, im Koran, in den Veden, in der Bhagavad Gita, im Tao, in der Thora und im Handeln der amerikanischen Indianer finden. In der Bibel solltet ihr zum Beispiel die Psalmen von David und Salomo studieren. Diese Weisheiten ermutigen zu einer Ethik der Arbeit; wer sie liest, engagiert sich leichter, um Mittel und Wege zu Reichtum und Wohlstand zu finden. Das positive Denken ist eher eine persönliche Philosophie. Es empfiehlt sich, die Werke von Dale Carnegie zu lesen. Macht euch auch die Wichtigkeit der positiven Verstärkung des individuellen Selbstwertgefühls klar, wie sie in Konzepten der transzendentalen Meditation und Transaktionsanalyse zum Ausdruck kommt. Und studiert Werke, in denen es um bewußte Kreativität geht[17].

Die Öffnung des ersten Chakras setzt Talente aus früheren Leben frei, wodurch der Mensch stabilisiert werden und Charakterstärke entwickeln kann. Zu den zu diesem Chakra gehörigen positiven Emotionen zählen Gelassenheit, das Auflösen von Spannungen und ein Zustand der Ruhe. Das erste Chakra ist besonders mit dem ätherischen Körper verbunden. Wenn dieses Chakra erweckt wird, legt man den Grundstein für spirituelle Praktiken. Die Farbe rot öffnet dieses Chakra, die Farbe grün verschließt es. Als allgemeines Prinzip gilt, daß jeweils die auf dem Farbenspektrum genau gegenüberliegenden Farben eher öffnend oder eher schließend auf das Chakra einwirken. Chakren müssen auf die richtige Weise angeregt und ausgeglichen werden. Zuviel Energie in einem Chakra kann genauso ungesund wie zu wenig Energie und sogar gefährlich sein[18]."

Frage: Warum ist das erste Chakra auf diese Weise mit der Tätigkeit der Nebennieren verbunden?

„Es ist ein Reflexpunkt, deswegen wirkt der Reiz direkt. Auch einfache Massage erzeugt dieses anatomische Phänomen.

Das zweite Chakra steht in Beziehung zu Hoden und Eierstöcken. Wenn es auf die richtige Weise geöffnet wird, mildert es alle Geschlechtskrankheiten und Probleme mit Unfruchtbarkeit. Auf Proteinungleichgewicht beruhende arthritische Erkrankungen, allgemeine Steifheit der Skelettstruktur, vor allem bei Männern, und Streßerkrankungen, die auf nach innen gerichteter Wut beruhen, können gelindert werden, wenn dieses Chakra in die Balance kommt. Die Entgiftung vor allem durch die Harnwege wird erhöht, und die Gonorrhöe-, Syphilis- und Strahlungsmiasmen gemildert. Auch bringt dieses Chakra den Körper wieder ins Gleichgewicht, wenn er zu lange der natürlichen Erdstrahlung ausgesetzt war.

Viele psychosomatische Krankheiten werden gelindert, wenn dieses Chakra in der Balance ist – insbesondere die, die mit der Unterdrückung sexueller Energien zu tun haben. Ein unausgewogenes zweites Chakra kann Ängste in Bezug auf das Selbstwertgefühl, Agressionen, Wut und Frustrationgefühle hervorrufen. Frustration ist dabei ein Schlüsselzustand. Es kann auch zu Psychosen und zu Aggressivität gegen beide Geschlechter kommen.

Mangelhafte Proteinassimilation führt zu Hautstörungen wie Hautkrebs, Leberbeschwerden, besonders Überreizung der Leber; zur Unfähigkeit des Bindegewebes, Proteine angemessen zu assimilieren und zu physischem Verfall. Die fehlerhafte Reassimilation reiner Proteine, die sich zu neu kodiertem Erbmaterial ordnen, kann zur Aktivierung von Krebszellen, die in allen Menschen vorhanden sind, führen. Dabei werden diese Zellen fast bis zum Punkt der fruchtbaren Vermehrung gebracht. Proteine sind in gewissem Sinne roh und schwer assimilierbar. Sie wirken wie ein künstliches Enzymsystem, das die Zerschlagung des Immunsystems unterstützt. Hier liegt partiell der Ursprung von Erbkrankheiten. Mangelhafte Proteinassimilation verursacht außerdem ein Ungleichgewicht zwischen männlichen und weiblichen Hormonen und mangelhafte Produktion von Sperma und Eizellen. Alle diese Beschwerden gehen zurück, wenn das zweite Chakra geöffnet und in der richtigen Weise ausgeglichen wird.

Zu den zu diesem Chakra gehörigen positiven Zuständen zählen größere Kreativität und Initiative, die erhöhte Fähigkeit zu Intimität mit anderen und die Fähigkeit, Gefühle zu verarbeiten. Auch die Aufnahme spiritueller Praktiken wird erleichtert. Die Menschen sollten begreifen, daß die Sexualität eine fortschrittliche und schöpferische Kraft ist, und gegenüber der sexuellen Energie zu einer ausgeglichenen Einstellung finden. Ein Großteil der sexuellen Energie ist vollkommen organisch und in gewissem Sinne spontan. Mit diesem Chakra verbundene emotionale Blöcke können zu Geisteskrankheit führen. Wenn die sexuelle Energie natürlich fließt, kann der Wunsch nach intimem Kontakt zu einem anderen Menschen aufkommen. Emotionale Programmierungen durch die Umgebung, Karma aus der Vergangenheit und manchmal auch biologische Unausgewogenheiten, die direkt auf das Bewußtsein wirken, können emotionale Krankheitszustände hervorrufen, die mit sexueller Aggression in Verbindung stehen. Das ist ein klassischer Gedanke des Freudschen Denksystems. Deshalb liegt die Blockade weniger in der menschlichen Sexualität, als in den gefühlsmäßigen Qualitäten, die der Sexualität zugeordnet werden. Folglich sind die meisten dieser Kräfte, wie zum Beispiel ein starkes sexuelles Verlangen, keine Krankheiten des Individuums. Erst die gefühlsmäßigen Assoziationen, die dem starken sexuellen Verlangen zugeordnet werden, verursachen die Unausgewogenheit. Die Verdammung der Masturbation als Sünde führt bei Menschen mit einem starken Sexualtrieb zu Komplikationen. Anstatt die Masturbation zu verdammen, sollte man als Ersatz eine mögliche Beziehung zu anderen Menschen mit einem ähnlich starken Triebbedürfnis ins Auge fassen. Es geht dabei nicht so sehr um den Sexualtrieb selbst, obwohl er, wenn er allzu stark ausgeprägt ist, auch als unausgewogen betrachtet werden könnte. Die gefühlsmäßigen Querverbindungen im Umgang mit solchen Dingen stellen die eigentliche Unausgewogenheit dar; die Ursache des Zustandes ist eher im Gefühlschakra als im Sexualchakra zu suchen. Die typische Unausgeglichenheit ist Frustration.

Es empfiehlt sich, die traditionelle Freudsche Psychologie und Reichs Werke zur menschlichen Sexualität zu studieren, wenn man dieses Chakra besser verstehen will. Auch Jungianische Analyse und Transaktionsanalyse sind zu empfehlen. Vor allem ist ein richtiges Verständnis des Tantra wesentlich. Für manche Menschen ist auch ein Studium des Kama Sutra unter ausgewogenen Gesichtspunkten ratsam. Das zweite Chakra steht zu dem Mental- und Emotionalkörper in Beziehung. Orange öffnet dieses Chakra, und Türkis schließt es.

Alle Krankheiten, die mit Lähmungserscheinungen verbunden sind, außerdem Magen- und Darmgeschwüre, Darmbeschwerden, Milzunausgewogenheiten, psychosomatische Krankheiten und emotionale Probleme können behandelt werden, indem man das dritte Chakra ausbalanciert. Die weißen Blutkörperchen werden besonders auf der Zellebene angeregt, außerdem alle Nährstoffe. Diabetes geht zurück, und Unausgewogenheiten, die mit der Milz zu tun haben, wie Leukämie, chronische Infektionen und Anämie, wenn sie auf Störungen in der Produktion der weißen Blutkörperchen beruht, können behandelt werden. Wenn dieses Chakra in der richtigen Weise ausgeglichen wird, verlieren Psora- und Strahlungsmiasmen an Wirksamkeit.

Alle gefühlsmäßigen Probleme wie Trauer oder Depression gehen zurück, wenn das dritte Chakra ausgeglichen ist. Das zum dritten Chakra gehörige emotionale Schlüsselproblem liegt im charakterlichen Bereich. Dabei besteht eine Angst vor Schwäche im Charakter des Individuums. Selbstwertgefühl spielt hier keine so große Rolle. Oft findet sich hier die Unfähigkeit, Streß abzubauen. Durch das Harmonisieren dieses Chakras integriert man die Gefühle, besonders alle gefühlsmäßigen Probleme, die mit der Mutter verbunden sind. Der Lohn sind wachsende Sensibilität und Intuition. Der Ausgleich dieses Chakras ist für alle wesentlich, die Kontakt zu ihrem weiblichen Selbst aufnehmen und es verstehen wollen. Das gilt für Männer wie für Frauen. So ist es oft ratsam, die Aktivitäten der Frauenbewegung und des feministischen Bewußtseins zu verfolgen, sowohl auf der spirituellen als auch auf der politischen und philosophischen Seite des Spektrums.

Wer bestimmte Bücher von Rudolf Steiner und Werke aus der Ernährungsmedizin studiert, wird die Tätigkeit dieses Chakras besser verstehen. Außerdem sollte man sich mit allem befassen, was bei der Entwicklung einer Sensibilität hilft, die den Menschen als ganzheitliches emotionales Gebilde sieht, zum Beispiel mit Techniken, die die emotionale Integration des Selbst erkunden wie Transaktionsanalyse, reichianische Therapie, Rolfing und traditionelle Meditation. Der Mentalkörper ist mit diesem Chakra verbunden. Gold, Gelb und Weiß öffnen es, Braun schließt es. Wenn man spirituell schon weiter entwickelt ist, wird oft Gold zur Öffnung dieses Chakras verwendet.

Wenn das vierte Chakra erweckt wird, offenbart sich die Qualität der göttlichen Liebe in einem Menschen. Alle Miasmen, alle Nährstoffe und alle Herz- und Kinderkrankheiten werden beeinflußt, wenn dieses Chakra geöffnet wird. Wird dieses Chakra in der richtigen Weise stimuliert, erlangt man Kontrolle über Immunsystem und Thymusdrüse, und zwar besonders in den ersten sieben Jahren des Lebens. Das geschieht manchmal bei Kindern. Es kann auch zur vollständigen Regeneration des Gewebes und zu Harmonie in allen Lebensbereichen kommen. Die richtige Balance in diesem Chakra hilft, alle anderen Chakren in Einklang zu bringen, denn das Herzchakra ist der große Gleichgewichtsspender. Unausgewogenheiten in diesem Chakra führen zu Blutkrankheiten, allen möglichen Herzbeschwerden, Leukämie und zu Störungen von Thymusdrüse und Immunsystem. Man ist unfähig, seine Gefühle im Gleichgewicht zu halten, und es ergeben sich alle möglichen emotionalen Extreme. Als Reaktion auf Unausgewogenheiten besonders im familiären Bereich und in Beziehungen können Zustände höchster Erregung vorkommen.

Hier sollte man die Äußerungen derer untersuchen, die von der Liebe als wesentlichem Element des Lebens von Mann und Frau sprechen. Man beschäftige sich mit der Psychologie des Mannes, um die männlichen oder Yang-Anteile der Natur des Selbst besser zu verstehen. Man lese romantische Lyrik, besonders Autoren, die von der Ebene des Herzchakras aus sprechen. Dazu gehören Kahlil Gibran, Browning, Shakespeare – besonders in seinen Sonetten – und viele andere. Außerdem sollte man sich mit Tantra befassen, bei dem es um die Sensibilität in der Beziehung von Paaren geht. Auch empfiehlt es sich zu lernen, wie man am besten mit Beziehungen umgeht, wenn sich dieses Chakra öffnet. Lest Bücher, die sich mit der wechselseitigen Beziehung verheirateter Paare befassen[19]. Die astralen, emotionalen und spirituellen Körper sind mit diesem Chakra verbunden. Smaragd, Grün und Gold öffnen dieses Chakra, während Orange es verschließt.

Wenn das fünfte Chakra in der richtigen Weise erweckt wird, gehen Krankheiten des Immun- und Nervensystems, der Kehle und der oberen Bronchien zurück. Der Gesundheitszustand des gesamten endokrinen Systems verbessert sich. Psychosomatische Krankheiten, Kehlkopfkrebs und Krankheiten, die aus der Unterdrückung des Selbst entstehen, können durch die Aktivierung dieses Chakras behandelt werden. Man entwickelt eine intensive Fähigkeit, sich selbst auszudrücken. Das Interesse für spirituelle Fragen wächst, und man regt solches Interesse auch in anderen an. Menschen mit verschlossenem fünften Chakra sind eher introvertiert, mürrisch und unfähig, sich emotional zu artikulieren oder auszudrücken.

Zum besseren Verständnis dieses Chakras sollte man diverse spirituelle Werke studieren, die sich mit der Ausdrucksfähigkeit befassen. Arbeitet an euch, um persönlichen Ausdruck und diplomatisches Verhalten zu entwikkeln. Hierbei kann man viel von den Schulen der traditionellen Psychologie lernen, die die Wichtigkeit des offenen Aussprechens der Gefühle, der klaren und wahren Sinnesäußerung für die geistige Gesundheit betont haben. Auch die theoretische und praktische Beschäftigung mit Mantras ist zu empfehlen. Die Farben Blau und Türkis öffnen dieses Chakra, während rot, orange und gelb es schließen. Dieses Chakra steht in Beziehung zu den Belangen des integrierten spirituellen Körpers.

Die fünf unteren Chakren fügen sich in die normale psychospirituelle Dynamik des Menschen im weltlich-irdischen Bereich ein. Im Bereich von Philosophie, persönlichen Gottesvorstellungen oder persönlich gewählten Aktivitäten mit den höheren Kräften beeinflussen sie den freien Willen des Individuums nicht.“

Frage: Gelten diese Daten, da sich doch die Begriffe für die Hauptchakren im Osten und Westen leicht unterschieden, gleichermaßen für Menschen hier und dort?

„Es gibt einige Unterschiede. Die Informationen, die wir gegeben haben, beziehen sich auf das bei den meisten westlichen Menschen vorliegende Chakrensystem. Die meisten Leser dieses Textes stammen aus dem Westen, und auch viele Menschen im Osten nähern sich zur Zeit in Einstellung und Bewußtsein dem Westen an. Ernährungsumstellungen wie zum Beispiel der erhöhte Zuckerverbrauch sind nur ein Zeichen von vielen für diese Verschiebung im Osten.

Das sechste Chakra stimuliert die Hypophyse, das Immunsystem, kreative Visualisationen und Visionen. Es entwickeln sich tiefere Einsicht, Verständnis, Inspiration und Intuition. Unausgewogenheit im sechsten Chakra führt zum Rückzug von der Realität begleitet von Mustern extremer visueller Intensität, die man mit autistischem Verhalten vergleichen könnte. Der gefühlsmäßige Streß kann zum Rückzug in Fantasiewelten führen. Oft kann es hier große häusliche Schwierigkeiten geben, wobei ein Partner über den anderen dominiert.

Dieses Chakra steht in Beziehung zur Philosophie, dem Wesen Gottes und der Frage, wie sich Gott auf der physischen Ebene offenbart. Man sollte das studieren, was die Religionen darüber sagen, wie sich Gott in den Naturphilosophien, durch die Propheten und durch die großen Harmoniegesetze des Kosmos offenbart. Außerdem erforsche man Texte, die sich mit der Deutung von Symbolen und Visionen befassen. Man sollte sich diesem Komplex von zwei Seiten nähern, einmal von der religiös- spirituellen her, zum anderen auch von der psychologisch- soziologischen. Ein Beispiel für diese Parallelität sind die, die die Bibel und Gott als persönliche Offenbarung erforschen, gegenüber den anderen, die das Kollektivbewußtsein durch das Studium der Jungschen Werke begreifen wollen. Sie gehen zwar von verschiedenen Voraussetzungen aus, doch in beiden spiegeln sich dieselben Prinzipien, indem sie die persönliche Natur Gottes offenbaren. Dieses Chakra steht mit dem spirituellen und dem Seelenkörper in Verbindung. Indigoblau öffnet und Scharlachrot schließt das sechste Chakra.

Wenn das siebte Chakra in der richtigen Weise angeregt wird, kommt es zu einem Gefühl der Erfüllung oder Vollendung und zur Ausrichtung auf die höheren Kräfte. Dieses Chakra macht den Intellekt spirituell und steht in Verbindung mit der wahrnehmbaren Wirklichkeit Gottes. Dieses Chakra bezieht sich auf die Art und Weise, wie ihr euch mit den höheren Kräften in Einklang bringt, während das sechste für eure persönliche Fähigkeit steht, durch eure Persönlichkeitsstruktur mit Gott eins zu werden. Mit dem siebten Chakra stehen keine negativen Gefühle in Verbindung."

Frage: Warum gibt es in Bezug auf dieses Chakra nur positive Gefühle?

„Gefühle reichen nur bis zur Ebene der Sinneswahrnehmung. Im Reich Gottes, wo die höheren Kräfte vollständig zur Wirkung kommen, können negative Gefühle nicht tätig werden und somit hier nicht in das Leben der Menschen eindringen. Wenn ein Mensch noch nach dem Verständnis Gottes sucht, können sich solche Gefühle schon einmischen, doch wenn das Tor zum Himmel im siebten Chakra offen steht, ist diesen negativen Gefühlen die Wurzel entzogen. Spirituelle Erfüllung löst negative Gefühle auf.

Um die Belange dieses Chakras zu verstehen, empfehle ich das Studium der großen Religionen in ihrer reinen Essenz, wie sie sich in den metaphysischen Texten von Bailey, Cayce, Krishnamurti, Steiner, Swedenborg und Andrew Jackson Davis und auch in anderen für das Gehirn attraktiven Aktivitäten findet. Denn hier geht es um das Studium der höheren Kräfte und um Versuche, ihre Voraussetzungen und ihr Verhältnis zur irdischen Ebene zu strukturieren und zu verstehen. Zum Verständnis dieses Chakras empfiehlt es sich auch, mit Mantras, Mandalas und verschiedenen anderen spirituellen Praktiken zu meditieren und zu arbeiten. Auch beim Öffnen der anderen Chakren spielen verschiedene spirituelle Praktiken eine wesentliche Rolle."

Frage: Sollte man bei der Diskussion des Kronenchakras den Begriff „zerebral" benutzen?

„Ja, wegen seiner Anziehungskraft auf Menschen, die keine vollständig religiöse Erklärung akzeptieren wollen. Hier geht es um Kräfte, mit denen der Intellekt spirituell gemacht werden kann. Wir machen hier den Versuch, eine breite Perspektive zu schaffen - sowohl für Menschen mit spirituellen Neigungen als auch für solche, die die Dinge von der intellektuellen Seite sehen. Wer Augen hat, der sehe. Wer Ohren hat, der höre."

Frage: Welche Farbe verschließt das Kronenchakra?

„Man kann das mit einer Farbe erreichen, die dem Schwarz sehr nahekommt. Da jedoch Schwarz in reiner Form nicht existiert, braucht man dafür ein ausnehmend dunkles Blau. Jedoch empfiehlt sich kaum einmal ein vollständiges Schließen des Kronenchakras. Wenn Menschen im Hinblick auf spirituelle Fragen aus dem Gleichgewicht kommen, ist im allgemeinen das sechste Chakra im Spiel und muß eventuell eine Zeitlang geschlossen werden.

Das wahre Schwarz, so wie es im Weltraum herrscht oder im Geist vorgestellt werden kann, ist hervorragend zum Absorbieren von Negativität geeignet. Wenn man sich auf diese Energie einschwingt, wird das Chakra eigentlich nicht geschlossen, sondern eher die Energie des Chakras reduziert, indem alle Negativität, die mit einem aus der Balance geratenen Chakra verbunden ist, abgesaugt wird. Wenn man über Schwarz meditiert, läßt sich durch die Absorptionsfähigkeit dieser Farbe Spannung aus jedem Teil des Körpers entfernen. Aus der Perspektive einer dreidimensionalen Existenz scheint Schwarz das Gegenteil von Weiß zu sein, weil Weiß alle Farben enthält, während Schwarz diese starke Fähigkeit zur Absorption hat. Aus der Perspektive höherer Ebenen jedoch steht Schwarz für ein tieferes Absorbieren, das hinunterzieht zu niedrigeren Schwingungen, während Weiß für die Beschleunigung zu höheren Schwingungen steht.

Das siebte Chakra steht in Verbindung zum Seelenkörper und wird durch Weiß, Violett, Magenta und Gold geöffnet. Die Farbe Weiß öffnet alle Chakren. Über die Krankheiten, die mit dem sechsten und siebten Chakra in Beziehung stehen, werden keine weiteren Informationen gegeben, weil darunter auch Daten über neue Krankheitszustände wären, die gerade erst beginnen, sich auf dem Planeten zu manifestieren."

Frage: Ist Aids eine dieser Krankheiten?

„Ja."

Frage: Viele Menschen machen sich heute sehr große Sorgen wegen Aids. Kannst du ein paar umrißartige Angaben machen?

„Ja, mehr aber nicht. Aids hat auch früher existiert, es ist heute nur weit mehr in den Vordergrund getreten. Die direkte Ursache für Aids ist heute der Mißbrauch des ersten Chakras. Ein exzessiver Lebensstil, zu hohe sexuelle Aktivität oder Drogenmißbrauch schwächen dieses Chakra und entziehen dem Körper die Lebenskraft. Infolge dieses Problems werden auch das sechste und siebte Chakra mit der Zeit geschwächt. Die ständige Konfrontation mit entwerteter Nahrung, radioaktiver Strahlung, vom Arzt verschriebenen Chemikalien und Umweltverschmutzung schwächt schrittweise das Basischakra und das Immunsystem."

Frage: Auf welche Weise wird das Immunsystem hier in Mitleidenschaft gezogen?

„Das erste und das sechste Chakra sind die obersten Kontrollinstanzen des Stoffwechsels des physischen Körpers. Bedenke, daß die westliche Medizin das in Bezug auf die Hypophyse bereits weiß, die ja zum sechsten Chakra gehört."

Frage: Spielt das Sexualchakra bei Aids eine wesentliche Rolle?

„Das zweite Chakra ist ein Übertragungspunkt, besonders in Richtung auf das erste Chakra. Die Entleerung der Lebenskraft und sexuelle Exzesse haben mehr mit diesem Übertragungsmechanismus zum ersten Chakra zu tun, sie sind im Zusammenhang mit dieser Krankheit nicht direkter Stimulus des Sexualchakras. Zwischen dem ersten und dem zweiten Chakra besteht eine Polarität. Wenn das erste Chakra aus dem Gleichgewicht kommt, entwickeln sich Störungen der Nebennieren. Durch diesen Streß wird das Immunsystem geschwächt."

Frage: Welche Miasmen muß ein Mensch haben, damit er Aids bekommt?

„Das Syphilis- und das Psoramiasma spielen eine Rolle.

Das Problem wird dadurch verstärkt, daß ihr in einer Zeit lebt, in der viele Menschen sich eigentlich zu größerer spiritueller Bewußtheit hinbewegen, und ihre sechsten und siebten Chakren sich gleichzeitig öffnen sollten. Stattdessen nähern sich viele eher philosophischen Weltanschauungen, sie fragen viele Fragen und befinden sich oft in einem Zustand des Zweifels. Ein Zustand des Zweifels über spirituelle Fragen schafft Streß in Körper und Psyche. Auch das schwächt die Hypophyse. Spirituell erwachte Menschen mit aktivierten Augenbrauen- und Kronenchakren sind weniger anfällig für Aids.

In den späteren Stadien von Aids neigen das Augenbrauen- und das Kronenchakra zu völliger Entleerung. Bei Menschen, die Aids bekommen, sind gewöhnlich diese Chakren von vornherein schwach. Bei manchen Menschen allerdings wird Aids als Vehikel zu tiefer spiritueller Transformation dienen. Solch ein Wandel der Einstellungen und des Bewußtseins ist einer der Schlüssel zur Heilung der Krankheit. Aids könnte innerhalb von drei Jahren unter Kontrolle gebracht werden, sonst wird es sich wahrscheinlich vermehrt weiter unter der allgemeinen Bevölkerung verbreiten. Das hängt in vieler Beziehung von der Einstellung und dem Bewußtsein des Individuums ab."

Wenn jemand ständig und direkt dem Aidsvirus ausgesetzt ist, wird die Krankheit womöglich über kurz oder lang bei ihm ausbrechen, wenn aber das sechste und siebte Chakra geöffnet sind und man ein Leben in wirklicher spiritueller Balance führt, wird man weit weniger leicht an Aids erkranken. Dies ist einer der Gründe dafür, daß die medizinische Forschung gefunden hat, daß mehr als eine Million Amerikaner dem Aidsvirus ausgesetzt waren, aber nur eine kleine Anzahl tatsächlich die Krankheit bekommt. In den letzten Monaten habe ich mehrere Fernsehinterviews und Zeitschriftenartikel über Menschen gesehen, die mit Aids im Krankenhaus lagen[20]. Man hatte ihnen nur noch einige Monate zu leben gegeben, doch viele Monate, sogar über ein Jahr später, hatten sie sich vollständig erholt, und es gab kein Anzeichen für das Vorhandensein des Aidsvirus mehr im Körper. Es ist offensichtlich, daß diese Menschen eine tiefe spirituelle Transformation durchgemacht haben. Leider behaupten die Medienleute ständig, Aids sei immer tödlich. Das verstärkt die mächtigen negativen Gedankenformen, die mit dieser Krankheit verbunden sind, noch weiter. Hier ist einer der Gründe für die an einigen Schulen herrschende Panik über den Schulbesuch aidsinfizierter Kinder zu suchen. Hilarion hat gesagt, Aids könnte mit einem Gasgemisch aus 80 Prozent Argon und 20 Prozent Krypton behandelt werden. Wer Interesse an Edelgastherapien hat, kann hierzu seinen Text lesen[21].

John spricht hier auch über das wichtige Thema Karma und Krankheit [22]. Steiner hat bemerkt, psychologischer Streß und Neurosen seien bis zum achtzehnten Jahrhundert praktisch unbekannt gewesen. Erst dann hätten sie sich direkt aus der materialistischen Lebensauffassung entwickelt, die infolge der Industriellen Revolution immer stärker wurde. Wie Steiner sagt, werden wir schließlich ganze Epidemien von Verrücktheit und schwerer Geisteskrankheit haben, wenn die gegenwärtige materialistische Einstellung nicht rückgängig gemacht wird[23]. Viele würden mir darin zustimmen, daß wir einem solchen Zustand leider bereits sehr nahe sind. Die höheren Selbstmordraten besonders unter jungen Menschen heute, sind direkt auf die materialistische Lebensauffassung zurückzuführen.

Die meisten medizinischen Forscher, die sich mit Aids befassen, und die Menschen, die sich infizieren, werden die Krankheit wahrscheinlich nicht vom Standpunkt des Bewußtseins betrachten. Das wird das Problem noch vergrößern. Eines Tages wird man verstehen, daß die diversen Viren und Bakterien, auf deren Isolation wir Jahre der Forschung und viel Geld verwenden, nur Ergebnis oder Ausdruck eines Problems sind, vor das uns unsere Seele stellt, damit wir eine bestimmte Lektion im Leben lernen. Fast alle Krankheiten sind eine Lehre von unserer Seele und unserem Höheren Selbst. Die Bakterien oder Viren dienen nur als ein Vehikel unter vielen, um diese Unausgewogenheiten zu offenbaren. Die karmischen oder Past- Life-Probleme, die wir uns schaffen, sind einer der wesentlichen Gründe dafür, daß wir Krankheiten über uns bringen. Past-Life-Therapie und die zum Beispiel bei einigen jungianischen Therapieformen eingesetzte Hypnose werden in wachsendem Maße verwendet, um diese Probleme ins Bewußtsein zu heben, damit sie auf die richtige Weise gelöst werden können[24].

Außerdem werden wir erst seit der Industriellen Revolution und besonders seit dem zweiten Weltkrieg mit ungeheuren Mengen von Schadstoffen in unserer Atmosphäre und Nahrung buchstäblich bombardiert. Der menschliche Körper kann diese Behandlung nicht Jahr für Jahr immer weiter aushalten. Die Entstehung bestimmter Krankheiten, die mit einem Kollaps des Immunsystems verbunden sind, war unvermeidlich. Aids ist nur eine von vielen Krankheiten, die mit diesem Problem zusammenhängen. Natürlich konfrontiert und bedroht diese Situation auch direkt einen Teil der Machtstrukturen in diesem Lande, deshalb lassen bestimmte Interessengruppen nur langsam und zögernd durchsickern, daß ein hoher Prozentsatz der Krebsfälle umweltbedingt ist. Dies ist nur die Spitze des Eisbergs. Diese Situation ist ein wesentlicher Grund dafür, daß man in den nächsten hundert Jahren Milliarden von Dollars aufwenden wird, um die Umwelt zu säubern und extrem scharfe Kontrollen zum Schutz von Umwelt und Nahrung einführen wird. Auch bei der Anwendung von Bestrahlung und Chemikalien in der Medizin werden radikale Änderungen eintreten.

Frage: Ist auch das Kawasaki-Syndrom, eine Krankheit, die man 1961 bei Kindern entdeckt hat, ein weiteres Beispiel für umweltbedingte Krankheiten? Es verursacht bei Kindern Ausschlag, Fieber und Herzbeschwerden.

„Das ist richtig. Außerdem hat sich die Alzheimer-Krankheit in diesem Zeitalter stark ausgebreitet. Die hiervon Befallenen sind alte Atlantianer, die ihre Macht und ihr Ego damals mißbraucht haben. Deshalb bricht bei dieser Krankheit das Ego zusammen. Eine weitere Unausgewogenheit, die es schon lange Zeit gegeben hat, ist Candida albicans. Unter den modernen Umweltbedingungen hat sie sich enorm verbreitet. Dasselbe gilt für Hautkrebs.

Außerdem gibt es fünf sehr wichtige Chakren über dem Kronenchakra. Damit Menschen wirklich höhere Bereiche betreten und erfahren können, muß das achte Chakra geöffnet werden. Das achte Chakra unterstützt die Koordination von Äther- und Emotionalkörper, das neunte vereint Emotional- und Mentalkörper, das zehnte koordiniert Mental- und Astralkörper, das elfte vereint den Astral- und Kausalkörper und das zwölfte Chakra über dem Kopf vereint den Kausal- und den integrierten spirituellen Körper. Unter anderem auf diese Weise sind die feinstofflichen Körper miteinander verbunden. Das zehnte, elfte und zwölfte Chakra sind Schnittpunkte für alle feinstofflichen Körper. Darin liegt zum Teil der Grund, daß diese Körper bei der Entwicklung von Channeling-Fähigkeiten recht wertvoll sind. Der Seelenkörper ist nicht mit diesen fünf oberen Chakren verbunden. Dieser feinstoffliche Körper ist mit einem anderen Chakra in der Aura verbunden, das nicht räumlich auf einen Punkt festgelegt ist. Es gibt noch viele andere Chakren in den feinstofflichen Körpern. Von den mehr als 360 Chakren im Körper befinden sich etwa die Hälfte in den feinstofflichen Körpern und in der Aura. Es besteht jeweils eine direkte Polarität zwischen einem Chakra im physischen Körper und einem in den feinstofflichen Körpern und der Aura."

Frage: Könntest du bitte Ratschläge geben, wie man diese höheren Chakren öffnet?

„Gold-, Silber- und Platinelixiere und die Essenzen von Lotus und Argyroxiphium sandwichense öffnen diese fünf oberen Chakren. Auch Katzenaugen- und Sternedelsteine haben eine Tendenz, diese Chakren zu öffnen. Auch Belladonna- und Christdornessenzen öffnen das achte Chakra, Akeleiessenz das achte und neunte. Myrrhenöl und Myrrhenblütenessenz öffnen das elfte Chakra, Rosenöl und Rosenblütenessenz das achte."

Frage: Kannst du allgemeine Ratschläge zum Öffnen und Schließen der Chakren geben?

„Visualisation, Meditation, Farbenatmung und Mandala-Arbeit sind empfehlenswert. Umhülle dich selbst vollständig mit verschiedenen Farben und visualisiere dann, wie jedes Chakra sich im Brennpunkt einer Farbe befindet. Wiederhole das jeden Morgen drei Minuten lang für jedes Chakra. Zur Aktivierung der Hauptchakren meditiere oder richte deine Aufmerksamkeit auf die traditionell dafür vorgesehenen Mandalas. Es gibt im Westen heute eine Reihe von Büchern, in denen verschiedene Mandalas den einzelnen Hauptchakren zugeordnet werden."

Frage: Würdest du erklären, wie die verschiedenen Farben die Tätigkeit der Chakren steigern?

„Farben erhöhen die Funktion der Chakren, indem sie ihre Tätigkeit konzentrieren. Farben senden ständig Licht einer bestimmten Wellenlänge aus und bombardieren damit die physische Form. Die Wellenlänge bleibt solange konstant, bis ein Resonanzpunkt getroffen wird. Diese Farben dringen schließlich bis zur biomolekularen Ebene des physischen Körpers vor. Dieses Muster vermischt sich mit der Energie des biomolekularen Musters und stabilisiert es. Danach haben diese Energien eine größere Klarheit in ihrem Muster, wenn es um die Heilung durch Chakren geht. Sie sind zum Beispiel vergleichbar mit Tönen einer bestimmten Frequenz. Wenn Töne auf Metalle oder Kristalle treffen, können sie sich derart genau auf einen bestimmten Punkt in Raum und Zeit einstellen, daß diese entweder zerspringen oder sich nach gleichen Polaritäten ausrichten und in derselben Frequenz mitschwingen.

Farbvisualisation kann auch benutzt werden, um die fünf Chakren über dem Kronenchakra zu öffnen. Mit weißem Licht gesprenkeltes Indigo öffnet das achte Chakra. Bestimmte Schattierungen von Türkis und Blau öffnen das neunte Chakra. Manchmal ist in diesen Fällen eine Unterstützung durch weißes Licht vorteilhaft. Zum Öffnen des zehnten Chakras verwendet man grünes Licht. Das elfte Chakra wird mit einer Mischung aus Gold und weißem Licht aktiviert. Und ein helles Purpurrot öffnet das zwölfte Chakra. Diese Farben sind universell bei den meisten Menschen anwendbar; wenn man jedoch sehr stark spürt, daß auch andere Farben zur Öffnung dieser Chakren verwendet werden sollten, können sie durchaus wichtig sein. Bei Visualisationen an den sieben Hauptchakren verwendet man die oben angegebenen Farben.

Wenn ein bestimmtes Chakra geschlossen ist, wie das für diese oberen Chakren bei den meisten Menschen der Fall ist, kann man es durch Visualisierungsübungen anregen. Oder man kann ein Mineral ähnlicher Farbe verwenden – als Edelsteinelixier, am Körper getragen oder im Haus aufbewahrt. Wenn man zum Beispiel das Öffnen des zehnten Chakras erreichen will, kann grüner Turmalin helfen."

Frage: Welche Farben gehören gewöhnlich zu den fünf Chakren über dem Kopf?

„Für die meisten Menschen aus dem Westen ist das achte Chakra purpurn. Das unterstützt die Transformation der purpurnen und violetten Strahlen und der violetten Energie im Kronenchakra. Das neunte Chakra ist normalerweise rosa. Diese Farbe steht in Beziehung zu der orangenen Farbe des zweiten Chakras. Manchmal transformiert Liebe die Energie des zweiten Chakras. Das zehnte Chakra ist gewöhnlich silbern. Silber ist ein Hinweis auf Absorptionsfähigkeiten und die vielen anderen guten Eigenschaften dieses Edelsteinelixiers. Das elfte Chakra ist gewöhnlich golden, was in Beziehung steht zum beinahe erleuchteten Zustand und dem Weg der universellen Liebe für alle. Das zwölfte Chakra steht in Bezug zur Farbe Weiß, welche alle Farben umfaßt. Weiß ist eine Allzweckschwingung. In allen Chakren ist immer etwas Weiß vorhanden."

Frage: Was sind die spezifischen Farben für die sieben Hauptchakren?

„Es sind nicht immer dieselben, aber in vielen Fällen sind es folgende: das Kronenchakra ist purpurn, das Augenbrauenchakra gelb, der Schilddrüsenbereich orange, das Gebiet der Thymusdrüse scharlachrot, das Herzchakra grün, der Unterleibsbereich weiß oder silbern, die Milz violett-blau oder türkis, das zweite Chakra orange und das Basischakra rot.

Wenn man danach strebt, nur durch die Chakren zu heilen, kann man Unausgewogenheiten hervorrufen, weil die Chakren unabhängig vom physischen Körper ihre eigene Funktion haben. Wenn man sich zum Beispiel nur auf die mentalen Qualitäten eines Chakras einschwingt, ohne sich gleichzeitig auf seine emotionale Seite zu konzentrieren, können im Emotionalkörper und in der Persönlichkeitsstruktur Unausgewogenheiten zurückbleiben oder sich entwickeln. Oder wenn man nur den Einfluß der Chakren auf den physischen Körper bedenkt, können sich in den feinstofflichen Körpern Unausgewogenheiten einstellen.

Chakren sind Energieräder oder Bewußtseinsfelder, nicht einfach nur isolierte innere Organe. Eure Chakren sind nichts anderes als eine Botschaft eurer Seele. Sie sind der Dialog, durch den sich die Seele ausdrückt. Sie bilden die Inspiration, die euch in den Worten des Vaters und in der Liebe, die er euch allen gibt, fortschreiten läßt. Die Chakren sind wie eine Bibliothek oder eine Schriftrolle, die für jeden von euch je nach eurem Entwicklungsstand eine besondere Enthüllung bereithält, wobei keine dieser Enthüllungen großartiger oder geringer als die andere ist. Die ersten werden die letzten sein, und die letzten werden die ersten sein – bei allem, was ihr tut. Der Christus, der mit jedem einzelnen von euch weilt, ist die Erleuchtung jedes Chakras. Doch die Chakren sind nicht das Licht, denn es gibt nur ein Licht auf der Welt, und das ist Gottes Liebe zu jedem von euch. Wenn die Chakren in Harmonie arbeiten, erzeugen sie Liebe, welche Gott ist, der in jedem einzelnen von euch wohnt."

In *The Book of Knowledge: The Keys of Enoch* steht, das achte Chakra aktiviere die schöpferische Kraft, die nötig ist, um Schöpfung von einer Ebene zur anderen zu bringen[25]. Ann Ree Colton hat in *Watch Your Dreams* geschrieben, es gebe zwölf Chakren in unserem ätherischen Körper[26]. Auch im *Layayoga*, einem faszinierenden yogischen Text, finden sich ein paar interessante Informationen über die höheren Chakren[27].

Die Nadis sind Blütenblätter im Inneren der Chakren, die die Lebenskraft und Energie jedes Chakras in den physischen und die feinstofflichen Körper verteilen. Es gibt ungefähr 72.000 Nadis oder ätherische Energiekanäle in der feinstofflichen Anatomie; sie sind mit dem Nervensystem verwoben. Die Nadis sind wie ein ätherisches Nervensystem[28]. Es gibt nicht sehr viele Edelsteinelixiere, die auf die Nadis wirken, doch diese sind so wichtig, daß es mir am besten erschien, dieses Thema bei der Behandlung der einzelnen Elixiere mit aufzunehmen. In manchen Fällen ist bei den Edelsteinelixieren angegeben, daß sie den Nadis helfen, aber nicht den Chakren. In diesen Fällen profitiert auch das Chakra von diesen Elixieren.

Frage: Welche Beziehung besteht zwischen Chakren, Meridianen und Nadis?

„Die Chakren sind die zentralen Brennpunkte der ätherischen Energien. Die Nadis sind die Flammen, die um das Feuer eines bestimmten Musters züngeln, und sie treten überall im physischen Körper je nach ihrer spezifischen Bewußtheit auf. Die Nadis sind wie die Flamme, die aus dem Brennstoff emporsteigt. Jedes Nadi oder jedes Blütenblatt, wie du sie nennst, ist eine einzigartige Flamme mit einer spezifischen Funktion. Der Brennstoff selbst ist wie das brennende Holzscheit, welches Ausdruck ist für das mit dem jeweiligen Chakrapunkt verbundene physische Organ. Das Chakra besteht aus der in der Molekularstruktur des Organs gespeicherten Energie und aus den Schwingungen, die diese Molekularstruktur abgibt. Diese werden dann zu der ätherischen Ebene, die das Chakra selbst ist. Die Meridiane sind Teil des ätherischen Nervensystems oder der Kraftlinien, die selbständig die einzigartige besondere Natur der Nadis erzeugen."

Im Bereich der feinstofflichen Körper gibt es den Ätherkörper, den Emotionalkörper, den Mentalkörper, den Astralkörper, den Kausalkörper, den Seelenkörper und den integrierten spirituellen Körper. Der integrierte spirituelle Körper repräsentiert eine Kombination der spirituellen Qualitäten der anderen feinstofflichen Körper und des physischen Körpers. Diese feinstofflichen Körper umhüllen den physischen Körper gewöhnlich in der oben angegebenen Reihenfolge. Außerdem gibt es noch die Aura, das ätherische Fluidum und den Thermalkörper, die alle mit den feinstofflichen Körpern in Verbindung stehen.

„Im Zustand wahrer Gesundheit stehen die feinstofflichen Körper in vollkommenem Gleichklang miteinander. Jeder feinstoffliche Körper ist von einer dünnen Wand umgeben und sollte in einem bestimmten Gebiet um den physischen Körper herum vorhanden sein. Edelsteinelixiere reparieren oft Unausgewogenheiten unter diesen Körpern. Einige Edelsteinelixiere bringen zeitweilig alle feinstofflichen Körper in Gleichklang. Wenn das geschieht, werden Giftstoffe aus dem physischen und den feinstofflichen Körpern freigesetzt, so daß Schwingungsheilmittel besser wirken und positive Persönlichkeitsveränderungen sich einstellen. Nur wenige Substanzen beeinflussen die Reinheit der feinstofflichen Körper über den kausalen Körper hinaus. Das radioaktive Isotop Gold 198 kann die Seele und die spirituellen Körper beschädigen.

Die feinstofflichen Körper sind dimensionale Zustände, die in den Fluß der Zeit hineinragen und tatsächlich mit den sieben Ebenen des Bewußtseins verbunden sind, aus denen euer gesamtes Wesen besteht. Die feinstofflichen Körper sind der Zeitfluß, durch den die höheren Kräfte tatsächlich die physischen Aktivitäten auf dieser Ebene lenken."

Frage: Würdest du die Beziehung der Brownschen Bewegung (die Vibrationsbewegung mikroskopischer Teilchen in Flüssigkeiten – Anm. d. Übs.) auf die feinstofflichen Körper erläutern?

„Die Brownsche Bewegung ist nichts weiter als die einfache innere Energie auf der Molekularstruktur, die auf der physischen Ebene als Pulsieren beobachtet werden kann. Zu den feinstofflichen Körpern besteht wenig Verbindung, abgesehen davon, daß die Brownsche Bewegung mit ihrer eigenen Schwingung auf der Molekularebene ein Nebenprodukt der ätherischen Energien auf ihrem Weg von den höheren Ebenen durch die Molekularstruktur ist. Hierbei werden subatomare Energien angeregt. Teilweise sind die schwachen elektrischen Impulse der feinstofflichen Körper in ihrer konzentrierteren Form tatsächlich meßbar. Man würde sie als Brownsche Bewegung messen, die die den physischen Körper unmittelbar umgebende Atmosphäre leicht aufreißt.

Psychische Probleme und Krankheiten entstehen, wenn die feinstofflichen Körper nicht im Gleichklang stehen, zu weit voneinander entfernt oder zu nah beieinander sind oder wenn die Eigenschaften eines feinstofflichen Körpers in den nächsten überlappen. Wenn zum Beispiel Mental- und Emotionalkörper nicht richtig mit dem Ätherkörper im Einklang sind, entstehen

Ängste. Wenn der Mentalkörper in den Emotionalkörper überlappt, entsteht geistige Trägheit, und das Selbstvertrauen geht verloren. Oder wenn Mental- und Emotionalkörper zu nahe beieinander liegen, ergeben sich Frustrationen, bisher unbekannte Ängste und die Unfähigkeit, zwischen mentalen und emotionalen Problemen zu unterscheiden. Überdies werden alle feinstofflichen Körper von astrologischen Konfigurationen beeinflußt. Manchmal führen auch solche Faktoren zur mangelhaften Ausrichtung der feinstofflichen Körper.

Abgesehen vom Ätherkörper treten alle feinstofflichen Körper hauptsächlich durch einen Bereich in den physischen Körper ein. Der Ätherkörper ist mit dem physischen zu eng verflochten, so daß es keinen einzelnen Brennpunkt gibt. Der Emotionalkörper ist gewöhnlich über den Magen mit dem physischen Körper verbunden, der Astralkörper durch die Nieren, der Mentalkörper durch die linke Gehirnhälfte, der Kausalkörper durch die Medulla oblongata, der Seelenkörper durch die Epiphyse und der spirituelle Körper durch die Hypophyse. Die rechte Gehirnhälfte stellt bei all diesen Verbindungen das Gleichgewicht her.

Dieses Thema kann zum Teil deswegen verwirrend wirken, weil esoterische Gruppen in verschiedenen Kulturen unterschiedliche Bezeichnungen für dieselben feinstofflichen Körper verwenden. Zum Beispiel ist der östliche atmische Körper fast dasselbe wie der westliche Astralkörper. Allerdings findet sich beim atmischen Körper eine weitergehende Verschmelzung mit höheren Prinzipien und eine stärkere Spiritualisierung des Selbst, während der Astralkörper mehr auf die Persönlichkeit und auf Selbstgewinn ausgerichtet ist. Die Monade ist mit dem integrierten spirituellen Körper verwandt, und der Seelenkörper steht im Einklang mit dem Buddhakörper.

Die Position und sogar die Existenz mancher feinstofflicher Körper ist von Kultur zu Kultur und von Mensch zu Mensch verschieden, je nach dem bereits erreichten spirituellen Fortschritt[29]. In dieser Beziehung ähneln sich die Chakren und die feinstofflichen Körper sehr. Bei einigen spirituellen Meistern gibt es keinen Astralkörper, stattdessen übernimmt der Kausalkörper dessen Funktionen. Bei einigen sehr funktionalen Menschen ist der Mentalkörper sehr hoch entwickelt und übertrifft dabei einige Aktivitäten des Astralkörpers.

In einigen Systemen sind die Belange des Emotionalkörpers mit dem Astralkörper gleichzusetzen, viele Menschen haben aber einen deutlich vom Astralkörper getrennten Emotionalkörper. Viele Menschen im Osten haben keinen getrennten Emotionalkörper, weil sie nach dem Verständnis der eher persönlichen Aspekte Gottes streben, während im Westen die Menschen besonders in spirituellen Fragen oft stärkere emotional belastete Vorurteile haben.

Der Astralkörper stabilisiert die Persönlichkeit und schützt sie vor Problemen aus vergangenen Leben. Die Menschen im Westen brauchen einen eigenständigen Emotionalkörper, weil viele von ihnen erst heute wieder mit Reinkarnationsvorstellungen vertraut werden. Deshalb stellen für Menschen im Westen Erfahrungen mit Problemen aus vergangenen Leben, wie sie zum Beispiel in Träumen vorkommen, oft eine weit stärkere emotionale Belastung dar als für Menschen aus dem Osten. Bei Menschen aus dem Westen liegt der Schwerpunkt mehr auf der Stabilisierung der Past-Life-Probleme, deshalb brauchen sie einen eigenen Emotionalkörper. Im Osten sind die Menschen mit dem Konzept der Reinkarnation besser vertraut, deshalb sind Informationen aus vergangenen Leben für sie nicht so gefühlsbeladen, und sie brauchen keinen eigenständigen Körper zur Bewältigung solcher Probleme. Für Menschen aus dem Osten ist es leichter, Probleme aus vergangenen Leben in ihr heutiges Dasein zu assimilieren, so daß all dieses Material im Astralkörper koordiniert werden kann.

Das ätherische Fluidum ist Teil des Ätherkörpers, der jede Zelle im physischen Körper umgibt. Dies ist das Vehikel, durch das jede Zelle mit Lebenskraft versorgt wird. Solch ein Vehikel wird für die Energieübertragung zwischen dem physischen Körper und den ätherischen Dimensionen gebraucht. Diese höheren Energien werden dann organisch gebunden und im physischen Körper assimiliert. Wenn das ätherische Fluidum normal funktioniert, werden Nährstoffe besser assimiliert, und Miasmen, Erbkrankheiten und Viren- und Bakterienangriffe leichter zurückgewiesen. Man könnte das ätherische Fluidum auch das Bindegewebe der feinstofflichen Anatomie nennen. Das ätherische Fluidum ist die personalisierte Ebene der Äther oder des Raum-Zeit-Kontinuums.

Bei gesunden Menschen ist das ätherische Fluidum im ganzen Körper gleichmäßig verbreitet, nur in den roten Blutkörperchen ist sein Anteil etwas höher. Es verbessert die Elastizität der Blutgefäße und die Durchblutung der Kapillargefäße. Wesentliche Speicherorte für dieses Fluidum sind Dickdarm, Lymphsystem, Muskeln, Haut, Magen und Thermalkörper. Auch Menschen ohne hellseherische Fähigkeiten können unter dem Mikroskop seine Tätigkeit wahrnehmen. Gelegentlich wird es als Orgonenergie beobachtet. Es ist Orgonenergie in einem relativ stabilen Zustand, die gerade auf den physischen Körper übertragen wird. Orgon funktioniert knapp unter Lichtgeschwindigkeit und ist teilweise für die Tätigkeiten der feinstofflichen Körper verantwortlich. Man kann das ätherische Fluidum an den Außenwänden des Zellgewebes beobachten.

Der Ätherkörper ist die Schnittstelle zwischen dem physischen und den feinstofflichen Körpern. Er erhält das richtige Gleichgewicht zwischen diesen beiden Bereichen. Wenn der Ätherkörper geschwächt ist, besteht die

Gefahr, daß Krankheiten und karmische Probleme, die sich in der Aura und den feinstofflichen Körpern aufhalten, in den physischen Körper eindringen. Eine Stärkung des Ätherkörpers macht die Wirkung von Edelsteinelixieren, Blütenessenzen oder homöopathischen Heilmitteln entweder physischer oder ätherischer, je nach den Grundeigenschaften des jeweiligen Präparats. Der Ätherkörper besteht aus den Aktivitäten des ätherischen Fluidums, der odischen Kraft, der Orgonenergie, des physischen Körpers und der anderen feinstofflichen Körper.

Der Thermalkörper ist eine den physischen Körper umgebende Kraft, die aus den äußeren Bereichen des Ätherkörpers und der Hitze des physischen Körpers besteht. Diese Hitze, die aus der normalen Zellteilung und der elektromagnetischen Energie des Körpers stammt, wird durch den Stoffwechsel und die Schilddrüse reguliert. Während der Ätherkörper nur aus ätherischen Eigenschaften besteht, ist der Thermalkörper ein Nebenprodukt der Tätigkeit des physischen Körpers.

Der Emotionalkörper schafft ein Gefühl emotionaler Stabilität und psychologischer Sicherheit. Er ermöglicht es dem Menschen, die Sensibilität zu entwickeln, die er braucht, um durch das Selbst Verbindung zu anderen aufzunehmen. Dieses Gleichgewicht entwickelt sich durch die Beziehung zur Mutter und wird in unterschiedlichem Maße durch die Figur des Vaters in Balance gehalten. Es ist mit dem Bedürfnis nach kollektiver Sicherheit und durch eine Integration mit dem Kausalkörper auch mit dem kollektiven Unbewußten der Massen integriert.

Der Mentalkörper befähigt Menschen zu klarem und rationalem Denken. Er sichtet und interpretiert Daten.

Der Astralkörper ist Höhe- und Sammelpunkt der Persönlichkeit. Er wirkt wie ein Schirm, der karmische Muster, Krankheiten und Informationen aus vergangenen Leben in das Bewußtsein des Menschen filtert. Einige diese Muster gehen von den genetischen Ebenen im physischen Körper aus. Der Ätherkörper führt diese Aufgaben im physischen Körper aus, indem er durch das ätherische Fluidum mit jeder Zellwand verbunden ist.

Der Kausalkörper verbindet die gesamte Persönlichkeit mit dem kollektiven Bewußtsein des Planeten. Er erzeugt im Menschen einen gewissen Grad von Sicherheit auf der Ebene des Selbst, indem er weiß, daß er die Unterstützung des kollektiven Bewußtseins hat. Er ist ein Tor zu höherem Bewußtsein und ein Schlüsselelement bei der Einstimmung auf astrologische Einflüsse. Hier werden Informationen aus vergangenen Leben koordiniert und dann vom Astralkörper freigesetzt. Beschädigungen dieses Körpers führen oft zu Paranoia und zu Gefühlen der Unsicherheit in großen Menschenmengen.

Der Seelenkörper ist die Essenz des Geistes, der Gott ist. Er steht in enger

Verbindung mit dem Höheren Selbst des Menschen und sendet ständig Informationen an das Höhere Selbst. Der spirituelle Körper, auch integrierter spiritueller Körper genannt, ist die Integration oder die Verschmelzung der spirituellen Aspekte aller feinstofflichen Körper und gleichzeitig die Essenz des physischen Körpers. Dabei handelt es sich nicht unbedingt um höhere mentale oder intellektuelle Eigenschaften. Deswegen besteht der integrierte spirituelle Körper aus allen integrierten spirituellen Prinzipien, mit denen ein Mensch gerade arbeitet. Der spirituelle Körper ist Brennpunkt und Kontaktinstanz mit dem Höheren Selbst und mit der Erinnerung der Seele. Durch diesen Körper werden andere Ebenen der Seele mit dem physischen und den feinstofflichen Körpern koordiniert. Zusammen mit dem Astralkörper verhindert dieser Körper, daß Informationen aus vergangenen Leben in die gegenwärtige Inkarnation hineinsickern. Wenn ein Edelsteinelixier oder eine Blütenessenz auf den spirituellen Körper wirkt, wird gleichzeitig der Stoffwechsel des physischen Körpers stimuliert.

Die Aura ist etwas anderes als die feinstofflichen Körper. Die Aura besteht aus aller Energie, die der physische Körper ausstrahlt. Dazu gehört der Wärmehaushalt des Körpers, primitive elektromagnetische Energie und, vereinfachend gesagt, mitogene Energie aus der Zellteilung. Das auratische Feld ist ein allgemeines Muster biomagnetischer Energie, das die physiologischen und metabolischen Prozesse des physischen Körpers umgibt und widerspiegelt. Es schafft eine ausgewogene Polarität im Körpersystem. Auch feinstoffliche Körper spiegeln zwar die Aktivitäten der physiologischen und metabolischen Prozesse des Körpers, doch sind sie spezifische Energiefelder, die auch magnetische, elektromagnetische und Orgonenergie umfassen. Die diversen feinstofflichen Körper sind spezifische Ringe aus verschiedenen Energiearten, die in einer bestimmten Entfernung vom physischen Körper bestehen. Sie koordinieren die Chakren und bringen Informationen aus vergangenen Leben mit dem physischen Körper in Einklang. Die feinstofflichen Körper koordinieren und regulieren die Tätigkeit der Seele auf der physischen Ebene.

Einige Informationen sind zurückgehalten oder absichtlich nur symbolisch in Verbindung mit bestimmten Edelsteinelixieren dargestellt worden, damit die Intuition des Lesers angeregt wird. Sonst wäre dies alles nur eine intellektuelle Übung. Der Intellekt muß immer flexibel sein, so daß der Verstand zu Geist werden kann. Ein Beispiel dafür sind die kurzen Kommentare über den karmischen Hintergrund und die Signatur bestimmter Elixiere.

Bei einigen Edelsteinelixieren werden nur wenig Daten gegeben, weil sie Verstärker sind, die am besten in Kombination mit anderen Edelsteinelixieren oder sonstigen Therapieformen wirken. Jamesonit ist ein Beispiel dafür. Natürlich gibt es bei der klinischen Verwendung von Edelsteinelixieren gewisse Unterschiede, auch wenn zwei oder mehr für bestimmte Symptome, zum Beispiel bei Angst oder Depressionen, empfohlen werden. Diese Differenzierungen bleiben zunächst der Wißbegierde der Forscher überlassen.

Manche Menschen sind vielleicht skeptisch, wenn sie glauben sollen, daß Edelsteinelixiere merkliche positive Veränderungen in Menschen auch bei physischen Krankheiten bewirken, doch gibt es in der medizinischen Literatur mittlerweile zahlreiche Fälle, in denen physische Krankheiten im fortgeschrittenen Stadium hauptsächlich durch Meditation und kreative Visualisation geheilt worden sind[30]. Erst heute beginnt die westliche Wissenschaft allmählich anzuerkennen, wie sehr der Geist Krankheiten verursachen und auch heilen kann."

Die hier vorliegenden Informationen über die feinstofflichen Körper und Chakren gehören zu den wichtigsten in diesem Buch, weil die feinstofflichen Körper und Chakren bei Gesundheit, Krankheit und spirituellem Wachstum eine so wesentliche Rolle spielen. Einer der wichtigen neuen Schritte der modernen Medizin wird das Begreifen der Rolle von feinstofflichen Körpern und Chakren bei Gesundheit und Krankheit sein[31]. Normalerweise schlagen sich Krankheiten in den feinstofflichen Körpern, besonders im Ätherkörper nieder, bevor sie den physischen Körper angreifen. Wenn die Unausgewogenheit in den feinstofflichen Körpern und in der Aura behandelt werden kann, bevor der physische Körper angegriffen ist, ist die Lösung des Problems wesentlich leichter[32]. Wenn Menschen älter werden, und ihre Vitalität nachläßt, können Unausgewogenheiten wie zum Beispiel Miasmen von den feinstofflichen Körpern und der Aura in den physischen Körper eindringen. Das geschieht gelegentlich, wenn Menschen über verschiedene Beschwerden klagen, Labortests aber keine Hinweise auf die Krankheit geben. In solchen Fällen dringt die Unausgewogenheit durch den Ätherkörper in den physischen Körper ein. Die feinstofflichen Körper sind von vielen Autoren besprochen worden, Steiner und Bailey aber liefern in ihren vielen Büchern genaue Details über die angemessene Rolle dieser Körper in unserem täglichen Leben.

Eine wachsende Anzahl sowjetischer Ärzte und Ärztinnen verwenden heute die Kirlianfotographie zur Frühentdeckung von Krankheiten. Dabei werden die feinstofflichen Energien um den physischen Körper herum untersucht[33]. Neuerdings wird Kirlianfotographie auch benutzt, um tiefer in den physischen Körper einzudringen. Es ist unvermeidlich, daß in den kommenden Jahren auch westliche Ärzte und Ärztinnen die wesentliche Rolle der Aura und der feinstofflichen Körper für Gesundheit und Krankheit begreifen werden.

Manche Menschen mögen die Stichhaltigkeit dieses gechannelten Materials in Frage stellen. Im Anhang finden sich deshalb eine Reihe von Fallgeschichten. Außerdem gibt es viele Traditionen und Volksbräuche, bei denen Edelsteine für Heilung und spirituelles Wachstum eingesetzt werden. In den nächsten Jahren können wir unser Wissen über die Anwendung der Edelsteinelixiere durch klinische Erprobung erweitern. Daß John sich geweigert hat, für das vorliegende Buch alles Material preiszugeben, ist bei metaphysischen Lehren ein typisches Muster. Wie Steiner und Blavatsky in der *Secret Doctrine* geschrieben haben: „Doch die großen Eingeweihten haben sich immer mit Vorsicht ausgedrückt und nur Hinweise gegeben; vor allem lassen sie eine Menge Arbeit dem Menschen.“[34]

1 Corinne Heline: *The Sacred Science of Numbers*, Marina del Rey, Kalifornien, Devorss and Co., 1980.
Rudolf Steiner: *Okkulte Zeichen und Symbole,* Dornach, Rudolf Steiner Verlag, 1987.
2 John Puffer: Toxic Minerals, *The Mineralogical Record, XI, January-February, 1980*, pp. 5-11.
3 Douglas Hoffman: *Star Gems*, Clayton, Wa., Aurora Lapidary Books, 1967.
4 Albert Chester: *A Dictionary of the Names of Minerals*, New York, John Wiley and Sons, 1896.
G. E. English: *Descriptive List of New Minerals 1892 – 1938*, New York, McGraw Hill Book Co., Inc., 1939.
John Fuller and Peter Embrey, Hrsg.: *A Manual of New Mineral Names 1892 – 1978*, New York, Oxford University Press, 1980.
Richard Scott Mitchell: *Mineral Names What Do They Mean?* New York, Van Nostrand Reinhold Co., 1979.
5 Wm. Beatty and Geoffrey Marks: *The Precious Metals of Medicine*, New York, Charles Scribner's Sons, 1975.
John M. Rogan: *Medicine in the Mining Industries*, London, Heinemann Medical Books, 1972.
J. M. Schneck: Gemstones As Talisman and Amulet: Medical and Psychological Attributes, *New York State Journal of Medicine, April 1977*, pp. 817-818.
T. W. Vaughan: The Study of the Earth Sciences – Its Purpose and Its Interrelations With Medicine, *U. S. Naval Medical Bulletin, XVIII, January 1923*, pp. 1-14.
6 Friedrich Bensch: Apokalypse: *Die Verwandlung der ... (?). Eine okkulte Mineralogie*, Stuttgart, Verlag Urachhaus, 1981.
7 Gerald Oster: Muscle Sounds, *Scientific American*, March 1984, pp. 108-114.
8 *Medicines For the New Age*, Virginia Beach, Va., Heritage Publications, 1977, pp. 27-28.
9 Max Heindel: *The Rosicrucian Cosmos-Conception*, Oceanside, Kalifornien, The Rosicrucian Fellowship, 1977, pp. 89-90.
C. W. Leadbeater: *The Power and Use of Thought*, Adyar, Madras, The Theosophical Publishing House, 1980.
10 George F. Kunz: *The Curious Lore of Precious Stones*, New York, Dover Publications, Inc., 1971, p. 72.
11 John Diamond: *Der Körper lügt nicht*, Freiburg i. Br., Verlag für angewandte Kinesiologie, 1983.
12 Ann Ree Colton: *Kundalini West*, Glendale, Kalifornien, ARC Publishing Co., 1978, pp. 38-39.

13 Alice Bailey: *Esoterisches Heilen,* (Eine Abhandlung über die Sieben Strahlen, Bd. IV), Bietigheim-Bissingen, Karl Rohm Verlag, 1988.
–, *Initiation, Menschliche und solare Einweihung,* Bietigheim-Bissingen, Karl Rohm Verlag, 1988.
–, *Eine Abhandlung über kosmisches Feuer,* Bietigheim-Bissingen, Karl Rohm Verlag, 1982.
–, *Eine Abhandlung über weiße Magie,* Bietigheim-Bissingen, Karl Rohm Verlag, 1987.
14 Lawrence Blair: *Rhythms of Vision,* New York, Warner Books, 1977, p. 185.
Sri Chinmoy: *The Mother-Power,* Jamika, New York, Agni Press, 1974, p. 7.
Swami Vyas Dev Ji: *Science of Soul,* Rishikesh, India, Yoga Niketon Trust, 1972, pp. 66-67.
Shyam Sundar Goswami: *Layayoga,* Boston, Routledge and Kegan Paul, 1980.
Hilarion: *Symbols,* Toronto, Marcus Books, 1982, p. 31.
Brough Joy: *Joy's Way,* Los Angeles, J. P. Tarcher, 1979, pp. 157-159, 165-172, 194-195, 264, 276.
Daryai Lal Kapur: *Call of the Great Masters,* Beas, India, Radha Soami Society, 1969, pp. 167-169.
Mona Rolfe: *The Sacred Vessel,* Sudbury, Suffolk, England, Neville Spearman, Ltd., 1978, pp. 91, 97-98.
Hazur Majaraj Sawan Singh: *Discourses on Sant Mat,* Beas, India, Radha Soami Society, 1970, pp. 208-209.
David Tansley: *Energiekörper,* München, Kösel, 1985.
15 C. W. Leadbeater: *Die Chakras,* Freiburg i. Br., Hermann Bauer Verlag, 1987.
Ray Stanford: *The Spirit Unto the Churches,* Austin, Texas, Association For the Understanding of Man, 1977.
16 David Tansley: *Energiekörper,* München, Kösel, 1985.
17 Diane Apostolos-Cappadona, Hrsg.: *Art Creativity and the Sacred,* New York, Crossroad, 1984.
Rudolf Steiner: *Das künstlerische in seiner Weltmission* (1923), Dornach, Rudolf Steiner Verlag, 1961.
18 Alice Bailey: *Esoterisches Heilen,* (Eine Abhandlung über die Sieben Strahlen, Bd. IV), Bietigheim-Bissingen, Karl Rohm Verlag, 1988.
19 Emmanuel Swedenborg: *Die eheliche Liebe,* Zürich, S. Swedenborg Pb.
20 Jean Shinoda Bolen: William Calderon's Triumph Over AIDS Brings New Hope, *New Realities, VI, March/April 1985,* pp. 8-15.
21 Maurice Cooke: *Einstein Doesn't Work Here Anymore,* Toronto, Marcus Books, 1983.
22 Rudolf Steiner: *Esoterische Betrachtungen karmischer Zusammenhänge,* Dornach, Rudolf Steiner Verlag, 1975.
–, *Grundelemente der Esoterik* (1905), Dornach, Rudolf Steiner Verlag, 1987.
Mary Ann Woodward: *Edgar Cayce's Story of Karma,* New York, Berkley Books, 1984.
Arthur Guirdham, M. D.: *The Psyche in Medicine,* Sudbury, Suffolk, England, Neville Spearman, Ltd., 1978.
Douglas Baker: *Karmic Laws,* Wellingborough, England, The Aquarian Press, 1982.
23 Rudolf Steiner: *Vor dem Tore der Theosophie* (1906), Dornach, Rudolf Steiner Verlag 1978.
24 Arthur Guirdham, M. D.: *The Psyche in Medicine,* Sudbury, Suffolk, England, Neville Spearman, Ltd., 1978.
–, *The Psychic Dimensions of Mental Health,* Welingborough, England, Turnstone Press, Ltd., 1982.
Dick Sutphen: *Unseen Influences,* New York, Pocket Books, 1982.

25 Jim Hurtak: *The Book of Knowledge: The Keys of Enoch*, Los Gatos, Kalifornien, The Academy For Future Science, 1977, p. 488.
26 Ann Ree Colton: *Watch Your Dreams*, ARC Publishing Co., 1983, p. 124.
27 Shayam Sundar Goswami: *Layayoga*, Boston, Routledge and Kegan Paul, 1980.
28 Alice Bailey: *Esoterisches Heilen*, (Eine Abhandlung über die Sieben Strahlen, Bd. IV), Bietigheim-Bissingen, Karl Rohm Verlag, 1988.
29 Ibid., pp. 343-344.
30 Francine Butler: *Biofeedback: A Survey of the Literature*, New York, Plenum Publishers, 1978.
Lois Wingerson: Training to Heal the Mind, *Discovery, III, May 1982*, pp. 80-85.
31 Alice Bailey: *Esoterisches Heilen*, (Eine Abhandlung über die Sieben Strahlen, Bd. IV), Bietigheim-Bissingen, Karl Rohm Verlag, 1988.
32 Rudolf Steiner: *Vor dem Tore der Theosopie* (1906), Dornach, Rudolf Steiner Verlag, 1978.
H. Tomlinson, M. D.: *Medical Divination*, Rustington, Sussex, England, Health Science Press, 1966, p. 52.
Max Heindel: *Lehren eines Eingeweihten*, Darmstadt, Rosenkreuzergemeinschaft, 1979.
33 Scott Hill and Guy Playfair: *Die Zyklen des Himmels*, Darmstadt, Zsolnag, 1979.
V. Golvin: The Kirlian Effect in Medicine, *Soviet Journal of Medicine, August 11, 1976*.
34 Rudolf Steiner: *Vor dem Tore der Theosopie* (1906), Dornach, Rudolf Steiner Verlag, 1978.

KAPITEL II

ABALONE

Diese Meeresmuschel ist eine gastropode Molluske (Schnecke) der Art *Haliotis*. Sie findet sich in gemäßigten und tropischen Ozeanen bei China, Japan, Peru und Südafrika. Das Fleisch ist eßbar, und die Schale wird als Zierrat verwendet. Die äußere Schale ist oft gräulich, die Innenbereiche gewöhnlich orange, rosa und weiß. Die Apachenmädchen trugen bei den pubertären Initiationstänzen als Zeichen der Reife und des Wandels eine Abalonenschale auf der Stirn[1].

Frage: Wie wird Abalone zu Heilung und spirituellem Wachstum eingesetzt?

„Hier finden wir eine Stärkung des Muskelgewebes, besonders des Herzgewebes. Dieses Elixier ist hervorragend zur Behandlung aller degenerativen Wirbelsäulenbeschwerden geeignet. Außerdem wirkt Abalone durch seine Wirkung auf Protein und Karotin teilweise gegen Karzinogene. Die Proteinassimilation verbessert sich, und Karotin wirkt, wie eure Wissenschaftler festgestellt haben, gegen Karzinogene. Abalone regt die Enzyme zur besseren Bindung von Karotin im Körpersystem an.

Einige zum Herzchakra in Beziehung stehende Kräfte, vor allem die Thymusdrüse werden ausgeglichen. Der Ätherkörper wird besser in Einklang gebracht, alle Meridiane und Nadis gestärkt und weibliche Eigenschaften ins Gleichgewicht gebracht. Als Teil der Signatur gibt es ein paar Aktivitäten und Beeinflussungen, die mit prismatischen Eigenschaften zu tun haben. Die reflektierende Oberfläche der Abalone mit ihren vielen verschiedenen Farben spiegelt die Tatsache wider, daß Abalone die Persönlichkeit zu größerer Vielfalt anregt."

1 Peter C. Howarth: *Abalone Book*, Happy Camp, Kalifornien, Naturegraph Publications Inc., 1978.

ACHAT (BILDERACHAT)

Bilderachat ist oft braun, und man findet ihn in den Vereinigten Staaten. Sein Name leitet sich vom Edelsteinhandel her, weil man ihn schleift, so daß natürliche Bilder aus dem Stein hervortreten.

Frage: Was ist der karmische Hintergrund von Bilderachat?

In Lemuria wurde er benutzt, um Visualisationen zwischen der linken und rechten Gehirnhälfte anzuregen. Unausgewogenheiten zwischen linker und rechter Gehirnhälfte sind zum Beispiel: Autismus, Legasthenie, Epilepsie, abnorme neuronale Entladungen, Störungen der Körperkoordination und des Sehvermögens. Auch Hypo- und Epiphyse werden angeregt."

Frage: Wie wird Bilderachat zu Heilung und spirituellem Wachstum eingesetzt?

„Dieses Elixier ruft gute Oxygenisation im Körper hervor und macht die zum Gehirn führenden Blutgefäße elastischer. Die erhöhte Oxygenisation und Elastizität erstrecken sich bis auf die Zellebene. Arterienverhärtungen werden gelindert, besonders wenn auch Hinweise auf Gehirnschäden vorliegen. Die Assimilation von Kieselerde, Silizium und Vitamin E verbessert sich, das Atmungssystem wird gekräftigt.

Als Teil der Signatur spiegeln sich in den im Bilderachat enthaltenen visuellen Mustern die verbesserte Oxygenisation und Durchblutung des Gehirns wider, wodurch die visuellen Prozesse im Gehirn größere Klarheit erlangen. Antriebsschwäche geht zurück, der Emotionalkörper kommt ins Gleichgewicht, und alle Meridiane und Nadis werden gekräftigt.

Diesen androgynen Stein kann man als Badezusatz verwenden, indem man sieben Tropfen der Tinktur ins Wasser gibt. Zur Verstärkung stelle man den Stein oder das Elixier unter eine konische Struktur und setze sie dreißig Minuten lang einem Smaragd aus. Der Stein kann an Herz, Kehle, Ohrläppchen, auf der Medulla oblongata oder dem Solarplexus getragen werden. Testpunkte sind die Medulla oblongata, die Wirbelsäulenbasis und die Mitte der Handflächen."

ACHAT (BOTSWANA-ACHAT)

Diese Achatvariante ist nach dem Land in Afrika benannt, in der sie ursprünglich gefunden wurde. Normalerweise kommt sie in verschiedenen Grauschattierungen vor.

Frage: Wie wird Botswana-Achat zu Heilung und spirituellem Wachstum eingesetzt?

„Er unterstützt die vollständige Versorgung der physischen Form mit Sauerstoff. Folgende Körperteile brauchen unter anderen Sauerstoff: die

Lungen, die roten Blutkörperchen, die Haut und die endokrinen Drüsen. Er ist besonders wirksam bei der Behandlung von Tumoren durch Sauerstoffhochdrucktherapie, zur Regeneration von Nerven- und Hautgewebe, bei Lungenschäden, die zum Beispiel durch Einatmen von Rauch hervorgerufen wurden. Man verwende dieses Elixier als Notfallmedizin, wenn jemand bei einem Brand sehr viel Rauch eingeatmet hat, so daß Verdacht auf Lungen- oder Gehirnschäden besteht, und bei der Wiederbelebung Ertrunkener. Außerdem bietet dieses Elixier Schutz gegen hohe Dosen von Röntgenstrahlung.

Depression und Lethargie werden gelindert, an ihre Stelle tritt echte Freude. Das liegt zum Teil daran, daß der Emotionalkörper in die Balance gebracht wird. Botswana-Achat hat androgyne Eigenschaften, richtet das Kehlenchakra aus und kann als Badezusatz verwendet werden. Der Kieselerdeanteil in diesem Stein weist auf seine Beziehung zur Haut hin, weil diese einen ähnlich hohen Prozentsatz Kieselerde enthält."

ACHAT (FEUERACHAT)

Diese Achatvariante findet sich in Mexiko und den Vereinigten Staaten. Sie heißt Feuerachat wegen ihrer leuchtend grünen, sanft blauen, bronzenen, braunen oder orangenen Farben.

Frage: Wie wird Feuerachat zu Heilung und spirituellem Wachstum eingesetzt?

„Feuerachat beeinflußt das gesamte endokrine System. Seine Kräfte ähneln denen der Cayceschen Formel Atomidin. Außerdem wird das Zellgedächtnis neu angeregt, was bedeutsame Folgen für die Geweberegeneration hat. Die entsprechenden Prozesse der Mitose und der langfristigen Zellteilungsabläufe werden angeregt. Die Forschung könnte sich mit dem Zusammenhang zwischen Zellgedächtnis und Gewebeerneuerung befassen.

Feuerachat ist zum Teil für diejenigen geeignet, die im Licht oder auf höheren spirituellen Pfaden wandern, dabei aber eine unpersönliche Natur entwickelt haben. Er erdet, schafft Gleichgewicht und bringt den Menschen in einen Zustand der Harmonie. Man verwende dieses Elixier während der Meditation, um eine breitere Perspektive zu entwickeln und die praktische Anwendbarkeit zu erleichtern. Sexual- und Herzchakra werden verbunden, so daß sie als Einheit funktionieren. Emotional-, Mental- und spiritueller Körper werden vereint, dadurch wächst die Fähigkeit zur Unterscheidung. Im Hinblick auf sexuelle Fragen entwickelt sich größere Ausgewogenheit.

Feuerachat ist ein Meisterheiler, wenn man ihn in Verbindung mit Farbtherapie anwendet. Diese einzigartige Qualität des Feuerachats läßt sich an seiner Signatur ablesen, denn er ist ein Stein mit vielen Farben. Feuerachat ist wegen seiner engen Beziehung zum Herzen ein meisterlicher Verstärker für alle Blütenessenzen. Man sollte ihn mindestens drei Minuten lang mit den Blütenessenzen unter eine Pyramide legen. Am besten legt man ihn zwanzig bis sechzig Minuten unter eine Pyramide. Damit werden die Eigenschaften der Blütenessenzen noch weiter verstärkt.

Feuerachat kann äußerlich mit Olivenöl vermischt angewendet werden. Man lege den Edelstein acht Stunden lang in Olivenöl und stelle das Ganze in die Sonne. Man kann das Feuerachatelixier tropfenweise ins Bad geben oder den ganzen Stein hineinlegen.In der Kombination mit anderen Ölen entstehen dabei prismatische Effekte. Wenn man verschiedene Öle unterschiedlicher Dichtheitsgrade ins Bad gibt, schweben sie auf verschiedenen Ebenen im Wasser. Dazu kann man zum Beispiel Kokosöl, Olivenöl, Saflor-öl oder rohes organisches Petroleum nehmen. Auf diese Weise ahmt man synthetisch bestimmte Prinzipien der Edelstein- und Farbtherapie nach. Männliche Eigenschaften lassen sich durch dieses Elixier besser ausgleichen. Man kann den Stein auch in der Nähe des Augenbrauenchakras tragen. Testpunkt ist die Medulla oblongata."

ACHAT (KARNEOLACHAT)

Karneolachat findet sich in Australien, Brasilien und den Vereinigten Staaten. Er ist blaßgelb, tiefrot oder fleischfarben[1]. Der Name „Karneol" ist im Hinblick auf seine gängige Färbung von dem lateinischen Wort *carneus* abgeleitet, welches „fleischig" bedeutet. Der Name Achat kommt von *Achates.* Nach historischen Zeugnissen wurden die ersten Achatstücke in dem Fluß Achates gefunden. Dabei könnte es sich um den Cannitello oder den Carabi in Südwestsizilien handeln.

Steiner hat gesagt, Achat rege den Tastsinn an. Swedenborg sah Achat als Symbol für die spirituelle Liebe Gottes. In den Augen von Cayce erhöht Achat die Empfänglichkeit für das innere Selbst. Die Alten benutzten Achat für Augenkrankheiten, Epilepsie und wunden Gaumen. In den islamischen Ländern hat man Achat zur Behandlung von Furunkeln, Harngrieß, Magen- und Darmgeschwüren, Blutungen, Magenverstimmung und Unausgewogenheiten in Nieren, Lungen und Milz benutzt.

Frage: Wie wird Karneolachat zu Heilung und spirituellem Wachstum eingesetzt?

„Dieses Elixier verbessert die Sauerstoffversorgung des Körpers. Die Durchblutung der Kapillargefäße verbessert sich, die Atmungsorgane werden gestärkt, die Geweberegeneration allgemein verbessert, die Blutgefäße und alle anderen Zellgewebe elastischer. Man verwende dieses Präparat zur Behandlung von Magersucht und zur Linderung der Nachwirkungen übermäßiger Sonnen- oder Röntgenstrahlung. Außerdem wird die Nährstoffresorption im Darm verbessert.

Das Herzchakra öffnet sich, und alle Meridiane und Nadis werden gestärkt. Ätherkörper und physischer Körper werden besser in Einklang gebracht, es kommt zu einer besseren Anpassung des ätherischen Fluidums in den Zellgeweben. Es empfiehlt sich, dieses Elixier äußerlich anzuwenden, indem man es mit Rizinus- oder Erdnußöl gemischt einmassiert. Zur Verstärkung von Karneolachat lege man ihn in eine konische oder kugelförmige Form und bestrahle ihn fünfzehn Minuten lang mit rotem Licht."

1 Lelande Quick: *The Book of Agates and Other Quarz Gems*, New York, Chilton Books, 1963

ACHAT (MOOSACHAT)

Dies ist der volkstümliche Name einer Achatvariante, die moos- oder baumähnliche Formen enthält. Sie kann schwarz, blau, braun oder grün sein und findet sich in Australien, Indien und den Vereinigten Staaten.

Frage: Wie wird Moosachat zu Heilung und spirituellem Wachstum eingesetzt?

„Hier finden wir eine Wirkung auf Dickdarm, Kreislauf, Lymphsystem, Bauchspeicheldrüse und Pulsschlag. Die Durchblutung der Kapillargefäße verbessert sich, und durch die Wirkung des Elixiers auf die Nasennebenhöhlen werden unnötige Proteine und Viren besser aus dem System ausgeschieden. Auch Lymphknotenschwellungen und Plasmaüberschuß oder -vermehrung kann durch Moosachat behandelt werden. Auf der Zellebene erhöht sich die Fähigkeit zur Nährstoffresorption. Dieser Achat kann Magersucht, Lymphknotenvergrößerungen, Lymphogranulomatose und Unausgewogenheiten im Blutzuckerspiegel wie Diabetes und Hypoglykämie lindern. Man kann ihn auch verwenden, um Körperflüssigkeiten zurückzuhalten oder sie schnell auszuscheiden und so Allergien, Nierenstörungen, Leberprobleme und Lungenödeme positiv beeinflussen. Die richtige Proteinassimilation ist zum Teil ausschlaggebend, um depressive Zustände auszugleichen, die Magersucht auslösen können. Der physische Körper kann pflanzliche Proteine besser assimilieren. In Kombination mit anderen Präparaten kann Moosachat auch während der Schwangerschaft von Nutzen sein.

Menschen lernen, emotionale Prioritäten ausgewogen zu setzen und altruistisch zu handeln. Außerdem werden verstandesmäßige Prioritäten der linken Gehirnhälfte mit den Emotionen ins Gleichgewicht gebracht. Aber Moosachat ist nicht auf alle Unausgewogenheiten zwischen den Gehirnhälften anwendbar. Depressionen gehen zurück, und Emotional- und Mentalkörper verbinden sich, um als Einheit zu funktionieren. Gleichzeitig entwickelt sich praktisch angewendete Spiritualität. Indem man Sicherheit im Selbst entwickelt, kann man danach auch das Selbst vertrauensvoll zu anderen hin öffnen.

Moosachatelixier ist hervorragend zur Anwendung in der Landwirtschaft geeignet. Die baumähnlichen Mooseinschlüsse im Stein legen diese Verbindung nahe. Auch hilft dieses Elixier Menschen, sich auf die Natur einzustimmen.

Bei der Verwendung von Moosachat als Badezusatz nimmt man etwa 7 Milliliter des Elixiers auf hundert Liter Wasser mit Meersalz oder Lehm. Dieser Stein hat eine besondere Harmonie mit Meersalz, welches man deshalb als Verstärker benutzen kann. Man setze den Stein oder das Elixier den Schwingungen von Meersalz aus, und lege dann eine kleine Menge Meersalz unter die Zunge, um die Eigenschaften des Elixiers zu vergrößern. Testpunkt ist jede beliebige Stelle am Körper, an der sich Lymphgefäße konzentrieren."

ALBIT

Albit ist gewöhnlich weiß oder farblos. Der Name ist vom lateinischen *albus* für „weiß" abgeleitet. Der Stein wird in den Vereinigten Staaten, Kanada, England, Frankreich, Italien, Japan und Kenia gefunden.

Frage: Wie wird Albit zu Heilung und spirituellem Wachstum eingesetzt?

„Es kräftigt Lungen, Milz und Thymusdrüse. Auch die Nervenansatzpunkte entlang der Wirbelsäule, die mit diesen Organen in Verbindung stehen, werden angeregt. Das Immunsystem wird allgemein reaktiviert, Tuberkulosemiasmen gehen zurück. Kieselerde und Silizium werden leichter assimiliert, und weibliche Qualitäten aktiviert. Jeder Mensch, der unter Trauer leidet, könnte dieses Elixier gebrauchen.

Man nehme Albit zusammen mit Eukalyptusöl als Badezusatz – sieben Tropfen auf hundert Liter. Das erhöht die Oxygenisation der Lungen und lindert so Atembeschwerden, es mildert Bluterkrankungen, wenn Sauerstoffmangel vorliegt und kann auch bei Hautkrankheiten eine große Hilfe sein, wenn Sauerstoff gebraucht wird.

Man kann dieses Mineral verstärken, indem man es den Farben Grün oder Gelb oder den Steinen Smaragd, Granat oder Rubin aussetzt oder es fünfzehn bis zwanzig Minuten unter eine Pyramide legt. Albit wurde zwar historisch nicht zu Heilzwecken benutzt, ist aber bei gewissen Störungen ein sehr wirksames Elixier."

ALEXANDRIT

Dieser Stein ist eine Variante des Chrysoberyll und wird in der UdSSR, Sri Lanka und Brasilien gefunden. Er ist rot, grün oder orange-gelb und nach Alexander II. benannt, dem russischen Zaren von 1855 bis 1881, weil er 1830 in Rußland an dessen Geburtstag entdeckt wurde.

Frage: Wie wird Alexandrit zu Heilung und spirituellem Wachstum eingesetzt?[1]

„Alexandrit wirkt auf Nervensystem, Milz, Bauchspeicheldrüse und Hoden. Nervengewebe wird auf der Zellebene regeneriert, das unterstützt die Assimilation von Nährstoffen. Erkrankungen des Zentralnervensystems, Leukämie, Lymphknotenvergrößerungen und Störungen der Milz werden gelindert. Auch hilft er bei Schwierigkeiten mit der Produktion weißer Blutkörperchen und der Assimilation einiger Proteinformen.

Ein niedriges Selbstwertgefühl und Schwierigkeiten, die Mitte des Selbst zu finden, weisen deutlich darauf hin, daß ein Mensch dieses Elixier braucht. Durch Alexandrit entwickelt sich die Fähigkeit, Freude zu erfahren und die gegenseitige Vernetzung der gesamten Natur schätzen zu lernen. Das Milzchakra wird geöffnet, das hilft dem Menschen, seine Mitte zu finden.

Mental-, Emotional- und Ätherkörper werden in Einklang gebracht, so daß ein ausgewogenerer Gefühlszustand entsteht. Dadurch verbessert sich auch die Proteinassimilation und wird Teil der biologischen Persönlichkeit. Yin-Qualitäten werden verstärkt, Testpunkt ist die Milz. Im Bad werden die Eigenschaften des Alexandrits am höchsten gesteigert, wenn das Wasser erst über Quarzkristalle fließt. Darauf vermische man ein halbes Pfund Meersalz und zwei Handvoll Lehm mit hundert Litern Wasser und füge acht bis zehn Tropfen Alexandrit hinzu. Ins Bad kann man gleichzeitig vier Alexandritstückchen legen. Wenn man Alexandrit zusammen mit Quarz, Feuerachat und Amethyst zwei Stunden lang unter eine Pyramide legt, werden seine Eigenschaften verstärkt."

Frage: Wenn Licht auf Alexandrit scheint, wechselt er die Farbe. Was hat das zu bedeuten?

„Er kann zur Verstärkung von Farbtherapien verwendet werden. Bei Forschungen über die Farbphänomene der Edelsteine hat sich gezeigt, daß sie unter der Einstrahlung von unterschiedlich isoliertem polarisierten Licht in verschiedenen Farben erstrahlen und insgesamt ein ausgewogenes Farbspektrum zeigen. Bald wird man über Techniken verfügen, mit denen man Filter für bestimmte Edelsteine konstruiert und dann unterschiedlich polarisiertes Licht durch diese Filter führt. Dadurch werden unterschiedliche Teile des Farbspektrums aktiviert. Dieses gefilterte Licht wird direkt durch bestimmte Edelsteine hindurchgehen und die Wirksamkeit der Farbtherapie deutlich erhöhen, weil dieses Licht durch kristalline Strukturen gegangen ist, die in sich die Aktivität der Lebenskraft tragen[2]."

1 Frederick H. Pough: „Alexandrite", *Mineral Digest* VIII, Winter 1976, pp. 69-73.
Henry M. Rieman: „Color Change in Alexandrite", *Lapidary Journal*, Juli 1971, pp. 620-23.
2 E. J. Gublein und K. Schmetzer: „Gemstones with Alexandrite Effect", *Gems and Gemology* XVIII, Winter 1982, pp. 197-203.

AMAZONIT

Amazonit ist eine grüne Variante des Mikroklin. Der Name Amazonit leitet sich her vom *Amazonenstein*, der vom Amazonas stammt. Allerdings findet man den Amazonit zwar in Brasilien, jedoch nicht am Amazonas. Außerdem kommt er in Kanada, den Vereinigten Staaten und der UdSSR vor. Dieser Stein wird traditionell bei schwierigen Geburten verwendet.

Frage: Wie wird dieser Stein zu Heilung und spirituellem Wachstum eingesetzt?

Die Aktivitäten des Herzchakras und des Solarplexus-Chakras werden ausgerichtet, dadurch gleichzeitig Äther- und Mentalkörper in Einklang gebracht. Als Gedankenformverstärker vergrößert dieser Stein das in diesen Chakren gespeicherte Bewußtsein. Die psychologischen Eigenschaften dieser Chakren werden besonders angeregt.

Amazonit macht es der Lebenskraft leichter, als bindender Faktor zu wirken, der bis auf die Molekularebene durchdringt. Deswegen ist er ein Verstärker für die meisten Schwingungsheilmittel. Auf der Zellebene werden die Nervensynapsen besonders im Gehirn stimuliert. Alle Meridiane werden gestärkt, männliche Qualitäten werden leicht betont. Das Elixier kann äußerlich mit einem Zerstäuber angewendet werden, besonders auf Fußsohle, Wirbelsäulenbasis und Medulla oblongata. Dies ist ein relativ unbekanntes Mineral, das aber über ziemlich wichtige ätherische Eigenschaften verfügt."

ANHYDRIT

Dieses Mineral ist gewöhnlich weiß, grau, bläulich oder farblos. Der Name stammt von einem griechischen Wort, das „ohne Wasser" bedeutet, weil der Stein kein Wasser enthält. Anhydrit wird in den Vereinigten Staaten, Kanada, Frankreich, Deutschland und Indien gefunden.

Frage: Wie wird Anhydrit zu Heilung und spirituellem Wachstum eingesetzt?

„Dieses Mineral kräftigt Nieren und Eierstöcke. Diese Bereiche sind auch die Testpunkte. Schwermetallmiasmen werden gelindert, weibliche Qualitäten in gewissem Maße gesteigert und ausgeglichen. Es ergibt sich eine erhöhte Klarheit der Femininität bei spiritueller Arbeit und im gesellschaftlichen Leben.

Man kann Anhydrit verstärken, indem man ihn zehn Minuten lang den Farben Blau, Blaugrün oder Türkis aussetzt. Dann lege man den Stein dreißig Minuten lang unter eine Pyramide. Es gibt zwar keine historischen Zeugnisse über die Verwendung dieses Steines zu Heilzwecken, doch ergibt er innerhalb seiner Einflußgrenzen ein machtvolles Präparat."

APATIT

Dunkelblau, Braun, Grün, Purpurn, Weiß oder Gelb sind die gängigen Farben des Apatit. Dieses Mineral wird in den Vereinigten Staaten, der UdSSR, Kanada, Mexiko und Sri Lanka abgebaut[1]. Sein Name ist vom griechischen *apate* hergeleitet, welches „Täuschung" bedeutet. Damit wird darauf angespielt, daß man diesen Stein leicht mit anderen Mineralen wie Aquamarin, Olivin und Fluorit verwechseln kann.

Frage: Wie wird dieser Edelstein zu Heilung und spirituellem Wachstum eingesetzt?

Dieses Mineral kräftigt das Muskelgewebe und unterstützt die Koordination grundlegender motorischer Reaktionen. Der Nierenpunkt an der Wirbelsäule wird angeregt und die Zellmitose gesteigert. Degeneration des Muskelgewebes und Knochensprödigkeit, besonders wenn sie von überhöhten Strahlungsdosen herrühren, können mit Apatit behandelt werden. Es verbessert die Resorption von Kalzium, Magnesium und Vitamin C. Der Kalziumgehalt des Apatits ist Teil der Signatur des Minerals. Die Kalziumresorption spielt auch eine wichtige Rolle bei der Gesunderhaltung des Muskelgewebes.

Stottern und übermäßige Anspannung werden gemildert, das Kehlenchakra geöffnet. Dadurch wird der persönliche Ausdruck angeregt. Man gebe acht Tropfen des Elixiers auf einen Liter destilliertes Wasser und benutze dann alles als Badezusatz. Das regt das Kehlenchakra merklich an und gleicht das Muskelgewebe aus. Die Eigenschaften von Apatit sind androgyn und werden durch die Bestrahlung mit infrarotem und ultraviolettem Licht verstärkt. Man bestrahle jeweils zehn Minuten lang. Der Stein sollte entweder am Ohrläppchen oder am Daumen getragen werden. Testpunkt ist der Ansatz der Handfläche nah am Puls."

1 B. McConnell: *Apatite: Its Crystal Chemistry, Mineralogy, Utilization, and Biologic Occurences,* Springer Verlag New York Inc., 1973.

AQUAMARIN

Aquamarin ist hellblau bis grün und wird in den Vereinigten Staaten, Brasilien, Indien und der UdSSR abgebaut. Der Name kommt von den lateinischen Worten *aqua* für „Wasser" und *mare* für „Meer", weil die hellblaue oder grünliche Farbe des Steins dem Meerwasser ähnelt. Aquamarin löst Flüssigkeitsstauungen auf, lindert Husten, beruhigt die Nerven und kann für Beschwerden an Augen, Kiefer, Hals, Magen, Zähnen und Kehle verwendet werden. Früher hat man aus Aquamarin Brillen hergestellt. Die Tätigkeit der Thymusdrüse wird erhöht, und die Verstandeswahrnehmungen gelangen zu größerer Klarheit.

Frage: Was ist das karmische Muster dieses Minerals?

„Aquamarin wurde im frühen Atlantis verwendet, um Teile des Immunsystems zu formen. Dies geschah zur Zeit der beginnenden Einflüsse von Krankheiten auf die Tätigkeiten des physischen Körpers."

Frage: Wie wird dieses Mineral zu Heilung und spirituellem Wachstum eingesetzt?

„Dieses Mineral kräftigt Leber, Milz, Schilddrüse und Nieren, zum Teil deswegen, weil diese Organe das Körpersystem reinigen. Auch die Nervenansatzpunkte entlang der Wirbelsäule, die zu diesen Organen gehören, werden angeregt. Auf der Zellebene werden die weißen Blutkörperchen in Verbindung mit der Milz angeregt.

Aquamarin reduziert Ängste. Gefühle von Orientierungslosigkeit und Verwirrung und die Unfähigkeit, sich auszudrücken, werden positiv beeinflußt. Auch regt Aquamarin den Wunsch nach größerem Wissen über das Selbst als integriertes Wesen in Verstand, Körper und Geist an. Dieser Wunsch wird zur Inspiration. Milz- und Kehlenchakra werden geöffnet, was sich besonders positiv auf den Ausdruck des Selbst auswirkt. Äther- und Mentalkörper werden ausgerichtet, so daß sie diese psychospirituellen Kräfte manifestieren.

Man verwende dieses Elixier äußerlich und füge zur besseren Verstärkung auch sieben Tropfen Türkis hinzu. Der Akzent liegt bei diesem Elixier etwas mehr auf den weiblichen Qualitäten."

ASPHALT

Diese Substanz wird in den Vereinigten Staaten und Venezuela gefunden. Sie ist in vielen Gebieten des Planeten heimisch und besteht hauptsächlich aus Kohlenwasserstoffverbindungen. Asphalt ist von schwarzer oder schwärzlich-brauner Farbe und wurde traditionell Pech oder Bitumen genannt, obwohl diese Materialien eine geringfügig abweichende Zusammensetzung haben. Asphalt wird seit alter Zeit zum Bauen verwendet. Man kann damit Gebäude gegen Wasser abdichten[1].

Frage: Was ist der karmische Hintergrund dieses Minerals?

„In Atlantis und Lemuria wurde Asphalt verwendet, um die niederen Rassen, die damals den Tieren näherstanden, näher an die menschliche Form heranzubringen."

Frage: Wie wird Asphalt zu Heilung und spirituellen Wachstum eingesetzt?

„Dieses Elixier eignet sich vor allem zur Behandlung des petrochemischen Miasma, besonders bei Menschen, die in Nord- und Südamerika leben. Demgegenüber benutzt man Torf, um das petrochemische Miasma in Europa, Asien und Afrika zu lindern. Die Geweberegeneration wird angeregt, insbesondere die Widerstandskraft gegenüber petrochemischen

Schäden entwickelt sich (vor allem auf der Chromosomenebene). Dieses Elixier unterstützt wirksam den Widerstand gegen Krankheiten wie Krebs, die sich aus der Belastung durch Chemikalien entwickeln.

Die meisten Alkalieiweiße, die wesentlich für Heilung sind, werden durch Asphalt positiv beeinflußt. Karotin und Vitamin C werden leichter resorbiert. Das Herzchakra wird ausgerichtet, wodurch sich die Lebenskraft erhöht. Auch die biomagnetischen Eigenschaften des Körpers werden verbessert. Meridiane und Nadis werden gekräftigt, die männlichen Eigenschaften im Menschen besser ins Gleichgewicht gebracht. Man gebe etwas vom Elixier in hundert Milliliter Wasser und besprühe damit Medulla oblongata, Augenbrauenchakra, Thymusdrüse, Fußsohlen und Wirbelsäulenbasis. Verwendet man das Elixier als Badezusatz, so wird seine Wirkung ganz erheblich verstärkt, wenn man gleichzeitig Meersalz ins Wasser gibt. Weitere Verstärkung erreicht man, indem man es fünfzehn Minuten lang in einer konischen Struktur mit ultraviolettem Licht bestrahlt. Was die Signatur betrifft, so beachte man, daß Asphalt aus derselben einfachen Biomasse wie Petroleum besteht.

Menschen, die auf die negativen Züge der unteren Chakren fixiert sind, können von diesem Elixier profitieren. Solche Menschen legen zum Beispiel Wut oder Gewalttätigkeit und andere antisoziale Verhaltensweisen an den Tag – möglicherweise als Teil eines Überlebensinstinktes."

Frage: Mildert Asphalt die negativen Auswirkungen der Erdstrahlung?

„Ja, aber nur, wenn diese Kräfte mit dem petrochemischen Miasma in Verbindung stehen oder als Katalysator dafür wirken. Wenn das Immunsystem durch überhöhte Strahlendosen zusammenbricht, besonders durch Röntgenuntersuchungen oder durch Arbeit in einer Umgebung mit hoher Strahlenbelastung, wird auch der Mensch anfälliger für das petrochemische Miasma."

Frage: Wie oft sollte man dieses Elixier nehmen, wenn man ständig Produkten der Petrochemie ausgesetzt ist?

„Bei ständiger Belastung nehme man sieben Tage lang einmal täglich sieben Tropfen Asphalt. Dann pausiere man drei Tage und wiederhole diesen Zyklus zwei Monate lang. Dann pausiere man zwei Monate und wiederhole diesen Zyklus auf unbegrenzte Zeit."

Frage: Der Aufbau von Asphalt ist ähnlich dem des Serpentins, welches wiederum ähnlich wie Asbest ist. Können Asbestvergiftungen mit Asphalt behandelt werden?

„Ja, aber normalerweise sollte man dann Asphalt zusammen mit Serpentin einnehmen. Oder man kann homöopathischen Asbest verwenden."

1 Ralph Newton Tracler: *Asphalt: Its Composition and Uses*, New York, Reinhold Publishing Corp., 1961.

ATACAMIT

Dieser Stein kommt in verschiedenen Grüntönen vor und ist in Australien, Chile und Mexico heimisch.

Frage: Wie wird dieser Stein zu Heilung und Bewußtseinsentwicklung eingesetzt?

„Atacamit kräftigt Genitalien, Schilddrüse und parasympathisches Nervensystem, insbesondere die parasympathischen Ganglien. Auf der Zellebene werden die Geweberegeneration stimuliert und sämtliche Geschlechtskrankheiten, auch Herpes, positiv beeinflußt. Überdies werden Gonorrhöe- und Tuberkulosemiasma gemildert und die Vitamine A, D und E und Silizium leichter resorbiert. Dieses wenig bekannte Mineral hat eine machtvolle lemurianische Schwingung."

AVENTURIN

Diese kristalline Variante von Quarz ist normalerweise blau, braun, grün oder rot und wird in Brasilien, Indien, Nepal und der UdSSR gefunden. Der Name stammt vom italienischen *avventura* für „Zufall", nach der zufälligen Entdeckung eines gesprenkelten Glases. Im alten Tibet wurde Aventurin zur Linderung von Kurzsichtigkeit und zur Verbesserung von Wahrnehmung und kreativer Einsicht verwendet. Außerdem lindert es Hautkrankheiten und macht den Menschen unabhängiger und origineller.

Frage: Wie wird dieses Mineral zu Heilung und spirituellem Wachstum eingesetzt?

„Hierbei findet eine Reinigung von Äther-, Emotional- und Mentalkörper statt. Aventurin wirkt sich besonders bei psychosomatischen Erkrankungen positiv aus. Außerdem mildert es Furchtsamkeit und unterdrückte Ängste, besonders diejenigen, die während der ersten sieben Jahre der Kindheit entstanden sind. Das liegt an seiner Wirkung auf die Thymusdrüse, die ja während der ersten sieben Lebensjahre besonders aktiv ist, und daran, daß Aventurin speziell zur Gedankenformverstärkung konstruiert wurde. Doch das gilt nur für den Kontext dieses Lebens, nicht für vergangene Leben. Also kann man Aventurin in der Psychotherapie anwenden, um emotionale Gelassenheit und eine positivere Einstellung zum Leben zu entwickeln. Als Nebenprodukt dieser Auswirkungen wächst das Interesse an Meditation und kreativer Visualisation. Außerdem werden Herz- und Kehlenchakra geöffnet.

Auf der anatomischen Ebene werden Nerven- und Muskelgewebe stimuliert. Man sollte dieses Elixier als Badezusatz verwenden, kann es aber auch in Verbindung mit Erdnuß- oder Jojobaöl zur Massage nehmen. Es handelt sich hierbei grundsätzlich um einen androgynen Stein, obwohl der Akzent etwas mehr auf den weiblichen Qualitäten liegt. Um die Eigenschaften des Aventurin zu verstärken, bestrahle man ihn fünfzehn Minuten lang unter einer konischen Struktur mit blauem Licht. Im Bereich der Psychotherapie zählt dieses Edelsteinelixier zu den wichtigsten."

AZURIT

Azurit ist hellblau bis dunkelblau und wird in den Vereinigten Staaten, der UdSSR, Frankreich, Griechenland und Italien abgebaut[1]. Sein Name kommt von französisch *azure* für „blau", was für die charakteristische Farbe des Minerals steht.

Nach Cayce stimuliert Azurit hellseherische Fähigkeiten, höhere Inspiration, klarere Meditation und bessere verstandesmäßige Kontrolle, so daß es leichter wird, Entscheidungen zu treffen. Andere meinen, daß dieses Mineral Träume klarer macht, das Denken anregt, Hypnose unterstützt und Gelenkbeschwerden lindert.

Frage: Wie wird dieses Mineral zu Heilung und spirituellem Wachstum eingesetzt?

„Azurit stimuliert Milz, Schilddrüse und das Gewebe der Haut. Er eignet sich zur Behandlung von Knochenkrankheiten (wie Arthritis), Entzündungen des Hautgewebes, Wirbelsäulenverkrümmungen und bei mangelhafter Tätigkeit der Schilddrüse. Die Assimilation von Kupfer, Magnesium, Phosphor und Zink verbessert sich. Auch die Kalziumabsorption wird in gewissem Umfang verbessert, doch dies geschieht eher indirekt durch die Wirkung des Phosphors.

Azurit aktiviert eine allgemeine Bewußtseinserweiterung, die natürlichen Heilfähigkeiten der Menschen werden verstärkt, besonders wenn sie Heiler sind. Der Ätherkörper wird gekräftigt, der Mentalkörper zu erhöhter Empfindsamkeit angeregt, Milz- und Unterleibschakra geöffnet. Weibliche Eigenschaften werden geringfügig vermehrt. Testpunkt ist der Solarplexus. Azurit kann äußerlich mit Oliven- und Jojobaöl angewandt werden. So eine Salbe hilft besonders bei Arthritis und Wirbelsäulenverkrümmungen. Wenn es um geistige Orientierungslosigkeit oder Depression geht, benutze man dieses Elixier als Badezusatz. Die Eigenschaften des Azurit werden verstärkt, indem man es ultraviolettem Licht, Quarz und Smaragd aussetzt."

1 Peter Bancroft: „Royal Gem Azurite", *Lapidary Journal*, April 1978, pp. 66-74, 124-129.

AZURIT-MALACHIT

Dieser Stein kommt in verschiedenen Grün- und Blautönen in den Vereinigten Staaten, Australien, Mexico und der UdSSR vor. Es wird angenommen, daß man dieses Mineral zur Kontrolle von abnormem Zellwachstum, bösartigen Tumoren und Melanomen verwenden kann. Außerdem bewirkt der Stein eine Reinigung von negativen Gedankenformen.

Frage: Wie wird dieses Mineral zu Heilung und spirituellem Wachstum eingesetzt?

„Es wirkt auf Leber, Haut, Thymusdrüse und Muskelgewebe und lindert unter anderem folgende Beschwerden: Magersucht, Muskeldystrophie, Leberzirrhose, alle Formen von Hautkrankheiten und das Tuberkulosemiasma. Auf der Zellebene wird die von der Leber ausgeschiedene Gallenflüssigkeit positiv beeinflußt, und die Assimilation von Kupfer, Zink, Vitamin A und E verbessert sich.

Die psychologischen Schlüsselzustände, die die Anwendung dieses Elixiers nahelegen, sind unter anderem Ängste, zwanghafte Eßgewohnheiten, Hyperkinesen und Mangel an Selbstdisziplin. Das Elixier verstärkt den Traumzustand und die Fähigkeit zur Astralprojektion. Die Geduld wird zu einer spirituellen Qualität, und hellseherische Fähigkeiten nehmen zu.

Milz- und Solarplexus-Chakra werden positiv beeinflußt und alle Meridiane gekräftigt. Äther- und Emotionalkörper werden näher zueinander gebracht, so daß sie stärker als eine Einheit funktionieren. Wenn das geschieht, stabilisieren sich die emotionalen Faktoren im System.

Die Verwendung dieses Elixiers als Badezusatz stimuliert das Gewebe der

Haut und erhöht die Nährstoffassimilationsfähigkeit des physischen Körpers. Durch Verwendung als Badezusatz erhöht sich die Wirkung von Azurit-Malachit bei Magersucht. Dieses Elixier wird verstärkt, indem man es der aufgehenden Sonne aussetzt oder zwei Stunden lang unter eine Pyramide stellt, am besten in Kombination mit Türkis oder Lapislazuli. Man sollte dieses Mineral am oberen Beinansatz, nahe am Ischiasnerv, tragen.

Äußerlich trägt man es als Salbe mit Myrrhen- und Weihrauchöl vermischt auf Stirn und Wirbelsäulenbasis auf. Das regt Heilungsprozesse in den oben genannten Körperbereichen an. Die Yin- und Yang-Eigenschaften des Körpers werden ausbalanciert. Zu einem späteren Zeitpunkt werde ich über viele Edelsteine sprechen, die in der Natur mit anderen zusammen vorkommen."

Frage: Sind die Eigenschaften, die du für Azurit und Malachit als einzelne Elixiere genannt hast, auch wirksam, wenn diese Steine in der Natur vereint vorkommen?

„Ja."

BENITOIT

Der Benitoit hat seinen Namen wegen der Vorkommen in San Benito Country, Kalifornien. Die meisten Funde stammen aus dieser Gegend Kaliforniens, doch kommt er auch in Texas und Belgien vor. Er ist blau, rosa, purpurn, weiß oder farblos[1].

Frage: Was ist das karmische Muster dieses Minerals?

„Diese mineralische Substanz wurde in Lemuria zu Ausbildungszwecken eingesetzt. Sie wurde als Elixier benutzt, oder indem man sie auf das dritte Auge legte. Über diese Technologie werden zur Zeit keine weiteren Informationen gegeben."

Frage: Wie wird dieses Edelsteinelixier zu Heilung und spirituellem Wachstum eingesetzt?

„Dieses Mineral übt eine machtvolle Wirkung auf die Hypophyse und das dazugehörige Chakra aus. Der Ätherkörper wird angeregt, und der spirituelle Körper auf die Aktivitäten des Höheren Selbst ausgerichtet. Diese Ausrichtung hat höhere Bewußtheitszustände zur Folge und bringt den Menschen zum Wissen über das Selbst als spirituelles Wesen. Auch hellseherische Fähigkeiten und Visionen können angeregt werden.

Neptunit erweckt die Kundalini. Eine Kombination von Benitoit, Neptunit und Joaquinit stimuliert die Intuition und steigert die Harmonie des Menschen mit der Natur. Gärtner sollten dieses Elixier verwenden."

Benitoit strahlt eine machtvolle lemurianische Schwingung aus. Dasselbe gilt für Neptunit. Benitoit kommt manchmal in natürlicher Kombination mit Neptunit, Joaquinit und Natrolith vor.

1 George Louderback: *Benitoite, Its Paragenesis and Mode of Occurence,* Berkeley, The University Press, 1909.

BERNSTEIN

Dieses fossile Harz ist orange bis dunkelbraun, gelegentlich aber auch grün, violett oder gelb. Es wird häufig an der Ostsee und in der Dominikanischen Republik gefunden. Bernstein stammt von Pinien des Tertiärs und enthält oft fossile Einschlüsse, Insekten und Pflanzen[1]. Der englische Name „amber" kommt vom arabischen *anbar* oder *ambergris*, welches auf seine eigentümlichen elektrischen Qualitäten verweist.

Colton hat gesagt, Bernstein stehe in Beziehung zu Elektromagnetismus, Prana und ätherischer Macht. Bronzefarbener Bernstein sei verdichtetes pranisches Feuer, das in den unteren Bereichen des Unterbewußten wohne, und heller Bernstein sei die Reinheit des Prana im Ätherleib.

Frage: Wie wird Bernstein zu Heilung und spirituellem Wachstum eingesetzt?

„Durch Bernstein kommt es zu einer Kräftigung von Schilddrüse, Innenohr und Nervengewebe. Auch die Resonanzeigenschaften aller Wirbel werden entwickelt. Bernstein regt die Tätigkeit der DNS an und unterstützt die Zellmitose. Man behandle damit Erkrankungen des Gehirns und des Zentralnervensystems und virale Entzündungen. Auch die Tuberkulose- und Syphilismiasmen werden gelindert, und die Vitamin-B-Assimilation verbessert sich.

Menschen, die Bernstein brauchen, haben vielleicht Symptome wie Gedächtnisverlust, Entscheidungsschwäche, exzentrisches Verhalten oder Ängste. Bernstein regt altruistische und passive Charakterzüge an. Dabei handelt es sich nicht um Passivität im negativen Sinne, sondern um eine Passivität gegenüber der Aktivität, die ursprünglich Ängste hervorrief. Als Gedankenverstärker bewirkt Bernstein eine Verwirklichung des spirituellen Intellekts. Er spiritualisiert den Intellekt. Dieser androgyne Stein öffnet das Augenbrauenchakra und das emotionale Chakra. Bernstein richtet den Mentalkörper aus und regt ihn an, zum spirituellen Körper hin fortzuschreiten, wobei allerdings der spirituelle Körper nicht direkt beeinflußt wird.

Ins Bad sollte man acht Tropfen von der Tinktur geben. Durch Zusatz von Lehm zum Wasser erreicht man einen gewissen Verstärkungseffekt. Zur Verstärkung von Bernstein reibe man die Oberfläche des Edelsteins mit einem sauberen Tuch, um statische Ladungen zu erzeugen. Bernstein ist sehr empfänglich für die Strahlen der Sonne, besonders mittags. Man lege Bernstein unter eine Pyramide und setze ihn dem Sonnenlicht aus. Man trage ihn am Handgelenk nah am Puls. Oft ist goldener Bernstein am besten geeignet, weil dadurch eine sympathetische Resonanz entsteht. Die Testpunkte sind die Mitte der Handfläche und der Bereich direkt unterhalb des Knies."

Frage: Du hast an anderer Stelle gesagt, die Edelsteine, die von Tieren und Fischen stammen, wie Abalone, Koralle, Elfenbein und Perlen, seien besonders gute Verstärker der Lebenskraft und hätten deshalb eine besondere Verbindung zu einem oder mehreren Chakren. Gilt das auch für fossile Substanzen, die ja einst auch aus lebender Materie bestanden?

„Es gibt eine sympathetische Resonanz, aber die Minerale von Fischen und Tieren haben eine geringfügig andere Lebenskraft als Fossilien. In diesem System gehören zu den fossilen Substanzen: Bernstein, Gagat, versteinertes Holz und manchmal Kalkstein, Marmor und Obsidian. Ich müßte einen völlig neuen theoretischen Hintergrund erläutern, wenn ich die genauen Unterschiede hier erklären wollte. Dieses Material wird zu einem späteren Zeitpunkt präsentiert werden."

Frage: Alle Edelsteine sind eine organisierte Form der Lebenskraft. Warum haben dann die Elixiere dieser Steine eine besondere Einstimmung auf die Chakren?

„Weil sie von organischen Quellen stammen. Das macht diese Elixiere einzigartig und unterscheidet sie von anderen Edelsteinelixieren, die von anorganischer Materie stammen. Die Schwingungen dieser Edelsteinelixiere sind denen der Menschen ähnlicher. Da sie früher einmal lebendige Materie waren, wirken diese Elixiere oft auf den spirituellen Leib. Es ist relativ selten, daß ein Edelsteinelixier den spirituellen Leib beeinflußt. Man könnte sogar einen komplizierten Apparat unter Verwendung dieser organischen

Minerale bauen, ohne die geringste Gefahr von TOS (tödlicher Orgonstrahlung). Auch andere fossile Minerale wie versteinertes Holz und Kalkstein können dieser Kategorie zugerechnet werden. Fossile strahlen natürlicherweise Orgonenergie aus, weil sie ein organisches Muster haben, obwohl sie aus unbelebter Materie bestehen."

1 Rosa Hunger: *The Magic of Amber,* Radnor, Pennsylvania, Chilton Books Co., 1979.

BERYLL

Beryll ist blau, grün, weiß, gelb oder farblos und wird in den Vereinigten Staaten, der UdSSR, Brasilien, Indien und Mosambik gefunden. Sein Name stammt von dem alten Wort *beryllos*, dessen Ursprung nicht bekannt ist. Die Griechen bezeichneten damit mehrere Edelsteine. Steiner hat gesagt, Beryll rege Verstand und Intellekt an, und Cayce schreibt, Beryll rufe größeren allgemeinen Schutz im Leben und eine erhöhte Empfänglichkeit hervor. Andere Quellen sagen, man könne Beschwerden an Kiefer, Leber und Kehle und auch Faulheit mit Beryll behandeln. Außerdem wird Beryll traditionell zur Linderung von Mandelentzündung, Schluckauf, Darmkrebs, Augenkrankheiten und Drüsenschwellungen benutzt. Historisch ist Beryll ein Symbol für unsterbliche Jugend.

Frage. Wie wird Beryll zu Heilung und spirituellem Wachstum eingesetzt?

„Auf der anatomischen Ebene ist Beryll am besten auf den Darmtrakt und Gefäßerkrankungen anwendbar. Auch die Hypophyse wird gestärkt. Man verwende Beryll bei allen Gefäßerkrankungen, besonders bei beschädigten Zellwänden, verhärteten Arterien und Blutungen. Die Elastizität kann vollständig wiederhergestellt werden. Beryll unterstützt die Nährstoffabsorption, besonders bei Silizium, Kieselerde, Zink und Vitamin A und E. Es reinigt den Darmtrakt, deshalb kann Beryll zur Linderung von Grippe und allen Beschwerden verwendet werden, bei denen die Darmwände überreizt sind oder der Darm sich ständig entleert, wie bei Durchfall. Oft empfiehlt es sich, jedem Dickdarmmittel sieben Tropfen Beryll zuzusetzen. Auch Beulenpest läßt sich mit Beryll behandeln.

Ängste und Überreizungen des Intellekts können durch dieses Elixier gelindert werden. Menschen, die übermäßig analytisch und kritisch denken, können womöglich Beryll brauchen. Durch seine Fähigkeit zur Auflösung von Spannungen im physischen Körper kann Beryll wie ein Sedativum wirken. Das Hara wird gestärkt, die männlichen Eigenschaften geweckt. Man verwende Beryll als Badezusatz zusammen mit Epsomer Bittersalz und Dampfinhalationen. Die Qualitäten des Berylls werden verstärkt, indem man ihn Smaragd, Lapislazuli und Quarz aussetzt, besonders wenn er dabei zwei Stunden lang unter einer Pyramide steht. Auch infrarotes oder indigoblaues Licht können zur Verstärkung eingesetzt werden. Außerdem stimuliert Beryll das Basischakra. Testpunkt ist die Wirbelsäulenbasis."

Frage: Sollte Beryll während der Schwangerschaft benutzt werden, wenn das Basischakra nicht im Gleichgewicht ist?

„Beryll ist nicht unbedingt zur Unterstützung des Basischakras während der Schwangerschaft angezeigt, öfter allerdings empfiehlt es sich, Beryll zur Reinigung bei Menstruation und Schwangerschaft zu verwenden."

BERYLLONIT

Dieses seltene Mineral wird nur in Maine und New Hampshire gefunden. Der Stein hat den Namen, weil er das seltene Element Beryllium enthält. Er ist weiß, blaßgelb oder farblos.

Frage: Wie wird dieses Mineral zu Heilung und spirituellem Wachstum eingesetzt?

Dieses Mineral lindert vor allem Ängste, bei denen es um persönlichen Ausdruck geht. Das Herzchakra wird geöffnet, und im Bewußtsein wächst die Klarheit über die Vaterbeziehung. Man verwende dieses Präparat zur Linderung von Hoden- und Eierstockbeschwerden, besonders bei Problemen zwischen männlichen und weiblichen Elementen auf der Hormonebene.

Äther- und Emotionalkörper werden in Einklang gebracht. Dieses Elixier kann äußerlich mit einem Zerstäuber auf Stirn, Thymus und Medulla oblongata angewendet werden. Auf eine Badewanne nehme man sieben Tropfen und bade dann dreißig Minuten, wobei das Wasser Körpertemperatur haben sollte. Beryllonit trägt man an Daumen, Thymusdrüse oder Medulla oblongata. Zur Verstärkung dieses Minerals legt man es zwei Stunden lang unter eine Pyramide oder in eine Kugel unter gleichzeitiger Verwendung von allgemeinen Verstärkern wie Rubin und Quarz. Hier haben wir ein weiteres neues und faszinierendes Edelsteinelixier."

BLUTSTEIN (HELIOTROP)

Blutstein ist ein grüner Chalcedon mit roten Tupfen aus rotem Jaspis oder Eisenoxid, der traditionell oft Heliotrop genannt wird. Er kommt in Indien und der UdSSR vor. Seinen Namen hat der Stein von den roten Tupfen, die angeblich Blutstropfen ähneln. Blutstein wird traditionell bei einer ganzen Reihe von Bluterkrankungen, Leukämie und bei akuten Magen- oder Darmbeschwerden benutzt. Die Ägypter verwendeten ihn zur Tumorheilung. Galen gebrauchte ihn als Talisman, um Krankheiten besser zu erkennen und zu beurteilen. Physische und intellektuelle Vitalität werden gestärkt. Es entwickeln sich Mut und mentale Ausgeglichenheit, der ruhelose Verstand wird gelassener, man wird vorsichtiger und vermeidet unnötige Risiken.

Frage: Wie wird Blutstein zu Heilung und spirituellem Wachstum eingesetzt?

„Hier finden wir eine Wirkung auf Knochenmark, Milz, Herz, Hoden, Eierstöcke, Gebärmutter und Gebärmutterhals. Auf der Zellebene werden rote Blutkörperchen, Hämoglobin, Kapillardurchblutung, Zellmitose und das Eindringen von Blutflüssigkeiten ins System der endokrinen Drüsen positiv beeinflußt. Alle Bluterkrankungen und auch das petrochemische Miasma werden durch Blutstein gemildert. Zur Signatur gehört es, daß die roten Tupfen auf dem Stein auf seine Beziehung zum Blut verweisen.

Im spirituellen Bereich erzeugt dieses Elixier höhere Bewußtseinszustände und fördert die sachgerechte Verwirklichung, besonders in Verbindung mit yogischen oder tantrischen Praktiken. Es verbindet den bewußten Verstand direkt mit dem Blutkreislauf und erhöht die Fähigkeit, das Blut mit dem Verstand in spezifische Körperteile zu schicken. Blutstein könnte zusammen mit Biofeedback angewandt werden. Herz- und Basischakra werden geöffnet und in Einklang gebracht, wodurch die Kräfte der Primärenergie spiritualisiert werden. Wenn durch verschiedene Schwingungsheilmittel eine solche harmonische Ausrichtung geschieht, wird die Primärenergie normalerweise spiritualisiert. Doch kann diese Spiritualisierung von kurzer Dauer sein, wenn der Mensch sich nicht auf einem spirituellen Weg befindet oder solch eine positive Veränderung in seinem Leben nicht willkommen heißt. Zum Beispiel wird jemand, der im Kampf ums wirtschaftliche Überleben verstrickt ist, das Einstimmen auf spirituelle Werte nicht zu schätzen wissen. Der Ätherkörper wird gekräftigt, so daß er sich auf elegantere Weise in den physischen Körper integrieren kann.

Acht Tropfen Blutstein auf ein warmes Bad verbessern die Durchblutung von Adern und Kapillargefäßen. Äußerlich kann man es auch vermischt mit

Jojoba- und Olivenöl anwenden. Oder man legt den Stein selbst in solche Öle und stellt diese Mischung vier Stunden lang ins Sonnenlicht, am besten bei Sonnenaufgang, doch das ist nicht entscheidend. Das Elixier trage man auf Stirn, Wirbelsäulenbasis und im Bereich der Thymusdrüse auf. Die Auswirkungen von Blutstein ähneln denen von Niazin.

Blutstein trägt man in der Nähe des Ohrläppchens. Die Eigenschaften des Steins werden verstärkt, indem man ihn unter eine Pyramide legt, wenn Mars am Horizont steht. Außerdem kann man das Mineral während der Zubereitung des Elixiers den Klängen eines Holzblasinstruments aussetzen. Klang kann zur Verstärkung vieler Edelsteinelixiere verwendet werden."

BOJISTEIN

Diesen Namen hat der Stein durch einen Trance-Channel in Denver bekommen. Amerikanische Geologen nennen ihn gängigerweise „pop rock". Er ist im allgemeinen schwarz und enthält verschiedene Minerale, zum Beipiel Eisensulfate. Bojistein findet man in verschiedenen Gebieten des Planeten, besonders da, wo es fruchtbaren Ackerboden gibt.

Frage: Was ist der karmische Hintergrund dieses Minerals?

„In Lemuria wurde es benutzt, um neue Pflanzenformen zu erschaffen. Um die Funktionen dieses Steins ließe sich eine ganze Reihe von Anwendungen aufbauen."

Frage: Wie kann man Bojistein heute zu Heilung und spirituellem Wachstum einsetzen?

„Er sollte im Acker- und Gartenbau Anwendung finden, besonders beim Anbau von Getreide. Menschen, die ihr Verständnis vom Gartenbau erweitern wollen, sollten die Verwendung dieses Steins in Erwägung ziehen. Es ist Teil seiner Signatur, daß Bojistein oft in Gebieten mit riesigen landwirtschaftlichen Anbauflächen gefunden wird. Aufgeschnitten hat der Stein Adern, die Pflanzenwurzeln ähneln.

Außerdem hat Bojistein allgemeine Fähigkeiten zu Heilung und Geweberegeneration. Er richtet besonders alle feinstofflichen Körper so aus, daß sie zu besserem Einklang mit der Natur finden. Viele Bauern würden an diesem Elixier große Freude haben. Man lernt, sich besser telepathisch auf Pflanzen und Tiere einzustellen. Auch Tiermediziner würden vom Gebrauch dieses Elixiers profitieren. Man erhält dadurch erhöhte Widerstandkraft gegen Pflanzen- und Tierkrankheiten. Auch bei Pflanzen und Tieren sollte man es zu diesem Zweck einsetzen. Dieses Elixier setzt Gedanken aus dem Unterbewußten frei und schafft erhöhte Channelingfähigkeiten. Menschen lernen, direkter mit dem physischen Körper zu kommunizieren.

Alle Chakren, Meridiane und Nadis werden gekräftigt. Es empfiehlt sich, diesen Stein in der Nähe des Kehlenchakras zu tragen. Man massiere es mit Safloröl in den physischen Körper ein. Testpunkt ist die Stirn."

Frage: Man hat mir gesagt, daß Bojisteine langsam zu Staub zerfallen, wenn man sie zu mehreren über Monate lagert. Woran liegt das?

„Es empfiehlt sich, diese Steine getrennt voneinander aufzubewahren, weil ihre Bindungseigenschaften sie wie Kletten zueinander ziehen."

Frage: Kann man Bojisteine gefahrlos mit anderen Steinen zusammen lagern?

„Ja. Die anderen Steine würden nicht zu Staub zerfallen."

Frage: In Mittelkansas sind eine ganze Reihe von Bojisteinen in der Erde zu Staub zerfallen. Hat das mit der gegenwärtigen Verschiebung der Erdachse zu tun?

„Das ist einer der Gründe dafür. Außerdem werden die allgemeinen Bedingungen infolge von Klimaveränderungen und wachsender Umweltverschmutzung schlechter."

Frage: Wäre es ratsam, Bojistein zur Behandlung umweltbedingter Krankheiten zu verwenden?

„Ja, aber nur als homöopathisches Heilmittel, nicht als Edelsteinelixier."

BRONZE

Dies ist eine Legierung, die hauptsächlich aus Kupfer und Zinn besteht. Der Zinngehalt liegt bei unter 11 Prozent. Die Farbe ist normalerweise ein metallisches Braun. In der orthodoxen Medizin hat man Messing für Metallimplantate bei Knochenbrüchen, als Ersatz für Knochen und Gelenke und zur Herstellung von chirurgischen Instrumenten verwendet[1].

Frage: Wie wird Bronze zu Heilung und spirituellem Wachstum eingesetzt?

„Auf der Ebene des physischen Körpers finden wir Auswirkungen auf die Skelettstruktur, eine allgemeine Verbesserung des Zellgewebes und eine gesündere Produktion von roten Blutkörperchen. Zu den Krankheiten, die positiv beeinflußt werden, gehören Leukämie und alle Unausgewogenheiten der Skelettstruktur. Sprödigkeit in der Knochenstruktur, wie sie durch Überdosen von jeglicher Strahlung auftreten kann, geht durch Bronze erheblich zurück. Die Absorption von Kalzium, Kupfer, Eisen, Magnesium, Phosphor, Zink und Vitamin A wird verbessert.

Durch die Einnahme dieses Elixiers entwickeln sich innere Heilung, Disziplin und eine bessere Einstimmung auf das Höhere Selbst. Wenn man diese innere Disziplin erfahren hat, öffnet sich das Selbst. Der Ätherkörper wird in einen Zustand erhöhten Gleichklangs mit dem physischen Körper gebracht, und auch das Herzchakra wird in gewissem Maße beeinflußt. In ein Bad gebe man sieben Tropfen Bronze und eine Handvoll Epsomer Bittersalz. Der Akzent liegt etwas mehr auf den männlichen Eigenschaften. Wenn man Bronze unter eine Pyramide legt und mit dem vollständigen Spektrum weißen Lichts bestrahlt, werden ihre Eigenschaften verstärkt."

Frage: Werden auch die Heilungseigenschaften von Zinn und Kupfer auf das Bronzeelixier übertragen?

„Einige ihrer medizinischen Eigenschaften werden übertragen, aber wenn man Bronze synthetisiert, wird sie zu einer eigenständigen Substanz."

1 Wm. Beatty und Geoffrey Marks: *The Precious Metals of Medicine*, New York, Charles Scribner's Sons, 1975, p. 230, pp. 235-36.

CALAMIN (HEMIMORPHIT)

Calamin ist gewöhnlich weiß oder farblos, kann aber auch in brauner, grauer, gelber oder blaßblauer Färbung vorkommen. Der Name stammt von dem alten lateinischen Wort für die verschiedenen Zinkerze. Calamin wird oft in Zinkvorkommen gefunden. Er wird in den Vereinigten Staaten, Belgien, England, Deutschland und Mexiko abgebaut. In einigen Teilen Mexikos benutzt man Calamine als Kreuze.

Frage: Wie wird Calamin zu Heilung und spirituellem Wachstum eingesetzt?

„Calamin reinigt das Gewebe der Haut, besonders das der Kopfhaut, so daß sogar die Haarfollikel stimuliert werden. Auch Speiseröhre und Muskelgewebe werden angeregt. Dieses Elixier kräftigt den Körper, so daß er besser widerstehen kann, wenn er Röntgenstrahlen, Uranerz oder der Erdstrahlung ausgesetzt ist. Wenn dabei Hautgeschwüre auftreten, ist dies Elixier besonders hilfreich. Die Zellen setzen den Harnstoff schneller frei.

Menschen werden toleranter oder flexibler gegenüber anderen spirituellen und religiösen Systemen.“

Frage: Warum hat Calamin diese Wirkung?

„Diese Information kann zur Zeit nicht gegeben werden. Später werden Informationen über weitere psychologische Wirkungen dieses Elixiers gegeben werden.

Man verstärkt diesen Edelstein, indem man ihn fünfzehn bis zwanzig Minuten lang unter einer konischen Form mit ultraviolettem Licht bestrahlt. Ein Bad mit diesem Elixier stimuliert das Gewebe der Haut. Testpunkte sind Milz, Medulla oblongata und Wirbelsäulenbasis.“

CALCIT

Calcit ist eins der gängigsten Minerale auf dem Planeten. Er ist der Hauptbestandteil von Kalkstein und anderen sedimentären und metamorphen Steinen. Normalerweise kommt er weiß vor oder aber in verschiedenen Schwarz-, Blau-, Braun-, Grün-, Grau, Rot- oder Gelbtönen. Er wird unter anderem häufig gefunden in: den Vereinigten Staaten, England, Mexiko, Norwegen und Südwestafrika. Der Name stammt vom griechischen *chal* und vom lateinischen *calx* ab, die beide „Kalk“ bedeuten.

Frage: Wie wird dieses Mineral zu Heilung und Bewußtseinsentwicklung eingesetzt?

Nieren, Milz und Bauchspeicheldrüse werden positiv beeinflußt. Auf der Zellebene werden die Nieren angeregt, Toxine effektiver aus dem Körper zu beseitigen. Außerdem gehen Ängste und das Syphilismiasma zurück.

Als Gedankenverstärker erhöht Calcit die Fähigkeit zur Astralprojektion. Es wächst die Fähigkeit, sich an die Informationen, die man bei solchen Aufenthalten erhält, zu erinnern. Yin- und Yang-Eigenschaften werden ausgeglichen. Calcit kann als Badezusatz verwendet werden. Man verstärkt dieses Mineral, indem man es drei bis zehn Minuten unter eine Pyramide stellt.“

Frage: Hat es irgendeine besondere Wirkung auf das Kalzium im Körper?

„Nur indem es die Funktionen der Nieren unterstützt. Das ist Teil seiner Signatur."

CHALCEDON

Chalcedon ist eine Quarzvariante und von blauer, schwarzer, brauner, gräulicher oder weißer Farbe. Bedeutende Lager finden sich in den Vereinigten Staaten, Brasilien, Mexiko, Sri Lanka und der UdSSR. Der Name kommt von dem griechischen Wort *chalcedon*, welches im Altertum eine griechische Stadt in Kleinasien war.

Traditionell verwendete man diesen Stein, um mütterliche Gefühle zu fördern und den Milchfluß der stillenden Mutter zu erhöhen. Zu den psychologischen Zuständen, in denen die Verwendung dieses Elixiers angezeigt sein kann, gehören Empfindlichkeit und Melancholie. Die Denkprozesse werden klarer und objektiver, und die Gedanken wenden sich nach innen. Es entwickelt sich ein Gefühl von Enthusiasmus und gutem Willen. Man hat Chalcedon auch benutzt, um Menschen zu beruhigen, wenn sie schlecht geträumt haben, außerdem zur Linderung von Augenbeschwerden, Fieber und Leukämie und zur besseren Ausscheidung von Gallensteinen.

Frage: Wie wird dieses Mineral zu Heilung und spirituellem Wachstum eingesetzt?

„Zu den anatomischen Bereichen, die hauptsächlich angeregt werden, gehören Knochenmark, Milz, rote Blutkörperchen und Herzgewebe. Die roten Blutkörperchen werden auch auf der Zellebene aktiviert. Sauerstoffmangel und allgemeine Kreislaufstörungen wie Arterienverhärtung sind Indizien, daß dieses Präparat helfen könnte.

Durch Chalcedon werden alle inspirativen Zustände stimuliert, von der spirituellen Eingebung bis hin zur künstlerischen Kreativität. Auf der psychologischen Ebene macht sich diese Inspiration als Optimismus bemerkbar. Dieser entsteht teilweise, weil das Herzchakra geöffnet wird."

Frage: Wäre dieses Elixier nicht sehr nützlich für defätistisch oder negativ eingestellte Menschen?

„Ja, aber der vorherrschende Brennpunkt dieses Elixiers liegt an anderer Stelle.

Die Assimilation von Eisen, Silizium und Vitamin K wird verbessert. Verstärkung durch Bestrahlung mit ultraviolettem oder infrarotem Licht ist zu empfehlen. Auch die Bestrahlung mit Indigo wirkt positiv. Die Bestrahlung sollte dreißig Minuten dauern, das Elixier oder der Edelstein kann dabei diesen Farben einzeln oder allen gemeinsam ausgesetzt werden. Die Meridiane werden gekräftigt, und das ätherische Fluidum, das jede Zelle umgibt, wird stimuliert. Weibliche Eigenschaften werden etwas besser ausgeglichen als männliche. Die Verwendung von Chalcedon als Badezusatz kann die Oxygenisation der Haut erhöhen. Am besten trägt man ihn am Herzen in der Nähe der fünften Rippe. Der Testpunkt ist unter der Zunge. Man gibt ein paar Tropfen auf diese Stelle, und überprüft die Wirkung durch Muskeltesten."

CHRYSOKOLL

Chrysokoll ist blau, blaugrün oder grün und wird in den Vereinigten Staaten, der UdSSR, Chile, Mexiko und Zaire abgebaut. Der Name kommt von den griechischen Wörtern *chrysos* für „Gold" und *kolla* für „Klebstoff" oder „Zement" in Anspielung auf eine ähnlich aussehende Substanz, die früher einmal zum Löten von Gold verwendet wurde. Außerdem wurde die Bezeichnung historisch für diverse grünlich-kupferfarbene Minerale benutzt. Traditionell wird behauptet, Chrysokoll lindere Ängste, Schuldgefühle und nervöse Spannungen. Magen- und Darmgeschwüre, Verdauungsstörungen, Verkalkung und Arthritis werden positiv beeinflußt. Außerdem war Chrysokoll lange Zeit unter Musikern und Sängern als musikalischer Talisman beliebt.

Frage: Wie wird dieses Mineral zu Heilung und spirituellem Wachstum eingesetzt?

Lungen, Schilddrüse, Steißbein und Medulla oblongata werden gekräftigt, während auf der Zellebene die Hämoglobinproduktion angeregt wird. Das Tuberkulosemiasma geht zurück.

Streß und Überanspannung lassen nach, die Gefühle kommen ins Gleichgewicht, so daß man eher Schwingungsheilmittel zur Erweiterung des spirituellen Verstehens einsetzen kann. Wenn man Atemübungen macht, sollte man Chrysokoll benutzen – dadurch erlangt man mehr Kontrolle über die spirituellen Kräfte. Als Gedankenverstärker wirkt dieses Elixier auf Kehlenchakra und Medulla oblongata. Durch die Aktivierung der Eigenschaften der Medulla oblongata wird das Unterbewußte von Kräften gereinigt, die die

Persönlichkeitsentwicklung oder die gefühlsmäßige Reife des Menschen blockieren könnten.

Man kann dieses Elixier als Badezusatz verwenden, doch muß das Badewasser dafür sehr sauber sein, sonst läßt die Wirksamkeit stark nach. Deshalb sollte man Zitronensaft und womöglich Alkohol mit ins Wasser geben. Chrysokoll verstärkt man, indem man es fünfzehn Minuten lang mit Infrarotlicht bestrahlt. Der Akzent liegt etwas mehr auf den weiblichen Qualitäten. Zum Beispiel erlangt man größeren inneren Frieden und zieht die Umstände auf sich, die nötig sind, damit bestimmte Dinge bewältigt werden können. Die Aktivierung der uns allen innewohnenden weiblichen Qualitäten kann dazu beitragen, daß sich diese Qualitäten auch in unserem Leben entfalten. Der Stein hat eine schwache Signatur, indem er nämlich oft blau ist und Kehle und Lungen anregt. Die Farbe Blau regt diese Bereiche ebenfalls an. Testpunkte sind die Lungenpunkte des Körpers. Dieses auch historisch bedeutende Mineral hat als Edelsteinelixier viele wichtige Qualitäten."

CHRYSOLITH

Dieser grüne, goldene oder zitronengelbe Stein wird in Italien, den Vereinigten Staaten und der UdSSR gefunden. Der Name leitet sich ab von dem griechischen Wort *chrysopteron* oder *chrysolithos*, welches „Gold" und „Stein" bedeutet. In der Geschichte wurde dieses Mineral mit mehreren anderen gelben oder grünen Steinen verwechselt, mit Peridot und Topas zum Beispiel. Chrysolith wird traditionell mit der Sonne in Verbindung gebracht. Nach Steiner lindert Chrysolith in homöopathischer Zubereitung Augenbeschwerden. Andere meinen, daß er Inspirationen, prophetische Gaben und innere Visionen stimuliere, und gleichzeitig Depressionen und Selbsttäuschungen entgegenwirke.

Frage: Wie wird dieses Mineral zu Heilung und spirituellem Wachstum eingesetzt?

„Chrysolith lindert allgemeine Blutvergiftungen, Viruserkrankungen und Blinddarmentzündung. Der Blinddarm, der auch Testpunkt ist, wird gekräftigt. Emotionale Blockaden in der Persönlichkeitsstruktur, die den Menschen von seinem spirituellen Weg abhalten, werden geringer. Diese Wirkungen werden noch verstärkt, wenn man den Stein drei Stunden lang unter eine Pyramide legt. Man sollte ihn am Kehlenchakra tragen. Dieses einfache Elixier kann zur Beseitigung von Blutvergiftungen recht effektiv sein."

CHRYSOPRAS

Diese apfelgrüne Quarzvariante wird in den Vereinigten Staaten, der UdSSR, Australien und Brasilien gefunden. Der Name stammt von zwei griechischen Worten: *chrysos* für „Gold“ und *prason* für “Lauch“ - in Anspielung auf die vorherrschende Farbe des Chrysopras. Aus Lauch erhält man einen grünlichen Saft.

Traditionell lindert Chrysopras Gicht und Augenleiden, verschafft tiefere Einsicht in persönliche Probleme und befreit von Hysterie. Geistige Heiterkeit und Schlagfertigkeit entwickeln sich. An die Stelle von Gier, Selbstsucht und Achtlosigkeit treten eher Anpassungsfähigkeit, Umsicht und Vielseitigkeit. Die Fähigkeiten des Vorstellungsvermögens werden wieder entfacht, verborgene Talente geweckt. Swedenborg hat gesagt, dieser Edelstein offenbare die höchste himmlische Liebe zur Wahrheit.

Frage: Wie wird dieses Mineral zu Heilung und spirituellem Wachstum eingesetzt?

„Der primäre Wirkungsbereich dieses Elixiers liegt bei Prostata, Hoden, Eileiter und Eierstöcken. Auf der Zellebene verbessert sich bei beiden Geschlechtern die Fruchtbarkeit. Die meisten Krankheiten im Zusammenhang mit Unfruchtbarkeit werden gelindert. Gonorrhöe- und Syphilismiasma werden ebenso wie Depressionen positiv beeinflußt. Das Sexualchakra öffnet sich, und der Ätherleib wird gekräftigt, was wiederum die Heilung im physischen Körper fördert. Auch bei sexuellen Problemen sollte man die Anwendung dieses Elixiers erwägen.“

CREEDIT

Creedit ist ein weißes oder farbloses Mineral, das in den Vereinigten Staaten, Bolivien und Mexiko vorkommt. Der Name Creedit erklärt sich aus dem Fundort in der Nähe von Creede, Colorado.

Frage: Wie wird dieses Mineral zu Heilung und spirituellem Wachstum eingesetzt?

„Auf anatomischer Ebene finden wir, daß dieses Mineral die Leber reinigt und das Herz ins Gleichgewicht bringt, wobei speziell die Blutgefäße angeregt werden, die das für den Herzschlag zuständige Nervengewebe versorgen. Dieses Elixier hat eine sympathetische Resonanz mit den parasympathischen Ganglien. Auf der Zellebene kommt es zu verstärkter Mitose, und die Zellen sind besser in der Lage, das ätherische Fluidum aus dem Ätherleib anzuregen. Das petrochemische und das Tuberkulosemiasma werden gemildert, leichte Fälle von Strahlungskrankheit sind hiermit zu behandeln, und die Assimilation des Vitamin-B-Komplexes und von Vitamin A steigt.

Creedit stimuliert im Menschen das Selbstverständnis als spirituelles Wesen. Als Nebenprodukt wachsen dabei die hellseherischen Fähigkeiten. Kehlen- und Hypophysenchakra werden in Einklang gebracht, so daß die Fähigkeit zu persönlichem Ausdruck steigt. Auch Äther- und Mentalkörper werden aufeinander ausgerichtet. Creedit bringt männliche und weibliche Eigenschaften ins Gleichgewicht. Dieses Mineral ist androgyn. Wenn man es zwei Stunden lang Quarzkristallen aussetzt, werden seine Eigenschaften verstärkt."

Frage: Creedit wird in Zinnadern gefunden. Ist das ein Hinweis auf seinen Wert als Edelsteinelixier?

„Ja. Näheres hierzu wird zu späterem Zeitpunkt erklärt werden.

CUPRIT

Cuprit ist bräunlich-rot oder dunkelrot und wird in den Vereinigten Staaten, der UdSSR, Australien, Chile, Mexico und Zaire gefunden. Sein Name stammt vom lateinischen *cuprum* für „Kupfer". Steiner zufolge lindert homöopathisches Cuprit die Überintensivierung des Astralkörpers im physischen Körper, die bei Schilddrüsenstörungen öfters auftritt.

Frage: Wie wird dieses Mineral zu Heilung und spirituellem Wachstum eingesetzt?

„Durch Cuprit verbessert sich die Resorption von Kupfer und Gold; deswegen unterstützt er Herz, Thymus, Knochengewebe und Nervensystem. Auch die Resorption von Zink und Vitamin B und C wird verbessert. Die Signatur zeigt sich darin, daß Cuprit ein Kupfererz ist, das zur Assimilation von Kupfer im Körper beiträgt. Herzkrankheiten wie zum Beispiel Herzflattern, aber auch das Schwermetallmiasma und Beckenbeschwerden bei Frauen lassen sich mit diesem Elixier behandeln. Auf der Zellebene wird das Muskelgewebe angeregt und regeneriert.

Wenn jemand unter Unsicherheit gegenüber dem Vater oder Vaterfiguren leidet, braucht er womöglich dieses Elixier. Cuprit hilft, die Schwierigkeiten im Zusammenhang mit der Männlichkeit ins Gleichgewicht bringen. Besonders bei Männern wird das Herzchakra geöffnet, und diese Energie wird in ihre höheren Eigenschaften transformiert. Das Elixier bringt Past-Life-Informationen über beide Eltern an die Oberfläche der Persönlichkeit; deswegen kann es in der Reinkarnations-Therapie eingesetzt werden, besonders wenn Probleme mit einer Elternfigur aus vergangenen Leben vorliegen. Menschen, deren Sonnenzeichen in Wassermann, Löwe, Fische, Skorpion, Jungfrau und in geringerem Maße auch Steinbock stehen, haben manchmal Persönlichkeitsprobleme in der jetzigen Inkarnation, weil sie in mehr als einem vergangenen Leben dominante Elternfiguren hatten. Oft handelt es sich dabei um die Vaterfigur.

Cuprit trägt man am besten hinterm Ohrläppchen oder am Hara. Seine Eigenschaften werden durch zwanzigminütige Bestrahlung mit rotem Licht verstärkt, besonders wenn der Stein oder das Elixier sich dabei auf einer Kupferplatte befinden. Man kann Cuprit auch mit Rizinusöl mischen und äußerlich auf Wirbelsäule und Halsansatz auftragen. Eine solche Anwendung lindert besonders die oben angegebenen Krankheiten.“

DIAMANT

Diamant kommt in vielen Farben vor, unter anderem schwarz, blau, braun, grün, lavendel, orange, rosa, rot, weiß oder farblos. Er wird in Australien, Südafrika und der UdSSR abgebaut[1]. Der Name könnte vom griechischen *adamas* für „unbesieglich“ oder „stahlhart“ stammen. Andere meinen, der Name leite sich vom lateinischen *adamans* („der Unbesiegbare“) her, in Anspielung auf die große Härte des Diamants und auf den Glauben, daß er jedem Schlag widerstehen könne.

Colton hat gesagt, Diamant stehe zur spirituellen Einweihung und zum Höheren Selbst in Beziehung. Seit alter Zeit ist er Symbol für Tugend, Reinheit, Unschuld und geistige Klarheit.

Frage: Wie wird Diamant zu Heilung und spirituellem Wachstum eingesetzt?

„Diamant ist ein Meisterheiler und vielleicht am neutralsten von allen Edelsteinen, wie ein wahrer Meister es sein sollte. Diamant ist vom Strahlen seines Lichts durchdrungen und bietet dieses Strahlen einfach als Geschenk an. Es empfiehlt sich immer, die Verwendung von Diamant in Kombination mit anderen Edelsteinen zu erwägen. Gewöhnlich verstärkt Diamant die Kombination nicht, er vereint sich nicht mit dem anderen Edelstein, aber er ist ein machtvolles Mittel zur Entfernung von Blockaden und

Negativität, welche Schwingungsheilmittel behindern könnten. Die hier beschriebenen Eigenschaften gelten für den weißen Diamant. Auch andersfarbige Diamanten haben diese Qualitäten, außerdem aber andere Eigenschaften, die zu späterem Zeitpunkt zur Sprache kommen werden.

Diamant oder kristallisierter Kohlenstoff in stabilem Zustand rückt die Schädelknochen zurecht. Seine Fähigkeiten sind vor allem aufs Gehirn gerichtet. Man kann ihn auf das ganze Spektrum der Gehirnkrankheiten anwenden: u.a. Gehirnentzündung, Gehirntumore, Störungen der Hypo- und Epiphyse, Erkrankungen des Mittelhirns bis hin zu Cerebellum und Atlas, Cranium und Medulla oblongata. Sein Einfluß auf das Nervensystem hat seinen einzigen Brennpunkt in der Gehirnregion. Andere Gehirnunausgewogenheiten, bei denen Diamant von Nutzen ist, sind (u.a.) Blutungen, Entzündung, Störungen der Zusammenarbeit zwischen linker und rechter Gehirnhälfte, auch Autismus, Legasthenie, Epilepsie, abnorme neuronale Entladungen, Probleme mit der physischen Koordination und Sehschwierigkeiten.

Man lege das Elixier oder den Edelstein auf die Medulla oblongata, die Schläfe oder oben auf den Kopf. Dann meditiere man, und alsbald ergibt sich eine Veränderung in der Muskelstruktur von Kiefer und Schulterblättern. Spannungen in diesem Bereich, etwa an Kiefergelenk, Atlas, Schläfen und Schädelknochen, werden gelöst. Das Gleichgewicht reguliert sich selbst, indem die Durchblutung in diesen Bereichen sich verbessert. Auch mildert Diamant alle Miasmen, vor allem das Syphilismiasma. Auf der Zellebene wird eine (nicht allzu starke) Wirkung auf die RNS ausgeübt. Außerdem steigt die synaptische Tätigkeit zwischen den einzelnen Neuronen und den kranialen Empfangsstationen.

Auch die Hoden werden gekräftigt. Durch seine Sende- und Ausstrahlfähigkeiten zieht Diamant Lebenskraft von den Krankheiten ab, die sich in den Hoden festsetzen könnten. Besonders bei Syphilis ist dies der Fall. Diamant ist tatsächlich in der Lage, den meisten Krankheiten die Lebenskraft zu entziehen. Er entfernt Energiemuster wie die von Krankheiten, die das Fließen der Lebenskraft blockieren könnten.

Diamant strahlt Energie aus beziehungsweise sendet bestimmte Elemente. Es ist weniger so, daß er Energie abgibt oder assimiliert, sondern er entzieht sie. Quarz hat die Fähigkeit, Gedankenformen zu senden und zu verstärken. Diamant hat die Fähigkeit, Toxizität aus dem Körper zu ziehen. Er schiebt Giftstoffe in die feinstofflichen Körper und Äther, wo sie letztendlich transformiert werden. Bei Blutvergiftung im Nervensystem zum Beispiel kann die Verwendung von Silber ratsam sein, um das Gewebewachstum zu fördern und diese Toxizität und ihre ätherischen Eigenschaften aus dem System zu ziehen. Die Gegenwart von Diamant verstärkt immer die

Ausscheidung von Toxizität aus dem System. In Wirklichkeit liegt der Brennpunkt des Diamanten eher hier; er sendet im eigentlichen Sinne nicht Energie. Doch sollte man Diamant oft in Kombination mit anderen Schwingungsheilmitteln verwenden, um Toxizität aus dem physischen und den feinstofflichen Körpern zu ziehen. Der Zusatz von Diamant verhindert außerdem, daß die anderen Schwingungsheilmittel während des Reinigungsprozesses stark geschwächt werden. Wenn Diamant dabei ist, können andere Steine und Elixiere sich besser wieder aufladen. Diese Qualität hat ausschließlich Diamant. Andere Präparate wie Jamesonit und Lotus, die auch in vielen Kombinationen benutzt werden können, haben sie nicht. Diamant hat diese Fähigkeit, weil die mit ihm verbundenen Energien von einem so hohen Schwingungsniveau kommen und dann nach unten in den physischen Körper hinein transformiert werden.

Eine weitere Wirkung von Diamant ist die Entfernung von Blockaden im Kronenchakra. Außerdem stimuliert er die normalen halluzinogenen Fähigkeiten des Körpers. Das unterstützt die Beseitigung von Eigenschaften, die der physischen Form fremd sind. Außerdem beeinflußt er Augenbrauen- und Sexualchakra und hat sogar eine leicht aphrodisische Wirkung. Man kann Diamant zur Entfernung von Blockaden in der Persönlichkeit und von sexuellen Dysfunktionen mit psychologischem Hintergrund verwenden. Auch Menschen, die unter Ängsten, Unsicherheit und niedrigem Selbstwertgefühl leiden, können von Diamant profitieren. Er fördert die Klarheit des Denkens. Als Gedankenverstärker bringt er den Menschen in besseren Einklang mit dem Höheren Selbst oder mit Gedanken, die sich auf das Höhere Selbst beziehen.

Der Ätherkörper wird mehr auf den physischen Körper ausgerichtet, wodurch die Lebenskraft unterstützt wird, indem negative Muster abgesaugt werden. Die Hauptmeridiane werden vollkommen gereinigt, die Nadis allerdings kaum beeinflußt. Diamant wirkt ähnlich wie Quarz als allgemeiner Reiniger aller feinstofflichen Körper, über Äther- und Mentalkörper hinaus allerdings übt er keine besondere Wirkung mehr aus.

Die Fähigkeit zur Resorption von Alkalieiweißen und Vitamin B und E wird erhöht. Wenn man Diamanten am Ringfinger trägt, werden die männlichen Eigenschaften ins Gleichgewicht gebracht. Diamant hat eine sehr starke Anziehungskraft auf weibliche Energie, deswegen haben Heilerinnen mehr Nutzen davon. Als Teil seiner Signatur verweist das strahlende Äußere des Diamants auf seine Sendefähigkeiten. Verstärkung erreicht man, indem man Diamant zwei Stunden lang unter eine Kupferpyramide legt, während Mars am höchsten Punkt des Meridians steht. Das hängt damit zusammen, daß Diamant auch bei Sportlerinnen und Sportlern gut anwendbar ist. Mars steht in Beziehung zu Sport. Testpunkt ist das Kronenchakra.

Man sollte Diamant vorsichtig verwenden, weil er so machtvoll ist. Er kann zuviel Energie ausstrahlen und die Energie des Menschen erschöpfen. Zum Beispiel kann das Selbst sehr erschöpft werden, wenn man Diamant auf Kehlen- und Herzchakra anwendet."

Frage: Ist es wahr, daß bestimmte in der Natur vorkommende Substanzen, wie zum Beispiel Diamant und Rosen, einen solchen Zustand der Vollkommenheit erreicht haben, daß sie eines Tages von dieser Ebene zurückgezogen werden werden? Ist das der Grund dafür, daß bestimmte Minerale von der irdischen Ebene verschwinden?

„Das stimmt."

Frage: Traditionell wird Diamantstaub für ein hochwirksames Gift gehalten. Warum?

„Durch seine Sendereigenschaften kann Diamant Menschen die Lebenskraft aussaugen. Man hat den Staub auch mit bestimmten Nahrungsmitteln vermischt, um die Magen- und Darmwände und manchmal sogar die Gefäßwände zu zerstören. Bei der Verwendung von Diamantenelixier jedoch braucht man nichts derartiges zu befürchten. Bei fachgerechter Anwendung kann Diamant auch in Staubform benutzt werden, um die Lebenskraft in bestimmte Körperteile zu lenken. Diamantstaub sollten aber nur sehr erfahrene Therapeuten benutzen."

Frage: Du hast gesagt, die Nadis würden von Diamant nicht beeinflußt. Wenn man an den starken Strahlungseffekt von Diamant denkt, wäre es naheliegend, daß auch die strahlenden Nadis beeinflußt würden.

„Es ist die dem Diamanten innewohnende Natur, daß er von den höchsten spirituellen Teilen des Wesens auf den physischen Körper wirkt. Wenn er auch die Chakren beeinflußt, werden doch manche der eintretenden Veränderungen nur schwer auf die Nadis übertragen. Wenn die mit Diamant einhergehenden Energieübertragungen und physischen Veränderungen allerdings über lange Zeiträume wirken, werden auch die Nadis beeinflußt. Doch eigentlich wird der Einfluß von Diamant nur selten auf so tiefer Ebene spürbar. Bei den meisten Menschen erreicht Diamant die Chakrenebene, und das genügt auch."

1 Robert Maillard, Hrsg.: *Diamonds: Myth, Magic and Reality,* New York, Crown Publishers Inc., 1980.

DIOPSID

Dieses Mineral ist braun, grau, grün, weiß oder farblos. Es kommt in den Vereinigten Staaten, der UdSSR, Österreich, Kanada, Indien, Italien und Japan vor. Man bekommt den Diopsid auch in Sternform. Die oft aus Rußland stammende chromhaltige Variante des Diopsid, die im Edelsteinhandel häufig angeboten wird, eignet sich nicht besonders gut. Der Name kommt womöglich von den griechischen Wörtern *di* für „zwei" und *opisis* für „Erscheinung", wobei darauf angespielt wird, daß die Diopsidkristalle gewöhnlich mit zwei Arten von Prismen vorkommen, die einander ähnlich sehen. Andere meinen, der Name stamme vom griechischen *dioptano* für „hindurchsehen", weil man wegen seiner prismatischen Form von zwei Seiten hindurchsehen kann.

Frage: Wie wird dieses Mineral zu Heilung und spirituellem Wachstum eingesetzt?

„Schwingungsmäßig hat dieses Mineral Eigenschaften, die fast identisch sind mit denen des Enstatits, der weiter unten beschrieben wird. Deswegen kann man sie austauschbar benutzen. Diopsid ist etwas mehr yang, Enstatit etwas mehr yin. Vielleicht wird man später weitere feine Unterschiede bemerken."

DURANGIT

Dieses orangerote Mineral wird nur in Durango in Mexiko gefunden, woher es auch seinen Namen hat. Man findet es in Zinnminen, normalerweise zusammen mit Topas und Kassiterit.

Frage: Wie wird dieses Mineral zu Heilung und spirituellem Wachstum eingesetzt?

„Durch dieses Elixier werden Herz-, Lungen- und allgemeine Muskeldegeneration gelindert. Die Geweberegeneration wird verbessert, vor allem in Herz, Lungen (besonders im Bereich der oberen Bronchien), Schilddrüse, im parasympathischen Nervensystem und im allgemeinen Muskelgewebe. Streß und Ängste werden generell reduziert. Die sieben Hauptchakren, besonders aber das mit persönlichem Ausdruck verbundene Kehlenchakra, werden aktiviert. Durangit verstärkt Gedanken, die in Beziehung zum Kehlenchakra stehen.

Dieser Stein aktiviert die kristallinen und pyramidalen Strukturen des Körpers, wodurch die Assimilation vieler Nährstoffe gefördert wird, darunter Vitamin A, B, C, D und E, Kalzium, Gold, Magnesium, Phosphor, Kieselerde, Silizium, Silber und Zink. Die Aktivierung dieser Strukturen steht in enger Beziehung zur Geweberegeneration und zu den Energiemustern des physischen Körpers.

Der Akzent liegt bei diesem Mineral etwas mehr auf den männlichen Eigenschaften. Es kann äußerlich zusammen mit Zimt-, Jojoba- oder Safloröl angewandt werden."

Frage: Kannst du zum jetzigen Zeitpunkt genau erklären, wie die Aktivierung der kristallinen und pyramidalen Strukturen des Körpers zur Geweberegeneration in Beziehung steht?

„Nein, zum jetzigen Zeitpunkt nicht. Dabei geht es auch um die Aktivitäten des ätherischen Fluidums und um komplexe Technologien aus der Lichtwissenschaft von Lemuria."

EILATSTEIN

Eilatstein wird in Israel und Peru gefunden. Er besteht aus Kupfermineralen in verschiedenen Anteilen, darunter Chrysokoll und Türkis. Er ist von blaugrüner Farbe. Der Name erklärt sich daraus, daß er schon vor mehreren tausend Jahren in Eilat in Israel abgebaut wurde. Der Stein wird zwar auch heute noch in Eilat gefunden, aber die Eilatsteine, die man in den israelischen Touristengegenden kaufen kann, stammen zum großen Teil aus Peru.

Frage: Was ist das karmische Muster des Eilatsteins?

„In Atlantis und Lemuria wurde er wegen seiner Heileigenschaften häufig verwendet. Auch wurde dieser Stein in der Geschichte zur Herstellung zwischenmenschlicher Beziehungen benutzt, um Gedankenprozesse zwischen einzelnen Menschen zu integrieren. Daraus erklärt sich zum Teil, warum dieser Stein im Mittleren Osten vorkommt, denn die Armeen der Welt haben sich oft in diesem kritischen strategischen Gebiet aufgehalten."

Frage: Wie wird Eilatstein zu Heilung und spirituellem Wachstum eingesetzt?

„Er hat die Fähigkeit zur vollständigen Geweberegeneration, besonders auch des Skelettgewebes. Alle Miasmen gehen zurück, und die Assimilation von Nährstoffen wird verbessert. Alle feinstofflichen Körper werden für einige Zeit in Einklang gebracht, wodurch sich das System entgiften kann, so daß Schwingungsheilmittel besser wirken. Dies ist ein mächtiges Elixier.

Eilatstein läßt den Menschen seine Lebensumstände leichter akzeptieren, besonders wenn sie mit persönlichen karmischen Mustern in Beziehung stehen. Es kommt zu vermehrten Inspirationen durch das Höhere Selbst. Dieses Elixier ist ein hervorragendes Antidepressivum. Auch hat es eine gewisse Wirkung auf das Herzchakra.

Wenn man Eilatstein am Zeigefinger trägt, werden seine Eigenschaften verstärkt. Auch wenn man dieses Mineral unter eine Pyramide oder in eine Kugel stellt, besonders ins morgendliche Sonnenlicht, verstärken sich seine Eigenschaften. Eilatstein bringt die männlichen und weiblichen Anteile der Menschen ins Gleichgewicht. Testpunkte sind Stirn, Medulla oblongata und Fußsohlen. Äußerliche Anwendung durch einen Zerstäuber oder in Kombination mit tiefeindringenden Ölen wie Jojoba oder Rizinus ist angezeigt."

ELFENBEIN

Elfenbein ist ein Kalziumphosphat, das aus organischer und mineralischer Materie besteht. Es stammt aus der Zahnstruktur verschiedener Tiere wie Elephanten, Flußpferden, Walrössern und Walen. Die Farbe ist weiß mit gelegentlichen rosa Schattierungen[1].

Frage: Wie wird Elfenbein zu Heilung und spirituellem Wachstum eingesetzt?

„Die gesamte Knochen- oder Skelettstruktur wird angeregt, besonders wenn man rosa getöntes Elfenbein verwendet. Rosafarbenes Elfenbein stimuliert auch die Heilung der Haut. Die Geschmeidigkeit und Biegsamkeit aller Wirbel werden verbessert. Elfenbein stimuliert das Muster der Knochensubstanzregeneration, besonders beim Zahnschmelz, der die darunter liegenden empfindlichen Strukturen schützt. Daß Elfenbein aus Knochensubstanz besteht, gehört zu seiner Signatur. Durch die verstärkte Entgiftung verbessert sich der allgemeine Gesundheitszustand. Auf der Zellebene fördert Elfenbein die Erzeugung von roten Blutkörperchen im Überfluß. Leukämie, Knochenerweichung, Hautkrebs, innere und Hautgeschwüre und das Schwermetallmiasma lassen sich mit diesem Elixier behandeln.

Menschen, die innere Disziplin brauchen, weil sie vielleicht bisher im

Leben keine äußere Disziplin kennengelernt haben, sollten Elfenbein oft verwenden. Außerdem lindert es Ärger und Frustration. Auf der spirituellen Ebene inspiriert Elfenbein den Menschen dazu, das Selbst zu opfern, aber im richtigen Zusammenhang. Das dritte Chakra wird geöffnet, und die Meridiane gestärkt. Der Emotionalkörper wird mit dem Ätherkörper in Einklang gebracht, so daß das ätherische Fluidum leichter auf die Zellebenen vordringen kann. Als Gedankenformverstärker bringt Elfenbein die emotionalen Qualitäten des Selbst an die Oberfläche. Die Assimilation von Kalzium, Magnesium und Protein verbessert sich. Testpunkte sind der Bereich des Kehlenchakras und die Handflächen. Gemischt mit Oliven- und Baumwollsamenöl kann Elfenbein äußerlich angewandt werden. Wenn man es als Badezusatz verwendet, muß das Wasser Körpertemperatur haben. Durch den Zusatz von Epsomer Bittersalz zum Badewasser werden seine Eigenschaften noch verstärkt. Diese direkte äußere Anwendung auf die Haut ist am besten, wenn man Hautbeschwerden behandelt. Man trägt Elfenbein am besten an der Medulla oblongata.

Die Eigenschaften von Elfenbein werden verstärkt, wenn man es zusammen mit einem möglichst unbearbeiteten Diamanten drei Stunden lang unter eine Pyramide stellt. Auch Neumond oder Vollmond aktivieren die Eigenschaften des Elfenbeins. Man verwende eine einfache aus natürlichem Quarz geschnittene Quarzplatte und setze Elfenbein darauf etwa zwei Stunden lang dem Neumond oder dem Vollmond aus.“

Es hat auf den höheren Ebenen einige Diskussionen darum gegeben, ob man Elfenbein in dieses Material aufnehmen sollte, weil die Tierarten, die es liefern, allesamt vom Aussterben bedroht sind. John hat gesagt, diese Tatsache brächte die Schwingungsbalance bei der Anwendung von Elfenbein aus dem Gleichgewicht. Es wurde jedoch entschieden, daß die Verwendung von fossilem Elfenbein die gegenwärtige Situation dieser Tiere nicht verschlimmern würde. Außerdem bestand der Wunsch, diese sehr wertvolle Substanz als Edelsteinelixier zu benutzen.

1 O. Beigbeder: *Ivory*, London, Weidenfeld and Nicholson, 1965.
George Kunz: *Ivory and the Elephant in Art, Archeology and in Science,* Garden City, New York, Doubleday, 1916.

ENSTATIT

Enstatit ist braun, weiß, olivgrün oder farblos. Man baut ihn in den Vereinigten Staaten, Österreich, Deutschland, Irland und Japan ab. Er kommt auch als Katzenauge vor. Der Name stammt vom griechischen *enstates* für „feindlich“ oder „gegenüber“, wegen seiner Feuerfestigkeit und seiner Widerstandsfähigkeit gegenüber Säuren. Man benutzt ihn als Talisman für alle Wettbewerbsituationen, bei denen es um intellektuelle Leistungen geht – wie zum Beispiel Prüfungen und Debatten. Außerdem hat man ihn zur Behandlung von Leukämie gebraucht.

Frage: Wie wird Enstatit zu Heilung und spirituellem Wachstum eingesetzt?

„Herz, Lungen und Nieren werden angeregt, das Tuberkulosemiasma, kardiovaskuläre Krankheiten, Leukämie und Nierenfehlfunktionen werden durch dieses Elixier gelindert. Es ist auch bei chirurgischen Eingriffen wie Organtransplantationen einsetzbar, um die Gefahr der Abstoßung von Organen oder Gewebe zu verringern. Auf der Zellebene wird die RNS beeinflußt, und die Assimilation von Vitamin K, Phosphor, Kieselerde und Protein verbessert sich.

Wenn jemand von der elterlichen Figur, die man Vater nennt, mißbraucht worden ist, ist das ein psychologischer Hinweis, daß er dieses Elixier gebrauchen könnte. Äther- und Astralkörper werden gekräftigt, wodurch das Selbst in seine Mitte gebracht wird, so daß das Selbstvertrauen steigt und Unsicherheiten geringer werden. Enstatit steigert auch die Fähigkeit, ein liebendes Naturell auszubilden.

Man verwende Enstatit als Badezusatz, besonders bei Hautkrankheiten wie Verhärtungen des Hautgewebes. Man kann es auch äußerlich mit Olivenöl anwenden. Dieses Elixier fördert die weiblichen Kräfte in gewissem Umfang. Seine Eigenschaften werden durch drei- bis fünfminütige Bestrahlung mit gelbem oder ultraviolettem Licht verstärkt. Testpunkte sind Stirn und Medulla oblongata. Bei bestimmten chirurgischen Eingriffen wird dieses Elixier sich als bedeutsam erweisen."

FEUERSTEIN

Feuerstein kommt häufig in den Vereinigten Staaten und Westeuropa, besonders in England, vor. Er ist schwarz, braun, grau, rot oder weiß und wird oft in Kalk- oder Kreidevorkommen gefunden. Der englische Name „flint" kommt vom griechischen *plintos* für „Ziegel". In alter Zeit trug man Feuerstein gegen Alpträume. In der anthroposophischen Medizin behandelt man durch Feuerstein in Verbindung mit einem Langustensekret Nierensteine.

Frage: Was ist das karmische Muster dieses Minerals?

„Es gibt keinen einzelnen wesentlichen Einfluß. Obwohl dieser Stein immer zur Herstellung von Kriegswaffen verwendet wurde, hat er eine große Heilkraft.

Frage: Wie wird Feuerstein als Edelsteinelixier eingesetzt?

„Die wichtigste Funktion dieses Elixiers ist die Geweberegeneration des gesamten endokrinen Systems. Als Nebeneffekt stimuliert Feuerstein die Regeneration des gesamten Systems. Außerdem verbessert sich die Assimilation aller Nährstoffe, und das Tuberkulose- und petrochemische Miasma werden gemildert.

Frage: Warum unterstützt Feuerstein so wirkungsvoll die Nährstoffresorption?

„Das liegt an seiner Zusammensetzung aus verschiedenen Mineralen, welche Bestandteil seiner Signatur ist. Außerdem unterstützen jedes Edelsteinelixier und jede Blütenessenz, die die Geweberegeneration stark fördern, automatisch auch die Nährstoffresorption. Zwischen den beiden Prozessen besteht eine direkte Verbindung.

Die Menschen sollten sich mit den Edelsteinelixieren und Blütenessenzen, die die Geweberegeneration besonders fördern, intensiv beschäftigen. Wegen der Beziehung zwischen Geweberegeneration und Nährstoffresorption hat jedes dieser Präparate einen speziellen Wert bei der Behandlung von Nährstoffmangelerscheinungen. Magersucht ist ein besonders gutes Beispiel für dieses Muster.

Feuerstein läßt den Menschen ausgeglichener und selbstbewußter im spirituellen Sinne werden. Bei dieser Art von Selbstbewußtsein geht es weniger um eine Betonung des Selbst als um die Einheit mit der Natur und anderen Menschen. Alle Meridiane und Nadis werden gekräftigt und ausgerichtet. Es empfiehlt sich, dieses Elixier als Badezusatz oder äußerlich als Salbe mit Mandel-, Jojoba- oder Sonnenblumenöl zu verwenden. Die Eigenschaften von Feuerstein werden verstärkt, wenn man ihn zwölf Stunden unter eine Pyramide legt.“

FLUORIT (Flußspat)

Fluorit ist blau, braun, farblos, grün, purpurn, rot oder weiß und wird in den Vereinigten Staaten, England, Italien und der Schweiz abgebaut. Sein Name stammt vom lateinischen *fluere* für „fließen“, denn Fluorit schmilzt leicht. Fluorit ist die Hauptquelle für die Fluorherstellung[1].

Steiner zufolge hilft Fluor bei der Bildung der menschlichen Form, besonders bei Kindern. Fluormangel kann Knochenstörungen wie Zahnverfall und weiche Knochen zur Folge haben. Im Altertum wurde Fluorit zur Linderung von Lungenkrebs verwendet. In der Medizin hat man Fluorid bei Knochenerkrankungen, die mit Demineralisierung zusammenhängen, so bei Osteoporose, verwendet, außerdem, um den Gehörverlust bei Otosklerose aufzuhalten. Fluoritverbindungen werden zur Krebsbehandlung eingesetzt. Fluorit wird außerdem als Anästhetikum und zur Behandlung von Leber und Lungen eingesetzt[2]. Seit einigen Jahren versetzt man in den Vereinigten Staaten Zahnpasta und Trinkwasser mit Fluorid. In vielen Gemeinden hat es große Kontroversen über die Fluorisierung des Trinkwassers gegeben. Es mehren sich die Hinweise darauf, daß Probleme wie Mongolismus sich aus solchem künstlichen Herumexperimentieren mit dem Trinkwasser entwikkeln können[3].

Frage: Wie wird Fluorit zu Heilung und spirituellem Wachstum eingesetzt?

„Fluorit kräftigt die Knochensubstanz, besonders den Zahnschmelz und stimuliert Schleimhaut- und Lungengewebe. Außerdem lindert es Knochensubstanz- und Zahnerkrankungen, Lungenentzündung, virale Entzündungen und das Tuberkulosemiasma. Als Mundwasserzusatz beugt dieses Elixier Zahnverfall vor.

Zu den psychologischen Zuständen, in denen die Verwendung dieses Elixiers angezeigt wäre, zählen: Ängste, sexuelle Frustrationen und Hyperkinesien. Die Fähigkeit zur Wahrnehmung höherer Wirklichkeiten wird gestärkt. Der Ätherkörper wird unterstützt, so daß vermehrt Lebenskraft in den physischen Körper assimiliert wird.

Die Assimilation von Kalzium, Magnesium, Phosphor, Zink und Vitamin K verbessert sich. Durch die Verwendung dieses Elixiers in Bädern können arthritische Beschwerden gelindert werden. Am besten trägt man Fluorit in der Nähe der Zähne, an den Ohrläppchen oder der Medulla oblongata. Seine Eigenschaften werden durch dreißigminütige Bestrahlung mit blauem oder Indigolicht verstärkt."

1 Alice Watts: Fluorite the Magical Gem, *Lapidary Journal*, September 1984, pp. 806-811.
2 T. L. Vischer, M. D., Hrsg.: *Fluoride in Medicine*, Bern, Hans Huber Verlag, 1970.
3 J. I. Rodale: *The Complete Book of Minerals for Health*, Emmaus, Pennsylvania, Rodale Books Inc., o.J., pp. 367-373.

GAGAT

Gagat ist ein schwarzes fossiles Holz, in seiner Zusammensetzung kohleähnlich, das in den Vereinigten Staaten, England, Frankreich und Spanien abgebaut wird. Der Begriff stammt vom griechischen *gagee* oder *gagas*, einem Fluß in Syrien, wo die Römer ihr Gagat fanden.

Gagat ist traditionell zur Behandlung einer großen Zahl von Frauenbeschwerden benutzt worden, außerdem zum Zähneputzen, zur Linderung von Magenschmerzen, gegen Erkältungen, Wassersucht, Epilepsie, Drüsenschwellungen, Fieber und Haarausfall. Man kann Gagatsalbe zur Linderung von Skrofulose, Tumoren und Zahnschmerzen verwenden. Der Sturm der Leidenschaften legt sich, furchtsame Gedanken, Wahnvorstellungen, Hysterie, Halluzinationen, Alpträume, Melancholie und Deliriumsanfälle werden positiv beeinflußt. Außerdem hat man es zur Rauchdesinfektion verwendet.

Frage: Wie wird Gagat zu Heilung und spirituellem Wachstum eingesetzt?

„Dieses Elixier regt das Steißbein, die unteren Extremitäten und die Tätigkeit der Bauchspeicheldrüse an und der untere Teil der Wirbelsäule wird ausgerichtet. Auf der Zellebene erhöht es Fruchtbarkeit bei Frau und Mann. Das Schwermetallmiasma wird in gewissem Maße positiv beeinflußt.

Gagat lindert Ängste und Depressionen, besonders manisch- depressive Zustände. Außerdem erweckt es Menschen zu ihrem Höheren Selbst und fördert Hellsichtigkeit. Das Basischakra wird geöffnet, und Emotional- und Ätherkörper teilweise in Einklang gebracht.

Die Qualitäten des Gagat werden wesentlich verstärkt, wenn man ihn an Kehlenchakra, Medulla oblongata oder Handgelenk trägt, besonders wenn der Stein in Silber gefaßt ist. Vom Basischakra wird Energie hinauf in diese Bereiche gezogen. Man verstärkt Gagat, indem man ihn zwei Stunden lang unter einer konischen Form mit violettem Licht bestrahlt. Die männlichen Qualitäten werden in gewissem Maße stimuliert. Testpunkte sind Fußsohlen und Stirn. Verschiedene Kulturen benutzen diesen Stein seit Jahrtausenden als Heilungsstein."

GALENIT

Dieses bleigraue Mineral wird in den Vereinigten Staaten, der UdSSR, Australien, Frankreich und Mexiko gefunden. Sein Name stammt vom lateinischen *galena*, womit man Eisenerz oder die Schlacke von geschmolzenem Blei bezeichnete. Galenit ist das gängigste aller Bleiminerale.

Frage: Wie wird Galenit zu Heilung und spirituellem Wachstum eingesetzt?

„Lungen, Schilddrüse und das parasympathische Nervensystem werden gekräftigt, auf der Zellebene nehmen Zellmitose und die Produktion weißer Blutkörperchen zu. Man verwende dieses Elixier zur Behandlung von Blutvergiftungen und gegen das Tuberkulosemiasma. Emotionale Probleme, die spirituellem Wachstum im Wege stehen, werden gemildert. Außerdem verbessert sich die Atemkontrolle, besonders während Meditation und kreativer Visualisation. Der Ätherkörper wird ausgerichtet, männliche und weibliche Eigenschaften werden ausgeglichen. Dies einfache Edelsteinelixier ist innerhalb seiner Grenzen ziemlich wirkungsvoll."

GALLIUM

Dieses metallische Element ist weiß oder bläulich. Es wurde 1875 in Frankreich von Lecoq de Boisbaudran entdeckt. Zu Ehren Frankreichs nannte er es „Gallium" – nach der römischen Bezeichnung für Frankreich.

In der westlichen Medizin wird Gallium zur Bekämpfung von Tumorwachstum eingesetzt[1]. Wenn man zuviel mit Gallium in Berührung kommt, können Blindheit, Lähmung, Lichtscheu und Übererregbarkeit die Folgen sein. Auch Haut und Magendarmtrakt können in Mitleidenschaft gezogen werden. In Tierexperimenten hat Gallium Gewichtsverlust und Nierenschäden hervorgerufen[2].

Frage: Wie wird Gallium zu Heilung und spirituellem Wachstum eingesetzt?

„Unterleib, Leber, Epiphyse und die Nervensynapsen werden gekräftigt. Probleme mit degenerierten Bandscheiben und auch das Schwermetallmiasma werden durch dieses Elixier gelindert. Auch regt es die Skelettstruktur an und kann in der Craniopathie verwendet werden. Die Zellmitose wird gesteigert. Durch Strahlungsüberdosen entstandene Chromosomenschäden lassen sich mit Gallium behandeln.

Kohlenstoff, Zink und Vitamin E werden besser assimiliert. Man kann dieses Elixier äußerlich mit einem Zerstäuber anwenden. Man verstärkt es, indem man es in einem kugelförmigen Behältnis zwei Stunden lang in die Sonne stellt."

Frage: Ist Gallium ein Schlüsselelement, das auch mit vielen anderen Metallen oder Elementen kombiniert werden könnte?

„Ja, darauf wird zu einem späteren Zeitpunkt möglicherweise eingegangen werden."

1 L. J. Anghileri: Effects of Gallium and Lanthanum on Experimental Tumor Growth, *European Journal of Cancer* XV, Dezember 1979, pp. 1459-1462.
2 Ethel Browning: *Toxicity of Industrial Metals*, 2. Auflage, London, Butterworths, 1969, pp. 155-157.

GIPS

Dieses häufig vorkommende Mineral wird in den Vereinigten Staaten, der UdSSR, Chile, Frankreich und Mexiko abgebaut. Man macht daraus Gipsmörtel und Stuck für das Maurerhandwerk, außerdem Düngemittel. Es kommt in verschiedenen Braun-, Grau, Weiß- und Gelbtönen vor. Der Name stammt vom griechischen *gypos* oder gypsos, was „Mörtel" oder „Gips" bedeutet. Als homöopathisches Heilmittel – Calcarea sulphurica – wird es zur Behandlung von Hautkrankheiten, Schleimabsonderungen,Drüsenschwellungen, und Zungenproblemen verwendet. Gips wirkt auch lindernd bei Prostatakrebs.

Frage: Wie wird Gips zu Heilung und spirituellem Wachstum eingesetzt?

„Gips verjüngt Prostata, Hoden und Gebärmutter. Mit diesem Elixier läßt sich nachlassende Gewebeelastizität behandeln. Gewebeelastizität ist in vielen Teilen des Körpers, auch in den Knochen, wesentlich. Größere Gewebeelastizität bedeutet, daß Knochen weniger leicht brechen und Muskeln weniger leicht reißen. Auch die Haut wird elastischer. Erhöhte Gewebeelastizität kann während der Schwangerschaft wichtig sein, oder beim Ab- oder Zunehmen. Das zweite Chakra wird ins Gleichgewicht gebracht, und die mit diesem Chakra zusammenhängenden Kräfte, vor allem spirituelle Einsichten, werden aktiviert. Gips gibt dem Menschen die Fähigkeit, Spannungen loszulassen, höhere schöpferische Kräfte zu aktivieren und die Kundalini zu erwecken. Man erlangt größere Beweglichkeit. Ängste in Bezug auf männliche Sexualität gehen zurück, und die androgynen Charakterzüge werden angeregt. Hier haben wir eines von mehreren gern verwendeten homöopathischen Mitteln, die auch als Edelsteinelixier von großem Wert sind.

GLAS (FULGURIT)

Fulgurit oder natürliches Glas ist eine harte, spröde, nichtkristalline Substanz, die gewöhnlich durch Verschmelzung von Silizium mit soda- und kalkhaltigen Silikaten entsteht[1]. Fulgurit entsteht, wenn ein Blitz in Sand oder andere lose oder poröse Materialien einschlägt. Das meiste Fulgurit oder Glas ist künstlich vom Menschen hergestellt, es kommt aber auch natürlich vor und dann kann es außerirdischer Herkunft sein[2].

Frage: Was ist das karmische Muster dieses Minerals?

„Fulgurit wurde im späteren Lemuria zusammen mit Quarz benutzt, um die menschliche Rasse in zwei Geschlechter zu teilen."

Frage: Wie wird Fulgurit zu Heilung und spirituellem Wachstum eingesetzt?

„Bei diesem Elixier stellen wir eine Kräftigung von Thymusdrüse, Bändern, Sehnen und Nervengewebe fest. Fulgurit läßt den Menschen seine Gedanken unmittelbarer auf das Individuum konzentrieren. Die Assimilation von Vitamin A und C wird verbessert. Diese Substanz ist androgyn. Fulgurit kann als Badezusatz verwendet werden, und seine Eigenschaften werden durch jeweils dreiminütige Bestrahlung mit erst ultraviolettem, dann infrarotem Licht in einer konischen Form verstärkt. Am besten verwendet man natürliches Fulgurit außerirdischer Herkunft."

1 George Morey: *The Properties of Glass*, zweite Auflage, New York, Reinhold Publishing Corp., 1954.
2 Hilarion: Answers, Toronto, Marcus Books, 1983, pp. 10b.

GOLD

Dieses Element kommt in verschiedenen Gelbtönen vor. Es wird in den Vereinigten Staaten und Kanada abgebaut. Der Name stammt aus dem Angelsächsischen, sein Ursprung und seine Bedeutung sind nicht sicher.

Heindel hat gesagt, Gold symbolisiere den universellen Geist in seiner vollkommenen Reinheit. Folglich reinigt es den physischen Körper[1]. Bailey sagt, Gold sei Symbol für unsere Wünsche auf vielen Gebieten[2]. Cayce meint, Gold baue das Nervensystem neu auf und sei bei multipler Sklerose zu empfehlen[3]. Steiner hat gesagt, alles Gold sei einst Teil des Sonnenäthers gewesen[4]. Gold findet in der anthroposophischen Medizin breite Verwendung. Es verbessert Durchblutung und Atmung und erhöht das Wärmegefühl. Seine Verwendung kann angezeigt sein bei Erkältung, Fieber, Hitzewallungen in der Menopause und Nachtschweiß. Die Verdauung kann sich verbessern, außerdem ergibt Gold eine gute Salbe gegen Lupus. Durch Gold können sich ein Sinn für Verantwortlichkeit und ein Gewissen entwickeln. Bei Egokonflikten, Frustrationserlebnissen und Überlastung durch Verantwortung besteht womöglich ein Bedarf für Gold. Es ist auch gut für deprimierte Menschen mit Selbstvorwürfen oder Selbstmordgedanken. Außerdem für manische Menschen mit Tendenzen zu Größenwahn, Reizbarkeit und Wutanfällen. Man kann dieses Heilmittel hervorragend am Ende einer Therapie verordnen. Gold ist auch gegen Hautkrebs angewendet worden, insbesondere wenn dieser durch zu hohe Strahlendosen verursacht war.[5]

In der Homöopathie ist Gold bei tiefen Depressionen und Selbstmordneigungen angezeigt. Zum Beispiel wenn einem Menschen Selbstvertrauen fehlt oder er sich sehr minderwertig oder sexuell übersensibel fühlt. Auch bei Neuralgien und Sonnenmangel kann Gold helfen, besonders in der Zeit der langen Winternächte. Außerdem bei Anämie, Augenbeschwerden, Kopfschmerzen, Alpträumen, Lähmungen, Lungenentzündung, Syphilis oder Gefäßerkrankungen.

In der westlichen Medizin ist Gold seit langer Zeit ein bedeutendes Heilmittel für verschiedene arthritische, rheumatische und syphilitische Beschwerden. Auch bei Tuberkulose, Herzkrankheiten, Locomotor atoxia, sexuellen Störungen, Hautkrankheiten wie Lepra und Lupus, und bei Wirbelsäulenbeschwerden hat man Gold eingesetzt, außerdem zur Anregung von Gehirn und Verdauung. In anderen Fällen wurde Gold zur Herstellung von Knochenimplantaten, chirurgischen Instrumenten und Akupunkturnadeln verwendet[6].

Frage: Was ist der karmische Hintergrund von Gold?

„Die Ursprünge des Goldes gehen zurück in die Zeiten von Lemuria. Schon damals wurden seine Heilkräfte unter den Heilmeistern hochgeschätzt. Es wurde vor allem zur Entwicklung des Herzchakras benutzt, außerdem wegen seiner Fähigkeit zur Gedankenformverstärkung. Die Reinheit des Goldes konserviert höhere Gedanken, so daß sie später zurückgeholt werden können. Seine ausgezeichneten Leitereigenschaften für Elektrizität und Gedankenformen machten es in Lemuria zu einem teuren Metall. Dort wurde es für die wenigen chirurgischen Eingriffe benutzt, die in dieser Gesellschaft stattfanden. Außerdem wurde es zur Öffnung des dritten Auges verwendet (man studiere die vedischen Traditionen). Seine Resistenz gegen Säuren und Zerfall machte Gold in vollkommener Weise zur Einpflanzung von Talismanen in den physischen Körper geeignet. Solche Implantationen in den physischen Körper wurden möglich, weil Gold sehr hitzebeständig ist und von fremden Lebensformen nicht angegriffen wird. Solche Implantate kann man in den mumifizierten Überresten so verschiedener Kulturen wie der Inkas und Maya, wie in China, Ägypten und sogar in Europa finden."

Frage: Wie wird Gold zu Heilung und spirituellem Wachstum eingesetzt?

„Die Heilkräfte des Goldes sind in allen großen Kulturen erforscht und gründlich dokumentiert worden. Natürlich war es die Standardeinheit, nach der verschiedene Währungssyteme ihr Geld bewertet haben. Durch seine Färbung fördert Gold die Heilung und wirkt tief im kollektiven Unbewußten der Menschheit sowohl auf genetischen als auch auf telepathischen Ebenen. Gold ist zu einem universellen Symbol geworden, das das Bewußtsein aller Männer und Frauen beherrscht.

Gold ist der große Ausgleicher für das Herzchakra, welches vielleicht der mächtigste aller chakrischen Punkte ist. Es gibt oft falsche Vorstellungen darüber, daß die oberen Chakren die mächtigsten Punkte seien. Der Herzchakra braucht das reinste Metall. Gold dient ihm als großer Ausgleicher. Deswegen ist Gold immer das große alchimistische Bindeglied zum Menschen gewesen.

Das Herz ist natürlich wesentlich für die Durchblutung des physischen Körpers. Das allein schon würde es zu einem Meisterheiler machen. Aber Gold steht auch in einer Wechselbeziehung zur Thymusdrüse. Aufgrund dieser zusätzlichen Eigenschaft finden wir, daß die Heilkräfte des Goldes sich auf die gesamte physische Form erstrecken. Die Aktivitäten von Herz und Thymusdrüse sind so eingerichtet, daß sie die psychophysische Struktur des Menschen während der ersten sieben Lebensjahre in Balance bringen und sogar bis zur Verjüngung des gesamten endokrinen Systems vordringen. Diese Aktivitäten geschehen auch durch dieses Edelsteinelixier, oder wenn man echtes physisches Gold der Nahrung zusetzt.

Gold wird in Mangold, Kamille, Löwenzahn, Kelp, Seetang und Weizen gefunden, besonders wenn sie in der Nähe von tatsächlichen Goldvorkommen in der Erde wachsen. Goldelixier unterstützt auch die Resorption von Gold, Magnesium, Sauerstoff, Phosphor, Silber und Vitamin A, B, D und E. Zu wenig Gold im Körper ist eine der Hauptursachen für Multiple Sklerose. Dieser Faktor spielt bei vielen Nervenkrankheiten eine Rolle. Wenn zu wenig Gold im System ist, wird die grundlegende Fähigkeit des Systems tendenziell gestört, das gesamte Spektrum der Minerale und Vitamine besonders in Muskelgewebe und Nervensystem zu assimilieren. Die Regeneration des Körpers gelingt durch die Einnahme physischen Goldes und durch den Gebrauch des Elixiers.

Frage: Würdest du etwas über das antagonistische Verhältnis des Goldes zu anderen Mineralen sagen? Zum Beispiel hat Dr. Kolm aus Finnland gesagt, zwischen Gold und Selen bestände ein antagonistisches Verhältnis[7]. Wenn das stimmt, welche Auswirkungen hat es dann?

„Ein Ungleichgewicht zwischen Gold und Selen verursacht Probleme im Nervensystem, die wiederum psychosomatische Krankheiten, vielleicht sogar epileptisches und schizophrenes Verhalten auslösen können. Auch Depressionen, Verfolgungswahn, unnatürliche Ängste, Lethargie und Impotenz können sich daraus entwickeln. Ein weiteres bedeutendes Problem tritt bei einem Ungleichgewicht zwischen Gold und Schwefel auf. Dieses kann zur Degeneration von Herz, Leber und Nierengewebe führen. In manchen Fällen kann man durch Gold diese Beschwerden lindern."

Daß ein Ungleichgewicht zwischen bestimmten Mineralen und Vitaminen unsere körperliche und geistige Gesundheit angreifen kann, ist der westlichen Medizin wohlbekannt. Die Wechselwirkungen von Spurenelementen aber, besonders der weniger bekannten, bleibt ein wichtiges Thema für zukünftige Forschungen.

„Am wirkungsvollsten ist Gold bei seiner Verwendung als großer Ausgleicher, auch heute, wo es als Metall hoher Leitfähigkeit von der Gesellschaft industriell genutzt wird. Diese Eigenschaft, seine Resistenz gegenüber den meisten Formen von Korrosion, wie Oxidation und Säureeinwirkung, sein hoher Grad an Widerstandskraft gegen die meisten Arten von Strahlung und seine elektrischen Eigenschaften machen Gold zu einem vollkommenen Vermittler bestimmter Eigenschaften im ätherischen Fluidum. Die gute Integration des Goldes mit der Körperphysiologie macht es zu einer vollkommenen Grundlage für die Verteilung des ätherischen Fluidums in der physischen Form.

Wie bereits besprochen, ist das ätherische Fluidum die Schnittstelle zwischen den physischen und biophysischen Aktivitäten des Körpers und den Äthern. Dies ist das Plasma, das im Ätherleib beobachtet werden kann. In den physischen Körper wird es durch dessen elektrische Eigenschaften auf der biomolekularen Ebene und die Kommunikation überall im Nervensystem übertragen. Im physischen Körper steht das ätherische Fluidum auch in einer Wechselbeziehung zu den zellulären Lebenskräften. Man studiere die Muster von Elektrizität und Geweberegeneration.

Gold ist für die Geweberegeneration wesentlich, besonders für das Gewebe von Herz, Bauchspeicheldrüse, Milz und Muskelstruktur. Gold hat überragende Bedeutung bei der Geweberegeneration des Herzens und bei der Behandlung von Herzkrankheiten. Diese Aktivität zieht das ätherische

Fluidum an und speichert es. Oft wird es dann umgewandelt in Kundalinienergie und Geweberegeneration. Wenn es in der richtigen Weise mit den Meridianen im Einklang steht, wird das ätherische Fluidum unter dem Einfluß von Gold zur Lebenskraft. Deswegen ist das ätherische Fluidum entscheidend für die Aktivitäten des physischen und der feinstofflichen Körper.

Gold aktiviert auch die Geweberegeneration in den Neuronenstrukturen im Schädelbereich. Die Tätigkeiten von Epi- und Hypophyse werden durch die schwachen elektromagnetischen Eigenschaften des Schädels und durch das dort wohnende Bewußtsein angeregt. Diese Drüsen werden entweder stimuliert oder atrophiert, wenn der Mensch bewußt den Alphazustand oder noch tiefere Bewußtseinszustände anstrebt. Diese Drüsen werden auch infolge der hohen Leitfähigkeit und der elektrischen Eigenschaften des Goldes beeinflußt, die nämlich die Fähigkeit zur Geweberegeneration in der Neuronenstruktur fördern. Ein Gleichgewicht in der Schädelkapazität und entsprechende Gehirnwellentätigkeit, die ja die Quelle für die Stimulation der Epiphyse und der Hypophyse ist, führen entweder zur Vergrößerung oder zur Atrophierung dieser Drüsen und beeinflussen auch die Aktivitäten der beiden Drüsenfunktionen in ihren chakrischen Prioritäten.

Erhöhte Leitfähigkeit verhindert Blockaden oder den Aufbau unnötiger elektrischer Kapazitäten im Neuronen- und Zellgewebe des Gehirns. Man studiere diese Eigenschaften zum Beispiel, wenn es zu einer Überlastung durch elektrische Entladungen zwischen den beiden Gehirnhälften und in der Folge zu Epilepsie kommt. Wenn die Überlastungen und Entladungen weniger stark sind, kann es in der Persönlichkeit zu nervösem Verhalten, Überaggressivität und unkontrolliertem Verhalten kommen. Daraus können chronische Reizzustände entstehen. Die Entfernung solcher Streßbeanspruchung kann bis zu zehn Prozent zur Langlebigkeit des Menschen beitragen, denn dabei wird unnötiger in der Persönlichkeit gespeicherter Streß aus der physischen Form beseitigt. Wenn man alle diese Aktivitäten ins Gleichgewicht bringt, wird die physische Form gekräftigt. Gold stimuliert auch die elektrischen Eigenschaften im gesamten Körper.

Auf der anatomischen Ebene kommt es zu Heilung und Verjüngung von Herz, Muskelgewebe, Nervensystem und Skelettstruktur. Die Wirbel werden ausgerichtet und die neurologischen Gewebe, die von den Wirbeln ausgehen, regeneriert. Auch die Haut wird regeneriert. Gold eignet sich zur Behandlung jeglicher Herzkrankheiten und aller Störungen, die mit dem Zusammenbruch des Immunsystems zusammenhängen, wie Diabetes und Muskeldystrophie. Das Schwermetall-, das Strahlungs- und das petrochemische Miasma werden gemildert. Gold unterstützt die Funktion des Herzens bei der Beseitigung von petrochemischen Rückständen. Man verwende Gold, wenn ein Mensch zu lange Röntgenstrahlen oder Uranerz ausgesetzt war. Wie Quarz schützt dieses Elixier vor allen Formen von Strahlung. Auch bei Überhitzung durch zu langen Aufenthalt in der Sonne ist Gold hilfreich.

Dieses Elixier kann zur Reparatur und zur Verbindung von Gewebeteilen gebraucht werden. Einige eurer Naturwissenschaftler würden sogar zugeben, daß Gold in allen Organen des Körpers allgemein die Geweberegeneration fördert, auch bei der Knochensubstanz und anderen Strukturen. Auf der Zellebene werden alle biomolekularen Funktionen verstärkt, auch die Mitose. Außerdem werden Chromosomenschäden repariert.

Bei mangelhafter Kooperation der beiden Gehirnhälften ist Gold ideal zur Wiederherstellung des Gleichgewichts geeignet. Seine Verwendung ist folglich angezeigt bei: Autismus, Legasthenie, Epilepsie, abnormen neuronalen Entladungen, Störungen der Bewegungskoordination, Sehproblemen und Unterfunktion von Hypophyse und Epiphyse. Die Verwendung von Gold in Kombination mit Kupfer oder Silber hilft, Persönlichkeit und Sexualität ins Gleichgewicht zu bringen. Bei Gold und Silber liegt der Akzent auf dem Weiblichen, Gold und Kupfer bringen das Männliche ins Gleichgewicht. Wenn man alle drei Elixiere miteinander kombiniert, kommt es zu einer besseren Selbstregulierung dieser verschiedenen Kräfte.

Gold erzeugt den Wunsch nach Erleuchtung des Höheren Selbst. Der Mensch wird erleuchteter oder sucht, den Intellekt auf das schnelle Erreichen dieses Zieles zu richten. Herz-, Augenbrauen-, Kronen- und die fünf Chakren oberhalb des Kronenchakras werden geöffnet, wodurch höhere spirituelle Visionen in Einklang gebracht werden. Auch zur Speicherung von Gedankenformen und zur allgemeinen Gedankenformverstärkung ist Gold hervorragend geeignet."

Frage: Manche meinen, das Einnehmen oder Tragen von Gold könnte dazu führen, daß man von allen Seiten mit Gedanken bombardiert wird. Würdest du dazu einen Kommentar abgeben?

Gold enthält viele seiner erhöhten ätherischen Eigenschaften auch in seiner physischen Form. Es ist solch ein machtvoller Gedankenformverstärker, daß man es während Meditationen und kreativen Visualisationen dafür verwenden kann, Gedankenformen aus der Umgebung in sich aufzunehmen und den physischen Körper dadurch positiv aufzuladen.

Wenn jemand sehr viel Gold am Körper trägt, könnte er möglicherweise von zu vielen Gedankenformen bombardiert werden. Es gibt Menschen, die sehr empfänglich für Gedankenformen sind, weil sie ihr Bewußtsein psychologisch so eingerichtet haben, daß es für diese Dinge offen ist. Diese Offenheit hat in ihrem Glaubenssystem einen hohen Stellenwert. Meistens ist ihre Persönlichkeit dabei politisch ausgerichtet, weil sie das zur Selbsterhaltung brauchen. Doch ist dies eine relativ unwichtige Frage, um die sich nur wenige Menschen kümmern sollten. Merke, daß das Schlüsselwort „empfänglich“ ist. Oft genügt es als Schutz, wenn solche Menschen von weißem Licht umgeben sind.

Gold, welches die männlichen Eigenschaften ins Gleichgewicht bringt, kann überall am Körper getragen werden. Alle Meridiane und Nadis werden gekräftigt, Mental-, Emotional- und spiritueller Körper in Einklang gebracht. Diese harmonische Ausrichtung zieht Menschen zu spirituellen Zielen hin. Auch bei der Behandlung vieler Geisteskrankheiten ist Gold äußerst wirksam. Man kann die Tinktur auch als Badezusatz verwenden. Zur Verstärkung legt man Gold fünfzehn Minuten lang unter einer Pyramide in gelbes Licht. Dieses Elixier kann äußerlich angewendet werden, wenn man es mit Jojoba-, Erdnuß- oder Sonnenblumenöl mischt. Testpunkte sind Herz, Hypophyse und Medulla oblongata. Aufgrund all der erwähnten Eigenschaften ist Gold der Meisterheiler unter den bekannten Elementen.“

1 Max Heindel: *Das Rosenkreuzerische Christentum,* Darmstadt, Rosenkreuzergemeinschaft, 1982.
2 Alice Bailey: *Esoterische Astrologie,* (Eine Abhandlung über die Sieben Strahlen, Bd. III), Bietigheim-Bissingen, Karl Rohm Verlag, 1988.
3 *Medicines For the New Age*, Virginia Beach, Virginia, Heritage Publications, 1977, pp. 27-28.
4 Rudolf Steiner: *Vor dem Tore der Theosophie* (1906), Dornach, Rudolf Steiner Verlag, 1978.
5 Wilhelm Pelikan: *The Secrets of Metals*, Spring Valley, New York, Anthroposophic Press, 1984, pp. 87-103.
L.F.C. Mees: *Living Metals*, London, Regency Press, 1974, pp. 57- 69
6 Wm. Beatty and Geoffrey Marks: *The Precious Metals of Medicine*, New York, Charles Scribner's Sons, 1975, pp. 22-27, 190-191, 195, 216, 228, 230, 235-236.
Arthur T. Risbrook e.a.: Gold Leaf in the Treatment of Leg Ulcers, *Journal of the American Geriatrics Society* XXI, Juli 1973, pp. 325 und 329.
James D. Gowans und Mohammad Salami: *Response to Rheumatoid Arthritis With Leukopenia To Gold Salts*, New England Journal of Medicine, CCLXXXVIII, 10. Mai 1973, pp. 1007-1008.
7 Dr. Hans Kolm: *Organothropia As a Basis of Therapy,* 12. Auflage, Finland, ohne Verlagsangabe, 1978.

GRANAT (RHODOLITH)

Diese auch Pyrop genannte Granatart ist tief rosenrot, schwarz, rosa oder purpurn. Sie wird in den Vereinigten Staaten, Südafrika, Tansania und Zaire gefunden.

Frage: Wie wird dieses Mineral zu Heilung und spirituellem Wachstum eingesetzt?

„Auf der physischen Ebene kommt es zu verbesserter Funktion der Kapillargefäße vor allem im Lungengewebe, zu erhöhter Nährstoffassimilationsfähigkeit der Dünndarmzotten und zu größerer Flexibilität im Hautgewebe. Dieses Elixier lindert Übelkeitsgefühle während Entgiftungsprozessen. Auf der Zellebene erhöht sich die Hämoglobinassimilation, und der physische Körper wird zur Früherkennung von Krebsvorstadien im Zellgewebe angeregt. Granatrhodolith entfaltet bei der Behandlung von Krebsvorstadien schwache antikarzinogene Wirkungen, bei entwickeltem Krebs allerdings ist seine Anwendung normalerweise nicht angezeigt. Auch das Tuberkulose- und das petrochemische Miasma werden positiv beeinflußt.

Astral- und Ätherkörper werden in Einklang gebracht, wodurch das ätherische Fluidum gekräftigt wird und in der Folge einige der hier beschriebenen physischen Wirkungen eintreten, besonders bei Lungen und Haut. Testpunkt ist das Augenbrauenchakra. Der Akzent liegt etwas mehr bei den männlichen Eigenschaften. Außerdem verbessert sich die Assimilation des Vitamin-B-Komplexes und von Vitamin A."

GRANAT (SPESSARTIN)

Die Granate sind eine Gruppe glasiger Minerale schwarzer, grüner, orangener, rosaroter oder roter Farbe. Granat kommt in den meisten Farben außer Blau vor. Auch Sterngranate werden gefunden. Granat kommt in den Vereinigten Staaten, Brasilien, Kanada, Italien und Zaire vor. Der Name kommt vom lateinischen *granatum* für „Granatapfel", dessen Samen er angeblich ähnlich sah. Andere meinen, daß der Name vom lateinischen *granatus* stammt, was „kornartig" bedeutet[1].

Im Altertum legte man Granate auf offene Wunden, um sie zu heilen, und unter Kissen, um Alpträume abzuhalten. Depressivität, Selbstwertgefühl, Willenskraft und psychosomatische Unausgewogenheiten werden durch Granat beeinflußt. Steiner hat gesagt, Granat rege die Vorstellungskraft an. Roten Granat hat man bei Hormonstörungen, Blutungen, Entzündungen und zur Beruhigung von Ärger und Streit verwendet. Gelber Granat lindert Leberbeschwerden. Auch Störungen der Wirbelsäule werden ins Gleichgewicht gebracht.

Frage: Welche sind die heilenden und spirituellen Qualitäten dieses Granats?

Dieses Elixier kräftigt Herz, Leber, Nieren und Schilddrüse. Auf der Zellebene kommt es zu einer Vermehrung von Plasma, Hämoglobin und weißen Blutkörperchen. Spessartingranat lindert das Tuberkulosemiasma und

Leber- und Herzerkrankungen, besonders verschiedene Arten von Anämie. Man verwende dieses Elixier auch für Geschlechtskrankheiten und mit der Sexualität verbundene psychische Störungen. Menschen, die dieses Elixier brauchen, neigen zu Egozentrik und Eigenbrötlerei. Die Bereitschaft, anderen nützlich zu sein, wird angeregt, wobei man sich allerdings trotzdem seiner selbst bewußt bleibt. Der Emotionalkörper wird mit dem spirituellen in Einklang gebracht, wodurch die Gefühle spiritualisiert und erhoben werden. Bei der Meditation verwendet, stimuliert Spessartingranat die spirituelle Essenz von zwischenmenschlichen Beziehungen.

Herz, Schilddrüse und das zweite Chakra werden angeregt. Dieses Elixier ist androgyner Natur. Auf ein Bad nehme man acht Tropfen. Zur Verstärkung setze man es dreißig Minuten lang unter einer Pyramide den Schwingungen von Diamant oder Rubin und außerdem der Note C aus. Bei der äußeren Anwendung sollte man es mit Erdnuß- und Olivenöl mischen. Diese Mischung ist besonders wirksam, wenn man sie am Solarplexus oder den empfindlichen Stellen unter den Armen aufträgt.

Man trage diesen Stein am Herzen oder an den Ohrläppchen. Wenn man Granat mit anderen Steinen zusammen trägt, sollte man ihn am besten zerschneiden, damit er sich richtig auf die anderen Steine einschwingen kann."

Frage: Ist dies eine Ausnahme von der Regel, daß man Minerale möglichst nah an ihrem Naturzustand verwenden sollte?

„Wenn man ein Elixier daraus machen will, ist es nicht notwendig oder besser, den Granat vorher zu zerschneiden. Bedenke, daß es hierbei um ein System geht, mit dem Menschen die einzigartigen Eigenschaften von Mineralen und Metallen nahegebracht werden sollen. Die Ausrichtung und Inspiration stammt aus lemurianischen Traditionen."

1 Richard Pearl: *Garnet: Gem and Mineral*, Colorado Springs, Colorado, Earth Science Publishing Co., 1975.

A. E. Alexander und Louis Zara: Garnets: Legend, Lore and Facts, *Mineral Digest* VIII, Winter 1976, pp. 6-16.

GRANIT

Dieser häufig vorkommende Stein ist grün, rosa, weiß, gelblich oder hellgrau. Er kommt fast überall auf der Welt vor, unter anderem in Brasilien, Kanada, England, Italien und den Vereinigten Staaten[1]. Der Name stammt womöglich von dem walisischen *givenithfaen*, was „Weizenstein" bedeutet. Dies könnte das Wort sein, das die Römer benutzten, als sie etwa 100 Jahre vor Christus in Wales Straßen und Bergwerke anlegten.

Frage: Wie wird Granit zu Heilung und spirituellem Wachstum eingesetzt?

„Alle feinstofflichen Körper werden in spezifischer Weise in Einklang gebracht, so daß die Geweberegeneration der Haut und aller inneren Organe, abgesehen von den Drüsen, angeregt wird. Die Geweberegeneration der Drüsen wird nicht angeregt, weil die Kräfte der Drüsen Teil eben jener Quelle sind, die die Geweberegeneration stimuliert. In Kombination mit Feuerstein könnte Granit die Geweberegeneration fast der gesamten physischen Anatomie, die Drüsen eingeschlossen, anregen."

Frage: Wie ist das möglich?

„Granit und Feuerstein erhöhen die regenerativen Eigenschaften des Körpers, besonders wenn man sie in Verbindung mit Magnetheilung und der negativen Polarität anwendet. Weitere Informationen zu dieser Technologie werden zu späterem Zeitpunkt gegeben werden. Am besten verschafft man sich rosafarbenen Granit, denn Rosa hat eine besondere Beziehung zur Geweberegeneration.

Die gesamte Wirbelsäule wird ausgerichtet, alle Nährstoffe besser assimiliert und Probleme durch Strahlungsüberdosen gelindert. Die Nährstoffe werden unter anderem deswegen besser assimiliert, weil der Stein so viele Bestandteile enthält. Das gehört zur Signatur des Granits.

Man trage Granit am Kehlenchakra. Zur Verstärkung legt man das Elixier oder den Stein zwei Stunden lang zusammen mit klarem Quarz unter eine Pyramide. Im Bad verwendet gleicht dieses Elixier Yin- und Yang-Eigenschaften aus. Testpunkte sind die Mitte der Handflächen und der Fußsohlen. Dies sind Punkte, an denen man starke Heilungsenergien einleiten kann."

Frage: Ein Arzt in Kalifornien hat homöopathischen Granit zur Behandlung der Bauchspeicheldrüse gebraucht. Kann man das Elixier auch bei solchen Beschwerden verwenden?

„Nein, eine homöopathische Granitzubereitung hilft allerdings tatsächlich bei Beschwerden der Bauchspeicheldrüse."

Frage: Blavatsky hat gesagt, Granit könne nicht brennen, weil seine Aura Feuer ist. Würdest du das kommentieren?

„Sie spielt dabei auf die Tatsache an, daß Granit bei Erhitzung piezoelektrische Ladungen freisetzt. Das steht in Zusammenhang mit dem aurischen Feld, das Granit umgibt, welches seine Struktur gegen Hitze isoliert und ein Kraftfeld schafft."

1 Goethe: An Essay on Granite, *Mineral Digest* VIII, Winter 1976, pp. 56-63.
Frederick Pough: *The History of Granite*, Barre, Vermont, Barre Guild, o. J..

GRAPHIT

Dieses Element ist schwarz wie Eisen oder grau wie Stahl. Es kommt in den Vereinigten Staaten, der UdSSR, Italien, Mexiko und Sri Lanka vor. Der Name stammt vom griechischen *graphein* für „schreiben", denn Graphit wird in Bleistiften verwendet[1]. Graphit ist ein sehr wichtiges homöopathisches Heilmittel, das man bei Störungen von Haut, Nägeln und Magen verwendet, außerdem bei Beschwerden im Analbereich und mangelnder Nährstoffresorption. Menschen, die dieses homöopathische Präparat brauchen, sind zum Beispiel blutarm, übergewichtig, als Kinder unruhig, oder sie haben eine überempfindliche Sinneswahrnehmung.

Frage: Wie wird Graphit zu Heilung und spirituellem Wachstum eingesetzt?

„Auf den zellulären und anatomischen Ebenen kräftigt dieses Elixier die Knochensubstanz und stimuliert die Aktivitäten der Nervensynapsen. Dieses Elixier kann man einsetzen, wenn die Knochensubstanz durch Strahlung spröde geworden ist. Graphit hat die besondere Eigenschaft, der Dekalzifizierung im Zustand der Schwerelosigkeit entgegenzuwirken. Bei normaler Schwerkraft allerdings hilft Graphit bei dieser Funktionsstörung nicht."

Frage: Können Astronauten es bei künftigen Raumflügen verwenden?

„Richtig. Graphit lindert auch viele andere bei Schwerelosigkeit auftretende Symptome, Störungen im Bereich der Skelettmuskulatur, im Kalzium- und Stickstoff-stoffwechsel, Schwindelanfälle und Ohrenbeschwerden[2]. Im Zustand der Schwerelosigkeit, wenn sie die gesamte Menschheit auf einmal auf dem Planeten sehen können, entwickeln eure Astronauten häufig eine neue Einstellung zum Leben. Im Raum ist man vom Planeten getrennt, und oft entwickelt sich ein neues Bewußtsein und ein neues Gefühl für das Selbst. Graphit unterstützt diese Transformation. Manche Menschen überkommt im

Raum eine tiefe Traurigkeit, weil ihnen die Probleme der Welt klar werden.

Der Emotional- und der Ätherleib werden solchermaßen in Einklang gebracht, daß die Nervensynapsen im Gehirn angeregt werden. Als Testpunkt kann jede Stelle am Körper mit hoher Nervendichte dienen. Man verwende dieses Elixier als Badezusatz und trage es an der Kehle. Schon bei den einfachsten Formen von Meditation werden die meisten Gedankenformen durch Graphit verstärkt. Außerdem werden die männlichen Eigenschaften geringfügig angeregt.“

Frage: Seit einigen Jahren stellt man bei den Arbeitern in Graphitminen öfters Graphitstaublunge und Lungentuberkulose fest[3]. Kann Graphitelixier diese Probleme mildern?

„Ja.“

1 W. N. Reynolds: *Physical Properties of Graphite*, New York, Elsevier Science Publishing Co., Inc., 1968.
2 A. R. Hargens e.a.: Fluid Shifts and Muscle Funktion in Humans During Acute Stimulated Weightlessness, *Journal of Applied Physiology: Respiratory, Environmental, and Exercise Physiology,* April 1983, pp. 1003-1009.
G.D. Whedon: Changes in Weightlessness in Calcium Metabolism and in the Musculoskeletal System, *Physiologist* XXV, Dezember 1982, pp.41-44.
3 C. G. Uragoda: Pulmonary Tuberculosis in Graphite Miners, *Journal of Tropical Medical Hygiene* LXXV, November 1972, pp. 217- 220.

HALIT (SALZ)

Dieses Mineral, ein Gesteinsalz, wird in den Vereinigten Staaten, Frankreich, Deutschland und Italien gefunden. Im allgemeinen ist es rosa, rot, weiß oder gelb. Der Name stammt vom griechischen *hals* für „Salz“. Da es sich um eine Form von Salz handelt, kann man sich in der medizinischen Literatur über seine vielfältigen Einflüsse auf die menschliche Gesundheit informieren und so die klinische Wirkung dieses Elixiers zu schätzen lernen.

Steiner hat gesagt, ein starkes Verlangen nach Salz bedeute, daß der Astralkörper dem Ätherkörper zu nahe sei. Dann können das Ego und der Astralkörper zu eng mit dem physischen Körper und dem Ätherkörper verbunden sein. Salz wirkt spezifisch auf den Astralkörper. Zu wenig Salz bedeutet, daß der Astralkörper nicht in der richtigen Weise auf den Ätherkörper wirken kann. Dadurch wird der Ätherkörper gegenüber dem Astralkörper zu dominant, und das Bewußtsein wird verschwommen. Der Verzehr von

Salz erweitert das Bewußtsein des Menschen und kräftigt den Astralleib. Wenn man bisher zuwenig Salz zu sich genommen hat, läßt eine Reduzierung des Salzverzehrs auch die Wirkung des Salzes auf den physischen Körper und den Ätherkörper geringer werden[1].

In der Homöopathie ist Salz oder natrium muriaticum ein wichtiges Heilmittel für ernste geistige Störungen, wenn ein Mensch zum Beispiel traurig, reizbar, melancholisch oder hysterisch ist oder viel weint. Manchmal genießen solche Menschen ihr Elend sogar. Weitere Symptome, bei denen dieses homöopathische Mittel möglicherweise zu empfehlen ist, sind zum Beispiel Blutarmut, Frösteln, Verstopfung, Kopfschmerzen, Fisteln oder zu trockene Schleimhäute im Verdauungstrakt.

Frage: Wie wird Halit zu Heilung und spirituellem Wachstum eingesetzt?

„Die neurologisch sensiblen Punkte an den Fußsohlen werden stimuliert. Das Kreuzbein wird besonders angeregt. Das Nervengewebe, das mit dem Kreuzbein in Beziehung steht, ist eine Reflexzone der unteren Extremitäten. Außerdem stimuliert Halit andere Reflexpunkte im gesamten physischen Körper.

Depressionen werden durch Halit gelindert, Meridiane und Nadis allgemein gestärkt. Die Fähigkeit der kristallinen Struktur zur Integration mit den feinstofflichen Körpern hat eine Reinigungswirkung auf jegliche Negativität in der Persönlichkeit. Wenn man Halit dreißig Minuten lang unter eine Pyramide stellt, verstärkt man seine Eigenschaften. Man trägt es an der Handfläche. Für Bäder mit diesem Elixier gelten die allgemeinen Hinweise. Testpunkt ist die Medulla oblongata."

Frage: Wie beeinflußt Halit das Salz im physischen Körper?

„Darüber wird zu einem späteren Zeitpunkt gesprochen werden. Es ist natürlich bekannt, daß ein Salzungleichgewicht Nierenbeschwerden verursachen kann."

Frage: Steiner hat gesagt, ein starkes Verlangen nach Salz bedeute, daß der Astralkörper dem Ätherkörper zu nahe ist. Würde Halit den Astralkörper beeinflussen?

„Nein. Wenn jemand Halit braucht, ist das im allgemeinen ein Hinweis darauf, daß die feinstofflichen Körper sich in diesem gestörten Zustand befinden, doch Halit würde dieses Ungleichgewicht nicht unbedingt ausgleichen."

Frage: Halit ist ebenso wie Weinstein und Lehm wasserlöslich. Würdest du bitte etwas zu dieser Eigenschaft sagen. Wie geht man damit bei der Zubereitung von Edelsteinelixieren um?

„Durch seine wasserlöslichen und gleichzeitig kristallinen Eigenschaften und den ständigen Wechsel zwischen dem flüssigen und dem kristallinen Zustand verstärkt dieses Elixier das ätherische Fluidum im Ätherkörper und die kristallinen Elemente im physischen Körper. Kristalline Elemente im physischen Körper findet man bei Zellsalzen, im Lymphsystem, in der Thymusdrüse, der Epiphyse, den roten und weißen Blutkörperchen und den regenerativen Eigenschaften im Muskelgewebe. Die Verstärkung der kristallinen Eigenschaften des Körpers fördert hellseherische Fähigkeiten, Telepathie und die Empfänglichkeit für Heilung.

Hierzu wird in einem zukünftigen Buch umfangreiches Material vorgelegt werden. Zum Verständnis des Pulsierens bestimmter Edelsteine zwischen der flüssigen und der kristallinen Form müssen fortgeschrittene physikalische Konzepte erläutert werden.“

1 Rudolf Steiner: *Salz, Merkur, Sulfur,* in: Lebendiges Naturerkennen (1923), Dornach, Rudolf Steiner Verlag, 1966. *The Dynamics of Nutrition*, Wyoming, Rhode Island, Bio-Dynamic Literature, 1980, pp. 124-127.

HÄMATIT

Hämatit ist ein Eisenoxid von stahlgrauer bis eisenschwarzer Farbe, manchmal mit winzigen, tiefroten Flecken. Es wird in den Vereinigten Staaten, Brasilien und Kanada gefunden. Der Name stammt vom griechischen *haimatites* für „blutähnlich“, wegen der lebhaften roten Farbe des Pulvers.

Galen verwendete Hämatit bei entzündeten Augenlidern und Kopfschmerzen, Plinius für alle mit dem Blut zusammenhängenden Erkrankungen, Verbrennungen, Gallenleiden und zur Heilung gefährlicher Wunden. Im alten Ägypten behandelte man mit Hämatit Blutungen, Entzündungen und Hysterie.

Frage: Wie wird dieses Mineral zu Heilung und spirituellem Wachstum eingesetzt?

„Es vermehrt vor allem die roten Blutkörperchen auf der physischen und der Zellebene. Seine Wirkung ist sehr konzentriert – man kann alle Bluterkrankungen mit Hämatit behandeln, auch die mit den weißen Blutkörperchen zusammenhängenden. Das Eisen in diesem Mineral übt eine starke Wirkung aufs Blut aus. Das gehört ebenso wie seine Nierenform zur Signatur von Hämatit. Aber es beeinflußt nur die blutreinigenden Funktionen der Niere. Die Struktur der Nieren wird nicht gestärkt. Die Lungen werden in gewissem Umfang beeinflußt.

Das Gonorrhöemiasma und der oft mit Bluterkrankungen einhergehende Mangel an physischer Vitalität werden durch dieses Präparat gemildert. Die Assimilation von Eisen, Proteinen, Vitamin E und K verbessert sich. Im Gefühlsbereich ist niedriges Selbstwertgefühl ein Indikator dafür, daß Hämatit angewandt werden sollte. Die Fähigkeit zur Astralprojektion wächst durch dieses Elixier. Seine Eigenschaften werden verstärkt, indem man es dreißig Minuten zusammen mit einem Smaragd unter eine Pyramide stellt.

Der Energiefluß in den Meridianen wird erhöht, das Milzchakra aktiviert, der Ätherkörper gekräftigt und die männlichen Qualitäten leicht betont. Am besten trägt man Hämatit an der Wirbelsäulenbasis und am Gesäß. Dieses Elixier hat wichtige Eigenschaften, die für die Geweberegeneration wesentlich sind. Darüber wird zu einem späteren Zeitpunkt gesprochen werden.“

HERDERIT

Herderit wird in den Vereinigten Staaten, der UdSSR, Brasilien und Deutschland gefunden. Er ist farblos bis blaßgelb oder grünlich-weiß. Der Stein trägt seinen Namen zu Ehren des Barons Siegmund A. W. von Herder.

Frage: Wie wird dieses Mineral zu Heilung und spirituellem Wachstum eingesetzt?

„Bauchspeicheldrüse und Milz werden stimuliert, während sich auf der Zellebene die Produktion der roten und weißen Blutkörperchen verstärkt. Auch kommt es zu verstärkter Oxygenisation von Zellen und Hämoglobin und zu verbesserter Reinigung der Lymphgefäße auf zellulärer Ebene. Alle Miasmen werden abgeschwächt.

Unberechenbares emotionales Verhalten auf der ganzen Bandbreite zwischen Depressivität und Ekstase wird wieder ins Gleichgewicht gebracht. Auch die allgemeine Sensitivität und hellseherische Fähigkeiten nehmen zu. Die Proteinassimilation wird besser, und Astral- und Emotionalleib werden milde stimuliert, so daß der Mensch ruhiger wird. Testpunkt ist die Medulla oblongata.

Man massiere das Elixier am ganzen Körper ein, besonders im Bereich der Bauchspeicheldrüse. Um die Eigenschaften von Herderit zu verbessern, bestrahle man das Elixier oder den Stein zunächst zwanzig Minuten mit Infrarotlicht und stelle es dann weitere zwanzig Minuten unter eine konische Form. Dieses seltene Mineral ist innerhalb seiner Grenzen durchaus wirksam.

HERKIMER-DIAMANT

Ein farbloser Stein mit oftmals kristalliner Struktur. Der Name erklärt sich aus dem Fundort Herkimer im Staate New York und aus der Tatsache, daß der Stein so ähnlich aussieht wie ein Diamant.

Frage: Wie wird dieses Mineral zu Heilung und spirituellem Wachstum eingesetzt?

„Dieses Elixier löst Streß und Spannungen überall im physischen Körper, vor allem im Muskelgewebe. Es wirkt primär auf die feinstofflichen Körper, indem es sie reinigt, speziell Astral-, Emotional- und Ätherkörper. Deshalb ist es derart wirksam bei der Linderung von Streß. Herkimer Diamant ergibt ein Elixier, das hervorragend zur Behandlung von Streß geeignet ist, der sonst zu präkanzerösen Zuständen und bösartigen Tumoren führen könnte. Außerdem verbessert sich die Resorption von Kohlenstoff, Magnesium, Phosphor und Silizium.

Ähnlich wie Diamant strahlt beziehungsweise sendet der Herkimer-Diamant Energie aus. Als Teil seiner Signatur verweist das weiße Strahlen dieses Minerals auf seine Sendefähigkeiten. Sein Energiesendevermögen wird verstärkt, wenn man ihn den Schwingungen von Diamant aussetzt. Dieser Stein kann auch in hervorragender Weise Informationen speichern."

Frage: Zur Zeit werden in der Computerindustrie Siliziumchips zur Speicherung von Informationen eingesetzt. Würden Computerchips aus Herkimer-Diamant sich noch besser zur Informationsspeicherung eignen?

„Die Möglichkeit ist gegeben, Voraussetzung wäre allerdings das Vorhandensein bestimmter fortgeschrittener Technologien. Grundlage wären hier jedoch die Prinzipien der Elektronik, nicht die ätherischen Eigenschaften.

Herkimer-Diamant reinigt und verstärkt ebenfalls die Nadis. Er ist wie ein medial begabter Lehm, der Giftstoffe aus dem physischen Körper zieht. Wenn nach Einnahme eines homöopatischen Heilmittels die Toxizität in die feinstofflichen Körper gedrängt wird, kann man den Stein über verschiedene Körperteile halten, um die toxischen Ladungen abzuleiten. Wegen dieser

Fähigkeit zur Reinigung muß man den Stein ziemlich oft in Meersalz reinigen, während man ihn zur Heilung verwendet. Darin ist der Herkimer-Diamant einzigartig – erklärbar durch seine überragende Eignung zur Speicherung von Informationen."

Frage: Kannst du mehr darüber sagen, wie man den Herkimer-Diamant mit homöopathischen Heilmitteln kombinieren muß, um vom Körper freigesetzte Toxizität zu entfernen?

„Herkimer-Diamant sammelt aufgrund seiner Speicherfähigkeiten die toxischen Einflüsse im Körper und sorgt für ihre angemessene Beseitigung. Dabei ist sein Ziel das Gleichgewicht des Körpers als Ganzheit. Man kann ein Pendel aus Herkimer-Diamant zum Durchtesten des Körpers verwenden und damit die Toxine herausziehen. Dadurch wird die Aura gereinigt. Wenn das Pendel sich gegen den Uhrzeigersinn dreht, ist Toxizität vorhanden, Bewegung im Uhrzeigersinn bedeutet gesunde Schwingungen. Diese Drehung des Pendels im Uhrzeigersinn ist tatsächlich eine wesentliche Hilfe beim Heilungsprozeß, weil dadurch das Gleichgewicht wiederhergestellt wird. Wenn das Pendel sich gegen den Uhrzeigersinn dreht, muß man an dieser Stelle das Pendel in der gleichen Geschwindigkeit in der Gegenrichtung kreisen lassen. Ein kenntnisreicher Heiler würde mit dem Pendel mandalaähnliche Bewegungen entwickeln, statt es nur einfach mit oder gegen den Uhrzeigersinn kreisen zu lassen. Das Mandala würde dabei das allgemeine Heilungsmuster oder die Schwingung des beseitigten Toxins darstellen.

Herkimer-Diamant ergibt ein vorzügliches Pendel – sowohl naturbelassen als auch vom Juwelier so geschliffen, daß er im Gleichgewicht ist. Besonders gut ist es, wenn man Proben mit zwei Enden nimmt. Zur Balance des Pendels könnte man es auch in Metall einfassen. Quarz hat ähnliche Eigenschaften.

Dieses Elixier hat auch die Fähigkeit, Erinnerungen aus vergangenen Leben an die Oberfläche zu bringen. Die spirituellen Wirkungen von Herkimer-Diamant ähneln denen von Quarz. Es regt die hellseherischen Fähigkeiten an, erzeugt Ausgewogenheit in der Persönlichkeitsstruktur und erhöht allgemein die Heilfähigkeiten des Menschen. Es entwickelt sich die Fähigkeit zu geben, und die männlichen Eigenschaften werden ausgewogener. Man kann ihn überall am Körper tragen. An den richtigen Stellen kann er auch als sanfter Verstärker für Akupunkturpunkte wirken. Wenn man im Abbau von radioaktiven Substanzen beziehungsweise in oder nahe einer Kernenergieanlage arbeitet, empfiehlt es sich, einen Herkimer-Diamanten zu tragen. Man kann das Elixier äußerlich mit destilliertem Wasser und sieben Tropfen der Tinktur anwenden. Dieses Elixier eignet sich gut als Badezusatz. Seine Eigenschaften werden verstärkt, indem man es unter eine Pyramide stellt."

Frage: Im Edelsteinhandel wird Herkimer-Diamant normalerweise mit Oxalsäure gereinigt. Schadet das seinen Eigenschaften?

„Nein."

Frage: Würdest du bitte das Verhältnis zwischen Herkimer-Diamant und Quarz erläutern?

„Sowohl Herkimer-Diamant als auch Quarz sind aktive Kräfte, die Seelen auf diese Ebene, aber auch von ihr hinweg ziehen können. Deswegen sind sie in der Lage, die Lebenskraft einerseits zu senden, zum andern ihr als Speicher und Gefäß zu dienen. Dadurch erreichen die Seelen höhere Fähigkeiten zur Schöpfung von Lebensformen, die schöpferischen Kräfte der Seele können frei in diese Ebene eintreten. Darum ist Quarz einer der häufigsten Steine auf dieser Ebene. Herkimer-Diamant hat eine besondere Anlage zum Speichern von Informationen. Durch seine allgemeine Klarheit und seine doppelendige Beschaffenheit kann sich Herkimer-Diamant leichter auf die natürlichen Kräfte der Erde ausrichten. Demgegenüber wächst Quarz, besonders klarer Quarz, oft in stalagmiten- oder stalaktitenähnlichen Zusammenballungen. Denn Quarz ist eher die nach außen gerichtete oder sendende Kraft, während er sich nach den natürlichen Kräften der Erde ausrichtet. Deshalb kann man die beiden Steine in Minerallagern nahe bei Großstädten finden, oder als auslösende Funken großer Kulturen in kritischen Augenblicken der Geschichte. Aus der Untersuchung dieser Prinzipien lassen sich Hinweise auf die mögliche zukünftige Anwendung dieser Minerale gewinnen. Herkimer- Diamant hat zwar hochentwickelte Fähigkeiten im Senden von Informationen, doch sind seine Vorzüge bei der Speicherung von Gedankenformen jenen noch überlegen. Demgegenüber sind bei Quarz die Sendefähigkeiten höher entwickelt.

Die Seele benutzt bestimmte Edelsteine wie die Landebahnlichter am Flughafen: als Hilfsmittel, um wieder auf der irdischen Ebene zu inkarnieren. Das Licht oder die Lebenskraft mancher Minerale reicht hunderte von Kilometern weit und dient der Seele als Signalfeuer. Herkimer-Diamant erfüllt diese Aufgabe im Norden New Yorks für Millionen von Menschen, Quarz aus Arkansas tut dasselbe für den Südosten, und der Einfluß des Türkis in Arizona erstreckt sich über weite Teile des Westens der Vereinigten Staaten. Die Minerale, die in dieser Hinsicht eine Schlüsselrolle spielen, lassen sich auffinden, indem man überall auf dem Planeten nach größeren

Lagern wichtiger Minerale sucht. Die Seele benutzt auch andere oft wenig bekannte Minerale, um sich an eine neue Gegend anzupassen, wenn der Mensch umzieht. Man sollte sich solche Steine und Geburtssteine zulegen und sie tragen oder an verschiedenen Stellen im Haus auslegen. Das stabilisiert die Persönlichkeit und aktiviert die Kräfte der Seele."

Zum letzten Punkt kann ich eine interessante Erfahrung beitragen: als ich 1981 nach Colorado zog, erfuhr ich etwas über eine spezielle Einschwingung auf ein obskures Mineral, das in der Nähe meines Wohnorts gefunden wurde. Nach einigen Mühen gelang es mir, ein paar Proben dieses Minerals zu bekommen, und ich habe sie im Haus ausgelegt. Das half mir, mein Energiemuster in der neuen Umgebung zu stabilisieren.

JADE

Jade ist gewöhnlich grün, rot oder weiß und wird in Australien, Burma, China und den Vereinigten Staaten abgebaut. Sie besteht aus zwei Mineralen, Nephrit und Jadeit. Der Name stammt vom spanischen *piedra de ijada,* welches „Stein der Seite" bedeutet, in Anspielung auf den Glauben, daß Jade Nierenleiden heilen könnte, wenn man die Körperseiten damit behandelt.

Jade ist seit langem im Orient ein beliebter Stein gewesen. Viele Jahrhunderte hat man Jade mit Musik in Verbindung gebracht[1]. Es gibt eine überraschend umfangreiche Literatur über die musikalischen Eigenschaften verschiedener Steine[2]. In China wurde Jade traditionell benutzt, um den Körper zu kräftigen, Langlebigkeit zu verleihen und die Fruchtbarkeit des Mannes zu fördern[3]. Jade ist auch seit alters her zur Behandlung von Augenproblemen und verschiedenen Frauenbeschwerden, zum Beispiel bei der Geburt, verwendet worden. In China steht Jade in Beziehung zu den fünf Kardinaltugenden: Mut, Gerechtigkeit, Gnade, Bescheidenheit und Weisheit. Konfuzius hat gesagt, Jade sei eine Erinnerung an die Einheit von Geist und Seele. Colton hat gesagt, Jade habe eine starke lemurianische Schwingung und helfe dem Menschen, Stärke und Kraftreserven aus früheren Leben zu ziehen, und zwar besonders aus denen im Orient.

Frage: Was ist der karmische Hintergrund von Jade?

„Der karmische Hintergrund und die Signatur dieses Minerals stammen aus der Zeit von Lemuria. Das wird zu einem späteren Zeitpunkt erläutert werden."

Frage: Wie wird Jade zu Heilung und spirituellem Wachstum eingesetzt?

„Jade beeinflußt Herz, Nieren, Kehlkopf, Leber, Nebenschilddrüse, Milz, Thymusdrüse, Schilddrüse und die parasympathischen Ganglien. Der Atlas wird gekräftigt, weil hier ein zentraler Punkt der Resonanz mit den parasympathischen Ganglien liegt. Auf der Zellebene wird das Blut gereinigt und Blutvergiftungen durch die Niere beseitigt. Störungen des Immunsystems, Nierenkrankheiten und das petrochemische Miasma werden durch Jade gelindert, und die Jodassimilation verbessert sich.

Jade erzeugt Göttliche Liebe, also bedingungslose Liebe. Die medialen Fähigkeiten entfalten sich, und es entwickelt sich ein feinfühliger altruistischer Charakter. Wenn ein Mensch, besonders im familiären Rahmen, nicht zur Artikulation seiner Gefühle fähig ist, läßt das darauf schließen, daß er Jade brauchen könnte. Astral-, Emotional- und Ätherkörper werden so in Einklang gebracht, daß sie als Einheit funktionieren. So wird die gesamte Persönlichkeit auf die Ebene der biologischen Persönlichkeit ausgerichtet. Die biologische Persönlichkeit ist das, was man im Unterschied zur normalen Persönlichkeitsstruktur Instinkt nennt. Dieser Instinkt ist etwas anderes als Intuition oder das Höhere Selbst, durch das Wege zu höherem Bewußtsein gebahnt werden. Diese andere Persönlichkeit ist sehr alt, durch sie schwingt man sich auf die Erde ein. Die Verwandschaft zwischen Erde und physischem Körper hat über lange Zeiträume reibungslos funktioniert. Wenn man seine Verbindungen zur Erde vergessen hat, kann die biologische Persönlichkeit sehr wohltätig wirken. Die biologische Persönlichkeit ist bei vielen Menschen ähnlich, weil sie untereinander in der Genstruktur verwandt sind und weil sie sich mit ihrem Denken auf bestimmte Weise auf die Erde einschwingen.

Der Ätherkörper greift direkt in den physischen, den Emotional- und den Astralkörper über. Der Astralkörper ist natürlich am direktesten mit der Persönlichkeit verbunden. Man sollte diesen androgynen Stein an der Wirbelsäulenbasis oder am Hara tragen. Bei äußerer Anwendung ist das Elixier mit Erdnußöl zu mischen. Als Badezusatz nehme man sieben Tropfen und etwas Epsomer Bittersalz oder Backpulver. Die Eigenschaften von Jade werden verstärkt, wenn man sie drei Stunden lang zusammen mit Quarz unter eine Pyramide legt oder zwei Stunden lang zusammen mit Kupfer, Gold oder Silber. Auch gewisse Tonfrequenzen verstärken Jade. Forscher sollten das näher untersuchen. Testpunkt ist das Kehlenchakra."

1 M.L. Ehrmann und H.P. Whitlock: *The Story of Jade*, New York, Sheridan House, 1966, pp. 206-210.
Arthur Chu and Grace Chu: *The Collector's Book of Jade*, New York, Crown Publishers Inc., 1978, pp. 7 und 16.

2 Wm. R. Corliss: *Unknown Earth: A Handbook of Geological Enigmas*, Glen Arm, Maryland, The Sourcebook Project, 1980, pp. 529-544.
3 S. Mahdihassan: Jade and Gold Originally As Drugs In China, *American Journal of Chinese Medicine* IX, Sommer 1981, pp. 108- 111.

JAMESONIT (FEDERERZ)

Dieses im allgemeinen grau-schwarze Mineral wird in den Vereinigten Staaten, Kanada, England, Deutschland und Jugoslawien gefunden. Es ist nach Robert Jameson (1774-1854), einem schottischen Mineralogen und Geologen benannt.

Frage: Wie wird dieses Mineral zu Heilung und Bewußtseinsentwicklung eingesetzt?

„Jamesonit hat die Eigenschaft, die Chakren, Nadis, Meridiane und feinstofflichen Körper auf eine vollkommene Ausrichtung aufeinander vorzubereiten, ohne daß es allerdings diese Ausrichtung vollendet."

Frage: Sollte man probieren, es in Kombination mit anderen Edelsteinelixieren und Blütenessenzen anzuwenden?

„Genau. Es sollte auf jeden Fall bei diesen Kombinationen berücksichtigt werden, ebenso wie Lotusblütenessenz und Quarzelixier, im geringerem Umfang auch bei homöopathischen Heilmitteln. Nimmt man Jamesonit jedoch isoliert, wird man wenig Wirkung erzielen. Die kleinen Haare, die aus dem Mineral hervorwachsen, beziehen sich auf die Meridiane und die Nadis, die von den Chakren ausgehen. Die Eigenschaften des Steins werden verstärkt, wenn man ihn zwei Stunden unter eine Pyramide legt. Jamesonit ist ein wichtiger Verstärker für das gesamte System.

JASPIS (BRAUNER BILDERJASPIS)

Diese Art Jaspis findet man in den Vereinigten Staaten, Deutschland und Mexiko.

Frage: Wie wird Bilderjaspis zu Heilung und spirituellem Wachstum eingesetzt?

„Hier finden wir eine Wirkung auf Hautoberfläche, Nieren und Thymusdrüse, außerdem eine Stimulation der Nerven, die zu den erwähnten inneren Organen führen. Bilderjaspis eignet sich besonders für Krankheiten, die mit einer Schwäche des Immunsystemes verbunden sind, wie Progerie oder vorzeitige Vergreisung. Progerie wird durch zunehmende Umweltverschmutzung vermehrt auftreten. Auch mit Hautveränderungen einhergehende Nierenkrankheiten und bestimmte Formen von Allergie lassen sich damit behandeln, und das petrochemische Miasma wird gemildert. Auf der Zellebene werden die Thymusdrüse und das gesamte Immunsystem angeregt.

„Unterschwellige Ängste, starke Verdrängung des Unbewußten, überaktive Traumtätigkeit, Halluzinationen oder Visionen von Geistesgestörtheit sind die psychologischen Muster, die darauf hinweisen, das jemand dieses Elixier benötigt. Man kann Bilderjaspis benutzen, um traumatische Ereignisse aus vergangenen Leben an die Oberfläche zu bringen, die das gegenwärtige Leben beeinflussen. Mediale Fähigkeiten und die Seelenerinnerung werden angeregt, und es werden Informationen vom Höheren Selbst empfangen. Bei der Meditation kommt es vermehrt zu Visionen, was sich zum Teil durch die Anregung der Hypophyse erklärt.

Kehlen- und Hypophysenchakra werden angeregt, wodurch ein klarerer Ausdruck und eine bessere Verbindung zu den visionären Fähigkeiten entstehen. Astral- und Ätherkörper werden ins Gleichgewicht gebracht, die männlichen Qualitäten entwickelt. Der Testpunkt liegt am Kehlenchakra oder an der Schilddrüse. Man trage Bilderjaspis am Herzen, an der Kehle oder am Ohrläppchen. Das Elixier sollte nicht zur Salbenherstellung mit anderen Ölen vermischt oder mit einem Zerstäuber versprüht werden, stattdessen kann man die Tinktur direkt auf Schilddrüse und Hypophyse auftragen. Zur Verstärkung lege man diese Art Jaspis einfach eine Weile neben Quarzkristalle."

JASPIS (GELBER)

Diese Jaspisart wird in den Vereinigten Staaten und Mexiko gefunden.

Frage: Wie wird gelber Jaspis zu Heilung und spirituellem Wachstum eingesetzt?

„Auf der physischen und der zellulären Ebene regt gelber Jaspis die allgemeine Geweberegeneration im gesamten endokrinen System an, wobei der Schwerpunkt bei Thymus und Bauchspeicheldrüse liegt. Die parasympathischen Ganglien werden aktiviert, was das gesamte endokrine System stimuliert. Das petrochemische Miasma wird gemildert. Im alten Ägypten wurde dieser Stein zur Behandlung derer verwendet, die als Apotheker mit vielen verschiedenen Steinen hantieren mußten und deshalb das petrochemische Miasma entwickelten. Dabei assimilierten sie durch die Poren der Haut toxische Elemente.

Die Verarbeitung von Nährstoffen wird positiv beeinflußt, darunter die von Vitamin A, B und E, Aluminium, Magnesium und Zink. Die Ausrichtung des Ätherkörpers wird geringfügig verbessert und so das jede Zelle umgebende ätherische Fluidum gekräftigt. Die weiblichen Qualitäten werden ausgewogener. Man sollte gelben Jasper an Thymusdrüse, Nasenhöhlen, drittem Auge und Medulla oblongata tragen. Der Stein wird verstärkt, indem man ihn drei Stunden unter eine Pyramide oder Kugel legt. Testpunkte sind an der Medulla oblongata, am Ohrläppchen und unter der Zunge."

JASPIS (GRÜNER)

Jaspis ist eine Quarzvariante. Grünen Jaspis findet man in den Vereinigten Staaten, Indien und Mexiko. Der Name kommt aus dem Griechischen (*iaspis* = Jaspis). Manche meinen, der Name habe auch mit dem arabischen *yasb* oder dem hebräischen *yashpheh* zu tun.

Galen verwendete einen Talisman aus Jaspis, um seine Diagnosen besser stellen zu können. Steiner hat gesagt, Jaspis rege den Geruchssinn an. Traditionell ist Jaspis für Unausgewogenheiten in Mundbereich, Verdauung und Atemwegen benutzt worden. Er wirkt gegen Verstopfung, Geschwüre und Darmkrämpfe. Er läßt Sorgen leichter werden und aktiviert das Einfühlungsvermögen und Verständnis für die Nöte der anderen. Auch Blase, Leber und Galle können gekräftigt werden.

Frage: Wie wird grüner Jaspis zu Heilung und spirituellem Wachstum eingesetzt?

„Man verwende dieses Elixier, um Heilung auf allen Ebenen zu fördern. Die allgemeine Geweberegeneration wird angeregt. Es erhöht die Hellsichtigkeit, so daß man die Gegenwart der Chakren spürt und der Heilungsprozeß unterstützt wird. Außerdem bringt es das aurische Feld des Heilers ins Gleichgewicht. Diese Wirkung erstreckt sich nicht auf die zu heilende Person. Die intuitiven Kräfte des Heilens werden nur in den Heilenden aktiviert."

Frage: Wie würde ein Heiler oder eine Heilerin grünen Jaspis anwenden, um andere besser behandeln zu können?

„Man sollte es immer dann, wenn man andere behandeln will, frühmorgens einnehmen. Man gebe sieben Tropfen Grüner-Jaspis- Elixier auf 90 ml destilliertes Wasser. Diese Mischung kann man täglich weiter nehmen, besonders wenn man außerdem sieben Tropfen Lotusblütenessenz hinzufügt."

Frage: Willst du damit sagen, daß Heiler oder Heilerinnen diese Tinktur jahrelang ohne Unterbrechung nehmen können?

„Auch Menschen, die mit der Behandlung anderer nichts zu tun haben, können dieses machtvolle Elixier über unbegrenzte Zeit einnehmen, denn seine Wirkung auf den pyhsischen Körper ist kumulativ. Man nehme einmal täglich bis zu sieben Tropfen unter die Zunge.

Es kommt zu einer Erhöhung der Lebenskraft im Selbst. Das liegt an der Ausrichtung von Mental-, Emotional- und Ätherkörper, die dann mehr als Einheit funktionieren. Dadurch nehmen auch die hellseherischen Fähigkeiten zu. Der Ätherkörper verbindet sich enger mit der Zellebene, dadurch werden Ängste gelöst, und der allgemeine Gesundheitszustand verbessert sich. Auf der psychospirituellen Ebene entwickelt sich also bei Heilern und Heilerinnen, besonders während der Meditation, vermehrte Hellsichtigkeit, und Ängste gehen zurück.

Man kann grünen Jaspis auch als allgemeines Tonikum bei der Massage einsetzen. So benutzt ist er ein allgemeiner Verstärker. Das Elixier hilft den Massageölen, tiefer in den physischen Körper einzudringen, besonders zu den Muskeln und den Kapillargefäßen, und wirkt so auf die Zellebene. Am besten kombiniert man grünen Jaspis mit Jojoba-, Rizinus- oder Kokosnußöl, weil diese Öle alle tief eindringen. Man verteile die Mischung zweimal im Abstand von dreißig Minuten über den ganzen physischen Körper. Durch die Pause kann das Präparat auf physischer und schwingungsmäßiger Ebene in den physischen Körper eindringen. Besonders bei dieser Anwendungsform löst dieses Elixier Toxine und Tumore im Muskelgewebe auf. Elastizität und Oxygenisation werden im gesamten Kapillarsystem, besonders im Hautgewebe wiederhergestellt. Man kann diese Massagemischung auch benutzen, um die Geweberegeneration anzuregen, wenn jemand hohen Strahlungsdosen ausgesetzt war.

Alle Chakren werden sanft aufeinander ausgerichtet, wodurch Telepathie und Hellsichtigkeit angeregt werden. Grünen Jaspis kann man überall am Körper tragen, vorausgesetzt er ist im direkten Kontakt mit der Haut. Durch seine Ausrichtung auf die feinstofflichen Körper besitzt grüner Jaspis ein besonderes Einfühlungsvermögen für die Haut. Testpunkte sind Medulla oblongata und Handmitte. Grüner Jaspis ist ein Edelsteinelixier von großem Wert. Viele Menschen werden es in Zukunft benutzen."

Frage: Warum soll man grünen Jaspis und bestimmte andere Edelsteine am besten direkt auf der Haut tragen?

„Bestimmte Steine fördern die Ausrichtung der verschiedenen feinstofflichen Körper aufeinander, wenn sie direkten Kontakt zur Haut haben."

JASPIS (AUS IDAR-OBERSTEIN)

Diese Jaspisart ist zum Teil deswegen hier aufgenommen, um dieses Heilsystem der Schwingung der westdeutschen Stadt Idar- Oberstein anzupassen. Idar und Oberstein waren früher zwei getrennte Orte, die sich mit wachsender Größe zusammengeschlossen haben. Von meinem Besuch dort im Jahre 1980 habe ich eine schöne Jaspisprobe mitgebracht. Viele Familien aus dieser Stadt leben schon seit Jahrhunderten von Abbau und Verkauf verschiedener naturbelassener und geschliffener Minerale und Juwelen. Seit vielen Jahren ist diese Stadt Zentrum des Edelsteinhandels der Welt und regelmäßiger Anlaufpunkt für Geschäftsleute aus der Branche. Ich habe diese Gegend bisher zweimal besucht: eine äußerst vergnügliche Erfahrung[1].

Frage: Wie wird diese Jaspisart zu Heilung und spirituellem Wachstum eingesetzt?

„Diese Jaspisart ist deswegen wichtig, weil in Oberstein, nicht in Idar, eine sehr bedeutsame Linie von Erzvorkommen verläuft. Man studiere die vorliegenden Informationen über bestimmte geologische Lagerstätten für edle Steine und über die Erde als lebendiges Wesen.

Dieser Jaspis stimuliert die Geweberegeneration im gesamten endokrinen System. Er gibt dem Immunsystem Kraft, so daß es alle angreifenden Toxine abwehren kann. Das Immunsystem wird so sehr gestärkt, daß es eher seiner eigentlichen Bestimmung gemäß funktionieren kann, das heißt Nährstoffe für den physischen Körper zu verdauen und zu assimilieren anstatt nur angreifende Schadstoffe wie Bakterien und Viren abzuwehren.

Die Wirbel werden ausgerichtet, wodurch die Aktivitäten der parasympathischen Ganglien unterstützt werden. Die Widerstandsfähigkeit des Körpers gegenüber der Erdstrahlung wächst. Das Herzchakra wird besser auf die Thymusdrüse ausgerichtet, und die Meridiane gekräftigt. Als Gedankenverstärker macht grüner Jaspis ein gedankliches Testen des endokrinen Systems möglich, besonders wenn der Stein selbst verwendet wird. Die Sensitivität des Menschen erhöht sich. Man verwende das Elixier als Badezusatz, zunächst aber gebe man sieben Tropfen auf 60ml destilliertes Wasser und diese dann ins Badewasser. Das Wasser sollte Körpertemperatur haben.

Es gibt keinen bevorzugten Punkt, an dem man diesen Jaspis tragen sollte, doch seine Kraft wird in gewissem Maße verstärkt, wenn man ihn an der Schilddrüse trägt. Zur Verstärkung bestrahle man ihn unter einer Pyramide dreißig bis fünfunddreißig Minuten mit ultraviolettem Licht. Länger darf er nicht bestrahlt werden. Testpunkte sind Medulla oblongata und Schilddrüse."

1 Dale Farringer: Idar-Oberstein, Gem Capital of the World, in: *Lapidary Journal*, September 1978, pp. 1398-1399.

KALKSTEIN

Kalkstein ist ein sehr weitverbreitetes Mineral und kommt in vielen Farben vor, darunter schwarz, braun, grau, rosa, rot, weiß und gelb. Man findet ihn in vielen Ländern, darunter in den Vereinigten Staaten, in Australien, England, Frankreich und Deutschland. Er wird in der Bibel erwähnt – das hebräische *sid* scheint „echter Kalk" zu bedeuten.

Frage: Wie wird dieses Mineral zu Heilung und spirituellem Wachstum eingesetzt?

„Kalkstein bringt die unteren Chakren und Emotional-, Mental- und Ätherkörper in Einklang. Das regt die Kreativität an und fördert die Sensitivität. Man entwickelt kreative Visualisationen zur Unterstützung der Selbstheilung. Kalkstein fördert auch die innere Disziplin, besonders im Hinblick auf spirituelle Praktiken. Verborgene Ängste lassen nach. Testpunkt ist die Medulla oblongata.

Der Stoffwechsel wird angeregt, petrochemische Giftstoffe aus dem Körper zu entfernen. Kalkstein verfügt über diese Fähigkeit, weil er Teile der Lebenskraft der Substanzen enthält, die von außen in den Körper eindringen. Petrochemische Substanzen stammen von ähnlichen organischen Quellen wie Kalkstein.

Kalkstein entfernt zwar petrochemische Substanzen aus dem physischen Körper, doch seine Wirkung erstreckt sich kaum auf das petrochemische

Miasma. Man kann Kalkstein zur Linderung des petrochemischen Miasmas verwenden, muß ihn aber mit anderen Schwingungsheilmitteln kombinieren. Dieses gängige Mineral ist als Edelsteinelixier recht wirksam."

KORALLE (ROSA, ROT, ROTWEISS, WEISS)

Koralle besteht aus den oftmals vielfach verzweigten Skeletten verschiedener Meeresorganismen. Der Name leitet sich vom Achsenskelett des Korallenpolypen *Corallium rubrum* oder *Corallium nobile* her. Manche meinen, das Wort stamme vom griechischen *korallion*. Korallen werden in allen Weltmeeren gefunden[1].

In alter Zeit wurden Korallen als Adstringens benutzt, bei Fieber, Leukämie, Zahnfleischerkrankungen, Unausgewogenheiten der Milz und zur Verhinderung von Wahnsinn und Alpträumen. In der ayurvedischen Medizin nimmt man an, daß Korallen auf Schleimhautsekrete, auf die Gallenflüssigkeit und bestimmte krankheitsbedingte Sekrete wirken. Koralle wird auch gegen Asthma, Verstopfung, Husten, Auszehrung, Augenprobleme, Magenverstimmung, Gelbsucht, Appetitlosigkeit, Fettleibigkeit und Rachitis angewendet. Manche Kulturen benutzen Korallen zur Behandlung von Tollwut. Im Orient trägt man Korallen zur Förderung der Fruchtbarkeit. Melancholische Menschen, die sich zu viel Sorgen machen, brauchen vielleicht Koralle. Traditionell hat man zerstoßene Korallen mit zerstoßenen Perlen gemischt, um Koliken, Brechreiz und Kinderkrankheiten entgegenzuwirken. Steiner hat gesagt, Korallen hülfen bei zu langer Regelblutung, Cayce sagt, sie beruhigten die Emotionen, und das Tragen von Korallen erhöhe die Schwingungsfrequenz des Menschen, so daß er sich besser auf die Natur und die schöpferischen Kräfte einschwingen könne.

Frage: Wie wird Koralle zu Heilung und spirituellem Wachstum eingesetzt?

„Wir haben es hier mit vier verschiedenfarbigen Korallen zu tun, die trotzdem als ein Edelsteinelixier gezählt werden, weil ihre Eigenschaften einander so gut ergänzen. Der Hauptunterschied zwischen diesen Korallen besteht darin, daß rosa und weiß eher die weiblichen Qualitäten betonen, und rot die männlichen aktiviert. Um aus diesen Korallen ein Präparat zu machen, stelle man getrennte Tinkturen her und kombiniere sie dann, wie oben besprochen. Außerdem jedoch muß man die miteinander vermischten Korallenelixiere fünfzehn Minuten in blaues Licht stellen. Das gilt nur bei Korallen und ist nicht vonnöten, wenn man andere Schwingungspräparate kombiniert. Jede Koralle wird sehr verstärkt, wenn man sie häufig in ihrem natürlichen Heimatelement reinigt. Korallen sind vom Meerwasser umgeben, so daß um jede Koralle eine odische Barriere entsteht. Blaues Licht überwindet diese odische Barriere. Die odische Kraft fließt völlig ungehindert durch Substanzen mit hoher Leitfähigkeit, und Salzwasser hat sehr gute Leitereigenschaften. Korallen nehmen die Eigenschaften von Salz an, weil sie in einem flüssigen salzreichen Element wachsen. Hervorragende Qualität erzielt man, wenn man ein Elixier aus je einem Stück natürlicher roter und weißer Koralle herstellt.

Koralle steht in einem besonderen Zusammenhang mit der Stärkung von Herz und Kreislauf. Sie lindert unter anderem Anämie, Blutungen, Gehirnblutungen, Krampfadern und Kontraktion von Blutgefäßen. Auch die Durchblutung der Kapillargefäße verbessert sich. Rote Koralle unterscheidet sich von den anderen Arten darin, daß sie den Stoffwechsel durch die Aktivierung der Schilddrüse anregt. Durch die Beschleunigung des Stoffwechsels löst rote Koralle Toxine aus dem Muskelgewebe. Danach kann sich gefühlsmäßige Ausgeglichenheit entwickeln, und Menschen können besser ausdrücken, was sie erreichen wollen. Rosa Koralle erhöht die Sensitivität des Menschen.

Auf der Zellebene wird die Reproduktion der roten und weißen Blutkörperchen angeregt. Koralle kräftigt auch die gesamte Wirbelsäule, besonders wenn die Knochensubstanz geschwächt oder degeneriert ist. Sie ist zur Stärkung der Wirbelsäule recht wirksam, da beide im Aufbau einander ähneln und deshalb sympathetische Resonanz besitzen. Es gehört zur Signatur der Koralle, daß sie knochenähnlich aufgebaut ist. Koralle kräftigt alle Knochen im Körper, man sollte ihre Anwendung bei allen Knochenbeschwerden in Erwägung ziehen, weil sie die Geweberegeneration fördert. Außerdem ähnelt die Form der Korallen der von Blutgefäßen. Rosa Koralle wirkt stärker auf weiße Blutkörperchen, Lymphgefäße, Milz und Thymusdrüse.

Koralle bietet einen Ausgleich bei Senilität und Konzentrationsschwäche. Man lernt, sich besser zu konzentrieren. Koralle balanciert den gesamten Charakter. Außerdem gleicht sie die männliche und die weibliche Natur auf den spirituellen Ebenen aus. Der Ätherkörper wird gekräftigt, so daß das ätherische Fluidum die Blutzellen besser umgeben und ernähren kann. Auch alle Meridiane werden gekräftigt. Rote Koralle wirkt manchmal in geringem Umfang auf das erste und das zweite Chakra.

Die Verarbeitung von Nährstoffen wird positiv beeinflußt, unter anderem bei: Cholesterin, Lezithin, Protein, Kieselerde und Vitamin E. Korallenbäder wirken besonders gut zur Linderung arthritischer Schmerzen. Man trage Korallen am Augenbrauenchakra. Die Eigenschaften von Korallen lassen sich ein wenig verstärken, indem man sie ins Mondlicht legt. Später sollte man sich auch blaue, purpurne und gelbe Korallen besorgen. Sie werden in Kombination mit Farbtherapie und Orgonenergie angewendet."

Frage: Beim Abspielen der Tonbänder ist eine Stelle beschädigt worden, an der du etwas über Korallen gesagt hast. Kannst du dieses Material bitte wiederholen?

„Diese Information wurde gelöscht, weil ihre Veröffentlichung zu diesem Zeitpunkt nicht wünschenswert erschien. Höhere Kräfte haben statische Felder erzeugt, um dieses Material zu löschen. Das könnte auch bei der Niederschrift des Textes ein interessanter Punkt werden. Informationen werden zwar gegeben, doch sie müssen im Einklang mit dem Bewußtseinsfortschritt der allgemeinen Bevölkerung stehen. Sonst werden sie ausradiert."

Frage: Gibt es Hinweise darauf, wann das Bewußtsein sich so weit entwickelt haben wird, daß dieses Material präsentiert werden kann?

„Dies umfaßt einen Zyklus von drei Jahren und die Respiritualisierung der Gesellschaft. Die Gesellschaft verhält sich zur Zeit wie in einer Zeitstagnation. Dies ist die Zeit, von der im Buch der Offenbarung die Rede ist, die Zeit, da die Engel an den vier Ecken der Erde stehen und die Winde in Schach halten. Weitere mentale und spirituelle Entwicklung der Menschen ist vonnöten, damit sie das assimilieren und verstehen, was ihnen bis heute offenbart wurde."

1 Herbert Zim: *Corals*, New York, William Morrow and Co., 1966.

KOHLE

Kohle ist durch „Inkohlung" pflanzlicher Materie entstanden, im allgemeinen schwarz oder braun und kommt in vielen Teilen der Welt vor[1]. Der Name stammt vom angelsächsischen *kol* für „anzünden". In der Medizin benutzt man Steinkohlenteergel zur Behandlung von Psoriasis der Kopfhaut [2].

Frage: Wie wird Kohle zu Heilung und spirituellem Wachstum eingesetzt?

„Kohle regt die Geweberegeneration im gesamten Körper an und mildert das petrochemische Miasma. Dieses Elixier ist bei Strahlungsüberdosen immer zu empfehlen. Auch Depressionen werden gelindert. Depressionen treten immer dann auf, wenn der physische Körper starken Belastungen ausgesetzt und Geweberegeneration dringend erforderlich ist. Das Selbstwertgefühl steigt, und womöglich wird der Mensch zur Erfahrung höherer spiritueller Wahrheiten inspiriert. Obendrein werden zeitweise alle feinstofflichen Körper in Einklang gebracht, so daß alle Schwingungsheilmittel besser wirken können."

1 Edward Morre: *Coal, Its Properties, Analysis, Classification, Geology, Extraction, Uses and Distribution*, 2. Auflage, New Xork, Wiley and Sons Inc., 1940.
2 Peter Hebborn, Dr. A. Langner und Dr. Hanna Wolska: Treatment of Psoriasis of the Scalp With Coal Tar Gel and Shampoo Preparations, in: Cutis, September 1983, pp 295, 296.

KUNZIT

Dieses Mineral ist normalerweise rosa bis purpurn und wird in den Vereinigten Staaten, Brasilien und Madagaskar gefunden. Es gibt auch eine Katzenaugenvariante von Kunzit.

Es ist nach dem bedeutenden amerikanischen Edelsteinforscher George Frederick Kunz (1856-1932) benannt. Im allgemeinen wird es wegen seines hohen Lithiumgehaltes abgebaut [1].

In der Medizin wird Lithium angewendet zur Behandlung von Alkoholismus, Magersucht, Arthritis, Epilepsie, Gicht, Granulozytopenie, Kopfschmerzen, Huntington-Chorea, Menière-Krankheit, Schulterschmerzsyndrom, Parkinson-Syndrom, Phobien, Gedächtnisschwäche, Entwicklungshemmungen, Torticollis spasticus, Syndrom von Sekretionsstörungen der antidiuretischen Hormone, Dyskinesia tardiva, bösartige Schilddrüsengewächse, Hyperthyreose, Colitis ulcerosa und geistige Krankheiten, besonders Schizophrenie und manisch-depressiver Krankheit. Traditionell wird Kunzit bei Beschwerden von Augen, Nieren und Lendenwirbelbereich benutzt [2].

Frage: Wie wird dieses Mineral zu Heilung und spirituellem Wachstum eingesetzt?

„Dieses Mineral bringt das gesamte kardiovaskuläre System auf der physischen und der zellulären Ebene ins Gleichgewicht. Krankheiten in diesem Bereich, wie zum Beispiel aplastische Anämie, werden gelindert. Man verwende dieses Mineral zur allgemeinen Geweberegeneration. Die durchscheinende rosa Färbung des Steins steht für seine Fähigkeit, die Blutzellen und das Plasma im Zusammenhang mit der Geweberegeneration anzuregen.

Das Herzchakra wird geöffnet, das spirituelle Selbstvertrauen steigt, und der Ätherkörper wird gekräftigt, so daß die Lebenskraft leichter in den physischen Körper gelangen kann. Zur Verstärkung bestrahle man Kunzit zehn bis fünfzehn Minuten lang mit rotem Licht und lege es dann eine Zeitlang unter eine Pyramide. Dieses attraktive Mineral wird bei verschiedenen Blutkrankheiten recht wertvoll werden."

1 Meredith W. Mills: Kunzit, in: *Lapidary Journal*, Juli 1984, pp. 546-552.
2 Dr. James W. Jefferson und Dr. John H. Greist: *Primer of Lithium Therapy*, Baltimore, The Williams and Wilkins Co, 1977.

KUPFER

Kupfer kommt häufig in den Vereinigten Staaten, Chile, Deutschland, Schweden und der UdSSR vor. Es ist von rötlicher Färbung. Viele meinen, daß die Bezeichnung vom griechischen *kyprios* stammt, weil Kupfer historisch zuerst auf der Insel Zypern gefunden und abgebaut wurde. In den Augen anderer Sprachforscher kommt Kupfer vom lateinischen *cuprum* [1].

In der Homöopathie benutzt man Kupfer zur Behandlung von Krämpfen, Schüttelkrämpfen, nervlichen Störungen, Unausgewogenheiten der Geschlechtsorgane und bei geistiger und physischer Erschöpfung, wie sie durch intellektuelle Überlastung und Schlafmangel entstehen kann. In den letzten Jahren hat es mehrere Untersuchungen über die klinische Wirksamkeit von Kupferarmbändern gegeben. Die Ergebnisse lassen vorläufig schließen, daß das Tragen von Kupferarmbändern tatsächlich Arthritis und Rheumatismus lindert und die Kupferassimilation fördert [2]. 1981 wurde eine umfangreiche Untersuchung über die Verwendung von Kupfer in der orthoxen Medizin durchgeführt[3]. Hier wird es zur Behandlung einer Vielzahl entzündlicher Prozesse benutzt, darunter Spondylitis ankylosans, Arthritis, Erythema nodosum, Osteoarthritis, rheumatisches Fieber, rheumatische Arthritis, Ischiasbeschwerden und hepatolentikuläre Degeneration. Außerdem lindert Kupfer Anämie und Molybdänmangel, und viele Frauen verwenden heute die Kupferspirale zur Empfängnisverhütung.

In der anthroposophischen Medizin verwendet man Kupfer, um die Tätigkeit des Astralkörpers mit dem physischen zu harmonisieren und ins Gleichgewicht zu bringen. Aus einem Ungleichgewicht zwischen diesen beiden Körpern kann eine Vielzahl geistiger und physischer Störungen entstehen. Man bezeichnet Kupfer auch als Metall der Assimilation, weil es Darmstörungen lindert und den Stoffwechsel anregt. Auch bei Unterversorgung mit Nährstoffen, die oft mit Durchblutungsstörungen der Bauchhöhle und der unteren Extremitäten verbunden ist, hilft Kupfer. Bei vielen Nierenstörungen und spasmischen oder krampfartigen Beschwerden wird Kupfer als wesentliches Heilmittel angesehen. Außerdem verwendet man es bei Ruhr, schmerzhaften Regelblutungen, Epilepsie, Leberbeschwerden, Nephritis, Schilddrüsenstörungen, Typhus, Geschwüren, Krampfadern und Varikosen, spastischer oder atonischer Verstopfung. Steiner hat auch festgestellt, daß Kupfer das Akzeptieren der eigenen Person fördert und daß die Emotionen ins Gleichgewicht kommen. Ein Mensch, der Kupfer braucht, kann zum Beispiel unruhig, reizbar, apathisch, neurotisch sein oder auch die Symptome einer Psychose im Frühstadium entwickeln[4].

Im Altertum wurde Kupfer zur Behandlung von Cholera, Wassersucht, Ekzemen, Grippe, Gallenstörungen, Hernien, Gelbsucht, Neuralgien, Herzflattern, Scharlach, Schizophrenie und zur Stärkung der Geschlechtsorgane verwendet. Außerdem bei Frösteln, Benommenheit, Brechreiz, nächtlichem Fieber und schwachem Pulsschlag. Die Drüsenfunktionen verbessern sich, Kupfer fördert die Durchblutung der Kapillargefäße und die Bildung von roten Blutkörperchen. Man hat Kupfer auch bei Halsrachenbeschwerden wie Husten, Heiserkeit, Kehlkopfentzündung und Schluckbeschwerden verwendet. Außerdem werden die Furcht vor dem Tod, Gedächtnisschwäche und die Unfähigkeit, bei einem Gedanken zu bleiben, positiv beeinflußt. Der Ebers-Papyrus (Georg Ebers, Ägyptologe, 1837-98 – Anm. d. Übs.) aus der achtzehnten ägyptischen Dynastie, läßt vermuten, daß Kupferpulver bei granulomartigen Entzündungen, besonders der Augen, helfen kann. Hippokrates hat Kupfer bei Empyemen, Hämoptysis und Lungenentzündung verwendet. Paracelsus nahm es zur Behandlung von Hysterie, Syphilis und Lungenstörungen. In Indien trägt man Kupferohrringe zur Vorbeugung gegen Ischiasbeschwerden. Cayce hat gesagt, Kupfer bringe die Emotionen ins Gleichgewicht, so daß spirituelle Natur und mentales Selbst in Einklang kommen.

Frage: Was ist der karmische Hintergrund dieses Metalls?

„Kupfer kann bei einer Vielzahl von entzündlichen Prozessen angewendet werden, so bei Arthritis, Rheumatismus, Entzündungen der Hirnrinde und des Innenohrs und bei Darmbeschwerden. Verschiedene mit dem Zwerchfell zusammenhängende Dysfunktionen, mangelhafte Atmung zum Beispiel, lassen sich mit Kupfer behandeln, denn es kräftigt die Nervenfunktionen. Die Knochensubstanz wird elastischer, ebenso Knorpel, Bänder, Sehnen und das Gewebe der Nasennebenhöhlen. Man gebrauche Kupfer auch bei Kooperationsstörungen der rechten und linken Gehirnhälften wie Autismus, Legasthenie, Epilepsie, abnorme neuronale Entladungen, Probleme bei der Bewegungskoordination und Sehbeschwerden. Epi- und Hypophyse werden ebenfalls gestärkt. Außerdem mildert Kupfer perniziöse Anämie, und das Tragen von Kupferarmbändern wirkt den schädlichen Folgen von Mikrowellenstrahlung entgegen und verbessert die Kupferassimilation.

Kupfer bringt die unteren fünf Chakren in Einklang und öffnet das Herz. So entsteht vollkommene Bewußtheit des Selbst und die Fähigkeit zu ungeheurem psychospirituellem Selbstvertrauen. Nach und nach kommt der Mensch auf allen Ebenen seiner Form und seines Seins ins Gleichgewicht. Kupfer ist ein Metall mit niedriger Ordnungszahl und hoher Leitfähigkeit, folglich werden die elektrischen Eigenschaften des Körpers aktiviert, und alle feinstofflichen Körper in Einklang gebracht. Kupfer hat die besondere Eigenschaft, astrologische Einflüsse abzuschwächen oder zu verstärken, indem es die elektromagnetischen Eigenschaften des physischen und der feinstofflichen Körper erhöht. Deswegen ist Kupferelixier hervorragend zur Behandlung von Überdosen kosmischer Strahlung geeignet. Man kann mit Kupfer auch eine vollkommene Gedankenverstärkung erzielen. Kupfer kann äußerlich angewendet werden, besonders wenn ein Mensch Kupfer braucht, obwohl er auf der Zellebene zuviel Kupfer im Körper hat. Oft sollte man Kupfer eher in niedrigen homöopathischen Potenzen anwenden.

Kupfer wird durch Sonneneinstrahlung verstärkt, der Akzent liegt eher auf den männlichen Qualitäten, und man kann es am ganzen Körper tragen. Wenn man Kupfer aufs dritte Auge legt, können sogar schwache elektromagnetische Felder die Verbindung zwischen Epiphyse und Hypophyse verbessern. Die Funktion des dritten Auges entsteht durch die vereinte Tätigkeit dieser Drüsen."

Diesem Elixier könnte in den nächsten Jahren große Bedeutung zukommen, weil man damit die Auswirkungen von Mikrowellen und kosmischen Strahlen behandeln kann. John hat an anderer Stelle gesagt, daß in der Zukunft bestimmte Industriekomplexe versuchen werden, wirtschaftliche Kontrolle über die Sonnenenergie zu erlangen, indem sie riesige Apparate in den Weltraum schießen, um diese Energie zu kontrollieren und zu verkaufen. Ähnliche Apparate hat man auch vor Jahrtausenden in Atlantis am Himmel stationiert, einer der Gründe für das Ungleichgewicht auf der Erde, das letztlich zur Zerstörung von Atlantis führte. Die Erinnerung an diese Zerstörung ist im kollektiven Bewußtsein von Millionen Menschen erhalten. Viele werden sich den zukünftigen Versuchen, solche Objekte am Himmel zu stationieren, energisch widersetzen. Wahrscheinlich wird es auch viele neue technische Geräte geben, die Mikrowellen in wesentlich stärkerem Ausmaß abgeben werden als dies heute der Fall ist. Diese kommenden „technologischen Fortschritte" werden einen spürbaren Anstieg der Hautkrebsrate zur Folge haben.

Nach und nach werden sich viele den heilenden Eigenschaften des Kupfers zuwenden.

1 Allison Buttsed: *Copper: The Science and Technology of the Metal, Its Alloy and Compounds*, New York, Reinhold Publishing Corp., 1954.
2 S. Beveridge, W. Walker und M. Whitehouse: Dermal Copper Drugs: The Copper Bracelet and Cu (II) Salicylate Complexes, in: *Agents and Actions* VIII, Supplement 1981, pp. 359-367.
D. Keats und W. Walker: An Investigation of the Therapeutic Value of the Copper Bracelet – Dermal Assimilation of Copper in Arthritis/Rheumatoid Conditions, in: *Agents and Actions* IV, Juli 1976, pp. 454-459.
3 J. Sorenson: Development of Copper Complexes for Potential Therapeutic Use, in: *Agents and Actions* VIII, Supplement 1981, pp. 305-325.
4 Dr. L. F. C. Mees: *Living Metals*, London, Regency Press, 1974, pp. 19-27.
Wilhelm Pelikan: *The Secrets of Metals*, Spring Valley, New York, Anthroposophical Press, 1984, pp. 104-118.
5 Max Heindel: *Okkulte Prinzipien der Gesundheit und Heilung*, Darmstadt, Rosenkreuzergemeinschaft, 1985.
Max Heindel: *The Rosicrucian Cosmo-Conception*, Oceanside, Kalifornien, The Rosicrucian Fellowship, 1977, pp. 275 und 346.

LAPISLAZULI

Dieser Edelstein hat eine üppige gleichmäßig blaue Farbe und wird häufig in Afghanistan, Chile, den Vereinigten Staaten und der UdSSR gefunden. Der Name dieses Edelsteins leitet sich vom lateinischen *lapis* für „Stein" und dem arabischen *azul* für „blau" her. Andere meinen, der Name sei vom arabischen *lazaward* für „Himmel" abgeleitet.

Lapislazuli wird häufig zu Siegeln, Ornamenten und Schmuck, besonders zu Halsketten verarbeitet. Cayce hat gesagt, dieser Edelstein schaffe ein Gefühl von Stärke, Vitalität und Männlichkeit. Im Altertum wurde der Stein zur Linderung von Schüttelfrost, Blutkrankheiten, Augenproblemen, Fieber, Melancholie, Neuralgien und krampfartigen Beschwerden verwendet, außerdem um geistige Klarheit zu erzeugen. Es wird auch angenommen, daß Lapislazuli die Hellsichtigkeit fördert, innere Disziplin steigert, das Skelettsystem stimuliert und den physischen Körper während der spiritueller Entwicklung stärkt. Außerdem ist er ein Stein für wahre Freundschaft.

Frage: Wie wird Lapislazuli zu Heilung und spirituellem Wachstum eingesetzt?

„Mit Lapislazuli lassen sich Entzündungen im Halsbereich wie zum Beispiel Mandelentzündung wirksam behandeln. Die Wirkkraft von Lapislazuli erstreckt sich auf Speiseröhre, Kehlkopf, obere Bronchien und geringfügigere Entzündungen am Atlas. Durch Anregung der Schilddrüse werden Ängste und Anspannungen gelöst. Lymphsystem, Hypophyse und Thymusdrüse werden gekräftigt, gleichzeitig aktiviert dieses Elixier Teilbereiche der Wirbel, die mit den parasympathischen Ganglien verbunden sind. Krankheiten, die mit Milz, Lungen, Lymphsystem, Kehle und Thymus zusammenhängen, sowie Lymphogranulomatose lassen sich mit diesem Elixier behandeln. Auch bei Kehlkopfkrebs wirkt es hilfreich.

Dieser Edelstein ist ein sehr machtvolles Reinigungsmittel. Es zieht das ätherische Fluidum in den physischen Körper, damit es ein Netz zwischen den Zellen herstellt und sie so auf die Beseitigung von Giftstoffen wie zum Beispiel Chemikalienablagerungen vorbereitet. Zum Teil wegen dieser Reinigungseigenschaften empfiehlt es sich, immer ein kleines Stück Lapislazuli im Kühlschrank bereit zu halten. Es sollte konisch oder pyramidenförmig sein, anderthalb bis fünf Zentimeter groß, und der Neigungswinkel der Seitenflächen sollte 62 Grad betragen. Der Winkel von 62 Grad strahlt Energie ab.

Eine weitere wichtige Funktion dieses Edelsteins ist die Energetisierung des Kehlenchakras. Am besten trägt man Lapislazuli an der Schilddrüse. Dieses Elixier bringt Äther-, Mental- und spirituellen Körper in Einklang. Diese Faktoren regen zu vermehrtem persönlichen Ausdruck an, besonders auf spirituellen und psychospirituellen Ebenen. Autistisch Verhaltensgestörte können besser mit der Wirklichkeit umgehen. Lapislazuli ist gut für schüchterne, introvertierte und zurückhaltende Menschen. Menschen können ihr Höheres Selbst besser anzapfen und vergrabene Gefühle ausdrükken oder befreien. Als Gedankenverstärker eignet sich Lapislazuli zur Meditation, zur persönlichen Artikulation und zum Senden von Gedanken.

Er steigert die Assimilation von Kalzium, Lezithin, Phosphor, Vitamin B, C und E, außerdem die Oxygenisation des Hämoglobins. Auf der Zellebene fördert es die Mitose und die Assimilation von Nährstoffen durch die Zellwände. Alle Meridiane werden gekräftigt. Lapislazuli kann äußerlich oder zum Gurgeln in destilliertem Wasser benutzt werden und eignet sich ausgezeichnet als Badezusatz. Dabei *muß* man allerdings etwa 30 Milliliter direkt aus der Anwenderflasche in die Badewanne gießen.

Das petrochemische, das syphilitische, das tuberkulöse und das Schwermetallmiasma werden gemildert. Testpunkt ist die Schilddrüse. Der Stein ist eher männlich, aber natürlich können ihn beide Geschlechter benutzen. Man verstärkt ihn, indem man ihn zwanzig Minuten lang der Mittagssonne oder dem Vollmond aussetzt. Auch durch Pyramiden wird Lapislazuli deutlich verstärkt. Ein beliebter Stein mit vielen Einflußbereichen.

LASURIT

Lasurit ist dunkelblau oder grünlich-blau und wird in den Vereinigten Staaten, Afghanistan und Chile gefunden. Viele meinen, der Name stamme vom arabischen *„lazaward"* für „Himmel" ab, ebenso wie Lapislazuli. Cayce spricht vom lapis ligurius. Welchen Stein er damit meinte, ist nach wie vor umstritten. John zufolge ist Lasurit gemeint.

Frage: Was ist der karmische Hintergrund von Lasurit?

„Diese Substanz ist nicht natürlichen Ursprungs, sondern wurde in Lemuria durch mentale Energie künstlich geschaffen. Das ist einer der Gründe dafür, daß sie ein so mächtiges Instrument zur Gedankenformverstärkung ist."

Frage: Von allen Steinen, über die wir gesprochen haben, ist dies der erste, von dem du sagst, er sei synthetisch hergestellt. Hat man das in Lemuria mit vielen Steinen gemacht?

„Man hat in Lemuria eine ganze Reihe von Mineralen durch mentale Energie geschaffen, die meisten davon aber sind inzwischen in ihren natürlichen Zustand zurückgekehrt. Dieses Mineral ist in seinem synthetischen Zustand geblieben, weil es dichter verbunden ist als die anderen und deshalb mit Gedankenformverstärkung in Beziehung steht. Da dieses Mineral nicht natürlich ist, hat es anders als die anderen Minerale keine Lebenskraft. Es gibt aber Techniken, mit denen man auch Minerale erschaffen kann, die nicht synthetisch verbunden sind."

Frage: Gibt es heute noch andere Steine, die einst synthetisch in Lemuria geschaffen wurden?

„Diese Frage wird zum jetzigen Zeitpunkt nicht beantwortet werden."

Frage: War dies einer der Schlüsselsteine, die dazu dienten, die menschliche Rasse in zwei Geschlechter zu teilen?

„Man hat ihn unter anderem dafür verwendet. Außerdem wurde er zur Geweberegeneration gebraucht. Der Wert dieses Steins besteht zum Teil darin, daß man mit seiner Hilfe und mit Mantras die Lebensenergie besser im Selbst konzentrieren konnte, gerade weil er synthetisch verbunden war."

Frage: Wie wird Lasurit zu Heilung und spirituellem Wachstum eingesetzt?

„Dieses Mineral regt Visionen auf der Ebene des Augenbrauenchakras an. Es hat gedankenformverstärkende Eigenschaften, die an die des Quarz heranreichen. Und es hat die einzigartige Eigenschaft, zur Bildung eines persönlichen Symbolsystems und zur Schöpfung individueller Mantren anzuregen.

Um dies zu erreichen, kombiniere man Lasurit- und Bergkristallelixiere und nehme diese Mischung zu sich. Gleichzeitig nehme man den Halblotussitz ein, meditiere und lege auf beide Handflächen Bergkristall- und Lasuritbrocken. Man versenke sich in Konzentration und schöpferische Visualisation und richte die innere Sammlung auf das Mantra oder das Symbol, das man erfahren will. Dieser Prozeß wird gefördert, indem man sich mit Licht in bestimmten Wellenlängen umgibt oder auch indem man über die Chakren meditiert. Innere Mantren, die in den Klangfrequenzen des Innenohres entstehen, und persönliche Symbole können sehr wohltuend auf Menschen wirken, weil sie tief innen im Selbst schöpferische Visualisationen anregen. Man kann diese Übung täglich durchführen. Da es sich dabei jedoch um eine sehr persönliche Übung handelt, gibt es keine allgemeinen Richtlinien, wie oft und wie lange man sie durchführen sollte.

Alle feinstofflichen Körper werden in Einklang gebracht. Dadurch wird jedoch nicht mehr Toxizität aufgelöst, und auch Schwingungsheilmittel wirken deshalb nicht besser. Bei Lasurit geht es um das reine Bewußtsein. Er stimuliert künstlerische Kreativität und ist ein Instrument, das Techniken der Selbstveränderung und Selbstheilung freisetzt."

Es könnte Spaß machen, mit diesem Präparat zu experimentieren und dabei auf tibetischen Glocken und peruanischen Flöten oder Pfeifgefäßen zu spielen. Wenn man mit Lasurit experimentiert, kann man viele verschiedene Arten von Musik spielen. Andere sollten diese Übung in Stille verrichten.

LAZULITH

Dieses Mineral ist hellblau oder tiefblau und kommt in den Vereinigten Staaten, Brasilien und Schweden vor. Manche meinen, der Name sei persischen oder arabischen Ursprungs.

Frage: Wie wird Lazulith zu Heilung und spirituellem Wachstum eingesetzt?

„Dieses Elixier wirkt auf die Epiphyse, die Zentren der vorderen Gehirnlappen und die Leber. Auf der Zellebene werden die Funktionen von Epiphyse und Hypophyse verschmolzen, so daß sie das endokrine System besser regulieren."

Frage: Versteht die orthodoxe Medizin diese Vorgänge bereits vollständig?

„Noch nicht, aber sie macht Fortschritte.

Leberkrankheiten und mit der Hypophyse verbundene Probleme des Immunsystems werden gelindert. Die Absorption von Magnesium, Phosphor, Kieselerde und Zink verbessert sich. Lazulith enthält Magnesium und Phosphor – das ist Teil seiner Signatur. Und es verbessert die Regulierung des Salzhaushalts im Körper.

Ärger, Frustration und allgemeine Überanspannung gehen zurück, und Mut entwickelt sich. Mut bedeutet, daß der Mensch bereit ist, sich Tätigkeiten hinzugeben, die auf spirituellen Werten basieren. Außerdem werden Äther- und Emotionalkörper in Einklang gebracht, wodurch Epiphyse und Hypophyse stimuliert werden.

Man trage diesen Edelstein am Mittelfinger der rechten Hand oder am Herzchakra. Er gleicht bei beiden Geschlechtern die weiblichen Eigenschaften aus. Die Wirksamkeit von Lazulith wird verstärkt, wenn man ihn dreißig Minuten lang gleichzeitig mit violettem und indigoblauem Licht bestrahlt und dabei möglichst auf eine Kupfer- oder Silberplatte stellt."

LEHM

Lehm ist eine erdige natürliche Substanz, formbar im nassen Zustand. Er besteht aus Mineralkristallen wie Aluminiumhydratsilikat, die durch chemische Verwitterung entstehen. Lehm kommt in vielen Teilen der Welt vor. Er ist grün, rot, weiß oder gelb[1].

Wegen seiner guten Absorptionsqualitäten hat man Lehm traditionell benutzt, um Toxizität aus dem Körper zu ziehen. Lehm desodoriert den Körper, zerstört Bakterien und ist ein Antiseptikum, das sich viele Menschen gern als Umschlag oder zur Hautreinigung auflegen. Lehm wird für Hautprobleme jeder Art verwendet. Manche Menschen nehmen ihn in kleinen Mengen oral ein, und er wird als Badezusatz, in Seife, Shampoo und Zahnpasta verwendet. Auf der langen Liste von Beschwerden, die man traditionell mit Lehm behandelt hat, stehen unter anderen: Alkalose, Allergien, Amöbenruhr, Anämie, Arthritis, Brustkrebs, ausgerenkte Wirbel, Ohren- und Augenprobleme, fibröse Tumore, Knochenbrüche, Kopfschmerzen,

Blutungen, Hernien, Leberbeschwerden, Hexenschuß, Lymphatitis, Mononukleose, schmerzhafte Menstruation, Mumps, Rheumatismus, Ischiasbeschwerden, Gürtelrose, Magengeschwüre, Wirbelsäulenbeschwerden, Verstauchungen, Mandelentzündung, Tuberkulose und Krampfadern[2].

Frage: Wie wird Lehmelixier zu Heilung und spirituellem Wachstum eingesetzt?

Es empfiehlt sich, Lehm zur Reinigung des physischen Körpers inklusive der Haut zu verwenden, zur Neutralisation des Harnsäuregehalts und zur Behandlung von Verbrennungen. Er ist sehr gut zur Geweberegeneration geeignet, besonders bei Verbrennungen. Man verwende Lehm zur vollständigen Reinigung von Kopfhaut und Darmtrakt, und um eindringende Giftstoffe aus den Gedärmen zu spülen. Lehm regt außerdem die natürliche Darmflora an. Die Regeneration der Skelettstruktur, insbesondere von Wirbeln und Zahnschmelz, wird stimuliert. Lehm zieht Toxizität aus der Zellebene des Körpers und setzt sie frei. Durch diese Zugeigenschaften wird vollständige Entgiftung möglich. Seine Fähigkeit, flüssig zu werden und dann wieder zu kristallisieren, steht für sein Vermögen zur Entgiftung des Körpers.

Durch seine gleichzeitig wasserlöslichen und kristallinen Eigenschaften und den Wechsel zwischen den beiden Aggregatzuständen verstärkt dieses Elixier das ätherische Fluidum im Ätherkörper und die kristallinen Bestandteile im physischen Körper. Kristalline Bestandteile im physischen Körper sind unter anderen: Zellsalze, Lymphsystem, Thymusdrüse, Epiphyse, rote und weiße Blutkörperchen und die regenerativen Elemente im Muskelgewebe. Durch Verstärkung der kristallinen Elemente des Körpers verbessern sich Hellsichtigkeit, Telepathie und Empfänglichkeit für Heilung.

Alle Meridiane und Nadis werden gekräftigt, das Solarplexuschakra geöffnet und Äther- und Emotionalkörper miteinander in Einklang gebracht. Ängste verschwinden, besonders jene, die Magengeschwüre und Ressentiments hervorrufen.

Besonders wirksam ist dieses Elixier, wenn man es äußerlich mit dem Zerstäuber oder als Mundwasser anwendet. Wenn man Lehm als Mundwasser benutzen will, gebe man sieben Tropfen des Elixiers oder eine kleine Menge echten Lehm ins Wasser. Auf ein Viertelliterglas Wasser nehme man fünf bis zehn Gramm Lehm, besonders wenn das Wasser einen hohen Fluoridgehalt hat. Wenn man ein Lehmbad nehmen will, füge man mindestens soviel Wasser hinzu, bis der Lehm flüssig wird und die gewünschte Konsistenz erhält, außerdem sieben Tropfen Elixier auf vier Liter Wasser. Man bedecke den Körper vollständig mit Lehm, um Giftstoffe aus dem Körper zu ziehen. Durch das Elixier kann sich die Wirkung des Lehmbades verdoppeln. In manchen Fällen, außer im Solarplexusbereich, wirkt es nicht unbedingt wohltuend, Lehm oder das Elixier auf dem Körper zu verteilen.

Testpunkte sind Solarplexus und Kehle. Um seine Eigenschaften zu verstärken, stelle man Lehmelixier unter einer Pyramide morgens dreißig Minuten und am frühen Abend noch einmal zwei Stunden in die Sonne. Seine Eigenschaften sind androgyn, tendieren manchmal allerdings etwas zur weiblichen Seite. Sowohl in seiner physischen Form wie auch als Elixier wird Lehm große Bedeutung erlangen."

1 Ralph Early Grim: *Applied Clay Mineralogy*, New York, McGraw Hill, 1962.
2 Michel Abehsera: *The Healing Clay*, Brooklyn, New York, Swan House Publishing Co., 1979.
Raymond Dertreit: *Our Earth Our Cure*, Brooklyn, Swan House Publishing Co., 1974.
J. Rae: *An Examination of the Absorptive Properties of Medicinal Kaolin, The Pharmaceutical Journal* CXXI, 11. August 1928, pp. 150/151.

MAGNESIUM

Dieses silberweiße metallische Element ist eines der häufigsten Metalle der Erde. Über zwei Prozent der Erdkruste bestehen aus diesem Element. Es ist nach der antiken Stadt Magnesia in Kleinasien benannt, wo man große Magnesiumkarbonatlager gefunden hat[1].

In der Medizin wird es als Antazidum und Laxativ verwendet. Es wirkt Körpergeruch und Zahnverfall entgegen, schränkt die Bildung von Nierensteinen und Cholesterin ein und schützt vor hohem Blutdruck. Menschen mit Magnesiummangel leiden unter Depressionen, Reizbarkeit, Nervosität und verschiedenen Formen von Krämpfen und Zuckungen, darunter Eklampsie, Epilepsie, Muskeltremor, Krampfanfälle (bei Neugeborenen), gelegentliche Gebärmutterkontraktionen zum Ende der Schwangerschaft sowie unter Delirium tremens und unkontrollierten Halluzinationen bei chronischem Alkoholismus. Weitere mit Magnesiummangel verbundene Störungen sind: Entmineralisierung der Knochen, Krebs, chronische Erschöpfung, Prostatavergrößerung, zu schneller Puls, Hyperreflexie, Nierenkrankheiten, geistige Verwirrung, neuromuskuläre Probleme, Entzündung der Bauchspeicheldrüse und schwerer Durchfall.

Traditionell wird Magnesium zur Stärkung des Herzens benutzt. In der Homöopathie werden Magnesiumsalze zur Linderung von Gallensteinen, Schlaflosigkeit, Gelbsucht, Leberbeschwerden, Skrofulose und zur Auflösung von Zysten verwendet. Als homöopathisches Salz lindert Magnesium Asthma, Koliken, Verdauungsprobleme, Keuchhusten, Herz-, Menstruations- und Magenkrämpfe. Schwache, empfindliche und ängstliche Frauen brauchen oft dieses homöopathische Heilmittel.

Frage: Wie wird Magnesium zu Heilung und spirituellem Wachstum eingesetzt?

„Der Schwerpunkt liegt bei diesem Elixier auf der Entgiftung der anatomischen und der Zellebene. Die Reinigung ist vollständig, weil die kristallinen Strukturen zwischen dem kristallinen und dem flüssigen Zustand hin und her pulsieren. Dies gehört zur Signatur des Minerals.

Alle Miasmen werden gemildert, man ist gegen alle Formen der Hintergrundstrahlung besser geschützt, und das Magenchakra öffnet sich. Der Ätherkörper wird mit dem physischen Körper besser in Einklang gebracht, was die Entgiftung fördert. Die weiblichen Qualitäten werden angeregt. Die Assimilation des ganzen Eiweißspektrums und der Enzyme, die zur Entgiftung gebraucht werden, verbessert sich. Man verstärkt Magnesium, indem man es zwanzig Minuten lang in einer konischen Form mit violettem Licht bestrahlt. Testpunkt ist der Unterleib."

1 William Gross: *The Story of Magnesium*, Cleveland, American Society For Metals, 1949.

MAGNETIT (NEGATIV UND POSITIV)

Dieses Eisenoxid hat starke magnetische Eigenschaften, die denen des Magnetsteins ähneln. Es wird in Indien, Mexiko, der Schweiz und den Vereinigten Staaten abgebaut. Der Name könnte von *magnesia* stammen, einem antiken Gebiet neben Makadamien. Platon zufolge hat Plinius gesagt, ein Schäfer namens *Magnes* habe dieses Mineral oder den Magnetstein auf dem Berge Ida beim Hüten seiner Herde entdeckt, weil die Nägel seines Schuhs plötzlich an einem Stück davon hängenblieben.

In Japan arbeitet man mit Magnettherapie, und es scheint, daß die Magnete Hals- und Schulterschmerzen, Benommenheit, Kopfschmerzen, Schlaflosigkeit und Hexenschuß lindern[1]. Auch in der Zahnheilkunde arbeitet man jetzt mit Magnettherapie[2]. In England wendet man Magnete erfolgreich bei Sportverletzungen wie Blutergüssen, Verstauchungen, Sehnen- und Bänderverletzungen, außerdem bei Muskel- und Gelenkschmerzen beziehungsweise -steifheit an. Sogar eine magnetische Halskette ist auf dem Markt [3].

Traditionell hat man Magnetit bei präkanzerösen Zuständen, bei Tumorentfernungen und als allgemeines Stärkungsmittel verwendet. Er verbessert das sprachliche Ausdrucksvermögen und versiegelt Löcher in der Aura.

Frage: Wie wird Magnetit zu Heilung und spirituellem Wachstum eingesetzt?

„Alle magnetischen Eigenschaften, die ich bei Magnetit und Magnetstein anspreche, gelten jeweils auch für das andere Mineral. Magnetit regt das gesamte endokrine System an. Die Blutzirkulation im System der endokrinen Drüsen verbessert sich. Auf der Zellebene dringen die Aktivitäten der Kapillargefäße tiefer ins endokrine System ein. Magnetit bringt den Menschen auf natürliche Weise mit der Schwingung der Erde in Einklang. Besonders wirksam ist es bei Menschen, die als Bergarbeiter oder anderweitig hohen Strahlendosen ausgesetzt sind. Bestimmte Krankheiten, die mit dem mangelhaften Funktionieren des Immunsystems verbunden sind, lassen sich auch mit Magnetit behandeln.

Magnetit verbessert die Meditation, indem es das Bewußtsein leichter zu den Ebenen des endokrinen Systems vordringen läßt, welche der Sitz der Seele sind. Alle Chakren, Meridiane, Nadis und feinstofflichen Körper werden angeregt und zeitweise in Einklang gebracht. Dadurch entsteht ein Zustand tieferer Meditation. Als Gedankenverstärker gibt Magnetit der Meditation einen deutlicheren Brennpunkt. Magnetit hat diese machtvolle Wirkung, weil all diese Einflüsse letztlich magnetisch und elektromagnetisch sind.

Dieses Elixier ist androgyn und kann gemeinsam mit Meditation in verschiedenen Bädertherapien angewendet werden. Man kann den Stein überall am Körper tragen, besonders wirksam aber ist er an Medulla oblongata, Wirbelsäulenbasis und drittem Auge. Seine Eigenschaften werden verstärkt, wenn man ihn zwei Stunden lang unter einer Pyramide mit blauem oder grünem Licht bestrahlt. Testpunkte sind Medulla oblongata und Wirbelsäulenbasis."

Frage: Warum sind Magnetit und Magnetstein androgyn, wo sie doch so klare positive und negative Eigenschaften haben?

„Wenn man ausschließlich positive oder negative Steine benutzt, schlägt das Pendel mehr zur einen oder anderen Seite aus, wenn man sie jedoch kombiniert, sind sie androgyn. Sie sind gerade deswegen androgyn, weil sie je nach Pol sowohl weibliche als auch männliche Qualitäten enthalten."

Frage: Könntest du den Unterschied zwischen der Verwendung von Magnetit und Magnetstein erklären?

„Magnetit ist stärker organisch gebunden und hat eine intensivere sympathetische Resonanz mit dem Körper. Einige Zellen sind sogar in der Lage, eine direkte chemische Verbindung zwischen diesem Eisenoxid und dem lebenden Gewebe herzustellen. Deshalb steht Magnetit dem organischen Leben näher. Dieser Edelstein funktioniert oft besser, wenn er zum Beispiel durch einen Orgonakkumulator mit odischer Energie oder Lebenskraft saturiert ist. Deswegen ist allerdings Magnetit dem Magnetstein durchaus nicht überlegen. Die besondere Eigenschaft des Magnetsteins ist es, die Polaritäten der feinstofflichen Körper mit den Aktivitäten des natürlichen Magnetfelds der Erde in Einklang zu bringen. Beide Steine werden mit ihren negativen und positiven Polen auf identische Weise zur Heilung eingesetzt, ihre Wirkung aber ist wie beschrieben, geringfügig verschieden. Magnetit wirkt sich etwas stärker auf die zelluläre und die anatomische Ebene aus, Magnetstein etwas stärker auf die feinstofflichen Körper. Mit beiden erhält man ähnliche Ergebnisse, obwohl ihr Durchgang durch den physischen Körper verschieden ist."

Frage: Du hast gesagt, Magnetstein sensibilisiere die Aura, nicht aber die feinstofflichen Körper, während Magnetit alle feinstofflichen Körper stärke. Warum besteht dieser Unterschied?

„Da gibt es keinen wesentlichen Unterschied. Die Aura ist die allgemeine Mischung der feinstofflichen Körper mit vielen anderen Energien des physischen Körpers. Wenn sich der Einfluß der Zellebene voll bemerkbar macht, betrifft das auch die Aura. Jede einzelne Zelle hat ihre eigene Aura, und ihre gesammelte Energie wirkt sich auch auf die Aura aus. Der kleine Unterschied besteht darin, daß sie einfach auf verschiedenen Schwingungsebenen arbeiten."

Frage: Wann sollte man Magnetstein und Magnetit gemeinsam anwenden?

„Wenn man alle Auswirkungen dieser Elixiere in vollem Umfang erfahren will, nehme man sie gleichzeitig ein."

1 Dr. Kyoichi Nakagawa: Magnetic Field Deficiency Syndrome and Magnetic Treatment, in: *Japan Medical Journal*, 4. Dezember 1976, pp. 24-32.

2 W. R. Laird e.a.: The Use of Magnetic Forces in Prosthetic Dentistry, in: *Journal of Dentistry*, 9. Dezember 1981, pp. 328- 335.

3 Albert R. Davis: *The Anatomy of Biomagnetism*, New York, Vantage Press Inc. 1982.

MAGNETSTEIN (NEGATIV UND POSITIV)

Dieses schwarze Eisenerz findet sich in den Vereinigten Staaten und vielen anderen Teilen der Welt. Manche glauben, der Name stamme von *magnetis,* einem antiken Landstrich neben Makadamien. Der Dichter Euripides (480-405 vor Christus) war der erste, der diesen Namen benutzt hat. Platon zufolge hat Plinius gesagt, ein Schäfer namens Magnes habe dieses Mineral (oder Magnetit) beim Schafehüten auf dem Berge Ida entdeckt, als plötzlich ein Stück davon an seinen Schuhnägeln hängenblieb.

Plinius verwendete Magnetstein zur Behandlung von Blasen- und Frauenleiden und zur Heilung gefährlicher Wunden. Außerdem wurde er bei Krämpfen und Rheumatismus benutzt.

In der westlichen Medizin stößt die Magnettherapie auf wachsendes Interesse. Manche Wissenschaftler erforschen die Möglichkeiten, durch Magnete Fremdkörper aus dem Körper zu entfernen[1], Rückenschmerzen zu lindern[2], die Heilung von Knochenbrüchen zu fördern[3] und Krebs zu behandeln[4]. Außerdem wird man sich in wachsendem Maße bewußt, daß unsere elektromagnetische Umgebung sich auf unsere Gesundheit auswirkt[5].

Frage: Was ist der karmische Hintergrund von Magnetstein?

„In Lemuria wurde Magnetstein bei den meisten Heilweisen verwendet, weil der physische Körper magnetisch positiv und negativ ist."

Frage: Wie wird Magnetstein zu Heilung und spirituellem Wachstum eingesetzt?

„Magnetstein verstärkt die biomagnetischen Kräfte im Körper und ist ein wertvolles Instrument bei der Magnetheilung. In den magnetischen Qualitäten des Magnetsteins und in seiner Wirkung auf die biomagnetischen Eigenschaften des Körpers drückt sich die Signatur dieses Steins aus. Das biomagnetische Feld wird durch eine Bewegung der Äther geschaffen, und die biomagnetischen Kräfte im Körper werden durch die Bewegung des ätherischen Fluidums und der anderen feinstofflichen Körper aktiviert. Die magnetischen Eigenschaften von Magnetstein machen die Menschen anziehend für andere. Außerdem wird das biomagnetische Feld des Körpers mit der Erde in Einklang gebracht, weil sich Magnetstein natürlicherweise mit diesen Kräften im Einklang befindet.

Die magnetischen Eigenschaften sensibilisieren die Aura, nicht aber die feinstofflichen Körper und machen sie empfänglicher für Sendevorrichtungen wie zum Beispiel die Radionik. Dieses Elixier eignet sich ausgezeichnet für Heilende, die mit Radionik arbeiten. Wenn die Aura gestärkt wird, werden viele Dinge, die sie schwächen, aus ihr heraus gezogen, zum Beispiel Drogenrückstände, Alkohol oder Kaffee. Dann haben diese toxischen Substanzen weniger Auswirkungen auf den physischen Körper und die Persönlichkeit. Die Wirksamkeit von Radionikbehandlungen wird oft durch die Anwesenheit solcher Substanzen beeinträchtigt, wenn man sie nicht zunächst auflöst. Eine Kräftigung der Aura fördert viele ganzheitliche Therapieformen, zum Beispiel die Anwendung aller Schwingungsheilmittel, kreative Visualisation, Wassertherapien und Edelgastherapien.

Magnetsteinelixier ist ein jederzeit anwendbares ausgezeichnetes Tonikum für den Körper. Wenn es dem Körper schwer fällt, Informationen zu sammeln, sollte man es oft verwenden. Magnetstein erhöht die Biofeedbackpotentiale des Körpers. Weil er die Vermittlung von Informationen in der gesamten physischen Form unterstützt, wirkt er auf das ganze endokrine System tonisierend. Außerdem beseitigt er Unausgewogenheiten im Nervensystem, wo ja das Fließen von Informationen notwendig ist. Er steigert die Tätigkeit der Nervensynapsen. Magnetstein verbessert die Funktion der Kapillargefäße und stimuliert die allgemeine Geweberegeneration in der gesamten Anatomie. Auch die zum autonomen Nervensystem gehörenden Ganglien in der Kehle werden positiv beeinflußt. Das petrochemische Miasma wird gelindert und der Körper von den Rückständen der Hintergrundstrahlung befreit.

Obwohl Magnetstein eher zum Männlichen tendiert, ist er doch zum Ausgleich weiblicher und männlicher Qualitäten geeignet. Aus diesem Gleichgewicht entwickelt sich altruistisches Verhalten. Bei der Verwendung von positivem oder negativem Magnetstein geht es wieder um andere Faktoren, hierbei werden nicht etwa Yin oder Yang beeinflußt. Wenn man positives und negatives Magneteisenelixier benutzt, wirkt der Stein androgyn.

Das Meridiansystem kommt ins Gleichgewicht, und der Ätherkörper wird gestärkt, so daß das ätherische Fluidum besser fließen kann. Die Eisenassimilation wird verbessert. Man trage diesen Stein nahe an der Wirbelsäulenbasis oder am Halsansatz. Dieses Elixier kann man gut äußerlich mit Baumwollsamenöl anwenden. Bei der Verwendung als Badezusatz nehme man sieben Tropfen der Tinktur auf eine Badewanne und füge nach ein paar Sekunden drei Teelöffel Salz hinzu."

Frage: Könntest du näher erläutern, wie positiver und negativer Magnetstein anzuwenden sind?

„Magnetstein ist womöglich eines der ältesten Heilwerkzeuge des Menschen. Seine Fähigkeit zum Ausgleich von Yin- und Yangfaktoren ist schon aus seiner Form und Beschaffenheit ersichtlich, da er sowohl einen positiven als auch einen negativen Pol enthält. Schon bei den ersten Bemühungen des Menschen um Weiterentwicklung gegenüber den niedrigeren tierischen Formen wurden diese besonderen Kräfte des Magnetsteins eingesetzt. Magnetstein regte Visionen an und brachte Gedankenformen ins Gleichgewicht. Diese Aktivitäten schufen Harmonie im ursprünglichen Aspekt der männlichen und weiblichen Form. Deswegen wurde Magnetstein bei der frühen Entwicklung des Bewußtseins eingesetzt.

Schon indem man mit einem Magnetstein die Wirbelsäule entlang fährt, fördert man die Gesundheit des Menschen. Viele Menschen könnten von einer regelmäßigen Behandlung profitieren, bei der man nur Magnetstein oder das Elixier an Halsansatz und Wirbelsäulenbasis anwenden müßte. Damit stimuliert man die magnetische Zerebrospinalflüssigkeit. Es gibt keine bindenden Vorschriften, an welchem Ende der Wirbelsäule man den positiven beziehungsweise negativen Stein oder das entsprechende Elixier anwenden müßte. Wenn man Steine benutzt, nimmt man runde oder scheibenförmige Stücke und befestigt sie am besten mit Pflaster. Über die Zeitdauer, die das Elixier oder die Steine an der Wirbelsäule verbleiben sollen, gibt es keine allgemeinen Regeln. Jeder Mensch ist anders. Solche Fragen kann man durch Auspendeln oder Muskeltesten klären. Dennoch kann allgemein gesagt werden, daß es oft am besten ist, die Steine dreißig Minuten bis drei Stunden am Körper zu lassen. Bei bestimmten chronischen Beschwerden kann man sie ständig am Körper tragen. Man kann die Steine auch anderswo an den Körper kleben, je nach Art der Beschwerden.

Magnetstein sucht, die männlichen und weiblichen Eigenschaften des physischen Körpers ins Gleichgewicht zu bringen. Jedes innere Organ hat einen eigenen positiven und negativen Pol. Allgemein wirkt sich Magnetheilung dahingehend aus, daß das positive Element Wachstum eher hemmt, während das negative Wachstum eher fördert. Deshalb kann man negative Magnetsteine benutzen, wenn Wachstum im physischen Körper wünschenswert ist. Negativen Magnetstein sollte man verwenden, wenn man solches Wachstum fördern und anregen will oder wenn die natürlichen Kräfte des Körpers angeregt werden sollen. Wenn ein Organismus von außen angreift oder ein Tumor sich bildet, würde positiver Magnetstein das Wachstum solcher Elemente verlangsamen.

Wenn man im physischen Körper einen bestimmten Krankheitszustand diagnostiziert hat und weiß, daß die betroffenen inneren Organe durch bestimmte Drüsenfunktionen angeregt werden können (so wie Diabetes von der Funktion der Bauchspeicheldrüse abhängt), dann läßt sich durch ständige Behandlung mit negativem Magnetstein das betroffene Organ anregen und verjüngen. Das könnte man erreichen, indem man Magnetstein oder Magnetit direkt mit den positiven oder negativen Polen auf dem betroffenen Gebiet plaziert. Jedes innere Organ hat seinen eigenen besonderen Spannungszustand zwischen positiv und negativ. Manchmal ist ein Organ unausgewogen, weil es zu positiv oder zu negativ ist. Dann kann man mit positivem oder negativem Magnetstein arbeiten. Diese Eigenschaften des Magnetsteins gelten auch für Magnetit. Um die Eigenschaften von Magnetstein und Magnetit weiter zu verstärken, ist es manchmal empfehlenswert, sie gemeinsam anzuwenden.

Wenn man beginnt, mit Heilkräften zu arbeiten, ist Magnetheilung immer eine gute Grundlage, sei es für die Edelsteinelixiertherapie, sei es für Handauflegen oder andere Kräfte. Die Prinzipien magnetischen Heilens sind leicht zu erlernen und gehören zu den am unmittelbarsten wirksamen Therapien. Magnetstein hat immer in Verbindung zu Heilkräften gestanden und könnte für jeden Menschen, der sich um die Heilung mit Edelsteinen bemüht, zum Mittelpunkt seiner heilerischen Tätigkeit werden."

1 D. Daniel: Report of a New Technique to Remove Foreign Bodies From the Stomach Using a Magnet, in: *Gastroenteral,* Oktober 1979, pp. 685-687.

2 M. Ushio: Therapeutic Effects of Magnetic Field to Backache, in: *Ika Daigaku Zasshi,* Oktober 1982, pp. 717-721.

3 A. T. Barker e.a.: The Effects of Pulsed Magnetic Fields of the Type Used in the Simulation of Bone Fracture Healing, in: *Clinical Physics Physiological Measurement,* Februar 1983, pp. 1- 27.

4 K. J. Widder e.a.: Experimental Methods in Cancer Therapeutics, in: *Journal of Pharmaceutical Sciences* LXXI, April 1982, pp. 379- 387.

5 M. Reichmanis e.a.: Relation Between Suicide and the Electromagnetic Field of Overhead Power Lines, in: *Physiological Chemistry and Physics,* Mai 1979, pp. 395-403.

P. Semm: Effects of an Earth-Strength Magnetic Field on Electrical Activity of Pineal Cells, in: *Nature,* 11. Dezember 1980, pp. 607-608.

MALACHIT

Malachit ist immer ein beliebter Edelstein gewesen. Er kommt in verschiedenen Grüntönen vor, hat einen glasartigen Glanz und wird in den Vereinigten Staaten, der UdSSR, in Australien und Israel abgebaut. Der Name stammt vom griechischen *maloche,* weil Malachit den grünen Blättern der Malvenpflanze ähnelt.

Traditionell hat man Malachit verwendet, um ruhiger zu schlafen, zur Kräftigung von Augen, Kopf, Nieren, Bauchspeicheldrüse, Milz und Magen, und zur Erhöhung der Milchproduktion. Er wirkt Schwächezuständen entgegen, verhindert Hernien, und bewahrt den, der es trägt, vor Gefahren durch Stürze. Als Salbe mit Honig vermischt stoppt Malachit Blutungen und löst Krämpfe. Herzschmerzen, krebsartige Tumore, Cholera, Koliken, Infektionen, Leukämie, Rheumatismus, Schwindel und Magengeschwüre werden gelindert, die Fruchtbarkeit nimmt zu. Man hat dieses Mineral früher auch bei zahnenden Kindern verwendet. Für die Rosenkreuzer war Malachit das Symbol für den sich erhebenden spirituellen Menschen. In der anthroposophischen Medizin verwendet man Malachit zur Behandlung von nervösen Magenproblemen, wie zum Beispiel Magengeschwüren.

Frage: Wie wird Malachit zu Heilung und spirituellem Wachstum eingesetzt?

„Mit Malachit lassen sich Krankheiten wie Autismus, Legasthenie, Epilepsie, Störungen der neuronalen Entladung, motorische Koordinationsstörungen und Sehprobleme behandeln, weil Malachit auf Unausgeglichenheiten zwischen rechter und linker Gehirnhälfte wirkt. Man kann damit Geisteskrankheit behandeln, Strahlenschäden und Überlastung des Systems durch Giftstoffe. Malachit vertreibt das sich häufig in der Kehlengegend ablagernde Plutonium aus dem Körper. Wer in der Nähe von Atomkraftwerken oder Atommülldeponien wohnt oder aus anderen Gründen ständig erhöhter Strahlung ausgesetzt ist, sollte im allgemeinen diesen Stein tragen, Brocken davon im Haus aufbewahren und manchmal auch dieses Elixier einnehmen, um sich besser zu schützen. Je nach Schwere des Problems kann man Malachit hundertzwanzig Tage lang einmal täglich einnehmen. Darauf lege man drei Monate Pause ein und wiederhole dann den Zyklus. Oder man nehme es zum Ende der Woche mehrere Tage lang einmal täglich. Wenn die Strahlungsdosis nicht allzu hoch ist, kann man das Elixier auch alle drei Monate ein paar Mal einnehmen."

Frage: Ist es dann zu empfehlen, auch Quarzelixier zu nehmen?

„Es ist selten angezeigt, daß Menschen zum Schutz vor Strahlung Quarz- und Malachitelixiere gleichzeitig einnehmen sollten. Normalerweise sollten die mehr dem Spirituellen Zugeneigten Quarz in der für Malachit angegebenen Dosis nehmen, während andere Malachit besser assimilieren. Wenn Plutonium das Hauptproblem ist, ist oft Malachit am besten. Auch Menschen, die täglich an Computerbildschirmen arbeiten müssen, sollten unbedingt erwägen, eines dieser Elixiere einzunehmen. Die Strahlung dieser Geräte kann zahlreiche Beschwerden verursachen, zum Beispiel grauen Star und Störungen während der Schwangerschaft[1].

Auf der Zellebene fördert Malachit umfassend die Geweberegeneration. Im physischen Körper kräftigt es Herz, Epiphyse, Hypophyse, Kreislauf und Kapillargefäße. Tuberkulose- und Schwermetallmiasma werden schwächer, toxische Ablagerungen im Fettgewebe beseitigt, die roten Blutkörperchen gestärkt und das Nervengewebe verjüngt.

Dieses Elixier stimuliert die Heilkräfte im Menschen, indem es die altruistischen Seiten zum Leben erweckt. Heiler werden inspiriert, freigebiger von sich selbst zu geben. Auch für erschöpfte Heiler wirkt dieses Elixier wohltätig. Denn Malachit öffnet das Herzchakra, regt den Kreislauf an und bringt Äther- und Emotionalkörper in Einklang. Außerdem wird das dritte Chakra ausgeglichen, und der Ausdruck des Selbst verbessert sich. Auch während einer Fastenkur ist dieses Elixier zu empfehlen.

Testpunkte sind die Hände, besonders die Handflächen. Das Elixier kann äußerlich angewandt werden, besonders zusammen mit Lotusöl. Zur Verstärkung stelle man den Stein oder das Elixier auf einer Türkisplatte eine Stunde lang in die Sonne und danach fünfzehn Minuten unter eine Pyramide."

Frage: Du hast an anderer Stelle gesagt, Malachit und Diamant seien in gewisser Hinsicht toxisch. Meintest du damit, daß ihr Staub giftig ist?

„Ja. Man muß sorgfältig vermeiden, daß Malachit- oder Diamantenstaubpartikel in den menschlichen Körper gelangen, denn sie sind hochgiftig."[2]

Frage: Gilt dieses Problem für alle Edelsteine, oder ist es vor allem bei Malachit und Diamant wichtig?

„Das ist keine wesentliche Frage, weil sie praktisch kein Problem darstellt, wenn man die Edelsteine vor der Verwendung gründlich reinigt."

Ich lebe in Boulder, Colorado, in der Nähe der vielleicht größten Nuklearverarbeitungsanlage der Vereinigten Staaten. Hier werden Waffen auf Plutoniumbasis hergestellt. Ich weiß, daß eine Reihe hier wohnender Menschen Beschwerden an der Kehle haben, die durchaus von Plutonium verursacht sein könnten. Die Verwendung von Malachit- und Quarzelixieren würde die berechtigten Sorgen beträchtlich verringern, die viele Menschen sich wegen der Strahlenbelastung für die Umwelt machen.

1 Mary T. Schmich: Debate on Health Effects of VDT Use Continues Unabated, in: *The Denver Post*, 16. August 1985, Teil B, p. 3.
2 Edgar Cayce: *Gems and Stones*, Virginia Beach, Virginia, A. R. E. Press, 1979, pp. 72-73.

MARMOR

Marmor ist eigentlich rein weiß, enthält aber oft braune, graue, grüne, rote oder gelbe Adern, Einschlüsse anderer Minerale. Dieser Stein enthält rekristallisiertes Kalzit oder Dolomit und wird in den Vereinigten Staaten, England, Griechenland und Italien abgebaut[1]. Der Name stammt womöglich vom lateinischen *marmor* für „glänzender Stein“. Andere meinen, der Name stamme vom griechischen *marmaros* für „weiß“. Marmor ist bekanntlich in der Geschichte immer als Baumaterial eingesetzt worden.

Frage: Wie wird Marmor zu Heilung und spirituellem Wachstum eingesetzt?

„Dieses Elixier stärkt Herz, Bauchspeicheldrüse, Hypophyse und Milz. Auf der Zellebene kommt es zur Regeneration der Hautelastizität und der roten Blutkörperchen. Dadurch wird eine Verjüngung der roten Blutkörperchen und ein tieferes Eindringen derselben in die endokrinen Drüsen bewirkt, was die Lebenserwartung erhöht. Aplastische Anämie, Sichelzellenanämie und Verhärtungen von Haut und Blutgefäßen werden durch Marmor gelindert.

Ein psychologischer Hinweis darauf, daß jemand dieses Elixier benötigt, ist es zum Beispiel, wenn ein Mensch sich zu leicht apathischen Zuständen hingibt. Manche allerdings, die dieses Präparat brauchen, sind auch geistig überaggressiv. Menschen, die in ihrem Handeln zu passiv sind, kompensieren das oft durch übermäßige Aggressivität auf der Verstandesebene. Das ist manchmal für Jungfraupersönlichkeiten typisch. Marmor öffnet das Solarplexuschakra, was zu erhöhter Sensitivität führt.

Wenn man dieses Elixier äußerlich zusammen mit Jojoba- und Kokosnußöl anwendet, lassen sich Hautprobleme ausgezeichnet behandeln. Die weiblichen Qualitäten werden leicht angeregt. Auch die Verwendung als Badezusatz ist empfehlenswert. Die Assimiliation von Vitamin C, D und E verbessert sich. Viele ganz gewöhnliche häufig vorkommende Steine sind als Edelsteinelixiere recht wertvoll.“

1 Maurice Grant: *The Marbles and Granites of the World,* London, J. B. Shears, 1955.

MESSING

Messing ist eine Metallegierung mit schwankenden Anteilen von Zink und Kupfer. Die Farbe ist im allgemeinen dunkel-rötlich, wird aber mit wachsendem Zinkanteil eher rotgolden[1]. In der Medizin werden manchmal Messingimplantate als Knochen- und Gelenkersatz verwendet[2].

Frage: Wie wird Messing zu Heilung und spirituellem Wachstum eingesetzt?

„Messing fördert Heilung im Bereich der Skelettstruktur und beseitigt Giftstoffe überall im Körper. Es regt das Haarwachstum auf der Kopfhaut an, richtet die Wirbel aus und fördert die Aktivität auf der Zellebene des Hautgewebes. Haut- und Kopfhauterkrankungen werden durch Messing ebenso wie das Schwermetallmiasma und Arthritis gelindert. Mit Jojobaöl gemischt ist Messingelixier hervorragend zum Einreiben in die Kopfhaut geeignet. Testpunkte sind Medulla oblongata und Solarplexus."

Frage: Es gibt je nach Kupfer- und Messinganteil viele verschiedenen Messingarten. Ist ein bestimmtes Verhältnis am besten?

„Das Mischungsverhältnis ist nicht entscheidend. Aber alle traditionell mit Zink und Kupfer verbundenen Heilungseigenschaften hat auch das Messingelixier."

1 Wm. B. Price und Richard K. Meade: *The Technical Analysis of Brass and the Non-Ferrous Alloys*, New York, John Wiley and Sons Inc., 1917.
2 Wm. Beatty und Geoffrey Marks: *The Precious Metals of Medicine*, New York, Charles Scribner's Sons, 1975, pp. 222 und 230.

METEORIT

Hierbei handelt es sich um oftmals ziemlich große Felsbrocken, die aus dem Weltraum auf die Erde fallen. Meteoriten sind gewöhnlich außen schwarz oder von dunkler Farbe und innen gräulich. In seltenen Fällen ist die Außenseite auch fast weiß. Man unterscheidet drei Typen von Meteoriten nach ihrer Zusammensetzung. Sie bestehen aus Eisen, aus Steinen, oder aus Metall und Stein in etwa gleichem Verhältnis. Man findet Meteoriten überall auf der Welt[1].

Frage: Was ist der karmische Hintergrund von Meteorit?

„Viele Meteoriten stammen vom Maldec. Dieser Planet existierte früher in dem Gebiet, das den Wissenschaftlern heute als Asteroidengürtel zwischen Mars und Jupiter bekannt ist. Die dortige Zivilisation erreichte eine technologische Entwicklungsstufe, die der gegenwärtigen der Erde überlegen und der Entwicklung des frühen Atlantis vergleichbar war, bevor sich diese Kultur von der Nukleartechnologie fortbewegte. Viele Meteoriten auf der Erde kommen vom Maldec, einer der Gründe für die karmische Verbindung zwischen Maldec und Erde. Über das spezifische karmische Muster von Maldec wird zum jetzigen Zeitpunkt nichts gesagt werden."

John hat an anderer Stelle gesagt, Maldec habe vor vielen Äonen eine kulturelle und technologische Entwicklungsstufe erreicht, die der jetzigen der Erde sehr ähnlich gewesen sei. Der Planet wurde in einem Atomkrieg zerstört. Zum Teil wegen der Folgen dieser Zerstörung und nach einer Sichtung des daraus resultierenden Karmas und Leidens trafen gewisse spirituelle Lehrer eine allgemeine Entscheidung, daß es der Erde nicht erlaubt sein wird, sich in einem Atomkrieg zu zerstören. Obendrein könnte die so entstehende Verschmutzung des Weltraums das Leben vieler anderer Wesen auf anderen Planeten beeinträchtigen. Hilarion hat gesagt, daß eine Häufung von nuklearen Explosionen einen Riß in der ätherischen Matrix nahe dieses Planeten verursachen würde, der alles Leben in dieser Galaxis gefährden würde[2]. Wenn wir und die Russen plötzlich große Mengen Atombomben aufeinander abschössen, würden die meisten, aber nicht alle, einfach vom Himmel verschwinden. Bei einigen wenigen Geschossen würde die Explosion zugelassen werden, denn wir sind in vieler Hinsicht wie Kinder, die nicht hören wollen und deshalb fühlen müssen. Wie wir aus dem Buch der Offenbarung und durch die Prophezeiungen wissen, werden die späten 1990er in dieser Hinsicht ein sehr kritischer Zeitraum werden.

Frage: Wie wird Meteorit zu Heilung und spirituellem Wachstum eingesetzt?

„Diese Substanz ist in der Lage, Kommunikation innerhalb des Genpools außerirdischer Entwicklungsschritte herzustellen, die in der genetischen Struktur der Menschheit stattgefunden haben. Jedes Individuum hat, wenn man seine vergangenen Leben mitrechnet, viele Punkte, die stellaren Ursprungs sind. Meteorit hilft dem Menschen, sich auf vergangene Leben auf anderen Planeten, in anderen Sternensystemen einzuschwingen. Es setzt im Inneren des Selbst ein Gefühl größerer Bewußtheit und Einheit mit außerirdischen Einflüssen frei. Durch dieses Elixier können Menschen lernen, telepathisch mit Individuen auf UFOs und mit denen, die auf Planeten in anderen Sternensystemen leben, zu kommunizieren. Als Gedankenverstärker ist Meteorit in der Lage, das Bewußtsein von Wesen aus anderen Existenzsphären und die telepathische Kommunikation mit ihnen zu fördern.

Meteorit ist eher zur reinen Erhöhung der Bewußtheit geeignet. Durch dieses Elixier begreifen Menschen die Weisheit, die darin liegt, außerirdische Einflüsse zu erforschen. Die kosmische Bewußtheit nimmt zu. Meteorit bringt Mental-, Emotional-, Äther- und Astralkörper in Einklang. Dadurch kann der Mensch einen Sinn für das Selbst im Einklang mit den vereinzelten Bestandteilen verschiedener planetarer Einflüsse entwickeln.

Augenbrauen- und Kehlenchakra werden stimuliert. Meteorit hat androgyne Qualitäten. Auf der Zellebene fördert dieses Elixier Evolution innerhalb der physischen Form. Außerdem übt Meteorit auf interplanetare Strahlungen einen Einfluß aus, der zu einem zukünftigen Zeitpunkt besprochen werden wird. Damit Meteorit diese Wirkung hat, sollte er interstellaren Ursprungs sein. Es genügt, wenn er der Schwingung verschiedener Sternensysteme ausgesetzt war. Er muß nicht selbst durch verschiedene Sternensysteme gewandert sein."

In meinen Augen ist Meteorit eines der interessantesten Edelsteinelixiere in diesem Text. Der Einfluß der UFOs und unserer Brüder im Weltraum auf unser Leben ist weit größer als die meisten Menschen sich bewußt machen. Es gibt auch Minerale, mit deren Hilfe man sich auf bestimmte Sternensysteme einschwingen kann. John hat erwähnt, mit Hilfe von Quarzit könne man sich auf Orion einschwingen, und mit Hilfe aller Turmalinvarianten auf die Plejaden.

Der Bereich der natürlichen Hintergrundstrahlung beziehungsweise der interstellaren Strahlung ist ein weiteres äußerst wichtiges Thema. Diese Strahlung spielt eine wichtige Rolle für unsere Gesundheit und spirituelle Entwicklung und ist sogar Teil des natürlichen Evolutionszyklus. In der astrologischen Literatur wird dieses Thema ausführlich untersucht. Auch Rudolf Steiner hat sich damit beschäftigt. Leider mußte ich hören, wie orthodoxe Mediziner die Strahlentherapie mit der Begründung verteidigen, daß Wissenschaftler eine natürliche Hintergrundsstrahlung nachgewiesen hätten, der wir schon seit vielen Äonen ausgesetzt seien. Dabei sind sie sich nicht bewußt, daß im natürlichen Zustand eine sehr schwache Strahlung nicht toxisch sein muß oder sogar sehr positiv wirken kann, wenn der menschliche Organismus buchstäblich Millionen von Jahren hat, um sich auf solche Energiemuster einzustellen und einzuschwingen. Wenn der Körper aber plötzlich mit massiven Dosen derselben Schwingung konfrontiert wird, kann sie sehr giftig wirken, und viele Krankheiten entstehen, darunter Krebs.

Auch die gegenwärtige Anwendung von Elektroschocks zur Behandlung oder Kontrolle Geisteskranker ist eine Scheußlichkeit, die eines Tages aufhören wird.

Wenn sich die westliche Medizin immer mehr zum Ganzheitlichen hin entwickelt, wird man verstehen, daß eben diese Elektroschockbehandlung sehr heilsam sein kann, wenn man die Elektrizität dem Körper in weit geringeren Mengen zuführt. Die Spannung wäre dann so niedrig, daß die Patienten wahrscheinlich den Strom nicht einmal fühlen würden.

1 D. W. Sears: *The Nature and Origin of Meteorites*, New York, Oxford University Press, 1979.
2 Hilarion: *The Nature of Reality*, Toronto, Marcus Books, 1980, p. 5.

MONDSTEIN (ADULAR)

Mondstein kommt in verschiedenen Grüntönen vor und wird in Australien, Indien und Sri Lanka abgebaut. Auch sternförmig und als Katzenauge ist Mondstein erhältlich. Mondstein hat einen perlenartigen mondähnlichen Glanz.

Cayce hat gesagt, Mondstein bringe Frieden und Harmonie und ziehe den Menschen zu spirituellen Dingen hin. Man verwendet ihn seit langem im Landbau und als Schutz gegen Geisteskrankheit, Krebs und Wassersucht. Es entwickeln sich hellseherische Fähigkeiten, und man erlangt besseren Zugang zum Unterbewußtsein. Mondstein ist immer schon mit dem Mond in Zusammenhang gesehen worden. Viele Menschen sind sich der wechselnden Wirkung des Mondes auf unser Leben bewußt[1].

Frage: Wie wird Mondstein zu Heilung und spirituellem Wachstum eingesetzt?

„Die Wirkkräfte von Mondstein konzentrieren sich auf Unterleib, Milz, Bauchspeicheldrüse, Hypophyse und Darmtrakt. Magengeschwüre werden gelindert, die Magenwand wird regeneriert, und die Verdauung der Nahrung verbessert sich. Alle Krankheiten, die Geschwüre zur Folge haben können, lassen sich mit Mondstein behandeln. Die Wirbel werden ausgerichtet, besonders wenn man das Elixier oder den Stein in Verbindung mit Atemübungen einsetzt. Den Edelstein kann man auf die Wirbel legen. Während des gesamten Geburtsvorgangs ist Mondstein von großem Nutzen. Man sollte den Einsatz von Mondstein bei allen Frauenleiden erwägen, von Erkrankungen im Beckenbereich bis hin zur allgemeinen Entgiftung. Auf der Zellebene kommt es zur Regeneration der Hautoberfläche, und die Sekretion der Hypophyse wird gesteigert.

Dieses Elixier erweist sich als machtvoll, wenn man an Gefühlen arbeitet, besonders wenn es um Ängste und Streß oder um die Mutterbeziehung geht. Spannungen im Unterleib werden gelöst, zum Teil deswegen, weil das Unterleibschakra geöffnet wird. Alle Emotionen werden integriert, so daß man wirklich empfindungsfähig wird. Man lernt dadurch, genau hinzuhören und auf der Basis wahrer menschlicher Qualitäten zu handeln. Auch Psychokinese und Hellsichtigkeit entwickeln sich.

Dies ist entschieden ein weiblicher Stein mit dem Akzent auf den weiblichen Qualitäten. In der Beschaffenheit des Mondsteins findet sich durch seinen Farbwechsel eine Parallele zum Unterleibsgewebe und zum Unterleibschakra. Auch Augenbrauen- und Kronenchakra werden aktiviert, Astral- und Emotionalkörper in Einklang gebracht, Meridiane und Nadis gekräftigt. Mondstein kann man an Solarplexus, Medulla oblongata oder Ringfinger tragen. Die Eigenschaften von Mondstein werden verstärkt, wenn man ihn zwei Stunden lang in eine konische Struktur stellt, besonders bei Neumond oder Vollmond."

„Ich kenne zahlreiche Frauen, die mit Mondsteinelixier bei einer langen Reihe von Frauenbeschwerden gute Erfolge erzielt haben. Auf diesem Gebiet sind Mondsteinelixier und Granatapfelblütenessenz recht wertvoll.

1 Corinne Heline: *The Moon In Occult Lore*, La Canada, Kalifornien, New Age Press, o. J..

MORGANIT

Morganit ist eine Variante von Beryll. Dieses rosa Mineral wird in den Vereinigten Staaten, der UdSSR, Brasilien und Madagaskar gefunden. Es ist nach dem amerikanischen Bankier und Edelsteinliebhaber J. P. Morgan (1837-1913) benannt.

Frage: Wie wird dieser Edelstein zu Heilung und Bewußtseinswachstum eingesetzt?

„Morganit kräftigt Kehlkopf, Lungen, Schilddrüse, parasympathisches Nervensystem und das Gewebe aller größeren Muskeln. Auf der Zellebene wird allgemein die Oxygenisation verbessert. Emotional- und Mentalkörper werden in Einklang gebracht, das Tuberkulosemiasma gemildert, und die Resorption von Kalzium, Magnesium, Zink und Vitamin A und E verbessert. Wenn man es fünfzehn bis dreißig Minuten lang unter eine kugelförmige Struktur stellt, werden die Eigenschaften von Morganit verstärkt. Ein weiteres einfaches Mineral, daß innerhalb seiner Grenzen einen gewissen Wert hat."

NATROLITH

Natrolith ist normalerweise grau, rot, weiß, gelb oder farblos und wird in den Vereinigten Staaten, Kanada, England, Frankreich und Deutschland gefunden. Der Name stammt in Anlehnung an die chemische Zusammensetzung des Steins vom griechischen *nitron* für „Salpeter“ und *lithos* für „Stein“.

Frage: Wie wird dieses Mineral zu Heilung und spirituellem Wachstum eingesetzt?

„Viele Bereiche des physischen Körpers werden durch dieses Elixier gekräftigt, darunter Dickdarm, Schilddrüse, Ischiasnerv, parasympathisches Nervensystem und der untere Darmtrakt, besonders die Zotten, was bessere Nährstoffassimilation zur Folge hat. Besonders die Resorption von Kobalt, Silber und Vitamin A und E verbessert sich. Auf der Zellebene wird das Bindegewebe im physischen Körper angeregt, so zum Beispiel Haut- und Muskelgewebe. Und das Syphilismiasma wird gelindert.

Es liegt zum Teil an der Öffnung des Herzchakras und daran, daß Äther- und Emotionalkörper in Einklang gebracht werden, daß das Höhere Selbst mit den Kräften, die ein funktionaler Teil des Ichs werden, zusammengebaut und intergriert wird. Aus den Prinzipien des höheren Selbst entsteht ein Gewebe, das zur Persönlichkeit wird, speziell zur Funktion des Ichs.

Yin- und Yangkräfte vermischen sich. Testpunkt ist der Mittelpunkt der Hand. Zur äußeren Anwendung mische man dieses Elixier mit Mandel-, Jojoba und Rizinusöl.“

NEPHRIT

Man rechnet Nephrit zu der Gattung *Aktinolith*. Er findet sich in den Vereinigten Staaten, Australien, Kanada, China, England, Japan, Schweden und der Schweiz. Die Farbe variiert zwischen weißlich und dunkelgrün. Der Name stammt vom griechischen *nephros*, weil man diesen Stein traditionell als Amulett gegen Nierenkrankheiten benutzt. Die Spanier nennen ihn *piedra de los rinones*, „Nierenstein“. Die Maori von Neuseeland haben Nephrit lange Zeit zu Waffenherstellung und Zauberei benutzt.

Frage: Wie wird Nephrit zu Heilung und spirituellem Wachstum eingesetzt?

„Geweberegeneration und Zellmitose werden in Herz, Nieren, Thymusdrüse und Unterleibswänden angeregt. Das Kehlenchakra wird sanft angeregt, so daß der Ausdruck des Selbst sich verbessert.

Durch Bäder mit Nephrit kann man die Entgiftung des Systems verstärken. Man verwende dieses Mineral zur Entgiftung nach jeder Art von Strahlenüberdosis, besonders wenn man im Bergbau radioaktive Minerale abbaut. Um die Eigenschaften des Nephrit zu verstärken, stelle man es zwei Stunden lang zusammen mit Quarzkristallen unter eine Pyramide. Außerdem werden die weiblichen Qualitäten leicht erhöht."

Frage: Dieser Stein ist ein wichtiger Bestandteil von Jade. Haben die beiden Steine irgendeine besondere Verwandtschaft?

„Nein."

OBSIDIAN

Obsidian ist manchmal fleckig und von glänzendem Schwarz, Grün, Grau oder Rosa. Er stammt aus relativ jungen Lavaergüssen, die so schnell erkaltet sind, daß man darin keine Kristalle findet. Er kommt in den Vereinigten Staaten, Guatemala, Japan und Mexiko vor. Plinius zufolge wurde Obsidian nach Obsidius benannt, der ihn oder ein ähnliches Mineral in Äthiopien entdeckte und es dann als erster nach Rom brachte. Es schützt weichherzige und sanfte Menschen davor, mißbraucht zu werden.

Frage: Wie wird Obsidian zu Heilung und spirituellem Wachstum eingesetzt?

„Obsidian bringt den Magen, den gesamten Darmtrakt und das allgemeine Muskelgewebe ins Gleichgewicht. Auf der Zellebene wird der Prozess der Mitose angeregt. Virale und bakterielle Infekte werden ebenso wie das petrochemische und das Syphilismiasma gelindert.

Der Emotionalkörper wird mit dem Mentalkörper in Einklang gebracht, wodurch Spannungen im Darmtrakt zurückgehen. Meridiane und Nadis werden gekräftigt, der Akzent liegt eher auf den männlichen Qualitäten. Testpunkt ist die Ferse."

Frage: Obsidian wurde wegen seiner glänzenden Oberfläche im alten Mexiko benutzt, um in die Zukunft zu schauen. Ist er in diesem Gebiet von Wert?

„Ja. Darauf werde ich zu einem späteren Zeitpunkt eingehen."

ONYX

Eine Chalcedonart, die oft in schwarzen und weißen Schichten vorkommt und in den Vereinigten Staaten und Italien abgebaut wird. Der Name stammt vom griechischen *onychos* für „Fingernagel" oder „Klaue". Wenn man ihn auf bestimmte Weise schleift, sieht Onyx wie ein Fingernagel aus.

Traditionell wird gesagt, Onyx stehe für objektives Denken, spirituelle Inspiration, größere Kontrolle über Gefühle und Leidenschaften und für die Überwindung des negativen Denkens. Schwierige Beziehungen bringen den Menschen weniger aus dem Gleichgewicht, die Fähigkeit loszulassen steigt. Nägel, Haare und Augen werden gekräftigt. Steiner zufolge stimuliert Onyx das Hören und höhere Inspirationen.

Frage: Wie wird Onyx zu Heilung und spirituellem Wachstum eingesetzt?

„Hier kommt es zu einer Kräftigung und Regeneration von Herz, Nieren, und Nerven- und Hautgewebe. Außerdem verbessert sich die Funktion der Kapillargefäße. Neurologische Störungen, Apathie und Streß werden gelindert, und die Assimilation von Vitamin B und E erhöht sich. Empfindungsfähigkeit und wachsende Integration des Selbst entwickeln sich, und Solarplexus-, Basis- und Kehlenchakra werden geöffnet. Dieser androgyne Stein bringt männliche und weibliche Eigenschaften ins Gleichgewicht."

Frage: Hat Onyx irgendeine besondere Beziehung zu ultravioletten kosmischen Strahlen?

„Ja, darauf werde ich zu einem späteren Zeitpunkt eingehen."

OPAL (GIRASOL)

Diese Form von Opal findet man in Australien und Mexiko. Sie ist im allgemeinen farblos oder durchsichtig.

Frage: Wie wird Girasolopal zu Heilung und spirituellem Wachstum eingesetzt?

„Die Verjüngungsfähigkeit der Milz und der Unterleibsregion werden wiederhergestellt. Die Wirkung dieser Organe erstreckt sich bis auf die Zellebene. Auch die mit diesen Gebieten in Verbindung stehenden Wirbel werden ausgerichtet. Auf der Zellebene stellt dieses Mineral auch die angemessene mitogene Tätigkeit wieder her. Man verwende dieses Elixier bei degenerativen Krankheiten, wenn die Zellreproduktion mitbetroffen ist. Dieses Elixier fördert auch die Resorption aller Nährstoffe.

Starke Stimmungsschwankungen können ein Hinweis darauf sein, daß jemand Girasolopal braucht. Es spiritualisiert die Menschen, indem es meditative Praktiken unterstützt. Als Gedankenverstärker setzt es die mit dem dritten Chakra verbundenen mentalen und psychospirituellen Eigenschaften frei. Dabei werden die inneren Ressourcen des Menschen aktiviert, so daß sich die Gefühle stabilisieren. Es schafft eine Verbindung zwischen Emotional- und Kronenchakra, indem es von der Ebene des Hara ausgehend höhere Inspiration sucht. Oftmals führen die Gefühle den Menschen zu mystischen Erfahrungen. Alle Meridiane und Nadis sowie Äther-, Mental- und Emotionalkörper werden in Einklang gebracht, außerdem die Yin-Qualitäten balanciert.

Auf ein Bad nehme man acht bis zehn Tropfen der Tinktur. Das plasmaartige Äußere des Steins erinnert an Zellwände. Ein Symbol für die Fähigkeit des Elixiers, Mitose und Zellgedächtnis anzuregen. Wegen seiner machtvollen Wirkung auf die Zellen und weil er den Ätherkörper stärkt, empfiehlt es sich, Girasolopal in vielen Kombinationen anzuwenden. Man sollte ihn in der Unterleibsgegend tragen. Seine Eigenschaften verstärkt man, indem man ihn möglichst bei Vollmond oder Neumond drei Stunden lang unter eine Pyramide legt. Testpunkte sind das dritte Auge und die Unterleibsregion."

OPAL (HELL)

Heller Opal ist normalerweise weiß, kann aber auch gelb oder rosa sein. Im allgemeinen kommt er aus Australien.

Frage: Wie wird weißer Opal zu Heilung und spirituellem Wachstum eingesetzt?

„Dieser Opal stärkt Unterleib, Hypophyse und Thymusdrüse und hat auch eine gewisse Wirkung auf die Epiphyse. Linke und rechte Gehirnhälfte werden ins Gleichgewicht gebracht. Folglich kann man hellen Opal zur Linderung von Autismus, Legasthenie, Epilepsie, abnormen neuronalen Entladungen, motorischen Koordinationsstörungen und Sehproblemen benutzen, außerdem zur Stimulierung von Epiphyse und Hypophyse. Auf der Zellebene werden die weißen Blutkörperchen angeregt.

Er verbindet Emotional- und Kronenchakra, so daß man von der Ebene des Hara ausgehend nach höherer Inspiration sucht. Oftmals führen die Gefühle den Menschen zu mystischen Erfahrungen. Heller Opal stimuliert diese Qualität stärker als andere Opalarten. Solarplexus- und Augenbrauenchakra werden geöffnet, Meridiane und Nadis gekräftigt, und die Intuition wächst. Die weiblichen Qualitäten werden ausgewogener. Man verstärkt die Eigenschaften des hellen Opals, indem man ihn fünfzehn Minuten lang in einer konischen Struktur mit blauem Licht bestrahlt. Man trage diesen Stein am Kehlenchakra."

OPAL (HYALIT)

Dieser amorphe Stein enthält gewöhnlich zwischen einem und 21 Prozent Wasser. Er wird in Australien, Mexiko und den Vereinigten Staaten abgebaut und kommt im allgemeinen in verschiedenen Rot- und Orangetönen vor. Er ist auch als Sternopal erhältlich[1]. Der Name stammt vom griechischen *opalos*, welches seinerseits von dem Sanskritwort *upala* für „kostbarer Stein" stammt.

Colton hat gesagt, Opal schaffe Schutz und Gerechtigkeit und entwickle Harmonie und gefühlsmäßige Ausgeglichenheit. Traditionell hat man Opal zur Behandlung von Leukämie, zur Verbesserung des Augenlichts und zur Linderung aller Augenkrankheiten verwendet. Andere meinen, daß sich verstandesmäßige Klarheit und hellseherische Fähigkeiten eröffnen und die Nerven beruhigt werden.

Frage: Wie wird Hyalitopal zu Heilung und spirituellem Wachstum eingesetzt?

„Der Schwerpunkt liegt bei diesem Elixier besonders auf den roten Blutkörperchen und den geweberegenerierenden Eigenschaften, die diese Blutkörperchen teilweise deswegen besitzen, weil diese Zellen keine genetischen Elemente haben. Während des Stadiums der Plasmabildung wird diese Wirkung verstärkt. Die roten Blutkörperchen enthalten keine genetische Struktur, keinen genetischen Code. Die Zellsubstanz der roten Blutkörperchen kann direkt zur Geweberegeneration verwendet werden, denn sie paßt sich leicht jeder beliebigen Zellform an. Dies sei für die Leser mit medizinischen Kenntnissen gesagt. Auch auf die Skelettstruktur wird ein gewisser Einfluß ausgeübt, und zwar speziell auf die plasmaähnlichen Elemente, die zur Geweberegeneration da sind. Der Effekt wird noch verbessert, wenn schwache elektrische Ströme zur Regeneration der Glieder hinzukommen. Das gesamte Spektrum der Blutkrankheiten bis hin zu Sichelzellenanämie läßt sich mit diesem Elixier behandeln.

Depression, Apathie und Lethargie werden gelindert, ein Gefühl von Freude und intuitivem Verstehen entwickelt sich. Die durchscheinende Beschaffenheit des Steins verweist auf seine Wirkung auf weiße Blutkörperchen und Plasma. Er stellt ein Band zwischen Emotional- und Kronenchakra her und aktiviert höhere Inspiration von der Ebene des Hara ausgehend. Oft sind es die Emotionen, die den Menschen zu mystischen Erfahrungen führen. Man mische sieben Tropfen dieser Tinktur mit der gleichen Menge einer Tinktur aus Rosenwasser und Kamille. Dann mische man das Ganze mit 30 Millilitern destilliertem Wasser und etwas reinem Kornbranntwein und gebe es ins Badewasser."

1 Wilfred Charles Eyles: *The Book of Opal*, Rutland, Vermont, Charles Tuttle Co., 1976.

OPAL (JASPOPAL)

Dieser Opal ist goldbraun, wenn nicht sogar schwarz, und wird in den Vereinigten Staaten und Australien gefunden. Colton hat gesagt, dieser Opal stehe in Beziehung zum Planeten Pluto und den unteren Astralebenen und lasse den Menschen den Tod besser verstehen.

Frage: Was ist der karmische Hintergrund von Jaspopal?

„In Lemuria wurde dieser Stein zur Öffnung des Sexualchakras benutzt. Im Sexualchakra hatten viele Erkrankungen der Fortpflanzungsorgane ihren Ursprung, weil die Gefühle nicht auf die höheren Ebene eingestimmt oder unterdrückt waren. Bei manchen Menschen war auch der Sexualinstinkt unterdrückt. Dieses Muster existierte in Lemuria, als die Rasse in zwei Geschlechter geteilt wurde. Während dieser Periode kam das gefühlsmäßige Gleichgewicht mehr zum Tragen, und zwar durch höhere Bewußtwerdungen, die auf den Prozessen des dritten Chakras beruhten. Zur niedrigen Sexualität trat höhere Empfindungsfähigkeit."

Frage: Wie wird Jaspopal zu Heilung und spirituellem Wachstum eingesetzt?

„Dieser Opal wirkt auf Hoden, Eierstöcke, Bauchspeicheldrüse und Milz. Auf der Zellebene beeinflußt er die Erzeugung der weißen Blutkörperchen und die Filterung der roten Blutkörperchen. Auch auf Leber und Knochenmark wird auf der Zellebene ein gewisser Einfluß ausgeübt. Alle Krankheiten des Genitalbereichs, Lebererkrankungen, Unfruchtbarkeit infolge von Strahlung und Degeneration des Knochenmarks zählen zu den Unausgewogenheiten, die sich durch dieses Elixier lindern lassen. Jaspopal hilft auch, wenn sich zuviel natürliche Hintergrundstrahlung akkumuliert hat. Wenn jemand allerdings hohen Strahlendosen ausgesetzt war, ist dieses Elixier normalerweise nicht das passende Präparat. Nährstoffe werden besser assimiliert, darunter Protein, Kalzium, Eisen, Magnesium und Vitamin A und K.

Jaspopal kann bei depressiven Menschen angezeigt sein, besonders wenn es um Probleme geht, die mit dem Sexualverhalten des Menschen zu tun haben. Der Mensch öffnet und transformiert sich von niedrigeren sexuellen Reaktionsweisen zu den Ebenen wahrer Sensitivität. Dabei geht es um mehr als die Gefühle. Sensitivität ist die Freisetzung oder die Fähigkeit, mit dem ersten spirituellen Zustand umzugehen. Dieses Elixier verbindet das Emotional- und das Kronenchakra, indem es höhere Inspiration von der Ebene des Hara ausgehend sucht. Oftmals führen die Emotionen den Menschen zu mystischen Erfahrungen. Jaspopal wirkt retardierend oder erdend auf die radikalen Muster des Emotionalkörpers. Ähnlich wie Morphium unterdrückt es die Symptome, heilt aber nicht. Dies macht die Begriffswelt des Menschen ausgewogener. Emotional- und Mentalkörper werden in Einklang gebracht, so daß die Sensitivität angeregt wird. Besonders in Verbindung mit Meditation verstärkt Jaspopal die Gedankenkraft, die die Quelle der individuellen Kreativität und Intuition ist.

Das Sexualchakra wird erweckt, die Meridiane gekräftigt, die männlichen Qualitäten besser ins Gleichgewicht gebracht. Steißbein und Basischakra werden beeinflußt, wodurch die Nebennieren zur Ausscheidung von Giftstoffen angeregt werden. Man trage diesen Stein an der Kehle oder am dritten Finger. Dieser Stein ist eher männlich. Man verstärkt seine Eigenschaften, indem man ihn drei Stunden lang unter eine Pyramide legt. Testpunkte sind der Bereich der Geschlechtsorgane und die Medulla oblongata.

Jaspopal wirkt als Gegengewicht zu roter Koralle. Wenn man rote Koralle allein einnimmt, kann der Stoffwechsel manchmal übermäßig stimuliert werden. Bei einem Sportler kann das gut sein, doch können durch die freigesetzten Emotionen Unausgewogenheiten entstehen. Jaspopal hilft bei der Assimilation der freigewordenen Emotionen."

PERIDOT

Dieser gelblich-grüne Edelstein kommt häufig in den Vereinigten Staaten, Brasilien, Burma und Ägypten vor. Der Name wird auf zwei verschiedene Ursprünge zurückgeführt. Manche meinen, er stamme vom griechischen *peri* für „um herum“ und *dotor* für „Gebender“. Außerdem ist Peridot der französische Begriff für *Olivin*, einem wesentlichen, aber nicht einzigen, Bestandteil dieses Minerals. Traditionell hat man Peridot zur Behandlung von Leber und Nebennierenbeschwerden benutzt, um den Geist von neidvollen Gedanken zu befreien und emotionale Gelassenheit herzustellen. Steiner hat gesagt, Peridot aktiviere das Sehen auf physischer und spiritueller Ebene.

Frage: Wie wird Peridot zu Heilung und spirituellem Wachstum eingesetzt?

„Dieser Edelstein regt die Geweberegeneration im gesamten physischen Körper an. Er bringt alle feinstofflichen Körper vollkommen in Einklang. Durch diese doppelte Wirkung wird alle Toxizität nach und nach aus dem Körper entfernt. Information vom Höheren Selbst wird leichter empfangen, und alle Schwingungsheilmittel wirken besser. Es kommt zu vermehrter Klarheit und Geduld und zu einer positiveren emotionalen Lebenseinstellung. Wenn man es drei Jahre lang vertrauensvoll anwendet, kann Peridot den physischen Körper von allen miasmatischen Belastungen befreien.“

Frage: Ist seine Wirkung so tiefgreifend, weil es alle feinstofflichen Körper in Einklang bringt und die Geweberegeneration im gesamten physischen Körper anregt? Sind diese Faktoren beide notwendig, damit alle Miasmen vollständig beseitigt werden können?

„Ja.“

Frage: Wie hoch sollte die Dosis normalerweise sein?

„Bei täglicher Einnahme nimmt man drei Tropfen auf einen Viertelliter Wasser.

Diese kombinierte Wirkung bringt außerdem den Menschen vollständig in Kontakt mit sich selbst und seinen Heilfähigkeiten. Man sollte Peridot bei Heilmeditationen und kreativen Visualisationstechniken einsetzen. Mediale Fähigkeiten wie zum Beispiel Hellsichtigkeit nehmen zu.

Peridot regt das Herzchakra an, einen Gleichgewichtszustand zu schaffen, und der Astralkörper wird gestärkt. Außerdem werden Herz, Bauchspeicheldrüse und Milz gekräftigt. Depressionen lassen nach, und das Bewußtsein des Menschen wird so ausgerichtet, daß es alle Spannungen losläßt, die mit dem Unterbewußten in Konflikt kommen könnten. Am besten trägt man Peridot im Bereich des Kehlenchakras. Peridot ist von großer Bedeutung, weil es die Miasmen so stark beeinflußt."

PERLE (DUNKEL UND HELL)

Perlen bestehen überwiegend aus Kalziumkarbonat und werden von bestimmten Mollusken erzeugt. Es gibt sie in schwarzen, aber auch in weißen oder hellen Schattierungen. Perlen finden sich im warmen Wasser verschiedener Ozeane rund um den Planeten. Manche meinen, der Name stamme vom lateinischen *perla*, welches „kleine Birne" bedeutet. Er könnte auch vom lateinischen *pilula* für „Bällchen" kommen.

Swedenborg hat gesagt, Perle stehe für Vertrauen, Nächstenliebe, Wahrheit und spirituelles Wissen. Cayce sagte, Perle rege zur Reinheit an, kräftige den Körper und stimuliere kreative Kräfte. In China verwendet man Perlen seit altersher bei Hautkrankheiten und als Liebestrank.

Frage: Was ist der karmische Hintergrund von Perle?

„Perle wurde in Lemuria mit Hilfe mentaler Energie zugleich mit vielen blühenden Pflanzen und Bäumen geschaffen, wie wir oben beschrieben haben. In Lemuria benutzte man Perle, um Menschen vom Tierreich hinauf in höhere spirituelle Regionen zu ziehen. Dies geschah, als man begann, die Aktivitäten des physischen Körpers so zu formen, daß er verschiedene emotionale Muster verarbeiten und die Emotionen spiritualisieren konnte. In ihrem bewußten technologischen Umgang mit Edelsteinen wollten die Lemurianer eine Substanz erzeugen, die einerseits die Welt der Minerale spiegelte und andererseits in sympathetischer Resonanz mit dem Tierreich stände. Sie wollten einen Stein, der zwar die höheren Prinzipien der Sensitivität enthielt, aber auch mit den niedrigeren Emotionen umgehen konnte. Außerdem sollte dies nicht ein seltenes Element sein, sondern im Rahmen ihrer organischen Technologien erzeugt werden können. All diese Qualitäten fand man in der Perle, weil sie aus der Tätigkeit der niedrigeren sympathetischen Schwingungen stammt. Perlen werden durch Streß erschaffen, aus Sekreten, die einen Störfaktor aus einem Lebewesen beseitigen sollen.

Eine weiterer Faktor im karmischen Muster von Perle ist es, daß diese Elemente benutzt wurden, um das dritte Chakra zu gesteigerter Sensitivität zu führen. Dies wurde in Lemuria das Zentrum des Willens und der natürliche Sitz des Bewußtseins im Menschen. In jenen Tagen war der Einfluß der Emotionen zweifach, weil damals zwei Monde um die Erde kreisten. Die Kräfte, die die Emotionen spiritualisieren und sensibilisieren, kommen vom Mond. Durch den flüssigen Lebensraum ihrer Wirtslebewesen haben Perlen eine natürliche Resonanz mit den Kräften der Gezeiten und des Mondes. Deshalb wurde Perle zum Ausgleich der Gefühlszustände benutzt, die die Lemurianer durchmachten, während sie sich von den Unausgewogenheiten des Lebens in der tierischen Form erhoben. Es gab also ein karmisches Bedürfnis nach einem Stein animalischen Ursprungs, der aber auch einige Eigenschaften von Edelsteinen haben sollte. Es stellte sich heraus, daß Perle bei der Höherentwicklung der Emotionen in vollkommener Weise Ausgleich schaffen konnte, so daß man zur Kontrolle über das Herzchakra gelangen konnte. Perle wurde benutzt, um das dritte Chakra hinauf zur Sensitivität zu ziehen, so daß es nicht mehr nur Sitz der animalischen Instinkte war. Die Kugelform der Perle macht auch eine Sensitivierung der Emotionen möglich.

Es gibt eine sehr spezielle Verbindung zwischen der Auster und der Menschheit. Vor langer Zeit wurde von den höheren Kräften entschieden, daß den Menschen ein äußerst langes Leben gestattet werden sollte, wenn sie erst einmal die wahre Natur dieser schönen Kreaturen erkannt hätten. Man beginnt bereits, die große Langlebigkeit der Austern einigermaßen zu verstehen. Viele dieser Kreaturen sind sehr groß und alt. Mit der Weiterentwicklung eurer Tiefseeforschungstechniken werden viele überrascht sein von der Größe der Perlen, die man in den tieferen Regionen verschiedener Ozeane entdecken wird. Ein gefühlsmäßiges Akzeptieren, eine liebevolle Einstellung gegenüber diesen Kreaturen und die Bereitschaft, ihnen ihr langes Leben zu gestatten, helfen, diese Verbindung zur Menschheit zu schaffen. Der Dank der Austern ist die Erzeugung von Perlen zum Besten der Menschheit.

Frage: Wie wird Perle zu Heilung und spirituellem Wachstum eingesetzt?

„Perle lindert alle gefühlsmäßigen Unausgewogenheiten. Es ist das wirksamste Edelsteinelixier zur Behandlung aller Formen von emotionalen Schwierigkeiten. Man ist damit besser in der Lage, die Ressourcen des Haras anzuzapfen. Man entwickelt Flexibilität bei emotionalen Problemen, besonders wenn es um religiöse oder spirituelle Dinge geht. Emotionaler Streß, der Unterleib, Muskelgewebe und Skelettstruktur beeinträchtigt, wird gemildert. Diese Form von Streß kann Magengeschwüre verursachen. Streß und Ängste werden durch die Meridiane in neue Bahnen geleitet, so daß die Belastung vom Nervengewebe genommen wird.

Man kann Perle auch als Salbe auf Magen oder Lendenwirbelbereich auftragen, um Unausgewogenheiten im Gefühlsleben zu lindern. Man verwende sieben Tropfen Elixier auf Kokosnuß- und Jojobaöl. Perlen entstehen durch Reizung eines Tierkörpers. Darin spiegelt sich ihre Beziehung zu emotionalen Unausgeglichenheiten und den niedrigeren Emotionen. Des weiteren gehört es zur Signatur der Perle, daß sie im Wasser wächst, welches man ja schon immer mit den Gefühlen in Verbindung brachte. Es kann auch zu einem besseren Verstehen des Mutterbildes kommen. Man wird besser geerdet, so daß man das Fundament zu persönlichem geschäftlichem Erfolg legen kann.

Perlen werden seit alters her in Beziehung zum Mond gesehen, nicht nur wegen ihres Äußeren, sondern auch wegen des offensichtlichen Einflusses des Mondes auf die Gezeiten und die Physiologie der Kreaturen, die Perlen erzeugen. Diese Wesen sind auf die Zyklen des Mondes eingestimmt. Die inneren Sekrete und Flüssigkeiten, die sich zur Perlensubstanz verhärten, stehen unter dem Einfluß dieser Einstimmung auf die Kräfte des Mondes. Diese Einstimmung auf die Kräfte des Mondes erlaubt dem Menschen, die mit dem dritten Chakra verbundenen Prinzipien zu verstehen. Man weiß seit langer Zeit, daß die Gefühle in diesem Bereich ihren Brennpunkt haben. Dabei handelt es sich nicht einfach um die Kräfte der primitiven physischen Instinkte, sondern um die Tätigkeit, den in Unterleib und Solarplexus liegenden Sitz der Emotionen zu zentrieren. Dieser Punkt ist zu einem Sitz der Kraft geworden, denn hier ist Ausgewogenheit, physische Gesundheit und die Fähigkeit zur Nährstoffassimilation, also der Schlüssel zu vielen Aspekten der physischen Gesundheit. Man hat auch festgestellt, daß stärkere Emotionen am unmittelbarsten im Magen registriert werden. Und obwohl die Wissenschaft es leugnet, gibt es mehr und mehr Beweise dafür, daß der Mond einen starken Einfluß auf die Emotionen vieler Menschen ausübt. Die Eigenschaften von Perle konzentrieren und harmonisieren diese Kräfte und bringen sie in ihren höchsten Kontext.

Äther- und Emotionalkörper werden in Einklang gebracht, wodurch größere emotionale Stabilität entsteht. Manchmal bringt Perle auch Emotional- und Astralkörper in Einklang. Das ist oft nicht einfach, weil Astral- und Emotionalkörper in ihrer Schwingungsfrequenz so dicht beeinander liegen, daß sie dazu neigen, sich eher abzustoßen. Als Gedankenverstärker verstärkt Perle alle Emotionen, ob sie nun gut oder schlecht sind.“

Frage: Kann bei Perle oder anderen Edelsteinelixieren das Problem auftreten, daß sie negative Gefühle verstärken könnten?

„Man studiere hierzu die auch aus der Homöopathie bekannten Prinzipien, daß eine zeitweilige Verstärkung der negativen Elemente eine Heilkrise hervorrufen kann. Der Aufstieg der positiven Tendenzen und die Erschöpfung oder das Abflachen der negativen Kurve überwinden solche Muster.

Perle steht primär zu Magen, Milz und Darmtrakt in Beziehung. Mit diesen Bereichen verbundene Wirbelteile werden positiv beinflußt. Auf der Zellebene wird die Enzymproduktion der Bauchspeicheldrüse angeregt. Magen- und Darmgeschwüre, Verdauungsstörungen, Infektionen und Krebserkrankungen der weißen Blutkörperchen lassen sich hiermit behandeln. Wenn man Perlenstaub auf die Zungenspitze oder unter die Zunge legt, lassen sich Magenschleimhautentzündungen positiv beeinflussen. Auch die Nebennieren werden gekräftigt. Perle kann bei der Behandlung von bösartigen Tumoren sehr wirkungsvoll sein. Oft ist es am besten, das Elixier oder den Stein auf den Meridianpunkt aufzubringen, der mit dem von dem bösartigen Tumor betroffenen Körperteil in Beziehung steht.

Man trage Perle am Hara, am Unterleib, im Nabel oder in den Nasenhöhlen. Das Solarplexuschakra wird weit geöffnet. Man verstärkt die Eigenschaften von Perle, indem man sie zwei Stunden lang bei Vollmond oder Neumond unter eine Pyramide legt. Perle hat eher weibliche Qualitäten. Testpunkt ist der Magenmeridian. Wenn man mit Perle baden will, gebe man sieben Tropfen Elixier ins Wasser und außerdem eine echte Perle.

Am besten verwendet man nur Salzwasserperlen, weil schon das Salz die Perlen rein erhält. In Süßwasser würden die Perlen anderen Schwingungen ausgesetzt sein. Am besten stellt man aus dunkler und heller Perle je ein Edelsteinelixier her und kombiniert sie dann. Am besten nimmt man eine vollkommen runde Perle.

Durch ihre runde Form neutralisiert und balanciert Perle die Energie des Atoms. Das liegt zum Teil daran, daß die Kräfte von Basis- und Sexualchakra sich erst mischen und aufeinander einschwingen müssen, damit sie Sensitivität entwickeln und dann das Herzchakra passieren können. Ein größeres Gleichgewicht in den Basis- oder Sexualchakren kann zur Überstimulierung des Herzens führen und bestimmte Unausgewogenheiten hervorrufen. Zum Beispiel kann es zu Unausgewogenheiten im gesamten Körper kommen, wenn Steißbein und Nebennieren sich aufeinander einschwingen. Die intensive Energie dieser beiden Chakren muß aufeinander eingestimmt sein, bevor sie ins Herzchakra freigesetzt wird. Auch auf andere Kräfte im Körper hat die runde Form der Perle Auswirkungen.

Bei der hellen Perle liegt der Brennpunkt vor allem im dritten Chakra, während dunkle Perle die beiden unteren Chakren ins Gleichgewicht bringt, bevor deren Energie ins dritte Chakra eintritt. Sie harmonisiert die Energie der beiden unteren Chakren und unterstützt die Arbeit der hellen Perle im dritten Chakra. Außerdem verstärkt weiße Perle die weiblichen Eigenschaften und schwarze Perle die männlichen. Der Vollmond steigert die Kraft der hellen Perle, Neumond aktiviert die dunkle Perle. Zu einem späteren Zeitpunkt werden vielleicht tiefergehende Informationen über die Verwendung von dunkler und heller Perle zur Balancierung der Gefühle gegeben werden, zur Zeit werden diese Informationen zurückgehalten.

Helle Perle stimuliert die Verdauungssäfte im Unterleib. Dadurch ist der Darmtrakt besser in der Lage, die Nährstoffe richtig zu assimilieren und Mangelerscheinungen im physischen Körper zu beheben. Wenn ein Mensch sich entgiftet und emotional reinigt, kommt es im allgemeinen zu Begierden, die mit Steigerung des Appetits verbunden sind. Dahinter steckt oft der physische Körper, der den emotionalen Status quo aufrechterhalten will, um die geistigen Prozesse aus dem Gleichgewicht zu bringen. Dieses Elixier hilft, solche Begierden im Gleichgewicht zu halten, so daß der Mensch nicht heißhungrig, sondern intuitiv die richtige Nahrung wählt.

Da Perle so wirksam alle emotionalen Probleme lindert, ist es ein Edelsteinelixier von großer Bedeutung. Kein anderes Mineral ist wie dieses zur Behandlung solcher Schwierigkeiten geeignet."

PLATIN

Platin ist weißlich-stahlgrau bis dunkelgrau. Dieses Element wird in den Vereinigten Staaten, Brasilien, Kanada und Deutschland gefunden. Der Name stammt vom spanischen *plata* für „Silber". Für viele Menschen sieht Platin wie Silber aus.

In der Homöopathie ist Platin ein wichtiges Heilmittel für Frauen. Man hat es bei Verstopfung, Taubheit, Kopfschmerzen, Menstruationsbeschwerden, nervösen Krämpfen und überhöhtem sexuellem Interesse angewandt. Auch bei Lähmungen, Taubheit von Körperteilen und Reizbarkeit wird es benutzt. Der stolze Einzelgänger, der sich von der Außenwelt zurückzieht, könnte dieses Heilmittel brauchen. Man wendet es an bei: Arroganz, Ängsten, Furchtsamkeit, Hysterie, Schocks, tiefer Enttäuschung, andauernden Erregungszuständen und starken Überlegenheitsgefühlen. Menschen, die dieses Mittel brauchen können, verstecken oft ihre Gefühle und legen sich ein überlegenes Gehabe zu.

In der westlichen Medizin wird Platin bei der Krebsbehandlung eingesetzt[1]. Außerdem macht man daraus Metallimplantate bei Knochenbrüchen und Herzschrittmacher[2]. Zuviel Platin kann Platinose verursachen, Reizungen von Nase und Atemwegen, tränende Augen, Husten oder Niesen. Es kann auch zu asthmaartigen Symptomen kommen, wie Kurzatmigkeit, Keuchen oder Beklemmungen im Brustbereich, außerdem zu Hautläsionen[3].

Frage: Wie wird Platin zu Heilung und spirituellem Wachstum eingesetzt?

Platin fördert die Regeneration von Herzgewebe, Thymusdrüse und gesamtem endokrinen System. Es erhöht die elektrische Übertragungsfähigkeit der Synapsen im Gehirn, deswegen fördert es die allgemeine Regeneration des Nervengewebes. Alle Wirbel werden ausgerichtet, die Informationen, die überall im Nervengewebe empfangen werden, wirkungsvoller verarbeitet. Das petrochemische und das Tuberkulosemiasma werden gemildert und alle Nährstoffe besser resorbiert, besonders diejenigen, die auf die neurologischen Funktionen Einfluß haben.

Platin ist ein Antidepressivum. Das Erinnerungsvermögen verbessert sich, besonders wenn es infolge von Schock, Ängsten oder ähnlichen Dingen zu Gedächtnisverlust gekommen ist. Die hellseherischen Fähigkeiten steigen leicht, und die Fähigkeit zur Interpretation solcher inneren Erfahrungen verbessert sich deutlich. Platin kann zur allgemeinen Gedankenverstärkung benutzt werden, wobei seine Eigenschaften in dieser Hinsicht denen von Quarz gleichkommen. Das liegt vor allem daran, daß diese metallische Substanz magnetische Eigenschaften annehmen kann.

Um Platin zu verstärken, lege man es zwei bis drei Stunden unter eine Pyramide und bestrahle es dann dreißig Minuten lang mit gelbem Licht. Dieses Elixier bringt eher die weiblichen Qualitäten ins Gleichgewicht. Meridiane und Nadis werden aktiviert. Außerdem hat Platin die seltene Eigenschaft, auch die fünf Chakren oberhalb des Kronenchakras zu öffnen. Am besten trägt man Platin als Ring am kleinen Finger."

Frage: Du hast an anderer Stelle gesagt, du würdest auf das Tragen von Platin näher eingehen. Kannst du das an dieser Stelle tun?

„Wenn Platin am physischen Körper getragen wird, gibt es eine Vielzahl medizinischer Anwendungsmöglichkeiten. Das liegt vor allem an seinem Einfluß auf das endokrine System und daran, daß seine Kräfte durch die Haut leicht in den Körper eindringen. Das Tragen von Platin regt Heilung in Nerven-, Muskel- und endokrinem System an. Wie durch das Elixier werden dabei die Nervensynapsen im physischen Körper machtvoll stimuliert.

Wenn man Platin nahe an Medulla oblongata, Wirbelsäulenbasis, Stirn oder Solarplexus trägt, wird seine Wirkkraft durch die dort vorhandenen Nervenballungen besonders verstärkt. Dann werden die Eigenschaften von Platin auf zwei Ebenen in den Körper aufgenommen. Die physische Molekularstruktur wird buchstäblich durch die Haut verdaut und schnell im gesamten physischen Körper verteilt. Außerdem macht die Magnetisierbarkeit von Platin es möglich, daß seine ätherischen und elektrischen Elemente im

Einklang mit dem schwachen elektromagnetischen Feld des Nervengewebes schwingen. So wird ein Teil der aufgenommenen Moleküle unmittelbar und sympathetisch mit den Nervengeweben in Einklang gebracht. Deshalb hat Platin wohltätige Auswirkungen, wie sie sonst von der Magnettherapie bekannt sind."

1 T. A. Conners und J. J. Roberts (Hrsg.): *Platinum Coordination Complexes in Cancer,* New York, Springer Verlag New York Inc., 1974.
Stephen J. Lippard (Hrsg.): *Platinum, Gold and Other Metal Chemotherapeutic Agents,* Washington, D. C., American Chemical Society, 1983.
2 Wm. Beatty und Geoffrey Marks: *The Precious Metals of Medicine*, New York, Charles Scribner's Sons, 1975, pp. 230 und 239.
3 Ethal Browning: *Toxicity of Industrial Metals*, 2. Auflage, London, Butterworths, 1969, pp. 270-275.

PORPHYR

Ägypten, England, Deutschland, Italien, die Schweiz und die Vereinigten Staaten sind die gängigen Herkunftsländer dieses Minerals. Es ist blau, grün, hellgrau, rosa, purpurn, rot oder violett. Der Name stammt entweder vom griechischen *pyropos* für „feueräugig" oder vom griechischen *porphyra* für „purpurn". Die Alten verwendeten Porphyr bei Nervenkrankheiten und zur Verbesserung des verbalen Ausdrucks.

Frage: Wie wird dieses Mineral zu Heilung und spirituellem Wachstum eingesetzt?

„Porphyr ist bei der Beseitigung des petrochemischen Miasmas und der daraus resultierenden Energiemuster recht wirksam[1]. Besonders Herz-, Nerven- und Milzkrankheiten lassen sich gut mit diesem Elixier behandeln. Um seine Eigenschaften zu verstärken, lege man das Mineral oder Elixier zwei Stunden lang in die Morgensonne und dann drei Stunden unter eine Pyramide."

Frage: Es gibt drei Arten von Porphyr: Diorit-, Granit- und Quarzporphyr. Ist eine davon den anderen vorzuziehen?

„Quarzporphyr ist etwas besser. Dieses Mineral ist hauptsächlich wegen seiner machtvollen Wirkung auf das petrochemische Miasma aufgenommen worden."

1 Gurudas: *Flower Essences and Vibrational Healing*, Albuquerque, Brotherhood of Life, 1983, pp. 42-44, 45, 94, 97, 108, 154, 178 and 182.

PORTLANDIT

Portlandit wird auch ungelöschter Kalk oder Kalziumhydroxid genannt. Er ist farblos oder durchsichtig und wird in den Vereinigten Staaten, Irland und Italien gefunden. Er ist nach dem Portlandzement benannt, in dem man dieses Mineral zum erstem Mal festgestellt hat. Ungelöschter Kalk oder Calcarea caustica wird in der Homöopathie zur Behandlung von Entzündungen, Kopf- und Augenschmerzen, geistiger Verwirrung und steifem Rücken verwendet.

Frage: Wie wird dieses Mineral zu Heilung und Bewußtseinswachstum eingesetzt?

Hautkrankheiten, besonders diejenigen degenerativer Art wie Lepra, werden gelindert. Auch Erkrankungen der Skelettstruktur werden gemildert und alle Wirbel ausgerichtet. Die Produktion der roten Blutkörperchen wird angeregt. Der Ätherkörper wird mit dem physischen in Einklang gebracht und näher an denselben herangeführt, um diese Wirkungen zu erzielen.

Man gebe sieben Tropfen Portlandit auf 90 ml destilliertes Wasser und alles zusammen dann ins Badewasser. Die Assimilation von Kalzium, Kohlenstoff, Magnesium, Phosphor, Silizium und Zink wird verbessert. Die kreide – oder pulverartige Beschaffenheit von Portlandit verweist auf seine Anwendung bei Knochensprödigkeit und aschfahlem Aussehen. Aschfahles Aussehen wird unter anderm durch allgemeine Schwäche und Blässe wegen schlechter Durchblutung hervorgerufen."

PYRIT

Pyrit ist blaßgelb und kommt in den Vereinigten Staaten, Kanada, Chile, Mexiko und Peru vor. Der Name stammt vom griechischen *pyr* für „Feuer" oder „Feuermineral", weil man mit dem Stein Funken schlagen kann. Die alten Mexikaner verwendeten Pyrit zur Herstellung von Spiegeln. Steiner zufolge verbessert Pyrit die Durchblutung und die Atmungsfunktionen der Haut und ist oft bei Beschwerden der oberen Atemwege und des Kehlkopfs zu empfehlen, darunter Bronchitis, Laryngitis, Pharyngitis, Halsschmerzen, Tracheitis, Tracheobronchialkatarrh und Mandelentzündung. Auch nervöse Erschöpfung und Stottern deuten auf einen Bedarf an Pyrit hin. Deswegen kann Pyrit für Lehrer und Redner geeignet sein.

Frage: Wie wird Pyrit zu Heilung und spirituellem Wachstum eingesetzt?

„Pyrit hilft Unterleib und oberem Darmtrakt bei der Verdauung. Die Nervengewebe entlang der Wirbelsäule, die mit dem Unterleib in Verbindung stehen, werden stimuliert. Pyrit fördert wesentlich die Herstellung der Enzymbestandteile der roten Blutkörperchen. Auch auf die Geweberegeneration der roten Blutkörperchen wirkt es sich positiv aus. Außerdem werden Säureunausgewogenheiten im Körper, Blutkrankheiten und das petrochemische und das Syphilismiasma gelindert.

Ängste, Depressionen, Frustrationsgefühle und falsche Hoffnungen gehen durch Pyrit zurück, und der Astralkörper wird gekräftigt. Schwäche im Astralkörper ist oft mit falschen Hoffnungen verbunden. Die Resorption von Eisen, Magnesium und Schwefel verbessert sich, die männlichen Züge werden leicht angeregt. Bei Verwendung als Badezusatz wird die Übersäuerung des Körpers gelindert. Die Kristallisation der sauren Eigenschaften des Körpers gehört zur Signatur dieses Minerals. Testpunkt ist die Medulla oblongata. Die Wirkung von Pyrit wird verstärkt, wenn man es zwanzig Minuten lang mit gelbem Licht bestrahlt. Man trage dieses Mineral am Kehlenchakra.

PYROLUSIT

Pyrolusit ist im allgemeinen schwarz oder von dunklem Stahlgrau und wird in den Vereinigten Staaten, Brasilien, England, Deutschland und Indien gefunden. Pyrolusit ist ein bedeutendes Manganerz. Der Name stammt vom griechischen *pyr* für „Feuer“ und *louein* oder *lousios* für waschen, weil die durch Eisenrückstände verursachten Farbunreinheiten in Glas verschwinden, wenn man es zusammen mit Pyrolusit erhitzt.

Frage: Wie wird dieses Mineral zu Heilung und spirituellem Wachstum eingesetzt?

„Mit diesem Mineral kommt es zu einer Stärkung von Herz, Gallenblase und parasympathischem Nervensystem. Es ist spezifisch zur Behandlung von Streptokokkeninfektionen geeignet und stimuliert die Zellmitose.

Das Basischakra, welches auch Testpunkt ist, wird angeregt. Dieser Einfluß auf das Basischakra erhöht die Fähigkeit, die Kundalini zu erwekken. Außerdem wird der Ätherkörper besser mit dem physischen in Einklang gebracht. Zur Verstärkung stelle man Pyrolusit zwölf Stunden lang unter eine

Pyramide. Man verwende es als Badezusatz, wobei man allerdings 15 ml Elixier direkt ins Badewasser geben muß."

QUARZ (AMETHYST)

Diese Form von Quarz ist gewöhnlich von tiefem üppigen Violett oder Purpur. Amethyst kommt häufig in Brasilien, Kanada, Uruguay und Sri Lanka vor. Der Name stammt vom griechischen *amethystos*, was bedeutet „ohne Trunkenheit" und sich auf den alten Glauben bezieht, daß Amethyst den Menschen vor übermäßigem Genuß von Alkohol und anderen Dingen schützt. Traditionell wird er auch Bischofsstein genannt, weil katholische Bischöfe ihn an der linken Hand tragen, so daß er von den Andächtigen geküßt werden kann.

Cayce zufolge kontrolliert Amethyst das Temperament, fördert Heilung und gibt Kraft in Zeiten erhöhter Aktivität. Er fördert die geistige Klarheit und stärkt die Willenskraft, so daß man die Leidenschaften leichter beherrschen und schlechte Angewohnheiten eher aufgeben kann. Steiner hat gesagt, Amethyst rege zu größerer Liebe an. Andere behaupten, Amethyst verbessere das Gedächtnis, unterbinde falsche Visionen, lindere Farbenblindheit und Kopfschmerzen, fördere die Nahrungsassimilation, lindere Krämpfe, helfe beim Einschlafen und fördere die Überwindung von Karma. Außerdem koordiniert er die Aktivitäten des Gehirns mit dem Nervensystem und stimuliert das endokrine System. In den Augen der Hebräer stand Amethyst für Mut, Gerechtigkeit, Mäßigkeit, Selbstdisziplin und ausgewogenes Urteilen.

Frage: Wie wird Amethyst zu Heilung und spirituellem Wachstum eingesetzt?

„Amethyst verstärkt die Tätigkeit von Bauchspeicheldrüse, Hypophyse, Thymus- und Schilddrüse. Der Stoffwechsel wird ins Gleichgewicht gebracht, die Tätigkeit von Mittelhirn und rechter Gehirnhälfte angeregt. Unausgewogenheiten zwischen der rechten und linken Gehirnhälfte wie Autismus, Legasthenie, Epilepsie, abnorme neuronale Entladungen, motorische Koordinationsprobleme und Sehstörungen werden gelindert. Hypophyse und Epiphyse werden positiv beeinflußt. Auf der Zellebene regt Amethyst Geweberegeneration und Produktion der roten Blutkörperchen an. Krankheiten, die mit der Hypophyse, einem Zusammenbruch des Immunsystems oder wie bei Hypoglykämie und Diabetes mit Veränderungen des Blutzukkerspiegels in Zusammenhang stehen, lassen sich mit diesem Präparat behandeln. Fettgewebe löst sich auf, und die Chelatbildung wird aktiviert. Amethyst hat auch einen gewissen Einfluß auf das Tuberkulosemiasma und bietet Schutz gegen Strahlung.

Dieses Elixier ist für Menschen mit niedrigem Selbstwertgefühl, dem Gefühl des Verlusts der Mitte, oder hypermotorischer Aktivität geeignet. Es hilft dem Menschen, sich stärker in die Gesellschaft integriert zu fühlen. Auf der spirituellen Seite fördert es die Meditation und das Bewußtsein von Gott. Amethyst tut denen gut, die ihre visonären Fähigkeiten stimulieren müssen, um zu besserer Einstimmung auf Gott zu gelangen, weil sie in diesem oder in vergangenen Leben zu sehr auf der agnostischen oder atheistischen Seite gestanden haben.

Als Gedankenverstärker erhöht Amethyst die Intuition. Emotional-, Mental- und integrierter spiritueller Körper werden verschmolzen, so daß sie als Einheit arbeiten. Augenbrauen- und Herzchakra werden aktiviert, auch Basis-, Kehlen- und Sexualchakra werden beeinflußt, allerdings in etwas geringerem Maße.

Amethyst kann man überall am Körper tragen. Er ist universell wirksam, denn er stimuliert alle Meridiane und Akupunkturpunkte. Testpunkte sind Augenbrauen, Medulla oblongata und Thymusdrüse. Man mische dieses Elixier mit Lotusöl und trage es eine Zeitlang einmal täglich morgens auf das Augenbrauenchakra auf. Dadurch werden dessen Eigenschaften angeregt. Man kann es auch als Badezusatz verwenden. Dieses Edelsteinelixier wird verstärkt, wenn Feuerachat oder Quarz in der Nähe sind. Amethyst wird letztendlich ein sehr bedeutender Edelstein werden."

QUARZ (BLAUER QUARZ)

Diese seltene Quarzform wird gelegentlich in den Vereinigten Staaten und Brasilien gefunden. Sie ist blaßblau, graublau oder lavendelblau.

Frage: Was ist der karmische Hintergrund von blauem Quarz?

„Er wurde in Lemuria zur Öffnung des Herzchakras und zur Verlängerung des Lebens benutzt. Er steht in Beziehung zu karmischen Mustern, die Herz und Kehle betreffen, wie zum Beispiel das Problem des Selbstausdrucks."

Frage: Wie wird blauer Quarz zu Heilung und spirituellem Wachstum eingesetzt?

„Auf der physischen Ebene werden Herz, Lungen, Kehle, Thymusdrüse und die parasympathischen Ganglien positiv beeinflußt. Blauer Quarz regt allgemein Heilung und Beseitigung von Giftstoffen aus dem Körper an. Wenn das Immunsystem geschwächt ist oder der Stoffwechsel zusammenbricht, wie es bei den meisten Formen von Krebs geschieht, ist die Verwendung von blauem Quarz angezeigt. Tuberkulose- und Schwermetallmiasma werden gelindert, die Resorption von Gold, Jod, Eisen, Sauerstoff und allen B-Vitaminen verbessert sich.

Herz- und Kehlenchakra öffnen sich, und alle feinstofflichen Körper werden in Einklang gebracht. Menschen mit Depressionen oder unnatürlich starken Ängsten vor dem Alterungsprozeß können häufig von diesem Elixier profitieren. Blauer Quarz öffnet den Menschen für den wahren Ausdruck seiner spirituellen Qualitäten, die Fähigkeit zum Selbstausdruck und die Kreativität nehmen zu. Blauer Quarz ist am besten zum Senden von Informationen geeignet, was wiederum mit dem verstärkten Selbstausdruck zusammenhängt.

Der Akzent liegt auf den Yin-Qualitäten, besonders wenn man den Stein sphärisch schleift. Am besten trägt man blauen Quarz am Zeigefinger. Wenn man ihn gleich nach Sonnenaufgang jeweils zehn Minuten lang in eine konische und eine sphärische Form stellt, werden seine Eigenschaften verstärkt. Man kann dieses Elixier äußerlich mit einem Zerstäuber anwenden - besonders auf die Stirn, welche auch der Testpunkt ist."

QUARZ (CITRIN)

Dieser Quarz wird normalerweise in verschiedenen Gelbtönen gefunden und in Brasilien, Frankreich und Sri Lanka abgebaut. Der Name ist vom französischen *citron* für „Zitrone" abgeleitet – wegen seiner gelben Farbe.

Seit alters her unterstellt man dem Citrin, daß er die geistigen Kräfte aktiviere. Geistige Disziplin, größere Kontrolle über die Emotionen und klarere Gedankenformen entwickeln sich.

Frage: Wie wird Citrinquarz zu Heilung und spirituellem Wachstum eingesetzt?

„Hier finden wir einen Einfluß auf Herz, Nieren, Leber und Muskeln. Auf der Zellebene wird Geweberegeneration allgemein angeregt. Es kann zu vollständiger Regeneration im Zirkulationssystem kommen, besonders was rote und weiße Blutkörperchen angeht. Auch auf die Lymphgefäße und das Zellgewebe des fleischigen Gehirns wird ein schwacher Einfluß ausgeübt.

Vor allem wirkt dieses Elixier Blutvergiftungen wie auch Blinddarmentzündung oder Gangränen entgegen. Citrin kann also bei intestinaler Toxämie angezeigt sein, wenn der Körper sich gegen sich selbst wendet und giftig geworden ist.

Citrin regt allgemein die Heilung im physischen Körper an und lindert alle Miasmen geringfügig. Alle Formen von Hintergrundstrahlung, besonders aber die toxischen Arten wie Radiumstrahlung, lassen sich mit Citrin behandeln. Antitoxische Nährstoffe wie Vitamin A, C und E, Selen und Zink werden besser assimiliert.

Selbstzerstörerische Tendenzen, besonders auch Selbstmordgedanken, werden gemildert. Als Gedankenverstärker sollte man Citrin in Verbindung mit Meditation anwenden, um die physische Form zu verjüngen und toxische Gedankenformen zu beseitigen. Durch vermehrten Kontakt zum Höheren Selbst wird das Selbstvertrauen neu entfacht, und zwar im wahren inneren Selbst. Es kommt zu verbessertem Einklang zwischen Astral-, Emotional-, Mental-, Seelen- und spirituellem Körper, die Meridiane und Nadis werden angeregt. Auch Basis- und Herz- und Kehlenchakra werden aktiviert.

Man verwende Citrin äußerlich mit einem Zerstäuber. Seine Eigenschaften sind androgyn. Man verstärkt es, indem man das Elixier fünfunddreißig Minuten unter eine konische Form oder Pyramide stellt. Citrin kann man überall am Körper tragen, allerdings ist er direkt auf der Haut getragen am wirksamsten, besser als wenn er eine Metallfassung hat. Bei Citrin halten sich die Speicherung und die Verstärkung von Information und Gedankenformen die Waage, wobei der Akzent etwas mehr auf den Sendefähigkeiten liegt.“

QUARZ (LEPIDOKROKIT-GEOTHIT)

Diese seltene Quarzform hat Geothiteinschlüsse. Sie ist tiefpurpurn oder violett und wird in den Vereinigten Staaten gefunden.

Frage: Was ist der karmische Hintergrund dieser Quarzart?

„Sie wurde in Lemuria zur Öffnung der Epiphyse und in Atlantis zur Linderung von Ärger und Angst verwendet, besonders bei versteckten Ängsten, um es der Seele zu ermöglichen, zu höheren Dimensionen vorzustoßen.“

Frage: Wie wird diese Quarzart zu Heilung und spirituellem Wachstum eingesetzt?

„Leber, Nieren und Epiphyse werden positiv beeinflußt und die Geweberegeneration angeregt, wodurch der Mensch gegen alle Formen von Hintergrundstrahlung besser geschützt ist. Immer wenn ein Schwingungsheilmittel die Geweberegeneration anregt, ist man besser gegen Strahlung geschützt. Leberkrankheiten und die Alterung des endokrinen Systems werden rückgängig gemacht. Alle sieben Miasmen lassen sich mit diesem Quarz behandeln, die Resorption von Vitamin A, D und E, Silizium und Ribonukleinsäure verbessert sich.

Alle irrationalen verborgenen Ängste werden durch dieses Elixier aufgelöst. Auch Informationen aus vergangenen Leben werden freigesetzt. Diesen Prozeß kann man durch Meditation unterstützen. Das Kronenchakra und der Sitz des Bewußtseins, der mit den Nieren in Beziehung steht, werden aktiviert und alle feinstofflichen Körper in Einklang gebracht.

Dieses Mineral ist in seinen Eigenschaften vollkommen androgyn. Seine Wirkung wird verstärkt, wenn man es mit Rosenwasser mischt und dann ins Bad gibt. Rosenwasser enthält sehr viel Lebenskraft, besonders wenn es in der richtigen Weise zubereitet wird. Um seine Eigenschaften zu verstärken, stelle man diesen Quarz drei Stunden unter eine konische oder Kuppelform. Am besten trägt man ihn am Kehlen- oder Augenbrauenchakra oder am kleinen Finger der linken Hand. Man kann das Elixier äußerlich anwenden, indem man es mit jedem beliebigen Öl, das gemeinhin zur Kopfmassage verwendet wird, mischt. Weihrauch- und Myrrhenöle sind besonders wirksam. Dieses Mineral kann sowohl speichern als auch senden, es ist allerdings zum Senden etwas geeigneter."

QUARZ (ROSENQUARZ)

Rosenquarz ist blaßrosa bis tiefrosenrot, gelegentlich mit einem Anflug von Purpur. Dieser Felskristall erhält seine Farbe durch Mangan. Er wird in den Vereinigten Staaten, Brasilien und Japan gefunden.

Rosenquarz wird seit alters her mit Herz und Schönheit in Verbindung gebracht. Mit seiner Hilfe lernen Menschen, Schönheit mehr zu schätzen, besonders in der Kunst.

Frage: Was ist der karmische Hintergrund von Rosenquarz?

„Er wurde zur Umgestaltung des Herzens in Atlantis benutzt, als die Thymusdrüse nicht mehr die dominierende Drüse war. Das Herz wurde in Atlantis weiterentwickelt - mit dem Zweck, die Beweglichkeit zwischen den neu entstandenen Geschlechtern zu erhöhen."

Frage: Wie wird Rosenquarz zu Heilung und spirituellem Wachstum eingesetzt?

„Genitalien, Herz, Nieren, Leber, Lungen und parasympathische Ganglien werden durch dieses Elixier positiv beeinflußt. Die Geweberegeneration der Nieren und der roten Blutkörperchen wird erhöht, ebenso die Fruchtbarkeit – besonders die des Mannes. Zu den Krankheiten, die hiermit behandelt werden können, zählen die meisten Störungen der Geschlechtsorgane, Leukämie und Zirkulationsstörungen, insbesondere verengte Blutgefäße. Syphilis- und Gonorrhöe-Miasma werden abgemildert. Rosenquarz bietet auch Schutz gegen Hintergrundstrahlung und andere Formen von Strahlung, insbesondere Radium.

Wenn ein Mensch mit Ärger und Anspannung zu kämpfen hat, ist das ein Hinweis darauf, daß er dieses Elixier brauchen könnte, besonders wenn dabei das Vaterbild eine Rolle spielt. Das Selbstvertrauen wächst, und falscher Stolz verschwindet. Als Gedankenverstärker verbessert Rosenquarz persönlichen Ausdruck und Kreativität. Oft kommt der Gefühlshaushalt wieder ins Gleichgewicht. Die Assimilation von Protein, Eisen, Sauerstoff und Vitamin K verbessert sich. Die Farbe dieses Steins verweist auf seinen Einfluß auf die roten Blutkörperchen und den gesamten Kreislauf. Herz- und Kehlenchakra werden stimuliert, Meridiane und Nadis gekräftigt, Emotional-, Mental- und Astralkörper in Einklang gebracht.

Zur Verstärkung dieses Elixiers stelle man es fünfundzwanzig bis fünfundvierzig Minuten lang unter eine konische Form und unter eine Pyramide. Der Akzent liegt eher auf den männlichen Qualitäten, obwohl dieser Stein sich am besten zum Senden von Information eignet. Wenn man Rosenquartz als Badezusatz nehmen will, gebe man sieben Tropfen auf einen Liter destilliertes Wasser und gieße das ganze ins Badewasser. Testpunkt ist die Wirbelsäulenbasis."

Frage: In Brasilien hat man 1981 zum ersten Mal ein Vorkommen mit kristallinem Rosenquarz entdeckt. Hat das damit zu tun, daß sich jetzt bei vielen Menschen auf dem Planeten das Herzchakra öffnet?

„Ja."

QUARZ (RUTILQUARZ)

Diese Form von klarem Quarz enthält deutlich abgesetzte azikuläre (nadelförmige) Rutilkristalle in Sprühform oder in zufälligen Mustern. Man findet sie in Brasilien, der Schweiz und der Republik Madagaskar.

Frage: Was ist der karmische Hintergrund dieses Minerals?

„Es wurde im späten Lemuria und im frühen Atlantis zur Trennung der Geschlechter benutzt."

Frage: Wie wird Rutilquarz zu Heilung und spirituellem Wachstum eingesetzt?

„Hier finden wir Geweberegeneration des gesamtem physischen Körpers auf der biomolekularen Ebene. Das hilft, die Lebenskraft in den Körper zu assimilieren. Alle Miasmen werden abgemildert, alle Nährstoffe besser assimiliert. Man ist gegen Hintergrundstrahlung besser geschützt. Dieses Elixier ist besonders wirksam bei der Behandlung jeglicher Beschwerden, die mit Strahlung zusammenhängen. Minerale, die dafür bekannt sind, daß sie die Geweberegeneration fördern, sind gewöhnlich auch zur Behandlung von Strahlungsschäden ausgezeichnet geeignet. Rutilquarz macht tendenziell auch Alterungsprozesse rückgängig und wirkt Beschwerden entgegen, die mit einem geschwächten Immunsystem zusammenhängen. Dieses Elixier ist zu empfehlen, wenn man untätige oder unbenutzte Teile des Gehirns stimulieren will, zum Beispiel im Fall von Gehirnschädigung.

Die Rutileinschlüsse in dieser Quarzart stehen für die Geweberegeneration im physischen Körper. Die kristallinen Strukturen sind miteinander vereint und verbunden. Dieses elektrische Mineral stimuliert auch die elektrischen Elemente im physischen Körper.

Depressionen gehen zurück, und es entwickelt sich Inspiration, um die höchsten spirituellen Lehren zu erfahren. Alle Chakren und feinstofflichen Körper werden in Einklang gebracht, alle Meridiane und Nadis gekräftigt. Alle Gedankenformen werden verstärkt, und es kommt zu vermehrter Hellsichtigkeit. Dieses Mineral hat androgyne Eigenschaften. Man gebe acht Tropfen der Tinktur auf einen Liter destilliertes Wasser und diese Mischung dann ins Badewasser. Rutilquarz hat überlegene Eigenschaften, was die Speicherung und das Senden von Informationen und Gedankenformen angeht. Testpunkte sind Augenbrauen, Kreuzbein und die Mitte der Fußsohlen. Dieses Edelsteinelixier ist außergewöhnlich wirkungsvoll.

QUARZ (SCHWARZER QUARZ ODER RAUCHQUARZ)

Diese Quarzform ist von blaß-rauchigem Braun bis hin zu Schwarz und enthält Kohlenstoff, Eisen oder Titan. Manche meinen, seine schwarze Farbe sei entstanden, weil dieses Mineral lange der natürlichen Strahlung ausgesetzt war. Es kommt in den Vereinigten Staaten, Brasilien, Schottland und der Schweiz vor[1]. Die in den Vereinigten Staaten im Handel befindlichen Steine sind zum großen Teil künstlich bestrahlt worden, damit sie schwarz aussehen. Dieser verfälschte Quarz ist *nicht* die beste Qualität, wenn es um Heilung oder spirituelle Arbeit geht.

Frage: Was ist der karmische Hintergrund von schwarzem Quarz?

„In Lemuria, Atlantis und Ägypten hat man schwarzen Quarz in breitem Umfang benutzt, um den Menschen auf Wahrsagungen durch Meditation vorzubereiten und um die Kundalinienergie zu erwecken."

Frage: Wie wird schwarzer Quarz zu Heilung und spirituellem Wachstum eingesetzt?

„Auf der physischen Ebene wirkt er auf Unterleib, Nieren, Bauchspeicheldrüse und Geschlechtsorgane. Auf der Zellebene steigt die Fruchtbarkeit bei beiden Geschlechtern, und die Nebennieren werden positiv beeinflußt. Schwarzer Quarz lindert Herzkrankheiten, Muskeldegeneration und neurologische Störungen. Auch das petrochemische und das Schwermetallmiasma werden abgemildert.

Mit dieser Quarzart kommt es zu einer sachgerechten Freisetzung der Kundalinienergie. Auch wahrsagerische Fähigkeiten und Kreativität nehmen zu. Meditation mit schwarzem Quarz entfernt unklare Gedankenformen. Menschen, die unter Depressionen leiden, können durch dieses Elixier Erleichterung finden. Meridiane und Nadis werden besser in Einklang gebracht, damit die Kundalini sich auf die richtige Weise öffnen kann. Außerdem werden Mental-, Emotional- und Astralkörper besser aufeinander ausgerichtet, und es kommt zu einem besonderen Einklang zwischen Basis-, Sexual- und drittem Chakra.

Durch schwarzen Quarz verbessert sich die Proteinassimilation deutlich. Auch Vitamin E und alle B-Vitamine werden leichter resorbiert. Man wende dieses Elixier in einem Zerstäuber an, um die Aura zu reinigen. Die männlichen Qualitäten werden in gewissem Maße erhöht. Diesen Edelstein kann man am Ohrläppchen oder am Kreuzbein tragen. Er ist am besten geeignet, um Information zu speichern und Energie in den physischen Körper zu ziehen. Wenn man das Elixier fünfundzwanzig Minuten unter eine konische Form stellt, verstärken sich seine Eigenschaften. Zum Baden nehme man sieben Tropfen auf 30 ml Rosenwasser und gebe dann alles ins Badewasser. Testpunkte sind Thymus- und Schilddrüse.

Alle Formen von Quarz bieten Schutz gegen jegliche Art von Strahlung. Alle Formen von Quarz sind außerdem äußerst wirksam, wenn es um das Senden und Speichern von Gedankenformen geht.

1 Willard Roberts und George Rapp, Jr.: *The Quartz Family Minerals*, New York, Van Nostrand Reinhold Co. Inc., erscheint demnächst.

QUARZ (SOLUTION)

Diese farblose Quarzformation wird in Arkansas gefunden. Sie ist häufig von kristalliner Struktur und enthält Rectorit und Cookeit.

Frage: Wie wird Solutionquarz zu Heilung und spirituellem Wachstum eingesetzt?

„Dieses Mineral wirkt vor allem auf Kreislauf und Lymphsystem. Erkrankungen des Blutkreislaufs und Lymphkrebs werden ebenso gelindert wie alle Miasmen und alle Formen von strahlungsbedingter Toxizität. Auf der Zellebene regt Solutionquarz die roten und weißen Blutkörperchen an und fördert die Bildung von Lymphozyten. Außerdem verbessert er die Assimilation von Eisen, Magnesium, Kieselerde, Silizium, Zink und Vitamin K.

Psychisch unflexible oder steife Menschen können oft von diesem Elixier profitieren. Die Menschen werden flexibler und diplomatischer. Das Hypophysenchakra wird geöffnet, und es entwickelt sich die Fähigkeit, Visionen zu erleben. Wenn man dieses Elixier als Badezusatz verwenden will, gebe man sieben Tropfen auf eine Tasse Wasser, dazu 30 ml Rosenwasser und sieben Tropfen Elixier von klarem Quarz. Dann gibt man alles zusammen ins Bad.

Solutionquarz verstärkt die Yin-Qualitäten. Seine Eigenschaften werden verstärkt, wenn man das Elixier einen Tag lang unter eine konische oder kugelförmige Struktur stellt. Man trage diesen Stein an Kehle oder Thymusdrüse. Diese Form von Quarz ist besser zum Speichern von Informationen geeignet. Testpunkt ist die Stirn."

Frage: Diese Form von Quarz enthält Rectorit und Cookeit. Wie wirken diese beiden Minerale?

„Sie verbessern die Durchblutung."

QUARZ (WEISS-FARBLOS)

Diese Form von Quarz kommt am häufigsten vor und wird in den Vereinigten Staaten, Brasilien, Madagaskar und an vielen anderen Stellen auf dem Planeten gefunden. Manche meinen, der Name stamme von einem deutschen Begriff ungeklärter Bedeutung: aus dem Wort *querkluftertz* sei erst *quertz* und dann Quarz geworden. Andere meinen, klarer Quarz, der auch oft Bergkristall genannt wird, hätte seinen Namen von den kühnen Erklimmern des Berges Olymp in Griechenland. Sie nannten ihn *krystallos*, was „Eis" bedeutet, weil sie glaubten, es handele sich um Wasser, daß die Götter so gefroren hätten, daß es für immer im festen Zustand bleiben sollte.

Man hat seit alters her gespürt, daß klarer Quarz negative Gedankenformen beseitigt, das Denken erhebt und mediale Begabungen und die Bewußtheit des Menschen erhöht. Man kann Quarz verwenden, um mit Naturgeistern zu kommunizieren, um der Meditation einen Brennpunkt zu geben und um Heilung zu fördern.

Frage: Was ist der karmische Hintergrund von klarem Quarz?

„In Lemuria wurde dieser Quarz benutzt, um in den Menschen die Bewußtheit für ihre visionären Kapazitäten anzuregen."

Frage. Wie wird klarer Quarz zu Heilung und spirituellem Wachstum eingesetzt?

„Hier finden wir einen Einfluß auf Magen, Hypophyse und gesamten Darmtrakt. Klarer Quarz verstärkt die kristallinen Eigenschaften im Körper, die in Zellsalzen, Zirkulationssystem, Fettgewebe, Lymphgefäßen, Nervensystem und Epiphyse zu finden sind. Auch andere Formen von Quarz beeinflussen diese Elemente des Körpers in unterschiedlichem Ausmaß. Auf der Zellebene werden die Sekretionen der Hypophyse und die Produktion der weißen Blutkörperchen angeregt. Zu den Krankheiten, die man mit klarem Quarz behandeln kann, zählen Beschwerden im Darmtrakt, Magengeschwüre, Leukämie, Beulenpest und das petrochemische Miasma. Dieses Elixier bietet auch Schutz gegen Hintergrundstrahlung.

Klarer Quarz mildert alle gefühlsmäßigen Extreme, insbesondere Hysterie. Die Assimilation der im Eiweiß enthaltenen Aminosäuren verbessert sich, wodurch die Magenwände stabilisiert werden. Augenbrauen-, Kronen- und Solarplexuschakra werden gestärkt. Die Kreativität des zweiten Chakras hält der Sensitivität des emotionalen Chakras die Waage, so daß auch das Gefühl zum Ausdruck kommt.

Der Emotionalkörper wird mit dem Ätherkörper in Einklang gebracht. Das fördert die Geweberegeneration, ist aber nicht ihre Ursache. Wie alle Quarzarten ist klarer Quarz ein machtvoller Verstärker für Gedankenformen. Um dieses Elixier als Badezusatz zu verwenden, gebe man sieben Tropfen in etwas destilliertes Wasser und dieses dann ins Badewasser. Diesen Quarz kann man überall am Körper tragen. Die Qualitäten des Steins sind zwischen Yin und Yang ausbalanciert; er ist androgyn. Bei klarem Quarz findet man ein vollkommenes Gleichgewicht zwischen Speicherung und Senden von Information. Um dieses Elixier zu verstärken, stelle man es fünfundzwanzig Minuten lang unter eine konische Form. Testpunkt ist der Solarplexus."

Frage: Du hast gesagt, du würdest auf die Yin- und Yang- Qualitäten von klarem beziehungsweise dunklem Quarz näher eingehen. Würdest du das jetzt bitte tun?

„Bei weißem oder klarem Quarz finden wir den Ausdruck von Yin. Das Männliche neigt eher dem dunklen Quarz zu. In Wirklichkeit bringen beide Arten von Quarz beide Qualitäten hervor, wenn man sie nahe aneinanderhält. Sonst haben beide eher androgyne Eigenschaften. In diesen Eigenschaften finden meditierende Menschen Ausgewogenheit, die Yin- und Yang-Kräfte sind im Gleichgewicht, und alle Krankheitszustände werden gelindert.

Für alle, die sich mit der Theorie der fünf Elemente beschäftigen, würden diese Elixiere wertvoll sein, weil man mit ihnen die Yin- und Yang-Energien in allen Meridianen ausgleichen kann. Wenn man beide Steine nebeneinanderlegt, kommt es zu erhöhter Wahrsagefähigkeit, besonders wenn die Oberfläche der Steine sehr glänzend poliert ist. Dabei geht es weniger darum, in die Zukunft zu sehen, als um den Blick ins Selbst, um sein inneres Licht zu erfahren. Diese beiden Quarzarten können auch in Verbindung mit Meditation benutzt werden, um die Kundalinienergie auf natürliche Weise zu öffnen und zu regulieren, so daß die Chakren in der richtigen ausgewogenen Folge geöffnet werden."

RHODOCHROSIT

Beträchtliche Mengen dieses Minerals sind in Argentinien, Frankreich, den Vereinigten Staaten und der UdSSR gefunden worden. Der Name stammt von den griechischen Wörtern *rhodon* für „Rose“ und *chros* für „Farbe“, denn dieses Mineral ist rosenrot. Traditionell wird Rhodochrosit benutzt, um geistigen Zusammenbruch und extreme gefühlsmäßige Traumata zu verhindern.

Frage: Wie wird dieses Mineral zu Heilung und spirituellem Wachstum eingesetzt?

„Die Kräfte dieses Minerals konzentrieren sich auf Nieren, Bauchspeicheldrüse und Milz. Wenn man es entlang der Wirbelsäule auf diese Punkte legt, wird die Heilung angeregt. Man verwende dieses Elixier bei Vorstadien von Diabetes und zur Entgiftung der Nieren.

Astralkörper und Nieren werden gekräftigt, wodurch Es und Ich aktiviert werden. Das Unterbewußte wird gereinigt, so daß der Zugang zu höheren Ebenen leichter wird. Das Selbstbewußtsein wird allgemein gestärkt, und der Mensch kann im Leben besser funktionieren. Alpträume und Halluzinationen gehen zurück, es entwickelt sich größere emotionale Ausgeglichenheit. Man verwende Rhodochrosit bei Narkolepsie und Narkophobie oder der Angst, plötzlich unter unerwarteten Umständen in tiefen Schlaf zu verfallen. In diesem Zustand können Alpträume auftreten.“

Frage: Mehrere Menschen haben mich um Hilfe bei Narkolepsie gebeten. Kannst du noch andere Präparate empfehlen?

„Allgemein sollte man Edelsteinelixiere und Blütenessenzen verwenden, die mit Herz- und Basischakra in Beziehung stehen, wie zum Beispiel Tigerauge.

Rhodochrosit stimmt Menschen auf den androgynen Zustand ein, der jedem Menschen natürlicherweise sowieso innewohnt. Wenn man das Elixier als Badezusatz verwendet, gebe man acht Tropfen ins Wasser. Man trage den Stein am Handgelenk, am besten direkt am Puls. Bei der äußeren Anwendung mische man es mit Mandel- oder Baumwollsamenöl. Rhodochrosit verstärkt man, indem man das Elixier oder das Mineral auf einen kristallenen Untergrund stellt, dort acht Minuten lang mit der Farbe Orange bestrahlt, und es dann dreißig Minuten in eine Pyramide stellt. Überraschenderweise gibt es kaum volkskundliche Überlieferungen, die dieses beliebte und wirksame Mineral zum Gegenstand haben.“

RHODONIT

Rhodonit ist rosa bis rosenrot oder auch bräunlichrot und kommt in den Vereinigten Staaten, Brasilien, Indien, Japan und der UdSSR vor. Der Name stammt vom griechischen *rhodon* für „Rose", weil dieses Mineral meistens rosenfarben vorkommt. Traditionell wird Rhodonit zur Behandlung von körperlichen und emotionalen Traumata eingesetzt. Es lindert Ängste, Verwirrung und innere Unruhe und fördert einen Zustand von Ruhe, Selbstwertgefühl und Selbstvertrauen.

Frage: Wie ist das karmische Muster dieses Minerals?

„Dieser Edelstein wurde in Lemuria benutzt, um die Sensibilität und das Hörvermögen für verschiedene Klänge zu verbessern. Erklärtes Ziel war dabei die Entwicklung einer gesprochenen Sprache. In diesem evolutionären Prozeß wurde Rhodonit eingesetzt, um die Bandbreite des Hörens zu solcher Empfindlichkeit weiterzuentwickeln, daß die Menschen Mantras erzeugen konnten. Diese Mantras entwickelten sich zur Sprache weiter, wodurch diese Kräfte ihren Ausgleich fanden."[1]

Frage: Wie wird Rhodonit zu Heilung und spirituellem Wachstum eingesetzt?

„Dieses Elixier stärkt heute das Innenohr, besonders das Knochengewebe und die Hörfähigkeit. Das Syphilismiasma und geringfügige Entzündungen des Innenohrs werden gelindert. Vitamin A, B und E werden leichter resorbiert.

Durch Rhodonit erhöht sich die Fähigkeit, vermehrte Empfindungsfähigkeit und Vergnügen aus mantrischen Praktiken zu ziehen. Man kann es in Verbindung mit Mantras einsetzen, um Affirmationen zu unterstützen oder das im Mantra repräsentierte Gedankenmuster zu verstärken. Das könnte sich für Menschen als nützlich erweisen, die beruflich mit Musikinstrumenten zu tun haben oder ein Ohr für die vokalen Qualitäten in der Musik entwickeln wollen. Man trage Rhodonit an der Kehle oder an der Basis der Medulla oblongata."

Frage: Wird Rhodonit durch Klänge verstärkt?

„Nein. Die Wirkungen von Rhodonit haben nicht viel mit Klängen zu tun. Klänge oder akustische Reizüberflutung würden die Eigenschaften dieses empfindlichen Minerals sogar schwächen. Rhodonit wird verstärkt, wenn man es in einem Vakuum lagert."

Frage: Wie lange sollte es im Vakuum gelagert werden?

„Um eine dauerhafte Wirkung zu erzielen, ein Jahr lang; zur kurzfristigen Verstärkung eine Stunde."

1 Jeffrey T. Laitman: The Anatomy of Human Speech, in: *American Museum of Natural History*, XCIII, August 1984, pp. 20-27.
Max Heindel: *The Rosicrucian Cosmo-Conception*, Oceanside, Kalifornien, The Rosicrucian Fellowship, 1977, pp. 275-278, 294- 295.
Rudolf Steiner: *Atlantis und Lemurien*, in: Kosmogonie (1906), Dornach, Rudolf Steiner Verlag, 1979.

RHYOLITH (WUNDERSTEIN)

Rhyolith findet sich im allgemeinen in verschiedenenfarbigen Strängen in Lavaströmen und wird als vulkanisches Äquivalent von Granit angesehen. Es kommt in den Vereinigten Staaten, England, Äthiopien, Japan und Mexiko vor. Der Name stammt vom griechischen *rhyx* für „Lavastrom". Traditionell nimmt man an, daß Rhyolit die Gefühle ausgleicht und Selbstachtung, Selbstwertgefühl und Liebesfähigkeit fördert.

Frage: Wie wird dieses Mineral zu Heilung und spirituellem Wachstum eingesetzt?

„Dieses Elixier wirkt vor allem auf Herz- und Kehlenchakra. Man lernt, sich von der Ebene des Herzchakras her harmonischer auszudrücken und mit größerer Klarheit die Wahrheit zu sprechen.

Emotional- und spiritueller Körper werden in Einklang gebracht, wodurch wiederum der Selbstausdruck zu größerer Klarheit angeregt wird.

In den verschiedenen natürlichen Farbschattierungen des Steines drückt sich seine Signatur aus. Diese Farben stehen für die Integration oder das Verschmelzen der verschiedenen chakrischen Kräfte. Zum Beispiel beziehen sich Rot und Grau auf die Aktivitäten des ersten Chakras. Die Qualitäten von Yin und Yang werden verstärkt. Testpunkte sind Kehlenchakra und Thymusdrüse."

ROYAL AZEL (SUGILITH)

Dieser Edelstein ist erst vor kurzem im Edelsteinhandel populär geworden und hat eine attraktive Magentafärbung. Ursprünglich wurde er 1944 in Japan von dem Petrologen Professor Kenichi Sugi entdeckt und nach ihm benannt. 1975 hat man in Südafrika eine weitere Variante entdeckt. Die Exclusive Gems and Minerals Company, die den Stein verkauft, hat ihn Royal Azel getauft, weil er in der Region Hotazel in Südafrika entdeckt wurde. Der Stein kommt auch in Indien vor.[1]

Frage: Wie wird dieses Mineral zu Heilung und spirituellem Wachstum eingesetzt?

„Im physischen Körper finden wir, daß das Gleichgewicht in Epiphyse, Hypophyse und den beiden Gehirnhälften wiederhergestellt wird. Die Nervensynapsen werden stimuliert. Aus dem Gleichgewicht der beiden Gehirnhälften ergibt sich Linderung bei Autismus, Legasthenie, Epilepsie, motorischen Koordinationsschwierigkeiten, Sehproblemen und allen Fehlfunktionen der motorischen Nervenreaktionen. Auf der Zellebene werden die Epiphyse und die Neuronen im Gehirn angeregt. Alle Miasmen lassen sich mit Royal Azel behandeln.

Dieses Elixier hat einen milden magnetischen Einfluß, der hilft, das Kronenchakra auf den physiologischen und ätherischen Ebenen zu öffnen. Man kann das Elixier ein paar Monate lang nehmen, um das Kronenchakra zu öffnen. Dabei kann man mit den bei Peridot empfohlenen Techniken arbeiten. Royal Azel erhöht die Fähigkeit zu Altruismus, Visionen und allgemeinem Verständnis. In der Massagetherapie trage man dieses Elixier zusammen mit Jojobaöl auf, besonders wenn es um Schädelkorrekturen geht. Man verstärkt dieses Mineral, indem man es zweieinhalb Stunden unter ein kugelförmiges Gefäß stellt. Durch die Verwendung als Badezusatz werden die androgynen Eigenschaften angeregt."

Frage: Warum manifestieren sich beim Baden diese Eigenschaften? Davon hast du bisher nicht gesprochen.

„Bisher kam eine derart wirksame direkte Übertragung der Yin- und Yang-Eigenschaften beim Baden nicht vor. Baden aktiviert hier stärker als das orale Einnehmen das Kronenchakra, weil die linke und rechte Gehirnhälfte wirkungsvoll ins Gleichgewicht gebracht werden."

1 June C. Zeitner: Any Way It's Royal – The Story of Sugilith, in: *Lapidary Journal*, November 1982, pp. 1316-1324.

RUBIN

Dieser beliebte Edelstein ist im allgemeinen rot und hat sich immer großer Bewunderung erfreut. In Indien wird auch ein Sternenrubin gefunden. Die schönsten Rubine kommen aus den Vereinigten Staaten, Australien, Burma, Indien, Sri Lanka und Zentral- und Ostafrika. Manche meinen, der Name stamme vom lateinischen *ruber* für „rot", andere nehmen an, der Ursprung des Wortes liege im tamilischen *kuruntam*, das sich vom Sanskritwort *kuruvinda* für „Rubin" herleitet.

Traditionell wird Rubin verwendet, um den Körper gesund zu erhalten und die geistige Gesundheit zu verbessern. Rubin ist ein Symbol für Zuneigung, Leidenschaft, Macht und majestätische Haltung, das Hindernisse beseitigt und Gelassenheit fördert. Wer ihn am Körper trägt, wird aufgemuntert. Rubin zügelt die Leidenschaften und wirkt bei Streitigkeiten versöhnlich. Der Verstand wird von negativen Gedanken gereinigt, die Intuition verbessert sich, Alpträume verschwinden, Trauer, Enttäuschung und Melancholie werden gelindert. Im Altertum verwendete man Rubin bei allen Infektionskrankheiten, fiebrigen Erkrankungen wie Typhus, Darmbeschwerden, Beulenpest, Leukämie, Sichelzellenanämie und Schizophrenie. Rubin kräftigt Ohren, Augen, Nase, Hypophyse und Milz. Wenn die Lebenskraft erschöpft ist, wie nach Herzanfällen, wirkt Rubin wohltuend. Steiner hat gesagt, Rubin aktiviere die Intuition, Swedenborg bringt Rubin mit leidenschaftlicher Hingabe in Zusammenhang, und Colton nannte Rubin einen ehrwürdigen Stein mit physischer Wirkung.

Frage: Wie wird Rubin zu Heilung und spirituellem Wachstum eingesetzt?

„Rubin steht vor allem mit dem Herzchakra in Verbindung. Vielleicht ist er in dieser Hinsicht der wichtigste, der Meisteredelstein. Er stabilisiert dieses Chakra, das Herz als Teil des Körpers und das Herz auf der Zellebene, indem er besonders die Geweberegeneration und die Mitose in diesem Körperbereich stimuliert. Mit diesem Edelstein lassen sich Herz- und Kreislaufkrankheiten behandeln. Herzmeridian, Nadis des Herzchakras und Thymusdrüse werden positiv beeinflußt. Rubin stärkt das Nervengewebe, das mit dem Herzen in Verbindung steht. Die Bereiche der Wirbelsäule, die zum Herzen in Beziehung stehen, werden korrigiert. Man trage diesen Edelstein an Herz, Thymusdrüse, Medulla oblongata, Steißbein, Herzchakra oder den Meridianpunkten, die mit dem Herzen in Beziehung stehen.

Das Herzchakra ist ein zentraler Ausgleichspunkt im physischen Körper und strahlt Energie ab. Zwischen Herzchakra und Nadis besteht eine Beziehung. Beide strahlen Energie aus. Auch ist es ratsam, wenn man andere Edelsteine oder Elixiere verstärkt, immer einen Rubin mit unter die Pyramide zu legen. Durch die Verbindung des Rubins mit dem Herzen werden die Eigenschaften anderer Steine weiter gesteigert.

Was die spirituellen Auswirkungen angeht, so bringt Rubin das Herz ins Gleichgewicht und schafft so Ausgeglichenheit in allen spirituellen Bestrebungen. Die Kundalini zum Beispiel wird auf ausgewogene Art in Bewegung gesetzt. Bei den spirituellen Qualitäten geht es zum Teil um die Tätigkeit der göttlichen Liebe gegenüber der Selbstliebe beziehungsweise der begrenzten Selbstliebe. Menschen können mithilfe von Rubin zu Tätigkeiten gelangen, die ihnen helfen, ihre Selbstachtung klarer herauszuarbeiten, wenn der Mensch aber nicht die Tätigkeit der göttlichen Liebe und die mit dem Herzchakra verbundenen Prinzipien lernt, dann kann es zu einem Bewußtseinsrückschritt kommen. Als Gedankenverstärker schafft Rubin göttlich inspirierte Führungspositionen.

Im psychologischen Bereich lindert Rubin Orientierungslosigkeit und bringt den Menschen von einem Zustand des Zauderns zu Stabilität und Selbstvertrauen: Der Mensch wird ausgeglichener. Ideale, Selbstachtung und Entscheidungsfähigkeit können sich verbessern. Der Brennpunkt im Individuum liegt bei allen Problemen, die mit der Vaterfigur zu tun haben. Dabei kann es um den biologischen Vater oder auch um andere Personen gehen, die man an die Stelle des Vaters setzt. Die Führungsqualitäten werden angeregt, das Zutrauen in die eigene Leistungsfähigkeit wächst, und Menschen werden sich stärker ihrer Unfähigkeit, Liebe zu geben oder zu empfangen, bewußt. Rubin kann auch Ideale stimulieren, bei denen es um die Anregung von Freude und Flexibilität geht, außerdem das Verhandlungsgeschick, das man braucht, um zu einer Entscheidung zu gelangen."

Frage: Rubin und Smaragd öffnen beide das Herz und lindern Probleme mit dem Vater. Wie unterscheiden sie sich in ihren psychologischen und spirituellen Auswirkungen?

„Auf der psychologischen Ebene hat der Rubin eher die Fähigkeit, feindselige Gefühle wie zum Beispiel Wut auf den Vater zu mildern. Smaragd regt eher die Fähigkeit an, gemeinsam mit dem Vater zu wachsen. Das Wachstum in diesem Bereich kann durch Fehlen oder Abwesenheit der Vaterfigur stagnieren. Sonst gibt es in diesem Gebiet keine Unterschiede zwischen Rubin und Smaragd."

Frage: An anderer Stelle hast du davon gesprochen, man könne die Energie des Rubins so konzentrieren, daß sie die Stoffwechselenergie intensiviert, die sich durch das Herzchakra bis in die Aura erstreckt. Danach kehrt diese Energie durch die drei grundlegenden Brennpunkte zurück: Wirbelsäulenbasis, Kronenchakra und Medulla oblongata. Kannst du das näher erklären?

„Das war eine ungefähre Beschreibung der Funktionen einer zellulären Energie, die entweder im Herzen oder in der Thymusdrüse entsteht, sich dann durch die Aura ausdehnt, um schließlich zu jenen drei kritischen Punkten zurückzukehren. Diese Eigenschaften sind einzigartig für Rubin und Smaragd, weil sie so mit dem großen Ausgleichenden, dem Herzchakra, in Beziehung stehen. Deswegen kehrt die Energie zur Wirbelsäulenbasis, zur Medulla oblongata und natürlich zum Kronenchakra zurück. Das sind die Ausgleichspunkte.

Das Syphilis- und das Tuberkulosemiasma werden gelindert, Mentalkörper und spiritueller Körper in Einklang gebracht, wodurch spirituelle Inspiration und göttliche Liebe entstehen. Kalzium, Eisen, Magnesium, Phosphor, Kieselerde und Vitamin E werden besser assimiliert.

Die Signatur läßt sich an der roten Farbe des Steins und an seinem Einfluß auf Herz und Kreislauf ablesen. Rubin kann man als Badezusatz verwenden. Man verstärkt es, indem man es in die Sonne stellt, wenn sie im Winkel von 15 Grad zum Löwen steht. Auch die Note E verstärkt Rubin, weil sie der harmonischen Vibration von Rubin entspricht. Seine Wirkung auf einen bestimmten Körperbereich, nämlich das Herz, macht Rubin zu einem sehr wichtigen Edelsteinelixier."

RUTIL

Rutil ist schwarz, blau, grau, rot, gelb, rötlich braun oder orangegelb. Er kommt in den Vereinigten Staaten, der UdSSR, Brasilien, Kanada und Frankreich vor. Der Name stammt vom lateinischen *rutilus* für „rötlich".

Frage: Wie wird Rutil zu Heilung und spirituellem Wachstum eingesetzt?

Rutil lindert Blockaden in der Psyche, die durch frühkindliche traumatische Erfahrungen mit beiden Elternfiguren oder anderen Personen oder Situationen entstanden sind. Als Gedankenverstärker aktiviert Rutil Eigenschaften, die aus dem bekannten Spektrum des Bewußtseins auf unterbewußte Ebenen verdrängt worden sind, und zwar besonders im Alter von sieben bis zwölf Jahren. Diese psychologischen Erfahrungen können zu einem unnachsichtigen Charakter führen, der nichts vergeben kann. Rutil aber mildert diese Auswirkungen. Außerdem werden bestimmte Bereiche des Herzchakras geöffnet.

Man verstärkt dieses Mineral, indem man es auf einem Untergrund aus Silber oder Platin fünf Minuten lang mit grünem und violettem Licht bestrahlt. Ein weiteres Elixier, daß überwiegend auf die Psyche wirkt."

SAND

Sand ist die Bezeichnung für kleine lose Gesteinstrümmer und enthält unter anderem Quarz[1]. Am besten nimmt man weißen Sand vom Strand eines Ozeans. Traditionell verwendet man Sand in Form von Umschlägen und Bädern bei Arthritis, Asthma, Kalkmangel, Wassersucht, Gicht, Hexenschuß, Nieren- und Lungenentzündung, progressiver Paralyse, Rheumatismus, Rachitis, Ischias und Magenbeschwerden. Bei dem griechischen Geschichtsschreiber Herodot finden sich Hinweise auf die Anwendung von Sandbädern zur Linderung von Dickdarm-, Hüft-, Leber- und Milzbeschwerden[2].

Frage: Wie wird Sand zu Heilung und spirituellem Wachstum eingesetzt?

„Man benutze dieses Elixier für jede Krankheit, bei der es um Gewebeversteifungen oder -verhärtungen geht, also kardiovaskuläre Beschwerden, Arteriosklerose, Arthritis, Rheumatismus und Sklerodermie beziehungsweise Hautverhärtungen. Sand schafft Elastizität im Zellgewebe des kardiovaskulären Bereichs, der Lunge und des Skeletts. Auch die Zellmitose wird gesteigert und die Bandscheiben werden besser geschmiert. Außerdem vertreibt Sand Strahlung aus dem Körper.

Zur Verstärkung von Sand stelle man das Elixier zwei Stunden lang bei Voll- oder Neumond unter eine Pyramide. Äther- und Emotionalkörper werden in Einklang gebracht, die weiblichen Eigenschaften der Menschen kommen ins Gleichgewicht. Testpunkt ist die Medulla oblongata."

Frage: Warum stellt man das Elixier am besten aus weißem Sand von einem Ozeanstrand her?

„Dieser Sand ist rein. Da er ständig der Reinigungs- und Lösungskraft des Ozeans ausgesetzt ist, kann er auch leichter Gewebeverhärtungen im physischen Körper auflösen."

1 F.J. Pettijohn: *Sand and Sandstone*, New York, Springer Verlag New York, Inc., 1972.
2 Michael Abehsera: *The Healing Clay*, Brooklyn, New York, Swan House Publishing Co., 1979, pp. 27-29.

SANDSTEIN

Sandstein ist eine Gesteinsart, die aus Sand besteht, gewöhnlich aus Quarz und Feldspat, die durch Calcit, Kieselerde und Lehm- oder Eisenminerale zusammengehalten werden. Zwischen zehn und zwanzig Prozent des Sedimentgesteins der Erdkruste bestehen aus Sandstein. Er ist braun, grün oder rot und wird als Baustoff verwendet[1].

Frage: Wie wird dieser Stein zu Heilung und spirituellem Wachstum eingesetzt?

„Die Elastizität des Herzens und der Blutgefäße wird verbessert, Leber und Haut angeregt. Auf der Zellebene verbessert sich die Reproduktion des Hautgewebes, besonders bei Verbrennungen. Krankheiten wie Arteriosklerose, Ausschläge, Sklerodermie und Leberstörungen lassen sich mit Sandstein behandeln. Auch bei Strahlungsüberdosen wirkt dieses Elixier lindernd.

Äther- und Emotionalkörper werden in Einklang gebracht. Der Akzent liegt eher auf den weiblichen Eigenschaften. Besonders wertvoll ist die Verwendung dieses Elixiers als Badezusatz bei Hautbeschwerden. Kieselerde, Silizium, Zink und die B-Vitamine werden besser resorbiert. Wie die Haut enthält Sandstein diese Minerale in reichem Maße. Das gehört zu seiner Signatur. Wenn man mit diesem Elixier meditiert, verstärkt sich der Sinn für Flexibilität in der Persönlichkeitsstruktur.

Man trage diesen Stein an der Kehle oder nahe der Bauchspeicheldrüse. Seine Eigenschaften werden verstärkt, indem man ihn fünfundvierzig Minuten unter eine Pyramide legt. Es gibt einige weit verbreitete Gesteinsarten, die als Edelsteinelixier durchaus ihren Wert haben."

1 F.J. Pettijohn: *Sand and Sandstone*, New York, Springer Verlag New York, Inc., 1972.

SAPHIR

Saphir ist blau, grün, rosa oder gelb und kommt in Australien, Burma, Indien und den Vereinigten Staaten vor. Der Name leitet sich möglicherweise vom griechischen *sappheiros* für „blau" her. Andere meinen, der Name stamme aus dem Arabischen und sei nach der Insel *Sapphirius* in der Arabischen See bennant worden. Wieder andere glauben, der Name leite sich vom hebräischen *sappir* her, welches „etwas, auf dem etwas eingraviert ist" bedeutet.

Gemäß der buddhistischen Tradition regt Saphir ein Bedürfnis nach

Gebet, Devotion, spiritueller Erleuchtung und innerem Frieden an. In der ayurvedischen Medizin verwendet man Saphir zur Behandlung von Koliken, Rheumatismus und Geisteskrankheit. Colton hat gesagt, Saphir stehe für die höhere Vernunft und für die Einheit mit der göttlichen Vernunft.

Frage: Was ist der karmische Hintergrund von Saphir?

„Im frühen Atlantis wurde Saphir benutzt, um den Körper besonders im Bereich von Unterleib und Darm auf die damals beginnende Assimilation schwererer Proteine einzurichten."

Frage: Wie wird Saphir zu Heilung und spirituellem Wachstum eingesetzt?

„Alle Eigenschaften von Sternsaphir gelten auch für Saphir. Die Aktivitäten von Saphir sind auf Solarplexus und Hypophyse konzentriert. Dies regt die Regeneration von Darmtrakt, Magen und Hypophyse an. Auch Herz und Nieren werden positiv beeinflußt. Störungen in diesen Körperbereichen werden gelindert. Auf der Zellebene stimuliert Saphir die von der Hypophyse gesteuerten Sekretionen. Diese Wirkung erstreckt sich auch auf die Stoffwechselgeschwindigkeit der Drüsenfunktionen, weil diese von der Hypophyse gesteuert werden. Auch das petrochemische und das Strahlungsmiasma lassen sich mit diesem Elixier behandeln. Durch die Wirkung dieses Edelsteins auf den Verdauungstrakt verbessert sich die Assimilation sämtlicher Nährstoffe.

Verstand, Körper und Geist werden vollständig miteinander gekoppelt, so daß es im Selbst zu Klarheit und Inspiration kommt. Saphir hat auch antidepressive Wirkungen. Die Meridiane werden angeregt, so daß Spannungen im Hara zurückgehen. Als Gedankenverstärker stimuliert Saphir Hellsichtigkeit, Psychokinese, Telepathie und Astralprojektion. Die Kommunikation mit den Geistführern verbessert sich, und Herz- und Kehlenchakra öffnen sich. So kommt es zu vermehrtem Persönlichkeitsausdruck, und eventuell im dritten Chakra und im Solarplexus gespeicherte Energien werden abgezogen.

Emotional- und Astralkörper werden in Einklang gebracht und die weiblichen Eigenschaften angeregt. Saphir kann man überall am Körper tragen. Seine Wirkung verstärkt sich dabei erheblich, wenn man ihn direkt auf der Haut trägt. Man verstärkt ihn, indem man ihn auf eine Pyramide legt, wenn der Mond in Opposition (bzw. im Winkel von 180 Grad) zu den Kräften der Sonne steht. Testpunkte sind Medulla oblongata, Fußsohle und Mitte der Handflächen."

1 A. E. Mason: *Sapphire*, New York, State Mutual Book and Periodical Service, Ltd., 1981.

SARDER

Bei Sarder handelt es sich um eine Chalcedonvariante von hellbrauner bis rötlichbrauner Farbe, die in den Vereinigten Staaten und Indien vorkommt. Der Stein ist nach dem persischen *ssered* für „gelb“ benannt, vielleicht auch nach *Sardis*, einem Ort im antiken Lydien, an dem dieser Stein gefunden wurde. In der Antike waren manche der Meinung, Sarder hätte dieselben Heileigenschaften wie Blutstein, besonders bei Bluterkrankungen. Sarder schärft den Verstand und macht den Menschen froh und furchtlos. Man verwendet ihn für alle Arten von Wunden und Tumoren. Cayce hat gesagt, Sarder gäbe dem Menschen die Fähigkeit, die Gesetze seiner Beziehung zu den höheren Kräften zu verstehen.

Frage: Wie wird Sarder zu Heilung und spirituellem Wachstum eingesetzt?

„Galle, Leber und Darmtrakt werden gekräftigt, das petrochemische und das Tuberkulosemiasma abgemildert. Sarder ermöglicht es dem Menschen, im Selbst eine mutige Einstellung im Bereich der spirituellen Dynamik zu entwickeln und zu integrieren. Der Astralkörper wird in Einklang gebracht, so daß Ängste und Spannungen zurückgehen. Testpunkt ist die Handfläche. Man verstärkt Sarder, indem man ihn zwei Stunden lang unter eine Pyramide stellt.“

SARDONYX

Sardonyx ist eine vielschichtige und geäderte Chalcedonvariante, die aus alternierenden Schichten von Onyx und Sarder besteht. Er ist rötlich-braun, manchmal weiß oder schwarz, und kommt vor allem in Brasilien, Indien und Uruguay vor. Vielleicht hat der Stein seinen Namen von der antiken Stadt *Sardis*, die er auf dem Weg von Indien nach Griechenland passierte. Andere erklären die Herkunft aus dem griechischen Wort *sardonyx*.

Nach Cayce stimuliert dieser Stein die mentale Selbstkontrolle. Swedenborg hat gesagt, er rege die Liebe zum Guten und zum Licht an. In den Augen der Menschen der Antike erweckte Sardonyx Demut, Tugend, Furchtlosigkeit, emotionales Selbstvertrauen und größere Beredsamkeit. Außerdem verscheucht er Trauer und erzeugt eheliches Glück.

Frage. Wie wird dieses Mineral zu Heilung und spirituellem Wachstum eingesetzt?

„Dieser Stein stärkt Lungen, Kehlkopf, Schilddrüse, Medulla oblongata und das parasympathische Nervensystem. Atlas und obere Wirbelsäule werden besser ausgerichtet. Das Tuberkulosemiasma wird abgemildert, und die Resorption der Vitamine B, C und E verbessert sich. Die Widerstandskraft gegen Depressionen, Ängste und vor allem Trauergefühle wächst. Außerdem wird das Kehlenchakra leicht angeregt, der emotionale Körper wird kräftiger, und tieferes Verstehen und Intuition entfalten sich. Die Wirkung von Sardonyx verstärkt sich, wenn man es dreißig Minuten lang unter einen konischen Behälter stellt. Yin und Yang werden ausgeglichen, wobei der Akzent etwas stärker auf der weiblichen Seite liegt. Testpunkt ist die Medulla oblongata."

SCARABÄUS

Ein Scarabäus ist ein auf einem Stein gravierter Käfer, der *Scarabaeus sacer.* Die Verwendung dieses Symbols war im alten Ägypten weit verbreitet, oft wurde er auch als Talisman oder Siegel gebraucht und aus den verschiedensten Steinen hergestellt. Die Länge der Scarabäen schwankt im allgemeinen zwischen einem und fünf Zentimetern. Heute werden sie in Ägypten an die Touristen verkauft. Ich habe vor einigen Jahren einen im Tal der Könige gekauft.

Der Scarabäus wird seit alters her als Symbol für Unsterblichkeit angesehen. Diese Käferart rollt ihre Nahrung vor dem Verzehr zu einer kleinen Kugel zusammen, was die Ägypter daran erinnerte, wie die Sonne über den Himmel rollte. Deshalb brachte man den Scarabäus mit dem ägyptischen Sonnengott Ra in Verbindung[1]. Die Römer glaubten, der Scarabäus verleihe dem, der ihn trägt, Mut und Kraft[2].

Frage. Wie wird Scarabäus zu Heilung und spirituellem Wachstum eingesetzt?

„Scarabäus bewirkt Geweberegeneration im gesamten physischen Körper. Das ist einer der Gründe für seinen Ruf als Symbol der Unsterblichkeit. Alle Miasmen und Überdosen von Strahlung jeder Art lassen sich mit diesem Elixier behandeln.

Depressionen werden gelindert, was zum Teil an dem vollständigen Einklang zwischen Äther- und Emotionalkörper liegt. Das Herzchakra wird geöffnet, wodurch sich die Durchblutung und die Verteilung der Lebenskraft im gesamten physischen Körper verbessert. Scarabäus verjüngt die spirituelle Einstellung des Menschen durch Inspiration.

Man verwende dieses Elixier zusammen mit Erdnuß- und Lotusöl. Yin und Yang werden ins Gleichgewicht gebracht, wobei der Akzent etwas stärker auf der weiblichen Seite liegt. Man kann Scarabäus überall am Körper tragen. Es ist ratsam, ihn zu tragen, wenn es um Heilung geht. Testpunkt ist die Stirn."

Frage: Woraus sollte der Scarabäus bestehen?

„Aus Kalkstein, Onyx oder Lapislazuli. Man kann auch antike ägyptische Scarabäen verwenden."

Frage: Bezieht der Scarabäus seine Wirksamkeit zum Teil aus dem ihm eigentümlichen Muster?

„Richtig. Dieses spezielle Muster ist eines der kritischen Muster, die einen Brennpunkt für das kollektive Bewußtsein bilden können. Minerale, besonders Quarz, die nach den geologischen Linien der Erde geformt sind, wie sie sich in diesem Muster finden, sind sehr wirksam. Geometrische Muster sind recht wirksam und besitzen die Fähigkeit zur Projektion von Gedankenformen. Ich empfehle das Studium von *„Der Mensch und seine Symbole"* von C. G. Jung."

Die Verwendung geometrischer Muster stellt eine sehr machtvolle Praxis im Bereich von Gesundheit und Bewußtsein dar. In den englischsprachigen Ländern hat es auf diesem Gebiet bisher wenig Forschungen gegeben, in Frankreich aber sind in den letzten dreißig Jahren mehrere interessante Werke erschienen. Wer sich für dieses Gebiet interessiert, sollte *The Pattern of Health* von Dr. Westlake lesen.

1 Manly Hall: *The Secret Teachings of All Ages*, Los Angeles, The Philosophical Research Society, Inc., 1977, p. 86.
2 W. Flinders: *Historical Scarabs*, Chicago, Ares Publishers, Inc., 1976.
Percy Newberry: *Ancient Egyptian Scarabs*, Chicago, Ares Publishers, Inc., 1979.

SCHWEFEL

Schwefel ist blaßgelb oder fast farblos und wird in den Vereinigten Staaten, Indien, Japan und Mexiko gefunden. Wegen Verunreinigung durch andere Minerale ist er manchmal auch braun, grau oder rot. Schwefel wird oft bei Vulkanausbrüchen an die Oberfläche befördert[1]. In der Bibel wird häufig seine Entzündlichkeit erwähnt. Viele Nahrungsmittel enthalten

Schwefel, darunter Schnittlauch, Knoblauch, Meerrettich, Senf, Zwiebeln und Radieschen.

Im Ebersschen Papyrus wird erwähnt, daß Schwefel im alten Ägypten zur Behandlung von Augenlidgranulomen gebraucht wurde. Für den Alchimisten repräsentiert Schwefel die Eigenschaft der Brennbarkeit. Viele wegen ihrer Heilwirkung anerkannte heiße Quellen haben einen hohen Schwefelgehalt. Traditionell benutzt man Schwefel als Amulett gegen Erkältungen, Rheumatismus, Lymphogranulomatose und als Schmerzstiller. Neuere Forschungen lassen vermuten, daß man Schwefel auch bei Arthritis, Hämorrhoiden und Haut- und Nagelunregelmäßigkeiten einsetzen kann. Wunden heilen schneller, die Darmflora normalisiert sich. Schwefel wirkt auch laxativ und lindert Schwermetallvergiftungen. Er entspannt verkrampfte Muskeln und bringt Erleichterung bei Gelenkschmerzen. Der Stoffwechsel des Körpers wird normalisiert und das Zellgewebe mit Schwefel angereichert[2]. In der Homöopathie ist Schwefel eines der wichtigsten Heilmittel. Man setzt ihn bei zahlreichen Problemen ein, zum Beispiel bei einer Vielzahl von Hautleiden, bei heftigem Brennen oder Hitzegefühlen, ekelerregenden Körperausscheidungen und Magenbeschwerden. Er eignet sich sehr gut für übermäßig verstandesbetonte Menschen, die zuviel essen und sich zuwenig Bewegung verschaffen. Solche Menschen sind oft wuterfüllt, reizbar, selbstsüchtig, streitlustig und übertrieben neugierig.

In der anthroposophischen Medizin sagt man, Schwefel stelle das Gleichgewicht zwischen Astral- und Ätherleib wieder her. Geistige Unausgeglichenheit, die mit den Lungen in Verbindung steht, wird auf mangelhafte Schwefelassimilation zurückgeführt. Schwefel aktiviert die Willenskraft, stärkt den Stoffwechsel und wirkt Verhärtungen und Kristallbildungen im Körper entgegen. Schlaflosigkeit und Verdauungstörungen werden gelindert. Schwefel fördert die Proteinassimilation und stärkt die gestaltbildenden Kräfte im Ätherkörper und im physischen Körper. Zuviel Schwefel aber bewirkt physische Vitalität ohne Bewußtheit[3].

Frage: Wie wird Schwefel zu Heilung und spirituellem Wachstum eingesetzt?

„Schwefel wirkt allgemein stärkend auf das Nervengewebe, besonders auf das Gehirn. Es stimuliert Herz, Sehnen und Bänder und reinigt Bauchspeicheldrüse und Blinddarm. Alle Erkrankungen der Nebenhöhlen, Tuberkulose und Syphilis als Krankheit und als Miasma lassen sich mit Schwefel behandeln.

Dieses Elixier kann den Menschen an die Schwelle der spirituellen Erleuchtung bringen. Es kann aus einem Intellektuellen einen Philosophen machen und den Philosophen in spirituellere Gebiete führen. Depressionen gehen zurück. Mental- und Emotionalkörper werden in Einklang gebracht, wodurch die eben beschriebene psychospirituelle Dynamik in Gang gesetzt wird.

Schwefel kann man überall am Körper in der Nähe der Lymphgefäße tragen. Er bringt männliche und weibliche Qualitäten ins Gleichgewicht. Bei der Verwendung als Badezusatz gibt man sieben Tropfen auf 90 ml destilliertes Wasser und fügt dann alles dem Badewasser hinzu. Die gelbe Farbe des Steines legt seine Beziehung zum Gehirn und zu intellektueller Betätigung nahe. Testpunkt ist die Spitze des Zeigefingers."

Frage: Kannst du auch für die Anwendung echten materiellen Schwefels Ratschläge geben?

„Materiellen Schwefel sollte man ebenso wie das Elixier bei Krankheiten einnehmen, die mit Störungen des Immunsystems oder einem Kollaps der endokrinen und Kapillarfunktionen zu tun haben."

1 Michael E. Raymont (Hrsg.): *Sulfur: New Sources and Uses*, Washington, D. C., American Chemical Society, 1982.
2 T. F. Wheeldon: The Use of Colloidal Sulphur in the Treatment of Arthritis, in: *Journal of Bone and Joint Surgery*, XVII, Juli 1935, pp. 693-726.
J. R. Thomas III. e.a.: Treatment of Plane Warts, in: *Archives of Dermatology*, CXVIII, September 1982, p. 626.
3 Rudolf Steiner: *Salz, Merkur, Sulfur,* in: Lebendiges Naturerkennen (1923), Dornach, Rudolf Steiner Verlag, 1966.
Wilhelm Pelikan: *The Secrets of Metals*, Spring Valley, New York, Anthroposophic Press, 1984, pp. 173-179.

SEIFENSTEIN

Ein metamorpher Stein, der überwiegend aus Talk besteht und in den Vereinigten Staaten, Kanada und Norwegen vorkommt. Seifenstein ist ein alter Name für Talk oder Steatit, weil er sich wie Seife anfühlt. Seifenstein variiert in der Farbe zwischen grau und grün[1].

Frage: Wie wird dieses Mineral zu Heilung und spirituellem Wachstum eingesetzt?

„Man verwende Seifenstein zur Stärkung von Herz und Thymusdrüse. Die Thymusstimulation wirkt bis auf die Zellebene weiter. Krankheiten, die mit einer allgemeinen Fehlfunktion des endokrinen Systems zusammenhängen, werden gelindert. Seifenstein kann man nahe an den Nieren tragen. Um seine Eigenschaften zu verstärken, setze man ihn dreißig Minuten lang der aufgehenden Sonne aus."

1 Raymond Ladoo: *Talc and Soapstone: Their Mining, Milling, Products, and Uses,* Washington, D.C., Government Printing Office, 1923.

SEPIOLITH (MEERSCHAUM)

Sepiolith ist grau, rot, weiß, gelb oder bläulich-grün und kommt in den Vereinigten Staaten, Griechenland, Marokko, Spanien und der Türkei vor. Der Name Sepiolith stammt vom griechischen Wort für „Schulp" (Tintenfischknochen), denn der Knochen dieses Tieres ist dem leichten, porösen Sepiolith sehr ähnlich.

Frage: Wie wird dieses Mineral zu Heilung und spirituellem Wachstum eingesetzt?

„Sepiolith stärkt die weißen Blutkörperchen auf der Zellebene, außer wenn auch die Aktivitäten der Milz im Spiel sind. Sepiolith lindert die Degeneration der Knochensubstanz. Die Assimilation von Kupfer, Magnesium, Phosphor, Kieselerde und Zink verbessert sich. Die mineralische Zusammensetzung von Sepiolith legt seinen Wert in der Behandlung von Knochenbeschwerden nahe. Das gehört zu seiner Signatur.

Man verwende Sepiolith als Badezusatz. In pulverisierter Form kann man ihn auch auf der Haut verreiben. Sepiolith hat eine milde Scheuerwirkung und beseitigt so Giftstoffe von der Haut. Die Wirkung dieses Elixiers läßt sich verstärken, indem man es fünfzehn Minuten lang mit weißem oder blauen Licht bestrahlt. Es empfiehlt sich, diesen Stein an den Stellen des physischen Körpers zu tragen, an denen überschüssiges Fettgewebe gelagert ist, also an Brust, Gesäß, Oberschenkeln und Taille."

Frage: Du hast bisher bei keinem anderen Mineral empfohlen, es als Pulver auf der Haut zu verreiben. Handelt es sich dabei entsprechend traditioneller Praxis um ein allgemeines Prinzip, das auch für andere Minerale gilt?

„Ja, darauf wird später eingegangen werden."

SERPENTIN

Serpentin ist hellgrün oder gelbgrün und kommt in den Vereinigten Staaten, Kanada, China, England, Italien und in Kaschmir in Indien vor. Der Name könnte aus dem alten Glauben, daß dieser Stein Schlangenbisse heilen könnte, entstanden sein. Oder weil er einer dunkelgrün gesprenkelten Schlangenhaut ähnlich sah. Demnach würde der Name vom lateinischen *serpens* für „Schlange" kommen.

Frage: Wie wird dieses Mineral zu Heilung und spirituellem Wachstum eingesetzt?

„Durch Serpentin kommt es zu einer Stimulation von Herz, Nieren, Lungen, Hypophyse und Thymusdrüse. Auf der Zellebene werden die roten Blutkörperchen besser oxygenisiert. Sauerstoff wird überhaupt im ganzen physischen Körper besser resorbiert. Astral- und Emotionalkörper werden in Einklang gebracht, so daß allgemeine Ängste und Paranoia zurückgehen, ein altruistischer Charakter sich entwickelt und mediale Fähigkeiten wie die Astralprojektion sich verbessern. Hier ist auch zum Teil die Signatur mit im Spiel: grün stimuliert die medialen Fähigkeiten. Man sollte dieses Elixier auch zur Förderung von Meditationen und visionären Fähigkeiten verwenden.

Die Chlorophyllresorption wird besser, die weiblichen Qualitäten ausgeglichener und Kehlen- und Herz-Chakra sanft angeregt. An diesem Elixier läßt sich ablesen, wie sich spezifische psychologische Zustände anregen lassen, indem man bestimmte feinstoffliche Körper in Einklang bringt."

SHATTUCKIT (PLANCHEIT)

Dieses seltene Mineral ist blau oder dunkelblau und kommt in den Vereinigten Staaten und Zaire vor. Es ist nach der Shattuck-Mine in Arizona benannt, wo es zum ersten Mal abgebaut wurde.

Frage: Wie wird dieses Mineral zu Heilung und spirituellem Wachstum eingesetzt?

„Dieses Mineral könnte diejenigen interessieren, die mit gentechnischer Forschung zu tun haben, denn es regt jede Zellgeneration zu verstärkter Zellteilung an. Im gesamten System wird die Zellteilung angeregt. Bei Krankheit regt Shattuckit oft die Instandsetzung von beschädigten genetischen Informationen an; deswegen läßt sich das Elixier bei allen Krankheiten, die auf genetischer Veranlagung beruhen, anwenden, zum Beispiel bei Zwergwuchs, Hämophilie, Mongolismus, Zystischer Fibrose, Sichelzellenanämie und bestimmten Geisteskrankheiten. Shattuckit lindert das Syphilismiasma, kann aber auch bei anderen Miasmen wohltätig wirken, falls sie genetische Störungen verursachen. Überdosen von Strahlung jeglicher Art können die Anwendung dieses Elixiers erfordern. Wenn man es als Gedankenverstärker benutzen will, stehen bestimmte Techniken zur Verfügung, um im genetischen System kodierte Informationen freizusetzen, wie zum Beispiel gespeicherte Sprachen aus vergangenen Leben. Auf diese Techniken werde ich zu einem zukünftigen Zeitpunkt eingehen.

Natürlich wird aufgrund seiner engen Beziehung zur Zellmitose der Ätherkörper gekräftigt. Ribonukleinsäurepräparate und Lezithin werden besser resorbiert. Das Muskeltestverfahren funktioniert am ganzen Körper, an der Medulla oblongata allerdings etwas besser. Dieses Edelsteinelixier ist wegen seiner Wirkung auf den genetischen Code von großer Bedeutung."

SILBER

Dieses Metall kommt silberweiß oder in verschiedenen Grauschattierungen vor und findet sich in den Vereinigten Staaten, Kanada und Mexiko. Der Name leitet sich von einem alten angelsächsischen Begriff ungewisser Herkunft ab.

Im Lauf der Zeit hat man Silber in der westlichen Medizin in großem Umfang eingesetzt: zur Behandlung von Verbrennungen[1], als Augenwasser[2], als Knochen- und Gelenkersatz und bei Entzündungen an Augen, Ohren, Nase, Rektum, Kehle, Harnleitern und Vagina. Akupunkteure benutzen oft silberne Nadeln, und Zahnärzte haben früher Silberfüllungen eingesetzt[3]. Silberionen finden manchmal zur Behandlung von Zystitis und Harnwegsinfektionen bei Kindern Verwendung[4]. Silbernitrat, lokal aufgetragen, lindert Rhinitis allergica und Rhinitis vasomotorica[5]. Silbersalze werden gegen Warzen eingesetzt und haben eine stark antiseptische Wirkung. Zuviel Silber im Körper kann Lungenödeme, Blutstürze, Knochenmarksnekrosen und Argyrien an Haut, Leber und Nieren verursachen[6].

In der anthroposophischen Medizin ist Silber ein wichtiges Heilmittel. Es wird besonders mit den Fortpflanzungsorganen in Verbindung gebracht und kann bei Frauen mit Geburtsschwierigkeiten indiziert sein. Es wirkt positiv auf Gehirn und Kreislauf und wirkt desinfizierend. Chronische Vereiterungen, septische Prozesse, Fisteln und Fieber können ein Hinweis auf Silberbedarf sein. Silber wirkt auf den Stoffwechsel der Gliedmaßen und regt Nerven und Sinneswahrnehmung an. Die motorischen Nerven werden deutlich aktiviert.

Die Verwendung von Silber kann angezeigt sein, wenn die Harmonie zwischen astralem und physischen Körper zerbrochen ist: Hinweise auf diesen Zustand wären schockartige und spastische Beschwerden in Magen und Darmtrakt. Durch Silber werden die ätherischen Kräfte im Blut gegen die astralen Kräfte der Desintegration gestärkt. Auch der Ätherkörper kann eventuell von Silber profitieren, wenn seine Beziehung zum physischen Körper gestört ist.

In der anthroposophischen Medizin ist Silber auch ein wichtiges Heilmittel für geistige Unausgeglichenheiten. Viele dieser Krankheiten, wie zum Beispiel Hysterie, Schizophrenie, Zwangsneurosen und Sexualneurosen haben ihren Ursprung in der frühen Kindheit. Silber wird oft zu Beginn einer Psychotherapie benutzt. Man assoziiert es mit Neuanfängen. Erinnerungen aus dem Unterbewußten werden freigesetzt, und Phantasien werden stimuliert. Silber macht die Konversation fließender. Auch Schlafwandeln und Anorexia nervosa werden durch Silber positiv beeinflußt[7].

In der Homöopathie verwendet man Silber bei Kopfschmerzen, chronischer Heiserkeit, Gelenkneuralgien, Luftröhrenkongestion, Gehirn- und Wirbelsäulenbeschwerden, Verlust der Selbstkontrolle und Gleichgewichtsstörungen.

Frage: Was ist der karmische Hintergrund von Silber?

„In Lemuria wurde es eingesetzt, um das Wachstum von Nervengewebe zu fördern."

Frage: Wie wird Silber zu Heilung und spirituellem Wachstum eingesetzt?

„Silber steht zum Nervengewebe in Beziehung, und zwar besonders zu dem des Gehirns. Es stimuliert das Nervengewebe, wodurch sich der Energiefluß in den Meridianen verbessert. Der Intelligenzquotient steigt, und lokale Gehirnbereiche wie die Sprachzentren werden stimuliert. Das durch Silber hervorgerufene schwach elektromagnetische Feld verbessert die Durchblutung. Epiphyse, Hypophyse und alle Wirbel werden gekräftigt. Auf der Zellebene befindet sich Silber in vollkommenem Gleichgewicht mit den Prinzipien der Geweberegeneration. Silber wirkt bei allen Arten von Strahlenvergiftung, besonders bei Röntgenüberdosen.

Bei Ungleichgewicht in der rechten Gehirnhälfte sollte man Silber oft anwenden. Folglich kann Silber auch bei den verschiedenen Störungen eingesetzt werden, die mit Unausgewogenheiten zwischen der linken Gehirnhälfte und der rechten in Verbindung stehen. Zum Beispiel bei Autismus, Legasthenie, Epilepsie, abnormen neuronalen Entladungen, Problemen der Bewegungskoordination, Sehstörungen. Außerdem werden Epiphyse und Hypophyse gestärkt.

Zu den Nahrungsmitteln mit hohem Silbergehalt gehören Zitrusfrüchte, Kelp, Seetang, Schellfisch und verschiedene Nüsse: Pecan-, Macadamia- und Walnüsse. Zu wenig Silber im Körper führt zu Rückgang der intellektuellen Fähigkeiten und Gürtelrose an der Hautoberfläche, was möglicherweise auf eine Verschlimmerung bereits bestehender Nervenendenentzündungen beruht. Dieses Elixier verbessert die Silberresorption.

Psychologische Zustände, die mit Streß im Nervensystem verbunden sind, lassen sich durch Silber positiv beeinflussen. Im Bereich der psychospirituellen Dynamik öffnet sich die Kundalini, wobei sich die Auswirkungen in harmonischer Weise in der gesamten physischen Form ausbreiten. Die Fähigkeit zu Visualisationen wächst, so daß das Selbst in natürlichem Einklang mit den universellen Symbolen kommen kann. Damit erstreckt sich die Wirkung der Symbole vom Unpersönlichen hinein in die persönliche Sphäre des Individuums. Außerdem verstärkt Silber alle Gedanken.

Die weiblichen Qualitäten werden ausgeglichen, die Nadis gestärkt. Silber kann als Badezusatz verwendet werden. Man sollte nur etwa 15 ml Silber dem Wasser zusetzen, außerdem aromatische Essenzen, zu denen man sich hingezogen fühlt. Die fünf Schlüsselchakren oberhalb des Kronenchakras werden aktiviert. Man trage Silber an den kleinen Fingern. Um es zu verstärken, stelle man es in das von der Mondoberfläche reflektierte Sonnenlicht, am besten bei Neu- oder Vollmond. Diese Bestrahlung sollte etwa zehn bis fünfzehn Minuten dauern, besonders wenn das Licht durch klaren Quarz geleitet wird. Dieses Metall ergibt ein sehr wertvolles Elixier."

1 Carl A. Moyer e.a.: Treatment of Large Human Burns With 0.5% Silver Nitrate Solution, in: *Archives of Surgery*, XC, Juni 1965, pp. 816-819.

2 M.A. Kibel: Silver Nitrate and the Eyes of the Newborn-A Centennial, in: *South African Medical Journal*, XXVI, 26. Dezember 1960, pp. 979-980.

3 Wm. Beatty and Geoffrey Marks: *The Precious Metals of Medicine*, New York, Charles Scribner's Sons, 1975, pp. 197, 200-201, 216.

4 A.P. Erokhin: Use of Silver Ions in the Combined Treatment of Cystitis in Children, in: *Pediatriia*, April 1981, pp. 58-60.

5 K.B. Bhargava: Treatment of Allergic and Vasomotor Rhinitis by the Local Application of Silver Nitrate, in: *Journal of Laryngology and Otology*, September 1980, pp. 1025-1036.

6 Gunnar F. Nordberg and Velimir B. Vouk: *Handbook on Toxicology of Metals*, New York, Elsevier Science Publishing Co., Inc., 1979, pp. 583-584.

7 E. Kolisko and L. Kolisko: *Silver and the Human Organism*, Bournemouth, England, Kolisko Archive Publications, 1978.

Dr. med. L.F.C. Mees: *Living Metals*, London, Regenca Press, 1974, pp. 28-37.
Wilhelm Pelikan: *The Secrets of Metals*, Spring Valley, New York, Anthroposophic Press, 1984, pp. 132-144.

SMARAGD

Diese grüne Beryllvariante wird in Australien, Brasilien, Kolumbien und Südafrika gefunden. Der Name stammt von einem dunklen persischen Wort, das später im Griechischen als *smaragdos* auftauchte. Dieses Wort änderte sich nach und nach in *emeraude*. Der heutige englische Name *emerald* tauchte das erste Mal im sechzehnten Jahrhundert auf. In der Antike bezeichnete man mit diesem Wort verschiedene grüne Steine[1].

Smaragd ist seit alters her ein Symbol für Liebe, Wohlstand, Freundlichkeit und Güte. Für andere ist er Symbol für Unbestechlichkeit und Triumph über die Sünde. Er wirkt hilfreich, wenn man in beengten Umständen arbeiten muß, weil er überlastete Augen entspannt. Steiner hat gesagt, Smaragd stimuliere einen Sinn für Bewegung und Aktion. Colton hat gesagt, Smaragd wirke positiv auf das Chlorophyll im Blut. Im Islam wird Smaragd mit Gelassenheit assoziiert. Er fördert Geschicklichkeit im sprachlichen Ausdruck, und ein sorgenvoller Geist beruhigt sich. In Indien benutzt man Smaragd seit langem als Laxativ. Manche meinen, Smaragd sei bei kreislaufbedingten und neurologischen Beschwerden wertvoll.

Frage: Wie wird Smaragd zu Heilung und spirituellem Wachstum eingesetzt?

„Dieses Elixier stärkt Herz, Nieren, Leber und Bauchspeicheldrüse. Die Wirbelbestandteile, die mit Herz, Nieren und Bauchspeicheldrüse in Verbindung stehen, werden positiv beeinflußt. Das Herz wird gestärkt, so daß es besser mit den zusätzlichen Giftstoffen fertig wird, die während eines Reinigungsprozesses besonders aus den Muskeln in das System ausgeschieden werden. Deshalb kann es zu beschleunigtem Puls kommen. Die Nieren beseitigen Giftstoffe aus dem System und verarbeiten verborgene Ängste. Heilung im Bereich der Haut wird stimuliert, und auch das Lymphsystem wird beeinflußt. Die meisten Herz- und Nierenstörungen werden gelindert, ebenso das syphilitische und das petrochemische Miasma. Man verwende Smaragd bei allen Formen von Strahlenvergiftung. Auch die Geschwindigkeit der Zellmitose wird beeinflußt.

Smaragd hat androgyne Eigenschaften und harmonisiert das Herzchakra. Dieses ist auch der Testpunkt. Äther-, Astral- und Emotionalkörper werden in Einklang gebracht. So stabilisiert sich die Persönlichkeit, und es entwickeln sich klarere Einsichten in die Bedeutung von Träumen. Smaragd stabilisiert auch den Astralkörper und fördert generell mediale und hellseherische Fähigkeiten. Smaragd balanciert das Herz, besonders was die Vaterbeziehung angeht. Allgemeine Paranoia, Schizophrenie und jede schwere Geisteskrankheit lassen sich mit Smaragd behandeln. Als Gedankenverstärker wirkt Smaragd für Meditationen förderlich, wobei besonders verborgene Ängste aufgelöst werden können. Smaragd läßt den Menschen, der sich mit spirituellen Belangen befaßt, dabei jederzeit sein Gleichgewicht behalten.

Herz- und Nierenmeridian werden gekräftigt. Wenn man Smaragd von außen auf diese Körperteile legt, werden ebenfalls die Meridianpunkte stimuliert. Smaragd ist wesentlich für die Bildung von Hämoglobin und Blutplasma.

Bei Verwendung als Badezusatz nehme man sieben Tropfen des Elixiers auf ein Bad. Der Stein sollte am Herzen, an der Thymusdrüse oder in der Nähe der Nasenhöhle getragen werden. Was die Signatur angeht, so steht die grüne Farbe des Steines in Beziehung zu Herz und Nieren. Man verstärkt Smaragd, indem man ihn unter eine Pyramide stellt, wenn Venus an der Mitte des Himmels steht. So werden die Qualitäten von Smaragd noch erhöht, denn auch die Venus bringt das Herz in die Balance. Smaragd ist ein sehr wertvolles Elixier."

1 J. Sinkankas: *Emeralds and Other Beryls*, Radnor, Pennsylvania, Chilton Book Co., 1981.

SMITHSONIT

Dieser Stein tritt in veschiedenen Blau-, Braun-, Grau-, Grün-, Rosa-, Purpur-, Weiß- und Gelbschattierungen auf. Man findet ihn in den Vereinigten Staaten, Australien, Griechenland, Italien, Südwestafrika und Sambia. Dieses Mineral ist nach James Smithson (1765-1829) benannt, einem Chemiker und Gründer des Smithsonian Institute.

Frage: Wie wird dieses Mineral zu Heilung und spirituellem Wachstum eingesetzt?

„Astral- und Emotionalkörper werden in Einklang gebracht und mit Herz- und Solarplexuschakra verbunden, so daß sich die folgenden psychospirituellen Resultate ergeben: Smithsonit lindert deutlich Ängste vor zwischenmenschlichen Beziehungen und die Unfähigkeit, solche persönlichen Beziehungen aufzubauen. Das richtige Verschmelzen zwischen Astral- und Emotionalkörper schafft ein Gefühl der Sicherheit innerhalb der funktionierenden Dynamik der Persönlichkeit, das auf einer ausgeglichenen Weltsicht beruht, welche Zuversicht im Selbst erzeugt. Dieses Ergebnis stellt sich oft ein, wenn die Aktivitäten dieser beiden feinstofflichen Körper mit dem Herzchakra und dem Gefühlschakra verschmelzen.

Am besten trägt man Smithsonit an der Medulla oblongata. Bei der Verwendung als Badezusatz nehme man 15 ml auf zwei Tassen destilliertes Wasser und gebe diese dann ins Badewasser."

SODALITH

Sodalith kommt grün, hell- bis dunkelblau, rötlich, weiß, gelblich oder farblos vor und wird in den Vereinigten Staaten, Kanada, Indien, Italien und Norwegen gefunden. Seinen Namen trägt er wegen seines Natriumgehalts (Natrium englisch: „sodium" – Anm. d. Übs.). Einige Autoren geben an, Sodalith fördere die Ausgewogenheit in der Schilddrüse und stimuliere den Stoffwechsel im gesamten Körper. Unterbewußte Ängste und Schuldgefühle werden leichter, und jedweger innere Konflikt zwischen bewußtem und unterbewußtem Verstand wird gemildert. Mut und Ausdauer werden angeregt.

Frage: Wie wird dieses Mineral zu Heilung und spirituellem Wachstum eingesetzt?

„Sodalith stärkt das Lymphsystem auf der physischen und auf der Zellebene. Lymphkrebs wird positiv beeinflußt, ebenso strahlungsbedingte Lymphknotenschwellungen. Man sollte die Verwendung dieses Elixiers in Betracht ziehen, wenn wegen hoher Strahlendosen Lymphkrebs droht. Als Testpunkt dient jeder Bereich des Körpers mit hoher Lymphgefäßkonzentration.

Man erreicht ein emotionales Gleichgewicht, dieses ist jedoch ausdrücklich zum spirituellen Wachstum bestimmt, nicht zur allgemeinen psychologischen Weiterentwicklung. Man kann dieses Elixier zusammen mit Mandel- und Kokosöl äußerlich anwenden. Yin und Yang werden ausbalanciert und die Meridiane gekräftigt. Manche Edelsteinelixiere eignen sich nur zur Behandlung eines ganz klar abgegrenzten Körperbereichs."

SPHEN

Sphen ist schwarz, braun, grau, grün, rosenrot, gelb oder farblos. Schon ein einziges Kristall hat oft mehrere verschiedene Farbtöne. Der Stein kommt in den Vereinigten Staaten, Brasilien, Kanada, Frankreich, Norwegen und der Schweiz vor. Der Name stammt vom griechischen *sphen* für „Keil", was sich aus der charakteristischen Form der Kristalle erklärt. Wegen seines Titangehalts nennt man dieses Mineral auch Titanit.

Frage: Wie sollte man dieses Mineral zu Heilung und spirituellem Wachstum einsetzen?

„Bei diesem Edelstein konzentriere man sich ausschließlich auf die ätherische Ebene, besonders auf die feinstofflichen Körper. Mental-, Emotional- und spiritueller Körper werden in Einklang gebracht. Eine Aktivierung des spirituellen Körpers regt immer den Stoffwechsel des Körpers an. Auch die Meridiane werden sanft stimuliert. Dieses Elixier sollte man auch äußerlich in Kombination mit Massageölen anwenden, besonders mit Mandel-, Baumwollsamen- und Kokosöl. Testpunkt ist das Augenbrauenchakra. Yin und Yang werden besser ins Gleichgewicht gebracht. Dieses Elixier sollte man oft in Kombination mit anderen verwenden."

SPINELL

Spinell kommt in verschiedenen Abstufungen von Schwarz, Blau, Braun, Grün und Rot vor und enthält oft farblose oder weiße Adern. Es wird in den Vereinigten Staaten, Afghanistan, Deutschland, Italien, Sri Lanka und der UdSSR abgebaut. Der Ursprung des Namens ist ungewiß, vielleicht kommt er vom griechischen *spinos* für „Funken", oder vom lateinischen *spina* für „Dorn", was aufgrund der scharf zugespitzten Form der Kristalle naheliegen würde[1]. Dieser Stein kommt auch als Sternspinell vor.

Manche Autoren meinen, daß roter Spinell positiv auf Blutkrankheiten wirke, während die blaue Variante sexuelles Begehren besänftige. Außerdem gilt dieses Mineral als Glücksbringer, der Hilfe von außen anzieht, die Stimmung hebt und die Phantasie reinigt. Traditionell hat man Beinbeschwerden durch einen über dem Solarplexus getragenen Spinell behandelt.

Frage: Wie wird Spinell zu Heilung und spirituellem Wachstum eingesetzt?

„Spinell ist ein machtvoller allgemeiner Reiniger, den man oft zur Begleitung von Entgiftungsprozessen anwenden sollte, besonders während man fastet oder ein Klistier bekommt. Manchmal kommt es dabei zu Übelkeit, aber die Wirksamkeit der Autolyse nimmt zu. Dieser Einfluß erstreckt sich bis auf die Zellebene. Rot läßt an Entzündungen denken und symbolisiert die Verbindung zwischen Spinell und Entgiftungsprozessen. Auch der weiß- oder farblosgeäderte Spinell steht zur Entgiftung in Beziehung. Der farblose Zustand des Steins steht auch für seine Fähigkeit, die Haut während oder nach einer Entgiftung zu reinigen. Äther- und Emotionalkörper werden in Einklang gebracht, und ein beruhigender antidepressiver Effekt stellt sich ein. Die Qualitäten von Spinell lassen sich verstärken, indem man es dreißig Minuten lang unter eine Pyramide stellt."

1 June Zeitner: Spinel: This Year's Bright Gem, in: *Lapidary Journal*, Juli 1982, pp. 684-692.

STAHL (Kohlenstoffstahl)

Stahl ist eine künstlich erzeugte Form von Eisen von schwankender Härte, Elastizität und Stärke. Kohlenstoff ist das wichtigste Element, das man zur Härtung von Eisen benutzt. Cayce empfahl die Verwendung von Kohlenstoffstahl bei Beschwerden wie Verstopfung und Erkältungen von Kehle, Nasenraum und Atemwegen. Nach Steiner stärkt Eisen, welches der Körper mit Hilfe von Kupfer assimiliert, das Ego, so daß es den physischen Körper besser kontrollieren und leiten kann. Die Anwendung von Eisen in normalerweise homöopathischer Verdünnung ist bei ängstlichen, zwanghaften, hysterischen und überempfindlichen Menschen angezeigt, die Mut und Willenskraft entwickeln müssen, um das Leben zu bewältigen. Außerdem lindert es apathische und resignative Zustände. Man überwindet Ängste und Hemmungen. Menschen, die sich für allwissend halten oder deprimiert sind, brauchen oft Eisen. Auch Lungen und Nieren werden gestärkt. Meteoriteneisen wird während der Rekonvaleszenz schwieriger Fälle eingesetzt, zum Beispiel nach einer schweren Grippe. Manchmal ist seine Verwendung auch zur Behandlung von Blutarmut angezeigt[1].

Außerdem sind Eisensalze gängige homöopathische Heilmittel, die man bei einer Vielzahl von Krankheiten einsetzt, so bei gestörtem Gleichgewicht der Blutzusammensetzung, Frühstadien von Entzündungen jeder Art, Blutarmut, und Beschwerden an Magen, Darm und Kopf. Eisenpräparate werden natürlich in der Nährstofftherapie eingesetzt. In der westlichen Medizin werden chirurgische Instrumente, Akupunkturnadeln und Hohlnadeln, die Flüssigkeiten von einem Körperteil zum anderen transportieren, aus Stahl hergestellt.

Frage: Wie wird Kohlenstoffstahl zu Heilung und spirituellem Wachstum eingesetzt?

„Mit diesem Präparat kommt es zu einer Regeneration von Skelettstruktur, Leber und deren Funktionen, Hautgewebe, Herz, Bauchspeicheldrüse und Schilddrüse. Auch die Punkte entlang der Wirbelsäule, die mit diesen Organen in Verbindung stehen, werden stimuliert. Man verwende dieses Elixier zur Stärkung des Kreislaufs und zur Linderung aller Blutunregelmäßigkeiten. Auf der Zellebene tritt eine erhöhte Oxygenisation der Zellen ein, die Nährstoffassimilation in den Zellen bessert sich, und die genetischen Faktoren, die für Krebszellen verantwortlich sind, werden gehemmt. Dieses Elixier lindert Probleme, die sich aus jeder Art von Strahlung ergeben, besonders wirksam jedoch ist es nach Röntgenbestrahlungen. Wer solchen Strahlen ausgesetzt war, sollte die Einnahme und das Tragen dieser Substanz in Betracht ziehen. Man kann das Elixier 120 Tage lang einmal täglich nehmen. Dann lege man eine Pause von drei Monaten ein und wiederhole den Zyklus. Oder man nehme es zum Ende der Woche hin jeweils mehrere Tage lang einmal täglich. Übrigens wird auch das Schwermetallmiasma gemildert.

Dieses Elixier entwickelt innere Disziplin und die Fähigkeit, verschiedene Aspekte des Selbst so zu integrieren, daß sie effektiver funktionieren. Kohlenstoffstahl trage man am Kehlenchakra oder verwende es als Badezusatz. Seine Eigenschaften lassen sich verstärken, indem man es drei Stunden lang in einer konischen Form mit ultraviolettem Licht bestrahlt."

1 Wilhelm Pelikan: *The Secrets of Metals*, Spring Valley, New York, Anthroposophical Press, 1984, pp. 61-86.
Dr. med. L. F. C. Mees: *Living Metals*, London, Regency Press, 1974, pp. 19-27.
2 Wm. Beatty and Geoffrey Marks: *The Precious Metals of Medicine*, New York, Charles Scribner's Sons, 1975, pp 22-27, 216,233.

STERNSAPHIR

Hierbei handelt es sich um einen Saphir oder einen Korund mit einem Asterismus beziehungsweise einem sechsstrahligen Stern. Der Stern ist immer weiß, unabhängig von der Farbe des Steins. In Australien, Indien und Sri Lanka gibt es Lager dieser Minerale. Traditionell sagt man, dieser Stein bringe Beständigkeit und Harmonie.

Frage: Wie ist der karmische Hintergrund dieses Minerals?

„In Lemuria benutzte man Sternsaphir, um durch Anhebung der höheren chakrischen Kräfte die drei unteren Chakren ins Gleichgewicht zu bringen. Außerdem, um den Brennpunkt des Brauen- und des Kronenchakras anzuheben und abzugrenzen. Von der atlantischen Priesterschaft wurde dieser Stein zur vollständigeren Öffnung des Selbst gebraucht."

Frage: Wie wird Sternsaphir zu Heilung und spirituellem Wachstum eingesetzt?

„Auf der Zellebene werden die visionären Fähigkeiten des physischen Körpers aktiviert. Alle Chakren, besonders das Kronenchakra werden geöffnet und miteinander in Einklang gebracht. Diese harmonische Ausrichtung erzeugt nicht den Zustand des Samadhi, doch machen manche Menschen Erfahrungen, die diesem Bewußtseinszustand nahekommen. Das eigentliche Samadhi ist ein Zustand, der eher durch das Bewußtsein erzeugt wird. Allerdings können die Schwingungen dieses Steins hier eine wesentliche Hilfe sein. Die spirituelle Bewußtheit wächst, ein tieferes Wissen vom Selbst wird angeregt, und spirituelle Gaben wie Hellsichtigkeit, Visionen, Psychokinese und tiefere Meditationszustände entwickeln sich. Außerdem bringt Sternsaphir die Emotionen ins Gleichgewicht, wobei er besonders Ängste, Hyperaktivität und Zaudern lindert.

Sternsaphir wirkt positiv auf die Hypophyse und regt die Zellebene so an, daß Schmerzen im physischen Körper besser verkraftet und unter Kontrolle gehalten werden können. Die Wirbelsäule wird ausgerichtet, besonders wenn man gleichzeitig durch Atemübungen Spannungen in der physischen Form auflöst. Wenn es durch irgendeine Form von Strahlung zu allgemeinen Verdickungen im Muskelgewebe kommt, hilft dieses Elixier bei der Beseitigung dieser Giftstoffe aus dem Körper, und zwar besonders durch Nieren und Leber. Die natürlichen Kräfte des Körpers werden aktiviert. Obendrein gelten alle Eigenschaften von Saphir auch für dieses Elixier.

Dieses Elixier wirkt wie ein Funke, der den Energiefluß in den Meridianen und die in der Aura enthaltene Energie wiedererweckt. Alle Meridiane und Nadis werden gestärkt. Die Nadis sind die Ausstrahlungspunkte der Chakren. Durch seine in ähnlicher Weise leuchtenden Strahlen löst Sternsaphir diese Energiefreisetzung in den Chakren aus.

Männliche und weibliche Eigenschaften werden ausgeglichen, wobei der Akzent etwas mehr auf der weiblichen Seite liegt. Zur Reinigung der Aura kann man Sternsaphir äußerlich mit einem Zerstäuber oder mit Lotusöl anwenden. Zuvor kann man Lotusöl und Sternsaphirelixier eine Zeitlang in ein klares Wasserbad stellen, damit sie gereinigt werden und ihre Eigenschaften miteinander verschmelzen. Die Eigenschaften des Elixiers werden verstärkt, wenn man es eine Weile unter eine Pyramide stellt. Den Stein kann man an der Augenbraue oder an jedem beliebigen Finger tragen, besonderen Einfluß aber gewinnt er, wenn man ihn über dem Solarplexus trägt. Testpunkte sind Medulla oblongata und Augenbrauenchakra."

Frage: Kannst du bei der Einnahme dieses Elixiers ein allgemeingültiges Vorgehen empfehlen?

„Eine Möglichkeit wäre, (nicht mehr als) einmal im Monat sieben Tage lang mit Mango oder Papayasaft zu fasten. Auf 30 ml destilliertes Wasser gibt man dann sieben Tropfen Sternsaphir und trinkt täglich einen Liter Mango oder Papaya und dieses destillierte Wasser."

TALK

Dieses weiche Mineral kommt in den Vereinigten Staaten, der UdSSR, Kanada und Frankreich vor. Es ist braun, grau, weiß oder blaßgrün. Der Name kommt vom arabischen *talq* für „Glimmer".

Talk hat man früher als Baby- und als Wundpuder benutzt. In den letzten Jahren ist seine Verwendung in diesem Bereich zurückgegangen, weil er besonders bei Babies Husten, Zyanose, Atemnot, Niesen und Erbrechen hervorrufen kann[1].

Frage. Wie wird dieses Mineral zu Heilung und spirituellem Wachstum eingesetzt?

„Mit der Anwendung von Talk kommt es zu einem engen Einklang zwischen Astral-, Emotional- und Ätherkörper. Diese harmonische Ausrichtung fördert fast alle spirituellen Praktiken und Reinkarnationstherapien. Dieser Stein ist speziell für Hypnosebehandlungen bestimmt. Talk setzt Begabungen aus vergangenen Leben frei, so daß man sie verstehen und assimilieren kann. Manche Menschen, die dieses Elixier brauchen, leiden womöglich unter Problemen, die von Erfahrungen in vergangenen Leben herrühren.

Weibliche und männliche Qualitäten (beziehungsweise der androgyne Zustand) werden durch Talk ins Gleichgewicht gebracht. Man verstärkt die Eigenschaften dieses Steins, indem man ihn unter einer konischen Form fünf bis zehn Minuten lang mit Infrarotlicht bestrahlt. Wenn man das Elixier als Badezusatz verwendet, gebe man außerdem Meersalz oder Epsomer Bittersalz ins Wasser. Dann lege man sich ins Bad und lasse sich vom Wasser tragen, am besten in einem Isolationstank. Dieses ist eine alte Technik der Essener."

1 H. C. Mofensor: *Baby Powder – A Hazard,* in: Pediatrics, LXVIII, August 1981, pp. 265-266.

TOPAS

Topas ist grün, hellblau oder tiefgelb und wird in den Vereinigten Staaten, Brasilien, Mexiko und Sri Lanka abgebaut. Viele Autoren meinen, der Name leite sich vom griechischen *topazos* oder *topazion* her, einer Bezeichnung für einen Edelstein, dessen Identität heute nicht mehr bekannt ist. Andere nehmen an, der Stein sei nach der Insel *Topazios* im Roten Meer benannt, wo Topas zum ersten Mal in der bekannten Geschichte abgebaut wurde. Heute heißt diese Insel St. John's Island (oder Zebirget – Anm. d. Übs.). *Topazios* bedeutet „suchen", wohl weil die Seeleute oft nach dieser Insel suchen müssen, wenn sie im Nebel verborgen ist. Eine weitere mögliche sprachliche Quelle ist das Sanskritwort *topas* für „Hitze" oder „Feuer". Wenn man ihn erhitzt, ändert *Topas* seine Farbe, und es lassen sich elektrische Erscheinungen beobachten.

Traditionell hat man Topas gebraucht, um die Gefühle ins Gleichgewicht zu bringen. Er wirkt wohltätig für Menschen, die Wut, Depressionen, Eifersucht oder Sorgen empfinden. Die Leidenschaften werden besänftigt. Gicht und Blutbeschwerden wie Blutstürze werden gelindert, außerdem wird der Appetit angeregt. Steiner hat gesagt, Topas stimuliere den Geschmackssinn. Cayce hat gesagt, Topas sei ein Quelle der Kraft, wenn es um die Bewältigung der Probleme des Lebens gehe.

Frage: Wie wird Topas zu Heilung und spirituellem Wachstum eingesetzt?

„Auf der Zellebene ist er zu allgemeiner Geweberegeneration in der Lage. Krankheiten, die mit dem Alterungsprozeß zu tun haben. lassen sich mit Topas behandeln. Er stimuliert das sympathische Nervensystem, indem er Spannungen im Körper auflöst. Syphilis-, Tuberkulose- und Gonorrhöemiasma werden gemildert, Magen und Hypophyse positiv beeinflußt und das Augenbrauenchakra ein wenig geöffnet. Auch das dritte Chakra wird angeregt.

Es kommt zu einer Verjüngung oder Wiedergeburt des Selbst im spirituellen Zusammenhang, und zwar, wenn man über diesen Stein meditiert. Außerdem wird dabei der Alterungsprozeß umgekehrt. Topas fördert auch die

Assimilation frisch stabilisierter Emotionen. Der Ätherkörper wird verjüngt und besser mit dem physischen Körper in Einklang gebracht.

Zur Verstärkung von Topas stelle man das Elixier auf eine Quarzunterlage und bestrahle es zehn Minuten lang mit durch einen Blaufilter geführtem Sonnenlicht. Äußerlich kann man es in Kombination mit diversen Ölen anwenden. Topas kann man mit Gewinn an den meisten Teilen des Körpers tragen, besonders aber an den Meridianpunkten."

TORF

Torf ist zerfallene pflanzliche Substanz, die man überall auf der Welt in feuchten und sumpfigen Gebieten vorfindet. Er ist braun bis gelblich und kommt am häufigsten in den Vereinigten Staaten und Nordeuropa vor. Manchmal benutzt man ihn als Treibstoff. Nach Heindel nimmt Torf eine Zwischenstellung zwischen Mineral- und Pflanzenreich ein[1].

Frage: Wie wird Torf zu Heilung und spirituellem Wachstum eingesetzt?

„Die meisten der Wirkungen, die ich im Zusammenhang mit Asphalt beschrieben habe, gelten auch für Torf. Beide Elixiere fördern die biomagnetischen Eigenschaften des Körpers. Hauptunterschied ist die jeweilige Anwendung der beiden Elixiere auf das petrochemische Miasma. Asphalt benutzt man am besten gegen das petrochemische Miasma in Nord- und Südamerika, Torf gegen dasselbe Miasma in Europa, Asien und Afrika."

Frage: Warum nimmt man Torf eher gegen das petrochemische Miasma in Gebieten wie Asien und Afrika, die erst seit relativ kurzer Zeit mit einem Übermaß an petrochemischer Toxizität konfrontiert sind?

„Torf ist mehr auf diese Gebiete eingestellt, die in der Nähe des ersten Längengrades liegen. In diesen Gebieten herrschen bestimmte erdmagnetische Bedingungen.

Das petrochemische Miasma in Nord- und Südamerika und das in Europa, Asien und Afrika sind von unterschiedlicher Qualität. Grund dafür sind bestimmte hemisphärische Unterschiede und die Tatsache, daß die Welt außerhalb Nord- und Südamerikas länger dem petrochemischen Miasma ausgesetzt war. Zur Milderung des petrochemischen Miasmas in Australien und Neuseeland ist Torf weniger wirksam, aber immer noch wirksamer als Asphalt. Bei Menschen europäischer Abstammung tritt das petrochemische Miasma schneller und in konzentrierter Form auf. Aber auch in Nord- oder

Südamerika geborene Menschen sollten Asphalt gegen das petrochemische Miasma verwenden."

Frage: Haben Torf und Asphalt unterschiedliche Wirkungen auf die linke und die rechte Gehirnhälfte?

„Zur Zeit gibt es hierzu keine erwähnenswerten Antworten."

1 Max Heindel: *The Rosicrucian Cosmo-Conception*, Oceanside, California, The Rosicrucian Fellowship, 1977, p. 227.

TÜRKIS

Türkis variiert in der Farbe zwischen leuchtend blau und verschiedenen Grüntönen und kommt in den Vereinigten Staaten, Frankreich, Iran und Tibet vor[1]. Der Name ist vielleicht vom französischen *turquoise* für „türkischer Stein" abgeleitet. Denn früher wurde dieser Stein häufig in Turkestan, also in Persien, abgebaut. Auf der Reise nach Europa passierte er die Türkei, so daß man fälschlicherweise annahm, er stamme auch daher. Andere Autoren meinen, der Name stamme von der chaldäischen Bezeichnung für diesen Stein: *torkeja*.

Im alten Ägypten benutzte man Türkis bei Augenbeschwerden wie zum Beispiel Katarakten. Außerdem meinte man, damit Arbeitstiere wie Kamele und Pferde stärken zu können. Es herrschte der Glaube, daß Türkis seine Farbe verändern könne, um den, der ihn trug, vor drohender Gefahr zu warnen. Hierzu gehört auch die Tatsache, daß dieser Edelstein den Menschen vor Umweltgiften schützt. Er wirkt förderlich auf die Meditation, und es entwickelt sich innere Ruhe.

Frage: Wie wird Türkis zu Heilung und spirituellem Wachstum eingesetzt?

„Dieser Stein ist ein grundlegender Meisterheiler. Innerhalb des Farbspektrums sind die blaue und die grüne Farbe des Steins ganz wesentlich in ihrer Wirkung. Türkis kräftigt die gesamte Anatomie und ist förderlich bei allen Krankheiten und allen Miasmen. Alle Nährstoffe werden besser resorbiert, alle Chakren, Meridiane, Nadis und feinstofflichen Körper gestärkt und in Einklang gebracht. Außerdem wird die allgemeine Geweberegeneration angeregt. Immer dann, wenn ein Schwingungsheilmittel die Geweberegeneration anregt, stimuliert es wahrscheinlich gleichzeitig die Resorption vieler oder aller Nährstoffe. Türkis läßt sich bei Krankheiten einsetzen, die mit

Nährstoffmangel einhergehen, so bei Magersucht. Das Elixier vermehrt auch die Durchblutung des Muskelgewebes, besonders bei Bänder- oder Sehnenrissen. Auch bei Sauerstoffmangel, Blutvergiftung oder Streß im Muskelgewebe wirkt Türkis wohltuend.

Türkis ist ein machtvoller Schutz gegen alle Umweltgifte. Er schützt bemerkenswert gut vor kosmischer Hintergrundstrahlung. Wer also in großen Höhen lebt, sollte vielleicht einen Türkis am Körper tragen. Man kann ihn überall am Körper tragen, besonders wirksam ist er aber als Ring am Finger getragen. Wenn man ihn am Körper trägt, verbessert sich die Durchblutung in diesem Bereich.

Wenn man grünen anstelle von blauem Türkis benutzt, kommt es zu einer gewissen Zunahme der medialen Fähigkeiten. Man entwickelt bessere kommunikative Fertigkeiten. Auch dieser Stein ist androgyn. Man kann ihn als Badezusatz oder in Kombination mit verschiedenen Ölen als Salbe verwenden. Dieser Stein läßt sich an allen traditionellen Testpunkten testen."

Frage: Da du sagst, Türkis sei ein Meisterheiler, könnte man annehmen, daß er auch Gedankenformen verstärkt.

„Türkis hat die einzigartige Fähigkeit, sehr nah an den physischen Körper heranzutreten und so dessen Heilung zu fördern. Er fördert zwar auch das Bewußtsein, ist aber weniger ein Gedankenverstärker. Er wirkt mehr auf die feinstofflichen Körper."

1 Richard Pearl: *Turquoise*, Colorado Springs, Colorado, Earth Science Publishing Co., 1976.

TURMALIN

Turmalin tritt schwarz, blau, grün, rot, rosa oder weiß auf und wird in Australien, Brasilien, Kanada, Mexiko und der UdSSR abgebaut. Der Name kommt von dem singhalesischen Begriff *tourmalli* oder *turmali,* welcher „gemischtfarbene Steine" bedeutet, womit auf die vielen Farben des Turmalins angespielt wird[1]. Weil der Brennpunkt der Turmalinelixiere so stark auf die sieben Hauptchakren konzentriert ist, sollte man hierzu noch einmal die Informationen über die Chakren in Teil II, Kapitel I, lesen, um die Qualitäten dieser Edelsteinelixiere besser zu verstehen.

Traditionell wird angenommen, Turmalin vertreibe Furcht und Negativität, beruhige die Nerven, verleihe Inspirationen und löse Trauer auf. Die Sinnlichkeit wird besänftigt. Konzentration und Geschicklichkeit im sprachlichen Ausdruck werden besser, und in Beziehungen wird das Gleichgewicht wiederhergestellt. Der Schlaf wird ruhiger, Blutvergiftung, Infektionskrankheiten, Auszehrung, Blutarmut und Erkrankungen der Lymphgefäße werden gelindert. Rubellit-Turmalin kräftigt Herz und Willenskraft und bringt größere Weisheit im Menschen hervor. Wassermelonenturmalin wirkt positiv auf die endokrinen Drüsen und den Stoffwechsel im gesamten Körper. Dieser Edelstein hat starke elektrische und magnetische Eigenschaften. Auch Krebs läßt sich mit Turmalin behandeln, die Hormone werden reguliert und genetische Störungen gelindert.

Frage: Wie werden die Varianten von Turmalin zu Heilung und spiritueller Arbeit eingesetzt?

„Hier kommen wir zu einer kleinen Unterabteilung unserer Arbeit. Wir müssen über acht verschiedene Turmaline sprechen. Die ersten sieben wirken auf die sieben Hauptchakren. Wann immer man nun eins der ersten sieben Turmalinelixiere einnimmt, muß man gleichzeitig Wassermelonenturmalin verwenden. Ohne Wassermelonenturmalin haben sie nur geringe Wirkung. Denn Wassermelonenturmalin stimuliert die piezoelektrischen Eigenschaften und die kristalline Struktur der anderen Turmaline. Alle Turmaline regen die biomagnetischen, elektrischen und kristallinen Eigenschaften des Körpers an. Dieser elektrische Effekt fördert die Kommunikation zwischen den feinstofflichen Körpern. Mit der Verwendung des passenden Turmalins werden die psychospirituellen Eigenschaften jedes Chakras aktiviert. Außerdem werden die Krankheiten, die mit dem jeweiligen Chakra in Beziehung stehen, gelindert. Der Testpunkt ist in der Nähe des jeweils geöffneten Chakras. Jeden Turmalin kann man an dem Chakra tragen, auf das es wirken soll. Alle Turmalinvarianten kräftigen Meridiane, Nadis und feinstoffliche Körper. Als Gedankenverstärker aktiviert jeder Turmalin die Attribute, die in dem von ihm geöffneten Chakra gespeichert sind.

Alle Turmaline lassen sich äußerlich anwenden, indem man sie mit Kastor-, Nelken-, Kokos- oder Jojobaöl als Salben aufträgt. Zur Verstärkung stelle man die Elixiere unter eine Pyramide, eine konische oder eine Kugelform, und bestrahle sie mit einer der sieben Hauptfarben. Bei jedem Turmalin und dem entsprechenden Chakra muß eine andere Farbe angewandt werden. Zur Illustration: Man fängt mit dem unteren Ende des Farbspektrums an und nimmt Rot für das Basischakra und geht dann weiter durch das Farbspektrum bis hin zum siebten Chakra und Quarzturmalin. Die Bestrahlung sollte am besten zwei Stunden dauern, mindestens jedoch fünfzehn Minuten.

Jeden der sieben Turmaline kann man entlang der Wirbelsäule auflegen, um den entsprechenden Körperteil zu stärken. Man sollte sie an den Nervenendpunkten auflegen, die mit den von den sieben Hauptchakren aktivierten Hauptorganen in Verbindung stehen. Quarzturmalin für das Kronenchakra kann man in der Nähe der Schädeldecke anwenden, Katzenaugenturmalin sollte man an der Medulla oblongata auflegen und Wassermelonenturmalin am Herzen. Dabei kann man zwar diesen Stein an der Körpervorderseite am Herzen auflegen, besser noch aber legt man ihn an der Wirbelsäule auf den Herzpunkt."

SCHWARZER TURMALIN (SCHÖRL)

„Die Bezeichnung Schörl stammt von deutschen Bergarbeitern. Schwarzer Turmalin oder Schörl aktiviert das erste beziehungsweise das Basischakra. Die mit dem Steißbein in Verbindung stehenden Reflexpunkte werden stimuliert. Mit diesem Chakra verbundene Unausgewogenheiten wie Arthritis, Legasthenie, Syphilis, Herzkrankheiten, Ängste, Orientierungslosigkeit und Nebennierenstörungen werden gelindert. Dieses Elixier weckt altruistische Gefühle. Es neigt eher zur männlichen Seite, obwohl gleichzeitig auch weibliche Eigenschaften aktiviert werden. Schwarzer Turmalin bietet Schutz gegen Negativität und Erdstrahlung, deswegen sollte man ihn am Körper tragen und einnehmen."

RUBELLIT-TURMALIN

„Rubellit-Turmalin aktiviert alle im zweiten Chakra gespeicherten Qualitäten. Zum Beispiel werden Kreativität und Fruchtbarkeit angeregt, während ein zu passiver oder aggressiver Charakter ausgeglichen wird. Gonorrhöe- und Syphilismiasma werden gemildert. Dieses Elixier lindert auch die Schäden, die am physischen Körper durch Strahlung entstehen. Im Grunde hat es androgyne Eigenschaften, der Akzent liegt aber etwas mehr auf der männlichen Seite."

WEISSER TURMALIN (UVIT)

„Durch weißen Turmalin (oder Uvit-Turmalin) wird das dritte Chakra aktiviert. Mit diesem Chakra stehen unter anderem in Verbindung: Milz, weiße Blutkörperchen, Verdauung, emotionale Probleme und Geschwüre in allen

Körperbereichen. Außerdem wird das petrochemische Miasma gelindert. Dieses Elixier wirkt leicht verstärkend auf die weiblichen Eigenschaften."

GRÜNER TURMALIN

„Grüner Turmalin öffnet das Herzchakra. Mit diesem Chakra stehen unter anderem folgende Funktionen in Beziehung: vollständige Regeneration von Herz, Thymusdrüse, endokrinen Drüsen und Immunsystem. Psychologische Probleme, die mit dem Vater zusammenhängen, werden gemildert. Dieses Elixier ist eher männlich in seinen Qualitäten."

BLAUER TURMALIN (INDIGOLITH)

„Blauer beziehungsweise Indigolith-Turmalin aktiviert das Kehlenchakra. Seine Eigenschaften neigen etwas mehr zur weiblichen Seite, und er stärkt Lungen, Kehlkopf, Schilddrüse und die parasympathischen Ganglien. Besonders wirksam ist er in Kombination mit grünem Turmalin."

KATZENAUGENTURMALIN

„Alle Funktionen des sechsten Chakras werden durch Katzenaugenturmalin geöffnet, darunter die Stimulierung des gesamten endokrinen Systems, die Aktivierung von Visionen, die Erweckung des Individuums für persönliche Vorstellungen von Gott. Oft empfiehlt es sich, dieses Elixier in Kombination mit blauem und grünem Turmalin zu verwenden. Seine Eigenschaften neigen eher zum Weiblichen, und es schützt vor Erdstrahlung."

QUARZTURMALIN

Quarzturmalin öffnet das Kronenchakra. Es bringt alle feinstofflichen Körper und Chakren in Einklang, verhilft zu besserer Einschwingung auf das Höhere Selbst und zu vermehrtem spirituellem Verständnis. Durch diesen Prozeß wird die Beseitigung von Giftstoffen aus dem Körper leichter, und Schwingungsheilmittel wirken besser. Um die Eigenschaften dieses Elixiers besser zu verstehen, befasse man sich mit denen der Lotusblütenessenz[2]. Wenn der Turmalin mit einem Quarzbrocken verbunden ist, werden seine Eigenschaften verstärkt, besonders wenn der Quarz konisch oder pyramidenförmig ist. Dieses Elixier hat vollkommen androgyne Eigenschaften."

Frage: Du hast gesagt, daß man mit allen diesen Elixieren immer zugleich Wassermelonenturmalin einnehmen muß. Wie schlägst du vor, soll man diese Elixiere miteinander kombinieren?

„Man folge dabei den Hinweisen zur Zubereitung von Kombinationsheilmitteln. Man fülle gleiche Mengen von jedem Elixier in eine dritte Flasche, so daß man Stockfläschchen erhält. Dann stelle man das Turmalinkombinationspräparat unter eine konische, pyramiden- oder kugelförmige Struktur und bestrahle es mit den passenden Farben. Die Yin- und Yang- Eigenschaften des dabei entstandenen neuen Elixiers bringen sich von selbst ins Gleichgewicht."

Frage: Ist es auch empfehlenswert, Wassermelonenturmalin mit allen anderen Turmalinelixieren gleichzeitig einzunehmen?

„Ja, auch das wäre ein wertvolles Kombinationsheilmittel. Man nimmt es ein- bis dreimal täglich ein, je nachdem, wie oft es einem richtig vorkommt. Dieses Elixier sollte man entweder drei Wochen oder 120 Tage lang einnehmen. Dann lege man eine Pause von sechzig Tagen ein und wiederhole dann denselben Zyklus solange, wie es einem individuell richtig erscheint. Diese Turmalinelixiere werden bei vielen Menschen die Chakren öffnen. Zu einem zukünftigen Zeitpunkt werde ich auch über andere Turmaline sprechen, zum Beispiel braunen Dravit, farblosen Achroit, orange- braunen und purpurnen Apyrit und violetten Siberit aus Sibirien."

1 Augustus C. Hamlin: *The Tourmaline*, Boston, J. R. Osgood & Co., 1873.
2 Gurudas: *Flower Essences and Vibrational Healing*, Albuquerque, New Mexico, Brotherhood of Life, 1983, pp. 28, 37, 163-164.

VARISCIT

Variscit ist blaßgrün bis smaragdgrün und kommt in den Vereinigten Staaten häufig vor. Außerdem wird er in Australien, Österreich, Bolivien und Deutschland abgebaut. Der Name kommt von Variscia, einem alten Landstrich in Deutschland (Vogtland – Anm. d. Übs.), wo das Mineral nach schriftlicher Überlieferung zum ersten Mal gefunden wurde.

Frage: Wie wird dieser Stein zu Heilung und spirituellem Wachstum eingesetzt?

„Dieses Elixier wirkt auf die DNS-Funktionen. Es stimuliert sie zu stärkerer Aktivität und fördert vielleicht sogar positive Mutationen in der nächsten Generation."

Frage: Meinst du, um auf diese Weise neue Lebensformen zu erschaffen?

„Nein, hierbei geht es eher darum, bereits bestehende Lebensformen zu fördern.

Dieses Elixier hat die psychospirituelle Wirkung, direkte Erinnerungen an vergangene Leben im Menschen wachzurufen, die zu dessen persönlichem Wohlbefinden wichtig sind. Dies geschieht, weil Astral- und Ätherkörper integriert werden, so daß sie zeitweise fast zu einer Einheit werden. Diese Energie wird dann in die DNS projiziert und dann natürlich in die biologische Persönlichkeit. Auch das Zentralnervensystem wird durch dieses Elixier ins Gleichgewicht gebracht.

Gonorrhöe- und Syphilismiasma werden abgemildert. Auch die Folgen vieler Formen der Hochfrequenzstrahlung, wie zum Beispiel Gammastrahlen, lassen sich mit Variscit behandeln. Man verwende dieses Elixier nicht als Badezusatz, das könnte seine Kräfte zu stark aktivieren."

VERSTEINERTES HOLZ

Hierbei handelt es sich um Holz, das sich im Laufe von Millionen Jahren in verschiedene Mineralarten verhärtet hat, darunter Achat, Jaspis, Opal und Kieselerde. Umgestürzte Bäume wurden durch die Einwirkung mineralhaltigen Wassers gehärtet beziehungsweise versteinert. Solches Holz findet man in den Vereinigten Staaten und Australien[1]. Traditionell hat man es als Schutz gegen Infektionen und zur Stabilisierung bei intellektuellem oder emotionalem Streß verwendet. Die physische Vitalität erhöht sich, Hüft- und Rückenbeschwerden gehen zurück.

Frage: Wie wird versteinertes Holz zu Heilung und spirituellem Wachstum eingesetzt?

„Dieses Elixier öffnet den Menschen für Erinnerungen aus vergangenen Leben, besonders wenn man es in Verbindung mit Meditation und kreativer Visualisation anwendet. Man sollte es in der Reinkarnationstherapie einsetzen, um Probleme, die aus der Vergangenheit in die Gegenwart herüberwirken, aufzulösen. Versteinertes Holz ist sehr alt, das gehört zu seiner Signatur, deshalb kann man mit seiner Hilfe nach Ereignissen aus vergangenen Leben forschen.

Auf der physischen Ebene werden Herz, Milz und Schilddrüse gekräftigt. Herzkrankheiten, Arterienverkalkung, Skleroderma und Verhärtungen an anderen Körperteilen, so auch den Knochen, lassen sich mit diesem Elixier behandeln, außerdem Arthritis und Rheuma. Auch die Tatsache, daß es sich um gehärtetes Holz handelt, ist der Signatur zuzurechnen. Das Elixier verlängert die Lebensdauer der Zellteilung um mehrere Generationen, wodurch die Lebenserwartung der Menschen steigt und die Geweberegeneration beeinflußt wird.

Das Herzchakra wird geöffnet, das Schwermetallmiasma gemildert, die Assimilation von Vitamin A, B und E, Kalzium, Magnesium, Phosphor, Kieselerde und Silizium verbessert. Es wirkt sich vorteilhaft aus, wenn man versteinertes Holz am Kehlenchakra trägt."

Frage: Ist es wichtig, ob ein Edelsteinelixier aus mehreren verschiedenen Holzarten zubereitet wird?

„Die Unterschiede sind nicht wesentlich, am besten stellt man das Edelsteinelixier aus zwei oder mehr verschiedenen versteinerten Holzarten her und mischt sie dann zusammen."

1 Albert Schnitzer; Fossilized Trees, in: *Lapidary Journal*, Mai 1982, pp. 419-424.

WEINSTEIN

Dieses weiße wasserlösliche kristalline Pulver ist auch unter der Bezeichnung Kaliumbitartrat bekannt. Weinstein wird häufig als Bestandteil von Backpulver verwendet, außerdem beim galvanischen Verzinnen von Metallen.

Frage: Wie wird diese Substanz zu Heilung und spirtuellem Wachstum eingesetzt?

„Weinstein ist gleichzeitig kristallin und wasserlöslich, tritt also in zwei Aggregatzuständen auf, deswegen verstärkt das Elixier sowohl das ätherische Fluidum im Ätherkörper als auch die kristallinen Eigenschaften im physischen Körper. Weinstein löst sich in Flüssigkeit auf, um dann wieder zu kristallisieren – das gehört zu seiner Signatur. Kristalline Bestandteile des physischen Körpers finden sich in Zellsalzen, Lymphsystem, Thymusdrüse, Epiphyse, roten und weißen Blutkörperchen und in den regenerativen Funktionen im Muskelgewebe[1]. Die Verstärkung der kristallinen Eigenschaften des Körpers führt zu mehr Hellsichtigkeit, Telepathie und Empfänglichkeit für Heilung.

Auf der Zellebene werden Milz, Bauchspeicheldrüse und die Produktion der weißen Blutkörperchen stimuliert. Wirbelsubluxationen und das Tuberkulosemiasma lassen sich ebenfalls mit diesem Elixier behandeln. Auch depressive Menschen können davon profitieren. Seine milden geweberegenerierenden Wirkungen empfehlen sich zur Reinigung des Lymphsystems. Es gibt eine Beziehung zwischen Geweberegeneration und der Fähigkeit eines Schwingungsheilmittels zur Lymphreinigung. Wegen seiner Wirkung auf die kristallinen Bestandteile des Körpers hat dieses ungewöhnliche Elixier viele Anwendungsmöglichkeiten."

1 Gurudas: *Flower Essences and Vibrational Healing*, Albuquerque, Brotherhood of Life, 1983, pp. 29, 30-31, 36, 38, 39, 110, 141.

ZIRKON (HYAZINTH)

Zirkon ist braun, grau, grün, rot, gelb oder farblos und kommt in den Vereinigten Staaten, Brasilien, Kanada, Frankreich, Italien und Sri Lanka vor[1]. Der Name ist vom persischen oder arabischen *zargun* für „goldfarben" oder Zinnober abgeleitet, vielleicht auch vom französischen *zircone*. Andere Autoren meinen, der Name stamme vom arabischen *zirk* für „Juwel".

Traditionell verwendet man Zirkon, um Darmstörungen zu lindern, den Geist gegen Versuchungen zu wappnen und als Tonikum für den Verstand, wozu der Stein an die Stirn gehalten wird. Steiner hat gesagt, Zirkon stimuliere ein Verständnis für spirituelle Wahrheiten durch Bilder und Symbole. Außerdem merkte er an, daß Zirkon die Emotionen beruhige und Schutz gegen Schlaflosigkeit und Melancholie biete. Er macht den Menschen angenehmer im Umgang, weiser und schließlich auch vorsichtiger. Außerdem wird die Leber stimuliert. Unausgewogenheiten in der Leber können zu Halluzinationen führen. Swedenborg sagte, Zirkon bringe Erkenntnisse aus spiritueller Liebe hervor, also aus sich selbst abgeleitete Erkenntnisse.

Frage: Wie wird dieser Edelstein zu Heilung und spirituellem Wachstum eingesetzt?

„Die Kräfte von Hypophyse und Epiphyse werden auf der physischen Ebene verschmolzen. Diese beiden Meisterdrüsen sind die Schlüsselelemente bei der Regulierung der biologischen Persönlichkeit. Wenn diese beiden Kräfte nicht in Einklang sind, rufen sie viel von der Aktivität hervor, die im Buch der Offenbarung als "das Tier" bezeichnet wird. Damit ist ein Ungleichgewicht in den Kräften der biologischen Persönlichkeit gemeint. Die mit diesen beiden Drüsen in Beziehung stehenden Chakren werden geöffnet und ins Gleichgewicht gebracht, doch werden sie nicht bis zu ihren vollen spirituellen Möglichkeiten geöffnet.

Was die psychospirituelle Dynamik angeht, so bringt Zirkon innere Kräfte wieder in Einklang, die eventuell schlecht koordiniert sind und zum Beispiel Schizophreniesymptome hervorrufen. Durch den Einfluß dieses Elixiers werden daraus leichter begreifbare mediale Erlebnisse. Das liegt unter anderm daran, daß Zirkon Astral-, Emotional- und spirituellen Körper in Einklang bringt. Das karmische Muster und die Signatur dieses Steines stehen mit genetischen Mustern aus Atlantis und Lemuria in Beziehung. Diese Informationen werden in einem zukünftigen Text an die Öffentlichkeit kommen."

1 George Miller: *Zirconium*, New York, Academic Press, 1954.

ZOISIT

Zoisit kommt in verschiedenen Schattierungen von Blau, Braun, Grau, Weiß oder Blaßgrün vor und wird in den Vereinigten Staaten, Österreich, Italien, Kenia und Norwegen gefunden. Der Stein ist nach dem Baron Zois van Edelstein (1749-1819) benannt, einem österreichischen Gelehrten, der sich für Minerale interessierte.

Frage: Wie wird dieses Mineral zu Heilung und spirituellem Wachstum eingesetzt?

„Beim Mann werden die Geschlechtsteile gekräftigt, bei der Frau der Gebärmutterhals. Die einzige Auswirkung auf die Zellebene besteht in erhöhter Fruchtbarkeit. Das Sexualchakra wird stimuliert, so daß es den Menschen anregt und die Kreativität steigert. Männliche Eigenschaften werden sanft stimuliert, Testpunkt ist die Zungenunterseite. Dieses Elixier eignet sich hervorragend für Menschen, die an Problemen arbeiten, bei denen es um Sexualität oder Kreativität geht."

KAPITEL III

EDELSTEINELIXIERE KOMBINIERT MIT BLÜTENESSENZEN

Im folgenden finden sich zahlreiche Kombinationen, die auf viele Menschen wohltätig wirken werden. Die Prinzipien, die bisher für einzelne Edelsteinelixiere beschrieben worden sind, gelten im allgemeinen auch für die Kombinationen. Allerdings gibt es ein paar wichtige Besonderheiten, die im folgenden erklärt werden. Edelsteinelixiere wirken oft besser, wenn man sie nach individuellen Bedürfnissen miteinander kombiniert. Edelsteinelixiere, Blütenessenzen und in geringerem Maße auch homöopathische Heilmittel lassen sich kombinieren. Die meisten der jetzt beschriebenen Kombinationen enthalten nur Edelsteinelixiere, einige aber auch Blütenessenzen.

Frage: Würdest du bitte die grundlegenden Prinzipien erläutern, die zu beachten sind, wenn man Edelsteinkombinationen herstellt und anwendet?

„Es empfiehlt sich, bestimmte Edelsteine miteinander zu kombinieren, die sowieso eine Beziehung zueinander haben und auf bestimmte innere Organe eingeschwungen sind. Auf diese Weise läßt sich die Heilung einzelner isolierter Teile des physischen Körpers fördern. In Kombination sind Edelsteinelixiere in stärkerem Maße fähig, verschiedene Bereiche der Anatomie ins Gleichgewicht zu bringen. In manchen Fällen schlage ich eine Edelsteinkombination vor, weil mehrere verschiedene Steine einander in ihrer Wirkung auf ein bestimmtes Organ ergänzen. Besonders hilfreich ist eine Kombination, wenn zwei Fehlfunktionen zu einer dritten beitragen. In anderen Fällen wird man die Kombination so auswählen, daß mehrere miteinander in Verbindung stehende Organe beeinflußt werden. Wenn ein bestimmtes Organ auf der physischen Ebene beschädigt ist, ist oft die Anwendung einer Kombination ratsam, die auf andere mit dem beschädigten Organ verbundene Organe wirkt. Die einzelnen Elixiere sind wie eine Reihe ineinandergreifender Schwingungen, die einander unabhängig von ihren jeweiligen Heileigenschaften reinigen und verstärken. Das offensichtlichste Beispiel dafür ist Quarz. Ein Mensch könnte sich sozusagen ein komplexes Bild von der Schwingungssituation in seinem Körper aufbauen und dann mit einander ergänzenden Edelsteinkombinationen genau diese Situation behandeln.

Zum Beispiel haben Haut und Leber beide Ausscheidungsfunktionen zu erfüllen. Hautprobleme lassen sich oft zur Leber zurückverfolgen. In bestimmten Fällen können mehrere kombinierte Edelsteinelixiere einen über Haut und Leber verlaufenden Ausscheidungsprozeß fördern. Bei Nierenschäden sind oft auch die Lungen in Mitleidenschaft gezogen. Deswegen fördert eine Kombination den Heilungsprozeß, indem sie einerseits den Atem beschleunigt, so daß der Mensch Spannungen abbauen kann, und andererseits direkt die Nieren kräftigt. Bei Asthma ist die Ursache häufig nicht eine Fehlfunktion der Lungen, sondern eine der Nieren. Asthma ist ein Versuch des Körpers, Giftstoffe, die normalerweise durch die Niere ausgeschieden werden, auf anderen Wegen zu beseitigen. Also empfiehlt sich eine Kombination, mit der sich beide Störungen behandeln lassen. Wenn es um Lungen- und Nierenbeschwerden geht, kann auch die Anwendung von Edelsteinelixieren angezeigt sein, die auf die feinstofflichen Körper wirken. Hier sollte man eventuell eine homöopathische Potenz des Edelsteins nehmen, der auf die Nieren wirkt, weil in diesem Fall die Niere physisch beschädigt ist und weil homöopathisch verdünnte Edelsteinelixiere näher an der Ebene des physischen Körpers wirken. Bei physiologisch intakten Lungen und Nieren öffnen die richtigen Edelsteinelixiere und Blütenessenzen Wege im Körper, durch die Giftstoffe und Streß beseitigt werden können.

Übermäßige Stimulation der Nebennieren kann durch das hohe Streßniveau zum Beispiel zu Unausgewogenheiten in Steißbein, Nieren und Bauchspeicheldrüse führen und dadurch einen diabetischen oder prädiabetischen Zustand auslösen. Auch die Blutzuckerregulierung des Körpers kann dabei gestört werden, wodurch die Nieren größerer Belastung ausgesetzt sind. In solchen Fällen sollte man eine Kombination benutzen, um die verschiedenen Ebenen des Ungleichgewichts gleichzeitig zu behandeln. Die Edelsteinelixiere und Blütenessenzen vereinigen sich dabei zu einem geschlossenen Ganzen, das die Heilung unterstützt.

Es gibt auch Verbindungen zwischen der Lebenskraft von Edelsteinen und organischen lebenden Substanzen. So wie in der Umwelt der eine Stein mit dem anderen verbunden ist, so sind Edelsteine auch in ihrer Schwingungsharmonie und ihrer Fähigkeit zur Erhöhung der Lebenskraft einander verbunden. Dabei entstehen oft eine völlig neue Kraft und neue Eigenschaften, die von den ursprünglichen Substanzen unabhängig sind. Sie sind wie Kräfte, die ursprünglich nur einfache Zellkolonien waren, sich dann fortentwickelten und spezialisierten und schließlich in Form der lebenden Organismen eurer Körper höchst komplex wurden. Also ist jeder Edelstein eine Kolonie von Einfluß persönlicher Kraft, die keineswegs unabhängig und isoliert in ihrer Umgebung steht, sondern vollständig von den Funktionen anderer Edelsteine abhängt. Damit sich die einzelnen Edelsteine und Blütenessenzen angemessen zu Kombinationen vereinen, sollte man sie auf die bereits beschriebene Weise mit Pyramiden und Quarzkristallen behandeln. In vielen Fällen würden die Eigenschaften eines Steins sich ohne die Existenz anderer Edelsteine vollständig verändern."

Frage: Würdest du bitte erklären, warum man bestimmte Edelsteine nicht kombinieren sollte?

„Polare Gegensätze wie zum Beispiel Steine mit einander störenden Farben oder solche mit starker Yin- oder Yangausprägung sollte man nur dann kombinieren, wenn sie durch einen dritten Edelstein mit androgynen Eigenschaften oder einer Farbe aus der Mitte des Spektrums verschmolzen werden. Auch sehr positive und sehr negative Steine sollte man nicht ohne einen ausgleichenden Vermittler kombinieren. Topas und Feuerachat sind zum Beispiel solche polaren Gegensätze, denn sie beeinflussen sehr verschiedene Chakren und sind einander farblich entgegengesetzt. Der eine hat eine heiße Farbe, der andere eine kühle. Auch ist es normalerweise nicht zu empfehlen, einen Edelstein mit hoher Schwingungsfrequenz mit einem von dichterer Frequenz zu kombinieren. Wenn man in solchen Fällen kein ausgleichendes Mineral vermitteln läßt, wird die klinische Wirksamkeit der Behandlung gemindert. So eine Kombination würde sich gegenseitig neutralisieren. Ebenso würde eine Farbbehandlung klinisch wenig effektiv sein, wenn man dazu zwei oder mehr Minerale verwendet, deren Farben im Farbspektrum in scharfem Kontrast zueinander stehen. Eine Behandlung mit einer Farbe allerdings, die der Farbe des Minerals im Spektrum genau gegenüberliegt, könnte sich als recht wirksam erweisen.

Bei bestimmten Schlüsselelixieren und Blütenessenzen sollte man die Anwendung in jeder möglichen Kombination in Betracht ziehen, weil sie die einzelnen Bestandteile der Kombination verstärken und Blockaden entfernen, die die Wirkung der Schwingungsheilmittel schwächen könnten. Beispiele für dieses Muster sind Jamesonit, Lotus, Ananas und klarer Quarz. Diamant verstärkt oder eint eine Kombination normalerweise nicht, ist jedoch äußerst wirksam bei der Beseitigung von Blockaden und Negativität, die die Schwingungsheilmittel beeinträchtigen könnten. Wenn also in manchen Fällen zu Beginn der Behandlung zum Beispiel sehr hohe Gifteinlagerungen vorliegen, sollte man häufig Diamant mit anderen Schwingungsheilmitteln zusammen anwenden. Neben der oralen Einnahme empfiehlt es sich auch, Diamantelixier in einem Öl an Medulla oblongata und Kronenchakra aufzutragen. Ananasblütenessenz öffnet auch die Nadis in den

Chakren – man sollte sie oft hinzufügen, wenn man eine Kombination zum Teil zur Öffnung der Chakren einnimmt. Je nachdem, wie weit die Chakren des Menschen bereits geöffnet sind, sollte man neben der Elixierkombination Ananas einnehmen, oder man sollte drei Tagen nach der Kombination auch Ananas dazunehmen. Wenn die Chakren bereits geöffnet sind, füge man ebenfalls Ananas hinzu. Sind die Chakren nicht geöffnet, nehme man die Kombination mehrere Tage lang oder auch länger, und beginne dann mit Ananas.

Beim diagnostischen Testen (zum Beispiel mit einem Pendel), ist es oft am besten, die benötigten Präparate zunächst einzeln zu testen und dann zu überprüfen, ob man einen von den oben beschriebenen Verstärkern hinzufügen sollte. Manchmal ergibt reguläres klinisches Testen keinen Hinweis darauf, daß einer dieser Verstärker benutzt werden sollte. Testet man aber speziell, ob zu dem Kombinationspräparat noch ein Verstärker hinzutreten sollte, so ist das Ergebnis positiv. Wenn sich aber jemand zu einem der Verstärker deutlich hingezogen fühlt, wenn er von deren Wirkung hört, dann sollte man dieses Präparat im allgemeinen der Kombination beifügen."

Frage: Wie kombiniert man einzelne Präparate zu einer gemeinsamen Kombination?

„Am besten kombiniert man Edelsteinelixiere einmal im Stadium der Urtinktur, dann noch einmal in der Potenz 6c, und vermischt dann diese beiden Kombinationen miteinander. Denn Edelsteine sind das ausgleichende Moment zwischen den physischen und den höheren Ebenen des Bewußtseins. Die Mischung im Stadium der Urtinktur steht für die physische Ebene und die Behandlung des physischen Körpers, die Mischung in der 6c-Potenz steht für die höheren Bewußtseinsebenen. Wenn die höheren Eigenschaften eines bestimmten Edelsteins zu stark aktiviert sind, läßt er sich schwer mit einem anderen vermischen. Dennoch wollen vielleicht manche Menschen, die in spirituellen Praktiken erfahren sind, eine Kombination in einer noch höheren Potenz als 6c herstellen. Nach der Zubereitung einer solchen Kombination sollte man sie, wenn möglich, mehrere Stunden lang unter eine Pyramide stellen, um die Eigenschaften der Kombination zu verschmelzen, auszugleichen und zu verstärken.

Mit Blütenessenzen oder homöopathischen Heilmitteln sollte man Edelsteinelixiere in der 6c-Potenz oder einer noch höheren kombinieren. Edelsteinelixiere und Blütenessenzen kombiniere man mit der Potenz von 6x oder 6c. Bei der Kombination homöopathischer Heilmittel mit Blütenessenzen nehme man die Potenzen 2x oder 6c, bei der Kombination homöopathischer Heilmittel mit Edelsteinelixieren 2x oder 12x. 2x nehme man, wenn eine schwere Heilkrise zu erwarten ist oder wenn sich Drogenrückstände im Körper befinden, die die Wirkung der Kombination behindern könnten. Wenn man Kombinationen mit homöopathischen Präparaten herstellt, ist es ratsam, die traditionellen von der Literatur vorgeschriebenen homöopathischen Verdünnungs- und Potenzierungsvorschriften einzuhalten."

Frage: Warum ist es bei Edelsteinelixieren besser, sie sowohl als Urtinktur als auch in homöopathischer Potenz zu mischen, während Blütenessenzen und homöopathische Heilmittel in homöopathischer Potenz kombiniert werden?

„Weil Edelsteinelixiere in der Mitte zwischen Blütenessenzen und homöopathischen Heilmitteln stehen. Obwohl Blütenessenzen eher auf die Ebenen des Bewußtseins wirken als Edelsteinelixiere, sind sie anpassungsfähiger und wirken deshalb besser, wenn man sie in homöopathischer Potenz kombiniert."

Frage: Braucht man Branntwein zur Konservierung, wenn man Edelsteinelixiere mit Blütenessenzen kombiniert?

„Ja, aber nicht mehr als sonst. Wenn man will, kann man auch mehr Branntwein nehmen. Edelsteinelixiere und Blütenessenzen wirken gegenseitig konservierend.

Wenn man Edelsteinelixiere, Blütenessenzen und homöopathische Heilmittel kombinieren will, reicht es, wenn man von allen Präparaten gleichzeitig ein paar Tropfen einnimmt. Eine bessere Technik ist es jedoch, aus jeder Flasche die gleiche Menge in eine neue oder sorgfältig gesäuberte Flasche zu geben. Nach kurzem Schütteln stellt man dann die Flasche mit der neuen Kombination vor Gebrauch, wenn möglich, mindestens ein oder zwei Stunden unter eine Pyramide. Das vereint und verstärkt die einzelnen Komponenten des neuen Präparats. Danach behält man sie zwecks erhöhter klinischer Wirksamkeit weiter in Stock-Flaschen. Nach dem Öffnen jeder einzelnen Flasche, halte man die Hände kurz unter fließendes Wasser, um die Schwingungen der eben geöffneten Flasche zu entfernen. So vermeidet man, daß sich die Schwingungen der verschiedenen Präparate vermischen."

Frage: Was ist die empfohlene Dosierung für Edelsteinelixierkombinationen?

„Allgemein nehme man zwei Wochen lang drei oder vier Dosen, sieben Tropfen pro Dosis täglich. Dann pausiert man eine Woche und wiederholt das Ganze, bis die Beschwerden verschwunden sind. Man nehme das Präparat nach dem Aufstehen, vor den Mahlzeiten und vor dem Schlafengehen. Diese Richtlinien können je nach individueller Situation abweichen. Bei akuten Problemen sollte man normalerweise die Präparate häufiger einnehmen. Diese Richtlinien gelten auch bei der Mischung von Edelsteinelixieren mit Blütenessenzen und, in geringerem Umfang, auch für homöopathische Heilmittel. Man sollte jedoch sehr vorsichtig vorgehen, wenn man hochpotenzierte homöopathische Heilmittel benutzt."

Frage: Du hast an anderer Stelle gesagt, die Wirkung verstärke sich manchmal, wenn man die zweite Dosis abends und nicht um die Mittagszeit einnimmt. Könntest du das bitte erklären?

„Dabei geht es um Einflüsse der Sonne und fortgeschrittene physikalische Prinzipien, die zu einem zukünftigen Zeitpunkt besprochen werden."

Frage: Über die Blütenessenzen hast du gesagt, man könne bis zu neun Essenzen miteinander kombinieren, und Menschen mit einer eher ätherischen Natur, wie sie sich durch jahrelanges Meditieren ergibt, sogar noch mehr. Würdest du bitte über diesen Punkt auch in bezug auf die Edelsteinelixiere etwas sagen?

„Man kann bis zu neun Edelsteinelixiere zu einer Kombination mischen. Genau wie bei den Blütenessenzen, können Menschen, die auf einige Jahre spiritueller Praxis zurückblicken, auch noch mehr Edelsteinelixiere auf einmal kombinieren. Dies gilt auch, wenn man Edelsteinelixiere mit Blütenessenzen kombiniert. Es gilt ebenfalls im Falle der homöopathischen Heilmittel, hier aber muß man mit größerer Vorsicht vorgehen, weil homöopathische Heilmittel direkter auf den physischen Körper wirken und nicht so anpassungsfähig sind. Oft empfiehlt es sich, eine homöopathische Kombination zusammen mit klarem Quarz, Lotus oder Jamesonit einzunehmen."

Frage: Kann es von Nutzen sein, wenn ein fortgeschrittener Heiler oder eine Heilerin manchmal einem Menschen mehr als neun Edelsteine und Blütenessenzen auf einmal gibt, wenn sie/er und ihre/seine Geistführer aktiv am Heilungsprozeß teilnehmen?

„Ja, das ist eine grundlegende Regel beim Heilen."

In den letzten paar Jahren habe ich verschiedene Berichte von Menschen erhalten, die mehr oder auch weniger als neun Edelsteinelixiere und Blütenessenzen gleichzeitig eingenommen haben. Manche Menschen fühlten sich beim Einnehmen von mehr als neun Elixieren durchaus wohl, andere berichten von kurzfristigen Gefühlen der Verwirrung und negativen Emotionen. Das liegt daran, daß die Psyche zuviel Energie auf einmal erhält. Heutzutage sollten sich viele Menschen auf höchstens fünf Präparate auf einmal beschränken, eine wachsende Anzahl von Menschen wird aber auch ohne Beschwerden neun Präparate auf einmal nehmen können. Noch mehr Präparate auf einmal können nur wenige in spiritueller Praxis geübte Menschen ohne Schwierigkeiten zu sich nehmen. Mit der fortschreitenden Respiritualisierung unserer Gesellschaft werden wir beobachten können, wie nach und nach mehr Menschen erfolgreich viele Präparate auf einmal benutzen.

Frage: Bei einigen Edelsteinelixierkombinationen hast du angemerkt, daß es zu einer leichten Heilkrise kommen könnte, während du bei den einzelnen Elixieren nie darüber gesprochen hast. Sind Heilkrisen bei der Anwendung von Kombinationen wahrscheinlicher?

„Ja, die vereinte Wirkung mehrerer verschiedener Edelsteinelixiere erzeugt eine machtvolle Wirkung. Deshalb muß man hier vorsichtiger vorgehen."

Frage: Haben Edelsteinelixiere die Tendenz, ihre Eigenschaften zu verändern, wenn man sie kombiniert?

„Manchmal kommt es zu einer Synthese der Einflüsse, die manche Heilqualitäten und spirituellen Attribute der einzelnen Edelsteine abwandelt. So wie zwei Verhaltensmuster miteinander eine Synthese eingehen und ein vollkommen verschiedenes neues Muster ergeben können. Gewöhnlich aber verschmelzen alle einzelnen Edelsteine zu einem Ganzen, in dem nichts verlorengeht, so daß alle ihre Wirkungen auch in der neuen Kombination noch gelten."

Frage: Manche Edelsteine kommen in der Natur vereint vor, Azurit und Malachit zum Beispiel. Ist das ein Hinweis auf mögliche zukünftige Edelsteinkombinationen?

„Richtig."

Frage: Alle Minerale bestehen aus Kombinationen der folgenden acht Elemente: Aluminium, Kalzium, Eisen, Magnesium, Sauerstoff, Kalium, Silizium und Natrium. Gibt es hierbei etwas Besonderes zu verstehen?

„Hierin drückt sich die Einschwingung des Mineralreichs auf die Äther aus. Es gibt sieben Äther und dann noch einen achten, eine Kombination der anderen sieben. Merke außerdem, daß einige dieser acht Elemente in der Alchimie wesentlich sind. Zu diesem Zeitpunkt kann keine weitere Information gegeben werden."

Frage: An anderer Stelle hast du gesagt, man habe in Lemuria Edelsteine verwendet, um sich mit den ätherischen Eigenschaften zu koordinieren. Würdest du das bitte erläutern?

„Edelsteine ermöglichen einen bestimmten Brennpunkt oder eine festgelegte Beobachtung der ätherischen Eigenschaften durch ein spezifisches Mineralspektrum. Deshalb ermöglichen Edelsteinkombinationen die koordinierte Beobachtung und Harmonisierung mit den ätherischen Eigenschaften. Das manifestiert sich auf den Ebenen von Heilung und Bewußtsein."

Frage: Edelsteinelixierkombinationen wirken selten auf die Zellebene. Woran liegt das?

„Diese Kombinationen stehen in der Mitte zwischen dem physischen und den feinstofflichen Körpern. Die Zellebene steht oft dem homöopathischen Prinzip näher. Edelsteinelixiere nähern sich zwar auch dem homöopathischen Prinzip, sind der reinen Lebenskraft aber näher. Edelsteinelixiere stehen der Zellebene nahe und wirken auf sie, doch ist ihre Natur stärker schwingungsartig."

Frage: Welche spirituellen Praktiken sollte man ausüben, wenn man Edelsteinkombinationen zwecks spirituellen Wachstums einnimmt?

„Die zu empfehlenden spirituellen Praktiken wären diejenigen, die den Menschen vor allem mit dem Bereich des Visionären in Einklang bringen. Man meditiere auf Mandalas und ihre spezifischen Muster, die tatsächlich wirken und Inspiration geben – unabhängig von jedem psychospirituellen Wissen, das der Schüler vielleicht hat. Edelsteine schwingen in Resonanz mit Menschen, die durch spirituelle Praktiken wie Meditation und Visualisation Fortschritte erlebt haben und diese Praktiken durch Fasten dann noch verstärkt haben. Traditionell wurden bestimmte Praktiken in Verbindung mit bestimmten Edelsteinen durchgeführt, um für die Mitglieder der Priesterschaft bestimmte Persönlichkeitszüge zu entwickeln. Später wurden sie natürlich der allgemeinen Bevölkerung durch Beispiel und spezielle Manifestationen des göttlichen Willens weitergegeben. So geschah es in vielen Kulturen.

In diesem Bereich nimmt man am besten flüssige Edelsteintinkturen, die besonders auf Chakren, feinstoffliche Körper, Meridiane und psychospirituelle Qualitäten wirken. Diese bringen den Schüler in Einklang mit den höheren Kräften und den Aktivitäten, die das Höhere Selbst ausmachen. Bestimmte Minerale formen die Kräfte des physischen Körpers innerhalb der psychostrukturellen oder psychophysiologischen Körperprozesse oder des biochemischen Aufbaus der Persönlichkeit. Verschiedene Edelsteine übertragen ihre Eigenschaften auf das Individuum und fördern diejenigen Charakteristika im physischen Körper, die man als spirituell ansieht. Zu diesen Qualitäten gehören Altruismus, innere Kraft, Klarheit des Geistes, um zu dienen, und eine Zunahme der hellsichtigen Aktivitäten. Voraussetzung ist allerdings, daß alle Dinge in Verbindung stehen mit der Fähigkeit, anderen zu dienen und die wachsende Bewußtheit in den Dienst der Gemeinschaft zu stellen.

Edelsteinelixiere allein genügen nicht, um höhere Bewußtseinszustände zu erfahren. Sie fördern wohl solche Zustände, aber ohne die bewußte Übung, die zum Beispiel durch Meditation und Visualisation erlangt wird, rufen Edelsteine nicht notwendigerweise solche Zustände hervor."

Frage: Kannst du noch andere Dinge zur Unterstützung empfehlen, die man gleichzeitig mit der Anwendung von Edelsteinelixieren, besonders in Kombinationsform, tun sollte?

„Eine besonders bei den spirituellen Kombinationen universell empfehlenswerte Prozedur umfaßt das Baden mit bestimmten ätherischen Ölen. Man unterscheidet dabei sieben Ebenen von Ölen. Wir empfehlen: Olive, Rose, Weihrauch, Myrrhe, Lotus, Palme und Sandelholz oder Pekan. In diesem System ist Rose eingestimmt auf das erste Chakra, Olive auf das zweite, Myrrhe auf das dritte, Pekan auf das Herzchakra, Palme auf das Kehlenchakra, Sandelholz auf das Brauenchakra, Weihrauch auf das Kronenchakra und Lotus auf das achte Chakra. Diese Öle gibt man ins Bad und wartet, bis sie sich über der gesamten Wasseroberfläche und ihrem natürlichen Spektrum gemäß im Wasser abgesetzt haben. Das sollte etwa drei Minuten dauern. Man nimmt gerade soviel Öl, daß die Wasseroberfläche bedeckt ist. Wenn man dieses Bad nimmt, braucht man kein Öl mehr auf den Körper aufzutragen.

Dieses geschlossene System repräsentiert ein natürliches Spektrum, das auf die acht Hauptchakren eingestimmt ist, wobei die schwereren Öle mit den unteren Chakren verbunden sind und die leichteren, die höher an die

Wasseroberfläche aufsteigen, mit den oberen. So wird es für Edelsteinelixiere, Blütenessenzen und auch homöopathische Heilmittel, die dem Wasser zugesetzt sind leichter, ihre natürliche Einschwingung auf diese Chakren zu finden und im physischen Körper zu wirken. Der Schüler wird bemerken, daß ins Wasser gelegte, echte materielle Edelsteine automatisch auf eine bestimmte Wassertiefe absinken, die mit dem zum selben Chakra gehörigen Öl in Einklang steht. Es empfiehlt sich auch, diesen Bädern natürliches Meersalz und in geringerem Maße auch Epsomer Bittersalz beizufügen. Diese universell einsetzbare Technik läßt sich auf die ganze Bandbreite der Schwingungsheilmittel anwenden, besonderen Wert aber hat sie in Verbindung mit den Kombinationen, die weiter unten zu diesem geschlossenen System präsentiert werden."

Frage: Kann man bei dieser Technik auch allgemeine Verstärker wie Jamesonit und Lotus anwenden?

„Ja, aber nur wenn der Mensch sich nicht nach dem ersten oder zweiten Bad gestärkt fühlt. Diese Technik ist von ziemlich starker Wirkung, deshalb werden viele Menschen diese Verstärker nicht brauchen.

Eine andere empfehlenswerte Technik besteht darin, daß man in der Nähe des Kehlenchakras einen Behälter aus Kupfer und Silber oder Silber und Gold trägt. Innen sollte er eine Schicht aus Quarz oder auch einfachem Glas haben. In diesen Behälter gibt man dann als natürliche Verstärkung einzelne Elixiere oder Kombinationen oder auch echte Edelsteine. Wenn man flüssige Tinkturen und echte Edelsteine gleichzeitig hineingibt, wird die Wirkung verstärkt. Bevor man den Inhalt des Behälters wechselt, entfernt man die Edelsteine daraus und wischt mit einem sauberen Tuch aus Baumwolle oder ähnlichen Naturmaterialien die flüssigen Elixiere aus dem Gefäß. Das Tuch sollte man zuvor mit destilliertem Wasser und Meersalz anfeuchten. Dann legt man das Gefäß dreißig Minuten lang unter eine Pyramide.

Empfehlenswert ist es auch, den Behälter an der Medulla oblongata zu tragen. An dieser Stelle dringen seine Resonanzen direkt in die parasympathische Ganglie ein. Diese Ganglie hat überall im Körper in allen wichtigen Organen und dem endokrinen System natürliche Resonanzpunkte. Außerdem ist dieser Punkt hervorragend geeignet, um zwischen Meridianen und Nervenendpunkten in den physischen Körper einzudringen. Man kann den Behälter auch an der Kehle oder am Ringfinger tragen. Diese Technik gilt auch bei Blütenessenzen, wirkt aber besser bei Edelsteinelixieren – wegen deren einzigartiger Stellung zwischen den physiologischen und ätherischen Ebenen. Die universellen Verstärker wie klarer Quarz und Lotus können bei dieser Technik benutzt werden, für manche Menschen ist allerdings ihre Wirkung zu stark."

In diesem Kapitel werden insgesamt einundachtzig Kombinationen besprochen. Bei den meisten davon wird erläutert, wie die jeweilige Kombination den physischen Körper, die Zellebene, Nährstoffverwertung und Krankheiten, des weiteren die Miasmen, psychologische Zustände, die psychospirituelle Dynamik, Chakren, Meridiane und Nadis beeinflußt. Auch Testpunkte und äußere Anwendung werden erklärt. Später werden auch andere Eigenschaften dieser Kombinationen besprochen werden. Zunächst geht es um sechs Edelsteinelixier- und Blütenessenzkombinationen, die zusammen eine Grundausstattung für spirituelle Praktiken ergeben. Dann kommen neunundvierzig Edelsteinkombinationen für diverse Zwecke. Dann zehn Kombinationen, die man als Erste-Hilfe-Ausstattung bezeichnen könnte. Und schließlich elf Edelsteinelixierkombinationen, die an anderer Stelle im Text erklärt werden und zusätzlich fünf Blütenessenzkombinationen. In den astrologischen Informationen, die im zweiten Band dieses Werkes vorgestellt werden, finden sich weitere Edelsteinkombinationen.

Bei vielen Edelsteinkombinationen kommt es zu einer anfänglichen Reaktion ähnlich einer Heilkrise, wie man sie aus der Homöopathie kennt. Das liegt daran, daß Edelsteinelixiere nah am physischen Körper wirken. Manchmal treten kurzfristiges Unwohlsein oder ungewohnte Körperausscheidungen auf. Das ist ein gutes Zeichen, es bedeutet, daß das Präparat die Lebenskraft aktiviert, Giftstoffe aus dem Körper zu entfernen. Wenn man unter sehr unangenehmen Symptomen leidet, sollte man mit dem Einnehmen aussetzen oder weniger einnehmen, bis die Symptome nachlassen, oder auch eine medizinische Fachkraft um Rat fragen. Die Leserinnen und Leser sollten sich jedoch bewußt sein, daß sich nur sehr selten wirkliche Unannehmlichkeiten entwickeln. Ich habe bereits Tausende von Edelsteinelixieren verkauft und erst zweimal von derartigen Fällen gehört.

Aus marktpolitischen Gründen und wegen der derzeitigen Patentbestimmungen werden bestimmte Informationen über die Herstellung von Kombinationsheilmitteln im folgenden nicht näher ausgeführt. Zum Beispiel ist es oft besser, bei bestimmten Kombinationen etwas mehr oder etwas weniger von einem bestimmten Präparat hinzuzufügen.

„Die ersten fünf Kombinationen aus der Grundausstattung für spirituelle Praktiken sollte man mehrmals täglich oder auch öfter einnehmen, bis die Emotionen sich stabilisiert haben. Dann kann man die sechste Kombination nehmen. Durch die ersten fünf Kombinationen kristalliert sich der Zustand, der für das spirituelle Wachstum nötig ist, welches sich in der sechsten Kombination manifestiert. Man nimmt die ersten fünf Kombinationen insgesamt zehn oder fünfzehn Tage, jede jeweils zwei oder drei Tage lang mehrmals täglich. Beim Wiederholen dieser Serie muß man mindestens drei Tage warten, bevor man wieder die erste Kombination einnimmt. Manche Menschen wollen vielleicht auch länger warten. Viele Menschen müssen die ersten fünf Kombinationen mehrmals nehmen, um wirkliche emotionale Ausgeglichenheit zu erzielen.

Die erste Kombination umfaßt Malachit, dunkle Perle und Tigerauge. Sie stabilisiert die unteren Chakren, aktiviert Kreativität, Verständnis und vor allem Intuition. Der emotionale Körper wird ebenso harmonisiert wie emotionale Unausgeglichenheiten, die mit den unteren Chakren zu tun haben. Diese Kombination verwende man zur Behandlung streßbedingter Krankheiten, besonders wenn die Nebennieren dabei eine Rolle spielen. Wirbelsäulenkrankheiten, insbesondere Meningitis spinalis, werden gelindert und der Ätherkörper gestärkt. Kehlenchakra und alle Meridiane werden gekräftigt, außerdem das Syphilismiasma gemildert. Diese Kombination läßt sich auch äußerlich mit einem Zerstäuber anwenden. Testpunkte sind Wirbelsäulenbasis und Kehlenchakra.

Die zweite Kombination besteht aus hellem Opal, heller Perle und Tigerauge, schafft emotionale Stabilität und geistige Klarheit und beseitigt negative Gemütszustände wie Nervosität und Lethargie. Wenn man sich einmal diesen negativen Emotionen gestellt hat, läßt Tigerauge den Menschen die Umrisse seines Lebens klarer erkennen, so daß er besser geerdet wird. Es entwickeln sich tiefere Einsichten, und jede muskuläre Verspannung löst sich auf. Die Siliziumresorption wird verbessert. Testpunkt ist der Solarplexus.

Rubin und Türkis sind die Bestandteile der dritten Kombination. Hiermit gelingt es dem Menschen, emotionale Schmerzen und Groll gegen andere aufzulösen. Es entwickeln sich Anpassungsfähigkeit und Geduld mit sich selbst und anderen. Man lernt, mit anderen besser auf der Ebene des Herzens zu kommunizieren, wobei das in einem ganz praktischen Sinn gemeint ist. Das gilt besonders für Menschen, mit denen man früher Schwierigkeiten hatte. Das Herzchakra wird geöffnet und die Nadis gestärkt. Diese Kombination kann man äußerlich als Salbe anwenden. Testpunkt ist das Herz.

Die vierte Kombination umfaßt Lapislazuli, Malachit und Topas. Malachit stellt sicher, daß alle negativen Emotionen beseitigt sind, Topas fördert die Fähigkeit, mit den neu stabilisierten Emotionen zu arbeiten, und Lapislazuli versetzt Menschen in die Lage, ihre Gefühle auszudrücken und weiterzugeben. Kehlenchakra, drittes Chakra und Höheres Selbst werden aktiviert, so daß der Ausdruck von emotionalen Belangen besser gelingt. Diese Kombination kann man äußerlich mit einem Zerstäuber aufsprühen. Testpunkte sind Kehle und Medulla oblongata.

Die fünfte Kombination besteht aus Diamant, klarem Quarz und Rosenquarz. Mit dieser Kombination wird schließlich alle eventuell noch vorhandene emotionale Negativität aufgelöst, und es entsteht eine tiefe Klarheit in wesentlichen Fragen des Lebens. Es entwickeln sich vermehrte Artikulation, größere Klarheit bei Träumen und die Fähigkeit zur Astralprojektion. Durch die strahlende Qualität des Diamant werden alle noch vorhandenen negativen Emotionen weiter in die feinstofflichen Körper getrieben, wo sie von den Äthern transformiert werden. Diamant transformiert Menschen in ihren natürlichen Zustand,und zwar durch Einstimmung auf das Höhere Selbst. Rosenquarz öffnet das Herz weiter, und klarer Quarz stimuliert größere Klarheit. Die Nadis werden gestärkt. Testpunkte sind Herz und Epiphyse.

Diese Kombination tonisiert die feinstofflichen Körper, auch wenn sie sie nicht direkt beeinflußt. Sie stärkt die Meridiane und bringt die Äther vermehrt in die Lage, jede noch in den feinstofflichen Körpern gespeicherte Negativität umzuwandeln. Deswegen sollte man diese Kombination im Anschluß an die Behandlung mit vielen anderen Schwingungsheilmitteln anwenden. Man nimmt nach Abschluß der Behandlung mit einem anderen Schwingungsmittel sieben Tropfen hiervon, um die Heileigenschaften des vorhergehenden Mittels zu verstärken. Dies ist ein wichtiges Hilfsmittel.

Die abschließende Kombination umfaßt Lotus, Ambrosiapflanze und Rosa sericea. Ambrosia wirkt ähnlich wie ein Sedativum. Es beruhigt den Menschen, wodurch Kronen- und Herzchakra als Einheit arbeiten können. Ambrosia wirkt auch als Filter für die Energien der unteren Chakren. Ihre Energie wird dabei nicht unterdrückt, aber man gelangt zu dem für die Erfahrung höherer Bewußtseinszustände notwendigen ruhigen und ausgeglichenen Zustand. Lotus und Rosa sericea spiritualisieren den Intellekt und verbessern die Kommunikation mit dem Höheren Selbst und den Geistführern des Menschen. Meditation und kreative Visualisation machen Fortschritte, ebenso die Fähigkeit, diese Visualisationen zu interpretieren. Alle Meridiane und Nadis werden gestärkt. Diese Kombination kann man äußerlich als Salbe oder mit einem Zerstäuber auftragen. Testpunkt ist die Medulla oblongata.

Nachdem man angefangen hat, die sechste Kombination anzuwenden, warte man etwa vierundzwanzig Stunden und beginne dann vielleicht mit verschiedenen spirituellen Praktiken, zum Beispiel Meditation und Visualisation, wenn man damit bereits Erfahrung hat. Diese Praktiken kann man natürlich auch zur Begleitung der ersten fünf Kombinationen anwenden, doch wirken sie in einem ruhigen emotionalen Zustand durchgeführt immer besser. Die sechste Kombination nehme man den ganzen Tag, immer wenn man das Bedürfnis dazu verspürt. Je nach individuellem Bedürfnis kann man sie mehrere Wochen oder auch länger nehmen. Wenn man aufhört, die sechste Kombination anzuwenden, kann es angebracht sein, den ganzen Zyklus zu wiederholen. Davor warte man allerdings mindestens einen Monat."

Frage: Wie lange braucht der Durchschnittsmensch, um die Wirkungen dieser Kombinationen zu spüren?

„Man braucht gewöhnlich zwei Wochen bis einen Monat, um die emotionale Stabilität zu erfahren. Dann aber werden viele Menschen schon nach wenigen Tagen beim Gebrauch der sechsten Kombination ein spirituelles Erwachen erfahren.

Es gibt noch viele andere Kombinationsmöglichkeiten. Zwei weitere Kombinationen eignen sich zur allgemeinen spirituellen Entwicklung, obwohl sie nicht Teil der Grundausstattung für spirituelle Praktiken sind. Die erste besteht aus Lotus, klarem Quarz, Cistrose (engl.: Rock rose) und Rubin. Die englische Bezeichnung „Rock Rose" bezieht sich in diesem Fall auf Cistus, nicht auf die von den Bachblüten bekannte „Rock Rose". Die andere Kombination besteht aus Lotus, klarem Quarz, Rosa brunonii, Rosa longicuspis, Rosa sericea, Rosa webbiana und Sternsaphir. Jeder einzelne Bestandteil dieser zweiten Kombination regt das Kronenchakra an, den Menschen ins Reich des Spirituellen zu führen.

Drei andere Kombinationen werden benutzt, um drei verschiedene Chakren zu öffnen. Amethyst, Lapislazuli, Onyx und Türkis öffnen das Kehlenchakra; Smaragd, Jade, Lapislazuli und Rubin aktivieren das Herzchakra; und Lapislazuli, Kirschopal, klarer Quarz und Topas verstärken das Unterleibschakra. Diese drei Kombinationen sollte man gemeinsam im Abstand von wenigen Minuten oral einnehmen. Sie wirken allerdings nur, wenn man gleichzeitig meditiert oder sich mit anderen spirituellen Praktiken befaßt. Nur dann wird das ätherische Fluidum vermehrt zur Öffnung der Chakren angeregt. Andernfalls würden die Kombinationen diese drei Chakren nur wenig aktivieren. Tatsächlich wirken diese drei Präparate am besten, wenn man zunächst mehrere Wochen mit intensiven spirituellen Übungen zubringt. Die Dosierung ist hierbei unwichtig, denn diese Kombinationen sind sehr anpassungsfähig.

Diese drei Kombinationen allein haben nicht viele direkte Auswirkungen auf die oberen beiden Chakren. Deswegen sollte man sie in Verbindung mit Meditation gebrauchen. Die fünf unteren Chakren sind mit der normalen psychospirituellen Dynamik des Individuums integriert, beeinflussen aber nicht den freien Willen des Menschen in den Bereichen von Philosophie, Wirkungen des Höheren Selbst und persönlichen Gottesvorstellungen. Die niedrigeren Chakren integrieren einen Großteil der Persönlichkeit und Lebensbereiche des Menschen mit eher weltlich-irdischen Angelegenheiten, die natürlich alle im Einklang mit physisch- körperlicher Heilung stehen.

Die erwähnten drei Chakren sind der Ausgleichspunkt zwischen oberen und unteren Chakren. An dieser Stelle schafft sich der Ausdruck der anderen Chakren einen Brennpunkt. Durch Stimulation dieser drei Chakren kann man die meisten emotionalen Zustände entweder beseitigen oder ihnen Ausdruck verschaffen. Wegen seiner starken Wirkung auf das Kehlenchakra enthalten alle diese Elixiere Lapislazuli. Mangelhafter persönlicher Ausdruck ist oft mit psychologischen Unausgeglichenheiten verbunden. So lassen sich die Blockaden der natürlichen Heilkräfte, welche die Chakren öffnen, beseitigen. Diese drei Katalysatoren werden hier vorgestellt, weil quer durch das kollektive Bewußtsein überall auf diesem Planeten die meisten Menschen auf psychologischer Ebene von Blockaden in diesen drei Chakren betroffen sind. Diese drei Elixiere sind Katalysatoren für das kollektive Bewußtsein der meisten Menschen. Diese drei Katalysatoren in Kombination mit den in diesem Buch teilweise beschriebenen Grundlagen der Edelsteintherapie könnte man als universelle Therapie bei den meisten psychischen Störungen einsetzen. Das gilt auch für Menschen in psychiatrischen Krankenhäusern. Wenn man diese drei Katalysatoren allein einsetzt, können sie die Persönlichkeit als Ganzes tonisieren und in Einklang bringen."

John bezieht sich hier auf die Tatsache, daß diese drei Kombinationen Teil eines sehr weit fortgeschrittenen Systems von Kombinationsheilmitteln sind, zu dem etwa 150 verschiedene Edelsteinelixiere, Blütenessenzen, homöopathische Öle, ätherische Öle und Kräuter gehören. Die vereinte Wirkung dieser Heilmittel in Verbindung mit bestimmten spirituellen Übungen wird in der Lage sein, körperliche und psychische Krankheiten von diesem Planeten zu vertreiben, so daß dann die spirituelle Erleuchtung eintreten kann. Diverse physische und psychische Unausgewogenheiten halten die Menschen buchstäblich auf dem Boden der physischen Ebene fest. Ein Großteil meiner Arbeit hat das Ziel, den Weg für dieses System zu bahnen. Je nach den planetaren Bedingungen wird etwa 1990 ein Buch über dieses System erscheinen. Diese kurzen Anmerkungen mache ich, damit manche Menschen über diese kommende Arbeit nachdenken können. Es ist mir nicht gestattet, mehr über diese Arbeit zu sagen, und deshalb werde ich mich bis zum Erscheinen des Buches nicht weiter äußern.

Es gibt noch fünf weitere Kombinationen, die auf die Chakren wirken. In einigen Fällen wollen vielleicht Menschen diese Präparate vor Einnahme der obigen drei Katalysatoren anwenden. Eine Kombination aus allen acht verschiedenen Turmalinen, also schwarzem, blauem, Katzenaugen-, grünem, Quarz-, Rubellit-, Wassermelonen- und weißem Turmalin, aktiviert alle Hauptchakren. Die spezifischen Wirkungen dieser Elixiere habe ich schon im Zusammenhang mit den Turmalinelixieren beschrieben. Azurit, Blutstein und Malachit öffnen das zweite Chakra; Smaragd, helle Perle und klarer Quarz aktivieren das dritte; und Smaragd und Rubin erwecken die Eigenschaften des vierten Chakras.

Zur Öffnung der Chakren und zur Erweckung der Kundalini schlage ich eine Serie von zehn Edelsteinelixieren vor. Diamant öffnet das Kronenchakra, Sternsaphir und Topas das Hypophysenchakra, Lapislazuli aktiviert das Kehlenchakra, Rubin und Smaragd das Herzchakra, helle Perle und heller Opal das Unterleibschakra, rote Koralle regt das Sexualchakra an, und Tigerauge das Basischakra. Alle Meridiane, Nadis und feinstofflichen Körper außer dem Seelenkörper werden ausgeglichen. Lethargie und Unsicherheit sind psychologische Hinweise darauf, daß dieses Präparat von Nutzen sein könnte. Auf der Zellebene werden Epiphyse, Hypophyse, Thymusdrüse und ihre Sekrete stimuliert. Dieses Elixier lindert Syphilis, das Syphilismiasma, Wirbelsäulendegeneration und Elephantiasis. Dieses Präparat kann man äußerlich als Salbe auftragen. Testpunkt ist jedes beliebige Hauptchakra.

Zur Aktivierung und Stärkung aller Meridiane nehme man alle zehn Elixiere aus der eben beschriebenen Kombination und füge Blutstein, Malachit, Peridot und Silber hinzu. Peridot fördert die medialen Fähigkeiten und reguliert das Bewußtsein, so daß es Spannungen aus dem Unterbewußten besser freisetzen kann. Auch Kreislauf- und Nervensystem werden gekräftigt. Eisen, Protein und B-Vitamine werden besser resorbiert. Wie die letzte Kombination wirkt dieses Präparat bei Lethargie und Unsicherheit und bringt alle feinstofflichen Körper außer den Seelenkörper in Einklang. Nach Beginn der Einnahme kommt es zu erhöhter neurologischer Aktivität und einer leichten Zunahme der elektrischen Energie im Körper, was sich durch Elektroakupunktur nachweisen läßt. Testpunkt ist das Herzchakra.

Eine Kombination aus Rubin, Sternsaphir und Tigerauge ist zum Ausgleich und zur Stärkung der Nadis angezeigt. Nach der Zubereitung sollte man dieses Elixier fünf Stunden lang mit Orgonenergie bestrahlen. Durch die Stärkung der Nadis fließt die Energie der Chakren harmonischer, obwohl die Chakren selber durch diese Kombination nicht gestärkt werden. Zu Anfang der Einnahme werden manche Menschen ein leichtes Kribbeln an der Hautoberfläche verspüren.

Der Stern im Sternsaphir und das Auge im Tigerauge ähneln den Nadis, welche die Ausstrahlungszentren der Chakren sind. Rubin stimuliert das Herzchakra, also den ausgleichenden Punkt, von dem Energie abgestrahlt wird. Es gibt eine wichtige Beziehung zwischen Herzchakra und Nadis. Das Nervensystem, das mit den Nadis in Verbindung steht, wird gestärkt. Dieses Präparat kann man als Salbe auftragen. Testpunkt ist die Wirbelsäulenbasis.

In der nächsten Kombination sind Diamant, Girasol-Opal, Platin und

Silber enthalten. Durch dieses Elixier werden alle Meridiane, Nadis und feinstofflichen Körper in vollkommenen Einklang gebracht. So erleben Menschen spirituelle Inspiration, Klarheit des Denkens und ihrer Ziele. Diese Kombination eignet sich gut für Akupunkteure und Menschen, die mit Körper-Geist-Therapien arbeiten. Die Chakren werden nicht beeinflußt; sie bleiben in einem Zustand, der ihrer sympathetischen Ausrichtung auf die funktionierende Persönlichkeit natürlich ist. Testpunkte sind Medulla oblongata und Wirbelsäulenbasis.

Dieser vollkommene Einklang hält gewöhnlich drei Tage nach der ersten Dosis an. Manche Menschen fühlen nach diesen drei Tagen eine Abwärtsbewegung der Energie. Oft empfiehlt es sich, anfangs täglich sieben Tropfen von diesem Elixier zu nehmen. Nach und nach mit zunehmender Wirkung nimmt man das Elixier dann nur noch alle paar Wochen. Letztendlich wird sich der Körper daran gewöhnen, daß es einmal im Monat genommen wird. Es ist ratsam, diese Kombination vielleicht zehn Jahre lang einmal monatlich einzunehmen und nur beim Übergang von einer Jahreszeit zur anderen Pausen einzulegen. Die Dosis sollte mit fortschreitender Bewußtseinsentwicklung nach und nach verändert werden. Die zeitliche Abfolge hängt hier von vielen Faktoren ab, zum Beispiel von spiritueller Entwicklung, Drogenrückständen und Unausgewogenheiten in den feinstofflichen Körpern. Wenn sie zuviel von dieser Kombination einnehmen, entwickeln manche Menschen eine Heilkrise.

Die nächste Kombination umfaßt Diamant, positiven und negativen Magnetstein, Rubin und Sternsaphir. Dieses Elixier stärkt die Aura und lindert psychische Störungen, die mit einer verunreinigten Aura zusammenhängen, zum Beispiel Ängste, Depressionen, Zögern und Zaudern. Alle feinstofflichen Körper außer dem spirituellen Körper werden gereinigt. Es ist ein gutes Tonikum für die Meridiane und die Zellebene. Sternsaphir entfacht den Meridianfluß und die in der Aura enthaltene Energie neu, Diamant gleicht das Kronenchakra aus, und Rubin fördert den Durchfluß der Energie durch das Herzchakra, so daß sie weiter um den Körper ausstrahlen kann. Die magnetischen Eigenschaften des Magnetsteins bringen die biomagnetischen Eigenschaften des Körpers mit denen der Erde in Einklang. Hierdurch wird die Aura gereinigt und ausgeglichen.

Bei anfänglicher Einnahme kommt es zu vermehrter Klarheit im Denken und zu einer Zunahme der neurologischen und der Gehirnwellenaktivität. Diese Kombination wirkt oft am besten, wenn man sie äußerlich mit einem Zerstäuber aufträgt. Nach dem Mischen der einzelnen Edelsteinelixiere sollte man die Kombination drei Stunden lang mit Orgonenergie bestrahlen. Diese verschmilzt die einzelnen Elixiere noch mehr und bindet ihre Eigenschaften enger an die Lebenskraft, woraus ja die Aura besteht."

Frage: Sollte man diese Kombination in Verbindung mit aurareinigenden Bädern nehmen?

„Man kann sie vor und nach Aurareinigungsbädern nehmen.

Eine Kombination aus Granat (Rhodolith), Rubin und Sternsaphir wirkt vorwiegend als Tonikum für Herz und Herzchakra. Die emotionale Stabilität nimmt zu, und der Alterungsprozeß wird umgekehrt. Menschen, die diese Kombination brauchen, haben oft Symptome wie Ängstlichkeit, Überanspannung und Zaudern. Der Emotionalkörper wird mit dem Ätherkörper in Einklang gebracht. Das reinigt den Emotionalkörper und macht ihn funktionsfähiger.

Die Durchblutung wird verbessert, weshalb dieses Präparat gut für Massagetherapeuten geeignet ist. Bei der anfänglichen Einnahme kommt es oft zu einer verstärkten Kapillardurchblutung und zu einer kurzzeitigen Rötung der Haut, wie man sie als Reaktion auf Niazin kennt. Testpunkte sind Wirbelsäulenbasis und Mittelbereiche der Handflächen.

Lapislazuli, dunkler Opal, klarer Quarz und Rubin sublimieren die Sexualenergie in höhere Formen der Kreativität. Der physische Sexualtrieb läßt nach, und die im Kehlenchakra gespeicherte Kreativität wird aktiviert. Dunkler Opal hebt die Kräfte des Basischakra an, während Lapislazuli das Kehlenchakra aktiviert. Quarz gleicht die Polarität zwischen Sexual- und Kehlenchakra aus, außerdem Unterleibs- und Herzchakra, durch die die angehobene Sexualenergie fließt. Menschen mit gestörter Kreativität sollten die Einnahme dieses Elixiers in Erwägung ziehen. Die Kreativität aus dem Sexualchakra muß durch Empfindsamkeit aus dem dritten Chakra gemäßigt werden, damit der Ausdruck der Persönlichkeit auch Gefühlsanteile bekommt.

Dieses Präparat fördert Fruchtbarkeit und Klarheit des Denkens, vermindert die Testosteronproduktion und reduziert eventuell vorhandene Ängste. Alle mit dem Sexualchakra verbundenen Krankheiten, Herzbeschwerden, Schilddrüsendysfunktionen und das Syphilismiasma werden gelindert. Die Assimilation von Jod, Protein, Silizium und Vitamin E wird verbessert. Emotional-, Äther- und Mentalkörper werden gekräftigt, Herz-, Sexual-, Milz- und Kehlenchakra aktiviert.

In der dreiundzwanzigsten Kombination sind Azurit, hellrosa Koralle, heller Opal, helle Perle und Rosenquarz enthalten. Dieses Elixier gleicht die Emotionen aus, macht den Menschen empfindungsfähiger und akzentuiert die weiblichen Qualitäten. Menschen, die dieses Elixier brauchen, haben oft Kommunikationsprobleme mit ihrer Mutter. Der Solarplexus wird aktiviert, alle Meridiane und Nadis gekräftigt, und Emotional-, Mental- und Ätherkörper werden angeregt.

Mit dieser Kombination lassen sich Herz-, Haut- und Magenleiden behandeln. Zu Anfang der Einnahme kommt es gewöhnlich zu erhöhter Empfindlichkeit der Haut. Alle Miasmen werden gemildert, und die Resorption von Kalzium, Magnesium, Phosphor und Vitamin C und E wird erhöht. Dieses Elixier kann man äußerlich anwenden. Testpunkte sind Stirn und Solarplexus.

Das nächste Präparat besteht aus roter Koralle, Smaragd, dunklem Opal und heller Perle. Man verwende es zur Linderung von Zaudern und Unentschlossenheit. Wenn jemand zwischen zwei Alternativen hin und her gerissen ist, kann das zu einer Spaltung seiner Identität führen. Extreme Unentschlossenheit verursacht schließlich Desorientierung in den mentalen Prozessen, wodurch ein Stoffwechselungleichgewicht entsteht, das zu echter Schizophrenie führen kann. Echte Schizophrenie läßt sich definieren als Veränderung der Biochemie des Gehirns. Ein ähnlicher Prozeß läuft ab, wenn Streß zur Geschwürbildung an den Magenwänden führt. Der Unterschied ist nur, daß bei Schizophrenie sich die Spannung auf die Schädelgegend auswirkt. Dieses Präparat lindert die frühen noch nicht fortgeschrittenen Stadien von Schizophrenie. Es beseitigt Blutvergiftungen, die auch den Verstand beeinflussen können, ist aber zur Behandlung eines voll entwickelten Schizophreniefalls nicht stark genug. Auch auf das Syphilismiasma hat es eine gewisse Wirkung, indem es die von diesem Miasma hervorgerufenen Vergiftungserscheinung und gestörten geistigen Prozesse teilweise positiv beeinflußt.

Das Einnehmen dieser Kombination vermehrt den Fluß von Sauerstoff und Nährstoffen zu allen Schädelnerven. Außerdem werden Äther- und Emotionalkörper besser in Einklang gebracht. Wenn der Emotionalkörper in der richtigen Weise im Einklang und gereinigt ist, dann kommt es zu einer Ausscheidung der im physischen Körper gelagerten feinstofflichen Toxine, die sich vor allem im Nervengewebe befinden. Bei anfänglicher Einnahme dieser Kombination kommt es durch die Freisetzung der Giftstoffe gewöhnlich zu einer Beschleunigung des Pulses, der Kreislauf wird durch die bessere Oxygenisation positiv beeinflußt, und durch die vermehrte geistige Aktivität entstehen meßbare Veränderungen in den Gehirnwellenmustern.

Rote Koralle stimuliert die Schilddrüse und in der Folge den gesamten Organismus. Durch sie lernt man, sich besser Ausdruck zu verschaffen. Dunkler Opal stellt das Gleichgewicht wieder her, wenn Giftstoffe aus dem Körper ausgeschieden werden, besonders aus dem Muskelgewebe. Smaragd regt Nieren, Herzchakra und Herz an, so daß sie besser mit den vom Körper freigesetzten Giftstoffen umgehen können. Verborgene Ängste nehmen ab. Helle Perle stimuliert die Verdauungssäfte in der Unterleibsregion, so daß sie die Nährstoffe besser assimilieren und mit den möglicherweise auftretenden körperlichen Begierden nach bestimmten Nahrungsmitteln besser fertig werden. Wenn jemand sich einer emotionalen Reinigung unterzieht und Giftstoffe aussscheidet, kommt es oft zu Heißhunger oder ungewohnt starkem Appetit. Damit versucht im allgemeinen der physische Körper, den emotionalen Status quo aufrechtzuerhalten. Gier nach Zucker kann zum Beispiel die Verstandesprozesse aus der Balance bringen. Sma-ragd bringt den Körper ins Gleichgewicht, so daß man intuitiv begreift, wel-che Nahrungsmittel der Körper braucht, anstatt Heißhunger zu entwickeln.

Eine Kombination von Lapislazuli, Malachit, heller Perle und Türkis wirkt vorwiegend sedierend und entspannend und beseitigt so Ängste, besonders bei emotionalen Problemen. Man verwende dieses Präparat, wenn man sich sehr ängstlich fühlt oder zur Linderung von streßbedingten Krankheiten. Auch der Ausdruck des Selbst verbessert sich. Beim anfänglichen Einnehmen kann es zu Ängsten und einer gewissen Schläfrigkeit kommen, die aber verschwinden, wenn der Mensch aufmerksam und wach reagieren muß.

Alle Meridiane und Nadis werden gestärkt, Kehlen- und Unterleibschakra angeregt, Emotional-, Äther- und Mentalkörper aktiviert. Das Tuberkulosemiasma wird gemildert und RNS leichter resorbiert. Diese Kombination unterstützt den Prozeß der Geweberegeneration. Testpunkt ist das Kehlenchakra.

Amethyst, Jade, heller Opal und helle Perle lindern irrationale Ängste und Paranoia und stärken die Nieren. Astral-, Äther- und Emotionalkörper werden gestärkt. Der Astralkörper steht immer mit den Nieren und mit irrationalen Ängsten in Beziehung. Verborgene und irrationale Ängste bedeuten ein Durchsickern von Problemen aus vergangenen Leben in die gegenwärtig arbeitende Persönlichkeit. Grund ist eine Schwächung des Astralkörpers. Ein ausgeglichener Astralkörper ist wesentlich, damit Informationen aus vergangenen Leben nicht an die falsche Stelle geraten. Insbesondere helle Perle bringt den Emotionalkörper mit dem Astralkörper in Einklang. Das ist nicht einfach, denn Astral- und Emotionalkörper haben sehr nah beieinanderliegende Frequenzen, wodurch sie eher dazu neigen, sich gegenseitig abzustoßen.

Diese Kombination lindert auch einige Symptome des Syphilismiasmas, behandelt jedoch dieses Miasma nicht direkt. Bei der anfänglichen Einnahme dieses Präparats kann es kurzfristig zu Hyperventilation und verstärktem Harndrang kommen. Testpunkt ist die Medulla oblongata.

Die nächste Kombination umfaßt Lapislazuli, Perlmutt und dunklen Opal. Sie entspannt den Menschen und lindert die Ängste, die zu Mißtrauen in zwischenmenschlichen Beziehungen führen. Das ist besonders wichtig für die Beziehung zwischen Therapeuten und ihren Patienten. Sie hat eine beruhigende Wirkung auf den Emotionalkörper und macht es einem dadurch leichter, in Kontakt zu den eigenen Gefühlen zu treten. Massagetherapeuten ist dieses Elixier wegen seiner beruhigenden Wirkung zu empfehlen.

Dieses Präparat hat eine mäßig starke Wirkung auf die RNS und führt zu einer milden Aktivierung der Endorphine im Gehirn und im gesamten Nervengewebe. Es stimuliert den Stoffwechsel der Schilddrüse, löst Spannungen und erleichtert den Ausdruck des Selbst. Es ist ein gutes Tonikum für die Meridiane, und auch die Nadis arbeiten etwas besser. Anfangs bewirkt dieses Präparat normalerweise Linderung von Ängsten, Erleichterung beim Atmen und Streßminderung. Testpunkte sind Stirn und Augenbrauenchakra.

Amethyst, Smaragd und Jade sind die Bestandteile der achtundzwanzigsten Kombination. Man verwende sie zur Behandlung von Alkoholismus, Hysterie und visuellen Halluzinationen. Sie erzeugt größere Klarheit im Denken und ist gut gegen Verkaterung. Der durch Alkoholismus gewöhnlich ernsthaft beschädigte Astralkörper wird deutlich gestärkt. Nierenkrankheiten, besonders solche, die mit Streß oder Überlastung der Nieren zusammenhängen, lassen sich wahrscheinlich mit diesem Elixier behandeln. Gesunde Menschen können es einnehmen, um ihre Fähigkeiten zur Astralprojektion zu steigern. Auf der Zellebene werden die Verjüngungskapazitäten der Leber angeregt. Testpunkte sind Medulla oblongata und Nieren.

Beryll und Peridot lindern physische und psychische Unausgewogenheiten, die mit der Leber zu tun haben. Ärger und Angst sind Beispiele für dieses Muster. Meridiane und Nadis werden gestärkt. Auch die Farbe der Haut verbessert sich. Die Eisenresorption wird erleichtert. Testpunkt ist die Leber.

Die nächste Kombination ist Beryll, Diamant und Peridot. Sie eignet sich speziell zur Steigerung medialer Fähigkeiten wie Hellsichtigkeit, Telepathie und bewußter Astralprojektion. Manche Menschen, die diese Kombination brauchen, sind vielleicht besorgt über ihre medialen Fähigkeiten oder leiden unter Alpträumen und nächtlichen Schweißausbrüchen[1]. Der Astralkörper wird in Einklang gebracht, die Klarheit des Denkens und der Analyse nimmt zu.

Wie bei der vorherigen Kombination beeinflußt die Mischung von Beryll und Peridot sehr stark die Leber. Getrennt haben sie wenig Wirkung auf die Leber. Wenn Ärger und Angst erst beseitigt sind, kann es zur Steigerung der Hellsichtigkeit kommen. Peridot beeinflußt Nieren und Astralkörper. Wenn man Beryll und Peridot kombiniert, öffnet Diamant leichter das Kronenchakra. Testpunkt ist das Augenbrauenchakra.

Zur Entwicklung von „Hellhörigkeit" oder medialem Hören verwende man Diamant, Herkimer-Diamant und Feueropal. Auch andere mediale Fähigkeiten können sich durch dieses Präparat entwickeln.

Wenn man Smaragd, klaren Quarz und Peridot kombiniert, läßt sich die geistige Einstellung zur Arbeit mit Hellsichtigkeit und medialen Fähigkeiten beeinflussen. Mit diesem Präparat kann man Krankheiten lindern, die durch mißverstandene mediale Gaben entstehen. Zu diesen Krankheiten sind Autismus, Schlaflosigkeit, Alpträume und Schizophrenie zu rechnen.

Durch den Gebrauch dieses Präparats entwickeln sich ein ruhigerer Schlaf und klarere Astralprojektion. Das Syphilismiasma wird gemildert, und Astral-, Emotional- und Mentalkörper werden ins Gleichgewicht gebracht. Das Elixier läßt sich als Spray auftragen. Testpunkt ist das Herzchakra.

Smaragd, Rosenquarz und Tigerauge sind die Bestandteile der nächsten Edelsteinkombination. Diese Kombination lindert Besessenheit, während die telepathische Verbindung zwischen negativen Gedankenformen und hyperaktivem Traumleben gebrochen wird. Besorgnisse, Ängste, Aberglaube und Präschizophrenie werden gelindert. Nach dem Einnehmen dieser Kombination gehen die Ängste zurück und die Klarheit des Denkens nimmt zu. Der Astralkörper wird gestärkt und näher an den Mentalkörper herangebracht, so daß hellseherische Fähigkeiten eher wie ein logischer Vorgang erscheinen. Auf der Zellebene kommt es zu einem schwachen Einfluß auf die Sekretion der Hypophyse. Testpunkt ist die Schilddrüse.

Amethyst, Kupfer, Gold und Silber sind die Bestandteile der nächsten Kombination. Sie unterstützt speziell die Akupunktur, Akupressur und verwandte Therapien. Sie macht den Körper empfänglicher für diese Behandlungsformen und halbiert oft die Behandlungsdauer. Sie wirkt ganz streng nur auf den ätherischen Ebenen, stärkt die feinstofflichen Körper, Meridiane, Nadis und das Herzchakra. Das Öffnen des Herzchakras hilft, die anderen Chakren in Einklang zu bringen. Immer wenn auch nur für kurze Zeit alle Chakren im Einklang stehen, werden auch alle Meridiane und Nadis angeregt. Das Präparat stimmt den Ätherkörper vollständig auf den physischen ein, wodurch die Geweberegeneration stimuliert wird. Dieser Vorgang fördert die geweberegenerierenden Wirkungen von Akupunktur.

Nach dem Einnehmen dieses Präparats kommt es zu einer Verstärkung der elektrischen Hautreaktionen, was sich galvanisch messen läßt. Auch die durch das EEG meßbare Gehirnwellenaktivität nimmt zu, und während der Akupunktur kommt es zu vermehrter Endorphinausschüttung. Silber stimuliert das neurologische Gewebe, das die Meridiane beeinflußt, Gold steigert die elektrischen Eigenschaften des Körpers. Testpunkt ist das Herz.

Die fünfundreißigste Kombination enthält positiven und negativen Magnetstein und klaren Quarz. Nach dem Vermischen sollte man sie drei Stunden lang mit Orgonenergie bestrahlen. Dieses Präparat unterstützt Akupunktur und Akupressur, vor allem aber sollte man es zur Begleitung von elektrischen Therapien und Radionik anwenden. Magnetstein macht die

Aura, aber nicht die feinstofflichen Körper empfänglicher für elektrische Therapien und Radionik. Quarz verstärkt Gedankenformen in Übereinstimmung mit dem persönlichen Magnetfeld des Individuums.

Die nächste Kombination besteht aus drei Edelsteinen: Smaragd, Onyx und Saphir. Diese Kombination sollten Menschen nehmen, die aus der Form geraten sind. Sie wirkt Übelkeit während sportlicher Übungen entgegen. Wenn man sie während sportlicher Betätigung nimmt, regt sie Herz und Nieren zur Beseitigung von Fettgewebe und Giftstoffen an. Sie verhindert aus Bewegungsmangel resultierende Nieren- und Herzerkrankungen, indem sie den Kreislauf anregt. Die Nieren werden gestärkt, so daß sie mit den Vergiftungserscheinungen, dem Fettgewebe und Cholesterin, die bei Bewegungsmangel entstehen, besser fertig werden.

Bei der anfänglichen Einnahme dieser Kombination kommt es gewöhnlich zu einer zeitweiligen Beschleunigung des Herzschlags und einer Verfärbung des Urins. Auf der Zellebene wird das Fettgewebe zerschlagen, Cholesterin abgebaut, die roten Blutkörperchen besser oxygenisiert, und die Verdauungsenzyme milde angeregt. Auch die Tätigkeit des ätherischen Fluidums wird gesteigert. Menschen, die dieses Präparat brauchen, leiden gelegentlich unter Übergewicht. Testpunkte sind Herz und Nieren.

Girasol-Opal, heller Opal, helle Perle, klarer Quarz und Silber sind die Bestandteile der nächsten Kombination. Sie ist besonders gut zur Behandlung neurologischer Störungen geeignet, besonders in den frühen Stadien degenerativer Nervenerkrankungen. Auf der Zellebene kommt es zur Regeneration des Nervengewebes. Diese Kombination löst emotionale Spannungen, obwohl anfangs gelegentlich ein leichtes Ansteigen der Ängste eintritt. Wenn Ängste vorliegen, ähnelt die Wirkung dieses Präparats oft der eines Sedativums. Anfänglich kann auch eine leichte Steigerung der Atemtätigkeit und der Hautempfindlichkeit auftreten.

Emotional- und Mentalkörper werden in Einklang und Gleichgewicht gebracht. Diese beiden feinstofflichen Körper stehen generell mit Krankheiten des Nervensystems in Beziehung, deswegen verursachen sie oft Streß. Wenn diese beiden Körper im Einklang sind, kommt es zu einer Intensivierung der Lebenskraft in einem fast bioplasmischen Zustand, der Teil des Ätherkörpers ist und ätherisches Fluidum genannt wird. Hierdurch werden die Aktivitäten der beiden feinstofflichen Körper auf das Nervengewebe konzentriert. Unterleibschakra, Nadis und Meridiane werden stimuliert, die Assimilation von Zink, allen B-Vitaminen und von Vitamin A und E verbessert sich. Auch das Syphilismiasma, das das Nervensystem angreift, wird abgemildert. Testpunkt ist der Solarplexus.

Zur nächsten Kombination gehören Gold, Lapislazuli, Malachit und Pyrit. Dieses Präparat sorgt für die Ausscheidung von chemischen Rückständen aus dem Körper, darunter auch Pestizide, Insektizide, Umweltgifte und bestimmte chemische Halluzinationsdrogen wie LSD. Auch das petrochemische Miasma wird geschwächt. Diese Kombination macht das Fettgewebe leichter löslich, so daß diese Giftstoffe entfernt werden.

Auf der genetischen Ebene werden durch petrochemische Stoffe hervorgerufene Schäden bereinigt. Das die Zellen umgebende ätherische Fluidum wird gestärkt, so daß es die im Körper eingelagerten petrochemischen Stoffe besser entfernen kann. Das Gewebe wird verjüngt, Allergien, Ausschläge und Präkanzerosen werden gelindert. Pyrit unterstützt die plasmaartigen Qualitäten der roten Blutkörperchen bei der Geweberegeneration. Gold stärkt das Herz und schützt es, während die petrochemischen Stoffe aus dem Körper freigesetzt werden. Gold ist ein Schlüsselpräparat, wenn es um Geweberegeneration im Körper geht. Dieses Elixier kann man auch äußerlich anwenden.

Beryll, Lapislazuli, Kalkstein und Saphir bauen die Körpersysteme nach der Einnahme chemischer Drogen wieder auf. Durch petrochemische Stoffe in der Umwelt verursachte Krankheiten und auch das petrochemische Miasma lassen sich mit diesem Elixier behandeln. Zusammenbrüche des Immunsystems und Hautgeschwüre können hiermit in Zusammenhang stehen. Der Stoffwechsel wird so reguliert, daß er die petrochemischen Einflüsse leichter aus dem Körper ausscheiden kann. Es entwickelt sich eine milde Entgiftung, und die Zellwände werden zu verbesserter Nährstoffresorption angeregt.

Bei anfänglicher Einnahme kann es zu leichten Ausschlägen, geringem Haarausfall und leichten Schwellungen an den Knöcheln kommen. Das Präparat fördert die Ausscheidung durch Haut und Darm. Depressionen, Ängste und Reizbarkeit werden gelindert. Es kommt zu verstärkter Entspannung, so daß Spannungen im gesamten physischen Körper leichter aufgelöst werden können. Der Ätherkörper wird besser in Einklang gebracht, Herzchakra, Kehlenchakra und Hara geöffnet. Dieses Elixier kann man auch in Form einer Salbe oder mit einem Zerstäuber auftragen. Testpunkte sind Stirn und Herz.

Um petrochemische Stoffe und das petrochemische Miasma aus dem Körper zu vertreiben, kombiniere man Kohle, Diamant und Lapislazuli. Das Schwermetallmiasma wird deutlich abgeschwächt. All die vielen Krankheiten, die von diesen beiden Miasmen, insbesondere dem petrochemischen, verursacht werden, lassen sich mit diesem Elixier behandeln. Man bedenke, daß Kohle karbonisierte pflanzliche Materie ist. Als kristallisierte Struktur ist sie ideal zur Beseitigung des petrochemischen Miasmas geeignet. Diamant verstärkt und klärt den Ausscheidungsprozeß, denn er ist kristallisierte Kohle in einem stabilen Zustand. Auf der Zellebene wird Fettgewebe, das petrochemische Giftstoffe enthält, zerschlagen und ausgeschieden. Zu Beginn der Einnahme kann es zu Hautausschlägen oder leichten Schleimabsonderungen aus der Nase kommen. Auch das ätherische Fluidum im Ätherkörper wird in die Balance gebracht."

Frage: Hätte nicht Kohle als homöopathisches Heilmittel großen Wert in der Behandlung der Begleitumstände des petrochemischen Miasmas?

„Ja."

Frage: Würdest du bitte die Beziehung zwischen Kohle, Öl und dem petrochemischen Miasma erläutern?

„Diese Substanzen sind der Menschheit unter anderm zur Beschleunigung ihrer Geschichte gegeben worden, damit die Konflikte im Mittleren Osten zu einem Brennpunkt des Abarbeitens karmischer Muster werden konnten. Kohle und Öl werden von bestimmten Leuten zum Nachteil der Menschheit mißbraucht. Unter anderm deswegen kann sich dieses Miasma bilden. Nach und nach werden die Menschen verstehen, daß sie Kohle und Öl nicht brauchen.

Amethyst, Lapislazuli und Thulit entfernen Strahlung aus dem physischen Körper. Das gilt besonders für in Schwermetallen gespeicherte radioaktive Isotopen, die oft durch Stoffwechselprozesse im Fettgewebe abgelagert sind. Auf der Zellebene wird das Fettgewebe aufgelöst, und es kommt zu einer chelationsähnlichen Wirkung, bei der Giftstoffe durch die Blase ausgeschieden werden. Das Strahlungs- und das petrochemische Miasma werden abgeschwächt, die Nährstoffassimilation verstärkt und Astral- und Emotionalkörper in Einklang gebracht. Besorgnisse und verborgene Ängste kommen an die Oberfläche und werden aufgelöst. Testpunkte sind Blase und Prostata."

Eine Beschreibung der Auswirkungen der Schwermetall-, Strahlungs- und petrochemischen Miasmen auf den Körper findet sich in *Flower Essences and Vibrational Healing* von Gurudas[2]. Die in Teil 1, Kapitel 4 beschriebenen Clorox- und Meersalzbäder sollte man auch nehmen, wenn man von diesen Miasmen betroffen ist.

„Um den Körper nach der Einnahme psychedelischer Drogen wiederaufzubauen, verwende man Diamant, dunklen Opal, schwarzen oder Rauchquarz und Sternsaphir. Dieses Elixier ruft ein gesteigertes Wohlbefinden hervor, außer wenn man damit Schizophrenie behandelt. Menschen, die dieses Elixier brauchen, sind oft deprimiert oder leiden unter schlechten Träumen. Die Einnahme kann anfangs zu Lethargie und schwererem Atem führen. Auf der Zellebene werden im Fettgewebe abgelagerte psychotrope Drogen ausgeschieden.

Dunkler Opal aktiviert Steißbein und Basischakra, welche dann die Nebennieren zur Freisetzung von Drogen aus dem Körper anregen. Diamant öffnet das Kronenchakra und stimuliert die natürlichen halluzinogenen Fähigkeiten des Körpers. Dies fördert die Ausscheidung künstlicher Halluzinogene aus dem Körper. Emotional-, Äther- und Mentalkörper werden gestärkt, alle Meridiane und Nadis positiv beeinflußt und das petrochemische Miasma beträchtlich abgeschwächt. Man verwende diese Kombination äußerlich als Spray. Testpunkt ist das Herz.

Zur Behandlung psychologischer Nebenwirkungen von Halluzinogenen, insbesondere wenn diese pflanzlichen Ursprungs sind, verwende man Diamant, Onyx und helle Perle. Dieses Präparat wirkt vorwiegend auf die Chakren. Onyx öffnet das Basischakra, Perle das dritte, und Diamant aktiviert das Kronenchakra. Die Öffnung dieser Chakren verringert den durch psychedelische Drogen erzeugten Streß. Das gilt besonders im Hinblick auf die visionären Fähigkeiten des Körpers. Durch die Aktivierung des Basischakra vermehrt sich die Inspiration. Die Öffnung des dritten Chakras erhöht die Empfindungsfähigkeit und auch die Klarheit und das Verständnis in bezug auf visionäre Erfahrungen. Wenn das Kronenchakra durch die strahlende Energie von Diamant geöffnet wird, wird schlecht koordinierte Energie freigesetzt.

Wenn ein Mensch durch künstliche biologische Vorgänge höhere Bewußtseinszustände erlebt, kommt es zu einer Fehlausrichtung der chakrischen Kräfte, besonders wenn er sich nicht gleichzeitig mit meditativen Übungen befaßt. Es tritt Orientierungslosigkeit in den Denkprozessen auf und manchmal auch Halluzinationen. Diese Kombination mildert diese Probleme.

Bei anfänglicher Einnahme dieses Elixiers kann es zu Benommenheit und einer leichten Zunahme des Geschlechtstriebs kommen, obwohl es sich nicht um ein Aphrodisiakum handelt. Der Astralkörper wird gestärkt, so daß er alle Einflüsse aus vergangenen Leben beseitigt, die zu Orientierungslosigkeit führen können. Menschen, die dieses Präparat brauchen, leiden womöglich unter Orientierungslosigkeit, Konzentrationsschwäche und sogar leichter Schizophrenie. Testpunkte sind Kehle und Schilddrüse."

Frage: Was sind die Langzeitsymptome, wenn psychedelische Drogen im Körper gelagert sind?

„Psychedelische Stoffe verweilen in den feinstofflichen Körpern und behindern ihr sachgemäßes Zusammenwirken. Es kann sogar eine Art Mauer zwischen den einzelnen feinstofflichen Körpern entstehen und viele Probleme verursachen. Zum Beispiel kann ein Ungleichgewicht zwischen Mental- und Emotionalkörper eine absolute Antriebslosigkeit auslösen. Das wiederum kann die Antriebskräfte des physischen Körpers schwächen, so daß Nebennieren, Leber, Lymphsystem und Kreislauf in Mitleidenschaft gezogen werden."

Frage: Wie unterscheiden sich die Wirkungen von natürlichen und synthetischen Halluzinogenen?

„Natürliche Halluzinogene gibt es schon sehr lange. Deshalb haben die Menschen, die sie früher verwendet haben, die mit ihnen verbundenen Gedankenformen modifiziert, insbesondere wenn sie mit ihrer Hilfe jenen schmalen Weg zur inneren Kraft beschritten, der zu spirituellem Erwachen führt. Peyote ist ein Beispiel für dieses Muster. Viele Naturvölker haben diese Pflanzen mit dem Ziel des spirituellen Erwachens eingesetzt. Das hat die mit diesen Substanzen verbundenen Gedankenformen gemäßigt. Die höheren Kräfte erlauben die Existenz dieser Pflanzen, damit die Menschen sie manchmal zum Erschließen ihres eigenen Potentials verwenden können. Die synthetischen Halluzinogene gibt es noch nicht lange genug, als daß ihre Eigenschaften von spirituellen Gedankenformen in die Balance gebracht worden wären. Also ist es besser, natürliche Halluzinogene zu benutzen. Wenn man aber irgendeine dieser Substanzen wiederholt anwendet, werden sie dem physischen und den feinstofflichen Körpern schweren Schaden zufügen."

Es werden hier mehrere Kombinationen vorgestellt, mit denen man die Auswirkungen psychedelischer Drogen behandeln kann. Denn hier geht es um wesentliche Probleme, die heute noch wenige in ihrer Bedeutung erkennen. In den vergangenen Jahren haben viele Menschen psychedelische Drogen eingenommen und sich dann langsam einer natürlicheren Lebensweise zugewandt. Doch wesentliche Mengen dieser Drogen verbleiben im Körper, insbesondere in Gehirn, Fettgewebe und Nervensystem. Wenn jemand viele psychedelische Drogen nimmt, entsteht ein Loch in der Aura, wodurch sich der Mensch offen dem Einfluß besessenmachender Wesenheiten aussetzt. Ich habe dieses Muster mehrmals bei meinen Patienten erlebt. Im allgemeinen muß man allerdings schon sehr hohe Mengen dieser Drogen zu sich genommen haben, damit es zu echter Besessenheit kommt. Steiner hat gesagt, Myrrhe versiegele Löcher in der Aura. Man trage Myrrhenöl auf den Körper auf und verwende Myrrheblütenessenz. Auch die in diesem Buch beschriebenen Elixiere zur Stärkung der Aura können helfen.

„Sexuelle Störungen und Spannungen werden durch eine Kombination von Feuerachat, roter Koralle, Spessartingranat und Rubin gelindert. Man verwende diese Kombination bei Impotenz und Frigidität. Sie hat auch eine mild aphrodisische Wirkung und kann zur Behandlung von Menschen eingesetzt werden, die unter mangelnder Antriebskraft, Verzagtheit und Lethargie leiden. Emotionalkörper und Sexualchakra werden ins Gleichgewicht gebracht, so daß viele sexuelle Probleme zurückgehen. Auch Ätherkörper und ätherisches Fluidum werden stimuliert. Das Syphilis- und das Gonorrhöemiasma werden abgeschwächt. Vitamin E wird besser resorbiert, und Testpunkt ist die Wirbelsäulenbasis.

Eine Kombination aus Magnetit, dunklem Opal, schwarzer Perle und Petunie hilft bei Bettnässen. Man verabreiche sie innerlich, indem man sie in Flüssigkeiten mischt, die das Kind zu sich nimmt, und zwar insbesondere zwei bis drei Stunden vor dem Zubettgehen.

Eine Kombination von Kupfer, Gold und Silber stellt das Gleichgewicht bei Störungen der Links/Rechts-Koordination des Gehirns wieder her, so bei Autismus, Legasthenie, Epilepsie, abnormen neuronalen Entladungen und Sehproblemen. Die physische Koordination wird besser, Hypophyse und Epiphyse stimuliert. Silber stellt das Gleichgewicht in der rechten Gehirnhälfte wieder her, Kupfer bewirkt dasselbe auf der linken Seite, und Gold integriert die ausgleichenden Faktoren der linken und rechten Seite. Herz- und Kronenchakra werden ebenso wie der spirituelle und der Mentalkörper aktiviert. Der Vorgang der Meditation wird gefördert, es wird leichter, höhere Bewußtseinszustände zu erreichen. Im Gefühls- und Verstandesleben des Menschen wird das Gleichgewicht wiederhergestellt und in Kreativität übersetzt. Alle Meridiane und Nadis werden gekräftigt. Testpunkt ist die Augenbraue.

Für die nächste Kombination verwende man neben Smaragd kugelförmige und auf Hochglanz polierte Stücke Mahagoni und Rotholz. Rotholz und Mahagoni bereitet man dabei genauso wie sonst die Edelsteinelixiere zu. Es handelt sich dabei nicht um Blütenessenzen. Nach der Vermischung dieser drei Präparate bestrahle man sie vierundzwanzig Stunden lang mit Orgonenergie. Mit einem Zerstäuber auf Pflanzen aufgesprüht, regt diese Kombination deren Wachstum an. Sie wirkt eher wie ein Tonikum, das das Pflanzenwachstum stimuliert, gegen Pflanzenkrankheiten ist die Wirkung gering. Man vermische sie nicht mit dem Wasser, das die Pflanze zu ihrem Wachstum verbraucht hat. Wenn Menschen sich mit diesem Elixier besprühen, erleben sie eine tiefere Einstimmung auf die Natur und das Reich der Devas. Smaragd konserviert die Orgonenergie, einmal durch seine feine Einstimmung auf die Chakren, zum andern weil er die Lebenskraft direkt in die Chakren übersetzt.

Bei Magenbeschwerden, insbesondere Geschwüren, nehme man helle Perle, Topas und Türkis. Indikationen können Gicht und Verdauungsstörungen oder auch Ängste und Streß sein. Dieses Elixier bringt Emotionalkörper und Unterleibschakra ins Gleichgewicht. Die Nährstoffassimilation verbessert sich, insbesondere durch die Bauchwand. Helle Perle erleichtert gefühlsmäßigen Streß, der ja Magengeschwüre verursachen kann, Topas wirkt als Katalysator, um die allgemeinen Heileigenschaften des Türkis zu aktivieren, der dann die Unterleibsregion in Einklang bringt. Testpunkt ist das Hara.

Zur Linderung von Magersucht und anderen Assimilationsstörungen nehme man Jamesonit, Malachit und Türkis. Diese Kombination führt zu einer wesentlich verbesserten Nährstoffassimilation. Dieses Präparat ist auch gut zur Begleitung von Fastenkuren, Chelationsbehandlung, zur Nachbehandlung nach Operationen, intravenöser Ernährung im Krankenhaus und bei nicht-toxischen Krebstherapien, wenn die Assimilation von Nährstoffen einschließlich Eiweiß gefährdet ist. Man sollte die Kombination vor, während und nach solchen Behandlungen einnehmen.

Zu Beginn der Einnahme kommt es gewöhnlich zu einer starken Zunahme des Appetits. Emotional- und Ätherkörper werden näher aneinander ausgerichtet, wodurch Appetitstörungen reguliert werden. Die klassischen Symptome von Anorexia nervosa wie niedriges Selbstwertgefühl, Mangel an elterlicher Liebe, verzerrtes Körperbild, Angst vorm Essen und Abscheu gegen Fettleibigkeit sind Hinweise darauf, daß ein Mensch dieses Elixier benötigt. Es gehört zur Signatur dieser Steine, daß sie porös sind. Malachit stimuliert die Nährstoffresorption, Türkis fördert die Geweberegeneration und dadurch auch die Nährstoffassimilation. Auf der Zellebene kommt es zu einer Stärkung der osmotischen Prozesse, die die Nährstoffe durch die Zellwände sickern lassen. Dieses Elixier läßt sich auch als Salbe anwenden. Testpunkte sind Unterleib, Stirn und Wirbelsäulenbasis.

Um abzunehmen benutze man Jamesonit, Lapislazuli, Malachit und Türkis. Die Schilddrüse wird angeregt, wodurch der Stoffwechsel und der Appetit reguliert und überschüssiges Gewicht verbrannt wird. Alle Nährstoffe werden besser assimiliert, und Heißhunger auf Zucker geht zurück. Der Körper stellt sich darauf um, nur Nährstoffe zu assimilieren, die der Stoffwechsel braucht. Auch die Cholesterinmenge im Körper wird reduziert. Zu Beginn der Einnahme dieses Elixiers kommt es zu einer deutlichen Veränderung des Appetits. Wie bei der vorhergehenden Kombination werden Emotional- und Ätherkörper in Einklang gebracht, so daß sie die Vorbedingungen für das Übergewicht positiv verändern. Wenn jemand dieses Elixier braucht, sind oft dieselben psychologischen Hinweise vorhanden wie bei der letzten Kombination. Testpunkte sind Schilddrüse, Unterleib, Stirn und Wirbelsäulenbasis.

Lotus, Papaya, klarer Quarz und Argyroxiphium sandwichense sind während des Fastens zu empfehlen, insbesondere wenn man fastet, um das spirituelle Wachstum zu stimulieren. Jedes einzelne dieser Edelsteinelixiere und die Blütenessenzen sind ziemlich wirksam, wenn es um die Entwicklung größerer spiritueller Bewußtheit geht.

Als nächstes kommen drei Edelsteinelixier- /Blütenessenzkombinationen, die speziell der Verbesserung der Nährstoffresorption dienen. Menschen, die dem Hungertode nahe sind, wie es in Afrika häufig geschieht, können von diesen Elixieren sehr profitieren. Das erste besteht aus Eilatstein, Rutilquarz, Saphir, Gartenwicke und gemeiner Walnuß. Das zweite aus Kupfer, Eilatstein, Smaragd, Gold, Lapislazuli, Lava, Lotus, Rutilquarz und Rosa webbiana. Das dritte besteht aus glatter Trichterkelch, Brombeere, Schachtelhalm, Zeder, Kupfer, Dill, Eilatstein, Smaragd, Eukalyptus, Gold, Jasmin, Lapislazuli, Lava, Fetthenne, Lotus, Papau, Rutilquarz, Rosa sericea, Salbei, Brunelle, Linderabenzoin und Fichte. Man gibt einige Tropfen von einer dieser Kombinationen auf etwa 40 Liter Wasser. Man muß sie nicht gleichzeitig nehmen. Bei Menschen, die dem Hungertode nahe sind, wird sich die Wirkung nach wenigen Tagen bemerkbar machen. Einige dieser Präparate sind in bezug auf die Nährstoffresorption besonders wirksam, weil sie die Geweberegeneration fördern.

Unbelebte Minerale oder solche, die nicht organisch gebunden sind, werden durch die Edelsteinelixiere, Blütenessenzen und homöopathischen Mittel organisch gebunden. Dadurch werden Lebenskraft und Nährstoffqualitäten der Minerale für die Verdauung zugänglich und relativ leicht vom physischen Körper assimilierbar. Diese Mineraleigenschaften gelangen in das physische System und stimulieren auf der Zellebene die notwendigen Enzymfaktoren. Auf der ätherischen Ebene der feinstofflichen Anatomie begreift der pyhsische Körper die Gegenwart solcher Energiemuster als Hinweis darauf, daß der Körper bestimmte Nährstoffwerte assimilieren muß, die mit einem bestimmten Mineral eng verbunden sind, wie zum Beispiel die Nährstoffwerte von Eisen, Kalzium, Phosphor und Magnesium.

Die Resorption von Nährstoffen aus den tatsächlichen Nährstoffeigenschaften, die sich in Edelsteinelixieren und Blütenessenzen finden, geschieht eher auf der Mikronährstoffebene. Das Einnehmen dieser Präparate regt auch die Assimilation aller Nährstoffqualitäten der Nahrung an. Hier sind diese Schwingungspräparate wesentlich wertvoller für die Nährstoffresorption. Sie stimulieren ein bestimmtes Prana, das dem physischen Körper fehlt, und gleichzeitig die Fähigkeit des physischen Körpers, dieses Prana oder diesen Nährstoff aus Nahrung oder Luft zu resorbieren. Bei bestimmten arthritischen Beschwerden zum Beispiel oder bei starkem Kalziummangel aufgrund von Störung der Kalziumassimilation regen Edelsteinelixiere die Fähigkeit des Körpers an, die nötigen Kalzium-, Phosphor- und Magnesiumeigenschaften zu assimlieren, mit denen dann Kalzium wieder angemessen im Gewebe gebunden werden kann. Diese Prinzipien gelten auch bei der Verwendung von Blütenessenzen als Nahrungsergänzung, wobei diese allerdings anpassungsfähiger sind. In unserem Gespräch über die Stimulation der Nährstoffresorption durch Brunelle haben wir diese Prinzipien ebenfalls berührt.“[3]

Kürzlich habe ich eine Fernsehsendung über die Arbeit von Florence Nightingale gesehen. Als sie während des Krimkriegs versuchte, hygienische Bedingungen in den Militärlazaretten einzuführen, sagte ihr ein Militärarzt, das einzige, was in der britischen Armee jemals zu Veränderungen geführt habe, wären Katastrophen gewesen. In Afrika sterben buchstäblich Millionen Menschen vor Hunger. Ist diese Katastrophe groß genug für die Hilfsorganisationen und Regierungen, daß sie vielleicht einmal ernsthaft die Möglichkeiten dieser Arbeit untersuchen würden? Die oben angegebenen drei Kombinationen sind speziell zur Behandlung von Menschen zusammengestellt, die in Afrika Hungers sterben. Ich wäre natürlich sehr gern bereit, diese Kombinationen Menschen zur Verfügung zu stellen, die mit Verhungernden arbeiten. Schon nach wenigen Tagen würde man die positiven Veränderungen bemerken.

Es gibt auch eine Art „Erste-Hilfe-Ausstattung“ mit bestimmten Edelsteinelixieren und Blütenessenzen. Die erste Kombination davon besteht aus Gewürznelkenessenz, Elfenbein, Malachit, Perlmutt und heller Perle und hilft bei Rückenbeschwerden, schlechter Haltung und Knochenbrüchen. Sie ist hervorragend für die chiropraktische Arbeit geeignet, denn sie führt zu wirksamer Entspannung, besonders für die Wirbelsäule und das mit der Wirbelsäule verbundene Muskelgewebe. Sie lindert Wirbelsäulenentzündungen und wirkt auch hilfreich bei manchen Fällen von Arthritis, Degeneration der Knochensubstanz und allgemeiner Anspannung der Muskulatur.

Zahnverfall läßt sich hiermit möglicherweise aufhalten, und auf der Zellebene wird das Knochenwachstum angeregt. Gegen Zahnschmerzen sollte man diese Kombination in Verbindung mit Techniken wie Hypnose und Akupunktur anwenden. Allerdings braucht man viel Umsicht und klinische Erfahrung, um zu lernen, wie man dieses Präparat wirksam mit anderen Therapien kombiniert und zur Schmerzreduzierung einsetzt.

Durch die Verwendung dieses Elixiers kommt es zu verstärkter Magnesium-, Phosphor- und Kaliumresorption. Man kann es auch äußerlich mit einem Zerstäuber auftragen. Das Herzchakra öffnet sich, und der Ätherkörper wird in der richtigen Weise mit dem ätherischen Fluidum in Einklang gebracht. Testpunkte sind Medulla oblongata und Gaumen.

Zur zweiten Kombination gehören Flammendes Herz, Smaragd und Rubin. Sie wirkt bei Herz- und Kreislaufstörungen. Alle Meridiane und Nadis werden gekräftigt, ebenso die allgemeine Geweberegeneration, insbesondere des Herzens. Die Resorption von Eiweiß, Kieselerde und Vitamin E wird verbessert, Ätherkörper und ätherisches Fluidum positiv beeinflußt. Wer dieses Elixier braucht, leidet oft unter Depressionen und hat Schwierigkeiten mit Vaterfiguren. Testpunkte sind Herz und Herzchakra.

Diamant, Lotus, helle Perle und Rubin sind die Bestandteile der dritten Kombination in der Erste-Hilfe-Ausstattung. Man verwendet sie bei Schock oder Trauma und zur Linderung nervöser Anspannung. Alle Meridiane und Nadis werden gekräftigt. Das dritte, das Kronen- und das Herzchakra werden aktiviert und in Einklang gebracht, so daß sie mehr als Einheit funktionieren. Dieses Elixier schwächt alle sieben Miasmen. Emotional- und Mentalkörper werden in Einklang gebracht, so daß die logischen Denkprozesse wiederhergestellt werden, wenn sie durch Schock oder Trauma unterbrochen waren. Menschen, die unter den Nachwirkungen eines Schocks leiden, beginnen, ihren Zustand rational einzuschätzen. Testpunkt ist die Medulla oblongata.

Die vierte Kombination besteht aus Blutwurz, Blutstein, heller Perle und Rubin und hilft bei Entzündungen und Fleischwunden. Sie verlangsamt die Blutungen, beschleunigt die Gerinnung und verhindert Traumata. Man sollte sie direkt an der verletzten Stelle anwenden, als Tinktur, nicht als Salbe. Sie ist auch in der Chirurgie einsetzbar. Das ätherische Fluidum und das Interferon in den Zellen werden gestärkt, die Assimilation von Kieselerde, Vitamin E und K wird verbessert. Dieses Präparat wirkt außerdem in gewissem Maße stärkend auf drittes Chakra, Nadis und Meridiane.

Gegen Schmerzen nehme man Gewürznelkenessenz und helle Perle. Nach dem Mischen bestrahle man diese Kombination zwölf Stunden lang mit Orgonenergie. Sie stimuliert die Endorphine im Gehirn und löst so Spannungen auf, die sonst zu Schmerzen führen könnten. Der mit Schmerzen verbundene Streß wird verringert. Der Emotionalkörper, der durch Schmerzen durcheinandergebracht wird, wird ebenso wie das dritte Chakra wieder in Einklang gebracht. Diese Kombination kann man äußerlich als Salbe auftragen. Sie ist gut zur Unterstützung von Rolfing-Massagen geeignet. Meridiane und Nadis werden stimuliert. Testpunkte sind Wirbelsäulenbasis und Hararegion.

Zur Linderung von Hautproblemen und Allergien verwende man Eukalyptus mit weißer Bohne und Limabohne. Diese Kombination kann man äußerlich als Salbe auftragen. Testpunkte sind Nieren und Nierenmeridian.

Die siebte Kombination umfaßt Gänseblümchen, Lotus, helle Perle und Topas und ist zur Streßreduzierung geeignet. Lotus öffnet das Kronenchakra, wodurch Streß gelindert wird. Meridiane, Nadis und drittes Chakra werden gekräftigt und alle Miasmen abgeschwächt. Astral- und Emotionalkörper werden in Einklang gebracht und gestärkt. Diese Kombination läßt sich auch äußerlich anwenden. Sie regt vermehrte Resorption von Kalzium, Magnesium, Niazin und Phosphor an. Testpunkt ist die Solarplexusgegend.

Die achte Kombination umfaßt Lotus, Malachit, helle Perle, Rubin und Türkis. Hiermit behandelt man Verbrennungen und lindert den Schock oder das Trauma nach Unfällen. Je nach Hautempfindlichkeit trage man die Kombination vorsichtig als Salbe oder mit einem Zerstäuber auf die verbrannte Stelle auf. Hierdurch wird das Abheilen der Haut gefördert, die Vitamin-E-Resorption verbessert, das dritte Chakra ins Gleichgewicht gebracht und das ätherische Fluidum positiv beeinflußt. Testpunkt ist das verletzte Gewebe.

Die nächste Kombination besteht aus blauem Quarz, Citrin-Quarz, Rosa chinensis viridiflora, Lapislazuli, Lotus und Stiefmütterchen. Diese Kombination lindert allgemeine Blutvergiftungen, reinigt die Leber und reaktiviert einige Funktionen des Blinddarms. Der Blinddarm wurde ursprünglich als Quelle für Verdauungsenzyme benutzt. Wenn dieses Organ sich entzündet, benutzt der Körper dies zur Neuanregung von Verdauungs- und Immunfunktionen – ähnlich wie es bei Milz und Pankreas in bestimmten Situationen der Fall ist.

Zu Beginn der Einnahme kann es zu leichten Ausschlägen, zur Erhöhung der Temperatur und auch zu Fieberanfällen kommen, die manchmal zusammen mit zeitweiliger Übelkeit auftreten. Die Schilddrüse wird gestärkt, so daß sie den Stoffwechsel verbessert und Giftstoffe aus dem Körpersystem beseitigt. Zink und die Vitamine A und C werden besser resorbiert, und es kommt zu vermehrter Geweberegeneration.

Depressionen und irrationale oder reizbare Verhaltensmuster sind Hinweise auf einen Bedarf für dieses Elixier. Rosa chinensis viridiflora versetzt den Menschen in die Lage, die Lehren aus der Erfahrung verschiedener Vergiftungszustände zu ziehen. Lotus öffnet das Kronenchakra. Testpunkte sind Medulla oblongata, Thymusdrüse und der obere Bereich der Schädeldecke.

Die letzte Kombination ist für die ganze Bandbreite der Erste- Hilfe-Situationen geeignet. Sie besteht aus Botswana-Achat, Herkimer-Diamant, Springkraut (Impatiens), Lotus, Gauklerblume (Mimulus), hellem Opal, Cistrose, Kandelaberkaktus (Carnegiea gigantea) und Saphir. Herkimer-Diamant, heller Opal und Lotus lindern Schockzustände und lassen den Menschen die Lehren aus verschiedenen Problemen ziehen. Saphir lindert Schmerzen, Botswana-Achat oxygenisiert das ganze Körpersystem. Springkraut, Gauklerblume und Kandelaberkaktus stellen in einer Vielzahl schwieriger Situationen das emotionale Gleichgewicht wieder her."

Neben den in diesem Kapitel beschriebenen Kombinationen kommen auch an anderen Stellen im Text Kombinationen vor. Zum Beispiel wird im Zusammenhang mit den Eigenschaften von Lazurit auch über eine Kombination aus Lazurit und klarem Quarz gesprochen. Hierdurch werden Visionen angeregt und innere Mantren und Symbole aktiviert. Granit und Feuerstein regen die Geweberegeneration fast im gesamten physischen Körper an. Alle Menschen, besonders Heilende, sollten oft Lotus und grünen Jaspis einnehmen – vielleicht täglich einmal – weil das den physischen Körper kräftigt und die diagnostischen Fähigkeiten der Heilenden verbessert. Koralle und Perle hat man traditionell zur Behandlung von Koliken und Erbrechen und zur Vorbeugung gegen Kinderkrankheiten benutzt. Rosa und weiße Koralle aktivieren die weiblichen Eigenschaften der Koralle.

Um allerdings die volle Wirkung von Koralle zu erfahren, ist oft eine Kombination aus allen vier Farben am besten geeignet. Andere Menschen wollen vielleicht rote und weiße Koralle zusammen einnehmen, um die männlichen und weiblichen Eigenschaften dieser Elixiere ins Gleichgewicht zu bringen. Manchmal nimmt man am besten dunklen Opal und rote Koralle zusammen. Durch isoliertes Einnehmen von roter Koralle kann der Stoffwechsel übermäßig stimuliert werden. Näheres dazu oben unter dem Stichwort dunkler Opal. Blauer, grüner und Wassermelonenturmalin aktivieren die Eigenschaften des vierten und fünften Chakras, und der Zusatz von Katzenaugenturmalin zu dieser Kombination aktiviert außerdem die Eigenschaften des Augenbrauenchakras. In manchen Fällen ist auch die gleichzeitige Einnahme von Magnetstein und Magnetit zu empfehlen, um deren Eigenschaften zu vereinen und zu verstärken. Eine Kombination aus Benitoit, Neptunit und Joaquinit stimuliert Intuition, mediale Fähigkeiten und Harmonie mit der Natur. Gärtner könnten mit Gewinn diese Kombination benutzen.

Es ist auch möglich, sehr viele verschiedene Blütenessenzen zu Kombinationen zu vermischen, ohne daß man dabei Edelsteinelixiere hinzunimmt. Durch eine Kombination von Lotus, Mango und weißer Bohne wird die Fähigkeit zur Astralprojektion verbessert. Zur Erlangung geistiger Klarheit während des Fastens ist eine Kombination aus Papaya, gemeiner Walnuß und Mormonentulpe zu empfehlen. Papaya, Pflaumenbaum und Gartenwicke sind ein ausgezeichnetes Mittel gegen Dickdarmbeschwerden, diese Kombination wirkt fast wie ein Laxativ. Lotus, Winde, und gemeine Walnuß sind hervorragend bei Krankheiten von Gehirn und Nervensystem. Blutwurz, Flammendes Herz, Eukalyptus und Rosa macrophylla kann man bei allen Herz- und Kreislaufbeschwerden nehmen.

Später werden auch andere Kombination vorgestellt werden, besonders in Verbindung mit Rosenblütenessenz. Auch zu einigen der hier präsentierten Kombinationen werden zusätzliche Erläuterungen folgen. Menschen spüren oft die Wirkungen von Schwingungsheilmitteln deutlicher, wenn sie sie in verschiedenen Kombinationen anwenden.

1 Dr. Guirdham: *The Psyche in Medicine*, Sudbury, Suffolk, England, Neville Spearman, Ltd., 1978.

2 Gurudas: *Flower Essences and Vibrational Healing*, Albuquerque, Brotherhood of Life, 1983, pp. 33, 42-44, 45, 84, 94, 100, 108, 122, 126, 131, 135, 142, 151, 154, 159, 178, 182, 188, 190, 194.

3 Ibid., pp. 129-130.

KAPITEL IV

FALLGESCHICHTEN AUS DER KLINISCHEN PRAXIS

Diese Berichte füge ich hier an, damit den Lesern klar wird, daß es sich bei diesen Forschungen nicht mehr nur um gechanneltes Material handelt. Tausende von Menschen haben in den letzten Jahren diese verschiedenen Edelsteinelixiere und Blütenessenzen mit großem Erfolg benutzt. Ich hoffe, mit der Zeit alle diese Präparate in Doppelblindstudien testen lassen zu können. Das wird allerdings erst möglich sein, wenn ich finanzielle Unterstützung für diese Forschungen erhalte. Immerhin, Fallgeschichten sind ein Schritt in diese Richtung. Bei den meisten dieser Fälle wurden eine Zeitlang drei bis sieben Tropfen bis zu drei oder viermal täglich eingenommen.

In vielen Fällen haben Edelsteinelixiere Menschen unmittelbare Erleichterung gebracht. Da ist zum Beispiel der faszinierende Fall der Frau, die seit fünf Jahren keine Menstruation mehr gehabt hatte. Sie hatte sich einer ganzen Reihe orthodoxer medizinischer Verfahren unterzogen. Nach dem Einnehmen von Mondstein begann nach zwei Tagen die Menstruation. Was danach aus ihr wurde, weiß ich nicht. In der volkskundlich überlieferten Edelsteintherapie gilt Mondstein als ungewöhnlich wirksames Mittel für Frauen.

In einem anderen Fall wachte ein Junge mitten in der Nacht auf, weinte, warf sich im Bett hin und her und schlug um sich. Die Kommunikation war unmöglich, alle Versuche, das Kind zu beruhigen, scheiterten. Dann verabreichte man Türkis und Lotus, und innerhalb von Sekunden beruhigte sich der Junge. Nach einer halben Minute war er friedlich eingeschlafen und erwachte am nächsten Morgen gestärkt und zufrieden.

Ein weiterer dramatischer Fall ist der der achtundfünfzigjährigen Frau, die seit Monaten unter chronischen arthritischen Schmerzen in beiden Knien, im Lendenwirbelbereich und im rechtem Daumen litt. Außerdem war sie gegen eine Reihe von Substanzen allergisch. Gegen die ständigen Schmerzen nahm sie alle vier bis sechs Stunden zwei Aspirin. Dann nahm sie Goldelixier und Lotusblütenessenz, und zu ihrer gewaltigen Überraschung verschwanden die ständigen Schmerzen und Beschwerden, insbesondere am Rücken, noch am selben Tage. Auch die Schmerzen in den Knien gingen erheblich zurück, besonders nach Bewegung, was ihr bisher große Beschwerden bereitet hatte. Nach einer Woche hörte sie auf, Aspirin zu nehmen. Früher hatte das bedeutet, daß sie vor Schmerz kaum ein Auge schließen konnte, jetzt schlief sie ohne Schmerzen durch. Außerdem konnte sie sich ohne Beschwerden bewegen. Einmal fingen die Schmerzen im Rücken doch wieder an, da nahm sie etwas Löwenmäulchenessenz. Der Schmerz verschwand innerhalb von Minuten. Als diese Präparate zur Neige gingen, kehrten die Schmerzen zurück und sie brauchte wieder Aspirin zum Schlafen. Doch die Symptome gingen sofort nach Erhalt einer neuen Lieferung Elixiere und Blütenessenzen wieder zurück. Außerdem stellte sie fest, daß sie sich besser an ihre Träume erinnern konnte als früher. Diese Frau ernährt sich heute gesund, nimmt jeden Tag Multivitamintabletten und macht täglich selbsthypnotische Übungen, um ihre Gesundheit zu verbessern. Die Verbesserung ihres Gesundheitszustandes dauert schon seit Monaten an, und sie braucht jetzt auch keine Elixiere oder Essenzen mehr. In der westlichen Medizin hat man Gold in großem Umfang bei arthritischen und rheumatischen Beschwerden verwendet, deshalb wird mancher nicht überrascht sein, daß Goldelixier eine ähnliche klinische Wirkung hat.

In einem anderen Fall stellte ein vierzigjähriger Mann fest, daß seine Kehle beim Sprechen den Dienst versagte und er husten mußte. Er hatte kürzlich eine Grippe gehabt. Außerdem litt er unter Prostatabeschwerden. Darauf nahm er Messing, Kaffee, grünen Diamant, Eukalyptus, Gips, Lotus, Weihnachtsstern und Rosa sinowilsonii. Nach zehn Tagen war die Kongestion der Kehle verschwunden und trat auch mehrere Monate lang nicht wieder auf. Auch die Prostatabeschwerden gingen deutlich zurück.

Ein weiterer interessanter Fall ist der einer siebenunddreißigjährigen Frau, die unter einer Augeninfektion litt, die mit ständigem Jucken im Augenwinkel verbunden war. Die Augen waren rot und verquollen, fühlten sich kalt und trocken an und waren mit Sekreten bedeckt. Nachdem sie mehrmals täglich Rubinelixier auf die Augen aufgetragen hatte, erlebte sie unmittelbare Erleichterung. Die Augen fühlten sich schon dadurch stärker, daß sie das Tropffläschchen mit Rubin in ihre Nähe hielt. Unmittelbar vorm Auftreffen der Tropfen in ihren Augen „sah“ sie einen roten Rubin am Ende der Pipette. Wenn die Tropfen dann im Auge waren, sah sie wieder einen roten Rubin vor ihrem inneren Auge. Nach zwei Wochen hatte sich die Augeninfektion erheblich gebessert, war aber nicht vollkommen verschwunden. Durch die zusätzliche Verwendung von Quarzelixier verschwand sie dann doch, kam aber einige Wochen später nach Absetzen der Elixiere wieder. Zusätzlich zu der lokalen Anwendung nahm sie die Elixiere dreimal täglich oral. Dann las sie, daß Dillblütenessenz Äther- und Emotionalkörper ins Gleichgewicht bringt und dadurch Entzündungen verhindert. Also nahm sie zusätzlich oral Dill, und nach drei Tagen war die Infektion verschwunden. Sie schloß daraus, daß Rubin die allgemeinen Heileigenschaften des Quarz zu den Augen hin gesteuert hatte, während Dill dann die Entzündung geheilt hatte.

Diese Frau stellte auch fest, daß sich ihr Sehvermögen verbesserte. Plötzlich waren ihre Kontaktlinsen zu stark. Außerdem reinigt sie heute ihre Kontaktlinsen mit klarem Quarzelixier, weil Quarz allgemein stärkend und desinfizierend wirken kann. Während der Infektion benutzte sie in Augennähe kein Make-Up und keine Kosmetika. Die Dillessenz tropfte sie nicht direkt in die Augen, weil sie befürchtete, der Branntwein in der Essenz könnte die Augen reizen. Das mag in manchen Fällen zutreffen.

Ich habe noch von mehreren anderen interessanten Fällen gehört, in denen Edelsteinelixiere zur Linderung von Augenbeschwerden benutzt wurden. Eine Frau hatte chronisch geschwollene und entzündete Augen. Ein Arzt hatte ihr gesagt, daß hinge mit allergischen Reaktionen zusammen, aber ihre Augen wurden monatelang nicht besser. Als sie Malachitelixier in die Augen träufelte, verschwanden alle Symptome in ein paar Wochen und waren auch ein Jahr später nicht wieder aufgetreten. Außerdem habe ich von einer Frau gehört, die ihre Augen über einen Monat lang mit Jadeelixier behandelt hat und dann feststellte, daß sich ihr Sehvermögen verbesserte. Jade hatte sie genommen, weil sie aus dem Volksglauben die Beziehung zwischen Jade und den Augen kannte.

Bei Türkis hat man beobachtet, daß er übermäßiger Schleimabsonderung im Körper entgegenwirkt, insbesondere in der Nase. Die Frau, die diese Beobachtung machte, spürte schon nach ein oder zwei Tagen deutliche Erleichterung, konnte aber nicht glauben, daß sie von Dauer sein würde. Dieselbe Person erlebte dabei auch eine Harmonisierung der Aura. Als sie vor ein paar Jahren begann, Türkis zu tragen, konnte sie sich zunächst schlecht an dessen Schwingung gewöhnen, deshalb legte sie ihn sich mehrere Wochen lang unters Kopfkissen. Danach konnte sie ihn tragen. Vielleicht wollen auch andere Menschen es mit diesem Vorgehen versuchen.

Ich habe mehrere Berichte von Menschen erhalten, die Edelsteinelixiere und Blütenessenzen bei ihren Tieren anwenden. In einem Fall verabreichte jemand grünen Diamant an einen älteren Hund, der eifersüchtig auf einen kleinen Welpen war, der neu ins Haus kam. Nach ein paar Tagen hatte sich das Problem erledigt. Der Hundebesitzer entdeckte darauf dasselbe Problem in einem anderen Haus, diesmal aber war der ältere Hund seelisch gebrochen, fraß nichts mehr und wurde sehr krank. Wieder gab man ihm grünen Diamant, und nach ein paar Tagen war das Problem verschwunden. Ein Heiler verabreichte Lotus, Banane, Mais, Feige, Knoblauch und Kürbis an eine sechsjährige afghanische Windhündin. Mehrere Monate lang bekam sie davon täglich sieben Tropfen in ihr Wasser. Als Ergebnis dieser Behandlung wurde die Hündin verspielter und weniger ernst, zeigte weniger Aggressivität gegenüber Fremden, mehr Zuneigung gegenüber Freunden und entwikkelte ein wesentlich stärkeres gefühlsmäßiges und seelisches Gleichgewicht.

Wie oben erwähnt, bieten alle Quarzelixiere Schutz gegen Strahlung. Im folgenden interessanten Fall handelt es sich um eine sensible Frau, die täglich mit einem Textverarbeitungscomputer arbeiten mußte und sich große Sorgen über die tägliche Strahlungsdosis machte. Sie litt unter geistigen Störungen und hatte das Gefühl, daß ihre Aura zerrissen wurde. Kaum hatte sie klaren Quarz eingenommen, hatte sie sofort den Eindruck, als sei eine Wand zwischen ihrer Aura und der Maschine errichtet worden, wie ein Schutzschild. Zwei Wochen lang nahm sie täglich dieses Elixier, mit anhaltendem Erfolg. Einmal als sie vor dem Computer saß, wurde ihr drittes Auge so aktiviert, daß sie deutliche Schmerzen verspürte. Da tat sie zwei Tropfen klaren Quarz auf diese Stelle ihrer Stirn. Der Schmerz hörte sofort auf, und sie fühlte sich zehn bis fünfzehn Minuten sehr benommen. Die Strahlung des Geräts bereitet ihr jetzt keine Probleme mehr, gelegentlich allerdings verspürt sie ein Kribbeln im dritten Auge. Manchmal trägt sie außer Quarz auch Türkis auf der Stirn auf. Außerdem nimmt sie weiter klaren Quarz ein, um den Schutz aufrechtzuerhalten. Klarer Quarz hat sich auch als äußerst wirksam zum Reinigen der Aura von jeglicher Negativität erwiesen.

Ich kenne eine Heilerin, die sehr gute Erfolge mit einer Kombination aus Amethyst-, Smaragd- und Goldelixier erzielt hat. Diese hilft Menschen und insbesondere auch Heilenden, für sich selbst eine bessere emotionale Balance zu erreichen. Gold hilft dem Menschen, das notwendige Energieniveau und Gleichgewicht für solche Veränderungen aufrechtzuerhalten, Amethyst läßt einen die höheren Perspektiven nicht aus den Augen verlieren, so daß man die auftretenden Veränderungen nicht abblockt, und Smaragd liefert das nötige gefühlsmäßige Gleichgewicht, um die inneren Veränderungen zum Abschluß zu bringen. Bei einer Person, die sehr unter emotionaler Zurückweisung, Geldsorgen und Ängsten aus vergangenen Leben litt, verabreichte dieselbe Heilerin Amethyst, Smaragd und Perle. Alsbald gingen diese Sorgen stark zurück. Perle ist sehr wichtig für das emotionale Gleichgewicht, deshalb sollte man sie bei einer Vielzahl emotionaler Probleme einsetzen. Diese Heilerin stellte auch fest, daß die Klienten, denen sie Edelsteinelixiere gab, wesentlich leichter neue Arbeitsplätze fanden. Sie meint, es liegt daran, daß diese Menschen sich besser auf ihr Höheres Selbst einstimmen können.

Eine Person war sehr beeindruckt, als Amethyst ihre Traumerinnerungen wesentlich deutlicher werden ließ und ihr zu gesteigertem Wohlbefinden und Ruhe verhalf. Eine andere Frau stellte fest, daß Amethyst ihre Leidenschaften insbesondere im sexuellen Bereich sofort besänftigte. Die Wirkung trat sofort ein, hielt aber nur zeitweilig an. Eine einunddreißigjährige Frau erhielt Gold, Smaragd und Saphir, um das Herzchakra zu öffnen und Depressionen und launische Stimmungswechsel zu lindern. Ihr Gefühlszustand verbesserte sich deutlich, allerdings nur nach der Einnahme der Elixiere. Vielleicht hätte man mit anderen Präparaten eine dauerhafte Wirkung erzielen können. Ein achtunddreißigjähriger Mann nahm Amethyst, Gold, klaren Quarz und Türkis gegen seine Atembeschwerden, die in Verbindung mit emotionaler Hochspannung auftraten, gegen seine Probleme mit Frauen und, um sein Alkoholproblem in den Griff zu bekommen. Dadurch wurde seine Atmung ruhiger, er trank allerdings weiterhin zuviel. Sein Selbstwertgefühl stieg und es gelang ihm leichter, mit Frauen Kontakt aufzunehmen. Er hat diese Kombination drei Wochen lang eingenommen.

Bei anderer Gelegenheit wurden einer achtunddreißigjährigen Frau Aquamarin, Smaragd, Saphir und Herkimer-Diamant verabreicht, um ihre Ängste und extremen Gefühlszustände auszugleichen. Diese Frau konnte andere nur schwer akzeptieren, ihre Milz funktionierte nicht richtig, und sie litt zeitweise unter schweren Depressionen. Nach ein paar Wochen hatte sich ihr Zustand wesentlich gebessert.

Ein dreiunddreißigjähriger Mann war aus Selbstschutzgründen gefühlsmäßig sehr verschlossen. Er kontrollierte sich sehr stark, und litt vor lauter emotionaler Anspannung unter Kopfschmerzen und Depressionen. Nachdem man ihm Gold, Smaragd, Malachit und Turmalin gegeben hatte, wurde seine Kehle ziemlich heiser. Der Heilpraktiker führte das auf ein Loslassen der unterdrückten Gefühle zurück, doch der Klient stellte daraufhin die Einnahme der Präparate ein. Dann versuchte er es mit Rutilquarz und blauem, grünem und Wassermelonenturmalin. Nach einigen Wochen konnte er seine Gefühle besser ausdrücken, ohne sich oder andere dabei in Aufregung zu versetzen. Dieser Fall ist ein Beispiel dafür, wie viele Menschen sich durch das Auftreten einer Heilkrise beunruhigen lassen. Solche Symptome entstehen bei Edelsteinelixieren und Blütenessenzen nicht allzu oft, sind aber auch nicht auszuschließen. Das muß man den Patienten klar und verständlich erläutern, damit sie solche Krisen begreifen und überstehen und schließlich das Ziel erreichen: gesteigerte Gesundheit und Wohlbefinden.

Eine vierunddreißigjährige Frau hatte unter leichten Depressionen gelitten, außerdem konnte sie ihre Gefühle schlecht ausdrücken, hatte Angst vor neuen Situationen und Gebärmutterbeschwerden. Man gab ihr Gold, Smaragd, Aquamarin, Saphir und Katzenaugenturmalin. Nach einigen Wochen waren die Depressionen und die Frauenbeschwerden zurückgegangen und auch die Angst, ihren Gefühlen Ausdruck zu geben, war deutlich reduziert.

Bei vielen Edelsteinelixieren liegt der spezifische Brennpunkt auf spiritueller Erweckung. Ich erhalte gelegentlich Berichte über Erfolge in diesem Bereich. Da nahm zum Beispiel jemand Herkimer-Diamant und konnte sofort darauf mehrere Stunden lang Auren sehen. Ein Mann nahm Rutilquarz und konnte darauf sofort die Gegenwart seiner Chakren fühlen, insbesondere die der außerhalb des physischen Körper liegenden. Ein Mann in Denver nahm Lotus, Rosa chinensis viridiflora und Orangenblütenessenz und begann nach einigen Sekunden himmlische Sphärenklänge zu hören. Eine andere Person nahm Aquamarin, Gold, Herkimer-Diamant und Lotus, um allgemeine Reinigung und spirituelles Wachstum zu erlangen. Ihre spirituelle und emotionale Empfindungsfähigkeit wurde dadurch sofort deutlich gesteigert. Ein spiritueller Lehrer hat festgestellt, daß Rosenquarz es dem Menschen erleichtert, auf seinem spirituellen Pfad zu bleiben.

Viele Menschen kombinieren Blütenessenzen mit klarem Quarz, um die Wirkung zu verbessern. Zahlreiche Menschen haben mir gesagt, sie wollten erst dieses Buch lesen, bevor sie mit den Blütenessenzen auch Edelsteinelixiere anwenden. Da diese beiden Arten von Präparaten sehr gut zusammenwirken, hoffe ich, daß viele Menschen sie in verschiedenen Kombinationen gemeinsam einsetzen werden.

Eine Heilpraktikerin nahm klaren Quarz, Lotus und Rosa chinensis viridiflora und alsbald hatte sie klare Träume, die ihr sagten, was ihren Patienten fehlte. Ein Arzt nahm klaren Quarz, Lotus und Stiefmütterchen ein. Quarz und Lotus sollten dabei die Wirkung von Stiefmütterchen auf die Leber verstärken. Ein Channelingmedium hatte ihm gesagt, er müßte mit dem Trinken aufhören, er hätte bereits einen schweren Leberschaden. Deswegen war es sehr wichtig, daß er Stiefmütterchenessenz einnahm. Er nahm die Präparate drei Monate lang, außerdem Schwefel und Bärlapp in homöopathischer Potenz. Gleichzeitig machte er Visualisationsübungen und reduzierte seinen Alkoholkonsum deutlich. Schließlich stellte der Arzt fest, daß seine Beschwerden um neunzig Prozent zurückgegangen waren.

Eine einundfünfzigjährige Frau nahm klaren Quarz, Lotus, Aprikose, Zeder, Zitrone, Mango, Papaya und Schafgarbe. Sie litt unter Hypoglykämie, Nahrungsmittelallergien und Schlafstörungen. Während der acht Wochen, in denen sie das Präparat nahm, fühlte sie sich sicher und zufrieden, konnte aber weiterhin schlecht schlafen. Eine andere sechunddreißigjährige Frau nahm klaren Quarz, Lotus, Flammendes Herz, Chapparal, Kaffee, Pampelmuse, Winde, Monadella villosa und Rosmarin. Nach einem Kopftrauma versuchte sie ihre geistigen Fähigkeiten und ihr Gedächtnis zurückzugewinnen. Außerdem wollte sie ihre Kaffeesucht loswerden, reagierte übertrieben auf Kleinigkeiten und verspürte einen tiefen Wunsch nach spirituellem Wachstum. Nachdem sie diese Präparate drei Wochen lang genommen hatte, fühlte sie sich emotional stabiler und regte sich nicht mehr über jede Kleinigkeit auf. Sie konnte ihre Hände beim Klavierspiel wesentlich geschickter einsetzen, die Koordination zwischen den beiden Gehirnhälften war deutlich verbessert. Diese Frau spürte, daß Quarz die jeweiligen Präparate verstärkt, statt sie zu einer neuen Kombination zu vereinen. Nach zwanzigjähriger Kaffeesucht wurde diese Abhängigkeit nun durchbrochen, und sie fühlte sich nicht mehr müde und hatte kein Bedürfnis nach Aufputschmitteln. Mir liegen zahlreiche Berichte von Leuten vor, die ihre Kaffeeabhängigkeit loswurden, indem sie ein paar Tage lang Kaffee-Essenz einnahmen. Oft kann man danach den Geschmack von Kaffee nicht mehr ertragen. Andere haben aufgehört zu rauchen, nachdem sie Tabakblütenessenz genommen hatten.

Eine vierunddreißigjährige Frau litt unter niedrigem Selbstwertgefühl, mangelndem Selbstvertrauen und der Unfähigkeit, sich selbst auszudrücken. Sie fühlte sich von anderen angegriffen und konnte schlecht schlafen. Außerdem sehnte sie sich ehrlich nach spirituellem Wachstum. Sie nahm zwei Wochen lang Amethyst, klaren Quarz, Lotus, Rosa chinensis viridiflora, Riesenmaßliebchen und Schafgarbe. Ihr Ausdrucksvermögen verbesserte sich geradezu dramatisch, und sie fühlte sich in der Öffentlichkeit nicht mehr ganz so angegriffen. Auch ihre spirituellen Channelingfähigkeiten begannen sich zu entwickeln.

Eine Heilpraktikerin erzielte verblüffende Erfolge bei prämenstruellem Syndrom, indem sie Kupfer, Lotus, Avocado, Ginseng, Spanischen Flieder, Granatapfel und Kürbis gab. In zahlreichen Fällen verbesserte sich die emotionale Stabilität ganz erheblich und die Krämpfe traten weit seltener auf. Für Frauen, die Schwierigkeiten hatten, während der prämenstruellen Beschwerden in ihrem Körper zu bleiben, fügte sie der Kombination außerdem Rauchquarz und Herkimer-Diamant bei. Sie selbst nahm Gold und Saphir und stellte fest, daß sie sich immer besser als Lehrende und Führende präsentieren konnte. Außerdem verbesserten sich ihre Intuition und die Einstimmung auf ihr Höheres Selbst.

Eine sechsundfünfzigjährige Frau nahm zwei Wochen lang klaren Quarz, Gold, Saphir, Pinie, Eisenkraut und Weide. Sie litt unter Depressionen, fühlte sich von ihren Pflichten und Verantwortungen erdrückt. Sie mußte zu einer wirklichen Verantwortung für ihr Handeln kommen. Durch die Elixiere und Blütenessenzen gingen die Depressionen zurück, und sie leistete weniger Widerstand gegenüber höheren Inspirationen.

Ich habe auch zahlreiche Fallgeschichten von Menschen, die nur Blütenessenzen genommen hatten. Dieses Material werde ich später veröffentlichen. Wenn ich genügend derartiges Material zusammenhabe, hoffe ich, daraus ein Buch machen zu können. Vielleicht fühlen sich einige der Leserinnen und Leser angesprochen, mir bei dieser Arbeit zu helfen, indem sie mir Material zuschicken. Ich stelle ihnen gerne Formulare für die Fallgeschichten zur Verfügung.

„Viele Menschen haben sich in diesem Prozeß weiterentwickelt, jetzt, wo mehr und mehr Menschen zu Lernenden in diesem Bereich werden. Schwingungsheilmittel steigern und fördern den Begriff, den ihr von euch selbst als Energie habt. Energie ist eins mit Geist und Bewußtsein, so erleuchtet ihr euch selber für das große Wissen, in dem ihr den totalen Begriff von Intellekt, Körper und Geist miteinander verschmelzt, obwohl ihr bisher diese Dinge in verschiedene Wissenschaften und Kunstformen unterteilt habt. Damit erreichen sie die Ebene der Integration, die als Christusprinzip bekannt ist, denn das Christusprinzip ist die Offenbarung der Natur Gottes auf dieser Ebene und der Verschmelzer von Intellekt, Körper und Geist.

Gott ist Liebe, und Liebe ist Harmonie, und Harmonie erzeugt Frieden. Harmonie wollt ihr in euren persönlichen Bemühungen durch die Beziehungen mit anderen herstellen. Denn in der Tat ist das Leben Interaktion mit euren Mitgeschöpfen und Mitseelen, seien sie nun inkarniert oder nicht, oder in den verschiedenen Bereichen, in die ihr Harmonie bringen wollt. Dieser Bereich ist das Bewußtsein.

Nehmt all diese Informationen und wisset, daß es viele Techniken und viele Begriffe gibt. Keine davon aber darf an das Wissen heranreichen, daß Gott in euch ist, oder höher als dieses eingestuft werden. Diese Dinge werden euch gegeben als Lehren, damit daraus angewandte Lehren werden, damit ihr alle mehr und mehr angeregt werdet, vorwärts zu schreiten zu dem, was ihr bereits seid, zur Liebe Gottes nämlich, die in euch ist und Harmonie und Frieden erzeugt."

TABELLEN

Wenn in diesen Tabellen und Listen für einen Edelstein angegeben ist, welches Organ oder welchen Körperbereich er bei Krankheit positiv beeinflußt, dann wirkt dieses Elixier auch allgemein stärkend auf diesen Körperteil, wenn kein Ungleichgewicht vorliegt. Wenn umgekehrt über einen Edelstein gesagt wird, daß er einen bestimmten Körperteil stärkt, so gilt das auch bei Krankheit. Wenn vorgeschlagen wird, einen Edelstein an einer bestimmten Stelle des Körpers zu tragen, wirkt er im allgemeinen, aber nicht immer, anregend auf diesen Körperbereich. Wenn Testpunkte an bestimmten Körperteilen angegeben sind, bedeutet das kaum einmal, daß diese Stellen auch positiv beeinflußt werden. Diese Tabellen und Listen sagen auch nicht aus, daß bestimmte Edelsteinelixiere automatisch einen bestimmten Teil des physischen Körpers oder die dortige Zellstruktur beeinflussen, nur weil ein Körperteil irgendwie beeinflußt wird.

Das sollte man sich klarmachen, wenn man das Material in diesen Tabellen benutzen will. Nicht alle diese Querbezüge sind in diesen Listen enthalten. Ein Elixier, das die Leber stärkt, wird zum Beispiel auch bei Leberbeschwerden wirken. Trotzdem kommt dieses Elixier eventuell in den Tabellen für Krankheiten und Körperteile nicht vor.

Die in diesen Tabellen angegebenen Zahlen beziehen sich auf die Edelsteinelixierkombinationen aus Teil 2, Kapitel 3.

Einige in diesen Tabellen vorkommenden Edelsteine werden anderweitig in diesem Buch nicht besprochen. Diese Edelsteine finden sich im letzten Kapitel von *Gem Elixirs and Vibrational Healing*, Teil II. Es sind im einzelnen:

Charoit	Kakoxen	Perlmutt
Elektrum	Kermesit	Phenakit
Erythrit	Labradorit	Quarz (Cairgorm)
Granat (Hessonit)	Labradorit-Spektrolit	Quarz (dendritisch)
Hiddenit	Lava	Quarz (Lepidok.-Hämatit)
Jadeit	Lepidolith	Quarzit
Jaspis (rot)	Nealit	Staurolith
Kämmererit	Neptunit	Tigerauge
		Zinnober

Tabelle der Krankheiten und Anwendungsbereiche

	Achat (Bilder)	Achat (Botswana)	Achat (Feuer)	Achat (Karneol)	Achat (Moos)	Aquamarin	Asphalt	Aventurin	Azurit-Malachit	Beryll	Chalcedon	Chrysokoll	Chrysolith	Chrysopras	Diamant	Fluorit	Gallium	Gold	Granat (Rhodolith)	Granat (Spessartin)	Graphit	Halit (Salz)	Hämatit	Jade	Jaspis (brauner Bilder)	Jaspis (gelb)	Jaspis (grün)
Abführmittel																						●			●	●	●
Abnormes Zellwachstum									●																		
Adstringens																											
Alkalose																											
Alkoholismus																											
Allergien					●																				●		
Amöbenruhr																											
Anämie (Blutarmut)																		●		●	●	●					
Analbeschwerden																					●						
Antiseptikum																											
Aplastische Anämie																											
Arteriosklerose	●									●	●																
Arthritis									●			●				●		●									
Asbestprobleme							●																				
Atlasbeschwerden																											
Augenbeschwerden	●	●	●	●	●	●		●		●	●		●	●	●		●	●					●	●			
Autismus															●			●									
Azidose																											
Bakterien (durch Bakterien verursachte Krankheiten)																											
Bauchspeicheldrüse (Pankreas)																											
Benommenheit/Schwindel																											
Beulenpest										●																	
Bewegungskoordination	●														●			●									
Bindegewebe																											
Blässe																											
Blase																											
Blinddarmentzündung (Appendizitis)													●														
Bluterkrankheit																											
Blutungen	●	●	●	●	●					●									●	●			●				

Jaspis (Idar-Oberstein)	Koralle	Kunzit	Kupfer	Lapislazuli	Lehm	Magnesium	Magnetit	Magnetstein	Malachit	Marmor	Messing	Meteorit	Obsidian	Opal (Girasol)	Opal (hell)	Opal (Hyalit)	Opal (Jaspopal)	Portlandit	Pyrit	Pyrolusit	Quarz (Amethyst)	Quarz (Citrin)	Quarz (weiß)	Royal Azel	Rubin	Sand	Sandstein	Schwefel	Serpentin	Shattuckit	Silber	Smaragd	Topas	Türkis	Turmalin (blau)	Turmalin (grün)	Turmalin (Katzenaugen)	Turmalin (Quarz)	Turmalin (Rubellit)	Turmalin (schwarz)	Turmalin (Wassermelonen)	Turmalin (weiß)	Versteinertes Holz	Kombination 22	Kombination 28	Kombination 38	Kombination 46	Kombination 55	Kombination 60			
●	●					●																						●				●																				
	●																																																			
					●																																															
		●				●																																							●							
					●																								●															●			●			
					●																																															
	●		●		●							●																						●	●	●	●	●	●	●	●										
					●																																															
		●								●																																									
																										●	●																●									
	●	●	●		●						●															●	●				●								●	●			●	●				●				
																												●																						
				●																																														
	●	●	●	●	●				●					●	●	●	●				●		●	●							●	●		●													●					
					●				●						●						●			●							●																●					
																			●																															
					●								●							●																														
						●	●	●																															●											
		●	●				●	●	●																																									
																						●		●																										
			●						●						●						●			●							●																●					
																																						●					●								
																		●																																
							●	●																						●																				
																					●																													
																												●																					
	●				●				●																					●		●																			

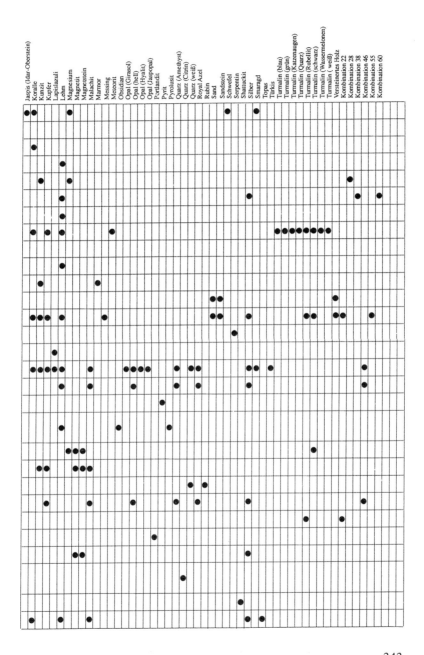

Tabelle der Krankheiten und Anwendungsbereiche

	Achat (Bilder)	Achat (Botswana)	Achat (Feuer)	Achat (Karneol)	Achat (Moos)	Azurit-Malachit	Beryll	Bojistein	Calcit	Chrysokoll	Feuerstein	Gagat	Galenit	Gallium	Gold	Graphit	Halit (Salz)	Jaspis (brauner Bilder)	Jaspis (gelb)	Jaspis (grün)	Jaspis (Idar-Oberstein)	Kohlenstoffstahl	Koralle	Kunzit	Kupfer	Lapislazuli	Lehm
Blutvergiftung													●														
Blutzuckerspiegel (gestörter)					●										●												
Brechreiz																							●				
Brennendes Gefühl																											
Bronchien															●											●	
Bulimie				●	●	●					●																
Candida albicans																											
Chemische Drogen																											
Cholera																									●		
Cholesterin (zu viel Cholesterin im Körper)																							●				
Därme								●														●					
Darmtrakt	●	●	●	●	●		●			●				●	●	●	●	●	●	●	●		●	●	●		●
Dekalzifizierung																●											
Delirium												●															
Desinfektionsmittel																											
Diabetes					●																						
Drüsenschwellungen							●					●															●
Durchfall (Diarrhöe)							●																				
Elephantiasis																											
Endrokrines System																											

Magnesium			●						●		●									
Magnetit	●				●														●	
Magnetstein	●				●														●	
Malachit												●								
Messing																				
Mondstein																				
Nephrit																				
Obsidian									●											
Peridot																				
Perle									●											
Platin	●																			
Pyrit									●							●				
Quarz (Amethyst)					●														●	
Quarz (Lepidokrokit-Goethit)	●																			
Quarz (weiß)									●											
Rhodochrosit					●															
Rubin									●											
Sand								●	●											
Saphir									●											
Schwefel	●								●								●			
Seifenstein	●																			
Silber						●			●											
Smaragd									●											
Spinell									●											
Sternsaphir									●											
Talk																		●		
Turmalin (blau)	●															●				●
Turmalin (grün)																				●
Turmalin (Katzenaugen)																				●
Turmalin (Quarz)																				●
Turmalin (Rubellit)																				●
Turmalin (schwarz)																				●
Turmalin (Wassermelonen)																				●
Turmalin (weiß)									●											●
Zinnober														●						
Kombination 16		●																		
Kombination 36											●									
Kombination 38													●							
Kombination 39													●							
Kombination 48									●											
Kombination 50											●									
Kombination 68																		●		
Kombination 79									●											

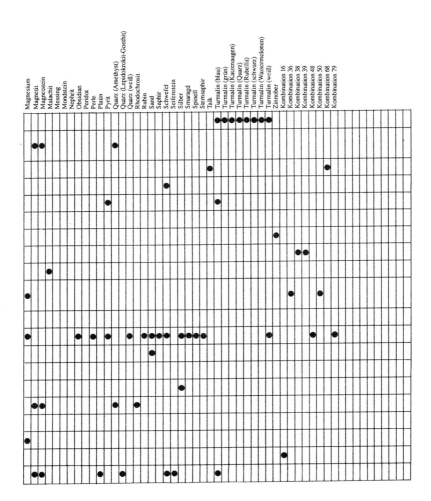

Tabelle der Krankheiten und Anwendungsbereiche

	Achat (Bilder)	Achat (Moos)	Bernstein	Beryll	Calcit	Chalcedon	Chrysolith	Chrysopras	Cuprit	Diamant	Eilatstein	Elfenbein	Fluorit	Gagat	Gold	Granat (Rhodolith)	Granat (Spessartin)	Graphit	Halit (Salz)	Hämatit	Herkimer-Diamant	Jade	Jaspis (rot)	Kalkstein	Kohlenstoffstahl	Koralle	Kunzit
Entgiftung		●			●		●			●	●	●				●			●		●			●			
Entzündungen		●	●				●						●			●	●			●					●		
Epilepsie	●									●				●	●												●
Epiphyse										●																	
Erbkrankheiten																●											
Farbenblindheit																											
Fettgewebe																											
Fieber						●								●									●			●	
Fisteln																		●									
Frauenleiden				●					●					●								●				●	
Frauenleiden im Beckenbereich									●					●								●					
Fruchtbarkeitsstörungen								●						●								●				●	
Gallenblase																											
Gallensteine						●																					
Gangräne																											

		●			●		●					●	●		Kupfer
							●							●	Lapislazuli
					●								●	●	Lehm
	●				●							●		●	Magnesium
				●										●	Magnetit
				●	●									●	Magnetstein
			●					●				●		●	Malachit
														●	Messing
				●	●									●	Mondstein
														●	Nephrit
													●		Obsidian
												●			Opal (hell)
														●	Peridot
				●	●										Platin
													●		Portlandit
												●	●		Pyrolusit
								●	●			●			Quarz (Amethyst)
														●	Quarz (Blau)
●														●	Quarz (Citrin)
			●												Quarz (Rosen)
			●												Quarz (schwarz)
												●			Royal Azel
							●								Rubin
														●	Saphir
														●	Sepiolith
										●					Shattuckit
					●	●	●					●	●		Silber
														●	Spinell
														●	Sternsaphir
										●					Turmalin (blau)
										●					Turmalin (grün)
										●					Turmalin (Katzenaugen)
										●				●	Turmalin (Quarz)
			●		●					●				●	Turmalin (Rubellit)
										●					Turmalin (schwarz)
										●					Turmalin (Wassermelonen)
										●					Turmalin (weiß)
														●	Türkis
														●	Weinstein
			●												Zoisit
														●	Kombination 5
			●		●									●	Kombination 22
														●	Kombination 24
								●							Kombination 35
														●	Kombination 36
								●						●	Kombination 38
														●	Kombination 39
														●	Kombination 40
								●							Kombination 41
												●			Kombination 46
													●		Kombination 58
														●	Kombination 62

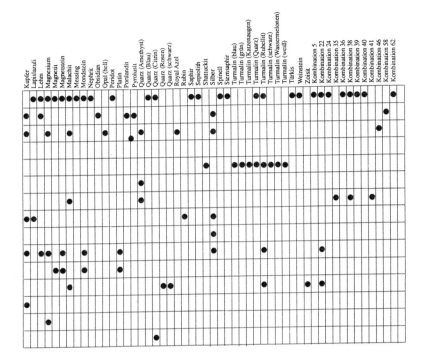

Tabelle der Krankheiten und Anwendungsbereiche

	Achat (Bilder)	Achat (Botswana)	Achat (Feuer)	Achat (Karneol)	Achat (Moos)	Albit	Aquamarin	Atacamit	Aventurin	Azurit	Azurit-Malachit	Bernstein	Beryll	Calamin	Chrysokoll	Chrysopras	Diamant	Diopsid	Elfenbein	Enstatit	Fluorit	Gagat	Gallium	Gips	Gold	Granat (Hessonit)	Granat (Rhodolith)
Gaumen	●	●	●	●	●																						
Gebärmutter																											
Gehirn	●	●										●					●								●		
Gehirn (Koordination der linken und rechten Hälfte)	●				●												●								●		
Gehirnblutungen																	●										
Gelbsucht																											
Gelenke										●																	
Geschlechtskrankheiten								●																			
Geschwüre	●	●	●	●	●									●	●				●								
Gewichtsprobleme																							●	●			
Gicht																●											
Grippe/Erkältungen													●								●	●			●		
Großhirnrinde																											
Gürtelrose																											
Haare														●								●					
Hals							●																				
Hara																											
Haut	●	●	●	●	●	●			●	●	●			●				●	●	●				●	●	●	●

Granat (Spessartin)	●										●							
Graphit	●								●									
Hämatit	●																	
Jaspis (brauner Bilder)	●									●								
Jaspis (gelb)										●								
Jaspis (grün)										●								
Jaspis (Idar-Oberstein)										●								
Jaspis (rot)										●								
Kohlenstoffstahl							●											
Kohle	●																	
Koralle	●								●				●	●		●		●
Kunzit			●					●										
Kupfer	●					●	●			●			●		●	●		
Lehm	●				●					●								
Magnesium													●				●	
Magnetit	●		●									●						
Magnetstein	●		●									●						
Malachit										●					●			
Marmor	●																	
Messing	●																	
Meteorit							●											
Mondstein										●								
Opal (hell)															●			
Opal (Jaspopal)											●							
Perle	●									●								
Portlandit	●																	
Quarz (Amethyst)															●			
Quarz (Rosen)											●							
Quarz (Rutil)																●		
Quarz (weiß)										●								
Royal Azel															●			
Rubin									●									
Sand								●										
Sandstein	●																	
Saphir		●																
Sarder	●																	
Schwefel	●						●					●						
Sepiolith	●																	
Silber	●				●						●	●			●	●		
Smaragd	●																	
Spinell	●																	
Sternsaphir		●																
Topas								●										
Turmalin (Rubellit)	●										●							
Kombination 22	●										●							
Kombination 23	●																	
Kombination 38	●																	
Kombination 39	●																	
Kombination 46															●			
Kombination 48								●										
Kombination 50									●									
Kombination 60, 62	●																	
Kombination 80																●		

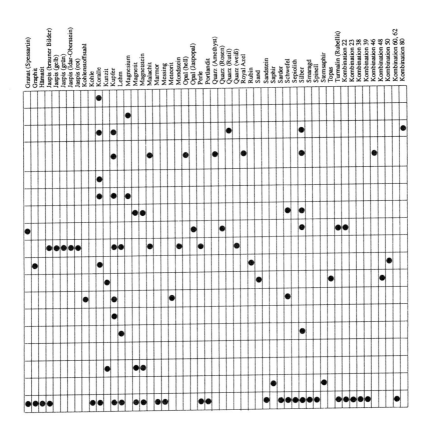

Tabelle der Krankheiten und Anwendungsbereiche

	Abalone	Achat (Moos)	Aquamarin	Asphalt	Atacamit	Azurit-Malachit	Beryll	Beryllonit	Calamin	Cuprit	Diamant	Diopsid	Durangit	Elfenbein	Enstatit	Fluorit	Gips	Gold	Granat (Rhodolith)	Granat (Spessartin)	Hämatit	Halit (Salz)	Herkimer-Diamant	Jade	Jaspis (brauner Bilder)	Jaspis (Idar-Oberstein)	Jaspis (rot)
Hernien																											
Herpes					●															●							
Herz										●			●					●		●							
Hexenschuß (Lumbago)																											
Hitzewallungen																		●									
Hoden											●																
Hormonstörungen								●											●	●							
Hyperreflexie																											
Hypoglykämie		●																									
Hypophyse											●																
Immunsystem																		●						●	●	●	
Infektionen																											
Ischias																											
kardiovaskuläre Erkrankungen							●					●			●												
Katarakt (grauer Star)																											
Kehle			●				●																				●
Kehlkopf																											
Kiefer			●				●				●																
Kinderkrankheiten																		●									
Körpergeruch																											
Körperhaltung (schlechte)																											
Koliken																											
Konvulsionen																											
Kopf																											
Kopfhaut									●																		
Kopfschmerzen																		●			●	●					
Krämpfe																											
Krampfadern (Varizen)																											
Krampfadern																											
Krebs/Präkanzerosen	●			●		●	●							●		●	●	●					●				

●						●								●																Kohlenstoffstahl
	●													●																Koralle
				●								●				●							●							Kunzit
	●	●	●				●							●			●										●		●	Kupfer
●													●	●																Lapislazuli
																			●	●										Lazulith
●	●																●	●								●			●	Lehm
●							●	●		●				●								●					●			Magnesium
●			●	●																						●				Magneüt
●			●	●																						●				Magnetstein
●			●					●			●			●	●			●									●		●	Malachit
					●																									Messing
●																														Mondstein
																		●												Obsidian
●																														Perle
				●																										Platin
																											●			Porphyr
						●																								Portlandit
													●	●																Pyrit
																		●												Pyrolusit
				●															●	●	●									Quarz (Amethyst)
●																			●											Quarz (blau)
																			●											Quarz (Citrin)
																			●											Quarz (Rutil)
																											●			Quarz (schwarz)
●																														Quarz (Solution)
															●															Quarz (weiß)
											●							●	●								●			Rubin
											●					●														Sand
								●												●							●			Saphir
										●									●											Schwefel
				●										●				●												Silber
											●								●								●			Smaragd
																				●							●			Sternsaphir
														●																Talk
●														●					●											Turmalin (blau)
											●																●			Turmalin (grün)
●																			●											Turmalin (Rubellit)
																											●			Turmalin (schwarz)
																		●									●			Versteinertes Holz
																			●								●			Kombination 22
																											●			Kombination 23
																											●			Kombination 36
●																														Kombination 38
																			●											Kombination 39
●																														Kombination 49
									●																					Kombination 55
																											●			Kombination 56
								●			●																			Kombination 68
																											●			Kombination 81

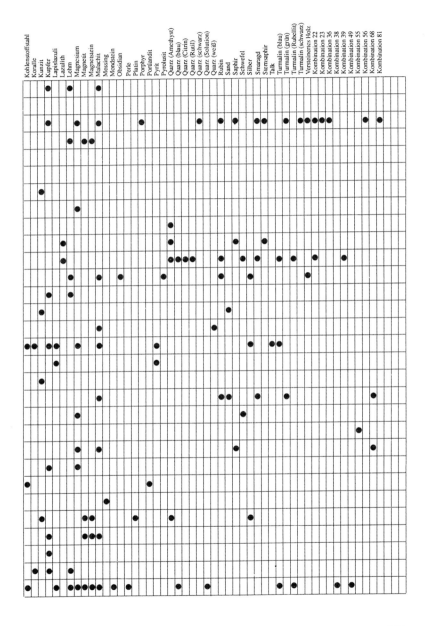

Tabelle der Krankheiten und Anwendungsbereiche

	Achat (Bilder)	Achat (Botswana)	Achat (Feuer)	Achat (Karneol)	Achat (Moos)	Albit	Alexandrit	Asphalt	Azurit-Malachit	Beryll	Blutstein	Bronze	Chalcedon	Diamant	Diopsid	Durangit	Elfenbein	Enstatit	Feuerstein	Fluorit	Galenit	Gallium	Gold	Granat (Hessonit)	Granat (Spessartin)	Hämatit	Jaspis (brauner Bilder)
Kreislauf					●	●					●		●								●		●			●	
Lähmungserscheinungen																						●	●				
Leber					●				●	●										●			●	●	●	●	
Legasthenie (Dyslexie)	●													●									●				
Lepra																											
Leukämie							●				●	●	●		●		●	●									
Lungen		●	●	●	●	●		●								●				●							●
Lymphgefäß			●				●																●				
Lymphogranulomatose (Hodgkin-Krankheit)					●																						
Magersucht (Anorexia nervosa)				●	●				●										●								

			●							Jaspis (gelb)
			●							Jaspis (grün)
			●							Jaspis (Idar-Oberstein)
			●						●	Kohlenstoffstahl
			●	●			●		●	Koralle
●									●	Kunzit
		●	●			●	●		●	Kupfer
	●	●	●						●	Lapislazuli
							●			Lazulith
		●					●		●	Lehm
			●				●		●	Magnesium
				●		●			●	Malachit
				●		●				Opal (hell)
				●						Opal (Girasol)
				●					●	Opal (Hyalit)
				●			●			Opal (Jaspopal)
							●			Peridot
								●		Platin
					●				●	Portlandit
			●						●	Pyrit
						●				Quarz (Amethyst)
							●			Quarz (Lepidokrokit-Geothit)
				●					●	Quarz (Rosen)
									●	Quarz (Solution)
				●						Quarz (weiß)
						●				Royal Azel
				●					●	Rubin
			●				●			Sand
							●			Sandstein
	●		●						●	Schwefel
			●							Serpentin
●						●	●			Silber
									●	Smaragd
		●								Sodalith
									●	Spinell
									●	Topas
●										Türkis
		●								Turmalin (blau)
		●							●	Turmalin (grün)
		●								Turmalin (Katzenaugen)
		●								Turmalin (Quarz)
		●					●			Turmalin (Rubellit)
		●				●			●	Turmalin (schwarz)
		●								Turmalin (Wassermelonen)
		●								Turmalin (weiß)
							●			Kombination 22
							●			Kombination 29
						●				Kombination 46
●										Kombination 49
									●	Kombination 56
									●	Kombnation 58
									●	Kombination 81

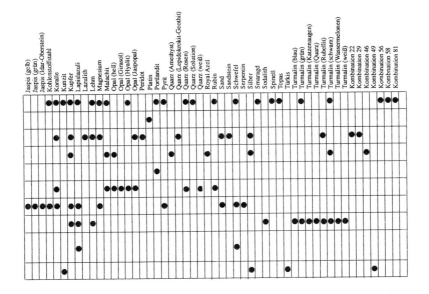

Tabelle der Krankheiten und Anwendungsbereiche

	Achat (Bilder)	Achat (Botswana)	Achat (Feuer)	Achat (Karneol)	Achat (Moos)	Alexandrit	Apatit	Atacamit	Azurit-Malachit	Beryll	Bojistein	Bronze	Diamant	Durangit	Eilatstein	Feuerstein	Fluorit	Gagat	Gold	Graphit	Hämatit	Herkimer-Diamant	Hiddenit	Jade	Jaspis (brauner Bilder)	Jaspis (gelb)	Jaspis (grün)
Mandelentzündung																											
Mastdarm (Rektum)																											
Menière-Krankheit																											
Menstruationsbeschwerden										●								●						●			
Milz	●	●	●	●	●	●																					
Mongolismus																	●										
Mononukleose																											
Multiple Sklerose																			●								
Mumps																											
Mund																									●	●	●
Mundwasser																											
Muskeldystrophie									●										●								
Muskelsystem							●						●	●					●			●					●
Nächtliche Schweißausbrüche																			●								
Nägel																				●							
Nährstoffmangel			●	●	●			●	●		●	●			●	●			●		●		●				
Narkolepsie																											
Nasendurchgänge																											

Jaspis (Idar-Oberstein)									●									
Kohle			●															
Kohlenstoffstahl	●																	
Koralle						●								●	●			
Kunzit			●			●			●							●		
Kupfer					●										●			
Labradorit						●												
Lapislazuli								●						●				●
Lazurit			●															
Lehm			●					●		●		●			●			●
Magnesium															●			
Magnetit			●			●												
Magnetstein			●			●												
Malachit			●															
Peridot			●															
Perle						●												
Platin						●									●			
Porphyr														●				
Pyrit																		●
Quarz (Amethyst)			●															
Quarz (Citrin)			●															
Quarz (Lepidokrokit-Geothit)			●															
Quarz (Rutil)			●															
Quarz (schwarz)						●												
Quarz (weiß)			●															
Rhodochrosit		●																
Sand														●				
Saphir						●												
Scarabäus			●															
Schwefel				●													●	
Shattuckit													●					
Silber	●		●												●		●	
Sternsaphir						●												
Tigerauge		●																
Türkis	●		●			●												
Turmalin (Rubellit)															●			
Turmalin (schwarz)			●			●	●							●				
Versteinertes Holz			●															
Kombination 2						●												
Kombination 20			●															
Kombination 22															●			
Kombination 24						●												
Kombination 25			●															
Kombination 30					●													
Kombination 34			●															
Kombination 49			●															
Kombination 52			●															
Kombination 53			●															
Kombination 54			●															
Kombination 55						●												
Kombination 63			●															
Kombination 65			●															

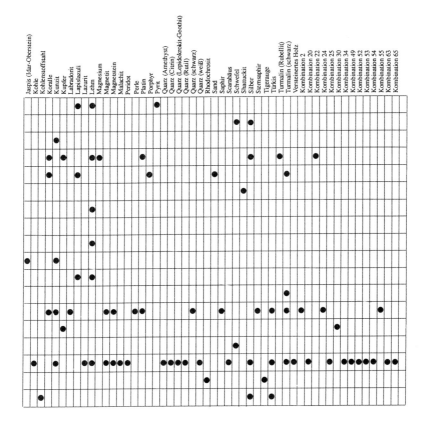

Tabelle der Krankheiten und Anwendungsbereiche

	Achat (Bilder)	Achat (Botswana)	Achat (Feuer)	Achat (Karneol)	Achat (Moos)	Alexandrit	Apatit	Aquamarin	Asphalt	Bernstein	Bojistein	Bronze	Calamin	Chrysokoll	Creedit	Diamant	Diopsid	Enstatit	Feuerstein	Gallium	Gips	Gold	Granit	Graphit	Halit (Salz)	Herkimer-Diamant	Jade
Nebennieren																											
Nervensystem	●					●		●		●						●						●					
Nieren	●	●	●	●	●												●	●	●	●		●			●		●
Ohnmacht																											
Organtransplantationen																	●	●									
Parkinson-Syndrom																											
Perniziöse Anämie																											
Pflanzenkrankheiten											●																
Plasma					●																						
Plutoniumausschwemmung																											
Prostata																					●						
Protein (=Eiweiß-)Assimilation						●																					
Psychedelische Drogen (Ausscheidung psychedelischer Drogen)																											
Puls																											
Rachenkatarrh (Pharyngitis)																											
Rauchen		●																									
Retardierung (der geistigen Entwicklung bei Kindern)																											
Rheumatismus														●								●					
Rißverletzungen (Fleischwunden)																											

																●			Jaspis (brauner Bilder)
																			Jaspis (grün)
																			Kohle
																			Kohlenstoffstahl
		●											●			●	●		Kunzit
					●							●				●	●		Kupfer
																	●		Lapislazuli
	●																		Lehm
					●			●								●	●		Magnesium
	●																		Magnetit
	●																		Magnetstein
	●								●						●		●		Malachit
																	●		Onyx
																		●	Opal (dunkel)
																	●		Opal (hell)
																	●		Perle
																		●	Peridot
																	●		Platin
																	●		Porphyr
				●															Pyrit
																	●		Quarz (Amethyst)
																	●		Quarz (schwarz)
																●			Rhodochrosit
																	●		Royal Azel
																			Sand
	●																		Sandstein
																●			Saphir
	●																		Schwefel
																●	●		Silber
																●	●		Smaragd
																●			Sternsaphir
																	●		Topas
																	●		Turmalin (blau)
							●												Turmalin (Rubellit)
																	●	●	Turmalin (schwarz)
	●																		Versteinertes Holz
																		●	Kombination 1
							●												Kombination 22
																	●		Kombination 24
																●			Kombination 28
																●			Kombination 36
																	●		Kombination 37
						●													Kombination 42
						●													Kombination 43
																	●		Kombination 46
●																			Kombination 58
																	●		Kombination 80

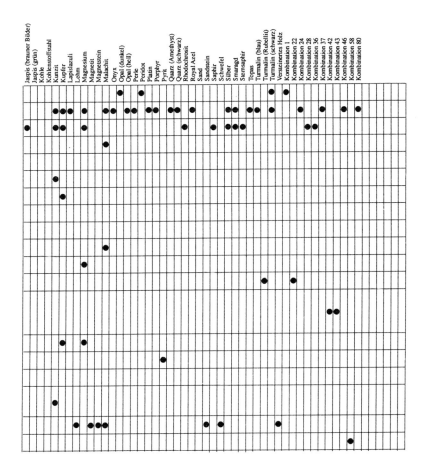

Tabelle der Krankheiten und Anwendungsbereiche

	Achat (Botswana)	Achat (Karneol)	Achat (Moos)	Amazonit	Apatit	Asphalt	Atacamit	Azurit	Beryll	Blutstein	Bronze	Calamin	Chalcedon	Creedit	Cuprit	Diamant	Elektrum	Fluorit	Gagat	Gips	Gold	Granat (Hessonit)	Granat (Spessartin	Granit	Graphit	Halit (Salz)	Herkimer-Diamant
Röntgenstrahlenbelastung	●	●			●	●					●	●		●							●			●	●		●
Ruhr (Dysenterie)																											
Scharlachfieber																											
Schilddrüse								●							●												
Schilddrüsenunterfunktion								●																			
Schleimhäute																				●						●	
Schluckauf									●																		
Schmerzen																			●								
Schüttelfrost																					●					●	
Schultern																●											
Schwangerschaft/Geburt			●	●					●				●							●							
Schwäche										●																	
Schwerhörigkeit																		●									
Selbstheilungskräfte, Anregung der								●									●					●					
Senilität																											
Sexuelle Störungen							●									●					●		●				
Sichelzellenanämie																											

Jade							●										
Jaspis (grün)				●													●
Kalkstein				●													
Kohle																	●
Kohlenstoffstahl																	●
Koralle			●			●						●					
Kunzit					●			●		●				●			
Kupfer		●			●	●			●					●	●	●	●
Labradorit-Spektrolit				●													
Lehm					●					●							
Magnesium						●	●										
Magnetit								●		●							●
Magnetstein								●		●							●
Malachit				●						●							●
Marmor	●																
Mondstein							●										
Opal (Hyalit)	●																
Opal (Jaspopal)		●															●
Peridot				●													
Platin					●												
Portlandit										●							
Pyrit						●											
Quarz (Amethyst)							●										●
Quarz (blau)																	●
Quarz (Citrin)																	●
Quarz (dendritisch)				●													
Quarz (Lepidokrokit-Geothit)																	●
Quarz (Rosen)		●															●
Quarz (Rutil)																	●
Quarz (schwarz)																	●
Quarz (Solution)																	●
Quarz (weiß)																	●
Rhodonit					●												
Rubin	●																
Sand																	●
Sandstein																	●
Saphir										●							●
Scarabäus																	●
Schwefel		●								●							
Shattuckit	●																●
Silber		●			●		●			●							●
Smaragd																	●
Sodalith																	●
Sternsaphir										●							●
Türkis												●					●
Turmalin (Rubellit)		●					●										●
Turmalin (schwarz)		●															
Kombination 16		●															
Kombination 22		●												●			
Kombination 41																	●
Kombination 59										●							
Kombination 64										●							

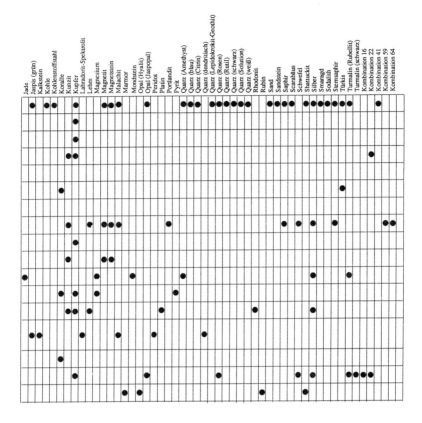

Tabelle der Krankheiten und Anwendungsbereiche

	Achat (Bilder)	Achat (Botswana)	Achat (Karneol)	Apatit	Aquamarin	Asphalt	Azurit	Beryll	Bronze	Calamin	Chalcedon	Creedit	Diopsid	Elfenbein	Enstatit	Fluorit	Gagat	Gallium	Gold	Granat (Hessonit)	Granat (Rhodolith)	Granat (Spessartin)	Granit	Graphit	Herkimer-Diamant	Jaspis (grün)	Kohle
Skelettsystem				●	●		●		●					●		●	●	●	●	●	●	●		●			
Skleroderma	●							●			●		●		●												
Spastische Anfälle																										●	
Speiseröhre																											
Sterilität, durch Strahlung verursachte																											
Stirn- und Nebenhöhlen																											
Strahlung, künstliche		●	●	●		●			●	●		●							●				●	●	●	●	●

●							Kohlenstoffstahl
						●	Koralle
				●		●	Kunzit
●				●		●	Kupfer
			●	●			Lapislazuli
						●	Lehm
						●	Magnesium
●						●	Magnetit
●						●	Magnetstein
●							Malachit
					●		Marmor
						●	Messing
●							Nephrit
●		●				●	Opal (Jaspopal)
						●	Perle
				●			Platin
						●	Portlandit
●				●			Quarz (Amethyst)
●							Quarz (blau)
●							Quarz (Citrin)
●							Quarz (dendritisch)
●							Quarz (Lepidokrokit-Geothit)
●							Quarz (Rosen)
●							Quarz (Rutil)
●							Quarz (schwarz)
●							Quarz (Solution)
●							Quarz (weiß)
●					●	●	Sand
●					●		Sandstein
●							Saphir
●							Scarabäus
	●						Schwefel
						●	Sepiolith
●							Shattuckit
●				●		●	Silber
●							Smaragd
●							Sodalith
●							Sternsaphir
●							Türkis
●						●	Turmalin (Rubellit)
●							Variscit
					●	●	Versteinertes Holz
						●	Weinstein
						●	Kombination 22
						●	Kombination 55

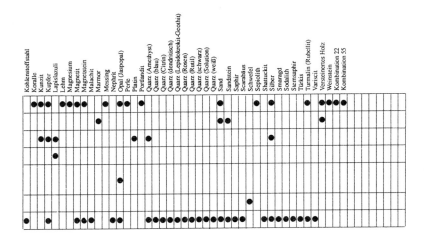

Tabelle der Krankheiten und Anwendungsbereiche

	Achat (Botswana)	Achat (Karneol)	Apatit	Asphalt	Atacamit	Blutstein	Bojistein	Bronze	Calamin	Chrysolith	Creedit	Diamant	Gagat	Gallium	Gold	Granat (Rhodolith)	Granat (Spessartin)	Granit	Graphit	Herkimer-Diamant	Jaspis (grün)	Jaspis (Idar-Oberstein)	Kohle	Kohlenstoffstahl	Kunzit	Kupfer	Lapislazuli
Strahlung, natürliche		●	●	●				●	●		●				●			●	●		●	●	●	●		●	
Syphilis					●							●			●		●									●	
Taubheitsgefühl																											
Thymusdrüse															●												●
Tierkrankheiten							●																				
TMJ-Problem												●															
Toxämie, allgemein										●		●															
Tuberkulose													●		●												
Tumore	●					●							●	●						●							
Typhus																										●	
Übelkeit																●									●	●	
Übermäßig scharfe Sinneswahrnehmung																			●								

	1	2	3	4	5	6	7	8	9	10	11	12
Lehm								●	●			
Magnesium	●							●				
Magnetit	●								●			
Magnetstein	●								●			
Malachit	●											
Meteorit	●											
Nephrit	●											
Onyx	●											
Opal (Jaspopal)	●											
Platin			●									
Quarz (Amethyst)	●											
Quarz (blau)	●											
Quarz (Citrin)	●											
Quarz (dendritisch)	●											
Quarz (Lepidokrokit-Geothit)	●											
Quarz (Rosen)	●											
Quarz (Rutil)	●											
Quarz (schwarz)	●											
Quarz (Solution)	●											
Quarz (weiß)	●											
Sand	●											
Sandstein	●											
Saphir	●											
Sarder									●			
Scarabäus	●											
Schwefel		●						●				
Shattuckit	●											
Silber	●											
Smaragd	●											
Sodalith	●											
Spinell											●	
Türkis					●							
Turmalin (blau)								●				
Turmalin (grün)				●				●				
Turmalin (Katzenaugen)	●							●				
Turmalin (Quarz)								●				
Turmalin (Rubellit)	●	●						●				
Turmalin (schwarz)	●	●						●				
Turmalin (Wassermelonen)								●				
Turmalin (weiß)								●				
Variscit	●											
Kombination 16		●										
Kombination 22	●	●										
Kombination 35							●					
Kombination 36											●	
Kombination 41	●											

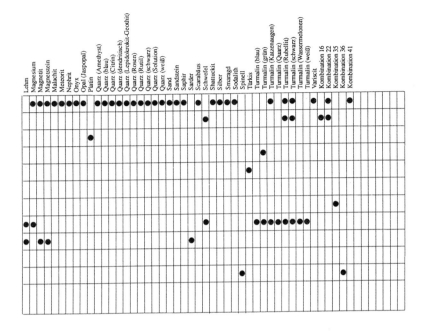

Tabelle der Krankheiten und Anwendungsbereiche

	Achat (Bilder)	Achat (Botswana)	Achat (Karneol)	Anhydrit	Apatit	Aquamarin	Asphalt	Blutstein	Bronze	Calamin	Chalcedon	Creedit	Cuprit	Elfenbein	Feuerstein	Gagat	Gallium	Gips	Gold	Granat (Rhodolith)	Graphit	Hämatit	Herkimer-Diamant	Jade	Jaspis (brauner Bilder)	Jaspis (gelb)	Jaspis (grün)
Umweltgifte		●	●	●	●		●		●	●		●	●	●	●	●	●		●	●	●		●	●	●	●	●
Unfälle		●																									
Untere Extremitäten																											
Unterleib/Bauch						●		●								●		●			●						
Vagina																											
Verbrennungen	●	●	●								●											●					

					●	Kohle
		●			●	Kohlenstoffstahl
					●	Kupfer
					●	Lapislazuli
●		●				Lehm
		●				Magnesium
					●	Magnetit
					●	Magnetstein
		●			●	Malachit
					●	Messing
		●				Mondstein
					●	Nephrit
					●	Obsidian
		●				Perle
					●	Platin
					●	Porphyr
					●	Pyrit
					●	Quarz (Amethyst)
					●	Quarz (blau)
					●	Quarz (Citrin)
					●	Quarz (Lepidokrokit-Geothit)
					●	Quarz (Rosen)
					●	Quarz (Rutil)
					●	Quarz (schwarz)
					●	Quarz (Solution)
					●	Quarz (weiß)
		●			●	Sand
●					●	Sandstein
		●			●	Saphir
					●	Scarabäus
		●			●	Schwefel
					●	Shattuckit
●	●	●			●	Silber
					●	Smaragd
		●			●	Sternsaphir
					●	Torf
					●	Türkis
					●	Turmalin (Rubellit)
			●		●	Turmalin (schwarz)
					●	Turmalin (weiß)
					●	Variscit
					●	Versteinertes Holz
		●				Kombination 23
					●	Kombination 38
					●	Kombination 39
					●	Kombination 40
					●	Kombination 41
					●	Kombination 42
		●				Kombination 48
●						Kombination 62
		●				Kombination 68

Tabelle der Krankheiten und Anwendungsbereiche

	Abalone	Achat (Bilder)	Achat (Botswana)	Achat (Feuer)	Achat (Karneol)	Achat (Moos)	Alexandrit	Aquamarin	Azurit	Azurit-Malachit	Bernstein	Beryll	Chalcedon	Chrysokoll	Chrysolith	Diopsid	Enstatit	Fluorit	Gagat	Gallium	Gips	Gold	Graphit	Hämatit	Halit (Salz)	Jaspis (brauner Bilder)	Jaspis (gelb)
Verdauungsstörungen		●	●	●	●	●						●		●						●		●	●		●	●	●
Vergreisung, vorzeit. (Progerie)																										●	
Verhärtungen (Krankheiten, die mit Verhärtungen verbunden sind)		●										●	●			●	●										
Verhärtungen der Gefäße																											
Verkalkung														●													
Verstauchungen																											
Verstopfung																									●	●	●
Viren (durch Viren hervorgerufene Entzündungen)						●					●				●			●									
Wassersucht-Ödeme																			●								
Weiße Blutkörperchen							●																	●			
Wirbel	●								●	●										●		●					
Zähne								●										●	●								
Zunge																					●						
Zwerchfell																											
Zwergwuchs																											
Zysten																											
Zystische Fibrose																											

Jaspis (grün)	Jaspis (Idar-Oberstein)	Koralle	Kunzit	Kupfer	Lapislazuli	Lehm	Magnesium	Magnetstein	Malachit	Marmor	Messing	Mondstein	Obsidian	Perle	Portlandit	Platin	Pyrit	Quarz (weiß)	Rubin	Sand	Sandstein	Saphir	Schwefel	Shattuckit	Silber	Smaragd	Spinell	Sternsaphir	Turmalin (weiß)	Versteinertes Holz	Weinstein	Kombination 1	Kombination 16	Kombination 48	Kombination 55	Kombination 68	Kombination 79
●	●	●	●	●		●	●		●				●	●			●	●	●	●		●	●		●	●	●	●	●					●		●	●
										●										●	●		●							●							
										●																											
						●																															
●	●	●		●			●										●							●			●											
													●																								
				●								●									●					●												
														●																							
		●		●	●	●		●			●				●					●					●					●	●	●	●		●		
							●																												●		
				●																																	
																								●													
							●																		●												
																								●													

Tabelle der psychologischen Probleme

	Achat (Moos)	Apatit	Asphalt	Aventurin	Azurit-Malachit	Bernstein	Beryll	Beryllonit	Chrysokoll	Chrysopras	Diamant	Durangit	Eilatstein	Elfenbein	Fluorit	Gagat	Gips	Gold	Granat (Rhodolith)	Granat (Spessartin)	Herkimer-Diamant	Jade	Jaspis (grün)	Jaspis (rot)	Kohlenstoffstahl	Lapislazuli	Lazulith
Aberglaube																											
Achtlosigkeit										●																	
Akzeptieren des Lebens, so wie es ist													●														
Altruismus	●					●														●	●	●					
Analytisches Denken, zwanghaft (Haarspalterei/Unfähigkeit, die Dinge als Ganzes zu sehen)							●																				
Androgynie																											
Ängstlichkeit (Streß durch allgemeine Ängstlichkeit)		●		●	●	●	●	●	●		●	●			●	●	●	●			●		●		●	●	
Ärger/Wut			●											●				●	●	●				●			●
Aggressivität, übermäßige																		●									

Lehm							●		
Lepidolith								●	
Magnesium							●		
Magnetit				●					
Magnetstein				●					
Malachit				●			●		
Marmor									●
Mondstein							●		
Onyx							●		
Peridot							●		
Perle							●		
Platin							●		
Pyrit							●		
Quarz (Lepidokrokit-Geothit)							●	●	
Quarz (Rosen)							●	●	
Rhodochrosit						●			
Rhodonit							●		
Royal Azel				●					
Rubin								●	
Saphir							●		
Sarder							●		
Sardonyx							●		
Schwefel								●	
Serpentin				●					
Silber							●		
Spinell								●	
Sternsaphir							●		
Topas							●	●	
Torf								●	
Türkis							●		
Turmalin (Rubellit)							●	●	●
Turmalin (schwarz)				●			●		
Kombination 1							●		
Kombination 2							●		
Kombination 20							●		
Kombination 21							●		
Kombination 22							●	●	●
Kombination 25							●		
Kombination 27							●		
Kombination 28							●		
Kombination 29							●	●	
Kombination 30							●	●	
Kombination 33	●						●		
Kombination 36							●		
Kombination 37							●		
Kombination 39							●		
Kombination 41							●		
Kombination 43							●		
Kombination 48							●		
Kombination 57							●		
Kombination 58							●		
Kombination 61							●		

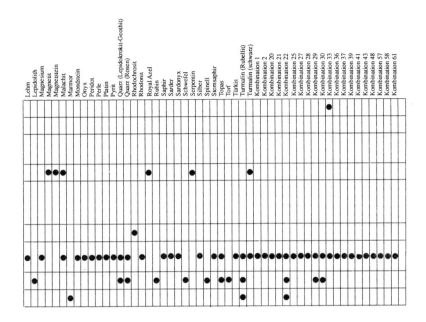

Tabelle der psychologischen Probleme

	Achat (Bilder)	Apatit	Aquamarin	Asphalt	Aventurin	Beryllonit	Calcit	Chalcedon	Charoit	Chrysokoll	Creedit	Durangit	Feuerstein	Gagat	Gallium	Gold	Granat (Hessonit)	Granat (Rhodolith)	Granat (Spessartin)	Herderit	Jade	Jaspis (brauner Bilder)	Kämmererit	Kalkstein	Kohlenstoffstahl	Koralle	Kunzit
Alpträume								●					●	●			●	●	●							●	
Angebertum (Vorspielen falscher Tapferkeit)																									●		
Angst vorm Altern																											
Angst vor Beziehungen																											
Angst vorm Essen																											
Angst vorm Schlafen																											
Angst vor Spiritualität									●																		
Angst vorm Tode																											
Angst, unnatürliche irrationale			●			●	●			●				●		●									●		●
Angst, verborgene					●																	●		●			
Antisoziales, gegen die Gesellschaft gerichtetes Verhalten				●																							
Anziehungskraft auf andere (diese Elixiere verleihen den Anwendern mehr Anziehungskraft)																											
Apathie	●																								●		
Arroganz																											
Aufregung														●	●	●				●							●
Ausdrucksfähigkeit (der gesamten Persönlichkeit)		●	●			●					●	●									●	●	●			●	
Autismus																●											
Begrabene Gefühle																											
Bescheidenheit, übertriebene																											
Besessenheit/Zwangsvorstellungen																											

Kupfer						●		●					●							
Lapislazuli			●	●	●															
Lepidolith												●								
Magnetit					●				●											
Magnetstein					●				●											
Malachit				●	●															
Marmor								●												
Nephrit					●															
Onyx								●												
Opal (Hyalit)								●												
Platin						●	●					●								
Porphyr					●															
Quarz (blau)					●													●		
Quarz (Lepidokrokit-Geothit)											●	●								
Quarz (Rosen)					●															
Quarz (weiß)					●															
Rhodochrosit															●					●
Rhyolith					●															
Rubin																				●
Saphir					●															
Sarder												●								
Sardonyx		●			●															
Serpentin												●								
Silber				●	●															
Smaragd					●						●	●								
Smithsonit																	●			
Sodalith												●								
Sternsaphir					●															
Torf										●										
Türkis					●															
Turmalin (blau)					●															
Turmalin (grün)					●															
Turmalin (Katzenaugen)				●	●															
Turmalin (Rubellit)					●															
Turmalin (schwarz)					●						●	●								
Turmalin (weiß)					●															
Kombination 3			●		●															
Kombination 4			●		●															
Kombination 5			●		●															
Kombination 22					●															
Kombination 24					●						●									
Kombination 25					●															
Kombination 26											●	●								
Kombination 27					●															
Kombination 29												●								
Kombination 30												●								●
Kombination 32				●																●
Kombination 33	●											●								●
Kombination 41											●									
Kombination 46				●																
Kombination 49																●				
Kombination 50																●				

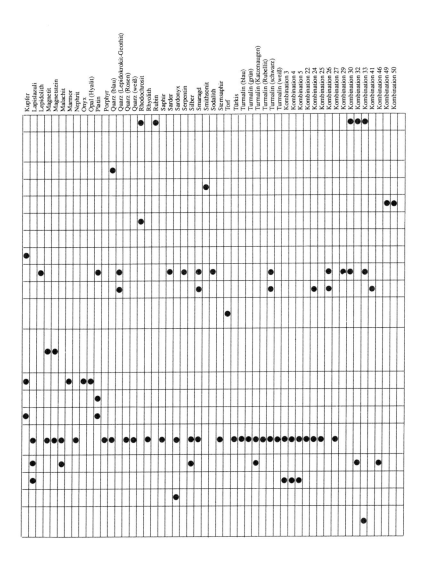

Tabelle der psychologischen Probleme

	Achat (Botswana)	Achat (Moos)	Azurit	Azurit-Malachit	Bronze	Chalcedon	Chrysolith	Durangit	Eilatstein	Elfenbein	Feuerstein	Gagat	Gold	Granat (Hessonit)	Granat (Rhodolith)	Granat (Spessartin)	Halit (Salz)	Herderit	Kalkstein	Kohle	Kohlenstoffstahl	Koralle	Lapislazuli	Magnesium	Onyx	Opal (Hyalit)	Opal (Jaspopal)
Besitzergreifendes Verhalten																											
Bestimmung (Klarheit über die eigene Bestimmung und Ziele)																											
Bettnässen																											
Beziehungen (Verbesserung der Beziehungen zu den Mitmenschen)									●		●		●												●		
Depressionen	●	●	●			●	●	●				●	●	●	●	●	●	●		●	●	●	●	●		●	●
Disziplinmangel				●	●					●									●		●		●				
Ego													●				●				●						
Egozentrisches Verhalten																●											
Eigenbrötelei																●											

				●					Peridot
●				●					Platin
				●					Pyrit
				●					Quarz (blau)
				●					Quarz (Rutil)
				●					Quarz (schwarz)
								●	Quarzit
		●							Rhodochrosit
				●	●				Rubin
				●					Saphir
				●	●				Sardonyx
				●					Scarabäus
				●					Schwefel
					●				Smaragd
					●				Smithsonit
				●					Spinell
				●					Sternsaphir
				●					Topas
					●				Turmalin (grün)
					●				Turmalin (Rubellit)
				●					Turmalin (weiß)
				●					Weinstein
				●					Zirkon
					●				Kombination 3
							●		Kombination 19
				●					Kombination 20
					●				Kombination 22
					●				Kombination 27
				●					Kombination 39
				●					Kombination 42
				●					Kombination 44
						●			Kombination 45
						●			Kombination 46
				●					Kombination 56

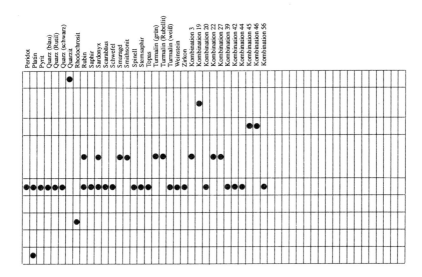

Tabelle der psychologischen Probleme

	Achat (Feuer)	Achat (Moos)	Alexandrit	Aventurin	Azurit	Azurit-Malachit	Bernstein	Beryll	Charoit	Chrysokoll	Chrysolith	Chrysopras	Diopsid	Elektrum	Elfenbein	Enstatit	Galenit	Gips	Gold	Granat (Hessonit)	Herderit	Jade	Jaspis (brauner Bilder)	Jaspis (gelb)	Jaspis (grün)	Jaspis (Idar-Oberstein)	Kakoxen
Emotionales Gleichgewicht	●	●	●	●		●				●	●		●	●	●	●			●	●	●						
Emotionale Schwierigkeiten																											
Emotionale Schwierigkeiten, die die spirituelle Entwicklung blockieren									●								●										
Empfänglichkeit/Sensibilität								●																			
Empfindungsfähigkeit					●																●		●	●	●	●	●
Entschlußfähigkeit					●		●																				
Enttäuschung																											
Es																											
Exzentrisches Verhalten							●												●		●						
Falsche Hoffnungen																											
Familie (Schwierigkeiten in der Familie)																			●			●					
Faulheit								●																			
Feindseligkeit																											
Flexibilität												●						●									

									●					Kalkstein
									●				●	Koralle
													●	Kupfer
													●	Labradorit
	●												●	Lepidolith
									●					Marmor
									●				●	Mondstein
●									●				●	Onyx
					●								●	Opal (Girasol)
													●	Opal (hell)
													●	Opal (Hyalit)
					●				●				●	Opal (Jaspopal)
									●				●	Perle
													●	Peridot
							●							Platin
				●										Pyrit
													●	Quarz (Amethyst)
													●	Quarz (Citrin)
													●	Quarz (Rosen)
●														Quarz (Solution)
									●				●	Quarz (weiß)
						●							●	Rhodochrosit
									●					Rhodonit
●			●				●	●					●	Rubin
●														Sandstein
								●						Saphir
			●											Sardonyx
								●						Sternsaphir
			●										●	Smaragd
												●		Sodalith
					●								●	Topas
			●										●	Turmalin (grün)
			●											Turmalin (Katzenaugen)
									●				●	Turmalin (weiß)
													●	Versteinertes Holz
													●	Zirkon
													●	Kombination 1
													●	Kombination 2
													●	Kombination 3
													●	Kombination 4
											●		●	Kombination 5
											●		●	Kombination 6
								●						Kombination 20
								●					●	Kombination 21
									●				●	Kombination 22
									●				●	Kombination 23
								●					●	Kombination 24
													●	Kombination 25
													●	Kombination 27
													●	Kombination 33
													●	Kombination 37
													●	Kombination 42
									●				●	Kombination 43

Tabelle der psychologischen Probleme

	Achat (Botswana)	Achat (Feuer)	Alexandrit	Asphalt	Aventurin	Azurit-Malachit	Benitoit	Bernstein	Chalcedon	Charoit	Chrysopras	Diopsid	Elfenbein	Enstatit	Fluorit	Gagat	Gold	Graphit	Hämatit	Halit (Salz)	Jaspis (brauner Bilder)	Kakoxen	Kohlenstoffstahl	Kunzit	Kupfer	Labradorit	Lapislazuli
Freude/Glück	●		●		●				●																		
Freude am eigenen Elend																				●							
Frustration													●				●										
Führungsqualitäten																											
Funktionieren (psychisch ausgeglichener funktionieren)																											
Gedächtnis								●																●	●		
Geduld						●																					
Gewalttätigkeit				●																							
Gier											●																
Groll																										●	
Gruppendynamik																											
Gutwilligkeit, guter Wille									●																		
Halluzinationen																●					●						
Harmonie		●															●										
Hemmungen																							●				
Hyperaktivität																		●									
Hyperkinesen						●									●												
Hysterie											●					●			●	●			●		●		
Ideale																											
Initiative																											
Innere Stärke																											
Innere Wahrnehmung											●																
Integration in der Gesellschaft																											
Introvertiertheit																											●
Intuition							●			●												●					
Kindesmißhandlung, erlittene												●		●												●	
Kindheit (Zwänge, denen man in der Kindheit ausgesetzt ist)																											
Körperbild (Schwierigkeiten, sich ein zutreffendes Bild vom eigenen Körper zu machen)																											

Lazulith	Mondstein	Nealit	Opal (Girasol)	Opal (hell)	Opal (Hyalit)	Opal (Jaspopal)	Peridot	Perle	Phenakit	Platin	Pyrit	Quarz (Amethyst)	Quarz (schwarz)	Quarz (weiß)	Rhodochrosit	Rubin	Rutil	Saphir	Sarder	Sardonyx	Silber	Smaragd	Sternsaphir	Topas	Torf	Turmalin (blau)	Turmalin (grün)	Turmalin (Katzenaugen)	Turmalin (Quarz)	Turmalin (Rubellit)	Turmalin (schwarz)	Turmalin (weiß)	Zirkon	Kombination 1	Kombination 2	Kombination 3	Kombination 22	Kombination 28	Kombination 42	Kombination 43	Kombination 49	Kombination 50	Kombination 76
					●											●			●																								
●											●																			●							●						
																●																											
															●																												
										●		●																															
							●																													●							
																									●																		
																																				●							
									●																																		
															●													●					●					●	●	●			
	●		●	●	●	●										●						●					●																
																		●					●								●												
												●																															
										●				●							●																	●					
																●																											
								●																						●							●						
																								●																			
													●	●														●							●								
												●																															
																										●																	
		●		●	●	●		●				●				●				●								●				●		●									●
																	●				●																						
																																									●	●	

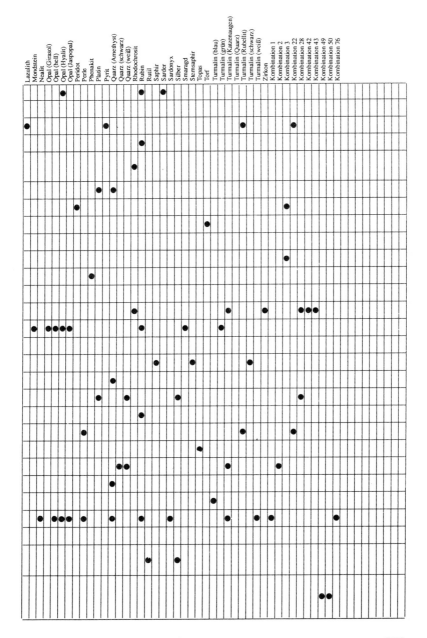

Tabelle der psychologischen Probleme

	Achat (Bilder)	Achat (Botswana)	Achat (Moos)	Aquamarin	Aventurin	Azurit	Beryll	Blutstein	Bojistein	Calcit	Chalcedon	Charoit	Chrysopras	Cuprit	Diamant	Diopsid	Elektrum	Enstatit	Gagat	Gips	Glas (Fulgurit)	Gold	Herderit	Jade	Jaspis (rot)	Koralle	Kunzit
Konzentrationsschwierigkeiten																											
Kritiksucht/Nörgelei							●																				
Lethargie		●																				●					
Liebevolles Naturell																●		●						●			
Männlichkeit (Schwierigkeiten mit der Männlichkeit)														●						●							
Manisch-depressives Verhalten																			●			●	●				●
Mentale (geistig-intellektuelle Disziplin)						●	●	●	●																		
Mentales (geistig-intellektuelles) Gleichgewicht			●		●	●	●	●			●						●								●		
Mentale (geistig-intellektuelle) Klarheit	●			●	●	●	●	●		●	●	●	●		●	●		●			●					●	

Kupfer									
Lapislazuli	●								
Onyx	●	●							
Opal (Girasol)	●								
Opal (hell)	●								
Opal (Hyalit)	●						●		
Opal (Jaspopal)	●								
Peridot	●								
Quarz (Amethyst)	●	●				●			
Quarz (Citrin)	●	●							
Rhodochrosit	●								
Rhodonit		●							
Rhyolith	●					●			
Rubin		●				●			
Saphir	●								
Sarder	●								
Sardonyx			●						
Schwefel	●	●							
Silber	●	●							
Smaragd		●							
Sternsaphir	●								
Türkis		●							
Turmalin (blau)									●
Turmalin (grün)									●
Turmalin (Katzenaugen)									●
Turmalin (Quarz)									●
Turmalin (Rubellit)									●
Turmalin (schwarz)									●
Turmalin (Wassermelonen)									●
Turmalin (weiß)									●
versteinertes Holz		●							
Zirkon		●							
Kombination 2	●						●		
Kombination 5	●								
Kombination 16							●		
Kombination 17							●		
Kombination 19	●								
Kombination 20	●								
Kombination 22	●								
Kombination 24	●	●							
Kombination 28	●								
Kombination 30	●								
Kombination 33	●								
Kombination 43	●								●
Kombination 44							●		
Kombination 57		●							

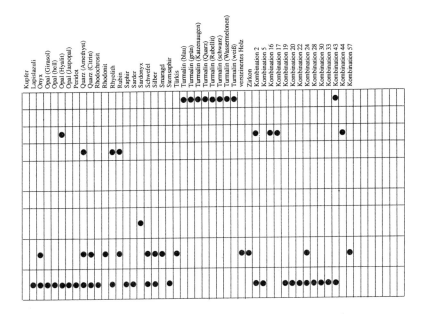

Tabelle der psychologischen Probleme

	Abalone	Apatit	Aquamarin	Aventurin	Blutstein	Chalcedon	Chrysokoll	Chrysolith	Cuprit	Diamant	Diopsid	Enstatit	Gold	Halit (Salz)	Herkimer-Diamant	Jade	Kohlenstoffstahl	Koralle	Kunzit	Kupfer	Lazulith	Magnesium	Malachit	Marmor	Mondstein	Natrolith	Onyx
Mentales (geistig-intellektuelles) Ungleichgewicht								●					●	●				●	●	●		●	●		●		
Minderwertigkeitsgefühle													●														
Mitte/Verlust der Mitte/eigene Mitte finden																											
Mut					●											●	●				●						
Mutterbild (Probleme mit dem Mutterbild)									●																●		
Negativität						●								●			●										●
Neid/Eifersucht										●																	
Nervöse Anspannung		●					●			●			●								●	●					
Orientierungslosigkeit			●																								
Originalität des Denkens				●																							
Passivität																								●			
Persönlichkeit (Gleichgewicht der Persönlichkeit)	●							●		●	●	●	●	●	●	●	●	●								●	●

Opal (Girasol)								●				
Opal (hell)								●				
Opal (Hyalit)								●				
Opal (Jaspopal)								●				
Perle					●							
Portlandit	●											
Quarz (Amethyst)			●	●								
Quarz (Cairngorm)						●						
Quarz (dendritisch)						●						
Rhodochrosit	●											
Rhodonit	●											
Rubin									●			
Rutil					●							
Sandstein												●
Saphir	●											
Sarder				●								
Sardonyx				●								
Scarabäus				●								
Schwefel	●											
Shattuckit	●											
Silber	●											
Smaragd	●											●
Smithsonit												●
Sodalith				●								
Sternsaphir	●											
Topas							●					
Turmalin (blau)						●						
Turmalin (grün)						●						
Turmalin (Katzenaugen)						●						
Turmalin (Quarz)						●						
Turmalin (Rubellit)	●					●					●	●
Turmalin (schwarz)						●			●			
Turmalin (Wassermelonen)						●						
Turmalin (weiß)					●	●						●
Zirkon	●											●
Kombination 2								●				
Kombination 5												●
Kombination 6												●
Kombination 9												●
Kombination 10												●
Kombination 11												●
Kombination 21								●				
Kombination 22	●											●
Kombination 23					●							
Kombination 24	●											
Kombination 26											●	●
Kombination 32	●											
Kombination 42	●											
Kombination 43	●								●			●
Kombination 44											●	
Kombination 49					●							
Kombination 50					●							

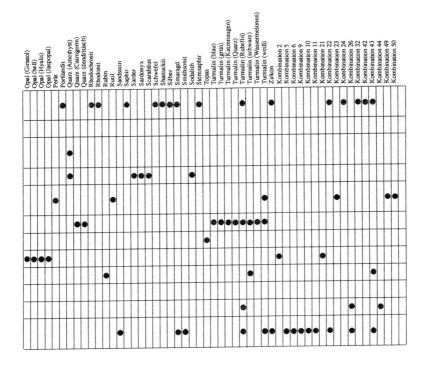

Tabelle der psychologischen Probleme

	Abalone	Achat (Feuer)	Achat (Moos)	Alexandrit	Aventurin	Beryll	Blutstein	Calamin	Chalcedon	Chrysokoll	Chrysopras	Diamant	Diopsid	Enstatit	Fluorit	Gold	Granat (Hessonit)	Granat (Rhodolith)	Granat (Spessartin)	Hämatit	Halit (Salz)	Kohle	Kunzit	Kupfer	Lapislazuli	Lehm	Magnesium
Phantasie											●						●	●	●								
Praktische Qualitäten		●																									
Psychosomatische Krankheiten					●											●	●	●	●								
Reife	●									●																	
Reizbarkeit									●												●						●
Religiöse Toleranz								●																			
Ressentiments																										●	
Rigidität/Unflexibles Verhalten																											
Schizophrenie																●							●	●			
Schlaf, ruhigerer																											
Schlaflosigkeit																											
Schockzustände																											
Schüchternheit																									●		
Schuldgefühle										●																	
Schutz (diese Elixiere verleihen dem Menschen allgemein mehr Schutz im Leben)						●																					
Sedativa						●																					
Selbstbewußtheit (sich seiner selbst bewußt sein)																								●			
Selbstbewußtsein			●													●								●			
Selbstmordneigung																●											
Selbstsüchtiges Verhalten											●																
Selbstverwirklichung							●																				
Selbstwertgefühl				●								●	●	●			●	●	●	●		●		●			
Selbstzerstörerisches Verhalten																											
Sexuelle Konflikte		●									●	●			●	●			●								

Magnetit										●	●													●
Magnetstein										●	●													●
Malachit										●	●													
Mondstein									●															
Obsidian															●									
Opal (Girasol)															●									
Opal (hell)															●									
Opal (Hyalit)															●									
Opal (Jaspopal)															●									●
Platin					●							●			●									●
Quarz (Amethyst)										●	●											●		
Quarz (Citrin)																		●	●				●	
Quarz (Rosen)															●			●						
Quarz (Solution)								●																
Rhodochrosit																	●				●			
Rhodonit																		●				●		
Rhyolith																						●		
Rubin									●									●				●		
Sardonyx																		●						
Schwefel					●					●	●									●				
Silber	●								●	●		●												●
Smaragd									●															
Smithsonit																		●						
Sodalith														●										
Spinell	●																							●
Turmalin (blau)			●							●														
Turmalin (grün)										●														
Turmalin (Katzenaugen)										●														
Turmalin (Quarz)										●														
Turmalin (Rubellit)			●							●												●		●
Turmalin (schwarz)										●														
Turmalin (Wassermelonen)										●														
Turmalin (weiß)										●														
Zirkon										●	●													
Zoisit																								●
Kombination 1			●																					
Kombination 3		●																						
Kombination 6																●								
Kombination 22			●																			●		●
Kombination 24									●															
Kombination 25			●													●								
Kombination 27																●								
Kombination 32									●	●	●													
Kombination 37																●								
Kombination 39					●																			
Kombination 42									●															
Kombination 43									●															
Kombination 44																								●
Kombination 49																						●		
Kombination 50																						●		
Kombination 57												●												
Kombination 62												●												
Kombination 64												●												

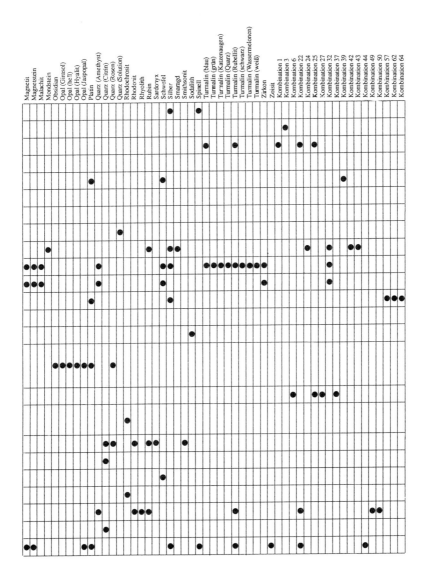

Tabelle der psychologischen Probleme

	Achat (Feuer)	Achat (Moos)	Albit	Apatit	Aventurin	Azurit	Azurit-Malachit	Beryllonit	Blutstein	Bojistein	Chalcedon	Chrysokoll	Chrysopras	Cuprit	Diamant	Diopsid	Enstatit	Erythrit	Gold	Herkimer-Diamant	Jade	Jaspis (brauner Bilder)	Jaspis (gelb)	Jaspis (grün)	Jaspis (Idar-Oberstein)	Kohlenstoffstahl	Koralle
Sicherheit (Gefühl der Sicherheit)		●																									
Sinn für Kunst																											
Sorgen/Besorgtheit																											●
Sprachprobleme				●																							
Stolz, falscher																											
Streitsucht																											
Tantra																											
Tod (Verständnis und Akzeptieren des Todes)																											
Träume						●	●				●				●			●				●					
Trauer			●																								
Triebkontrolle																											
Tugend																											
Überempfindlichkeit																			●							●	
Übergewicht, Streß durch																											
Überlegenheitsgefühl																											
Unabhängigkeit					●																						
Ungewißheit																											
Unsicherheit															●	●	●										
Unterbewußtsein (Reinigung des Unterbewußtseins)										●		●										●					
Urteilsfähigkeit	●																										
Vaterbild (Probleme mit dem Vaterbild)								●						●		●	●										
Verantwortung																			●								
Vergangene Leben (Anregung v. Talenten aus vergangenen Leben)													●	●						●	●	●					
Verhandlungsgeschick																											
Verstehen/tieferes Verständnis																						●	●	●	●		
Verzeihen (Charakter, der nicht verzeihen kann)																											
Vorsicht, übertriebene									●				●														

Kunzit																●											
Magnesium														●													
Meteorit					●																						
Mondstein				●					●																		
Nealit																					●						
Onyx																●											
Opal (Jaspopal)																●				●							
Peridot									●																		
Perlmutt																			●								
Platin													●				●						●				
Pyrit																								●			
Quarz (Amethyst)																●											
Quarz (dendritisch)																			●								
Quarz (Lepidokrokit-Geothit)					●																						
Quarz (Rosen)							●																●			●	
Quarz (Solution)				●																							
Rhodochrosit									●																		
Royal Azel			●																								
Rubin				●			●										●	●									
Rutil		●					●		●																		
Sardonyx			●													●		●									
Schwefel																						●					
Shattuckit					●																						
Silber									●																		
Smaragd							●																				
Sodalith									●																		
Talk			●																								
Topas																	●								●		
Türkis				●																							
Turmalin (grün)							●																				
Turmalin (weiß)																		●									
Variscit					●																						
Versteinertes Holz					●																						
Zirkon	●																●										
Kombination 1			●														●										
Kombination 5																			●								
Kombination 16											●																
Kombination 17									●		●																
Kombination 22																	●										
Kombination 32																			●								
Kombination 36														●													
Kombination 49							●							●													
Kombination 50							●							●													
Kombination 56							●																				

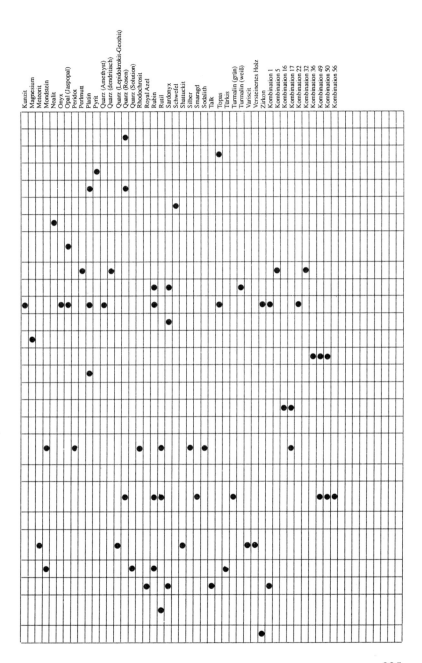

Tabelle der psychologischen Probleme

	Anhydrit	Chrysolith	Gagat	Granat (Hessonit)	Granat (Rhodolith)	Granat (Spessartin)	Kohlenstoffstahl	Quarz (Amethyst)	Schwefel	Silber	Turmalin (Rubellit)	Kombination 23
Wahnvorstellungen		●	●									
Weiblichkeit (klareres Verhältnis zur Weiblichkeit)	●											●
Willenskraft				●	●	●	●	●	●		●	
Zwanghaftes Verhalten							●			●		

Tabelle der Wirkungen auf den physischen Körper

	Achat (Bilder)	Achat (Karneol)	Achat (Moos)	Alexandrit	Anhydrit	Asphalt	Atacamit	Bernstein	Beryll	Beryllonit	Blutstein	Calcit	Chrysolith	Chrysopras	Diamant	Gagat	Galenit	Gold	Granat (Rhodolith)	Granit	Herderit	Herkimer-Diamant	Jade	Jaspis (brauner Bilder)	Jaspis (gelb)	Jaspis (grün)	Jaspis (Idar-Oberstein)
Akupunkturpunkte																						●					
Akupressurpunkte																											
Alchimistische Vorgänge																											
Aphrodisiaka															●												
Atem, Regulierung des																	●	●									
Atlas																							●				
Augen																							●				
Bauchspeicheldrüse (Pankreas)			●	●								●				●					●						
Bewegungswahrnehmung																											
Biomagnetische Eigenschaften						●												●		●							
Blase																								●	●	●	●
Blinddarm													●														
Blutgefäße	●	●																									
Darmtrakt		●							●										●								
Dickdarm	●																										
Drüsenfunktionen																											
Dünndarmzotten																			●								
Eierstöcke					●		●			●	●			●													
Eileiter														●													
Elektrische Eigenschaften								●										●									

Kermesit																		●		
Kohlenstoffstahl													●							
Koralle								●												
Kupfer	●				●						●					●				
Lehm							●													
Magnetit											●									
Magnetstein											●									
Malachit													●	●						
Marmor													●							
Mondstein							●						●							
Natrolith				●		●	●													
Obsidian							●													
Onyx														●						
Opal (Hyalit)	●																			
Opal (Jaspopal)			●										●							
Peridot													●	●						
Perle							●										●			
Platin	●										●									
Pyrit	●						●													
Quarz (Amethyst)													●						●	
Quarz (Rosen)			●																	
Quarz (Rutil)	●																			
Quarz (schwarz)			●										●							
Quarz (weiß)							●													
Rhodochrosit													●							
Royal Azel											●									
Rubin														●						
Sandstein								●												
Saphir							●													
Sarder							●													
Sardonyx															●					
Schwefel									●				●							
Silber	●										●	●								
Smaragd												●	●							
Sternsaphir							●													
Topas	●																			
Torf											●									
Turmalin (blau)	●										●									
Turmalin (grün)	●										●									
Turmalin (Katzenaugen)	●										●									
Turmalin (Quarz)	●										●									
Turmalin (Rubellit)	●										●									
Turmalin (schwarz)	●										●									
Turmalin (Wassermelonen)	●										●									
Turmalin (weiß)	●										●									
Kombination 17	●																			
Kombination 20											●									
Kombination 27																●				
Kombination 34	●																			
Kombination 35											●									
Kombination 39							●													
Kombination 44																	●			
Kombination 63									●											

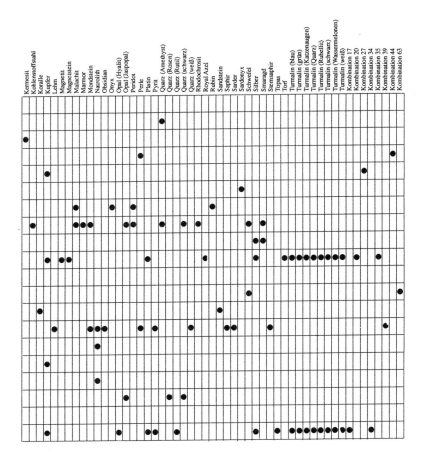

Tabelle der Wirkungen auf den physischen Körper

	Abalone	Achat (Bilder)	Achat (Botswana)	Achat (Feuer)	Azurit	Azurit-Malachit	Beryll	Blutstein	Chalcedon	Chrysopras	Diamant	Gallium	Gips	Gold	Granat (Rhodolith)	Graphit	Halit (Salz)	Jade	Jaspis (brauner Bilder)	Jaspis (gelb)	Jaspis (grün)	Jaspis (Idar-Oberstein)	Kohlenstoffstahl	Koralle	Kupfer	Lapislazuli	Lazulith
Endokrines System			●	●										●						●							●
Endorphine											●																
Enzyme	●																										
Epiphyse		●									●	●		●			●								●		●
Fettgewebe																											
Fruchtbarkeit										●								●						●			
Gallenblase																			●	●	●	●					
Gebärmutter								●					●														
Gebärmutterhals								●																			
Gehirn		●									●			●		●											●
Geruchssinn																			●	●	●	●					
Geschmackssinn																											
Gewebeelastizität													●														
Haare (Kopfhaut)																											
Hämoglobin																										●	
Hara							●																				
Harnsäure																											
Haut			●		●	●			●						●				●		●		●				

Lehm	●	●													●			
Magnetit																		●
Magnetstein																		●
Malachit													●		●			
Messing					●													
Onyx	●				●													
Opal (Girasol)			●															
Opal (hell)			●												●			
Opal (Hyalit)			●															
Opal (Jaspopal)			●															
Perle			●															
Platin									●									●
Pyrit	●															●		
Pyrolusit												●						
Quarz (Amethyst)									●									●
Quarz (Lepidokrokit-Geothit)															●			
Quarz (Rutil)									●									
Quarz (schwarz)													●					
Quarz (weiß)														●	●			
Royal Azel															●			
Sand	●																	
Sandstein	●																	
Sarder												●						
Schwefel									●									
Silber									●						●			
Smaragd				●														
Topas							●											
Turmalin (grün)																		●
Turmalin (Katzenaugen)																		●
Turmalin (Rubellit)													●					
Turmalin (Wassermelonen)																		●
Weinstein															●			
Zirkon															●			
Zoisit										●			●					
Kombination 22													●					
Kombination 24									●									
Kombination 27																	●	
Kombination 29	●																	
Kombination 34																		●
Kombination 36														●				
Kombination 39	●		●															
Kombination 42																	●	
Kombination 43																	●	
Kombination 46															●			
Kombination 59																	●	

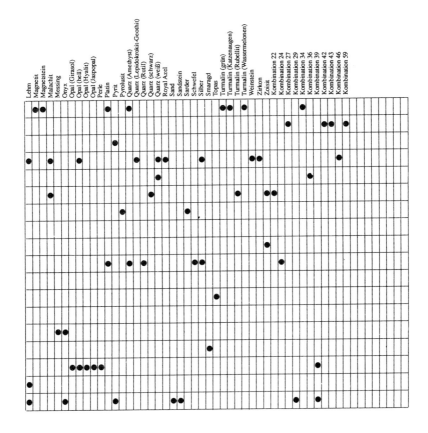

Tabelle der Wirkungen auf den physischen Körper

	Abalone	Achat (Bilder)	Achat (Feuer)	Achat (Kameol)	Achat (Moos)	Albit	Alexandrit	Aquamarin	Atacamit	Benitoit	Beryll	Beryllonit	Blutstein	Chalcedon	Chrysokoll	Chrysopras	Creedit	Cuprit	Diamant	Diopsid	Enstatit	Gips	Gold	Granat (Rhodolith)	Granat (Spessartin)	Gold	Jade
Herz	●		●										●	●			●	●		●	●				●	●	●
Hoden							●		●			●	●			●			●			●					
Hormongleichgewicht																											
Hypophyse		●								●	●								●				●				
Immunsystem						●		●																			
Intelligenzquotient (Verbesserung des Intelligenzquotienten)											●																
Ischiasnerv																											
Kapillargefäße, Funktion der				●	●								●											●			
Kardiovaskuläres System											●																
Kehle															●												
Kehlkopf																											●
Knochenmark													●	●													
Kopf																											

									●				Jaspis (brauner Bilder)
					●								Jaspis (grün)
								●					Jaspis (Idar-Oberstein)
												●	Kohlenstoffstahl
					●							●	Koralle
				●									Kunzit
					●				●			●	Kupfer
									●				Lapislazuli
												●	Magnesium
					●								Magnetit
					●								Magnetstein
●					●				●			●	Malachit
									●			●	Marmor
									●				Mondstein
		●											Morganit
						●							Natrolith
					●							●	Onyx
									●				Opal (hell)
											●		Opal (Jaspopal)
												●	Peridot
												●	Platin
												●	Pyrolusit
									●				Quarz (Amethyst)
			●									●	Quarz (blau)
												●	Quarz (Citrin)
											●	●	Quarz (Rosen)
											●		Quarz (schwarz)
									●				Quarz (weiß)
									●				Royal Azel
								●	●			●	Rubin
												●	Sandstein
									●			●	Saphir
		●											Sardonyx
							●					●	Schwefel
												●	Seifenstein
									●			●	Serpentin
							●		●				Silber
								●				●	Smaragd
									●			●	Sternsaphir
									●				Topas
		●											Turmalin (blau)
										●		●	Turmalin (grün)
									●	●			Turmalin (Katzenaugen)
										●		●	Turmalin (Rubellit)
												●	versteinertes Holz
									●				Zirkon
											●		Zoisit
												●	Kombination 21
										●			Kombination 22
												●	Kombination 24
												●	Kombination 36
												●	Kombination 38
									●				Kombination 46

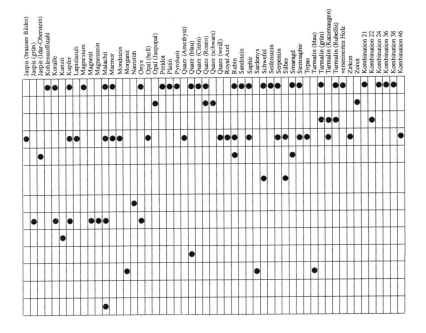

Tabelle der Wirkungen auf den physischen Körper

	Abalone	Amazonit	Aquamarin	Asphalt	Azurit-Malachit	Bernstein	Creedit	Durangit	Elfenbein	Fluorit	Gagat	Gallium	Gold	Granat (Spessartin)	Halit (Salz)	Jade	Jaspis (brauner Bilder)	Jaspis (gelb)	Jaspis (grün)	Jaspis (Idar-Oberstein)	Kalkstein	Kermesit	Kohlenstoffstahl	Koralle	Kunzit	Lazulith	Lazurit
Kopfhaut																											
Kreuzbein (Sacrum)															●												
Kristalline Eigenschaften								●							●												
Langlebigkeit													●			●											
Lebenskraft, Verstärkung der	●	●		●		●			●	●	●		●						●		●	●		●	●		●
Leber			●		●		●					●		●		●	●	●	●	●			●			●	

	1	2	3	4	5	6
Lehm	●		●			
Magnesium			●			
Marmor				●	●	
Obsidian					●	
Perle					●	
Quarz (Amethyst)			●			
Quarz (blau)			●	●		
Quarz (Citrin)			●			●
Quarz (Lepidokrokit-Geothit)			●			●
Quarz (Rosen)			●			●
Quarz (Rutil)			●	●	●	
Quarz (schwarz)			●			
Quarz (Solution)			●			
Quarz (weiß)			●			
Sandstein						●
Saphir						●
Sarder						●
Scarabäus				●	●	
Smaragd						●
Sternsaphir						●
Topas				●		
Torf					●	
Turmalin (blau)			●			
Turmalin (grün)			●			
Turmalin (Katzenaugen)			●			
Turmalin (Quarz)			●			
Turmalin (Rubellit)			●			
Turmalin (schwarz)			●			
Turmalin (Wassermelonen)			●			
Turmalin (weiß)			●			
versteinertes Holz				●	●	
Weinstein			●			
Zinnober				●		
Zirkon						●
Kombination 20					●	
Kombination 21				●		
Kombination 29						●
Kombination 30						●
Kombination 37					●	
Kombination 38					●	
Kombination 63						●

Tabelle der Wirkungen auf den physischen Körper

	Abalone	Achat (Bilder)	Achat (Botswana)	Achat (Karneol)	Achat (Moos)	Albit	Alexandrit	Apatit	Aquamarin	Aventurin	Azurit-Malachit	Blutstein	Calamin	Calcit	Chalcedon	Chrysokoll	Fluorit	Galenit	Glas (Fulgurit)	Gold	Granat (Rhodolith)	Hämatit	Halit (Salz)	Herderit	Jade	Jaspis (grün)	Kermesit
Lungen		●	●	●		●									●	●	●	●		●	●	●				●	
Lymphgefäße					●																		●				
Medulla oblongata																●											●
Milchfluß															●												
Milz						●	●		●			●		●	●									●	●		
Mittelhirn																											
Motorische Reaktionen								●																			
Muskelsystem	●							●		●	●		●						●	●			●			●	
Nägel																											
Nase																											
Nebenhöhlen/Stirnhöhlen					●																						
Nebennieren																											
Nebenschilddrüse																									●		

	1	2	3	4	5	6	7	8	9	10	11	12	13
Kohlenstoffstahl	●												
Koralle		●			●								
Kupfer											●		
Lapislazuli	●	●											
Lehm		●						●					
Malachit				●	●								
Marmor					●								
Mondstein					●								
Morganit	●							●					
Obsidian								●					
Onyx									●				
Opal (Girasol)					●								
Opal (Jaspopal)					●								
Perle					●							●	
Peridot					●								
Quarz (Amethyst)						●							
Quarz (blau)	●												
Quarz (Citrin)								●					
Quarz (Rosen)	●												
Quarz (Solution)		●											
Quarz (weiß)		●											
Rhodochrosit					●								
Rubin					●					●			
Sardonyx	●												
Schwefel								●					
Serpentin	●												
Smaragd		●											
Sodalith		●											
Türkis								●					
Turmalin (blau)	●												
Turmalin (weiß)					●								
versteinertes Holz					●								
Weinstein		●						●					
Kombination 24	●												
Kombination 42												●	
Kombination 55								●					
Kombination 64	●												

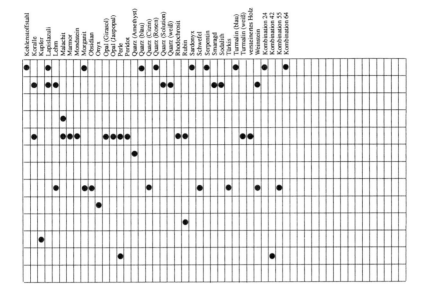

Tabelle der Wirkungen auf den physischen Körper

	Achat (Botswana)	Achat (Moos)	Albit	Alexandrit	Anhydrit	Aquamarin	Atacamit	Aventurin	Bernstein	Bronze	Calcit	Chalcedon	Chrysopras	Creedit	Cuprit	Diamant	Diopsid	Durangit	Enstatit	Galenit	Gallium	Gips	Glas (Fulgurit)	Gold	Granat (Spessartin)	Graphit	Hämatit
Nervensystem	●		●	●		●		●	●					●	●	●					●		●			●	
Nieren					●	●					●						●		●						●		●
Ohren/Hörvermögen									●																		
Parasympathische Ganglien							●																				
Parasympathisches Nervensystem							●							●						●							
Plasma																											
Prostata												●										●					
Puls		●																									
Pyramidenbahnen																		●									
Reflexpunkte																											
Rote Blutkörperchen	●								●		●																●
Schädelknochen																●											

	●	●									●	Halit (Salz)
							●	●		●		Jade
										●	●	Jaspis (brauner Bilder)
							●	●				Jaspis (gelb)
							●	●				Jaspis (Idar-Oberstein)
										●		Kohlenstoffstahl
	●											Kupfer
							●	●				Lapislazuli
	●											Lehm
											●	Magnetit
											●	Magnetstein
	●									●		Malachit
							●					Morganit
							●				●	Natrolith
									●	●	●	Onyx
	●					●						Opal (Hyalit)
											●	Platin
	●											Portlandit
	●										●	Pyrit
							●					Pyrolusit
											●	Quarz (Amethyst)
							●	●				Quarz (blau)
										●		Quarz (Citrin)
										●		Quarz (Lepidokrokit-Geothit)
	●						●	●		●		Quarz (Rosen)
										●		Quarz (schwarz)
	●										●	Quarz (weiß)
										●		Rhodochrosit
									●			Rhodonit
											●	Royal Azel
									●		●	Rubin
										●		Saphir
							●					Sardonyx
											●	Schwefel
										●		Serpentin
											●	Silber
						●				●		Smaragd
										●		Sternsaphir
							●	●				Turmalin (blau)
											●	Variscit
	●											Weinstein
											●	Kombination 17
											●	Kombination 18
											●	Kombination 20
										●	●	Kombination 24
										●		Kombination 26
										●		Kombination 30
											●	Kombination 34
										●		Kombination 36

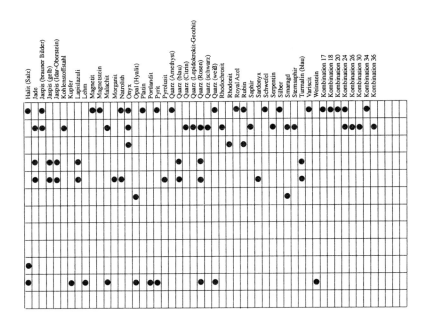

Tabelle der Wirkungen auf den physischen Körper

	Abalone	Achat (Feuer)	Achat (Karneol)	Albit	Alexandrit	Anhydrit	Aquamarin	Atacamit	Aventurin	Azurit	Azurit-Malachit	Benitoit	Bernstein	Beryllonit	Blutstein	Bronze	Calamin	Chrysokoll	Chrysopras	Cuprit	Diamant	Elfenbein	Fluorit	Gagat	Galenit	Gallium	Gips
Schilddrüse							●	●		●			●					●							●		
Schleimhäute																							●				
Sexualorgane					●	●		●						●	●				●		●						●
Skelettsystem																●				●		●	●			●	
Solarplexus																											
Speiseröhre																	●										
Stärkung des Körpers einhergehend mit spirituellem Wachstum																											
Steißbein																		●						●			
Untere Extremitäten																								●			
Stirn											●																
Stoffwechsel		●					●	●		●		●	●					●							●		
Synapsen																										●	
Tastsinn			●																								
Testosteron																											
Thymusdrüse	●			●			●		●		●									●							

●															Glas (Fulgurit)
●				●							●				Gold
				●										●	Granat (Spessartin)
			●								●				Graphit
●															Halit (Salz)
●				●										●	Jade
●															Jaspis (brauner Bilder)
●															Jaspis (Idar-Oberstein)
				●							●			●	Kohlenstoffstahl
●				●										●	Koralle
				●								●			Kupfer
●				●				●			●			●	Lapislazuli
●											●				Lehm
				●										●	Morganit
				●										●	Natrolith
●															Opal (hell)
				●			●					●			Opal (Jaspopal)
●			●												Platin
●				●										●	Quarz (Amethyst)
●															Quarz (blau)
				●											Quarz (Citrin)
												●			Quarz (Rosen)
												●			Quarz (schwarz)
											●				Rhodonit
				●											Rhyolith
			●												Royal Azel
●				●											Rubin
				●						●					Saphir
				●										●	Sardonyx
●															Seifenstein
●															Serpentin
				●											Schwefel
●															Smaragd
				●										●	Sodalith
				●											Sphen
				●						●					Sternsaphir
				●										●	Turmalin (blau)
●															Turmalin (grün)
							●								Turmalin (schwarz)
				●											Turmalin (Wassermelonen)
				●										●	versteinertes Holz
●															Weinstein
				●											Zirkon
												●			Zoisit
	●														Kombination 22
										●					Kombination 23
				●										●	Kombination 24
				●										●	Kombination 27
				●											Kombination 39
							●								Kombination 42
				●										●	Kombination 50
				●										●	Kombination 63

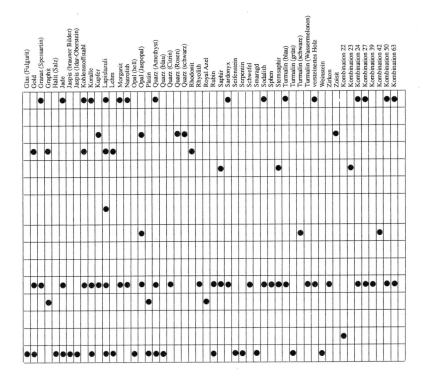

Tabelle der Wirkungen auf den physischen Körper

	Achat (Moos)	Albit	Aquamarin	Azurit	Azurit-Malachit	Bernstein	Blutstein	Bojistein	Bronze	Credit	Diamant	Eilatstein	Elfenbein	Fluorit	Gagat	Gallium	Gold	Granit	Halit (Salz)	Herkimer-Diamant	Jade	Jamesonit	Jaspis (grün)	Jaspis (Idar-Oberstein)	Kohlenstoffstahl	Koralle	Lapislazuli
Unterleib/Magen																●	●										
Vitalität				●			●	●	●		●	●	●				●		●	●	●	●	●	●		●	●
Weiße Blutkörperchen																			●							●	
Wirbel		●	●		●	●							●		●		●	●						●		●	●
Zähne														●													
Zellsalze																			●								
Zentralnervensystem																											
Zerebrospinalflüssigkeit																											
Zirkulationssystem	●						●			●	●						●								●	●	

Lazurit		●							
Lehm		●	●	●	●	●			
Magnetit		●		●				●	●
Magnetstein		●		●				●	●
Malachit	●								●
Messing				●					
Mondstein	●			●					
Obsidian	●								
Opal (Girasol)	●			●					
Opal (Hyalit)			●						
Opal (hell)	●								
Perle	●	●		●					
Platin				●					
Portlandit		●		●					
Pyrit	●			●					●
Quarz (Amethyst)		●							
Quarz (blau)		●							
Quarz (Citrin)		●							
Quarz (Rosen)									●
Quarz (schwarz)	●								
Quarz (Solution)									●
Quarz (weiß)	●	●	●			●			●
Rubin		●							●
Sand				●					
Saphir	●			●					
Sardonyx				●					
Scarabäus		●							●
Silber				●					●
Smaragd				●					●
Sodalith		●							
Sternsaphir	●			●					
Topas	●								
Türkis		●							●
Turmalin (weiß)									
Variscit							●		
versteinertes Holz		●							
Weinstein		●	●			●			
Kombination 5		●							
Kombination 17									●
Kombination 21									●
Kombination 24	●	●							●
Kombination 36									●
Kombination 39		●							
Kombination 42		●							
Kombination 55				●					
Kombination 67		●							

Tabelle der psychospirituellen Wirkungen

	Achat (Moos)	Alexandrit	Azurit-Malachit	Bojistein	Calcit	Chrysokoll	Feuerstein	Galenit	Granat (Hessonit)	Hämatit	Herkimer-Diamant	Jadeit	Koralle	Labradorit-Spektrolit	Magnetit	Mondstein	Quarz (Amethyst)	Quarz (blau)	Quarz (Citrin)	Quarz (dendritisch)	Quarz (Lepidokrokit-Geothit)	Quarz (Rosen)	Quarz (Rutil)	Quarz (schwarz)	Quarz (Solution)	Quarz (weiß)	Rubin
Agnostizismus																	●										
Astralprojektion			●		●					●										●							
Atemübungen (diese Elixiere unterstützen auf spirituelle Ziele gerichtete Atemübungen)						●		●																			
Atheismus																	●										
Ausdruck spiritueller Qualitäten																		●									
Bewußtheit Gottes																	●										
Channeling				●																							
Devas, Einstimmung auf												●														●	●
Devotion (Ergebenheit/Hingabe)																											
Emotionale Ruhe als Voraussetzung für Spiritualität								●																			
Erdenergie, Einstimmung auf	●	●		●			●		●		●	●	●	●	●	●	●	●	●	●	●	●	●	●	●	●	

Saphir	Serpentin	Sodalith	Staurolith	Sternsaphir	Turmalin (Katzenaugen)	Kombination 5	Kombination 6	Kombination 28	Kombination 30	Kombination 32	Kombination 47	Kombination 76	Kombination 77
●	●			●		●		●	●	●			●
					●								
●				●			●						
											●	●	
●													
		●											
			●								●	●	

Tabelle der psychospirituellen Wirkungen

	Achat (Bilder)	Achat (Botswana)	Achat (Feuer)	Achat (Karneol)	Achat (Moos)	Aquamarin	Azurit	Azurit-Malachit	Benitoit	Bernstein	Blutstein	Chalcedon	Chrysokoll	Chrysolith	Creedit	Diamant	Eilatstein	Gagat	Galenit	Granat (Spessartin)	Gold	Halit (Salz)	Herderit	Herkimer-Diamant	Jade	Jaspis (brauner Bilder)	Jaspis (grün)
Erhöhung und Entwicklung des Bewußtseins	●	●	●	●	●	●	●		●	●	●	●	●	●	●	●	●		●	●	●	●			●	●	
Gebete (Verlangen nach Gebeten)																											
Gewissen																					●						
Glaube																											
Göttliche Liebe																					●				●		
Günstige Umstände (dieses Elixier läßt den Menschen die Umstände vorfinden, die er zum spirituellen Wachstum braucht)													●														
Hellhörigkeit (mediales Hören)																											
Hellsichtigkeit								●	●							●		●				●	●	●			●

Kermesit	●							
Kupfer	●							
Lapislazuli	●							
Lehm								●
Mondstein	●							●
Onyx	●							
Opal (Girasol)	●							
Opal (hell)	●							
Opal (Hyalit)	●							
Opal (Jaspopal)	●							
Peridot	●							●
Perle	●			●				
Platin								●
Quarz (Amethyst)	●							
Quarz (Lepidokrokit-Geothit)	●							
Quarz (Rutil)	●							●
Quarz (weiß)	●							
Royal Azel	●							
Rubin	●				●			
Saphir	●	●						●
Sarder	●							
Scarabäus	●							
Schwefel	●							
Silber	●							
Smaragd	●				●			
Sodalith	●							
Sternsaphir	●	●						●
Topas	●							
Türkis	●							
Turmalin (blau)	●							
Turmalin (grün)	●				●			
Turmalin (Katzenaugen)	●			●				
Turmalin (Quarz)	●							
Turmalin (Rubellit)	●							
Turmalin (schwarz)	●							
Turmalin (Wassermelonen)	●							
Turmalin (weiß)	●							
Weinstein								●
Zirkon	●							
Kombination 5	●							
Kombination 6	●							
Kombination 7	●							
Kombination 8	●							
Kombination 19	●							
Kombination 22	●							
Kombination 30								●
Kombination 31							●	
Kombination 32								●
Kombination 33								●
Kombination 43	●							
Kombination 46	●							
Kombination 51	●							

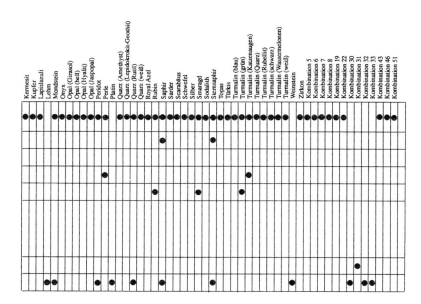

Tabelle der psychospirituellen Wirkungen

	Achat (Bilder)	Achat (Botswana)	Achat (Feuer)	Achat (Karneol)	Achat (Moos)	Aquamarin	Aventurin	Azurit	Benitoit	Bronze	Chalcedon	Chrysokoll	Creedit	Diamant	Gagat	Galenit	Gips	Gold	Jade	Jaspis (brauner Bilder)	Kakoxen	Kalkstein	Kermesit	Koralle	Kupfer	Lapislazuli	Lazurit
Höheres Selbst (Einstimmung auf das Höhere Selbst	●	●	●	●	●	●			●	●				●	●			●		●					●		
Innerer Friede												●															
Integration von Verstand, Körper, Geist							●																				
Karma, Überwindung des																											
Kosmisches Bewußtsein																											
Kreative Visualisation							●									●		●				●					●
Kreativität											●						●				●	●		●			●
Kundalini																	●	●									
Liebe zu Gott	●	●	●	●	●													●									
Mantras, Aktivierung von																											●
Mediale Fähigkeiten								●					●						●	●			●			●	

Magnetit						●					
Magnetstein						●					
Meteorit							●				
Mondstein	●										
Natrolith											●
Nealit					●						
Neptunit				●							
Opal (Girasol)	●										
Opal (hell)	●										
Opal (Hyalit)	●										
Opal (Jaspopal)	●				●						
Peridot	●					●					●
Perle					●						
Perlmutt					●						
Peridot											
Platin	●										
Pyrolusit				●							
Quarz (Amethyst)								●			
Quarz (blau)					●						
Quarz (Cairngorm)	●										
Quarz (Citrin)											●
Quarz (Rosen)					●						
Quarz (schwarz)				●	●						
Quarz (weiß)	●			●	●						
Rhodonit		●									
Rubin			●	●							
Saphir									●	●	●
Serpentin	●										
Silber				●		●					
Smaragd	●										
Sternsaphir									●		●
Türkis	●									●	
Turmalin (Katzenaugen)			●			●					●
Turmalin (Quarz)											●
Turmalin (Rubellit)					●						
Turmalin (schwarz)				●							
versteinertes Holz						●					
Zirkon	●										
Zoisit					●						
Kombination 1					●						
Kombination 2										●	
Kombination 3										●	
Kombination 4											●
Kombination 5	●										●
Kombination 6	●					●					●
Kombination 7/8	●										
Kombination 16				●							
Kombination 19	●										
Kombination 22	●				●						
Kombination 43	●										
Kombination 46	●				●						
Kombination 51	●										
Kombination 65		●									

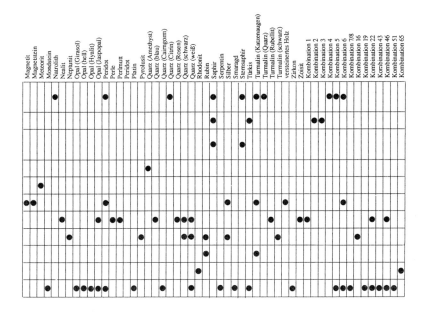

Tabelle der psychospirituellen Wirkungen

	Achat (Feuer)	Achat (Moos)	Alexandrit	Anhydrit	Aquamarin	Aventurin	Azurit	Bernstein	Bojistein	Chalcedon	Chrysolith	Diamant	Eilatstein	Feuerstein	Galenit	Gold	Granat (Hessonit)	Granat (Spessartin)	Graphit	Herkimer-Diamant	Jadeit	Jaspis (brauner Bilder)	Jaspis (grün)	Kämmererit	Kalkstein	Kohle	Koralle
Mentale (geistig-intellektuelle) Ruhe als Voraussetzung zur Entwicklung medialer Fähigkeiten																											
Meditation	●					●	●			●					●	●		●	●			●	●				
Natur, Einstimmung auf die		●	●						●					●			●			●	●						●
Odische Kraft																											●
Orgonenergie								●																			●
Planetare Bestimmung – Staurolith (zur näheren Erläuterung von „planetarer Bestimmung“ s. den zweiten Band dieses Werkes, in dem auch Staurolith vorgestellt wird – Anm. d. Übs.)																											
Praktische Spiritualität	●	●																									
Prophezeiungen											●																
Psychokinese																											
Seelenerinnerung																						●					
Sexuelle Energie (Anhebung und Umwandlung der sexuellen Energie in den höheren Chakren)																											
Spiritualisierung von Beziehungen																		●									
Spiritualisierung der Emotionen																		●									
Spiritualisierung des Intellekts								●								●											
Spirituelles Ausdrucksvermögen																								●			
Spirituelle Balance zwischen Yin und Yang				●																							●
Spirituelle Disziplin																									●		
Spirituelle Einweihung												●															
Spirituelle Erleuchtung																●										●	
Spirituelles Gleichgewicht														●													
Spirituelle Inspiration					●		●			●	●	●	●														

							●														Kupfer
						●													●		Lapislazuli
																			●		Lazurit
																		●	●		Magnetit
																		●	●		Magnetstein
												●						●			Mondstein
													●								Obsidian
●																					Onyx
●																			●		Opal (Girasol)
●																					Opal (hell)
●																					Opal (Hyalit)
●								●		●									●		Opal (Jaspopal)
																			●		Peridot
								●													Perle
																		●	●		Quarz (Amethyst)
																		●			Quarz (blau)
																		●	●		Quarz (Citrin)
																		●			Quarz (dendritisch)
																		●	●		Quarz (Lepidokrokit-Geothit)
																		●			Quarz (Rosen)
●																		●			Quarz (Rutil)
													●					●	●		Quarz (schwarz)
																		●			Quarz (Solution)
							●											●	●		Quarz (weiß)
●	●																				Rubin
																			●		Sandstein
●	●						●					●							●		Saphir
●																					Scarabäus
		●					●														Schwefel
																					Serpentin
	●																				Smaragd
								●													Sodalith
●	●	●										●									Sternsaphir
	●																				Talk
																					Topas
						●															Turmalin
								●			●										Turmalin (grün)
●				●															●		Turmalin (Katzenaugen)
●		●																	●		Turmalin (Quarz)
																			●		Türkis
							●														Zirkon
						●															Kombination 5
						●	●												●		Kombination 6
		●																			Kombination 7
		●																			Kombination 8
●																					Kombination 19
										●											Kombination 22
																				●	Kombination 30
																				●	Kombination 32
●																					Kombination 43
																			●		Kombination 46
																		●			Kombination 47
																		●			Kombination 76

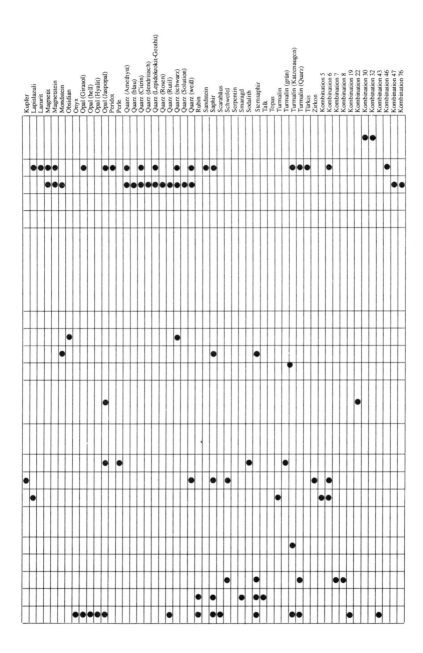

Tabelle der psychospirituellen Wirkungen

	Achat (Feuer)	Anhydrit	Benitoit	Blutstein	Bojistein	Chrysolith	Chrysopras	Diamant	Elfenbein	Erythrit	Feuerstein	Fluorit	Gold	Halit (Salz)	Jade	Jaspis (brauner Bilder)	Jaspis (grün)	Kohle	Koralle	Kunzit	Kupfer	Lazurit	Lehm	Magnetit	Magnetstein	Meteorit	Mondstein
Spiritueller Mut																											
Spirituelle Reinheit/Tugend								●																			
Spirituelle Selbstaufopferung									●																		
Spirituelles Selbstbewußtsein											●										●						
Spirituelles Selbstwertgefühl																				●							
Spirituelles Verständnis																											
Spirituelle Ziele				●									●														●
Telepathie					●									●			●						●			●	
Telepathische Verbindungen zu UFOs und anderen Sternensystemen																										●	
Universelle Symbole																						●					
Unpersönliche Einstellung (für Menschen, deren höheres Bewußtsein zwar erweckt ist, aber sich in zu unpersönlicher Form ausgebildet hat)	●																										
Verbindung zwischen Verstand und Seele															●												
Visionen			●			●				●												●		●	●		
Visionen, verzerrte																●											
Wahrheitsliebe							●											●									
Wahrnehmung höherer Ebenen												●															
Weiblichkeit, mit Spiritualität verbundene		●																	●								
Weisheit															●												

Perle	Quarz (Amethyst)	Quarz (Solution)	Quarz (weiß)	Royal Azel	Saphir	Sarder	Serpentin	Silber	Sternsaphir	Tigerauge	Turmalin (blau)	Turmalin (Katzenaugen)	Turmalin (Quarz)	Turmalin (Rubellit)	Turmalin (weiß)	Weinstein	Zirkon	Kombination 22	Kombination 30	Kombination 43	Kombination 65
						●															
●																					
●						●				●		●	●				●			●	
					●				●		●	●	●	●	●			●			
					●				●							●			●		
								●									●				●
	●	●	●	●	●		●		●			●					●			●	●
	●																				
																					●		●				

Tabelle der Auswirkungen auf die Zellebene

	Achat (Feuer)	Achat (Karneol)	Amazonit	Asphalt	Atacamit	Azurit	Bernstein	Blutstein	Bojistein	Bronze	Calamin	Chrysokoll	Chrysopras	Durangit	Eilatstein	Feuerstein	Gagat	Gallium	Gold	Granat (Rhodolith)	Granat (Spessartin)	Graphit	Hämatit	Herderit	Hiddenit	Jaspis (gelb)	Jaspis (grün)
Allgemeine Stärkung	●	●		●	●				●	●				●	●	●			●				●		●		●
Bauchspeicheldrüse/Pankreas																			●							●	
Bindegewebe																											
Biomolekulare Funktionen																			●								
Blutzufuhr zu den endokrinen Drüsen								●																			
Cholesterin																											
Chromosomenschäden				●														●	●								
DNS							●																				
Endokrines System																●										●	
Entgiftung, zelluläre																											
Epiphyse																											
Evolution der physischen Form																											
Fettgewebe																											
Fruchtbarkeit													●				●										
Früherkennung präkanzeröser Zellen durch das Abwehrsystem																				●							
Gallenflüssigkeit						●																					
Gehirn			●																●			●					
Gehirnneuronen																			●								
Genetischer Code																											
Hämoglobin								●				●								●	●			●			
Harnstoffausscheidung											●																

												●									Jaspis (Idar-Oberstein)
																				●	Kohle
																				●	Kunzit
		●																			Kupfer
									●	●											Lazulith
																				●	Lazurit
											●									●	Lehm
											●										Magnesium
																●				●	Magnetit
																●				●	Magnetstein
					●															●	Malachit
									●												Marmor
									●												Meteorit
																		●			Natrolith
																				●	Peridot
																				●	Quarz (Amethyst)
				●																●	Quarz (Citrin)
																				●	Quarz (Lepidokrokit-Geothit)
																				●	Quarz (Rutil)
							●														Quarz (schwarz)
																				●	Quarz (weiß)
			●	●						●											Royal Azel
									●												Saphir
																				●	Scarabäus
		●																			Shattuckit
																				●	Silber
									●												Sternsaphir
																				●	Topas
														●							Torf
																				●	Türkis
																				●	Turmalin (grün)
													●								Variscit
																				●	versteinertes Holz
																			●		Weinstein
							●														Zoisit
										●											Kombination 16
																				●	Kombination 20
																				●	Kombination 25
																				●	Kombination 34
								●			●				●						Kombination 36
											●										Kombination 38
								●			●										Kombination 40
								●													Kombination 41
								●													Kombination 42
																				●	Kombination 52
																				●	Kombination 53
																				●	Kombination 54
																				●	Kombination 56
																				●	Kombination 63
																				●	Kombination 65

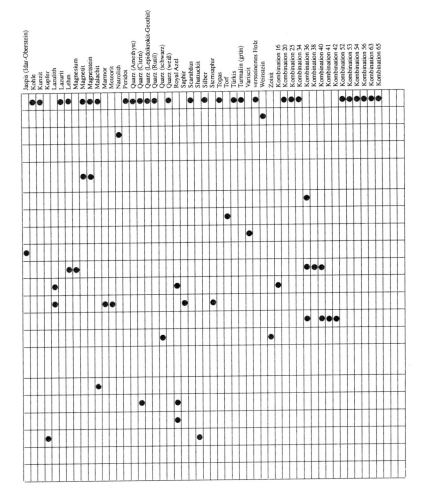

Tabelle der Auswirkungen auf die Zellebene

	Achat (Botswana)	Achat (Moos)	Alexandrit	Amazonit	Aquamarin	Blutstein	Calcit	Chalcedon	Cuprit	Diamant	Diopsid	Durangit	Eilatstein	Elfenbein	Enstatit	Gold	Granat (Spessartin)	Granit	Graphit	Hämatit	Herderit	Jade	Jaspis (brauner Bilder)	Jaspis (grün)	Kohlenstoffstahl	Koralle	Kunzit
Haut	●															●		●									
Herz												●				●											●
Hypophyse																											
Immunsystem																							●				
Innere Organe außer Drüsen																		●									
Interferon																											
Kapillargefäße, Funktion der						●																		●			
Kardiovaskuläres System																											
Knochenmark																											
Knochenwachstum																											
Leber																											
Lungen												●															
Lymphozyten																					●						
Milz					●											●											
Mitogene Aktivität																											
Muskeln									●			●				●								●			
Nährstoffresorption		●																									
Nebennieren																											
Nervensystem	●		●	●						●						●			●								
Nieren							●															●					
Oxygenisation der Zellen																					●					●	
Pankreas-Enzyme																											
Parasympathisches Nervensystem												●															
Plasma																	●										●
RNS										●	●				●												
Rote Blutkörperchen						●		●						●						●	●					●	
Schilddrüse												●															
Schmerzlinderung																											
Skelettsystem													●	●					●							●	
Synapsen				●						●									●								

Lapislazuli														●																
Lazulith																												●		
Marmor					●																									●
Messing																														●
Mondstein																												●		●
Morganit										●																				
Nathrolith															●															●
Nephrit											●																		●	
Opal (Girasol)					●											●	●													
Opal (Hyalit)		●																												
Opal (Jaspopal)					●															●	●	●								
Perle									●																					
Pyrit					●																									
Quarz (Amethyst)					●																									
Quarz (Citrin)					●													●												
Quarz (Rosen)					●						●																			
Quarz (schwarz)													●																	
Quarz (Solution)					●													●												
Quarz (weiß)																												●		
Rubin																													●	
Sand		●																	●				●						●	
Sandstein																														●
Saphir			●																									●		
Schwefel														●																
Serpentin					●					●																				
Sodalith																		●												
Sternsaphir			●																									●		
Weinstein																	●													
Kombination 16																												●		
Kombination 27						●																								
Kombination 28																				●										
Kombination 33																												●		
Kombination 36					●					●																				
Kombination 37												●							●											
Kombination 38					●																									
Kombination 49														●																
Kombination 55																					●									
Kombination 56																													●	
Kombination 58																								●						

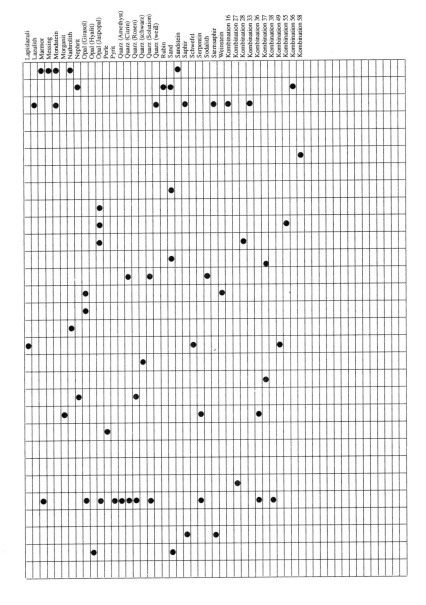

Tabelle der Auswirkungen auf die Zellebene

	Achat (Bilder)	Achat (Feuer)	Apatit	Aquamarin	Bernstein	Blutstein	Creedit	Elfenbein	Galenit	Gallium	Gold	Granat (Spessartin)	Herderit	Jaspis (brauner Bilder)	Jaspis (gelb)	Koralle	Lapislazuli	Nephrit	Obsidian	Opal (Girasol)	Opal (hell)	Opal (Jaspopal)	Pyrolusit	Quarz (Citrin)	Quarz (Solution)	Quarz (weiß)	Rubin
Thymusdrüse														●	●			●									
Unterleib																		●		●							
Verdauungsenzyme																											
Weiße Blutkörperchen				●					●			●	●			●					●	●		●	●	●	
Zähne								●																			
Zellelastizität	●																										
Zellgedächtnis		●																		●							
Zellmitose		●	●		●	●	●		●	●	●						●	●	●	●			●				

●		●						Sand
							●	Seifenstein
				●				Sepiolith
●								Shattuckit
●								Smaragd
●								Variscit
●								versteinertes Holz
				●				Weinstein
							●	Kombination 16
					●			Kombination 36

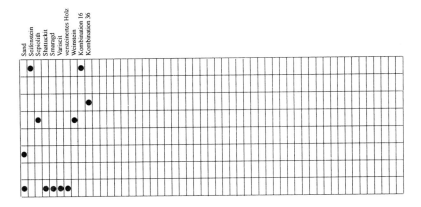

Tabelle der Nährstoffe, deren Resorption durch Edelsteine verbessert wird

	Abalone	Achat (Karneol)	Achat (Moos)	Alexandrit	Apatit	Asphalt	Azurit	Azurit-Malachit	Bronze	Calcit	Chalcedon	Cuprit	Diamant	Diopsid	Durangit	Eilatstein	Elfenbein	Enstatit	Feuerstein	Fluorit	Gold	Granit	Hämatit	Herderit	Jade	Kohlenstoffstahl	Koralle
Alle Nährstoffe		●		●				●								●			●		●	●					
Appetitregulierend																											●
Chlorophyll																											
Eisen									●		●												●			●	
Eiweiß	●		●	●		●							●	●			●	●					●	●			●
Enzyme, Stimulation der	●																										
Gold												●			●						●						
Heißhunger nach bestimmten Nahrungsmitteln																											
Jod																									●		
Kalium																											
Kalzium					●		●		●	●					●		●			●							
Karotin	●					●																					

	1	2	3	4	5	6	7	8	9	10	11	12
Lapislazuli											●	
Lava	●											
Magnesium					●	●						
Magnetit				●								
Magnetstein				●								
Meteorit				●								
Mondstein	●											
Morganit											●	
Natrolith	●											
Opal (Girasol)	●											
Opal (Jaspopal)					●						●	
Perle	●							●				
Platin	●											
Portlandit											●	
Pyrit				●								
Quarz (Amethyst)	●											
Quarz (blau)				●			●		●			
Quarz (Rosen)				●	●							
Quarz (Rutil)	●											
Quarz (schwarz)					●							
Quarz (Solution)				●								
Quarz (weiß)					●							
Rubin				●							●	
Saphir	●				●							
Schwefel		●			●							
Serpentin			●									
Smaragd	●		●									
Sternsaphir	●				●							
Topas		●										
Torf					●							●
Turmalin (grün)	●											
Türkis	●											
versteinertes Holz											●	
Kombination 17				●	●							
Kombination 22					●				●			
Kombination 23											●	
Kombination 24	●							●				
Kombination 29				●								
Kombination 39	●											
Kombination 41	●											
Kombination 48	●											
Kombination 49	●	●										
Kombination 50	●	●						●				
Kombination 52	●											
Kombination 53	●											
Kombination 54	●											
Kombination 55										●		
Kombination 56					●							
Kombination 61											●	
						●						

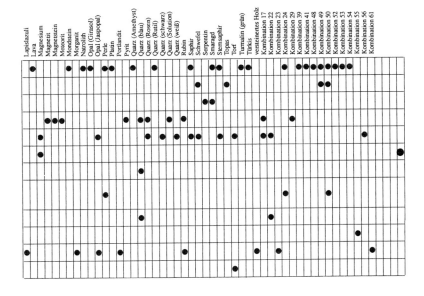

Tabelle der Nährstoffe, deren Resorption durch Edelsteine verbessert wird

	Achat (Bilder)	Achat (Botswana)	Achat (Kameol)	Albit	Apatit	Asphalt	Atacamit	Azurit	Azurit-Malachit	Bernstein	Beryll	Bronze	Chalcedon	Creedit	Cuprit	Diamant	Diopsid	Durangit	Elfenbein	Enstatit	Fluorit	Gallium	Glas (Fulgurit)	Gold	Granat (Rhodolith)	Hämatit	Herderit
Kieselerde	●			●							●						●	●		●							
Kobalt																											
Kohlenstoff																						●					
Kupfer								●	●			●			●												
Lezithin																											
Magnesium					●			●				●						●	●		●			●			
Molybdän																											
Niacin																											
Phosphor								●				●					●	●		●	●			●			
RNS																											
Salz																											
Sauerstoff	●	●	●	●									●											●			●
Schwefel																											
Selen																											
Silber																		●						●			
Silizium	●			●			●				●		●					●									
Vitamin A						●	●		●		●	●		●				●					●	●	●		
Vitamin B										●				●	●	●		●						●	●		
Vitamin C					●										●			●					●				
Vitamin D							●											●						●			
Vitamin E	●						●		●		●					●		●				●		●		●	
Vitamin K													●				●			●	●					●	
Zink								●	●		●	●			●			●			●	●					

Herkimer-Diamant			●			●			●							●							
Jaspis (gelb)						●											●	●			●		●
Jaspis (grün)												●											
Kohlenstoffstahl												●											
Koralle	●				●																●		
Kupfer				●			●																
Lapislazuli									●			●						●	●		●		
Lazulith	●					●			●		●												●
Marmor																			●	●	●		
Morganit						●						●					●				●		●
Natrolith		●													●		●				●		
Onyx																		●			●		
Opal (Jaspopal)						●											●					●	
Portlandit			●						●							●							●
Pyrit													●										
Quarz (blau)												●						●					
Quarz (Citrin)														●			●		●		●		●
Quarz (Lepidokrokit-Geothit)										●						●	●			●	●		
Quarz (Rosen)												●										●	
Quarz (schwarz)																		●			●		
Quarz (Solution)	●																					●	●
Rhodonit																	●	●			●		
Rubin	●					●															●		
Sandstein	●															●		●					●
Sardonyx																		●	●		●		
Schwefel													●										
Sepiolith	●			●		●																	●
Serpentin												●											
Silber															●								
Shattuckit					●					●													
Torf																	●						
Türkis												●											
versteinertes Holz	●					●										●	●	●			●		
Kombination 2																●							
Kombination 17																		●					
Kombination 22																●					●		
Kombination 23						●			●										●		●		
Kombination 24												●											
Kombination 25										●													
Kombination 37																	●	●			●		●
Kombination 44																					●		
Kombination 55	●					●			●														
Kombination 56	●																				●		
Kombination 58																					●	●	
Kombination 61						●		●	●														
Kombination 62																					●		
Kombination 63												●					●		●				●

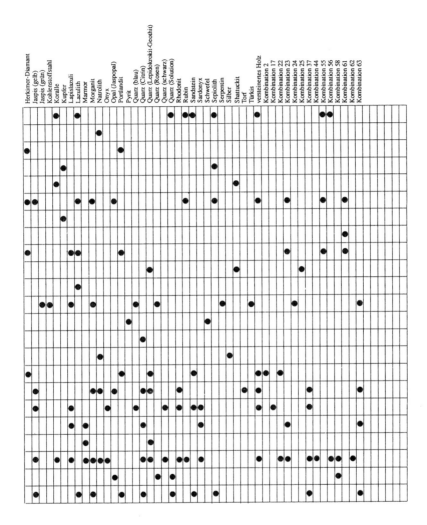

Tabelle der Chakren

	Amazonit	Asphalt	Azurit	Azurit-Malachit	Benitoit	Bernstein	Beryll	Blutstein	Bojistein	Charoit	Creedit	Diamant	Durangit	Elektrum	Elfenbein	Erythrit	Gagat	Gold	Jamesonit	Jaspis (brauner Bilder)	Jaspis (grün)	Kämmererit	Kakoxen	Kalkstein	Koralle (rot)	Kupfer	Lehm
Alle Chakren									●				●						●		●						
Die fünf Chakren oberhalb des Kopfes																		●									
Augenbrauenchakra		●			●	●				●	●	●				●		●		●		●				●	
Basischakra							●	●									●						●	●	●	●	
Emotionalchakra	●	●	●	●		●								●	●								●			●	●

Tabelle der Chakren

	Abalone	Achat (Botswana)	Achat (Feuer)	Achat (Karneol)	Amazonit	Apatit	Aquamarin	Asphalt	Aventurin	Beryllonit	Blutstein	Bronze	Chalcedon	Chrysokoll	Creedit	Cuprit	Durangit	Eilatstein	Elektrum	Gold	Granat (Hessonit)	Granat (Spessartin)	Jaspis (brauner Bilder)	Jaspis (Idar-Oberstein)	Jaspis (rot)	Kämmererit	Kohlenstoffstahl
Fußchakren																					●						
Handchakren																											
Herzchakra	●		●	●	●			●	●	●	●	●	●			●		●	●	●		●		●			
Kehlenchakra		●				●	●		●					●	●		●					●	●		●	●	●

	●			Kunzit
●	●			Kupfer
		●	●	Labradorit-Spektrolit
●				Lapislazuli
	●			Malachit
●				Meteorit
	●			Natrolith
	●			Nealit
●				Nephrit
●				Onyx
	●			Peridot
	●			Perle
●				Quarz (Amethyst)
●	●			Quarz (blau)
●	●			Quarz (Citrin)
●	●			Quarz (Rosen)
	●			Rhodochrosit
●	●			Rhyolith
	●			Rubin
	●			Rutil
●	●			Saphir
●				Sardonyx
	●			Scarabäus
●	●			Serpentin
	●			Smaragd
	●			Smithsonit
●	●			Sternsaphir
	●			Tigerauge
	●			Torf
●				Turmalin (blau)
	●			Turmalin (grün)
	●			versteinertes Holz
●				Kombination 1
	●			Kombination 3
●				Kombination 4
	●			Kombination 6
●				Kombination 9
	●			Kombination 10
	●			Kombination 15
	●			Kombination 18
	●			Kombination 20
	●			Kombination 21
●	●			Kombination 22
	●			Kombination 24
●				Kombination 25
	●			Kombination 34
●	●			Kombination 39
	●			Kombination 46
	●			Kombination 55
	●			Kombination 57
●				Kombination 73
●				Kombination 74

●					Lepidolith
●					Magnesium
				●	Magnetit
					Magnetstein
●					Malachit
●					Marmor
		●			Meteorit
●		●			Mondstein
●	●				Onyx
●					Opal (Girasol)
●		●			Opal (hell)
●					Opal (Hyalit)
●	●				Opal (Jaspopal)
●	●				Perle
			●		Platin
	●				Pyrolusit
		●			Quarz (Amethyst)
	●				Quarz (Citrin)
				●	Quarz (Rutil)
●	●				Quarz (schwarz)
		●			Quarz (Solution)
●		●			Quarz (weiß)
	●				Rhodochrosit
	●				Rhyolith
●	●	●	●	●	Saphir
					Silber
●					Smithsonit
				●	Staurolith
●	●	●		●	Sternsaphir
	●	●			Tigerauge
●		●			Topas
		●			Turmalin (Katzenaugen)
				●	Turmalin (Quarz)
	●				Turmalin (schwarz)
●					Turmalin (weiß)
				●	Türkis
	●	●			Zirkon
●	●				Kombination 1
●					Kombination 4
●					Kombination 11
				●	Kombination 12
●					Kombination 14
				●	Kombination 16
●	●				Kombination 22
●					Kombination 25
●					Kombination 37
	●				Kombination 42
●	●				Kombination 43
●					Kombination 48
●					Kombination 57
●					Kombination 58, 59
●					Kombination 61, 62
		●			Kombination 73

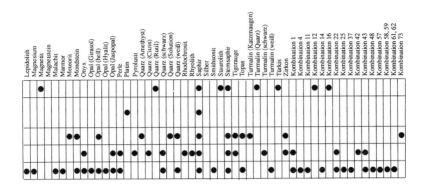

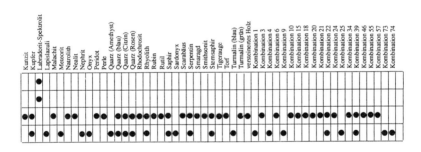

Tabelle der Chakren

	Achat (Feuer)	Alexandrit	Aquamarin	Asphalt	Azurit	Azurit-Malachit	Charoit	Chrysopras	Diamant	Gips	Gold	Granat (Spessartin)	Hämatit	Kakoxen	Kalkstein	Koralle	Kupfer	Mondstein	Nealit	Opal (Girasol)	Opal (hell)	Opal (Hyalit)	Opal (Jaspopal)	Perle	Quarz (Amethyst)	Quarz (Lepidokrokit-Geothit)	Quarz (schwarz)
Kronenchakra							●		●		●							●		●	●	●	●			●	
Milzchakra		●	●			●							●														
Nierenchakra																										●	
Sexualchakra	●			●				●	●	●		●		●	●	●	●		●				●	●	●		●

Quarz (weiß)	●			●
Royal Azel				●
Saphir	●			●
Sternsaphir	●			●
Turmalin (Quarz)				●
Turmalin (Rubellit)	●			
Zoisit	●			
Kombination 1	●			
Kombination 6				●
Kombination 8				●
Kombination 13	●			
Kombination 20				●
Kombination 22	●		●	
Kombination 30				●
Kombination 42				●
Kombination 43				●
Kombination 44	●			
Kombination 46				●
Kombination 57				●
Kombination 61				●

Tabelle der feinstofflichen Körper

	Achat (Karneol)	Chalcedon	Creedit	Durangit	Elfenbein	Gold	Granat (Rhodolith)	Halit (Salz)	Jaspis (gelb)	Koralle	Lapislazuli	Lehm	Magnetit	Magnetstein	Weinstein	Kombination 9	Kombination 10	Kombination 11	Kombination 36	Kombination 37	Kombination 38	Kombination 40	Kombination 44	Kombination 55	Kombination 56	Kombination 58	Kombination 62
Ätherisches Fluidum	●	●	●	●	●	●	●	●	●	●	●	●	●	●	●	●	●	●	●	●	●	●	●	●	●	●	●

Tabelle der feinstofflichen Körper

	Abalone	Achat (Karneol)	Alexandrit	Amazonit	Aquamarin	Aventurin	Azurit	Azurit-Malachit	Benitoit	Beryllonit	Blutstein	Bronze	Chrysopras	Creedit	Bernstein	Diamant	Elfenbein	Fluorit	Gagat	Galenit	Granat (Rhodolith)	Graphit	Halit (Salz)	Hämatit	Herkimer-Diamant	Jade	Jaspis (brauner Bilder)
Ätherkörper	●	●	●	●	●	●	●	●	●	●	●	●	●	●	●	●	●	●	●	●	●	●	●	●	●	●	●

Tabelle der feinstofflichen Körper

	Bojistein	Cuprit	Diamant	Diopsid	Eilatstein	Enstatit	Granat (Rhodolith)	Granit	Halit (Salz)	Herderit	Herkimer-Diamant	Jade	Jamesonit	Jaspis (brauner Bilder)	Jaspis (grün)	Kohle	Kupfer	Lazurit	Magnetit	Magnetstein	Meteorit	Mondstein	Peridot	Perle	Pyrit	Quarz (blau)	Quarz (Citrin)
Alle feinstofflichen Körper	●		●		●			●	●				●			●	●	●	●	●			●			●	
Astralkörper		●		●		●	●		●	●	●	●		●	●		●				●	●	●	●	●		●
Aura, Reinigung der											●				●				●	●							

		●	Quarz (Lepidokrokit-Geothit)
	●		Quarz (Rosen)
		●	Quarz (Rutil)
●	●		Quarz (schwarz)
	●		Rhodochrosit
●			Rubin
●	●		Saphir
	●		Sarder
	●		Serpentin
	●		Silber
	●		Smaragd
	●		Smithsonit
●	●		Sternsaphir
	●		Talk
		●	Türkis
		●	Turmalin (Quarz)
	●		Variscit
	●		Zirkon
		●	Kombination 5
	●		Kombination 16
	●		Kombination 17
		●	Kombination 19
●	●		Kombination 20
	●		Kombination 26
	●		Kombination 28
	●		Kombination 30
	●		Kombination 32
	●		Kombination 33
		●	Kombination 34
●			Kombination 35
	●		Kombination 41
	●		Kombination 43
	●		Kombination 61

●	Jaspis (gelb)
●	Jaspis (grün)
●	Kalkstein
●	Koralle
●	Kunzit
●	Lapislazuli
●	Lazulith
●	Magnesium
●	Magnetit
●	Magnetstein
●	Malachit
●	Meteorit
●	Natrolith
●	Lehm
●	Opal (Girasol)
●	Perle
●	Portlandit
●	Pyrolusit
●	Quarz (weiß)
●	Sand
●	Sandstein
●	Scarabäus
●	Schwefel
●	Shattuckit
●	Silber
●	Smaragd
●	Spinell
●	Talk
●	Topas
●	Variscit
●	Weinstein
●	Kombination 1
●	Kombination 16
●	Kombination 17
●	Kombination 20
●	Kombination 21
●	Kombination 22
●	Kombination 23
●	Kombination 24
●	Kombination 25
●	Kombination 26
●	Kombination 39
●	Kombination 41
●	Kombination 42
●	Kombination 44
●	Kombination 49
●	Kombination 50
●	Kombination 55
●	Kombination 56

Tabelle der feinstofflichen Körper

	Achat (Bilder)	Achat (Botswana)	Achat (Feuer)	Achat (Moos)	Alexandrit	Amazonit	Aquamarin	Aventurin	Azurit	Azurit-Malachit	Benitoit	Bernstein	Beryllonit	Creedit	Diamant	Elfenbein	Gagat	Gold	Granat (Spessartin)	Graphit	Herderit	Herkimer-Diamant	Jade	Jaspis (grün)	Kalkstein	Lapislazuli	Lazulith
Emotionalkörper	●	●	●	●	●			●		●			●			●	●	●	●	●	●	●	●	●	●		●
Mentalkörper			●	●	●	●	●	●	●			●		●	●			●						●	●	●	
Seelenkörper																											
Spiritueller Körper			●								●							●	●							●	

Tabelle der Punkte am Körper, an denen man bestimmte Steine tragen sollte

	Achat (Bilder)	Achat (Feuer)	Apatit	Bernstein	Beryllonit	Chalcedon	Cuprit	Diamant	Eilatstein	Gagat	Gold	Granat (Spessartin)	Hämatit	Halit (Salz)	Herkimer-Diamant	Jade	Jaspis (brauner Bilder)	Jaspis (gelb)	Jaspis (grün)	Koralle	Kupfer	Lazulith	Magnetit	Magnetstein	Mondstein	Opal (Girasol)	Opal (Jaspopal)
An beliebiger Stelle zu tragen											●				●				●		●		●	●		●	
Augenbraue		●																●		●	●		●	●			
Bauchspeicheldrüse																											
Brust																											
Daumen			●		●																						
Finger								●	●													●			●		●
Fünfte Rippe						●																					
Gesäß													●														
Halsansatz																							●	●			
Handflächen														●													
Handgelenk				●						●																	
Hara							●									●											
Herz	●					●						●					●					●					

Perle		●											
Quarz (Amethyst)													●
Quarz (blau)								●					
Quarz (Citrin)													●
Quarz (Lepidokrokit-Geothit)								●				●	
Quarz (weiß)													●
Rhodochrosit			●										
Rubin	●												
Sandstein											●		
Saphir													●
Scarabäus													●
Sepiolith						●				●			
Silber								●					
Smaragd	●												
Sternsaphir								●				●	●
Topas													●
Türkis								●					

Lehm				●
Malachit				●
Meteorit			●	●
Mondstein				●
Morganit			●	●
Natrolith				●
Obsidian			●	●
Opal (Girasol)			●	●
Opal (Jaspopal)			●	●
Perle				●
Quarz (Amethyst)	●		●	●
Quarz (Citrin)	●	●	●	●
Quarz (Rosen)			●	●
Quarz (schwarz)			●	●
Quarz (weiß)				●
Rhyolith	●			●
Rubin	●		●	
Sand				●
Sandstein				●
Saphir				●
Sardonyx				●
Scarabäus				●
Schwefel			●	●
Serpentin				●
Smaragd				●
Smithsonit				●
Sphen	●		●	●
Spinell				●
Sternsaphir				●
Talk				●
Zirkon	●			●
Kombination 1				●
Kombination 16	●		●	●
Kombination 17	●		●	●
Kombination 20		●	●	●
Kombination 21				●
Kombination 22			●	●
Kombination 23			●	●
Kombination 24				●
Kombination 25			●	●
Kombination 26				●
Kombination 27				●
Kombination 32			●	●
Kombination 37			●	●
Kombination 42			●	●
Kombination 44				●
Kombination 46	●		●	
Kombination 48				●
Kombination 49				●
Kombination 50				●
Kombination 57			●	●
Kombination 59				●
Kombination 61				●

Tabelle der Punkte am Körper, an denen man bestimmte Steine tragen sollte

	Achat (Bilder)	Apatit	Azurit-Malachit	Beryllonit	Blutstein	Bojistein	Chrysolith	Cuprit	Diamant	Elfenbein	Fluorit	Gagat	Granat (Spessartin)	Granit	Graphit	Hämatit	Jade	Jaspis (brauner Bilder)	Jaspis (gelb)	Jaspis (Idar-Oberstein)	Lapislazuli	Magnetit	Magnetstein	Mondstein	Opal (Girasol)	Opal (hell)	Opal (Jaspopal)
Ischiasnerv			●																								
Kehle	●					●	●					●		●	●			●								●	●
Kopf, oben auf dem									●																		
Kreuzbein																											
Lymphgefäß																											
Medulla oblongata	●			●					●	●	●	●							●			●	●	●			
Nabel																											
Nase (in der Nähe der Luftwege in der Nase)																			●								
Nieren																											
Oberschenkel																											
Ohrläppchen	●	●			●			●			●		●					●									
Schilddrüse																				●	●						
Schläfe									●																		
Solarplexus	●																							●			
Steißbein																											
Stirn																											
Taille																											
Thymusdrüse				●															●								
Unterleibsbereich																									●		
Wirbel																											
Wirbelsäulenbasis																●	●					●	●				
Zähne, in der Nähe der											●																

Peridot	Perle	Platin	Pyrit	Quarz (Lepidokrokit-Geothit)	Quarz (schwarz)	Quarz (Solution)	Rhodochrosit	Rhodonit	Rubin	Sandstein	Schwefel	Seifenstein	Sepiolith	Smaragd	Smithsonit	Turmalin (schwarz)	versteinertes Holz
●				●		●		●		●							●
					●												
											●						
		●						●	●						●		
	●																
	●													●			
												●					
													●				
					●												
		●															
									●								
		●															
													●				
						●			●					●			
	●																
							●										
		●														●	

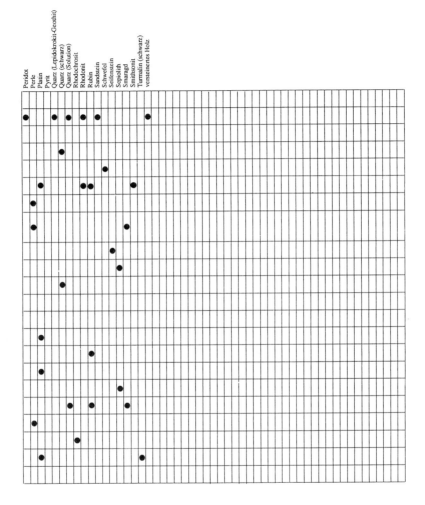

Tabelle der Miasmen

	Anhydrit	Asphalt	Atacamit	Bernstein	Blutstein	Calcit	Chrysopras	Creedit	Cuprit	Diamant	Eilatstein	Elfenbein	Feuerstein	Gagat	Gallium	Gold	Granat (Rhodolith)	Hämatit	Herderit	Jade	Jaspis (brauner Bilder)	Jaspis (gelb)	Kalkstein	Kohlenstoffstahl	Kohle	Lapislazuli	Magnesium
Alle Miasmen										●	●					●			●								●
Gonorrhöemiasma			●				●											●									
Petrochemisches Miasma		●			●			●					●			●	●			●	●	●	●		●	●	
Schwermetallmiasma	●								●			●		●	●	●								●		●	
Strahlungsmiasma										●						●											
Syphilismiasma				●		●	●			●																●	

Tabelle der Miasmen

	Albit	Atacamit	Azurit-Malachit	Chrysokoll	Creedit	Diopsid	Enstatit	Feuerstein	Fluorit	Galenit	Granat (Rhodolith)	Granat (Spessartin)	Lapislazuli	Malachit	Morganit	Platin	Quarz (Amethyst)	Quarz (blau)	Rubin	Sarder	Sardonyx	Topas	Weinstein	Kombination 25			
Tuberkulosemiasma	●	●	●	●	●	●	●	●	●	●	●	●	●	●	●	●	●	●	●	●	●	●	●	●			

Magnetit				●		
Magnetstein				●		
Malachit			●			
Messing			●			
Natrolith	●					
Obsidian	●			●		
Peridot						●
Platin				●		
Porphyr				●		
Pyrit	●			●		
Quarz (blau)			●			
Quarz (Citrin)						●
Quarz (Lepidokrokit-Geothit)					●	●
Quarz (Rosen)	●					
Quarz (Rutil)						●
Quarz (schwarz)			●	●		
Quarz (Solution)						●
Quarz (weiß)				●		
Rhodonit	●					
Royal Azel						●
Rubin	●					●
Saphir		●				
Sarder				●		
Sardonyx				●		
Scarabäus						●
Schwefel	●					
Shattuckit	●					●
Smaragd	●			●		●
Sternsaphir		●		●		
Topas	●				●	
Torf				●		
Türkis						●
Turmalin (grün)						●
Turmalin (Rubellit)	●				●	
Turmalin (schwarz)	●		●			
Turmalin (weiß)				●		
Variscit	●				●	
versteinertes Holz			●			
Kombination 1	●					
Kombination 16	●					
Kombination 22	●					
Kombination 23						●
Kombination 24	●					
Kombination 27	●					
Kombination 32	●					
Kombination 38				●		
Kombination 39				●		
Kombination 40			●	●		
Kombination 41		●		●		
Kombination 42				●		
Kombination 44	●				●	
Kombination 57						●
Kombination 61						●

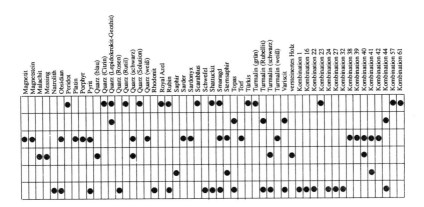

Tabelle der Berufe und Berufsbereiche, bei denen bestimmte Elixiere oder Steine förderlich wirken können

	Abalone	Achat (Bilder)	Achat (Kameol)	Amazonit	Apatit	Asphalt	Azurit-Malachit	Bojistein	Chalcedon	Diamant	Elektrum	Elfenbein	Feuerstein	Gold	Graphit	Hämatit	Halit (Salz)	Herkimer-Diamant	Jamesonit	Jaspis (Idar-Oberstein)	Koralle	Kupfer	Labradorit-Spektrolit	Lapislazuli	Lehm	Magnetit	Magnetstein
Akupressur/Akupunktur	●	●	●	●	●	●	●	●	●	●	●	●	●	●		●	●	●	●	●	●		●	●	●	●	●
Astrolog(inn)en																						●					
Astronaut(inn)en															●												

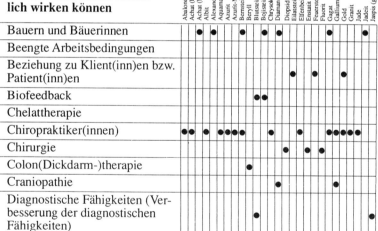

Tabelle der Berufe und Berufsbereiche, bei denen bestimmte Elixiere oder Steine förderlich wirken können

	Abalone	Achat (Kameol)	Achat (Moos)	Albit	Alexandrit	Aquamarin	Azurit	Azurit-Malachit	Bernstein	Beryll	Blutstein	Bojistein	Chrysokoll	Diamant	Diopsid	Eilatstein	Elfenbein	Enstatit	Feuerstein	Fluorit	Gagat	Gallium	Gold	Granit	Jade	Jadeit	Jaspis (grün)
Bauern und Bäuerinnen			●		●				●			●		●							●					●	
Beengte Arbeitsbedingungen																											
Beziehung zu Klient(inn)en bzw. Patient(inn)en																●			●				●				
Biofeedback											●	●															
Chelattherapie																											
Chiropraktiker(innen)	●	●		●		●	●	●	●				●				●				●	●	●	●	●		
Chirurgie															●			●		●							
Colon(Dickdarm-)therapie										●																	
Craniopathie														●								●					
Diagnostische Fähigkeiten (Verbesserung der diagnostischen Fähigkeiten)											●																●

●				●						Jaspis (Idar-Oberstein)
				●					●	Koralle
				●						Kupfer
				●					●	Lapislazuli
				●						Lehm
				●		●				Magnetit
				●		●				Magnetstein
							●			Malachit
				●						Messing
				●					●	Mondstein
							●			Onyx
				●						Opal (Girasol)
				●						Opal (Jaspopal)
				●					●	Perle
									●	Perlmutt
				●		●				Platin
				●						Portlandit
				●						Pyrit
					●				●	Quarz (Amethyst)
									●	Quarz (dendritisch)
	●									Royal Azel
							●			Rubin
				●						Sand
				●						Saphir
				●			●			Sardonyx
				●						Silber
				●			●	●	●	Smaragd
							●			Smithsonit
		●								Spinell
				●						Sternsaphir
							●			Turmalin (grün)
							●			Turmalin (Rubellit)
				●						Turmalin (schwarz)
				●						versteinertes Holz
										Weinstein
				●						Kombination 1
							●			Kombination 3
				●						Kombination 17
●							●			Kombination 22
							●			Kombination 27
					●					Kombination 41
				●						Kombination 42
									●	Kombination 47
			●		●					Kombination 49
				●						Kombination 55
			●							Kombination 58
●										Kombination 67
									●	Kombination 76
		●								Kombination 79

	●		Meteorit
		●	Mondstein
		●	Obsidian
		●	Opal (Girasol)
		●	Opal (hell)
		●	Opal (Jaspopal)
		●	Platin
		●	Quarz (Amethyst)
		●	Quarz (Citrin)
		●	Quarz (Rosen)
		●	Quarz (Rutil)
		●	Quarz (schwarz)
		●	Rubin
		●	Saphir
		●	Silber
		●	Smaragd
		●	Sodalith
		●	Sphen
		●	Sternsaphir
		●	Torf
		●	Türkis
		●	Turmalin (blau)
		●	Turmalin (grün)
		●	Turmalin (Katzenaugen)
		●	Turmalin (Quarz)
		●	Turmalin (Rubellit)
		●	Turmalin (schwarz)
		●	Turmalin (Wassermelonen)
		●	Turmalin (weiß)
		●	Kombination 1
		●	Kombination 5
		●	Kombination 6
		●	Kombination 16
		●	Kombination 17
		●	Kombination 19
		●	Kombination 20
		●	Kombination 23
		●	Kombination 25
		●	Kombination 27
		●	Kombination 29
		●	Kombination 34
		●	Kombination 35
		●	Kombination 37
		●	Kombination 42
		●	Kombination 46
		●	Kombination 55
		●	Kombination 56
		●	Kombination 57
		●	Kombination 58
		●	Kombination 59
		●	Kombination 61

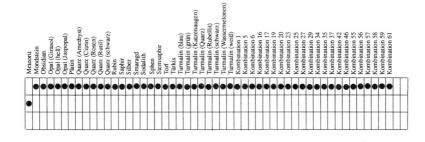

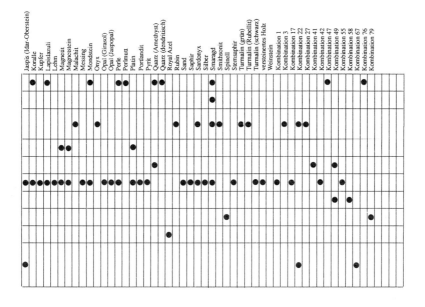

Tabelle der Berufe und Berufsbereiche, bei denen bestimmte Elixiere oder Steine förderlich wirken können

	Apatit	Aquamarin	Bernstein	Beryllonit	Creedit	Diopsid	Durangit	Enstatit	Gold	Jade	Jaspis (brauner Bilder)	Kermesit	Koralle	Kupfer	Lapislazuli	Magnetit	Magnetstein	Malachit	Nephrit	Opa (Hyalit)	Platin	Porphyr	Pyrit	Quarz (blau)	Quarz (Rosen)	Quarz (Rutil)	Quarz (weiß)
Dozent(inn)en/Menschen, die oft Vorträge halten	●	●		●	●	●	●	●		●	●	●	●		●	●	●	●	●			●	●	●	●		●
Eheberater(innen)/Familientherapeut(inn)en									●	●																	
Elektrische Therapie			●						●					●						●	●		●			●	

Tabelle der Berufe und Berufsbereiche, bei denen bestimmte Elixiere oder Steine förderlich wirken können

	Abalone	Achat (Bilder)	Achat (Botswana)	Achat (Feuer)	Achat (Kameol)	Achat (Moos)	Alexandrit	Amazonit	Bernstein	Beryll	Chalcedon	Chrysolith	Fluorit	Gagat	Gips	Granat (Rhodolith)	Granat (Spessartin)	Hämatit	Jade	Kohlenstoffstahl	Koralle	Kunzit	Kupfer	Lehm	Magnesium	Magnetit	Magnetstein
Erste Hilfe		●	●	●	●				●	●		●	●	●		●	●	●		●	●	●	●	●		●	●
Farbtherapie	●			●			●														●						
Fasten																											
Geburtshelfer(innen)						●		●		●	●				●				●						●		

Tabelle der Berufe und Berufsbereiche, bei denen bestimmte Elixiere oder Steine förderlich wirken können

	Achat (Bilder)	Achat (Feuer)	Apatit	Asphalt	Azurit	Bernstein	Blutstein	Bojistein	Creedit	Diamant	Diopsid	Enstatit	Galenit	Gallium	Gold	Granat (Rhodolith)	Granit	Herkimer-Diamant	Jamesonit	Kohle	Kupfer	Lapislazuli	Lehm	Nephrit	Obsidian	Opal (Girasol)	Opal (Jaspopal)
Gentechnik	●	●	●	●		●	●		●	●	●	●	●	●	●	●					●	●		●	●	●	
Heilende Muster																											
Homöopathie				●				●		●							●	●	●	●	●		●				
Hospizbewegung																					●						●
Hypnose					●																						

		●			Peridot
				●	Pyrolusit
				●	Rubin
				●	Sand
			●		Scarabäus
		●			Serpentin
				●	Shattuckit
				●	Smaragd
	●				Talk
				●	Torf
				●	Turmalin (blau)
				●	Turmalin (grün)
				●	Turmalin (Katzenaugen)
				●	Turmalin (Quarz)
				●	Turmalin (Rubellit)
				●	Turmalin (schwarz)
				●	Turmalin (Wassermelonen)
				●	Turmalin (weiß)
				●	Variscit
				●	versteinertes Holz
				●	Zirkon
		●			Kombination 5
				●	Kombination 27
	●				Kombination 55

	●		●	Malachit
●				Mondstein
			●	Obsidian
		●		Perlmutt
			●	Platin
			●	Pyrolusit
			●	Quarz (Citrin)
			●	Sand
			●	Sandstein
			●	Saphir
			●	Schwefel
●			●	Silber
	●			Spinell
	●		●	Sternsaphir
●				Turmalin (Rubellit)
			●	versteinertes Holz
	●			Kombination 49
	●			Kombination 51
			●	Kombination 55
			●	Kombination 56
			●	Kombination 57
			●	Kombination 58
			●	Kombination 59
			●	Kombination 60
			●	Kombination 61
			●	Kombination 62
			●	Kombination 63
	●			Kombination 78

		●	Rhyolith
	●		Rubin
		●	Saphir
	●	●	Sardonyx
●		●	Silber
	●	●	Smaragd
		●	Sternsaphir
●			Topas
		●	Türkis
●		●	Turmalin (blau)
●	●		Turmalin (grün)
●	●		Turmalin (Katzenaugen)
●			Turmalin (Quarz)
●			Turmalin (Rubellit)
●			Turmalin (schwarz)
●			Turmalin (Wassermelonen)
●			Turmalin (weiß)
		●	Kombination 3
		●	Kombination 4
		●	Kombination 5
●			Kombination 17
		●	Kombination 22
		●	Kombination 24
		●	Kombination 25
		●	Kombination 27
●			Kombination 34
●			Kombination 35

Tabelle der Berufe und Berufsbereiche, bei denen bestimmte Elixiere oder Steine förderlich wirken können

	Abalone	Achat (Feuer)	Achat (Karneol)	Albit	Aquamarin	Azurit	Azurit-Malachit	Bernstein	Chalcedon	Chrysokoll	Diamant	Elfenbein	Feuerstein	Gagat	Gallium	Gips	Gold	Granat (Hessonit)	Granit	Jade	Jaspis (grün)	Jaspis (Idar-Oberstein)	Kakoxen	Kalkstein	Koralle	Kupfer	Labradorit-Spektrolit
Insektenspray														●													
Künstler(innen)									●							●							●	●	●		
Magnetische Heilung													●				●		●							●	
Massagetherapeut(inn)en	●		●	●	●	●	●	●				●		●	●		●	●	●		●	●			●	●	●
Meisterheiler		●									●						●				●						
Musiker(innen)										●										●							
Musiktherapie										●										●							

Tabelle der Berufe und Berufsbereiche, bei denen bestimmte Elixiere oder Steine förderlich wirken können

	Achat (Bilder)	Achat (Botswana)	Achat (Feuer)	Achat (Karneol)	Achat (Moos)	Apatit	Aquamarin	Aventurin	Azurit	Beryll	Bronze	Chalcedon	Chrysolith	Chrysopras	Cuprit	Diamant	Elfenbein	Fluorit	Gagat	Gallium	Gold	Granat (Hessonit)	Granat (Rhodolith)	Granat (Spessartin)	Graphit	Hämatit	Herkimer-Diamant
Optiker(innen)	●	●	●	●	●		●	●		●		●	●	●		●					●					●	
Osteopath(inn)en						●	●		●		●						●	●	●	●	●	●	●	●	●		
Past-Life-Therapie/Reinkarnationstherapie															●												●
Pendeln/Rutengehen																											●

	●		●	Jade
	●			Jaspis (brauner Bilder)
		●	●	Koralle
		●	●	Kunzit
			●	Kupfer
			●	Lapislazuli
		●	●	Lehm
		●		Magnesium
		●		Magnetit
		●		Magnetstein
			●	Malachit
		●		Messing
	●			Meteorit
			●	Opal (Girasol)
			●	Opal (hell)
			●	Opal (Hyalit)
		●	●	Opal (Jaspopal)
		●		Perle
		●		Portlandit
			●	Quarz (Amethyst)
	●			Quarz (Lepidokrokit-Geothit)
●			●	Quarz (weiß)
			●	Royal Azel
		●		Sand
		●		Sepiolith
	●			Shattuckit
		●	●	Silber
			●	Smaragd
	●			Talk
			●	Türkis
		●		Turmalin (Rubellit)
	●			Variscit
	●	●		versteinertes Holz
		●		Weinstein
		●		Kombination 22
	●			Kombination 26
	●			Kombination 43
			●	Kombination 46
		●		Kombination 55

			●				Lapislazuli
●	●				●		Lazurit
			●				Lehm
			●	●			Magnetit
			●	●			Magnetstein
			●				Messing
			●				Mondstein
					●		Nealit
			●				Opal (Girasol)
					●		Opal (Jaspopal)
			●				Perle
					●		Perlmutt
			●	●			Platin
			●				Portlandit
			●				Pyrit
					●		Quarz (blau)
					●		Quarz (Rosen)
					●		Quarz (schwarz)
		●			●		Quarz (weiß)
●	●						Rhodonit
			●	●			Royal Azel
			●				Sand
			●				Saphir
			●				Sardonyx
			●	●			Silber
			●				Smaragd
			●				Sternsaphir
		●					Türkis
				●			Turmalin (blau)
				●			Turmalin (grün)
				●			Turmalin (Katzenaugen)
				●			Turmalin (Quarz)
				●	●		Turmalin (Rubellit)
			●	●			Turmalin (schwarz)
				●			Turmalin (Wassermelone)
				●			Turmalin (weiß)
			●				versteinertes Holz
			●				Weinstein
					●		Zoisit
					●		Kombination 1
			●				Kombination 5
			●				Kombination 16
				●			Kombination 20
			●				Kombination 21
					●		Kombination 22
			●				Kombination 27
				●			Kombination 35
					●		Kombination 46
			●				Kombination 55
●	●						Kombination 65

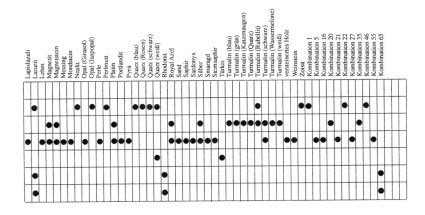

Tabelle der Berufe und Berufsbereiche, bei denen bestimmte Elixiere oder Steine förderlich wirken können

	Achat (Bilder)	Achat (Botswana)	Abalone	Aventurin	Beryll	Chrysolith	Cuprit	Diamant	Diopsid	Enstatit	Gold	Granat (Hessonit)	Halit (Salz)	Herkimer-Diamant	Jade	Jaspis (brauner Bilder)	Jaspis (grün)	Kohlenstoffstahl	Koralle	Kupfer	Labradorit	Labradorit-Spektrolit	Lapislazuli	Lazurit	Magnetit	Magnetstein	Malachit
Psychotherapie			●	●		●	●	●	●	●	●		●	●	●	●		●	●								●
Radionik								●						●			●								●	●	
Reflexologie												●										●					
Reichianische Therapie																					●						
Rolfing																											
Sänger(innen)																							●	●			
Sauerstofftherapie		●																									
Sportler(innen)								●											●						●	●	
Student(innen)					●				●	●																	
Tänzer(innen)	●										●									●							●
Unterhändler/Vermittler																											

Tabelle der Berufe und Berufsbereiche, bei denen bestimmte Elixiere oder Steine förderlich wirken können

	Achat (Bilder)	Achat (Botswana)	Achat (Feuer)	Achat (Karneol)	Achat (Moos)	Amazonit	Aquamarin	Azurit-Malachit	Blutstein	Bojistein	Diamant	Eilatstein	Feuerstein	Fluorit	Gagat	Gallium	Gold	Granit	Halit (Salz)	Herkimer-Diamant	Jamesonit	Jaspis (grün)	Koralle	Kupfer	Lapislazuli	Lava	Lehm
Verstärker für andere Heilmittel/ Elixiere			●			●				●	●	●				●		●	●	●	●			●			
Veterinärmedizin										●																	
Vitamin-/Mineraltherapie				●				●				●	●				●	●								●	
Wassertherapie																				●		●					
Yogalehrer(innen)									●																		
Zahnärzt(inn)e(n)	●	●	●	●	●		●				●			●	●								●		●		●

Magnesium	●					
Magnetit	●		●			●
Magnetstein	●		●			●
Malachit	●					
Mondstein				●		
Natrolith				●		
Opal (Girasol)				●		●
Peridot						●
Platin				●		
Quarz (Amethyst)				●		
Quarz (Rutil)				●		
Quarz (schwaz)			●			
Quarz (weiß)						●
Rubin			●			●
Saphir			●	●		
Smaragd				●		
Sphen						●
Sternsaphir			●	●		
Türkis				●	●	●
Turmalin (grün)				●		
Turmalin (Wassermelonen)						●
Kombination 5						●
Kombination 19						●
Kombination 20			●			
Kombination 24				●		
Kombination 34						●
Kombination 35			●			
Kombination 39				●		
Kombination 41				●		
Kombination 48				●		
Kombination 49				●		
Kombination 50				●		
Kombination 52				●		
Kombination 53				●		
Kombination 54				●		
Kombination 55	●					

Meteorit											●
Mondstein	●										
Natrolith											●
Onyx											●
Opal (hell)		●									
Quarz (Amethyst)		●									
Quarz (Lepidokrokit-Geothit)											●
Quarz (schwarz)										●	
Quarz (Solution)	●										
Rhodonit						●					
Royal Azel		●									
Rubin	●									●	
Sandstein											●
Saphir										●	
Schwefel			●								
Shattuckit											●
Silber		●	●								●
Smaragd		●		●							●
Smithsonit											●
Sternsaphir										●	
Talk											●
Türkis	●										
Turmalin (Rubellit)											●
Turmalin (schwarz)									●		
Turmalin (weiß)											●
Variscit											●
versteinertes Holz											●
Zirkon											●
Kombination 6											●
Kombination 9											●
Kombination 10											●
Kombination 11											●
Kombination 19											●
Kombination 20										●	
Kombination 22											●
Kombination 26											●
Kombination 27											●
Kombination 34										●	
Kombination 35										●	
Kombination 36				●							
Kombination 43											●
Kombination 46		●									
Kombination 59							●				

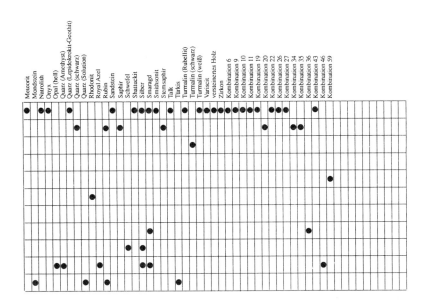

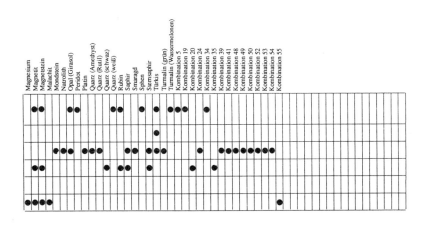

LISTE DER EINZELN ANWENDBAREN EDEL-STEINELIXIERE

Abalone	*Abalone*
Achat (Bilder-)	*Agate (Picture)*
Achat (Botswana-)	*Agate Botswana*
Achat (Feuer-)	*Agate*
Achat (Karneol-)	*Agate (Carnelian)*
Achat (Moos-)	*Agate (Moss)*
Albit	*Albite*
Alexandrit	*Alexandrite*
Amazonit	*Amazonite*
Anhydrit	*Anhydrite*
Apatit	*Apatite*
Aquarmarin	*Aquamarine*
Asphalt	*Asphalt*
Atacamit	*Atacamite*
Aventurin	*Aventurine*
Azurit	*Azurite*
Azurit-Malachit	*Azurite-Malachite*
Benitoit	*Benitoite*
Bernstein	*Amber*
Beryll	*Beryl*
Beryllonit	*Beryllonite*
Blutstein (Heliotrop)	*Bloodstone*
Bojistein	*Boji Stone*
Bronze	*Bronze*
Calamin (Hemimorphit)	*Calamine (Hemimorphite)*
Calcit	*Calcite*
Chalcedon	*Chalcedony*
Chrysokoll	*Chrysocolla*
Chrysolith	*Chrysolite*
Chrysopras	*Chysoprase*
Creedit	*Creedite*
Cuprit	*Cuprite*
Diamant	*Diamond*
Diopsid	*Diopside*
Durangit	*Durangite*
Eilatstein	*Eilat Stone*
Elfenbei	*Ivory*
Enstatit	*Enstatite*
Feuerstein	*Flint*
Fluorit	*Fluorite*
Gagat	*Jet*
Galenit	*Galena*
Gallium	*Gallium*
Gips	*Gypsum*
Glas (Fulgurit)	*Glass (Fulganite)*
Gold	*Gold*
Granat (Rhodolith)	*Garnet (Rhodolite)*
Granat (Spessartin)	*Garnet (Spessartine)*
Granit	*Granite*
Graphit	*Graphite*
Hämatit	*Hematite*
Halit (Salz)	*Halite (Salt)*
Herderit	*Herderite*
Herkimer-Diamant	*Herkimer Diamond*
Jade	*Jade*
Jamesonit (Federerz)	*Jemesonite (Feather Rock)*
Jaspis (Brauner Bilder-)	*Jasper (Picure-Brown)*
(Jaspis (gelb)	*Jasper (Yellow)*
Jaspis (grün)	*Jasper (Green)*
Jaspis (aus Idar-Oberstein)	*Jasper (From Idar-Oberstein)*
Kalkstein	*Limestone*
Kohle	*Coal*
Kohlenstaffstahl	*Carbon Steel*
Koralle (rosa, rot, rot-weiß und weiß)	*Coral (Pink, Red, Red-White and White)*
Kunzit	*Kunzite*
Kupfer	*Copper*
Lapislazuli	*Lapis Lazuli*
Lazulith	*Lazulite*
Lazurit	*Lazurite*
Lehm	*Clay*
Magnesium	*Magnesium*

Magnetit (negativ und positiv)	*Magnetit (Negative and Positive)*
Magnetstein (negativ und positiv)	*Loadstone (Negative and Positive)*
Malachit	*Malachite*
Marmor	*Marble*
Messing	*Brass*
Meteorit	*Meteorite*
Mondstein (Adular)	*Moonstone (Adularia)*
Morganit	*Morganite*
Natrolith	*Natrolite*
Nephrit	*Nephrite*
Obsidian	*Obsidian*
Onyx	*Onyx*
Opal (Girasol)	*Opal (Jelly)*
Opal (hell)	*Opal (Light)*
Opal (Hyalit)	*Opal (Cherry)*
Opal (Jasp-)	*Opal (Dark)*
Peridot	*Peridot*
Perle (dunkel und hell)	*Pearl (Dark, Light)*
Platin	*Platinum*
Prophyr	*Porphyry*
Portlandit (ungelöschter Kalk)	*Portlandite (Quick Lime)*
Pyrit	*Pyrite*
Pyrolusit	*Pyrolusite*
Quarz (Amethys)	*Quartz (Amethyst)*
Quarz (blau)	*Quartz (Blue)*
Quarz (Citrin)	*Quartz (Citrine)*
Quarz (Lepidokrokit-Geothit)	*Auartz (Lepidocrocite-Geothite)*
Quarz (Rosen-)	*Quartz (Rose)*
Quarz (Rutil-)	*Quartz (Rutilated)*
Quarz (Schwarz-/Rauch-)	*Quartz (Black or Smoky*
Quarz (Solution-)	*Quartz (solution)*
Quarz (weiß oder farblos)	*Quartz (White or Colorless)*
Rhodochrosit	*Rhodochrosite*
Rhodonit	*Rhodonite*
Rhyolith (Wunderstein)	*Rhyolite (Wonderstone)*
Royal Azel (Sugilith)	*Royal Azel (Sugilite)*
Rubin	*Ruby*
Rutil	*Rutile*
Sand	*Sand*
Sandstein	*Sandstone*
Saphir	*Sapphire*
Sarder	*Sard*
Sardonyx	*Sardonyx*
Scarabäus	*Scarab*
Schwefel	*Sulfur*
Seifenstein	*Soapstone*
Sepiolith (Meerschaum)	*Sepiolite*
Serpentin	*Serpentine*
Shattuckit (Plancheit)	*Shattuckite (Plancheite)*
Silber	*Silver*
Smaragd	*Emerald*
Smithsonit	*Smithsonite*
Sodalith	*Sodalite*
Shpen	*Shpene*
Spinell	*Spinel*
Sternsaphir	*Star Sapphire*
Talk	*Talc*
Topas	*Topaz*
Torf	*Bog (Peat)*
Türkis	*Turquoise*
Turmalin (blau oder Indigolith)	*Tourmaline (Blue or Indicolite)*
Turmalin (grün)	*Tourmaline (Green)*
Turmalin (Katzenaugen-)	*Tourmaline (Cat's Eye)*
Turmalin (Quarz-)	*Tourmaline (Quartz)*
Turmalin (Rubellit-)	*Tourmaline (Rubellite)*
Turmalin (schwarz oder Schörl)	*Tourmaline (Black or Schorl)*
Turmalin (Wassermelonen-)	*Tourmaline (Watermelon)*
Turmalin (weiß oder Uvit)	*Tourmaline (White or Uvite)*
Variscit	*Variscite*
Versteinertes Holz	*Petrified Wood*
Weinstein	*Cream of Tartar*
Zirkon (Hyazinth)	*Zircon (Hyacinth)*
Zoisit	*Zoisite*

KOMBINATIONEN AUS EDELSTEINELIXIEREN UND BLÜTENESSENZEN

GRUNDAUSSTATTUNG FÜR SPIRITUELLE PRAKTIKEN

1 Malchit, dunkle Perle und Tigerauge.
2 Heller Opal, helle Perle und Tigerauge.
3 Rubin und Türkis.
4 Lapislazuli, Malachit und Topas.
5 Diamant, klarer Quarz und Rosenquarz.
6 Lotus, Ambrosiapflanze und Rosa sericea.

ALLGEMEINE LISTE DER KOMBINATIONEN

7 Lotus, klarer Quarz, Cistrose und Rubin
8 Lotus, klarer Quarz, Rosa brunonii, Rosa longicuspis, Rosa sericea, Rosa webbiana und Sternsaphir.
9 Amethyst, Lapislazuli, Onyx und Türkis.
10 Jade, Lapislazuli, Rubin und Smaragd.
11 Lapislazuli, Hyalit-Opal, klarer Quarz und Topas.
12 Blauer Turmalin, grüner Turmalin, Katzenaugenturmalin, Quarzturmalin, Rubellitturmalin, schwarzer Turmalin, Wassermelonenturmalin, weißer Turmalin.
13 Azurit, Blutstein und Malachit.
14 Helle Perle, klarer Quarz und Smaragd.
15 Rubin und Smaragd.
16 Diamant, rote Koralle, Lapislazuli, Malachit, heller Opal, helle Perle, Rubin, Smaragd, Sternsaphir, Tigerauge und Topas.
17 Blutstein, Diamant, rote Koralle, Lapislazuli, Malachit, heller Opal, Peridot, helle Perle, Rubin, Silber, Smaragd, Sternsaphir, Tigerauge und Topas.
18 Rubin, Sternsaphir und Tigerauge.
19 Diamant, Girasol-Opal, Platin und Silber.
20 Diamant, positiver und negativer Magnetstein, Rubin und Sternsaphir.
21 Granat (Rhodolith), Rubin und Sternsaphir.
22 Lapislazuli, Jaspopal, klarer Quarz und Rubin.
23 Azurit, hellrosa Koralle, heller Opal, helle Perle und Rosenquarz
24 Rote Koralle, dunkler Opal, helle Perle und Smaragd.
25 Lapislazuli, Malachit, helle Perle und Türkis.

26 Amethyst, Jade, heller Opal und helle Perle.
27 Lapislazuli, Perlmutt und Jaspopal.
28 Amethyst, Jade und Smaragd.
29 Beryll und Peridot.
30 Beryll, Diamant und Peridot.
31 Diamant, Herkimer-Diamant und Feueropal.
32 Peridot, klarer Quarz und Smaragd.
33 Rosenquarz, Smaragd und Tigerauge.
34 Amethyst, Gold, Kupfer und Silber.
35 Positiver und negativer Magnetstein und klarer Quarz.
36 Onyx, Saphir und Smragd.
37 Girasol-Opal, heller Opal, helle Perle, klarer Quarz und Silber.
38 Gold, Lapislazuli, Malachit und Pyrit.
39 Beryll, Kalkstein, Lapislazuli und Saphir.
40 Diamant, Kohle und Lapislazuli.
41 Amethyst, Lapislazuli und Thulit.
42 Diamant, dunkler Opal, schwarzer Quarz und Sternsaphir.
43 Diamant, Onyx und helle Perle.
44 Feuerachat, Granat (Spessartin), rote Koralle und Rubin.
45 Positiver und negativer Magnetit, Jaspopal, schwarze Perle und Petunie.
46 Gold, Kupfer und Silber.
47 Smaragd und polierte Stücke von Mahagoni und Rotholz.
48 Helle Perle, Topas und Türkis.
49 Jamesonit, Malachit und Türkis.
50 Jamesonit, Lapislazuli, Malachit und Türkis.
51 Lotus, Papaya, klarer Quarz und Argyroxiphium sandwichense
52 Eilatstein, Rutilquarz, Saphir, Gartenwicke und gemeine Walnuß.
53 Eilatstein, Gold, Kupfer, Lapislazuli, Lava, Rutilquarz, Smaragd, Lotus und Rosa webbiana.
54 Glatter Trichterkelch, Brombeere, Schachtelhalm , Zeder, Kupfer, Dill, Eilatstein, Eukalyptus, Gold, Jasmin, Lapislazuli, Lava, Fetthenne, Lotus, Papau, Rutilquarz, Rosa sericea, Salbei, Brunelle, Linderabenzoin, Smaragd und Fichte.

ERSTE HILFE - AUSSTATTUNG

55 Gewürznelke, Elfenbein, Malachit, Perlmutt und helle Perle.
56 Flammendes Herz, Rubin und Smaragd.
57 Diamand, Lotus, helle Perle und Rubin.
58 Blutwurz, Blutstein, helle Perle und Rubin.
59 Gewürznelke und helle Perle.
60 Eukalyptus, weiße Bohne und Limabohne.

61 Gänseblümchen, Lotus, helle Perle und Topas.
62 Lotus, Malachit, helle Perle, Rubin und Türkis.
63 Rosa chinensis viridiflora, Lapislazuli, Lotus, Stiefmütterchen, blauer Quarz und Citrinquarz.
64 Botswana-Achat, Herkimer-Diamant, Springkraut, Lotus, Gauklerblume, helle Perle, Cistrose, Kandelaberkaktus und Saphir.

ZUSÄTZLICHE KOMBINATIONEN

65 Lazurit und klarer Quarz.
66 Feuerstein und Granit.
67 Lotus und grüner Jaspis.
68 Koralle und Perle.
69 Rosa Koralle und weiße Koralle.
70 Rosa Koralle, rote Koralle, rot-weiße Koralle und weiße Koralle.
71 Rote Koralle und weiße Koralle.
72 Jaspopal und rote Koralle.
73 Blauer Turmalin, grüner Turmalin und Wassermelonenturmalin.
74 Blauer Turmalin, grüner Turmalin, Katzenaugenturmalin und Wassermelonenturmalin.
75 Positiver und negativer Magnetstein und positiver und negativer Magnetit.
76 Benitoit, Neptunit und Joaquinit.
77 Weiße Bohne, Lotus und Mango.
78 Papaya, Mormonentulpe und gemeine Walnuß.
79 Papaya, Pflaumenbaum und Gartenwicke.
80 Lotus, Winde und gemeine Walnuß.
81 Flammendes Herz, Blutwurz, Eukalyptus und Rosa macrophylla.

In den Tabellen weiter oben wird für die Kombinationen diese Numerierung benutzt.

LISTE DER ÄUSSERLICH ANWENDBAREN EDELSTEIN-ELIXIERE

Achat (Feuer-)
Achat (Karneol-)
Amazonit
Aquamarin
Asphalt
Aventurin
Azurit
Azurit-Malachit
Beryllonit
Blutstein
Bojistein
Cuprit
Diopsid
Durangit
Eilatstein
Elfenbein
Enstatit
Feuerstein
Gallium
Gold
Granat (Spessartin)
Herderit
Herkimer-Diamant
Jade
Jaspis (brauner Bilder-)
Jaspis (grün)
Kupfer
Lapislazuli
Lehm
Magnetit
Magnetstein
Malachit
Marmor
Messing
Mondstein
Natrolith
Perle
Platin
Quarz (Amethyst)
Quarz (blau)
Quarz (Citrin)
Quarz (Lepidokrokit-Geothit)
Quarz (schwarz)
Rhodochrosit
Royal Azel
Saphir
Scarabäus
Sepiolith
Smaragd
Sodalith
Sphen
Sternsaphir
Topas
Torf
Turmalin (alle)

Edelsteinelixierkombinationen 1, 3, 4, 6, 16, 18, 20, 23, 32, 38, 39, 42, 47, 49, 55, 58, 59, 60, 61 und 62.

LISTE DER EDELSTEINELIXIERE, DIE DIE MERIDIANE BEEINFLUSSEN

ALLE MERIDIANE

Abalone	Halit (Salz)	Platin
Achat (Bilder-)	Jamesonit	Quarz (Amethyst)
Achat (Karneol-)	Jaspis (Idar-Oberstein)	Quarz (Citrin)
Amazonit	Koralle (rot)	Quarz (Rosen-)
Asphalt	Labradorit-Spektrolit	Quarz (Rutil-)
Azurit-Malachit	Lapislazuli	Quarz (schwarz)
Bojistein	Lehm	Saphir
Chalcedon	Magnetit	Silber
Diamant	Magnetstein	Sodalith
Elektrum	Mondstein	Sphen
Elfenbein	Obsidian	Sternsaphir
Feuerstein	Opal (Girasol)	Torf
Gold	Opal (hell)	Türkis
Hämatit	Opal (Jasp-)	Turmalin (alle)

Nierenmeridian – Apatit, Smaragd

Herzmeridian – Rubin, Smaragd

Edelsteinelixierkombinationen 1, 5, 6, 16, 17, 19, 20, 23, 25, 27, 29, 34, 37, 42, 46, 56, 57, 58, 59 und 61.

LISTE DER EDELSTEIN-ELIXIERE, DIE DIE NADIS BEEINFLUSSEN

ALLE NADIS

Abalone	Jamesonit	Quarz (Citrin)
Achat (Bilder-)	Labradorit-Spektrolit	Quarz (Rosen-)
Achat (Karneol-)	Lehm	Quarz (Rutil-)
Asphalt	Magnetit	Quarz (schwarz)
Bojistein	Magnetstein	Saphir
Elektrum	Mondstein	Silber
Feuerstein	Obsidian	Sternsaphir
Gold	Opal (Girasol)	Torf
Halit	Opal (hell)	Türkis
Herkimer-Diamant	Platin	Turmalin (alle)

Rubin – Nadis des Herzchakras

Edelsteinelixierkombinationen 3, 5, 6, 16, 17, 19, 23, 25, 27, 29, 34, 37, 42, 46, 56, 57, 58, 59, 61.

LISTE DER EDELSTEINELIXIERE, DIE DAS YIN- UND YANG-GLEICHGEWICHT DES MENSCHEN BEEINFLUSSEN

ANDROGYN (YIN und YANG)

Achat (Bilder-)
Achat (Botswana-)
Apatit
Aventurin
Azurit-Malachit
Bernstein
Calcit
Creedit
Eilatstein
Galenit
Gips
Glas (Fulgurit)
Granat (Spessartin)
Granit
Jade
Lehm
Magnetit
Magnetstein
Meteorit
Natrolith
Onyx
Quarz (Citrin)
Quarz (Lepidokrokit-Geothit)
Quarz (Rutil-)
Quarz (weiß)
Rhyolith
Royal Azel
Sardonyx
Scarabäus
Schwefel
Smaragd
Sodalith
Sphen
Sternsaphir
Talkum
Türkis
Turmalin (Quarz-)
Turmalin (Rubellit-)

YANG-QUALITÄTEN

Achat (Feuer-)
Amazonit
Asphalt
Beryll
Bronze
Diamant
Diopsid
Durangit
Gagat
Gold
Granat (Rhodolith)
Graphit
Hämatit
Herkimer-Diamant
Jaspis (brauner Bilder-)
Jaspis (rot)
Koralle (rot)
Kupfer
Lapislazuli
Magnetstein
Obsidian
Opal (Jasp-)
Perle (schwarz)
Pyrit
Quarz (Rosen-)
Quarz (schwarz)
Torf
Turmalin (grün)
Turmalin (Rubellit-)
Turmalin (schwarz)
Zoisit

YIN-QUALITÄTEN

Abalone
Albit
Alexandrit
Anhydrit
Aquamarin
Aventurin
Azurit
Chalcedon
Chrysokoll
Koralle (rosa, weiß)
Diamant
Enstatita
Jaspis (gelb)
Lazulith
Magnesium
Marmor
Mondstein
Nephrit
Opal (Girasol)
Opal (hell)
Perle (weiß)
Platin
Quarz (blau)
Quarz (Solution-)
Sand
Sandstein
Saphir
Sardonyx
Scarabäus
Serpentin
Silber
Sternsaphir
Turmalin (blau)
Turmalin (Katzenaugen-)
Turmalin (schwarz)
Turmalin (weiß)

ANHANG 1

DIE PRINZIPIEN DES CHANNELING

Seit alten Zeiten bis in die Gegenwart haben politische, wirtschaftliche, gesellschaftliche und spirituelle Führer(innen) aus gechannelten Quellen Führung und technologische Informationen erhalten. Es ist nicht leicht, dies zu beweisen, doch immerhin gibt es einige Information über diese Vorgänge.

Unter den frühen Kulturen profitierten die Maya, die Azteken und die Hopi von gechannelter Weisheit. Auch Kulturen, die in Form von Stadtstaaten organisiert waren, erhielten derartige Führung, insbesondere Perser, Sumerer, Griechen und Römer. In Neuzeit und Moderne finden wir Hinweise auf Channeling in Bewegungen wie dem Mesmerismus, dem Spiritualismus und der Theosophie. Außerdem in der Erkundung veränderter Bewußtseinszustände, zum Beispiel in Isolationstanktherapien, Hypnose und der Untersuchung von Zuständen, die man als „Sterbeerfahrung bei lebendigem Leibe" bezeichnet[1]. Im Altertum war das berühmteste und bekannteste Beispiel für einen Trance-Channel wohl das delphische Orakel. Viele Jahrhunderte hat man solche Lehren dem Bereich der Mythologie zugeordnet, aber auch Platon, Aristoteles und Sokrates sprechen von Channeling durch Orakel[2]. Sie alle erwähnen manchmal eine kleine leise Stimme, die nicht aus ihrem eigenen tätigen Bewußtsein kam, sondern ein unabhängiges Bewußtsein darstellte, aus dem sie nicht nur Ideen oder Inspiration bezogen, sondern ganze Thesen und Abhandlungen. Diese Lehren sind zur Grundlage der Prinzipien und Gesetze des westlichen Denkens geworden[3].

Es gibt auch hebräische Texte, in denen die alten Propheten berichten, wie sie in trance- oder traumähnlichen Zuständen Informationen erhielten[4]. Unter den früheren Bewohnern Israels war Trance-Channeling ziemlich verbreitet, insbesondere bei den Essenern, der jüdischen Sekte, in die Jesus hineingeboren wurde. In der Bibel finden sich buchstäblich dutzende von Beispielen, in denen von Trancezuständen die Rede ist. Man braucht nur in einer Bibel-Konkordanz[5] Worte wie „Tod, Traum, Gaben des Geistes, Schlaf, Trance und Vision" aufzuschlagen. Zum Beispiel heißt es in der Apostelgeschichte des Lukas 10:10 „... geriet er in Verzückung ..."; in 11:5 „... ich ...

geriet in Verzückung und hatte eine Erscheinung...“; in 22:17 “...als ich ... im Tempel betete, wurde ich entrückt ...“; in der Offenbarung des Johannes 1:17 „... als ich ihn sah, fiel ich wie tot vor seine Füße ...“; im ersten Korintherbrief 2:14 „Der natürliche Mensch aber nimmt nichts an, was vom Geist Gottes kommt; es ist ihm eine Torheit, und er kann es nicht verstehen, denn es muß geistlich beurteilt werden.“

In früheren Zeiten wurden Channels (also Personen mit Channelingfähigkeiten) große Achtung und Verehrung entgegengebracht[6]. Vor dem Einmarsch der Kommunisten in Tibet hatten dort nicht nur viele Klöster Orakel oder Channels, die spirituelle und weltliche Ratschläge erteilten, sondern auch der Dalai Lama erhielt von einem Staatsorakel ähnliche Informationen[7]. Staatsoberhäupter wie zum Beispiel der Pharao kannten veränderte Bewußtseinszustände, die dem Trance-Channeling nahekommen, wie wir aus Josephs Interpretation des Pharaonentraums und seines prophetischen Gehalts wissen. Die Geschicke von Nationen wurden schon immer und werden noch heute von solchen Informationsquellen beeinflußt.

Heutzutage ziehen Millionen Menschen Inspiration aus den gechannelten Lehren von Edgar Cayce, Alice Bailey, Jane Roberts, *The Urantia Book,* dem *Course in Miracles* und den zahlreichen Lehren der Theosophie[8]. Immer mehr Menschen begreifen, daß sich auf diese Weise spirituelle Wahrheiten und technologische Informationen offenbaren können. Gechannelte Lehren sind Teil unseres spirituellen Erbes.

Menschen wie Thomas Edison, Abraham Lincoln, Sir William Crookes (englischer Chemiker, 1832-1919 – Anm. d. Übs.) , Sir Henry Cabot Lodge (amerikanischer Politiker, 1850-1924 – Anm. d. Übs.) und John D. Rockefeller schrieben ihre Inspiration und manchmal auch ihre wissenschaftlichen Erkenntnisse gechannelten Quellen zu. Im zwanzigsten Jahrhundert gibt es derartige Einflüsse bei Franklin D. Roosevelt, den Kennedys, Richard Nixon, Lyndon Johnson und Pierre Trudeau. Diese Menschen wurden von folgenden Channels beraten: Andrew Jackson Davis, Daniel Douglas Home, Leonora Piper, Edgar Cayce, Rudolf Steiner, Madame Blavatsky, Arthur Ford und Jeane Dixon.

Präsident Lincoln lud nicht nur Andrew Jackson Davis ins Weiße Haus ein, um gechannelte Informationen zu erhalten[9], sondern ließ sich auch durch solche Informationen zur Unterzeichnung der Erklärung über die Aufhebung der Sklaverei inspirieren. Außerdem besuchte Lincoln, wenn er in New York war, häufig Andrew Jackson Davis und andere Channels.

Andrew Jackson Davis war zum Ende des neunzehnten Jahrhunderts bis zu seinem Tode 1911 einer der bekanntesten und geachtetsten Mystiker und Medien in den Vereinigten Staaten. Einige seiner etwa dreißig Bücher erlebten fünfundvierzig Auflagen. Seine spirituellen Schriften umfaßten viele

Themenbereiche, darunter die sieben Ebenen der Existenz, geistige und physische Gesundheit, Philosophie, Physik und die Struktur eines idealen Erziehungssystems. Wie Edgar Cayce machte er Aussagen, die später von der orthodoxen Wissenschaft bestätigt wurden. Zum Beispiel beschrieb er im März 1846 die Existenz von Neptun und Pluto und gab die Masse von Neptun korrekt an. Das geschah mehrere Monate vor der tatsächlichen Entdeckung Neptuns und viele Jahre, bevor man 1930 erstmalig Pluto beobachtete[10].

Winston Churchill und die englische Regierung verließen sich während des Zweiten Weltkriegs auf mehrere Medien und Astrologen[11]. Das geschah zum Teil deswegen, weil Churchill wußte, daß Hitler sich solche Informationen zunutze machte, also wollten die Briten diese Informationen, mit denen Hitler arbeitete, genau kennenlernen. Doch hatte Churchill auch eine persönliche Glaubensbeziehung zu diesem Gebiet[12].

Vor seinem Tode 1945 gab Edgar Cayce im Weißen Haus Trancesitzungen für Franklin D. Roosevelt und andere Politiker in Washington. Diese Tatsache ist auch unter einigen der heutigen Politiker in der Bundeshauptstadt bekannt. Arthur Ford und Jeane Dixon haben Sitzungen für verschiedene Mitglieder der Kennedyfamilie, für die Präsidenten Johnson und Nixon gegeben, außerdem für den kanadischen Premierminister Trudeau. Die Regierung der Vereinigten Staaten hat sich, ebenso wie in zahlreichen anderen Nationen üblich, insgeheim der Dienste von Channels bedient, um bestimmte Forschungsprojekte voranzutreiben[13]. Vor einigen Jahren schrieb der Zeitungskolumnist Jack Anderson, die Regierung der Vereinigten Staaten habe insgeheim Millionen Dollar für die parapsychologische Forschung ausgegeben[14].

Zu den Menschen, die an diesem Teppich eines Wissens weben, das immer noch nicht voll in den gesellschaftlichen Alltag integriert ist, gehören auch Mitglieder der Findhorn-Gemeinschaft, Uri Geller, Paolo Soleri[15], Buckminster Fuller und Ram Dass. Alle diese Menschen erfahren veränderte Bewußtseinszustände, in denen sie Inspiration und höhere Lehren empfangen. In den nächsten Jahren werden gechannelte Lehren über Wissenschaft und soziale Fragen hinaus in einen Bereich gehen, der zur spirituellen Transformation der Gesellschaft führen wird. Alice Bailey, Jane Roberts und Edgar Cayce stehen für diesen Trend.

Im Laufe der Jahre sind viele wichtige Erfindungen gechannelt worden. Thomas Edison empfing die Glühbirne, den Phonographen und das Kino aus gechannelter Information. Der Mann, der angeblich die mechanische Linotype erfunden hat, bekam Inspirationen aus den Lehren von Andrew Jackson Davis[16]. Andere erhielten von Davis Informationen zur Verbesserung des Verbrennungsmotors. Erfindungen, die man Eli Whitney zuschreibt, darunter die Baumwollentkörnungsmaschine und die Entwicklung einer Maschine zur Massenherstellung von Musketenkugeln, kamen aus gechannelten Quellen. Dasselbe gilt für die Entwicklung der Winchesterbüchse durch Oliver Winchester. Andrew Carnegie entwickelte die Formeln für bestimmte Stahllegierungen unter gechannelter Führung.

Thomas Edisons großes Interesse an der Zusammenarbeit mit Trancechannels zur Unterstützung seiner Erfindertätigkeit ist ziemlich bekannt. Viele Jahre lang versuchte er eine Maschine zu entwickeln, um mit Seelen auf anderen Existenzebenen zu kommunzieren[17]. 1920, am Ende seiner Laufbahn, hat er in einem Interview offen über sein Interesse an diesem Gebiet gesprochen. Er habe mit Telepathie, Hellsehen und Kommunikation zwischen den verschiedenen Ebenen Experimente angestellt[18]. Heute befassen sich zahlreiche Wissenschaftler(innen), insbesondere im Bereich der Medizin, mit den gechannelten Informationen von Edgar Cayce und suchen so, neue Erkenntnisse zu gewinnen. Mehrere Tausend Ärzte verwenden die verschiedenen Heilmittel, die Edgar Cayce im Trancezustand empfohlen hat.

Gechannelte Information ist weder positiv noch negativ, denn in Wahrheit gibt es weder positiv noch negativ. Channeling ist ein Werkzeug, daß nach den gesellschaftlichen Verhältnissen, Normen und Bedürfnissen des Tages benutzt wird. Das Akzeptieren und Anwenden dieser Lehren durch bestimmte Menschen trägt zur Bestimmung der Muster oder der karmischen Aktivität auf dieser Ebene bei.

Die Entkörnungsmaschine wurde zum Beispiel zur Entfernung von Samen aus den Baumwollfasern benutzt. Ihre Einführung übte Druck auf die Institutionen der Südstaaten aus, die Sklaverei zu beenden, weil diese angesichts der neuen Maschine unökonomisch wurde. Hiermit drang allerdings eine unpersönliche Macht in die Lebenserfahrung der Menschen und die gesellschaftlichen und wirtschaftlichen Strukturen jener Zeit ein. Andererseits war es ein Akt des freien menschlichen Willens, dieses Gerät um seiner Nützlichkeit willen einzusetzen. Gleichzeitig verlieh seine Einführung den humanitären Argumenten für die Abschaffung der Sklaverei mehr Kraft.

Ein anderer Akt der freien Wahl im Hinblick auf den instrumentellen Charakter gechannelten Wissens ist die Einführung der Winchesterbüchse. Wieder war dieses Werkzeug weder positiv noch negativ. In der Zeit, als diese Erfindung gemacht wurde, bestand der größte Teil der Bevölkerung, vor allem die Indianer, aus Jägern, die in einem Gleichgewichtszustand mit der Natur lebten und an dem Teil hatten, was die Natur hervorbrachte. Da die meisten von ihnen Fleischesser waren, stellte die Büchse nur einen humaneren Weg zur Erfüllung von Massenbedürfnissen dar. Dieses Werkzeug wurde jedoch willkürlich eher gegen die Menschheit eingesetzt als zur Förderung eines Gleichgewichtszustandes.

Die Entkörnungsmaschine und die Winchesterbüchse erzeugten Aktivitäten, die dem Verständnis und der Bedeutung der karmischen Muster jener Zeit entsprachen. Es ist der freie Wille und die freie Wahl von uns inkarnierten Seelen, der entscheidet, ob neue Prinzipien und Geräte gebraucht oder mißbraucht werden. Diese Wahlmöglichkeiten sind in Wirklichkeit ein Test für unsere Bewußtseinsentwicklung[19].

Traditionell waren die gechannelten Informationen sehr eng mit dem zweiten Strahl von Liebe und Weisheit abgestimmt. Zweck solcher Lehren war die Aktivierung der Seele und des Höheren Selbst. Daraus erklärt sich zum Teil, warum der rationale Verstand es schwer hat, solches Material zu verstehen. Im Gegensatz dazu kommen heute (und in den nächsten Jahren) viele gechannelte Informationen über den fünften Strahl, welcher technische und wissenschaftliche Daten liefert. Denn heute haben viele die Reife und das Bewußtsein, dieses neue Material zu studieren und anzuwenden[20]. Außer in meinen Büchern werden technische und wissenschaftliche Daten zum Beispiel in den Büchern *Body Signs* und *Einstein Doesn't Work Here Anymore* von Hilarion und *The English Cabalah*, Band 1 und 2, von William Eisen geliefert.

Beim Trance-Channeling tritt das Bewußtsein des Selbst vollkommen zurück und macht Platz für die Führung durch nicht inkarnierte Seelen, deren gesellschaftlicher, karmischer, spiritueller, intellektueller und ethischer Weg mit bestimmten lebenden Individuen in Verbindung und Übereinstimmung steht. In diesem Prozeß werden komplette Themengebiete durchgegeben, die oft von den Kenntnissen und dem Wachbewußtsein des Channels unabhängig sind. Viele Menschen sind von diesem Phänomen sehr beeindruckt und halten solche Informationen für glaubwürdiger als „normale". Dies ist jedoch nicht notwendigerweise der Fall.

Demgegenüber arbeitet inspiriertes oder bewußtes Channeling mit dem bewußten Denken des Channels. Dieses Channeling kann genauso unverfälscht wie das Trance-Channeling sein, indem die Inspiration der bewußten Einstellung des betreffenden Channels nahekommt. Wenn der Mensch sich in einen Ruhezustand versetzt und nicht versucht, die Information zu verändern oder zu interpretieren, erreichen solche Informationen ähnliche Klarheit und Gültigkeit wie das Trance-Channeling. Je nachdem, was ein Mensch in diesem Leben lernen muß, wird er Trance-Channel oder Inspirationschannel.

Es gibt mehrere verschiedene Informationsstrukturen, die man im Channeling-Prozeß von nicht inkarnierten Seelen empfangen kann. Gewöhnlich besteht eine enge karmische Bindung zwischen inkarnierten und nicht inkarnierten Wesen. Deshalb dienen die nicht inkarnierten Seelen im allgemeinen den inkarnierten Menschen auch als Geistführer. Einige dieser Führer liefern diese Informationen als Teil ihrer persönlichen karmischen Wachstumserfahrung, andere entwickeltere Seelen tun diese Arbeit, um der gesamten Menschheit zu dienen. Oft liefern Wesenheiten bei der Informationsweitergabe durch Trance-Channeling komplexes Material, das auf dem Wissen früherer fortgeschrittener Kulturen beruht. Diese Daten sind für unsere gegenwärtige Kultur von großer Bedeutung.

Gewöhnlich hat ein Trance-Channel drei bis sechs Führer. Die Zahl schwankt je nach den individuellen Bedürfnissen. Wenn die Führung größere Bereiche abdeckt, oder die Persönlichkeit es braucht, können mehrere Führer nötig werden. In manchen Fällen aber ist die Persönlichkeit des Menschens so integriert, daß nur ein Führer nötig ist.

In den Führern eines Channels ist oft das ganze Spektrum menschlicher Dynamik repräsentiert. Manchmal sind die Führungsfiguren archetypische Symbole, derer das Individuum für sein Wachstum bedarf. Dasjenige, das dabei das Göttliche repräsentiert, wird oft als Meisterlehrer des Individuums bezeichnet. Dabei spielt der Meisterlehrer weniger eine Führungsrolle als daß er die notwendigen Energieebenen miteinander integriert, die dann bei dem in diesem Prozeß befindlichen Menschen ein geordnetes Muster der Persönlichkeitsentwicklung ermöglichen. Im Bereich des Geistes hat der Begriff der Führerschaft wenig Geltung. Des weiteren gibt es Freudenführer, die für den Humor des Menschen stehen. Außerdem sorgen bestimmte Führer für die Entwicklung der praktischen Elemente der Persönlichkeit. Man kann auch sagen, daß ein Führer eine Kraft repräsentiert, die mit einem der Hauptchakren koordiniert ist. Denn die menschliche Persönlichkeit läßt sich nach den Ebenen der verschiedenen Chakren aufteilen.

Manche Führer bleiben im Hintergrund, ohne tatsächlich durch einen Trance-Channel zu sprechen. Dies kann mehrere Gründe haben: entweder können sie sich nicht richtig mit dem physischen Körper des Channels synchronisieren; oder die Zeit reicht nicht aus, weil der physische Körper nur für einen begrenzten Zeitraum in Trance verweilen kann; oder sie finden nicht den richtigen Kontext oder das richtige Umfeld, in denen ihre Informationen entsprechend aufgenommen werden können. Deshalb sind diese Führer nicht direkte Brennpunkte der Informationsweitergabe, sondern eher unterstützende Faktoren.

Je nach Art der Frage kommt es bei bestimmten komplexen Forschungsgebieten vor, daß andere nicht inkarnierte Seelen hinzutreten, um Ratschläge zu Themen zu erteilen, in denen sie besonders fachkundig sind. Solche Zusatzinformationen können auch durch eine Beziehung aus vergangenen Leben zwischen Fragesteller(in), Channel und der hinzutretenden nicht inkarnierten Seele zustande kommen. Diese Beiträge können manchmal den Prozeß erleichtern und geben anderen Seelen Gelegenheit, der Menschheit zu dienen.

Oft hat der Mensch, der die Fragen stellt, Verbindungen aus vergangenen Leben zu dem Channel und seinen Geistführern, besonders wenn das Channeling über einen längeren Zeitraum hinweg andauert. Bei solchen Gelegenheiten kommt es oft zu einer Synthese der Informationen aus dem Höheren Selbst des Channels und dem Höheren Selbst der fragenden Person. Der oder die Fragende bestimmt durch die Art seiner oder ihrer Fragen Ausschnitt und Brennpunkt der Antworten. Dabei ist es günstig, wenn der oder die Fragende über einiges technische Hintergrundwissen auf dem untersuchten Gebiet verfügt.

Außerdem gibt es das Höhere Selbst, wobei es sich zwar nicht um die Akasha-Chronik handelt, aber um eine Ansammlung aller höheren Prinzipien und Erfahrungen aus vergangenen Leben. Man kann Kontakt zu diesen Informationsquellen aufnehmen, um Begabungen und tiefere Einsichten in die gegenwärtigen karmischen Erfahrungen des Individuums zu erzeugen. Das Höhere Selbst ist etwas anderes als die Seele, denn die Seelenidentität selbst ist das wahre Selbst. Wenn man sich ausdehnt bis zu den Ebenen des Höheren Selbst, sei es im Trancezustand oder in halbbewußten veränderten Bewußtseinszuständen, dann offenbart der Mensch tatsächlich alle höheren Fähigkeiten, die er auf dieser Ebene aktivieren kann, unabhängig von einem vollkommenen Verschmelzen mit der Seele selbst.

In den Akashachroniken liegt der Brennpunkt gleichzeitig auf allen Daten, allen Taten der Vergangenheit und allen Dingen, die noch kommen werden. Diese Chroniken sind das zentrale System von Wissen und Erfahrung, überall in allen Universen. Sie sind zum Teil das kollektive Bewußtsein und der Brennpunkt des höheren und des niedrigeren Selbst als Resultat der Tätigkeiten auf dieser Ebene. Die Fähigkeit zu Trance-Channeling und Inspirationschanneling bedeutet, daß man sein Gedächtnis bis zur Ebene des Überbewußtseins aktiviert und somit Zugang zu den Akashachroniken erhält.

Ob jemand Informationen aus seinem höheren oder seinem niedrigeren Selbst channelt, das läßt sich daran ablesen, wie man sich während oder nach dem Channeling fühlt. Man untersuche das Karma dieses Menschen und vor allem sein oder ihr spirituelles Wachstum, um zu entscheiden, ob die Informationen eher egoistisch oder altruistisch und in Harmonie mit dem Selbst sind. Wenn die Informationen ausschließlich dem Einzelmenschen dienen, kommen sie vom niedrigeren Selbst oder den Kräften des Unterbewußten. Wenn sie vom Höheren Selbst kommen,sind sie sicher altruistisch. Das Unterbewußtsein enthält sowohl positive als auch negative oder verdrängte Erfahrungen, während sich in der überbewußten Ebene, obwohl auch sie Aspekte und Wissen aus sogenannten negativen Erfahrungen der Vergangenheit enthält, nur höhere spirituelle Prinzipien finden.

Im allgemeinen dient bei fortgeschritteneren Formen des Trance- Channelings das Höhere Selbst als Kontrollinstanz für den Channel, wie ein Bildschirm, durch den die Wesenheiten kommunizieren. Deswegen brauchen solche Trance-Channels eigentlich keinen weiteren medialen Schutz. Wenn man aus dem Höheren Selbst channelt, braucht man sich keine Sorgen über falsche Informationen oder Wesenheiten von niedrigeren Astralebenen zu machen. Edgar Cayce war solch ein Channel. Bei anderen Formen von Trance-Channeling ist dem Menschen zu empfehlen, sich in reines Licht und das Christus-Prinzip zu hüllen.

Die Tatsache, daß nicht inkarnierte Seelen durch einen Menschen sprechen, bedeutet nicht automatisch, daß dieser Mensch Zugang zu universeller Weisheit von höheren Ebenen hat. Manchmal kommt gechannelte Information auch von boshaften Seelen auf den niedrigeren Astralebenen oder aus dem niedrigeren Unterbewußten des Channels. Wie bei allen Dingen sollte man auch bei dieser Form der Parapsychologie normale Vorsichtsmaßnahmen treffen. Man achte genau auf die Qualität der gechannelten Information und die Bewußtseinsebene, die sich anscheinend durch den Channel offenbart.

In den letzten Jahren haben viele Channels tatsächlich Informationen von den niedrigeren Astralebenen oder den unteren Bereichen des Unterbewußten weitergegeben. Dies geschieht zwar weiterhin, doch bringen in diesem Zeitalter mehr und mehr bewußte und Trance-Channels spirituelle und technische Informationen von großem Wert an die Oberfläche. Diese Informationen stammen von den höchsten spirituellen Ebenen, und verschiedene aufgestiegene Meister helfen dabei. Dies ist ein neuer sehr wichtiger Trend, den viele noch nicht verstehen[21].

Auch wenn der Channel und seine Führer hoch entwickelt sind, ist Vorsicht geboten, denn manchmal sind die Ratschläge im Verhältnis zu den irdisch-physischen Realitäten kaum praktisch anwendbar. Das liegt vor allem daran, daß die Zeit auf den höheren Ebenen sich von der physischen Zeit der Erdebene unterscheidet. So ist es relativ leicht, zutreffende und spezielle wissenschaftliche Informationen durchzugeben, während zeitabhängige Ereignisse durchaus einmal vor oder nach dem vorhergesagten Zeitpunkt eintreten können. Außerdem ist es für entwickelte Geistführer leichter, sehr genaue technische oder wissenschaftliche Informationen zu liefern als Daten über Alltagsituationen, die zum Beispiel Liebesbeziehungen oder Geldangelegenheiten betreffen. Das irdische Leben wird durch den freien Willen und das Ego mitbestimmt. Zur Durchgabe von technischen und spirituellen Informationen aber zapft man ein auf den höheren Ebenen bereits vorhandenes Wissen an und braucht dann nur noch einen klaren Channel zu finden, durch den das Material korrekt übermittelt werden kann.

Manchmal bombardieren entwickelte Geistführer den Channel mit so vielen Ratschlägen und Informationen, daß der betreffende Mensch nicht in der Lage ist, diese zu assimilieren. Das liegt daran, daß die auf der Erde herrschenden Zustände den Einsatz vieler Menschen auf der physischen Ebene erfordern. Deshalb gibt es noch nicht sehr viele klare und fähige Channels, die in diesem Übergangstadium helfen können. Außerdem ist es für die aufgestiegenen Meister nicht immer leicht, den Bedingungen auf der Erde völlig gerecht zu werden. Viele Meister haben nie in der physischen Dimension auf einem Planeten gelebt. Zum Beispiel säten in der Zeit von Troja und der griechischen Antike verschiedene Meister entwickelte Seelen in diesem Teil der Erde aus, damit dort eine neue Zivilisation zum Wohle des menschlichen Fortschritts entstehen konnte. Viele dieser entwickelten Individuen hatten starke Egos, wie es oft im menschlichen Charakter liegt, und so kam es zu den trojanischen Kriegen und den griechischen Stadtstaaten. Natürlich hat die antike griechische Kultur eine wichtige Rolle bei der Entwicklung der westlichen Zivilisation gespielt. Daß das griechische Experiment nur ein Teilerfolg wurde, lag zum Teil daran, daß die höheren Kräfte den Bedingungen auf der physischen Ebene nicht vollkommen Rechenschaft trugen[22].

Nur sehr selten präsentiert ein Channel spirituelle oder spezialisierte technische Informationen, die zu hundert Prozent zutreffen. In den meisten Fällen erreichen auch sehr klare Channels eine Genauigkeit zwischen 85 und 95 Prozent, wobei 95 Prozent schon fast ein Idealwert ist. Denn die höheren Kräfte wollen nicht, daß sich die Menschen einfach hinsetzen und solche Informationen lesen, ohne sie aktiv in ihrem Leben anzuwenden. Solche Lehren sollten eine Inspiration sein, die die Einsichten, Entdeckungen und Kreativität eines Menschen ergänzt. Deswegen sind gechannelte Informationen auch oft nicht vollständig. Das gibt den Menschen Gelegenheit, die fehlenden Daten in Forschungsarbeiten selbst zu erarbeiten. Zum Beispiel ist bei den Edelsteinelixieren und Blütenessenzen, die ich vorgestellt habe, nicht der volle klinische Wirkungsumfang dieser Heilmittel enthüllt worden. Es ist Aufgabe der Forschung, diese Arbeit zu vervollständigen. John sagt, seine Forschungen seien zu 95 Prozent, alle grundlegenden Prinzipien sogar zu hundert Prozent zutreffend.

Manche Menschen denken, Trance-Channels seien emotional labil, weil sie auf diesem ungewöhnlichen Gebiet arbeiten. So ein Eindruck könnte bei oberflächlicher Beobachtung tatsächlich entstehen. Auch manche hervorragende Wissenschaftler erscheinen labil, weil auch sie sich mit einem ungewöhnlichen Wissensgebiet befassen. Gesellschaftliche oder religiöse Kritik und Vorurteile können bewirken, daß der Channel eher unter Ängsten und Nervosität leidet als andere Menschen. Wenn ein Channel aber emotional stabil ist, ist es wahrscheinlicher, daß seine oder ihre Persönlichkeit sich nicht in die gechannelten Informationen einmischen wird. Channels sollten genauso wie normale Menschen Vorkehrungen zur Erhaltung ihrer physischen Gesundheit und emotionalen Stabilität treffen.

Fragesteller und Channel sollten niemals die erhaltenen Informationen für absolut erklären, als hätten sie eine einzigartige Informationsquelle. Heutzutage gibt es viele Channels, die wertvolle und korrekte Informationen liefern. Es gibt nicht nur eine Informationsquelle oder eine Wahrheit. Die eine Art des Channelings ist nicht der nächsten überlegen. Die verschiedenen Arten von Channels ermöglichen es dem Menschen einfach, unterschiedliche Lernerfahrungen zu machen und unterschiedliche Bewußtseinszustände zu erreichen.

Heutzutage lesen nicht nur Millionen Menschen gechannelte Bücher, sondern es gibt auch mehr und mehr bewußte und Trance- Channels. Dabei handelt es sich eigentlich um einen weiteren Aspekt der schrittweisen Öffnung der rechten Gehirnhälfte, die für Intution und die weibliche Seite des Menschen steht. Man sollte sich klarmachen, was es mit den verschiedenen Arten von Channeling auf sich hat. Deshalb habe ich diesen Anhang angefügt.

Es gibt heute viele Einzelpersonen und Schulen, die Menschen zu Channels ausbilden. Die Entwicklung dieser natürlichen Fähigkeit, die wir alle besitzen, sollte niemals forciert werden, deswegen ist es oft ratsam, diese Fähigkeit unter erfahrener Anleitung zu entwickeln. Man braucht im allgemeinen einige Zeit, um ein klarer Channel für die höheren Kräfte zu werden, denn der physische Körper braucht Zeit, um sich in Licht zu transformieren und so mit den höheren Kräften zu synchronisieren. Indem man Licht ausstrahlt, tritt die Persönlichkeit in den Hintergrund, und die Seele scheint durch[23]. Es würde den Rahmen dieses Buches sprengen, die Rahmenbedingungen des Channeling vollständig zu erläutern oder genaue Anweisungen zur Entwicklung solcher Fähigkeiten zu geben. Für Menschen, die tiefer in dieses Gebiet eindringen wollen, können jedoch die folgenden Bücher eine Hilfe sein: *A Guide for the Development of Mediumship* von Harry Edwards; *Cooperation with Spirit* von David Spangler; *Ethical ESP* by Ann Ree Colton; *Hints on Mediumistic Development* von Ursula Roberts; *How to Develop Your ESP Powers* von Jane Roberts; *The New Mediumship* und *Spiritual Unfoldment*, Band 1, von Grace Cooke; und *Telephone between World*s von James Crenshaw. Außerdem gibt es einige ausgezeichnete Bücher, die von den Lehren Edgar Cayces beeinflußt sind, darunter: *Edgar Cayce on ESP* (herausgegeben von Doris Agee); *Edgar Cayce on Religion* *and Psychic Experience* (herausgegeben von Ed Bro); *Be Your Own Psychic* von Patterson and Shelley; und *Understand and Develop Your ESP* von Dr. Thurston.

1 Raymond Moody: *Life after Life*, New York, Bantam Books, 1981.
2 Jeff Mishlove: *The Roots of Consciousness*, New York, Random House, 1980, pp. 22-23.
3 Ibid., pp. 24-25.
4 Moses Hull: *Encyclopedia of Biblical Spiritualism*, Amherst, Wisconsin, Amherst Press, 1895.
5 James Strong: *Strong's Exhaustive Concordance of the Bible*, Nahville, Abington Press, 1980.
6 Mona Rolfe: *Initiation by the Nile*, Sudbury, Suffolk, England, Neville Spearman Ltd., 1976, pp. 158-159.
Grace Cook: *The New Mediumship*, Liss, Hampshire, England, The White Eagle Publishing Trust, 1980, pp. 27, 42, 67.
7 Richard Cavendish: *Man, Myth and Magic*, XXI, New York, Marshall Cavendish Corp., 1970, p. 2867.
8 John Koffend: The Gospel According to Helen, in: *Psychology Today*, XXVII, September 1980, pp. 74-90.
9 Nat Freedland: *The Occult Explosion*, East Rutherford, New Jersey, G. P. Putnam's Sons, 1972, p.67.
10 Andrew Jackson Davis: *The Principles of Nature*, ohne Verlagsangabe, 1847, pp. 159-168.
11 Clifford Linedecker: *Psychic Spy: The Story of an Astounding Man*, Garden City, New York, Doubleday and Co., 1976.
12 Trevor Ravenscroft: *Der Speer des Schicksals*, München, Universitas, 1988.
13 Martin Ebon: *Psychic Warfare, Threat or Illusion?*, New York, McGraw-Hill, 1983.
Shelia Ostrander and Lynn Schroeder: *Psychic Discoveries Behind the Iron Curtain*, New York, Bantam Books, 1976.
Ron McRae: *Mind Wars: The True Story of Government Research into the Military Potential of Psychic Weapons*, New York, St. Martin's Press, 1984.
14 Jack Anderson: Psychic Studies Might Help U.S. Explore Soviets, in: *Washington Post*, 23. April 1984, Teil B, p. 14.
15 Paolo Soleri ist der Gründer von Arcosanti, einer Gemeinschaft in Arizona, die bei der Lösung von Problemen wie Überbevölkerung, Nahrungsmittelknappheit und Umweltverschmutzung helfen soll, außerdem bei der Weiterentwicklung der Solarenergietechnik.
Paolo Soleri: *The Omega Seed: An Eschatological Hypothesis*, Garden City, New York, Anchor Press, 1981.
16 Die mechanische Linotype (eine Setzmaschine für den Guß ganzer Textzeilen - Anm. d. Übs.) wurde gegen Ende des achtzehnten Jahrhunderts von Ottman Mergenthaler erfunden. Mit dieser Maschine ließen sich Druckerzeugnisse wie zum Beispiel Zeitungen wesentlich schneller und billiger als im Handsatz herstellen.
17 Nat Freedland: *The Occult Explosion*, East Rutherford, New Jersey, G. P. Ptunam's Sons, 1972, p. 79.
18 George Meek: *From Enigma to Science*, York Beach, Maine, Samuel Weiser, Inc., 1973, pp. 103-104.
19 Hilarion: *Symbols*, Toronto, Marcus Books, 1982, p. 49.
20 Ibid., p. 25-26.

21 Grace Cooke: *The New Mediumship,* Liss, Hampshire, England, The White Eagle Publishing Trust, 1980
Mona Rolfe: *The Spiral of Life,* Sudbury, Suffolk, England, Neville Spearman Ltd., 1981, pp. 157-158.
22 Joseph Whitfield: *The Eternal Quest,* Roanoke, Virginia, Treasure Publications, 1980, pp. 182-183.
23 Mona Rolfe: *Man-Physical and Spiritual,* Sudbury, Suffolk, England, Neville Spearman Ltd., keine Jahresangabe, pp. 53-55.

ANHANG 2

JOHNS AUFGABE UND ZIELE

Ich habe John einmal gefragt, was seine wesentlichen Ziele seien, wenn er durch Ryerson spreche, denn John ist ja Ryersons wichtigster Geistführer.

„Ziel meines Sprechens durch einen Channel ist es, den Menschen Klarheit, neue Einsicht und ein fundierteres Wissen über das Buch der Offenbarung zu geben, welches ein Werk der Transformation und Umwandlung ist. Ziel ist weiter, auf diese Weise Menschen zu einer persönlichen und engeren Beziehung zu den Prinzipien des Christus in ihnen selber zu führen, näher an das Muster, das der Mensch Jesus repräsentierte. Diese Transformation des Selbst bedeutet einfach die Wiederherstellung der persönlichen Beziehung zu der einen Kraft, welche Gott ist, also Liebe, die sich durch dieses besondere Werkzeug offenbart."

Frage: In welcher Beziehung steht diese Aussage zu all den technisch detaillierten Informationen, die du weitergibst?

„Diese Informationen sind zum Teil Nebenprodukte des forschenden Verstandes. Der forschende Verstand ist wie ein Schriftgelehrter oder ein Intellektueller und muß schließlich spiritualisiert werden. Menschen stellen verschiedene Fragen, und schließlich werden Auserwählte unter ihnen zu den wahrhaftigeren Quellen gezogen, begehren die Transformation und Vollendung der Einkehr zum Christus in sich selbst und unterwerfen sich vollkommen der Natur der Göttllichen Liebe. Der Channel, der die Informationen weitergibt, ist nicht dieser Punkt der Transformation. Diese Transformation muß aus dem Inneren der Menschen kommen, damit sie als Söhne und Töchter von Menschen auch aufgenommen werden als Söhne und Töchter Gottes. Denn niemand kann zum Vater gelangen, wenn er nicht zuvor der Sohn wird. Dies erreichen sie, indem sie ihre Göttliche Natur akzeptieren, vor allem diese Dinge auf dieser Ebene miteinander verschmelzen, und Verstand, Körper und Geist so transformieren, daß sie als ein Ganzes funktionieren. Der Channel mag versuchen, Individuen auf diesen Pfad zu leiten, so daß sie diese Dinge empfangen können. Wenn der forschende Verstand Fragen stellt, gibt der Channel Antworten, gleichzeitig aber ist es das

Bemühen des Channels, sie zum Licht zu führen. Denn was auch immer im Zusammenhang mit den Durchsagen eines Channels geschieht, es wird niemals von einem Grundsatz abweichen: daß sich hierin die wahre Liebe Gottes offenbart. Denn wenn man sich mit all diesen Dingen befaßt, sind sie letztlich doch nur Werkzeuge, die Harmonie bringen sollen, also einen Ausdruck der Liebe Gottes. Doch nur die Liebe selber ist Gott."

BEGRIFFSERKLÄRUNGEN

Äther: Sieben- oder mehrdimensionale Zustände, die schneller als Lichtgeschwindigkeit schwingen.

Ätherisch: Bezieht sich auf die formenden Kräfte, die auf der Schwingungsebene alles Leben auf der Erde beeinflussen.

Ätherisches Fluidum: Teil des ätherischen Körpers, der mit jeder einzelnen Zelle verbunden ist.

Ätherkörper: Ein feinstofflicher Körper, der sich knapp außerhalb des physischen Körpers befindet und ihn umgibt.

Akasha-Chroniken: Die kosmischen Chroniken, in denen alle menschlichen Taten, Gedanken und Ereignisse aus Vergangenheit, Gegenwart und Zukunft aufgezeichnet sind. Menschen mit der entsprechenden spirituellen Entwicklungsstufe können sie konsultieren.

Alchimie: Die Kunst, Metalle und andere Substanzen in Silber oder Gold zu verwandeln, wobei es gewöhnlich um ein Heilelixier geht, das man den Stein der Weisen nennt. Alchimie umfaßt auch eine Transformation des Selbst.

Allopathie: Ein Begriff, den Homöopathen zur Bezeichnung orthodoxer medizinischer Praktiken verwenden.

Amulett: Ein Gegenstand, den man am Körper trägt, um negative Schwingungen abzuwehren. Traditionell werden Amuletten heilende und bewußtheitsfördernde Eigenschaften zugeschrieben.

Androgynie: der physische Zustand der Eingeschlechtlichkeit, also gleichzeitig Mann und Frau zu sein.

Apportation: Die Bewegung eines Gegenstandes durch die Äther von einem Ort zum andern. Dies wird gewöhnlich durch eine Stabilisierung der inneren Molekulardynamik des Gegenstandes bewerkstelligt, so daß er sich durch die Äther bewegen läßt.

Astralkörper: einer der feinstofflichen Körper , die den physischen Körper umgeben.

Astralprojektion: Auch als außerkörperliche Erfahrung bekannt. Der Astralkörper trennt sich zeitweilig vom physischen Körper. Gewöhnlich geschieht das im Schlaf, gelegentlich aber auch im Wachzustand.

Atlantis: Eine alte Zivilisation, die dort lebte, wo heute der atlantische Ozean ist.

Aura: Eine unsichtbare leuchtende Strahlung bzw. ein Lichthof, der den physischen Körper umgibt. Je nach Entwicklung des Individuums sind die Auren unterschiedlich in Größe, Dichte und Farbe. Alle Lebensformen sind von einer Aura umgeben. Manche medial begabte oder sensitive Menschen sehen sie.

Azikulär: nadelartig

Biofeedback: Die Fähigkeit des Verstandes, unwillkürliche Körperfunktionen zu kontrollieren.

Biomagnetisch: Bezieht sich auf die chemische Aktivität auf der subatomaren Ebene in jeder Zelle.

Chakra: Ein spirituelles Energiezentrum knapp außerhalb des physischen Körpers, das aber mit ihm in Verbindung steht.

Channel/Channelingmedium: Ein Mensch, der als Instrument oder Werkzeug für das Höhere Selbst und die Seele eines Menschen oder für Führer auf höheren Ebenen Durchsagen weitergibt. Dabei kann dieser Mensch bei Bewußtsein sein oder auch sich in Trance befinden.

Edelsteinelixiere: Heilmittel, zu deren Herstellung man Edelsteinbrocken mehrere Stunden unter Sonneneinstrahlung in reines Wasser legt, damit die Schwingungen der Minerale in das Wasser übergehen. Die verdünnte Flüssigkeit wird dann zwecks Heilung und Bewußtsein eingenommen.

Emotionalkörper: Ein feinstofflicher Körper, der den physischen Körper umgibt.

Endorphine: Erst vor kurzem von der Wissenschaft isolierte Zellen im Gehirn, die bei ihrer Aktivierung ein freudiges Gefühl auslösen. Man kann sie durch körperliche Betätigung und verschiedene Schwingungspräparate aktivieren.

Feinstoffliche Körper: Ein allgemeiner Begriff, der sich auf alle Körper bezieht, die außerhalb und um den physischen Körper existieren.

Ganggestein: Der Stein, in dem ein Mineralbrocken eingebettet ist.

Geburtsstein: Nach dem Glauben der Astrologie, daß die Schwingungen bestimmter Steine Menschen, die unter einem bestimmten Zeichen geboren sind, positiv beeinflussen.

Gedankenformen: Halbmaterialisierte ätherische Formen oder Gestalten, die der Verstand aufbaut.

Geistführer: Einzelne Seelen, die auf anderen Ebenen existieren und

Menschen auf der Erdebene helfen. Sie sprechen durch Menschen in Trance.

Geweberegeneration: Der vollständige Neuaufbau einzelner Körperteile zu vollkommener Gesundheit.

Hara: Ein in der Nähe des Nabels befindliches Energiezentrum im menschlichen Körper.

Hellhören: Die Fähigkeit, Geräusche und Klänge aus anderen Dimensionen zu hören.

Hellsehen: Ein allgemeiner Begriff zur Kennzeichnung vieler verschiedener medialer Begabungen.

Höheres Selbst: Der Ort im Menschen, an dem alle höheren Prinzipien und Erfahrungen aus vergangenen Leben gespeichert sind.

Integrierter spiritueller Körper: Dieser Begriff bezeichnet ebenso wie der Begriff „spiritueller Körper“ die Kombination der spirituellen Eigenschaften der feinstofflichen und des physischen Körpers.

Karma: Ein Wort aus dem Sanskrit, unter dem die Summe aller Taten eines Menschen in seinen vielen Leben zu verstehen ist. Diese Züge aus vergangenen Leben werden mit in jedes neue Leben hinübergenommen, und es bietet sich Gelegenheit, sie lernend zu erweitern und über sie hinauszuwachsen.

Katzenauge: Ein optischer Effekt bei Edelsteinen, wobei ein einzelner Lichtstreifen quer durch den Stein geht.

Kausalkörper: Ein ätherischer Körper, der den physischen Körper umgibt.

Kinesiologie: Eine Muskeltestmethode, mit der sich ermitteln läßt, ob ein bestimmtes Heilmittel für einen Menschen zuträglich ist.

Kollektives Bewußtsein: Die vereinten Gedanken oder Gefühle großer Gruppen von Menschen.

Kreative Visualisation: Der Gebrauch des Verstandes zur Erzeugung eines mentalen Bildes.

Kundalini: Eine machtvolle spirituelle Energie, die normalerweise im physischen Körper schlafend an der Wirbelsäulenbasis liegt. Wenn sie einmal vorsichtig zum Leben erweckt ist, folgt spirituelles Wachstum.

Lemuria: Eine alte Zivilisation, die dort lebte, wo heute der pazifische Ozean ist.

Levitation: Die Fähigkeit, den Körper so leicht zu machen,daß er sich auf natürliche Weise in die Luft erhebt und die Schwerkraft überwindet.

Mantra: Ein Wort oder ein Satz, den man ständig wiederholen muß, um einen positiven oder negativen Effekt hervorzurufen. Oft wird dieser Begriff als heilig betrachtet. Das bekannteste Mantra ist OM.

Mentalkörper: Ein feinstofflicher Körper, der den physischen Körper umgibt.

Meridiane: Ätherische Energiemuster, die die Lebenskraft in den physischen Körper tragen.

Miasmen: Verschiedene feine Unausgewogenheiten in Zellen und feinstofflichen Körpern, die bei Vorherrschen karmischer Muster aktiviert werden und dann zahlreiche Krankheiten verursachen.

Mohs-Skala: Eine von dem Deutschen Mohs im Jahre 1820 eingeführte Maßskala für die Härte von Mineralen. Die weichsten Mineral so wie Talk haben darauf den Wert eins, die härtesten wie Diamant den Wert zehn. Die Skala reicht von eins bis zehn.

Molekular: Bezieht sich auf die chemische Aktivität auf der subatomaren Ebenen jeder Zelle.

Nadis: Ein ausgedehntes ätherisches Nervensystem knapp außerhalb des physischen Körpers, das eng mit den unterschiedlichen Formen der Natur verbunden ist.

Nosoden: Biologische Toxine, die man zu homöopathischen Heilmitteln verarbeitet.

Pendel: Ein an einem Faden befestigter kleiner Gegenstand, mit dem man analysiert und diagnostiziert.

Prana: Ein Hindu- bzw- Yogi-Begriff, mit dem die Lebenskraft bezeichnet wird.

Psychokinese: Die Fähigkeit, einen Gegenstand mit mentaler Kraft zu bewegen.

Psychometrie: Die Fähigkeit, aus direktem Kontakt mit einem Gegenstand oder aus der Nähe zu einem Gegenstand die Eigenschaften dieses Gegenstandes oder eines Menschen, der mit diesem Gegenstand in Kontakt stand, zu erkennen.

Radionik: Die Anwendung eines Instruments, mit dem man Schwingungen zu einem weit entfernten Menschen senden und von ihm empfangen kann. Man wendet dieses Verfahren seit Jahren zu Heilzwecken und in der Landwirtschaft an.

Seelenkörper: Ein sehr ätherischer feinstofflicher Körper, der den physischen Körper umgibt.

Signaturenlehre: Dieses Prinzip sagt aus: Es gibt eine Beziehung zwischen der menschlichen Anatomie und Farbe, Geruch, Form, Geschmack und Struktur von Edelsteinen und Pflanzen. Diese Beziehung enthält viele Hinweise auf die Anwendungsmöglichkeiten von Edelsteinen und Pflanzen zu Heilung und Bewußtseinswachstum.

Stein der Weisen: Ein alchimistischer Begriff, der sich traditionell auf ein machtvolles Elixier bezieht, mit dem sich einfache Metalle in Gold oder Silber umwandeln lassen. Man kann ihn auch zu Behandlung kranker Menschen und zur Stimulation der spirituellen Erleuchtung verwenden.

Talisman: Ein Gegenstand, den man trägt, um sich zu schützen und negative Schwingungen abzuwehren. Traditionell schreibt man Talismanen eine heilende und bewußtheitsfördernde Wirkung zu.

Telepathie: Die Übertragung von Gedanken zwischen zwei Menschen über beliebige räumliche Entfernungen. Diese Kommunikation findet statt, ohne daß die bekannten Sinnesfunktionen eingreifen.

Thermalkörper: Eine Hitzefeld, daß knapp außerhalb des physischen Körpers nahe am Ätherkörper existiert.

Trance: Ein Zustand intensiver Konzentration, der auch schlafähnlich sein kann. Hierbei werden Verstand und Körper durch das Höhere Selbst und durch Geistführer aus anderen Dimensionen überlagert.

Zellebene: Auf der Ebene jeder einzelnen Zelle.

DEUTSCHE BIBLIOGRAPHIE

Alice A. Bailey

Bailey, Alice A., *Eine Zusammenfassung über die Sexualität*, Bietigheim-Bissingen, Karl Rohm Verlag, 1986 (alle folgenden Bücher von Alice Bailey sind ebenfalls in diesem Verlag erschienen)

–, *Das Bewußtsein des Atoms*, 1975

–, *Esoterische Astrologie*, (Eine Abhandlung über die Sieben Strahlen, Bd. III), 1988

–, *Esoterisches Heilen*, (Eine Abhandlung über die Sieben Strahlen, Bd. IV), 1988

–, *Esoterische Psychologie*, (Eine Abhandlung über die Sieben Strahlen, Bd. I), 1986

–, *Initiation, Menschliche und Solare Einweihung*, 1988

–, *Briefe über okkulte Meditation*, 1988

–, *Denke darüber nach*, 1988

–, *Die Seele und ihr Mechanismus*, 1976

–, *Telepathie und der Ätherkörper*, 1971

–, *Eine Abhandlung über Kosmisches Feuer*, 1982

–, *Eine Abhandlung über Weisse Magie*, 1987

Bädertherapien (Bath Therapies)

Buchman, Diana D., *Die natürliche Heilkraft des Wassers*, Berlin, Ullstein, 1986

Bewußtsein (Consciousness)

Besant, Annie, *Das Denkvermögen.* Seine Beherrschung und Ausbildung, Graz, Adyar Pb., 1979

Besant, Annie und Leadbeater, C. W., *Gedankenformen*, Freiburg i. Br., Hermann Bauer Verlag, 1987

Blavatsky, H. P., *Die Geheimlehre*, Graz, Adyar, 1984

Heindel, Max, *Geistige Schau und geistiges Erkennen*, Darmstadt, Rosenkreuzergemeinschaft

–, *Das Rosenkreuzerische Christentum*, Darmstadt, Rosenkreuzergemeinschaft, 1982

–, *Lehren eines Eingeweihten*, Darmstadt, Rosenkreuzergemeinschaft, 1979

Jung, Carl G., *Der Mensch und seine Symbole*, Heitersheim, Walter Verlag, 1979
Playfair, Guy und Hill, Scott, *Die Zyklen des Himmels*, Darmstadt, Zsolnay, 1979
Satprem, *Der Mensch hinter dem Menschen*, München, Goldmann, 1985
Swedenborg, Emmanuel, *Die eheliche Liebe*, Zürich, S. Swedenborg Pb

Blütenessenzen (Flower Essences)

Bach, Edward, *Blumen, die durch die Seele heilen*, München, Hugendubel (Irisiana), 1988
Chancellor, Philip, *Das Handbuch der Bachblüten*, Grafing, Aquamarin, 1988
Mutter, Die, *Flowers and their Messages*, Planegg, Mirapuri, 1979

Chakren und Kundalini

Krishna, Gopi, Kundalini. *Erweckung der geistigen Kraft im Menschen*, München, Scherz für O.W. Barth, 1983
–, *Die biologische Basis der religiösen Erfahrung*, Frankfurt a. M., Suhrkamp, 1988
–, Höheres Bewußtsein: *Die evolutionäre Kundalini-Kraft*, Freiburg i. Br., Aurum, 1975
–, *Die neue Dimension des Yoga*, Berlin, Ullstein, 1989
Leadbeater, C. W., *Die Chakras*, Freiburg i. Br., Hermann Bauer Verlag, 1987
Mookerjee, Ajit, Kundalini. *Die Erweckung der inneren Energie*, Bern, Origo, 1984
Muktananda, Swami, Kundalini, *Die Erweckung der kosmischen Energie im Menschen*, Freiburg i. Br., Aurum, 1982
Narayananda, Swami, *Die Urkraft im Menschen*, Kundalini Shakti, Efringen-Kirchen, Narayanda Pb., 1981
Pandit, M. P., Kundalini Yoga. *Erläuterungen der Chakras*, Ergolding, Drei Eichen, 1981
Rendel, Peter, *Einführung in die Chakras*. Die sieben Energiezentren des Menschen, Basel, Sphinx
Sivananda, Swami, *Kundalini Yoga*, München, O. W. Barth Verlag, 1953

Edelsteine und Edelsteinelixiere in der Heilkunde (Gemstones and Gem Elixiers in Healing)

Abehsera, Michel, *Heilerde – die natürliche Medizin*, München, Goldmann, 1988
Crow, W. B., *Die Magie der Edelsteine*, Basel, Sphinx, 1986

Goethe, J. W., *Naturwissenschaftliche Schriften*, Dornach, Rudolf Steiner Verlag, 1982
Uyldert, Mellie, *Verborgene Kräfte der Edelsteine*
–, *Verborgene Kräfte der Metalle*, München, Hugendubel, 1984

Edelsteinkunde (Gemology)
Chu, Arthur und Chu, Grace, Jade – *Stein des Himmels*, Stuttgart, Franckh, 1979
Clark, Andrew, *Minerale erkennen* (Kosmos Bestimmungsführer), Stuttgart, Franckh, 1979
Metz, Rudolph, *Antlitz edler Steine*, Stuttgart, Belser, 1964
Pettijohn, F. J., *Sand and Sandstone*, New York, Springer Verlag, 1987

Feinstoffliche Körper und Aura (Subtle Bodies and Aura)
Bendit, Laurence und Bendit, Phoebe, *Die Brücke des Bewußtseins*, Graz, Adyar, 1976
Besant, Annie, *Der Mensch und seine Körper*, München, Hirthammer, 1981
Leadbeater, C. W., *Der sichtbare und der unsichtbare Mensch*, Freiburg i. Br., Hermann Bauer Verlag, 1987
Tansley, David, *Energiekörper*, München, Kösel, 1985

Gesundheit und Schwingungsheilung (Health and Vibrational Healing)
Chia, Mantak, *Tao Yoga. Praktisches Lehrbuch zur Erweckung der heilenden Urkraft Chi*, Interlaken, Ansata, 1985
Diamond, John, *Der Körper lügt nicht*, Freiburg i. Br., Verlag für angewandte Kinesiologie, 1983
Guirdham, Arthur, *Krankheit als Schicksal*, München, Alber, 1960
Heindel, Max, *Okkulte Prinzipien der Gesundheit und Heilung*, Darmstadt, Rosenkreuzergemeinschaft, 1985
Lad, Vasant, *Das Ayurveda-Heilbuch*, Haldenwang, Ed. Shangrila, 1986
Lakhovsky, George, *Das Geheimnis des Lebens.* Kosmische Wellen und vitale Schwingungen, Essen, VGM, 1981
Mann, John, *Geheimnisse der Lebensverlängerung*, Basel, Sphinx, 1982
Mendelsohn, Robert, *Trau keinem Doktor*, Holthausen, Mahajiva, 1988
Reichenbach, Karl v., *Odisch-magnetische Briefe*, Wien, Age d'Homme/ BRO, 1980
Westlake, Aubrey, *Medizinische Neuorientierung*, Bern, Origo
Wickland, Carl, *Dreissig Jahre unter den Toten*, Swisthal-Buschhoven, Reichl, 1957

Homöopathie
Boericke, William, *Homöopathische Arzneimittellehre*, Berg, Barthel & Barthel, 1986
–, *Homöopathische Mittel und ihre Wirkungen*, Materia medica, Leers, Grundlagen und Praxis, 1986
Farrington, E. A., *Klinische Arzneimittellehre*, Göttingen, Burgdorf Verlag, 1979
Hahnemann, Samuel, *Chronische Krankheiten*, Berg, Barthel & Barthel, 1983
–, *Organon der Heilkunst*, Heidelberg, Haug Verlag, 1987
Kent, James, *Zur Theorie der Homöopathie.* Kents Vorlesungen über Hahnemanns Organon, Leers, Grundlagen und Praxis, 1985
–, *Repertorium der homöopathischen Arzneimittellehre*, Stuttgart, Hippokrates, 1986
Nash, Eugene B., *Leitsymptome in der Homöopathischen Therapie*, Heidelberg, Haug Verlag, 1988
Tyler, M. L., *Homöopathische Arzneimittelbilder*, Göttingen, Burgdorf Verlag, 1988
Vithoulkas, George, *Die wissenschaftliche Homöopathie*, Göttingen, Burgdorf Verlag, 1986

Lemuria, Atlantis und Ägypten
Berlitz, Charles, *Das Atlantis-Rätsel*, München, Droemer Knaur, 1976
Robinson, Lytle, *Rückschau und Prophezeiungen*, Bericht von Ursprung und Bestimmung des Menschen, München, Goldmann, 1982
Schure, Edouard, *Die großen Eingeweihten*, München, Scherz, 1989
Scott, Elliot W., *Atlantis nach okkulten Quellen*, Zürich, Uebersax, 1978
Steiner, Rudolf, *Atlantis und Lemurien*, in: Kosmogonie (1906), Dornach, Rudolf Steiner Verlag, 1979
–, *Ägyptische Mythen und Mysterien* (1908), Dornach, Rudolf Steiner Verlag, 1978

Naturgeister (Nature Spirits)
Findhorn-Gemeinschaft (Hrsg.), *Ein neues Zukunftsbild: Mensch und Natur im Einklang*, Berlin, Schickler, 1987
Hawken, Paul, *Der Zauber von Findhorn*, Reinbek b. HH, Rowohlt, 1985
Heindel, Max, *Naturgeister und Naturkräfte*, Darmstadt, Rosenkreuzergemeinschaft, 1985
Steiner, Rudolf, *Mensch und Naturgeister* (1923), in: Lebendiges Naturerkennen, Dornach, Rudolf Steiner Verlag, 1966

Neue Physik (New Physics)
Bentov, Itzhak, *Auf der Spur des wilden Pendels*, Reinbek b. HH, Rowohlt, 1986
Bohm, David, *Die implizite Ordnung*, München, Goldmann, 1987
Capra, Fritof, *Das Tao der Physik*, München, O. W. Barth Verlag, 1984
Dossey, Larry, *Die Medizin von Raum und Zeit*, Reinbek b. HH, Rowohlt, 1987
Russell, Bertrand, *Das ABC der Relativitätstheorie*, Reinbeck b. HH, Rowohlt 1972
Toben, Bob, *Raum-Zeit und erweitertes Bewußtsein*, Essen, Synthesis, 1981
Wolf, Fred Alain, *Der Quantensprung ist keine Hexerei*, Stuttgart, Birkhäuser, 1985
Zukav, Gary, *Die tanzenden Wu Li Meister*, Reinbek b. HH, Rowohlt, 1981

Parapsychologie
Blavatsky, H. P., *Die Dynamik der Psychischen Welt*, Graz, Adyar, 1975
Ebon Martin, *Können wir in die Zukunft sehen?*, Berlin, Ullstein, 1987
Kardec, Allan: *Das Buch der Medien*, Freiburg i. Br., Hermann Bauer Verlag, 1987
Leadbeater, C. W., *Der sichtbare und der unsichtbare Mensch*, Freiburg i. Br., Hermann Bauer Verlag, 1987
Monroe, Robert, *Der Mann mit den zwei Leben*, Droemer Knaur, 1986
Moody, Raymond, *Das Leben nach dem Tod*, Reinbek b. HH, Rowohlt, 1977
Ravenscroft, Trevor, *Der Speer des Schicksals*, München, Universitas, 1988
Roberts, Ursula, *Winke zu Geistiger Entfaltung*, Swisthal-Buschhoven, Reichl, 1982

Pendel (Pendulum)
Graves, Tom, *Radiästhesie*, Freiburg i. Br., Hermann Bauer Verlag, 1987

Pyramiden
Lemesurier, Peter, *Geheimcode Cheops*, Freiburg i. Br., Hermann Bauer Verlag, 1988
Schul, Bill und Pettit, Ed, *Die geheimnisvollen Kräfte der Pyramide*, München, Heyne, 1978
Tompkins, Peter, Cheops. *Die Geheimnisse der Grossen Pyramide*, München, Droemer Knaur, 1979

Quarzkristalle
Bonewitz, Ra., *Die kosmischen Kristalle*, München, Kösel, 1987

Rudolf Steiner und die anthroposophische Medizin

Bott, Victor, *Anthroposophische Medizin*, Heidelberg, Haug Verlag, 1987

Glas, Norbert, *Geistige Urgründe körperlicher Krankheiten*, Stuttgart, Mellinger, 1986

Hauschka, Rudolf, *Ernährungslehre*, Frankfurt a. M., Klostermann Verlag, 1982

Kirchner-Bockholt, Margaret, *Grundelemente der Heil-Eurythmie*, Dornach, Philosophisch-Anthroposophischer Verlag, 1981

Mees, Leendert F., *Krankheit als Segen.* Heilung als Aufgabe, Stuttgart, Urachhaus, 1984

–, *Lebende Metalle*, Stuttgart, Mellinger, 1983

Pelikan, Wilhelm, *Sieben Metalle*, Dornach, Philosophisch-Anthroposophischer Verlag, 1981

Schmidt, Gerhard, *Dynamische Ernährungslehre*, Stuttgart, Proteus, 1982

Steiner, Rudolf, (alle folgenden Schriften sind erschienen in: Dornach, Rudolf Steiner Verlag)

–, *Über die Ursachen der Kinderlähmung*, in: Mensch und Welt (1923), 1978

–, *Kosmologie, Religion und Philosophie*, (1922), 1978

–, *Okkulte Physiologie*, 1989

–, *Anthroposophische Menschenerkenntnis und Medizin.* Richtlinien zum Verständnis für die auf anthroposophischer Geisteswissenschaft aufgebaute Heilmethode (1923), 1982

–, *Die Apokalypse des Johannes* (1908), 1985

–, *Das Künstlerische in seiner Weltmission* (1923), 1961

–, *Vor dem Tore der Theosophie* (1906), 1978

–, *Die Brücke zwischen der Weltgeistigkeit und dem Physischen des Menschen* (1920), 1980

–, *Meditative Betrachtungen und Anleitungen zur Vertiefung der Heilkunst* (1924), 1979

–, *Heilpädagogischer Kurs* (1924), 1979

–, *Der Jahreskreislauf als Atmungsvorgang der Erde und die vier großen Festzeiten*, 1980

–, *Der ätherische Mensch im physischen Menschen*, in: Menschenschicksale und Völkerschicksale (1914/15), 1960

–, *Die Ätherisation des Blutes*, in: Das esoterische Christentum und die geistige Führung der Menschheit (1911/12), 1977

–, *Grundelemente der Esoterik* (1905), 1987

–, *Geographische Medizin, in:* Individuelle Geistwesen und ihr Wirken in der Seele des Menschen (1917), 1980

–, *Gesundheit und Krankheit*, 1988

–, *Kernpunkte der sozialen Frage*, 1984
–, *Die Hygiene als soziale Frage* (1920), in: Physiologisch-Therapeutisches auf Grundlage der Geisteswissenschaft zur Therapie und Hygiene, 1975
–, *Krankheit und Karma* (1909), in: Geisteswissenschaftliche Menschenkunde, 1979
–, *Der unsichtbare Mensch in uns*, in: Erdenwissen und Menschenkunde (1923), 1966
–, *Esoterische Betrachtungen karmischer Zusammenhänge*, 1975
–, *Der Mensch als Zusammenklang des schaffenden, bildenden und gestaltenden Weltenwortes* (1923), 1978
–, Entsprechungen zwischen Mikrokosmos und Makrokosmos. *Der Mensch – Eine Hieroglyphe des Weltenalls* (1920), Bd. I, 1958
–, *Blut ist ein ganz besonderer Saft* (1906), 1982
–, *Okkulte Zeichen und Symbole*, 1987
–, *Nervosität und Ichheit* (1912), 1987
–, *Von der Ernährung*, in: Natur und Mensch in geisteswissenschaftlicher Betrachtung (1924), Bd. V, 1967
–, *Reinkarnation und Karma*, 1985
–, *Die Esotherik der Rosenkreuzer*, in: Das christliche Mysterium (1906/07), 1968
–, *Salz, Merkur, Sulfur, in:* Lebendiges Naturerkennen (1923), 1966
–, *Die Kunst des Heilens vom Gesichtpunkte der Geisteswissenschaft*, 1983
–, *Geisteswissenschaft und Medizin* (1920), 1985
–, *Geisteswissenschaftliche Gesichtspunkte zur Therapie* (1921), 1984
–, *Geisteswissenschaftliche Menschenkunde*, 1988
–, *Der übersinnliche Mensch* (1923), 1982
–, *Meditative Betrachtungen und Anleitungen zur Vertiefung der Heilkunst* (1924), 1967
–, *Wege zu einem neuen Baustil* (1914), 1957
–, *Grundlegendes für eine Erweiterung der Heilkunst nach geisteswissenschaftlichen Erkenntnissen* (1925), 1984
–, *Die Welt der Sinne und die Welt des Geistes* (1911/12), 1979
Wachsmuth, Guenther, *Erde und Mensch*, ihre Bildekräfte, Rhythmen und Lebensprozesse, Dornach, Philosophisch-anthroposophischer Verlag, 1980
Wolff, Otto, *Anthroposophisch orientierte Medizin und ihre Heilmittel*, Dornach, Freies Geistesleben, 1985

ENGLISCHE BIBLIOGRAPHIE

Jurriaanse, Aart., ed. *Prophecies.* Craighall, South Africa: World Unity and Service, 1977.

Master Index of the Tibetan and Alice Bailey Books. Sedona, Az: Aquarian Educational Group, 1974.

Bath Therapies

Barber, Bernard. *Sensual Water: A Celebration of Bathing.* Chicago: Contemporary Books, Inc., 1978.

Cerney, J. *Modern Magic of Natural Healing With Water Therapy.* San Diego: Reward Books, 1977.

Finnerty, Gertrude, and Theodore Corbitt. *Hypnotherapy.* New York: Frederick Ungar Publishing Co., 1960.

Fleder, Helen. *Shower Power: Wet, Warm and Wonderful Exercises for the Shower and Bath.* New York: M. Evans and Co., Inc., 1978.

Frazier, Gregory, and Beverly Frazier. *The Bath Book.* San Francisco: Troubador Press, 1973.

Lust, John. *Kneipp's My Water Cure.* Greenwich, Ct: Benedict Lust Publishing, 1978.

Ramachakara, Yogi. *Hindu-Yogi Practical Water Cure.* Jacksonville. Fl: Yogi Publication Society, n.d.

Szekely, Edmond Bordeaux. *Healing Waters.* San Diego: Academy Books, 1973.

Chakras and Kundalini

Arundale, G.S. *Kundalini An Occult Experience.* Adyar, India: The Theosophical Publishing House, 1962.

Bhajan, Yogi. *Kundalini Meditation Manual For Intermediate Students.* Pomona, Ca: K.R.I. Publications, 1984.

Chinmoy, Sri. *Kundalini: The Mother Power.* Jamaica, NY: Agni Press, 1974.

Colton, Ann Ree. *Kundalini West.* Glendale, Ca: ARC Publishing Co., 1978.

Desai, Yogi Amrit. *God Is Energy.* Sumneytown, Pa: Kripalu Yoga Fellowship, 1976.

Elder, Dorothy. *Revelation For A New Age.* Marina del Rey, Ca: De Vorss and Co., 1981.

Goswami, Shyam Sundar. *Layayoga*. Boston: Routledge and Kegan Paul, 1980.
Hall, Manly. *Spiritual Centers In Man*. Los Angeles: The Philosophical Research Society, Inc., 1978.
Kapur, Daryai Lal. *Call of the Great Masters*. Beas, India: Radha Soami Society, 1969.
Khalsa, S.S. Gurubanda Singh, and M.S. Gurucharan Singh Khalsa. *Keeping Up With Kundalini Yoga*. Pomona, Ca: K.R.I. Publications, 1980.
Krishna, Gopi. *The Dawn of a New Science*. New Delhi: Kundalini Research & Publication Trust, 1978.
–. *Secrets of Kundalini in Panchastavi*. New Delhi: Kundalini Research & Publication Trust, 1978.
Madhusudanasji, Dhanyogi Shri. *Message To Disciples*. Bombay: Shri Dhanyogi Mandal, 1968.
–. *Shakti Hidden Treasure of Power.* Vol.1, Pasadena, Ca: Dhyanyoga Centers, Inc., 1979.
Motoyama, Dr. Hiroshi. *Theories of the Chakras: Bridge to Higher Consciousness.*
Wheaton, Il: The Theosophical Publishing House, 1981.
–, and Rande Brown. *Science and the Evolution of Consciousness*. Brookline, Ma: Autumn Press, 1978.
Muktananda, Swami. *Guru*. New York: Harper and Row, 1971.
Radha, Swami Sivananda. *Kundalini Yoga For the West*. Boulder, Co: Shambhala Publications, 1978.
Rele, Vasant. *The Mysterous Kundalini*. Bombay: Taraporevala Sons & Co., 1960.
Rieker, Hans-Ulrich. *The Yoga of Light*. Los Angeles: The Dawn Horse Press, 1977.
Sanford, Ray. *The Spirit Unto the Churches*. Austin, Tx: Assocation For the Understanding of Man, 1977.
Sannella, M.D., Lee. *Kundalini-Psychosis or Transcendence*. San Francisco: Henry S. Dakin, 1976.
Sawan Singh, Mazur Maharaj. *Discourses on Sant Mat*. Beas, India: Radha Soami Society, 1970.
Schwarz, Jack. Voluntary Controls: Exercises for Creative Meditation and For Activating the Potential of the Chakras. New York: E.P. Dutton, 1978.
Scott, Mary. *Kundalini in the Physical World*. London: Routledge & Kegan Paul, 1983.
Sivananda, Swami. *Spiritual Experiences*. Rishikesk, India: Divine Life Society, 1969.

Tirtha, Swami Vishnu. Devatma Shakti: *Kundalini Divine Power*. Rishikesh, India: Sadhan Granthmala Prakashan Samiti, 1962.
Vyas, Dev Ji, Swami. *Science of Soul(Atma, Viynana)*. Rishikesh, India: Yoga Niketan Trust, 1972.
Wolfe, W. Thomas. *And the Sun Is Up*. Red Hook, NY: Academy Hill Press, 1978.
Woodroffe, Sir John. The Serpent Power. New York: Dover Publications, Inc., 1974.

Consciousness

Baker, Douglas. *Karmic Laws*. Wellingborough, England: The Aquarian Press, 1982.
Besant, Annie. *A Study in Consciousness*. Adyar, India: The Theosophical Publishing House, 1975.
Blair, Lawrence. *Rhythms of Vision*. New York: Warner Books, 1977.
Bragdon, Claude. *The Beautiful Necessity*. Wheaton, Il: The Theosophical Publishing House, 1978.
Eagle, White. *Spiritual Unfoldment*. 2 Vol., Liss, England: The White Eagle Publishing Trust, 1981-1982.
Eisen, William. *The English Cabalah. The Mystery of Pi*. Vol. 1, Marina del Rey, Ca: De Vorss and Co., 1980.
–. *The English Cabalah The Mystery of Phi*. Vol. 2, Marina del Rey, Ca: DeVorss and Co., 1982.
Heindel, Max. *The Rosicrucian Cosmo-Conception*. Oceanside, Ca: The Rosicrucian Fellowship, 1977.
–. *The Silver Cord and the Seed Atoms*. Oceanside, Ca: The Rosicrucian Fellowship, 1968.
Heline, Corinne. *The Moon in Occult Lore*. La Canada, Ca: New Age Press, n.d.
–. *The Sacred Science of Numbers*. Marina del Rey, Ca: Devorss and Co., 1980.
Hilarion. *Answers*. Toronto: Marcus Books, 1983.
–. *Seasons of the Spirit*. Toronto: Marcus Books, 1980.
–. *Symbols*. Toronto: Marcus Books, 1979.
Hodson, Geoffrey. *Occult Powers in Nature and in Man*. Adyar, India: The Theosophical Publishing House, 1973.
Hotema, Hilton. *Man's Higher Consciousness*. Mokelumne Hill, Ca: Health Research, 1952.
Leadbeater, C.W. *The Inner Life*. Wheaton, Il: The Theosophical Publishing House, 1978.
–. *The Power and Use of Thought*. Adyar, Madras: The Theosophical Publishing House, 1980.

Lewis, Samuel. *Introduction to Spiritual Brotherhood.* San Francisco: Sufi Islamia/Prophecy Publications, 1981.
Milner, Dennis, and Edward Smart. *The Loom of Creation.* New York: Harper & Row, 1976.
Raphael. *The Starseed Transmission.* Kansas City: Uni-Sun, 1984.
Rolfe, Mona. *Radiation of the Light.* Sudbury, Suffolk, England: Neville Spearman, Ltd., 1982.
–. *The Spiral of Life.* Sudbury, Suffolk, England: Neville Spearman, Ltd., 1981.
–. *Symbols For Eternity.* Sudbury, Suffolk, England: Neville Spearman, Ltd., 1980.
Russell Walter. *The Secret of Light.* Waynesboro, Va: University of Science and Philosophy, 1947.
Soleri, Paolo. *The Omega Seed: An Eschatological Hypotheses.* Garden City, NY: Anchor Press, 1981.
The Urantia Book. Chicago: Urantia Foundation, 1978.
Whitfield, Joseph. *The Treasure of El Dorado.* Washington, D.C: Occidental Press, 1977.
Woodward, Mary Ann. Edgar Cayce's Story of Karma. New York: Berkley Books, 1984.
Young, Meredith Lady. *Agartha A Journey to the Stars.* Walpole, NH: Stillpoint Publishing, 1984.

Andrew Jackson Davis

Davis, Andrew Jackson. *The Great Harmonia.* Vol. I, The Physician. Mokelumne Hill, Ca: Health Research, 1973.
–. *The Harbinger of Health.* Mokelumne Hill, Ca: Health Research, 1971.
–. *The Temple: Diseases of the Brain and Nerves.* Mokelumne Hill, Ca: Health Research, 1972.
–. *The Principles of Nature.* n.p., 1847.

Flower Essences

Gurudas. *Flower Essences and Vibrational Healing.* Albuquerque: Brotherhood of Life, 1983.
Hilarion. *Wildflowers.* Toronto: Marcus Books, 1982.
The Mother. *Flowers and Frangrance.* Part I and II Pondicherry, India: Sri Aurobindo Society, 1979.

Gemology

Anderson, Frank J. *Riches of the Earth.* New York: Windward, 1981.
Bancroft, Peter. "Royal Gem Azurite." Lapidary Journal, (April, 1978), p. 124-129.

Beigbeder, O. *Ivory*. London: Weidenfeld and Nicholson, 1965.
Buttsed, Allison. *Copper: The Science and Technology of the Metal, Its Alloy and Compounds*. New York: Reinhold Publishing Corp., 1954.
Cairns-Smith, Alexander G. *The Life Puzzle On Crystals and Organisms and On the Possibility of A Crystal As An Ancestor.* Toronto: University of Toronto Press, 1971.
–. "The First Organisms." *Scientific American*, CCLII (June, 1985), 90-100.
Chester, Albert. *A Dictionary of the Names of Minerals*. New York: John Wiley and Sons, 1896.
Chesterman, Charles W., and Kurt E. Lowe. *The Auburn Society Field Guide to North American Rocks and Minerals*. New York: Alfred A. Knopf, 1978.
Corliss, Wm.R. *Unknown Earth: A Handbook of Geological Enigmas*. Glen Arm, Md: The Sourcebook Project, 1980.
Deeson, A.F.L., ed. *The Collector's Encyclopedia of Rocks and Minerals*. New York: Exeter Books, 1983.
Ehrmann, M.L., and H.P. Whitlock. *The Story of Jade*. New York: Sheridan House, 1966.
English, G.E. *Descriptive List of New Minerals 1892-1938*. New York: Mc Graw Hill Book Co., 1939.
Eyles, Wilfred C. *The Book of Opal*. Rutland, Vt: Charles Tuttle Co., 1976.
Farringer, Dale. "Idar-Oberstein, Gem Capital of the World." *Lapidary Journal*, (September, 1978), p. 1398-1399.
Fleischer, Michael. *Glossary of Mineral Species*. Tucson: Mineralogical Record, 1983.
Fuller, John, and Peter Embrey., eds. *A Manual of New Mineral Names 1892-1978*. New York: Oxford University Press, 1980.
Gleason, Sterling. *Ultraviolet Guide to Minerals*. San Gabriel, Ca: Ultra-Violet Products, Inc., 1972.
Grant, Maurice. *The Marbles and Granites of the World*. London: J.B.Shears, 1955.
Grim, Ralph Early. *Applied Clay Mineralogy*. New York: McGraw Hill, 1962.
Gross, William. *The Story of Magnesium*. Cleveland: American Society For Metals, 1949.
Gublein, E.J., and K. Schmetzer. "Gemstones With Alexandrite Effect." *Gems and Gemology*, XVIII (Winter, 1982), 197-203.
Hamlin, Augustus C. *The Tourmaline*. Boston, J.R. Osgood & Co., 1873.
Harlow, George., Joseph Peters, and Martin Prinz., eds. *Simon and Schuster's Guide to Rocks and Minerals*. New York: Simon and Schuster, 1978.
Heiniger, Ernst, and Jean Heiniger. *The Great Book of Jewels*. New York: Graphic Society, 1974.

Hoffman, Douglas. *Star Gems*. Clayton, Wa: Aurora Lapidary Books, 1967.
Howarth, Peter C. *Abalone*. Happy Camp, Ca: Naturegraph Publications, Inc., 1978.
Hunger, Rosa. *The Magic of Amber.* Radnor, Pa: Chilton Book Co., 1979.
Jones, Jr., Robert. *Nature's Hidden Rainbow.* San Gabriel, Ca: Ultra-Violet Products, Inc., 1970.
Kunz, George. *Ivory and the Elephant in Art, Archeology and in Science.* Garden City, NY: Doubleday & Co., 1916.
Ladoo, Raymond. *Talc and Soapstone: Their Mining, Milling, Products, and Uses*. Washington, D.C: Government Printing Office, 1923.
Louderback, George. *Benitoite, Its Paragenesis and Mode of Occurence.* Berkeley: The University Press, 1909.
Lucas, A. *Ancient Egyptian Materials and Industries*. London: Edward Arnold and Co., 1948.
Maillard, Robert., ed. *Diamonds: Myth, Magic and Reality.* New York: Crown Publishers, Inc., 1980.
Mason, A.E. *Sapphire*. New York: State Mutual Book and Periodical Service, Ltd., 1981.
Matthews III, Wm. *Fossils An Introduction to Prehistoric Life*. New York: Barnes and Noble Books, 1962.
McConnell, B. *Apatite: Its Crystal Chemistry, Mineralogy, Utilization, and Biologic Occurrences*. New York: Springer-Verlag New York Inc., 1973.
Miller, George. *Zirconium*. New York: Academic Press, 1954.
Mills, Meredith W. "Kunzite." *Lapidary Journal*, (July, 1984), p. 546-552.
Mitchell, Richard Scott. *Mineral Names What Do They Mean?* New York: Van Nostrand Reinhold Co., 1979.
Moore, Edward. *Coal, Its Properties, Analysis, Classification, Geology, Extraction, Uses and Distribution.* 2d ed. New York: Wiley and Sons, Inc., 1940.
Moore, Nathaniel. *Ancient Mineralogy.* New York: Arno Press, 1978.
Morey, George. *The Properties of Glass*. 2d ed. New York: Reinhold Publishing Corp., 1954.
O'Donoghue, Michael., ed. *The Encyclopedia of Minerals and Gemstones.* New York: G.P. Putnam's Sons, 1983.
Pearl, Richard. *Fallen From Heaven: Meteorites and Man.* Colorado Springs, Co: Earth Science Publishing Co., 1975.
–. *Garnet: Gem and Mineral*. Colorado Springs, Co: Earth Science Publishing Co., 1975.
–. *Turquoise*. Colorado Springs, Co: Earth Science Publishing Co., 1976.
Pough, Frederick. H. "Alexandrite." *Mineral Digest*, VIII (Winter, 1976), 69-73.

–. *A Field Guide to Rocks and Minerals.* Boston: Houghton Mifflin Co., 1976.
–. *The History of Granite.* Barre, Vt: Barre Guild, n.d.
Price, Wm. B., and Richard Meade. *The Technical Analysis of Brass and the Non-Ferrous Alloys.* New York: John Wiley and Sons, Inc., 1917.
Puffer, John. "Toxic Minerals." *The Mineralogical Record,* XI (January-February, 1980), 5-11.
Quick, Lelande. *The Book of Agates and Other Quartz Gems.* New York: Chilton Books, 1963.
Raymont, Michael E., ed. *Sulfur: New Sources and Uses.* Washington, D.C: American Chemical Society, 1982.
Reynolds, W.N. *Physical Properties of Graphite.* New York: Elsevier Science Publishing Co., Inc., 1968.
Rieman, Henry M. "Color Change In Alexandrite." *Lapidary Journal,* (July, 1971), p. 620-623.
Roberts, Willard, and George Rapp, Jr. *The Quartz Family Minerals.* New York: Van Nostrand Reinhold Co., Inc., Forthcoming.
Roberts, Willard, George Rapp, Jr., and Julius Weber. *Encyclopedia of Minerals.* New York: Van Nostrand Reinhold Co., 1974.
Sanborn, Wm. B. *Oddities of the Mineral World.* New York: Van Nostrand Reinhold Co., 1976.
Schnitzer, Albert. "Fossilized Trees." *Lapidary Journal,* (May, 1982), p. 419-424.
Sears, D.W. *The Nature and Origin of Meteorites.* New York: Oxford University Press, 1979.
Sinkankas, J. *Emeralds and Other Beryls.* Radnor, Pa: Chilton Book Co., 1981.
Tracler, Ralph Newton. *Asphalt: Its Composition and Uses.* New York: Reinhold Publishing Corp., 1961.
Warren, Thomas S. *Minerals That Fluoresce With Minerallight Lamps.* San Gabriel, Ca: Ultra-Violet Products, Inc., 1969.
Watts, Alice. "Fluorite the Magical Gem." *Lapidary Journal,* (September, 1984), p. 806-811.
Webster, Robert. *Gemmologists' Compendium.* New York: Van Nostrand Reinhold Co., 1980.
Wilfred, Charles Eyles. *The Book of Opal.* Rutland, Vt: Charles Tuttle Co., 1976.
Zeitner, June C. "Any Way It's Royal-The Story of Sugilite." *Lapidary Journal,* (November, 1982), p. 1316-1324.
–. "Spinel: This Year's Bright Gem." *Lapidary Journal,* (July, 1982), p. 684-692.

Zim, Herbert. *Corals.* New York: William Morrow and Co., 1966.

Gemstones and Gem Elixirs in Healing

Alexander, A.E., and Louis Zara. "Garnet: Legend, Lore and Facts." *Mineral Digest*, VIII (Winter, 1976), 6-16.
Anthony, R. *The Healing Gems.* Ottawa: Bhakti Press, 1983.
Ballard, Juliet B. *Treasures From Earth's Storehouse.* Virginia Beach, Va: A.R.E. Press, 1980.
Battacharya, A.K. *Gem Therapy.* Calcutta: Firma KLM Private, Ltd., 1976.
–. *The Science of Cosmic Ray Therapy or Teletherapy.* Calcutta: Firma KLM Private, Ltd., 1976.
–. *Teletherapy.* Calcutta: Firma KLM Private, Ltd., 1977.
Beard, Alice, and Frances Rogers. *5000 Years of Gems and Jewelry.* New York: J.B. Lippincott Co., 1947.
Benesch, Friedrich. "Apokalypse" *Die Verwandlung Der Erde, Eine Okkulte Mineralogie.* Stuttgart: Verlag Urachaus, 1981.
Budge, E.A. Wallis. *Amulets and Superstitions.* New York: Dover Publications, Inc., 1978.
Cayce, Edgar. *Gems and Stones.* Virginia Beach, Va: A.R.E. Press, 1979.
Chadbourne, Robert, and Ruth Wright. *Gems and Minerals of the Bible.* New Canaan, Ct: Keats Publishing, Inc., 1970.
Clough, Nigel. *How To Make and Use Magic Mirrors.* Wellingborough, Northamptonshire, England: The Aquarian Press, n.d.
Colton, Ann Ree. *Watch Your Dreams.* Glendale, Ca: ARC Publishing Co., 1983.
Dertreit, Raymond. *Our Earth Our Cure.* Brooklyn, NY: Swan House Publishing Co., 1974.
Dorothee, Mella. *Stone Power: Legendary and Practical Use of Gems and Stones.* Albuquerque, NM: Domel, Inc., 1979.
Evans, Joan. *Magical Jewels of the Middle Ages and the Rennaissance.* New York: Dover Publications, Inc., 1976.
Fernie, Dr. William T. *The Occult and Curative Powers of Precious Stones.* New York: Harper & Row, 1981.
Gems, Stones, and Metals For Healing and Attunement: A Survey of Psychic Readings. Virginia Beach, Va: Heritage Publications, 1977.
Glick, Joel, and Julia Lorusso. "*Healing Stoned,*" *The Therapeutic Use of Gems and Minerals.* Albuquerque: Brotherhood of Life, 1979.
–. *Stratagems A Mineral Perspective.* Albuquerque, NM: Brotherhood of Life, 1985.
Hall, Manly. *The Inner Lives of Minerals, Plants, and Animals.* Los Angeles: Philosophical Research Society, Inc., 1973.

Hindmarsh, Robert. *Account of the Stones*, London: James S. Hodson, 1851.
Hodges, Doris M. *Healing Stones*. Perry, Ia: Hiawatha Publishing Co., 1961.
Huett, Lenora, and Wally Richardson. *Spiritual Value of Gem Stones*. Marina del Rey, Ca: DeVorss and Co., 1981.
Isaacs, Thelma. *Gemstones, Crystals and Healing*. Black Mt., NC: Lorien House, 1982.
Kozminsky, Isidore. *The Magic and Science of Jewels and Stones*. New York: G.P. Putnam's Sons, 1922.
Kunz, George. *The Curious Lore of Precious Stones*. New York: Dover Publications, Inc., 1971.
–. *The Magic of Jewels and Charms*. Philadelphia: J.B. Lippincott Co., 1915.
–. *Natal Stones*. New York. Tiffany and Co., 1909.
–. *Shakespeare and Precious Stones*. Philadelphia, Pa: J.B. Lippincott Co., 1916.
Littlefield, M.D., Charles W. *Man, Minerals, and Masters*. Albuquerque, NM: Sun Publishing Co., 1980.
Mills, Meredith W. "Kunzite." *Lapidary Journal*, (July, 1984), p. 546-552.
Pavitt, Kate, and William Thomas. *The Book of Talismans, Amulets and Zodiacal Gems*. North Hollywood, Ca: Wilshire Book Co., 1974.
Perkins, Jr., Percy H. *Gemstones of the Bible*. Atlanta: n.P., 1980.
Peterson, Serenity. *Crystal Visioning*. Nashville, Tn: Interdimensional Publishing, 1984.
Read, Bernard E. *Chinese Materia Medica Turtle and Shellfish Drugs Avian Drugs A Compendium of Minerals and Stones*. Taipei:# Southern Materials Center, Inc., 1982.
Regardie, Israel. *How To Make and use Talismans*. Wellingborough, Northamptonshire, England: The Aquarian Press, 1982.
Sing, Lama. *Benefits and Detriments of Talismans, Stones, Gems and Minerals*. Orange park, Fl: E.T.A. Foundation, 1977.
Stewart, C. Nelson. *Gem-Stones of the Seven Rays*. Mokelumne Hill, Ca: Health Research, 1975.
Stutley, Margaret. *Ancient Indian Magic and Folklore*. Boulder, Co: Great Eastern, 1980.
Vogt, B.W., and W.P. Vogt. *Gem & Mineral Kingdom Digest*. n.p., 1979.

Health and Vibrational Healing

Ballard, Juliet B. *The Hidden Laws of Earth*. Virginia Beach, Va: A.R.E. Press, 1979.
Brooks, Wiley. *Breatharianism*. Arvada, Co: Breatharianism International, Inc., 1982.

Burne, Jerome. "The Intimate Frontier." *Science Digest*, LXXXIX (March, 1981), 82-85.
Burr, Harold. *Blueprint For Immortality*. Subdury, Suffolk, England: Neville Spearman, Ltd., 1972.
Butler, Francine. *Biofeedback:* A Survey of the Literature. New York: Plenum Publishers, 1978.
Clark, Linda. *Are You Radioactive*. New York: Pyramid Books, 1974.
Cooke, Ivan. *Healing by the Spirit*. Liss, England: The White Eagle Publishing Trust, 1980.
David, William. *The Harmonics of Sound, Color, and Vibration*. Marina del Rey, Ca: DeVorss and Co., 1980.
Davis, Albert R. *The Anatomy of Biomagnetism*. New York: Vantage Press, Inc., 1982.
–, and Walter Rawls. *Magnetism and Its Effects on the Living System*. Hicksville, NY: Exposition Press, 1974.
–. *The Rainbow in Your Hands*. Hicksville, NY: Exposition Press, 1976.
Eagle, White. *Heal Thyself*. Liss, England: The White Eagle Publishing Trust, 1982.
Edmunds and Associates, and H. Tudor. *Some Unrecognized Factors in Medicine*. London: The Theosophical Publishing House, 1976.
Gallert, Mark. *New Light on Therapeutic Energy*. London: James Clark & Co., Ltd., 1966.
Golvin, V. "The Kirlian Effect in Medicine." *Soviet Journal of Medicine*, (August 11, 1976).
Guirdham, M.D., Arthur. *The Psyche in Medicine*. Sudbury, Suffolk, England: Neville Spearman, Ltd., 1978.
–. *The Psychic Dimensions of Mental Health*. Wellingborough, England: Turnstone Press, Ltd., 1982.
Hall, Manly. *Healing: Divine Art*. Los Angeles: Philosophical Research Society, Inc., 1971.
–. *The Secret Teachings of All Ages*. Los Angeles: The Philosophical Research Society, Inc., 1977.
Hartmann, M.D., Franz. *Occult Science in Medicine*. York Beach, Me: Samuel Weiser, Inc., 1975.
Hilarion. *Body Signs*. Toronto: Marcus Books, 1982.
Holland, John. "Slow Inapparent and Recurrent Viruses." *Scientific American*, CCXXX (February, 1974), 32-40.
Hunte-Cooper, Le. *The Danger of Food Contamination by Aluminum*. London: John Bale Sons and Danielson, Ltd., 1932.
Irion, J. Everett. *Vibrations*. Virginia Beach, Va: A.R.E. Press, 1979.
Joy, Brough. *Joy's Way*. Los Angeles: J.P. Tarcher, 1979.

LaForest, Sandra, and Virginia MacIvor. *Vibrations: Healing Through Color, Homeopathy, and Radionics.* York Beach, Ca: Samuel Weiser, Inc., 1979.
Medical Group. *The Mystery of Healing.* London: The Theosophical Publishing House, 1958.
Medicines For the New Age. Virginia Beach, Va: Heritage Publications, 1977.
The Mystery of the Ductless Glands. Oceanside, Ca: The Roscrucian Fellowship, 1983.
Null, Gary. "Aluminum: Friend or Foe." *Bestways*, X (October, 1982), 60-65.
Oberg, Alcestis, and Daniel Woodward. "Anti-Matter Mind Probes and Other Medical Miracles." *Science Digest*, XC (April, 1982), 54-62.
Oster, Gerald. "Muscle Sounds." *Scientific American*, (March, 1984), p. 108-114.
Pfeiffer, M.D., Carl. *Mental and Elemental Nutrients.* New Canaan, Ct: Keats Publishing Inc., 1976.
Pykett, Ian L. "NMR Imaging in Medicine." *Scientific American*, CCXLVI (May, 1982), 78-88.
Rolfe, Mona. *Man-Physical and Spiritual.* Sudbury, Suffolk, England: Neville Spearman, Ltd., n.d.
–. *The Sacred Vessel.* Sudbury, Suffolk, England: Neville Spearman, Ltd., 1978.
Russell, Edward. *Report On Radionics.* Sudbury, Suffolk, England: Neville Spearman, Ltd., 1973.
Scheer, James F. "Electroacupuncture: New Pathway to Total Health." *Bestways*, X (June, 1982), 40-47, 119.
Schmich, Mary T. "Debate on Health Effects of VDT Use Continues Unabated." *The Denver Post*, August 16, 1985, sec. B, p.3.
Sutphen, Dick. *Past-Life Therapy In Action.* Malibu, Ca: Valley of the Sun Publishing, 1983.
–. *Unseen Influences.* New York: Pocket Books, 1982.
Tansley, D.C., David. *Dimensions of Radionics.* Saffron, Walden, Essex, England: Health Science Press, 1977.
Tomlinson, H. *Aluminum Utensils and Disease.* Romfort, England: L.N. Fowler & Co., 1967.
Ulmer, M.D., David. "Toxicity From Aluminum Antacids." *The New England Journal of Medicine*, CCLXXXXIV, (January, 1976), 218-219.
Waite, Arthur F., ed. *The Hermetic and Alchemical Writings of Paracelsus.* Boulder, Co: Shambhala Publications, 1976.
Wingerson, Lois. "Training To Heal the Mind." *Discovery*, III (May, 1982), 80-85.

Homeopathy
Blackie, M.D., Margery. *The Patient Not the Cure.* London: Macdonald and Jane's, 1976.
Boericke, M.D., William, and Willis Dewey, M.D. *The Twelve Tissue Remedies of Schussler.* New Delhi: B. Jain Publishers, 1977.
Choudhuri, M.D., N.M. *A Study on Materia Medica.* New Delhi: B. Jain Publishers, 1978.
Clark, M.D., J.H. *A Clinical Repertory to the Dictionary of Materia Medica.* Saffron, Walden, Essex, England: Health Science Press, 1971.
–. *Constitional Medicine.* New Delhi: B. Jain Publishers, 1974.
–. *Dictionary of Materia Medica.* Saffron, Walden, Essex, England: Health Science Press, 1977.
Coulter, Ph.D., Harris. *Divided Legacy: A History of the Schism in Medical Thought.* Vol. III, Washington, D.C.: Wehawken Book Co., 1973.
Hubbard-Wright, M.D., Elizabeth. *A Brief Study Course in Homeopathy.* St. Louis, Mo: Formur, Inc., 1977.
Muzumda, M.D., K.P. *Pharmaceutical Science in Homeopathy and Pharmacodynamics.* New Delhi: B. Jain Publishers, 1974.
Ortega, Dr. Proceso S. *Notes On the Miasms or Hahnemann's Chronic Diseases.* New Delhi: National Homeopathic Pharmacy, 1983.
Roberts, M.D., Herbert. *The Principles and Art of Cure by Homeopathy.* Saffron, Walden, Essex, England: Health Science Press, 1976.
Tomlinson, M.D., H. *Aluminum Utensils and Disease.* London: L.N. Fowler & Co., 1967.
Weiner, Michael, and Kathleen Goss. *The Complete Book of Homeopathy.* New York: Bantam Books, 1982.
Whitmont, M.D., Edward. *Psyche and Substance.* Richmond, Ca: North Atlantic Books, 1980.

Lemuria Atlantis and Egypt
Allen, Eula. *Before the Beginning.* Virginia Beach, Va: A.R.E. Press, 1966.
Baren, Michael. *Atlantis Reconsidered.* Smithtown, NY: Exposition Press, 1981.
–. *Insights Into Prehistory.* Smithtown, NY: Exposition Press, 1982.
Cayce, Edgar. *Atlantis: Fact or Fiction.* Virginia Beach, Va: A.R.E. Press, 1962.
Cayce, Hugh., ed. *Edgar Cayce on Atlantis.* New York: Warner Books, 1968.
Cerve, W.S. *Lemuria: The Lost Continent of the Pacific.* San Jose: AMORC, 1977.
Churchward, James. *The Children of Mu.* New York: Warner Books, 1968.
–. *The Cosmic Force of Mu.* New York: Warner Books, 1968.

–. *The Lost Continent of Mu.* New York: Warner Books, 1968.
–. *The Sacred Symbols of Mu.* New York: Warner Books, 1968.
–. *The Second Book of the Cosmic Forces of Mu.* New York: Warner Books, 1968.
Donnelly, Ignatius. *Atlantis: The Antediluvian World.* New York: Dover Publications, Inc., 1976.
Earll, Tony. *Mu Revealed.* New York: Warner Books, 1970.
Flinders, W. *Historical Scarabs.* Chicago: Ares Publishers, Inc., 1976.
Hall, Manly. *Atlantis An Interpretation.* Los Angeles: Philosophical Research Society, Inc., 1976.
Laitman, Jeffrey T. "The Anatomy of Human Speech." *American Museum of Natural History*, XCIII (August, 1984), 20-27.
Lehner, Mark. *The Egyptian Heritage.* Virginia Beach, Va: A.R.E. Press, 1983.
Montgomery, Ruth. *The World Before.* New York: Fawcett Crest Book, 1977.
Newberry, Percy. *Ancient Egyptian Scarab.* Chicago: Ares Publishers, Inc., 1979.
Oscott, F.L. *Amigdar-The Secret of the Sphinx.* Sudbury, Suffolk, England: Neville Spearman, Ltd., 1977.
Patton, Robert. "Ooparts." *Omni*, IV (Sept., 1982), 53-58, 104-105.
Phylos. *A Dweller on Two Planets.* Alhambra, Ca: Borden Publishing Co., 1969.
–. *An Earth Dweller Returns.* Alhambra, Ca: Borden Publishing Co., 1969.
Randall-Stevens, H.C. *Atlantis to the Latter Days.* Jersey, England: The Knight Templars of Aquarius, 1966.
Roche, Richard. *Egyptian Myths and the Ra Ta Story.* Virginia Beach, Va: A.R.E. Press, 1975.
Rolfe, Mona. *Initiation By the Nile.* Sudbury, Suffolk, England: Neville Spearman, Ltd., 1976.
Santesson, Hans Stefan. *Understanding Mu.* New York: Paperback Library, 1970.
Steiger, Brad. *Worlds Before Our Own.* New York: Berkley Publishing Corp., 1978.
Whitfield, Joseph. *The Eternal Quest. Roanoke*, Va: Treasure Publications, 1980.
Williamson, George. *Secret Places of the Lion.* New York: Destiny Books, 1983.

Medical Use of Gemstones

Anghileri, L.J. "Effects of Gallium and Lanthanum on Experimental Tumor Growth." *European Journal of Cancer*, XV (Dec., 1979), 1459-1462.

Barker, A.T., et al. "The Effects of Pulsed Magnetic Fields of the Type Used in the Stimulation of Bone Fracture Healing." *Clinical Physics Physiological Measurement*, (Feb., 1983), p. 1-27.

Beatty, Wm., and Geoffrey Marks. *The Precious Metals of Medicine*. New York: Charles Scribner's Sons, 1975.

Bechtol, Alber, B. Ferguson, and Patrick Laing. *Metals and Engineering in Bone and Joint Surgery*. Baltimore: The Williams and Wilkins Co., 1959.

Beveridge, S., W. Walker, and M. Whitehouse. "Dermal Copper Drugs: The Copper Bracelet and Cu (II) Salicylate Complexes." *Agents and Action*, VIII (Suppl., 1981), 359-367.

Bhargave, K.B. "Treatment of Allergic and Vasomotor Rhinitis by the Local Application of Silver Nitrate." *Journal of Laryngology and Otology*, (September, 1980), p. 1025-1036.

Brakhnova, Irina. *Environmental Hazards of Metals, Toxicity of Powdered Metals and Metal Compounds*. New York: Consultants Bureau, 1975.

Browning, Ethal. *Toxicity of Industrial Metals*. 2d ed. London: Butterworths, 1969.

Conners, T.A., and J.J. Roberts., eds. *Platinum Coordination Complexes In Cancer*. New York: Springer-Verlag New York, Inc., 1974.

Daniel, D. "Report of a New Technique to Remove Foreign Bodies From the Stomach Using a Magnet." *Gastroenteral*, (Oct., 1979), p. 685-687.

Erokhin, A.P. "Use of Silver Ions in the Combined Treatment of Cystitis in Children." *Pediatriia, (April, 1981), p. 58-60.*

Fong, Chikna, and Minda Hsu. "The Biomagnetic Effect: Its Application in Acupuncture Therapy." *American Journal of Acupuncture*, (December, 1978), p. 289-296.

Gowans, James D, and Mohammad Salami. "Response To Rheumatoid Arthritis With Leukopenia To Gold Salts." *New England Journal of Medicine*, CCLXXXVIII (May 10, 1973), 1007-1008.

Hargens, A.R., et al. "Fluid Shifts and Muscle Function in Humans During Acute Stimulated Weightlessness." *Journal of Applied Physiology: Respiratory Environmental, and Exercise Physiology*, (April, 1983), p. 1003-1009.

Hebborn, Peter, A. Langner, M.D., and Hanna Wolska, M.D. "Treatment of Psoriasis of the Scalp With Coal Tar Gel and Shampoo Preparations." *Cutis*, (September, 1983), p. 295-296.

Jefferson, M.D., James W., and John H. Greist, M.D. *Primer of Lithium Therapy*. Baltimore: The Williams and Wilkins Co., 1977.

Keats, D. and W. Walker. "An Investigation of the Therapeutic Value of the Copper Bracelet-Dermal Assimilation of Copper in Arthritis/Rheumatoid Conditions." *Agents an Actions*, IV (July, 1976), 454-459.

Kibel, M.A. "Silver Nitrate and the Eyes of the Newborn-A Centennial." *South African Medical Journal*, XXVI (December 26, 1960), 979-980.

Kolm, M.D., Hans. *Organothropia As A Basis of Therapy.* 12th ed. Finland: n.p., 1978.

Laird, W.R., et al. "The Use of Magnetic Forces in Prosthetic Dentistry." *Journal of Dentistry*, (Dec. 9, 1981), p. 328-335.

Lee, D.H., ed. *Metallic Contaminants and Human Health.* New York: Academic Press, Inc., 1972.

Lippard, Stephen J., ed. *Platinum Gold and Other Metal Chemotherapeutic Agents.* Washington, D.C: American Chemical Society, 1983.

Mahdihassan, S. "Jade and Gold Originally As Drugs In China." *American Journal of Chinese Medicine*, IX (Summer, 1981), 108-111.

Mofensor, H.C. "Baby Powder-A Hazard." *Pediatrics*, LXVIII (August, 1981), 265-266.

Moyer, Carl A., et al. "Treatment of Large Human Burns With 0.5% Silver Nitrate Solution." *Archives of Surgery*, XC (June, 1965), 816-819.

Nakagawa, M.D., Kyoichi. "Magnetic Field Deficiency Syndrome and Magnetic Treatment." *Japan Medical Journal*, (Dec. 4, 1976), p. 24-32.

Nordberg, Gunnar F., and Velimir B. Vouk. *Handbook on Toxicology of Metals.* New York: Elsevier Science Publishing Co., Inc., 1979.

Rae, J. "An Examination of the Absorptive Properties of Medicinal Kaolin." *The Pharmaceutical Journal and Pharmacist*, CXXI (August, 11, 1928), 150-151.

Reichmanis, M., et al. "Relation Between Suicide and the Electromagnetic Field of Overhead Power Lines." *Physiological Chemistry and Physics*, I (May, 1979), 395-403.

Risbrook, Arthus T., et al. "Gold Leaf In the Treatment of Leg Ulcers." *Journal of the American Geriatrics Society*, XXI (July, 1973), 325, 329.

Rodale, J.I. *The Complete Book of Minerals For Health.* Emmaus, Pa: Rodale Books, Inc., n.d.

Rogan, John M. *Medicine In the Mining Industries.* London: Heinemann Medical Books, 1972.

Rossmann, M.D., M, and J. Wexler, M.D. "Ultrasound Acupuncture In Some Common Clinical Syndromes." *American Journal of Acupuncture*, (January, 1974), p. 15-17.

Sarkar, B. *Biological Aspects of Metals and Metal Related Diseases.* New York: Raven Press, 1983.

Schneck, J.M. "Gemstones As Talisman and Amulet: Medical and Psychological Attributes." *New York State Journal of Medicine*, (April, 1977), p. 817-818.

Schroeder, Henry. *The Poisons Around Us*. Bloomington, In: Indiana Univ. Press, 1974.
Semm, P. "Effect of an Earth-Strength Magnetic Field on Electrical Activity of Pineal Cells." *Nature*, (Dec. 11, 1980).
Sorenson, J. "Development of Copper Complexes For Potential Therapeutic Use." *Agents and Actions*, VIII (Suppl., 1981), 305-325.
Thomas, III, J.R., et al. "Treatment of Plane Warts" *Archives of Dermatology*, CXVIII (Sept., 1982), 626.
Uragoda, C.G. "Pulmonary Tuberculosis In Graphite Miners." *Journal of Tropical Medical Hygiene*, LXXV (November, 1972), 217-218.
Ushio, M. "Therapeutic Effect ofi Magnetic Field to Bachache." *Ika Daigaku Zasshi*. (Oct., 1982), p. 717-721.
Vaughan, T.W. "The Study of the Earth Sciences-Its Purpose and Its Interrelations With Medicine." *U.S. Naval Medical Bulletin*, XVIII (January, 1923), 1-14.
Vischer, M.D., T.L., ed. *Fluorite In Medicine*. Bern: Hans Huber Publishers, 1970.
Voll, M.D., Reinhold. "Twenty Years of Electroacupuncture Diagnosis." *American Journal of Acupuncture*, (March, 1975), p. 7-17.
Whedon, G.D. "Changes in Weightlessness in Calcium Metabolism and in the Musculoskeletal System." *Physiologist*, XXV (December, 1982), p. 41-44.
Wheeldon, T.F. "The Use of Colloidal Sulphur in the Treatment of Arthritis." *Journal of Bone and Joint Surgery*, XVII (July, 1935), 693-726.
Widder, K.J., et al. "Experimental Methods in Cancer Therapeutics." *Journal of Pharmaceutical Sciences* LXXI (April, 1982) 379-387.

Nature Spirits

Briggs, Katherine. *An Encyclopedia of Fairies, Hobgoblins, Brownies, Bogies, and Other Supternatural Creatures*. New York: Pantheon, 1978.
–. *Fairies in Tradition and Literature*. London: Routledge & Kegan Paul, 1977.
–. *The Vanishing People: Fairy Lore and Legends*. New York: Pantheon, 1978.
Cohen, Daniel. *Bigfoot*. New York: Pocket Books, 1982.
Doyle, Sir Arthur Conan. *The Coming of the Fairies*. York Beach, Me: Samuel Weiser, Inc., 1972.
Hall, Manly. *Unseen Forces*. Los Angeles: The Philosophical Research Society, Inc., 1978.
Hilarion. *Other Kingdoms*. Toronto: Marcus Books, 1981.
Hodson, G. *Fairies at Work and Play*. Wheaton, Il: The Theosophical Publishing House, 1925.

New Physics

Bearden, Thomas, E. *The Excalibur Briefing*. San Francisco: Strawberry Hill Press, 1980.

Besant, Annie, and Charles Leadbeater. *Occult Chemistry*. Mokelumne Hill, Ca: Health Research, 1967.

Day, Langston, and George De La Warr. *Matter in the Making*. London: Vincent Stuart, Ltd., 1966.

–. *New Worlds Beyond the Atom*. London: Vincent Stuart, Ltd., 1956.

Hills, Christopher. *Secrets of the Life Force*. Boulder Creek, Ca: University of the Trees Press, 1979.

King, Serge. *Mana Physics: The Study of Paraphysical Energy*. New York: Baraka Books, 1978.

Krippner, Stanley, and John White., eds. *Future Science*. Garden City, NY: Anchor Books, 1977.

Pagels, Heinz. *The Cosmic Code: Quantum Physics as the Language of Nature*. New York: Simon & Schuster, 1982.

Reincourt, Amaury De. *The Eye of Shiva: Eastern Mysticism and Science*. New York: William Morrow & Co., 1981.

Sergre, Emilo. *From X-Rays to Quarks-Modern Physicists and Their Discoveries*. San Francisco: W.H. Freeman & Co., 1980.

Talbot, Michael. *Mysticism and the New Physics*. New York: Bantam Books, 1981.

Trefil, James. "Nothing May Turn Out to be the Key to the Universe." *Smithsonian*, XII (December, 1981), 143-149.

Voght, Douglas, and Gary Sultan. *Reality Revealed*. San Jose: Vector Associates, 1977.

Parapsychology

Agee, Doris., ed. *Edgar Cayce On ESP*. New York: Paperback Library, 1969.

Anderson, Jack. "Psychic Studies Might Help U.S. Explore Soviets." *Washington Post*, (April 23, 1984), sect. B, p. 14.

Beck, Robert. *Extreme Low Frequency Magnetic Fields and EEG Entrainment, A Psychotronic Warfare Capacity?* Los Angeles: Bio-Medical Research Associates, 1978.

Bro, Harmon H., ed. *Edgar Cayce On Religion and Psychic Experience*. New York: Warner Books, 1970.

Cavendish, Richard. *Man Myth and Magic*. New York: Marshall Cavendish Corp., 1970.

Colton, Ann Ree. *Ethical ESP*. Glendale, Ca: ARC Publishing Co., 1971.

Cooke, Grace. *The New Mediumship*. Liss, Hampshire, England: The White Eagle Publishing Trust, 1980.

Edwards, Harry. *A Guide for the Development of Mediumship*. London: The Spiritualist Association of Great Britain, n.d.
Eisen, William. *Agasha Master of Wisdom*. Marina del Rey, Ca: DeVorss and Co., 1977.
–. *The Agashan Discourses*. Marina del Rey, Ca: DeVorss and Co., 1978.
Freedland, Nat. *The Occult Explosion*. East Rutherford, NJ: G.P. Putnam's Sons, 1972.
Grenshaw, James. *Telephone Between Worlds*. Marina del Rey, Ca: DeVorss and Co., 1977.
Hull, Moses. *Encyclopedia of Biblical Spiritualism*. Amherst, Wi: Amherst Press, 1895.
Leadbeater, C.W. Clairvoyance, Adyar, India: The Theosophical Publishing House, 1983.
Linedecker, Clifford. *Psychic Spy: The Story of an Astounding Man*. Garden City, NY: Doubleday & Co., 1976.
McRae, Ron. *Mind Wars: The True Story of Government Research Into the Military Potential of Psychic Weapons*. New York: St. Martin's Press, 1984.
Meek, George. *From Enigma to Science*. York Beach, Me: Samuel Weiser, Inc., 1973.
Mishlove, Jeff. *The Roots of Consciousness*. New York: Random House, 1980.
Ostrander, Shelia, and Lynn Schroeder. *Psychic Discoveries Behind the Iron Curtain*. New York: Bantam Books, 1976.
Patterson, Doris, and Violet M. Shelley. *Be Your Own Psychic*. Virginia Beach, Va: A.R.E. Press, 1981.
Patterson, Doris. *Varities of ESP in the Edgar Cayce Readings*. Virginia Beach, Va: A.R.E. Press, 1971.
Payne, Phoebe, and Laurence Bendit. *The Psychic Sense*. Wheaton, Il: The Theosophical Publishing House, 1967.
–. *This World and That*. Wheaton, Il: The Theosophical Publishing House, 1969.
Roberts, Jane. *How To Develop Your ESP Power*. New York: Pocket Books, 1976.
Spangler, David. *Conversations With John*. Elgin, IL: Lorian Press, n.d.
–. *Cooperation With Spirit: Further Conversations With John*. Elgin, Il: Lorian Press, 1982.
St. James-Roberts, Jan. "Bias In Scientific Research." Yearbook of Science and the Future, *Encyclopedia Brittanica*, 1979 X, 30-45.
Thurston, Mark A. *Understand and Develop Your ESP*. Virginia Beach, Va: A.R.E. Press, 1977.
White John., ed. *Psychic Exploration*. New York: G.P. Putnam's Sons, 1974.

Woodward, Mary Ann., ed. *Edgar Cayce's Story of Karma*. New York: Berkley Books, 1972.
Worrall, Ambrose, and Olga Worall. *Explore Your Psychic World*. New York: Harper and Row, 1970.

Pendulum

Hitching, Francis. *Principles and Practice of Radiesthesia*. New York: Anchor Press, 1978.
Mermet, Abbe. *Principles and Practice of Radiesthesia*. London: Watkins Publishing, 1975.
Reynor, J.H. *Psionic Medicin*. York Beach, Me: Samuel Weiser, Inc., 1974.
Richards, Dr. W. Guyon. *The Chain of Life*. Rustington, Sussex, England: Leslie J. Speight, Ltd., 1974.
Tomlinson, Dr., H. *The Divination of Disease: A Study of Radiesthesia*. Saffron, Walden, Essex, England: Health Science Press, 1953.
–. *Medical Divination*. Rustington, Sussex, England: Health Science Press, 1966.
Westlake, M.D., Aubrey. *The Pattern of Health*. Boulder, Co: Shambhala Publications, 1974.
Wethered, Vernon D. *An Introduction to Medical Radiesthesia and Radionics*. Safron, Walden, Essex, England: The C.W. Daniel Co., Ltd., 1974.
–. *The Practice of Medical Radiesthesia*. Saffron, Walden, Essex, England: The C.W. Daniel Co., Ltd., 1977.

Pyramids

Benavides, Rodolfo. *Dramatic Prophecies of the Great Pyramid*. Mexico, D.F: Editores Mexicanos Unidos, S.A., 1974.
Cox, Bill., ed. *Pyramid Guide*. Vols. 1-9 Santa Barbara, Ca: Life Understanding Foundation, 1974-1979.
Edwards, I.E.S., and K. Weeks. "The Great Pyramid Debate." *Natural History*, LXXIX (December, 1970), 8-15.
Edwards, T.E. *Pyramids of Egypt*. New York: Penguin Books, 1975.
Evans, Humphrey. *The Mystery of the Pyramids*. New York: Funk & Wagnalls, 1979.
Flanagan, Pat. *Pyramid Power*. Marina del Rey, Ca: DeVorss and Co., 1976.
Hardy, Dean., et al. *Pyramid Energy and the Second Coming*. Allegan, Mi: Delta-K Products, 1981.
Nielsen, Greg, and Max Thoth. *Pyramid Power*. New York: Warner Books, 1976.
Schul, Bill, and Ed Pettit. *Pyramids and the Second Reality*. New York: Fawcett Publications, 1979.

Tellefsen, Olif. "The New Theory of Pyramid Building." *Natural History*, LXXIX (November, 1970), 10-23.

Quartz Crystals

Achad, Frater. *Crystal Vision Through Crystal Gazing*. Chicago: Yogi Publication Society, 1923.
Alper, Rev., Dr. Frank. *Exploring Atlantis*. 3 Vols., Phoenix: Arizonia Metaphysical Society, 1982-1985.
Atkinson, William W. *Practical Psychomancy and Crystal Gazing*. DesPlaines, II: Yoga Publication Society, 1908.
Baer, Randall, and Vicki Baer. *Windows of Light*. New York: Harper and Row, 1984.
Besterman, Theodore. *Crystal-Gazing*. New Hyde Park, NY: University Books, 1965.
Bryant, Page. *Crystals and Their Use*. Albuquerque, NM: Sun Publishing Co., 1984.
Burbutis, Philip. *Quartz Crystals For Healing and Meditation*. Tucson: The Universariun Foundation, Inc., 1983.
Delmonico, Damyan. *I Was Curous-A Crystal Ball Gazer*. Philadelphia: Dorrance & Co., 1972.
Eerenbeemt, Noud van den. *The Pendulum, Crystal Ball and Magic Mirror*. Wellingborough, Northamptonshire, England: The Aquarian Press, 1982.
Ferguson, Sibyl. *The Crystal Ball*. York Beach, Me: Samuel Weiser, Inc., 1979.
Garvin, Richard. *The Crystal Skull*. New York: Pocket Books, 1974.
Holden, A., and P. Sanger. *Crystals and Crystal Growing*. Cambridge: The MIT Press, 1985.
Lavander. *Quartz: Crystals A Celestial Point of View*. Reserve, NM: Lavandar Lines Corp., 1982.
Melville, John. *Crystal-Gazing and the Wonders of Clairvoyance*. Mokelumne Hill, Ca: Health Research, 1968.
Petschek, Joyce. *The Silver Bird: A Tale For Those Who Dream*. Millbrae, Ca: Celestial Arts, 1981.
Thomas, Northcote W. *Crystal Gazing*. Mokelumne Hill, Ca: Health Research, 1968. Walker, Dale. *The Crystal Book*. Sunol, Ca: The Crystal Co., 1983.
Wilson, Frank. *Crystal and Cosmos*. London: Coventure, Ltd., 1977.
Wood, Elizabeth. *Crystals and Light*. New York: Dover Publications, Inc., 1977.
Zimmer, David. *Crystal Power*. Minneapolis: Good Vibes, 1983.

Religion
Apostolos-Cappadona, Diane., ed. *Art Creativity and the Sacred.* New York: Crossroad, 1984.
Bible. King James Version, New York: Thomas Nelson Publishers, 1972.
Eiselen, F.C., Edwin Lewis, and D.G. Downer, eds. *The Abington Bible Commentary.* Garden City, NY: Doubleday & Co., 1979.
Hurtak, J. *The Book of Knowledge: The Keys of Enoch.* Los Gatos, Ca: The Academy of Future Science, 1977.
Koffend, John. "The Gospel According to Helen." *Psychology Today*, XXVII (September, 1980), 74-90.
Strong, James. *Strong's Exhaustive Concordance of the Bible.* Nashville: Abington Press, 1980.

Rudolf Steiner and Anthroposophical Medicine
Abbot, A.E. *The Art of Healing.* London: Emerson Press, 1963.
Davy, John., ed. *Medicine-Extending the Art of Healing.* London: Rudolf Steiner Press, 1975.
Edmunds, L. Francis. *Anthroposophy As A Healing Force.* London: Rudolf Steiner Press, 1968.
Husemann, Friedrich. *The Image of Man.* Spring Valley, NY: Mercury Press, n.d.
Kolisko, M.D., E. *The Human Organism in the Light of Anthroposophy.* Bournemouth, England: Kolisko Archive Publications, 1978.
–. and L. Kolisko. *Silver and the Human Organism.* Bournemouth, England: Kolisko Archive Publications, 1978.
Konig, Karl. *Illnesses of Our Time.* Bournemouth, England: Kolisko Archive Publications, 1979.
Leroi, M.D., Rita. *An Anthroposophical Approach to Cancer.* Spring Valley, NY: Mercury Press, 1973.
Sayers, William. *Body, Soul, and Blood.* Troy, Mi: Asclepiad Publications, Inc., 1980.
The Seven Metals and Their Use in the Art of Healing. South Africa: Natural Health Assoc. of S.A., n.d.
Wegman, M.D., Ita. *Anthroposophical Principles of the Art of Healing.* London: British Weleda Co., 1928.
–. *Rudolf Steiner's Work For an Extension of the Art of Healing.* London: British Weleda Co., 1928.
Wolff, Otto, and Friedrich Husemann. *The Anthroposophical Approach To Medicine.* Spring Valley, NY: The Anthroposophical Press, 1982.

Although many of the Steiner books and lectures are currently out of print, they and thousands of other articles and books on anthroposophy can be ordered from:

Rudolf Steiner Farm; School and Library
Harmelville, R.D. 2; Ghent, N.Y. 12075

Subtle Bodies and Aura

Adelman, Howard, and Janet Fine. *Aura How to Read and Understand It.* Bombay: Somaiya Publications, Ltd., 1980.

Bagnall, Oscar. *The Origin and Properties of the Human Aura.* York Beach, Me: Samuel Weiser, Inc., 1975.

Cayce, Edgar. *Auras.* Virginia Beach, Va: A.R.E. Press, 1968.

Colville, W.J. *The Human Aura and the Significance of Color.* Mokelumne Hill, Ca: Health Research, 1970.

Hall, Manly. *The Occult Anatomy of Man.* Los Angeles: Philosophical Research Society, Inc., 1957.

Heindel, Max. *The Desire Body.* Oceanside, Ca: The Rosicrucian Fellowship, 1975.

–. *The Vital Body.* Oceanside, Ca: The Rosicrusian Fellowship, 1971.

Heline, Corinne. *Occult Anatomy and the Bible.* La Canada, Ca: New Age Press, 1981.

Kellogg, Steve. *The Constitution of Lower Man.* Guntersville, Al: Hermit A.J. Hill, Publishing, 1980.

Kilner, Walter J. *The Human Aura.* York Beach, Me: Samuel Weiser, Inc., 1978.

Krippner, Stanley, and Daniel Rubin., eds. *The Kirlian Aura.* Garden City, NY: Doubleday & Co., 1974.

Kul, Djwal. *Intermediate Studies of the Human Aura.* Malibu, Ca: Summit University Press, 1980.

Kuthumi. *The Human Aura.* Malibu, Ca: Summit University Press, 1982.

–. *Studies of the Human Aura.* Malibu, Ca: Summit University Press, 1980.

Mead, G.R.S. *The Doctrine of the Subtle Body.* Wheaton, Il: The Theosophical Publishing House, 1967.

Ouseley, S.G.J. *The Science of the Aura.* London: L.N. Fowler & Co., 1975.

Panchadasi, Swami. *The Human Aura Astral Colors and Thought Forms.* Desplaines, Il: Yogi Publication Society, 1940.

Powell, A.E. *The Astral Body.* Wheaton, Il. The Theosophical Publishing House, 1978.

–. *The Causal Body.* Wheaton, Il: The Theosophical Publishing House, 1972.

–. *The Etheric Double.* Wheaton, Il: The Theosophical Publishing House, 1969.

–. *The Mental Body*. Wheaton, Il: The Theosophical Publishing House, 1975.
Regush, Nicholas M. *The Human Aura*. New York: Berkley Books, 1974.
Roberts, Ursula. *The Mystery of the Human Aura*. York Beach, Me: Samuel Weiser, Inc., 1984.
Scott, Mary. *Science and Subtle Bodies: Towards A Clarification of Issues*. London: The College of Psychic Studies, 1975.
Stanford, Ray. *What Your Aura Tells Me*. Garden City, NY: Doubleday & Co., 1977.
Tansley, D.C., David. *Radionics and the Subtle Anatomy of Man*. Saffron, Walden, Essex, England: Health Science Press, 1972.
Walker, Benjamin. *Beyond the Body*. Boston: Routledge & Kegan Paul, 1974.
White, M.D., George Starr. *The Story of the Human Aura*. Mokelumne Hill, Ca: Health Research, 1969.

Die in diesem Werk vorgestellten Edelsteinelixiere- und Kompostionen können Sie unter nachfolgend genannten Adressen beziehen:

Vertrieb der im Buch beschriebenen Originalessenzen der Firma Pegasus INC, P. O. Box 228, USA Boulder, Co:

Chrüter-Drogerie Egger

Unterstadt 28
CH-8200 Schaffhausen
Tel. 052-624 50 30
Fax 052-624 64 57
Anrufe vom Ausland 0041-52 624 50 30